Das deutsch-polnische Konfliktverhältnis
seit dem Zweiten Weltkrieg

Das deutsch-polnische Konfliktverhältnis seit dem Zweiten Weltkrieg

Multidisziplinäre Studien
über konfliktfördernde und konfliktmindernde Faktoren
in den internationalen Beziehungen

herausgegeben von
Carl Christoph Schweitzer und Hubert Feger

HARALD BOLDT VERLAG · BOPPARD AM RHEIN

CIP-Kurztitelaufnahme der Deutschen Bibliothek

*Das deutsch-polnische Konfliktverhältnis seit
dem Zweiten Weltkrieg:* multidisziplinäre
Studien über konfliktfördernde u. konflikt-
mindernde Faktoren in d. internat. Beziehungen
/ hrsg. von Carl Christoph Schweitzer u.
Hubert Feger.
  (Beiträge zur Konfliktforschung)
  ISBN 3-7646-1636-9

NE: Schweitzer, Carl-Christoph [Hrsg.]

Beiträge zur Konfliktforschung
Gefördert von der Deutschen Gesellschaft für Friedens- und Konfliktforschung
Bonn-Bad Godesberg

ISBN 3 7646 1636 9

© Harald Boldt Verlag · Boppard am Rhein 1975
Alle Rechte vorbehalten · Printed in Germany
Herstellung: boldt druck boppard gmbh

Inhaltsverzeichnis

Einleitung

von *C. C. Schweitzer und H. Feger*

Der vorliegende Sammelband stellt den Versuch dar, ein im Bereich der Internationalen Beziehungen so vielschichtiges Problem wie das der Beziehungen zwischen der Volksrepublik Polen und der Bundesrepublik Deutschland nach dem Zweiten Weltkrieg in einer interdisziplinären, zumindest aber multidisziplinären Analyse neuester Daten zu untersuchen. Das von der Deutschen Gesellschaft für Friedens- und Konfliktforschung geförderte Forschungsprojekt vereinte Wissenschaftler, die den gemeinsamen Untersuchungsgegenstand mit jeweils spezifischen Methoden ihrer Disziplinen unter Zugrundelegung eines „verbindenden Konzeptes", eines „unifying concept" nach angelsächsischem Sprachgebrauch[1], angingen.

Beteiligt waren als Angehörige von insgesamt vier wissenschaftlichen Hochschulen in Bonn, Köln und Aachen an erster Stelle Sozialpsychologen, ferner Soziologen, Politologen – letztere stark geschichtswissenschaftlich orientiert – sowie peripher auch Vertreter der erziehungswissenschaftlichen Didaktik. Didaktiker waren nicht zuletzt deshalb von Anfang an zumindest an den Diskussionen der Gruppe beteiligt, weil die Herausgeber mit allen ständigen Mitarbeitern am Forschungsprojekt, die sich vor Beginn der eigentlichen Untersuchungsphasen in ausgedehnten Sitzungen auf ein gemeinsames Vorhaben einigten, stets das *längerfristige Ziel* vor Augen gehabt haben, die Analyse des „War- bzw. Ist-Standes" in den deutsch-polnischen Beziehungen zwischen 1945/49 und 1972 mit einer weiterführenden Untersuchung modellhaft umzusetzen in neue didaktische Qualifikationen, Lernziele und Lehrinhalte für den Bereich der Bildung und Erziehung im weitesten Sinne einschließlich der sogenannten Massenmedien. In den vorliegenden Sammelband konnte aus zeitlichen und methodischen Gründen im Hinblick auf diesen erziehungswissenschaftlich-didaktischen Aspekt nur eine erste relativ kurze Skizze aufgenommen werden, der somit der Charakter eines Ausblicks oder auch einer Überleitung zukommt. Noch verfügen wir nicht über die notwendigen, von der Datenbasis her genügend abgesicherten Einsichten

---

[1] Vorbildlich in dieser Beziehung: H. C. Kelman (Hrsg.), International Behavior. A Social-Psychological Analysis, New York 1965.

in die Mechanismen bewußtseins- und einstellungsverändernder Lernprozesse, die etwa auf der Sekundarstufe II unserer Schulen[2] – im Gegensatz zu frühkindlichen Sozialisationsprozessen – oder durch Rundfunk- und Fernsehprogramme[3] ausgelöst werden können. Bezogen auf das engeingegrenzte Untersuchungsthema dieses Sammelbandes mußten ohnehin zunächst einmal Vorarbeiten geleistet werden. Sie fanden ihren Niederschlag in den Teilstichproben der Umfrage, die die Einstellung der entsprechenden Multiplikatoren, d. h. der Pädagogen und Journalisten ermitteln sollten.

Die interdisziplinäre Forschungsgruppe ging bei ihrer Fixierung des *zugrundegelegten gemeinsamen Konzeptes* davon aus, daß es gelte, in erster Linie die konfliktfördernden, sodann aber auch konfliktmindernde Faktoren im deutsch-polnischen Konfliktverhältnis seit Ende des Zweiten Weltkrieges zu identifizieren. Nur so bestand und besteht ihrer Ansicht nach die Aussicht auf eine endgültige, im Interesse des deutschen und polnischen Volkes und im Interesse einer europäischen Friedensordnung überhaupt notwendige Überwindung dieses über lange historische Zeitläufe hinweg entwickelten Konfliktverhältnisses und damit auf einen Übergang zu neuen Formen einer zumindest „antagonistischen" Kooperation. Wie in den einzelnen Beiträgen noch zu erläutern sein wird, wurde dabei in Anlehnung an zahlreiche Konflikttheoretiker[4] der Begriff eines Intergruppenkonfliktes zugrundegelegt, demzufolge sich die Konfliktparteien gegenseitig die Absicht oder den Versuch unterstellen, wichtige Interessen der jeweils anderen Seite mit allen denkbaren Mitteln – hier allerdings ausschließlich derjenigen der Gewaltanwendung – entscheidend zu beeinträchtigen. Es handelt sich somit um ein weitgefächertes Spektrum von Gegensatzbeziehungen unterschiedlichster Intensität.

In einer Phase der Vorplanung der Untersuchung war zunächst daran gedacht worden, mit Hilfe von Expertenbefragungen eine Skala von „extrem konfliktfördernd" bis zu „extrem konfliktmindernd" zu entwickeln, die auch die unterschiedlichen Zeitdimensionen im Verhältnis zwischen den beiden Staaten Volksrepublik Polen und Bundesrepublik Deutschland von 1945/49 bis 1972 mit berücksichtigt hätte. Es wurden daher auf der Basis der tat-

---

[2] Über ein Experiment zur Herbeiführung von Einstellungsänderungen im Bereich der Internationalen Politik berichten z. B.: Shirley A. Star and Helen Macgill Hughes: Report on an Educational Campaign: The Cincinnati Plan for the United Nations, in: American Journal of Sociology, Bd. 55, 1949/50, S. 389 ff.

[3] Zu den Wirkungen der Massenmedien siehe unter anderem Alphons Silbermann et al: Die Konzentration der Massenmedien und ihre Wirkungen – eine wirtschafts- und kommunikationssoziologische Studie, Düsseldorf 1970.

[4] Vgl. vor allem D. C. Pruitt and R. C. Snyder: Theory and research on the causes of war, New York 1969, sowie K. E. Boulding: Conflict and defense. A general theory, New York 1965.

8

sächlichen Maßnahmen oder auch Vorschläge in der Deutschlandpolitik Polens sowie der Polenpolitik der Bundesrepublik Deutschland der letzten zwanzig Jahre die aus der heutigen Sicht charakteristischsten Faktorengruppen unterschiedlicher Konfliktintensität herausdestilliert und in Form von Statements Polenfachleuten aus Politik, Wirtschaft und Publizistik in der Bundesrepublik Deutschland zur Bewertung vorgelegt. Der Versuch, auf diese Weise zu einer mehrdimensionalen Skalierung zu kommen, erwies sich dann aber trotz interessanter Einzelergebnisse als undurchführbar, weil die Grundlagen entsprechender Aussagen über einen so langen Zeitraum weder als intersubjektiv noch als intrasubjektiv überprüfbar gelten konnten[5]. Unter methodischen Gesichtspunkten verdient schon an dieser Stelle in diesem Zusammenhang angemerkt zu werden, daß speziell das sozialpsychologisch orientierte Arbeitsteam mit seinen Variablen-Konzepten keine Kausalzusammenhänge der Konfliktverursachung postulieren, sondern in diesem Bereich der geschichtswissenschaftlich orientierten Politologie bei Versuchen einer Hypothesenbildung den Vortritt lassen wollte. In der Tat konnte es sich diese ebenso alte wie junge Disziplin – in diesem Falle ihre Teildisziplin „Internationale Politik" – vielleicht noch am ehesten leisten, zunächst auch ohne hinreichend abgesicherte empirische Untersuchungen im Hinblick auf ein Verhältnis wie das deutsch-polnische als Grundmuster des Verhaltens einzelstaatlicher Akteure im internationalen System unserer Zeit die Konzepte Konflikt und Kooperation[6] zur Diskussion zu stellen und damit zu weiteren Untersuchungen übergreifender, interdisziplinärer Fragestellungen anzuregen, schreibt sich doch diese „Internationale Politik" selber eine wissenschaftsintegrierende Katalysatorfunktion zu[7]. Im vorliegendem deskriptiv-analytischen Sammelband liegt intentional das Schwergewicht entscheidend auf der Kategorie „Konflikt". Ihr gegenüber werden Aspekte der Kooperation zur Überwindung eines bislang zwischenstaatlichen Konfliktverhältnisses nur andeutungsweise beleuchtet[8].

Hinweise von politikwissenschaftlicher Seite auf ein mögliches oder tatsächliches Kooperationsverhalten speziell seit Inkrafttreten des Warschauer Vertrages vom Dezember 1970 vermögen denn auch die zusätzliche praxeologische Motivation der Forschungsgruppe einmal mehr zu verdeutlichen; muß sich doch gerade die Politikwissenschaft des engen Theorie-Praxisbezuges ihrer Disziplin bewußt sein, ja eine wissenschaftliche Beratung

---

[5] Von 100 Befragten hatten ohnehin nur 34 geantwortet.

[6] Vgl. dazu: C. C. Schweitzer: Chaos oder Ordnung. Einführung in die Probleme der internationalen Politik, Köln 1973.

[7] So als erster in der Bundesrepublik Deutschland nach dem Zweiten Weltkrieg Arnold Bergsträsser, Internationale Politik als Zweig der Politischen Wissenschaft, in: Politische Vierteljahresschrift, 1960/1.

[8] Siehe S. 530 ff.

der praktischen Politik anstreben[9]. Zusammen mit ihren Vertretern ließ sich aber letztlich das gesamte Forschungsteam von der Hoffnung leiten, in bescheidenem Umfange mit den vorgelegten Analysen zu einer *Politikberatung* und allein schon durch die Veröffentlichung der Ergebnisse als solche zum Prozeß einer Normalisierung der deutsch-polnischen Beziehungen in den siebziger Jahren beitragen zu können.

Unter dem letzteren Gesichtspunkt war der koordinierende politikwissenschaftliche Herausgeber von Anfang an, erst recht aber im weiteren Verlauf der Untersuchungsphasen, bemüht, einen *informellen Gedankenaustausch mit polnischen Kollegen* herbeizuführen. Dies ist sowohl in der Bundesrepublik Deutschland wie in Polen selber zu wiederholten Malen gelungen[10] und hat sich einerseits befruchtend auf den Fortgang der Arbeit ausgewirkt, andererseits aber zu konkreten deutsch-polnischen Überlegungen über teilweise gemeinsame, spiegelgleiche oder ergänzende Anschlußuntersuchungen geführt[11]. Solche gemeinsamen deutsch-polnischen Untersuchungen würden dann auch dem Forschungskonzept noch besser gerecht werden, das der bedeutende amerikanische Völkerrechtler, Politologe und Konfliktforscher Q. Wright schon 1957 vorgelegt und zur kritischen Anwendung empfohlen hat[12]. Wir geben uns unter diesem Gesichtspunkt daher der Hoffnung hin, daß die Vorlage dieser ersten Ergebnisse weitere deutsche wie polnische Untersuchungen befruchten möge[13]. Da der bundesweite Erhebungsbogen in einigen Punkten unter anderem auch die DDR berührt, wurden erste Teil-

---

[9] Vgl. als jüngstes praktisches Beispiel die Herausgabe der Dokumentation zur „Auswärtigen Politik der Bundesrepublik Deutschland" (1949–72) durch das Auswärtige Amt „unter Mitwirkung eines wissenschaftlichen Beirates" (Hans Buchheim, Hans-Adolf Jacobsen, Boris Meissner und Carl-Christoph Schweitzer), Köln 1972.

[10] Der politikwissenschaftliche Herausgeber referierte über dieses Projekt in seinem Endstadium vor dem Warschauer Institut für Internationale Beziehungen und dem Schlesischen Institut in Kattowitz im Frühjahr 1974 und besprach es in seinen verschiedenen Entwicklungsstadien mehrfach mit polnischen Wissenschaftlern, u. a. auch mit dem langjährigen Vorsitzenden der Vereinigung der Soziologen Polens, dem heutigen Direktor der Westabteilung bei der Polnischen Akademie der Wissenschaften.

[11] Spiegelgleiche Untersuchungen sind mit der Universität *Krakau geplant.*

[12] Q. Wright: Design for a research project on international conflicts and the factors causing their aggravation or ameloration, in: Western Quarterly, 10/ 1957.

[13] Eine bedeutende Anschlußveröffentlichung ist gegeben in Gestalt eines ersten gemeinsamen deutsch-polnischen Projektes zur interdisziplinären Untersuchung der deutsch-polnischen Beziehungen. Es soll unter Beteiligung von 10 Wissenschaftlern aus beiden Ländern, die jeweils zu den gleichen Unterthemen schreiben, unter der Herausgeberschaft von A. Sulek und B. Janicki in Warschau sowie Hans-Adolf Jacobsen und C. C. Schweitzer in Bonn zum 5. Jahrestag der Unterzeichnung des Warschauer Vertrages Ende 1975 erscheinen.

ergebnisse mit interessierten Wissenschaftlern ebenfalls schon kurz in der DDR erörtert[14].

Die *entscheidenden Daten* wurden aus dieser Erhebung auf der Basis sowohl eines knapp unter der 2000 Grenze liegenden Samples als auch von drei Teilgruppen – der schon genannten Journalisten und Publizisten, aber auch von Vertriebenenfunktionären – gewonnen, wie noch im einzelnen darzustellen sein wird. *Wichtige Quellen* im geschichtswissenschaftlich-politikwissenschaftlichen Sinne wurden insbesondere mit dem Beitrag zur Genesis des Oder-Neiße-Konfliktes in den der Forschung jetzt schon zugänglichen Archiven, und darüber hinaus durch das Entgegenkommen des Auswärtigen Amtes gegenüber dem politikwissenschaftlichen Herausgeber neu erschlossen. Letzteres schlägt sich nieder in der Arbeit über die Einstellung der Vertriebenenverbände und die deutsch-polnischen Beziehungen. Gerade dieser Beitrag dürfte eines Tages nach Freigabe der Akten des Auswärtigen Amtes über den ganzen Zeitraum von 1945 bis 1970 eine wesentliche Ergänzung oder auch Korrektur erfahren[15].

Was den Aufbau des Sammelbandes betrifft, so gliedert sich ein erster historisch-politologischer Teil im engeren Sinne in zwei Darstellungen, von denen die eine der Untersuchung der Genesis des Oder-Neiße-Konfliktes und die andere dem Interdependenzverhältnis von Innen- und Außenpolitik im Entscheidungsprozeß der bundesrepublikanischen Polenpolitik gewidmet ist. Da in beiden Abhandlungen in diesem Gesamtzusammenhang von einem polnisch-deutschen Konfliktverhältnis allein zwischen der Volksrepublik Polen und der Bundesrepublik Deutschland ausgegangen wurde – im Falle der zeitlich eingegrenzten Analyse von Hans G. Lehmann natürlich nur implizit – und somit auf eine Einbeziehung der Komponente DDR verzichtet wird, obwohl man auch hier noch bis 1949–1950 von potentiellen Konfliktbeziehungen zu Polen sprechen könnte, erscheint an dieser Stelle ein kurzer Hinweis auf den *staats- und völkerrechtlichen Theorienstreit* über den Status von Deutschland nach Übernahme der obersten Regierungsgewalt durch die drei alliierten Oberbefehlshaber im besiegten Deutschen Reich am 5. Juni 1945 angebracht. Man wird davon ausgehen können, daß die Forschungsgruppe in toto implizit von einer sogenannten Teilordnungstheorie ausgeht, wonach auf dem Gebiete eines nicht als untergegangen oder dismembriert

---

[14] Der politikwissenschaftliche Herausgeber trug dieses Projekt kurz im Rahmen einer von ihm geleiteten Delegation zusammen mit Bernd Schäfer vor Wissenschaftlern in der DDR im Jahre 1973 vor.

[15] Bekanntlich erfolgt durch das Auswärtige Amt eine Freigabe der Akten in der Regel nach dem englischen Prinzip eines zeitlichen Abstands von rd. 30 Jahren – im Gegensatz zu dem flexibleren amerikanischen, wo zumeist nach 25 Jahren eine Akteneinsicht möglich wird.

anzusehenden Deutschen Reiches in den Grenzen von 1937[16] unter dem „Reichsdach" als einem politisch-juristischem Artefakt zwei – bis auf die auch heute immer wieder beschworene Viermächteverantwortung für Deutschland als ganzes und für Berlin[17] voll souveräne – Teilstaaten, Bundesrepublik und DDR, entstanden sind. Wir bewegen uns also hier insgesamt gesehen im Bereich der sogenannten Identitätstheorien, wobei die Variante „Staatskern BRD" (einschließlich Alleinvertretungsanspruch) oder auch „Bürgerkriegstheorie" als verworfen gelten können. Eine solche Betrachtungsweise dürfte einerseits der heutigen offiziellen Linie der Bundesregierung entsprechen, die im Warschauer Vertrag von 1970 den ausdrücklichen Vorbehalt anmeldete, nur für die Bundesrepublik Deutschland – also implizit nicht für ein später wiedervereinigtes Deutschland – zu sprechen, andererseits sicherlich aber auch der Grundkonzeption der Deutschlandpolitik der Volksrepublik Polen: Obwohl Polen spätestens seit dem Görlitzer Vertrag mit der DDR vom Sommer 1950 expressis verbis davon auszugehen schien, im völkerrechtlichen Sinne keinerlei Grenzprobleme mit irgendeinem anderen deutschen Staat zu haben, lag Warschau ja gerade an einer Garantie eben dieser Grenze durch Bonn. Im übrigen kann ja auch dem Geltendmachen von ganz neuen Entschädigungsforderungen gegenüber der Bundesrepublik zugunsten früherer polnischer KZ-Häftlinge auf Seiten Polens heute nicht etwa eine Auffassung zugrundeliegen, die eine staatsrechtliche Diskontinuität zwischen dem alten Deutschen Reich und der Bundesrepublik voraussetzt.

In Parenthese sei noch angefügt, daß in diesem Zusammenhang, –wie erst recht natürlich in der sozialpsychologisch orientierten Hauptuntersuchung –, immer wieder das Problem der Kriterien für ein bestimmtes Nationenkonzept und damit auch die Frage nach dem jeweiligen nationalen Selbstverständnis aufgeworfen wurde: Wer ist ein Deutscher, wer ein Pole, was ist Deutschland – solche Fragestellungen sind nicht nur für die politischen Praktiker beider Länder heute im Hinblick etwa auf die Kontroverse um die noch nicht abgeschlossene Umsiedlung aus den Gebieten jenseits der Oder-Neiße in die Bundesrepublik Deutschland außerordentlich relevant, sondern eben auch für die Lehre von den internationalen Konflikten[18].

Der erste Beitrag von Hans G. *Lehmann* versucht auf diesem Hintergrund anhand neuester Quellen den Beginn der Auseinandersetzung um die Gebiete östlich der Oder-Neiße einzuordnen in die Genesis des Kalten Krieges zwischen Ost und West nach Ende des Zweiten Weltkrieges; ja er weist dieser

---

[16] Zur Ausgangslage in diesem Zusammenhang 1945 siehe u. a. A. Fischer (Hrsg.): Teheran – Yalta – Potsdam, Köln 1973 (2), Die Konferenz von Potsdam, S. 214/15.

[17] Zu den verschiedenen Rechtstheorien siehe R. Schuster: Deutschlands staatliche Existenz im Widerstreit politischer und rechtlicher Gesichtspunkte: 1945–63, München 1963 sowie B. Quist, Ostpolitik, Völkerrecht und Grundgesetz, Starnberg 1972.

[18] Zusammenfassend zur Diskussion um den Nationenbegriff siehe bei C. C. Schweitzer, Chaos oder Ordnung, a.a.O. S. 70 ff.

Auseinandersetzung im Hinblick auf die Auflösung des zweckgebundenen Kriegsbündnisses zwischen Westmächten und Ostmacht einen schlechthin entscheidenden Stellenwert zu. So steht denn auch im Mittelpunkt seiner Analyse der Vorgeschichte des eigentlichen Konfliktes zwischen der Bundesrepublik Deutschland und der Volksrepublik Polen die Entwicklung eines west-östlichen Konfliktverhältnisses, das sich an der Frage nach der territorialen Eingrenzung des neuen Polen bzw. Zusammensetzung seiner neuen Regierung entzündete. Im Sinne der oben genannten konflikttheoretischen Konzeption von Q. Wright werden hier also als „eigentliche", auf jeden Fall ursprüngliche Konfliktgegner die Großen Mächte analysiert und deren verschiedene Distanzen zueinander ermittelt. Damit wird gleichzeitig deutlich, daß die späteren Konfliktbeziehungen zwischen Bundesrepublik Deutschland und Volksrepublik Polen von den Großmächten gewissermaßen übernommen und weitergeführt wurden, daß mit anderen Worten der eigentliche Konflikt zwischen Bonn und Warschau nur auf dem gesamten international-politischen Hintergrund bewertet werden kann. Dem Oder-Neiße-Konflikt liegt also dieser Sicht zufolge eine Kollision von „nationalen Interessen" zunächst der Siegermächte des Zweiten Weltkrieges selber zugrunde.

Mit dem *zweiten* Beitrag im ersten Hauptteil über den Stellenwert der Vertriebenenverbände im polenpolitischen Entscheidungsprozeß der Bundesrepublik Deutschland soll einmal mehr der Interdependenzaspekt zwischen Innen- und Außenpolitik ganz allgemein aufgezeigt werden. Den Verfassern geht es daher um den Versuch einer Abschätzung des Erfolges der Beteiligung von Vertriebenengruppen am außenpolitischen Entscheidungsprozeß im Bereich der bundesrepublikanischen Polenpolitik. In Analogie zu entsprechenden politikwissenschaftlichen Vorbildern in Form von Fallstudien[19] liegt dieser Analyse implizit ein struktur- und funktionsanalytischer Ansatz der sogenannten Systemtheorie zugrunde. Bei solchen Fallstudien wird einmal unterschieden zwischen einer Beteiligung außerexekutiver Gruppen am Meinungsbildungsprozeß und einer Beteiligung am eigentlichen Willensbildungsprozeß bis hin zur jeweiligen Endentscheidung[20] und zum anderen der Versuch gemacht, zur Falsifizierung oder Verifizierung bisheriger Arbeitshypothesen zu kommen, wonach im westlich-pluralistischem Demokratiesystem parlamentarischer oder präsidentieller Provenienz pressuregroups aller Art (zumindest aber die vom Wirtschafts- und Wählerpotential her stärksten), einen entscheidenden Einfluß auf die Exekutive auch im

---

[19] Siehe u. a. E. O. Czempiel: Das amerikanische Sicherheitssystem 1945–1949. Studie zur Außenpolitik der bürgerlichen Gesellschaft, Berlin 1966; H.-A. Jacobsen: Nationalsozialistische Außenpolitik 1933–1938, Frankfurt 1968, und C. C. Schweitzer: Amerikas chinesisches Dilemma, Fallstudie über außenpolitische Entscheidungen in einer offenen Gesellschaft, Köln 1969.

[20] Vgl. C. C. Schweitzer: „Methoden der Außenpolitik (West)", in: Internationale Beziehungen, hrsg. von K. D. Bracher und E. Fraenkel, Fischer-Lexikon, Frankfurt 1971.

Hinblick auf die Gestaltung der Außenpolitik auszuüben vermögen. Es zeigt sich schon aufgrund des bisher analysierten, aber eben noch sehr unvollständigen Quellenmaterials bezogen auf unser Generalthema, was für das amerikanische Präsidialsystem ebenfalls nachgewiesen werden konnte[21], daß gegenüber einem „Beeinflussungsstrom" in der direkten Richtung: Verbände-Exekutive oder der indirekten: Verbände – Segmente der Öffentlichen Meinung – Exekutive – Legislative, die „Gegenrichtung" in den westlich-demokratischen Systemen als die letztlich ausschlaggebendere anzusehen ist; daß mit anderen Worten die exekutive Entscheidungsspitze direkt (oder indirekt mit Hilfe von „Gegendruck" ausübenden Gruppen) die öffentliche Meinung in einer bestimmten außenpolitischen Sachfrage bestimmt, d. h. daß sie „führt" anstatt „geführt" zu werden[22].

Auch die Spezialstudie von *Hapke,* die auf einer besonderen Auswertung der Antworten von „Vertriebenen" in der Gesamtstichprobe basiert, ist partiell unter dem Aspekt zu betrachten, daß mit der Gesamtuntersuchung nicht zuletzt opinion-leaders berücksichtigt werden sollten. Methodisch im engeren Sinne ist dieser Beitrag natürlich weniger unter einem historisch-politologischen als unter einem politikwissenschaftlich-sozialwissenschaftlichen Ansatz zu sehen.

Mögliche Zusammenhänge zwischen *Publizistik* und öffentlichen Meinungen geht sodann der Beitrag von *A. Wick-Kmoch* mit inhaltsanalytischen[23] Methoden nach. Er ist ebenso wie der Aufsatz von Hans G. Lehmann in sich Teil einer größeren angelegten und in diesem Sammelband daher nur teilweise veröffentlichten Untersuchung. Schließlich tangiert auch die Kurzanalyse von *Biciste* – ebenfalls im Grenzbereich zwischen Soziologie und Politikwissenschaft – das strukturelle Bezugssystem innerstaatlicher Meinungs- und Willensbildung. Diese Auswertung von zwei Teilbefragungen – von Journalisten und Pädagogen – basiert auf dem Konzept G. Almonds und anderer politikwissenschaftlicher Forscher einer Unterscheidung zwischen dem Anteil verschiedener Öffentlichkeiten am außenpolitischen Meinungsbildungsprozeß: d. h. einer „uninformed", „attentive" und „effective" public[24]. Dem *zweiten Hauptteil* des Sammelbandes, – einem primär von *sozialpsycho-*

---

[21] Siehe C. C. Schweitzer, Amerikas chinesisches Dilemma, a.a.O. S. 313 ff.

[22] Diese Fragestellung liegt auch einem groß angelegten Foschungsprojekt des Hessischen Instituts zur Friedens- und Konfliktforschung zugrunde, mit dessen Autoren das Forschungsteam, das diesen Sammelband vorlegt, enge Fühlung gehalten hat. Entsprechende Umfragen in der Bundesrepublik Deutschland der letzten 20 Jahre sind auch von unserem Forschungsteam zum Vergleich herangezogen bzw. eingesehen worden.

[23] Bahnbrechend besonders unter politikwissenschaftlich-inhaltsanalytischen Gesichtspunkten: O. R. Holsti: The belief-system and national images – a case study, in: Journal of Conflict Resolution 1962, 6.

[24] Grundlegend hier nach wie vor G. Almond, The American People and foreign Policy, New York 1950; vgl. unten den Beitrag von Biciste.

logischen und soziologischen Methodenansätzen her entwickelten –, liegt als übergreifendes Untersuchungsziel der Versuch zugrunde, *das Polenbild in der Bundesrepublik* nach Inkrafttreten des Warschauer Vertrages genauer zu ermitteln –, und zwar unter besonderer Berücksichtigung seiner möglichen ideologiespezifischen Verankerungen. Damit soll der hohe Stellenwert unterstrichen werden, den die Forschungsgruppe insgesamt bei Analysen zwischenstaatlicher Konflikte einseitig fixierten Fremdbildern beimißt. Auf diesen Aspekt geht im letzten Teil noch der politologisch-aktuelle Kurzbeitrag ein, der u. a. den analytischen Raster gegenseitiger Bedrohungsvorstellungen der tatsächlichen Entwicklung der Beziehungen zwischen Bonn und Warschau nach Abschluß des Warschauer Vertrages unterlegt.

Auf eine vorweggenommene Beschreibung des sehr differenzierten *Instrumentariums,* das in dem *sozialpsychologisch* orientierten Teil angewandt wurde, soll in dieser Einleitung verzichtet werden. Verwiesen wird vielmehr auf die grundlegende Deskription im ersten Beitrag von Schäfer, dessen Verdienste als Leiter der arbeitsintensivsten Projektgruppe die Herausgeber an dieser Stelle ausdrücklich hervorheben möchten.

Die Arbeiten der Sozialpsychologen prüfen zunächst die Zusammenhänge zwischen demographischen Variablen wie Geschlecht, Alter, Schulbildung, Einkommen, Wohnortgröße und Konfession und den hier in erster Linie interessierenden Variablen: Einstellung zu Polen, zur neuen Ostpolitik und Konfliktbereitschaft gegenüber Polen. Eher als die erwähnten demographischen Merkmale erklärt die Parteipräferenz der Befragten Unterschiede in den eben genannten Einstellungsvariablen. Sodann werden in einem eigenen Kapitel Aspekte der bisherigen Vorurteilsforschung kritisch dargestellt, insbesondere die Frage, ob es eine vorurteilshafte Einstellung zu durchgängig allen fremden Gruppen gibt, die zur Einschätzung einem Befragten vorgelegt werden. Vor dem Hintergrund dieser auch methodisch sorgfältigen und überfälligen theoretischen Auseinandersetzung steht das folgende Kapitel, in dem das Xenophobie-Xenophilie-Konzept erfolgreich auf die Daten der Erhebung an einer repräsentativen Stichprobe bezogen wird. Wir glauben, daß die allgemeine sozialwissenschaftliche Vorurteilsdiskussion durch diese Arbeiten einen deutlichen Schritt vorangekommen ist, und hoffen auf weitere Arbeiten in dieser Richtung.

Auch die beiden folgenden Kapitel bilden eine Einheit; die erste Arbeit leistet die Auseinandersetzung mit der einschlägigen Literatur und besonders mit dem reichhaltigen Methodenarsenal, über das die Psychologie für die Feststellung und Beschreibung von Typen verfügt. Die zweite Arbeit wendet das Konzept auf unsere Daten an. Neben Parteipräferenz und Vorurteilsneigung treten Typen politisch-weltanschaulicher Orientierung und üben Einfluß aus sowohl auf die grundsätzliche Einstellung zur neuen Ostpolitik und gegenüber Polen als auch auf die Stellungnahme zu konkreten, aktuellen Fragen der deutsch-polnischen Beziehungen. Die Perspektive der sozialpsychologischen Arbeitsgruppe der Aachener Rheinisch-Westfäli-

schen Technischen Hochschule kommt der einer interdisziplinären Ideologiediskussion mit einem anderen methodischen Ansatz nahe: Hier werden die
Beziehungen zwischen den einzelnen und der Gesamtheit der politischen
Schlüsselwörter einerseits, den außenpolitischen Einstellungsvariablen andererseits analysiert, ohne daß ein theoretisches Konstrukt wie allgemeine
Vorurteilsneigung oder Typus politisch-ideologischer Orientierung angesetzt
würde. Alle Arbeiten beziehen sich auf das gleiche Datenausgangsmaterial
und verdeutlichen so für den Leser die Notwendigkeit, über die Angemessenheit der Methodik zu reflektieren. Ein abschließender Artikel versucht,
wenigstens einige Ergebnisse zu integrieren und ihre Methodeninvarianz festzustellen.

Die unter speziell *soziologischen* Gesichtspunkten durchgeführten beiden
Einzelstudien des Arbeitsteams Kutsch, Köln, sollen die Berichte des sozialpsychologischen Teams ergänzen. Hier dürften die mit früheren oder späteren
Untersuchungen sicherlich noch weiter zu vergleichenden Daten bezüglich
so grundlegender Konzepte wie denen des „Rechtes auf Heimat" oder „des
Selbstbestimmungsrechtes" in Relation und/oder Abhängigkeit zu Parteipräferenz, Geschlecht, Alter und Schulbildung ebenso von Interesse sein
wie die ermittelten Einschätzungen der außenpolitischen Wirkungen des
Warschauer Vertrages auch und gerade unter einem überregionalen Gesichtspunkt (dem z. B. 67,1 % der Befragten der großen Stichprobe den entscheidenden Stellenwert beimaßen) oder der wünschenswerten bzw. auch
für möglich gehaltenen Entwicklung der deutsch-polnischen Beziehungen
auf einem gesamteuropäischen Hintergrund. Man wird mit aller gebotenen
Zurückhaltung konstatieren dürfen, daß die Praktiker der bundesdeutschen
Polenpolitik nicht zuletzt diesen Beiträgen ebenso wichtige wie überraschende
Hinweise im Hinblick auf die Einstellung eines repräsentativen Querschnitts
unserer Bevölkerung entnehmen können, zumal die beiden Soziologen ihre
Analyse ausweiten zu prognostisch-empfehlenden Betrachtungen über die
Gestaltung unserer künftigen Beziehungen zu den Staaten des Ostblocks
insgesamt.

Wiederum in dem Bemühen, zumindest andeutungsweise den roten Faden
der Gesamtuntersuchung immer wieder sichtbar werden zu lassen, schließt
sich sodann der schon erwähnte politikwissenschaftlich-aktuelle Beitrag
über die Entwicklung der deutsch-polnischen Beziehungen zwischen 1970
und 1974 sowie über die zwischen Bonn und Warschau bei Abschluß des
Gesamtmanuskriptes nach wie vor kontroversen und damit immer noch
potentiell konfliktträchtigen Probleme an. In diesem Beitrag, der vom Verfasser an anderer Stelle einer aller Voraussicht nach zeitlich sich unmittelbar
anschließenden Veröffentlichung einer deutsch-polnischen Gemeinschafts-
arbeit in erweiterter Fassung vorgelegt wird und daher in diesem Sammelband nur in einer Kurzform erscheinen konnte, sollte der dreifache Frage-
ansatz einer Friedens- und Konfliktforschung im Bereich der politikwissenschaftlichen Teildisziplin „Internationale Politik" angesprochen werden:

16

Nach den entscheidenden Ursachen internationaler Konflikte – hier unter den Gesichtspunkten der Kollision von nationalen Interessen und Bedrohungsvorstellungen –: nach den Möglichkeiten einer Konfliktregulierung auf dem Wege diplomatischer Kompromisse und schließlich nach Formen der Kooperation als Mittel zur Normalisierung von Beziehungen zwischen Staaten mit antagonistischen Gesellschafts- und Regierungssystemen. Bei letzteren geht es im konkreten Falle um Bemühungen der politischen Praktiker zugunsten einer noch besseren Ausschöpfung der Möglichkeiten, die der Warschauer Vertrag als Schlußstrich unter eine tragische Vergangenheit und zugleich Grundlage für eine Normalisierung in der Zukunft aufzeigt.

Mit dem letztgenannten Beitrag wird übergeleitet zu der schon erwähnten erziehungswissenschaftlich-didaktischen Kurzstudie über die Darstellung der deutsch-polnischen Beziehungen in den ausgewählten Schulbüchern und damit über Möglichkeiten der Entzerrung von Polenbildern in unserem Erziehungs- und Bildungssystem. Solche Bemühungen sollten Mitte der siebziger Jahre von Theoretikern im Interesse einer noch besseren Verständigung zwischen Deutschen und Polen auch unabhängig von dem jeweiligen Stand der amtlichen und halbamtlichen Beziehungen, für die Praktiker verantwortlich zeichnen, intensiviert werden.

Herausgeber und Mitarbeiter dieses Sammelbandes danken allen denjenigen, die im Bereich des Computerwesens, bei den Befragungen, bei der Beschaffung des Quellenmaterials sowie nicht zuletzt beim Abschreiben der Manuskripte wesentlich zum Gelingen eines Vorhabens beigetragen haben, das sie selber natürlich nur nebenamtlich durchführen und betreuen konnten und für das die jeweiligen Verfasser einzeln die Verantwortung tragen. Dem Leser wird nicht entgehen, daß der Sammelband Beiträge sowohl von Autoren enthält, die ihre Thesenreihen sehr detailliert belegen, ohne dabei spekulativ zu werden, als auch von einigen, die den umgekehrten Weg bestreiten, das heißt, Spekulationen entwickeln, ohne in jedem einzelnen Falle den empirischen Nachweis antreten zu wollen. Auch in solchem unterschiedlichen methodischen Vorgehen zeigt sich die Bandbreite der hier vorgelegten multidisziplinären Ansätze – und nicht zuletzt im übrigen auch ein unterschiedliches generationsgebundenes Erkenntnisinteresse.

Großen Wert legen die Herausgeber nicht nur auf die abschließende Aufforderung, diese Ergebnisse des Forschungsvorhabens kritisch zu überprüfen, sondern auch auf ihr Angebot an interessierte Fachkollegen aus den verschiedensten Disziplinen, sich des jederzeit zur Verfügung stehenden sehr umfangreichen Datensatzes zu bedienen zur Durchführung von Anschlußuntersuchungen, die sie sich selber zum Beispiel anhand von noch gar nicht ausgewerteten zusätzlichen Vertriebenendaten vorbehalten.

I.
Historisch-politikwissenschaftliche Einführung

1. DER ANALYTISCHE BEZUGSRAHMEN EINES INTERNATIONALEN UND INTERGESELLSCHAFTLICHEN KONFLIKTS AM BEISPIEL DER GENESIS DES ODER-NEISSE-KONFLIKTS

von H. G. Lehmann

1. DER ODER-NEISSE-KONFLIKT

1.1. Definitorische Grundlegung und theoretische Prämissen

Unter *Konflikt* werden Spannungsverhältnisse und ihre Austragung zwischen Gruppen verstanden, insbesondere zwischen Völkerrechtssubjekten, d. h. Staaten. Diese bewußt weitgefaßte Definition geht von drei Systemebenen des Inter-Gruppen-Konflikts aus, zwischen denen Interdependenzen bestehen: 1. die menschlich-personale, 2. die innenpolitisch-nationale und 3. die außenpolitisch-internationale Dimension. In der Regel handelt es sich um eine „special situation of competition"[1], in der zwei oder mehrere Akteure Interessen vertreten (Interessenkonflikt) und/oder Werte erstreben (Wertekonflikt), deren Ziele inkompatibel sind.

Die folgende Studie basiert auf der Hypothese, daß nach dem Zweiten Weltkrieg ein Konflikt wegen des Oder-Neiße-Problems (= Oder-Neiße-Konflikt) entstanden ist und sich vor allem in politischen, gesellschaftlichen, ideologischen und rechtlichen Streitigkeiten entladen hat. Objekt dieser Auseinandersetzungen sind die *Oder-Neiße-Gebiete* gewesen, d. h. die östlich

---

[1] Robert C. North, Conflict (Political Aspects), in: International Encyclopedia of the Social Sciences 3 (1968), S. 226 ff., bes. 228. Vgl. auch Kenneth E. Boulding, Conflict and Defense. A General Theory, New York 1965, S. 5 f.; Horst Schuh und Ulrich Mees, Aggression und gewaltsamer Konflikt. Untersuchung der situativen und habituellen Bedingungsfaktoren, in: Beiträge zur Konfliktforschung 2 (1972), S. 59 ff. Zum „subjektivistischen" (manifesten) und „objektivistischen" (strukturbedingten) Konfliktmodell: Herman Schmid, Friedensforschung und Politik, in: Dieter Senghaas (Hrsg.), Kritische Friedensforschung, Frankfurt a. M. 1971, S. 25 ff., bes. 40 ff., 44 ff.

der Oder und Lausitzer Neiße gelegenen Territorien nebst Stettin, die nach den Grenzen vom 31. Dezember 1937 zum Deutschen Reich gehört haben, heute aber weder Staatsgebiet der DDR noch BRD sind[2]. Der Konflikt drehte sich vor allem darum, ob dieses „Ostdeutschland" nach 1945 noch *deutsches* oder aber *polnisches* bzw. in Nordostpreußen *sowjetisches* Territorium sei. Rein juristisch gesehen ging es um die Gebietshoheit über die Oder-Neiße-Territorien, nachdem die deutsche Verfügungsgewalt (Besitz) über sie effektiv entzogen worden war. Anders ausgedrückt: Hatten sie nach *staatsrechtlichen* Kriterien als Inland zu gelten? Oder aber nach *völkerrechtlichen* als Ausland?

Berücksichtigt werden jene Länder, die *maßgebliche* Subjekte oder Objekte der mit der Oder-Neiße-Frage zusammenhängenden Konfliktbeziehungen gewesen sind. Dazu gehören die *drei Großmächte* der Anti-Hitler-Koalition *(USA, Sowjetunion, Großbritannien)*, Polen, die *deutschen Besatzungszonen* bzw. die späteren *Staaten BRD und DDR* sowie *Frankreich;* nur flüchtig gestreift werden die Interdependenzen zwischen der amerikanisch-sowjetischen Ostasien- und Europapolitik. Wenn auch die Studie erstrebt, die für den Oder-Neiße-Konflikt konstitutiven Beziehungen zwischen diesen Akteuren zu erhellen, so setzt sie doch Akzente, indem sie, wie Thema und Fragestellung erfordern, die Interaktionen zwischen den *USA*, der *Sowjetunion*, *Polen* und den *deutschen Besatzungszonen* bzw. den späteren Staaten *BRD und DDR* in den Mittelpunkt stellt. Denn diese vier bzw. fünf Akteure spielen im Oder-Neiße-Konflikt die ausschlaggebende Rolle.

In Anlehnung an die Definition des Terminus Konflikt werden Kriegsgefahr und Drohung mit Gewalt nicht als einzige Kriterien des Oder-Neiße-Konflikts angesehen. Es genügen bereits manifeste oder latente Gegensatzbeziehungen, die auf neuen, subtilen Formen versteckter Gewalt, auf Bedrohungsvorstellungen und Feindbildern oder auf Mißtrauen und Ängsten beruhen. „Wenn man zu Studienzwecken Fälle von internationalen Konflikten auswählt, kommt es also nicht nur darauf an, ob von ihnen ein Krieg droht, sondern ebenso sehr darauf, welchen Grad von Intensität sie erreichen und in welchem Maße sie die Zusammenarbeit der Staaten beeinträchtigen[3]." Von dieser Prämisse, die Freymond seinem Buch über den Saarkonflikt zugrunde gelegt hat, geht auch die folgende Untersuchung aus.

---

[2] Ausgeklammert bleiben somit:
1. Die *Sudetenfrage* und alle mit dem Münchner Abkommen (1938) zusammenhängenden Probleme.
2. Die *Memelfrage* nebst Memelkonvention und -statut (1924).
3. Das *Danzigproblem*. Da das Territorium der „Freien Stadt" nach Kap. IX b Potsdamer Abkommen unter polnische Verwaltung kam, wird verschiedentlich Bezug auf Danziger Vorgänge genommen.

[3] Jacques Freymond, Die Saar 1945–1955, München 1961, S. 11. Vgl. auch Ralf Dahrendorf, Die Funktionen sozialer Konflikte, in: Pfade aus Utopia. Arbeiten zur Theorie und Methode der Soziologie, München 1967, S. 273.

1.2. Fragestellungen und Zielsetzungen

Im Oder-Neiße-Konflikt manifestieren sich innenpolitische und einzelstaatlich-nationale Spannungen, überschneiden sich bilaterale, regionale und internationale Gegensätze, durchdringen einander politische, gesellschaftliche, ideologische, ökonomische, rechtliche, historische, sozialpsychologische, geographische, moralische und sogar religiöse Probleme. Materielle und machtpolitische Interessen (Landgewinn, Vermögen, Machtzuwachs u. a.) sind mit ideellen Werten („Heimat", Kultur, Recht u. a.) verquickt und lassen sich vielfach nicht deutlich trennen.

Die folgende Untersuchung, zwei Kapitel einer größeren Studie, die der Verfasser zur Zeit erarbeitet, beschränkt sich darauf, die *Grundlagen und Voraussetzungen* des Oder-Neiße-Konflikts zu erhellen, ohne die seine Genesis, sein Verlauf und seine Syndrome unverständlich bleiben. Intendiert wird eine sozialwissenschaftliche *Analyse*. Sie stützt sich auf umfangreiche Quellenmaterialien, darunter bisher unbekannte Archivdokumente, und die einschlägigen Darstellungen, verzichtet jedoch auf ereignisgeschichtliche Betrachtungen und Einzelheiten. Eine *breite* Fragestellung und ein *interdisziplinärer* Ansatz erstreben, die *wesentlichen* Bedingungsfaktoren des Oder-Neiße-Konflikts in seinen innen- und außenpolitischen Interdependenzen zu erfassen und in ihrem Gesamtzusammenhang herauszudestillieren. Zeithistorische, völkerrechtliche und volkswirtschaftliche Grundkenntnisse werden vorausgesetzt.

Endziel der Untersuchung ist der Versuch, Bausteine zu einer *Theoriebildung* im Bereich der politik-wissenschaftlichen Konfliktforschung am Beispiel des Oder-Neiße-Konfliktes beizutragen. Wenn ein solcher Versuch auch modellhaft von geschichtlichen Vorgängen und ihren Verästelungen abstrahiert, ohne sie widerspiegeln zu können, so muß er doch auf empirischem, d. h. historischem Material basieren, ohne das Theoriebildung zwangsläufig zur Ideologie wird. Im allgemeinen neigen rein sozialwissenschaftliche Arbeiten zu theoretisierender Systemperfektion, historische dagegen tragen nicht zur Modellbildung, Typisierung und Generalisierung bei. In einem Forschungsbericht heißt es daher nach einer Bestandsaufnahme: „Als erstes Postulat ergibt sich hieraus die Forderung nach der Verbindung von theoretischer Konstruktion und historischer Reflexion[4]." In einer Synthese soll hier versucht werden, anhand konkreten geschichtlichen Materials und seinem Destillat zu überprüfbaren theoretischen Verallgemeinerungen zu gelangen. Die Studie will insofern Analyse und Synthese zugleich sein.

---

[4] Manfred Dormann, Faktoren der außenpolitischen Entscheidung, in: Politische Vierteljahrsschrift Heft 1, 1971, S. 25.

2. DIE HYPOTHEKEN DES ZWEITEN WELTKRIEGS

2.1. Die Anti-Hitler-Koalition als Negativallianz

Das Bündnis der Westmächte mit der Sowjetunion gegen das Deutsche Reich kam nicht freiwillig zustande, sondern wurde von Hitler erzwungen. Er war daher indirekt der „Schöpfer" dieser mit Recht nach ihm benannten Koalition. Sein Angriff auf Polen provozierte am 3. September 1939 die Kriegserklärungen Englands und – widerstrebend – Frankreichs, sein Überfall vom 22. Juni 1941 zwang der Sowjetunion den Krieg auf, und seine expansive Gewaltpolitik trieb auf dem Umweg über Pearl Harbor (7. Dezember 1941) auch die Vereinigten Staaten von Amerika in den Krieg[1]. Erst dadurch wuchsen die Kriegsschauplätze in Europa und Ostasien zu einem die ganze Erde umspannenden „Weltkrieg" zusammen.

Die Anti-Hitler-Koalition trug bereits den Keim der Spaltung in sich, als sie geboren wurde; denn die *Kooperation* ungleicher Partner mit unterschiedlichen politischen Systemen und Ideologien diente nur einem *einzigen* Kriegsziel, über das allein Konsens herrschte: Das Deutsche Reich zu schlagen und als eigenständigen, friedensgefährdenden Faktor in Zukunft auszuschalten. Es lag in der Natur dieses Zweckbündnisses, daß es zu zerbrechen drohte, sobald seine conditio sine qua non entfiel. In der Tat traten die konfliktträchtigen Elemente dieser Koalition immer schärfer zutage, als sich das Dritte Reich seiner militärischen Katastrophe näherte. Je mehr seine Macht zerbröckelte, um so deutlicher divergierten die Friedensziele seiner Gegner. Der Negativallianz fehlte eine tragfähige Basis, die über die Zeit des Krieges hinaus eine dauerhafte Friedensordnung verbürgt hätte.

Im Verfallsprozeß der Anti-Hitler-Koalition spielten Konflikte um Polen, d. h. seine Nachkriegsgrenzen und sein politisch-gesellschaftliches System, eine herausragende Rolle. Hitlers Angriff auf Polen war für England und Frankreich casus belli gewesen, somit die Initialzündung, die den Zweiten Weltkrieg auslöste; aber als er sich seinem Ende näherte, konnten sich die Alliierten nicht mehr über das Schicksal Polens einigen, um dessen Existenz sie u. a. gekämpft hatten. Dieser Dissens trug wesentlich dazu bei, daß die zentrifugalen Kräfte der Koalition die Oberhand über die zentripetalen gewannen.

2.2. Die alliierten Friedensziele als vom Kriege abhängige Variablen

Wie brüchig die Koalition trotz aller Beteuerungen, Hitler besiegen zu wollen, war, bewies das stete Mißtrauen, das zwischen Westmächten und Sowjetunion a priori herrschte. Die eine Seite befürchtete, die andere könne sie übervorteilen oder gar einen Separatfrieden abschließen – und vice versa.

---

[1] Über Entstehung und Grundlagen der Anti-Hitler-Koalition: Ernst Deuerlein, Potsdam 1945. Anfang und Ende, Köln 1970, S. 58 ff.

Vor allem nach dem Winter 1942/43, also nach Stalingrad, bemühte sich die Sowjetunion intensiv um einen Kompromiß mit Hitler auf der Basis des status quo ante. Erst nachdem dieser mehrfach abgelehnt hatte, die Grenzen von 1941 zu restituieren, legte sich Stalin definitiv auf die Westmächte fest[2]: einmal in der durchaus richtigen Erwartung, sie würden konzessionsbereiter sein, zum anderen in der klaren Erkenntnis, daß ihm keine andere Wahl bliebe. Hitlers Kriegspläne waren zwar bereits im Winter 1941/42 gescheitert, doch schloß sein antikommunistischer Fanatismus jeden Ausgleich mit der Sowjetunion aus[3]. Aufgrund der marxistisch-leninistischen Imperialismustheorie und der sie offensichtlich bestätigenden Kriegserfahrungen sah Stalin das primäre Friedensziel darin, die Sowjetunion möglichst weiträumig strategisch abzuschirmen, also machtpolitisch gegen die erneute Bedrohung und Einkreisung durch die kapitalistischen Kräfte zu sichern.

Die USA und England hatten zunächst den Zusammenbruch der Sowjetunion erwartet und ihren militärischen Wert gering veranschlagt. Nach Stalingrad sahen sie sich jedoch gezwungen, umzudenken. Sie standen seitdem vor der Alternative, mit der Sowjetunion auch nach dem Kriege zu kooperieren oder aber zu konfligieren. Roosevelt entschied sich für die erste Variante: für das kalkulierte Risiko einer langfristigen Zusammenarbeit im Rahmen eines globalen Gleichgewichtssystems, das die Sicherheitsbedürfnisse der Sowjetunion gewährleisten und ihr Mißtrauen gegen die westlichen Demokratien abbauen sollte. Dieser „Great Design" involvierte, daß die Sowjetunion territorial „saturiert" werde und die Hegemonie in Ostmittel- und Südosteuropa ausübe. Obwohl Roosevelt den sowjetischen Expansionsdrang einkalkulierte, rückte er in den letzten Kriegsmonaten, d. h. je mehr die Koalition verfiel, offensichtlich von seiner ursprünglichen Konzeption ab, ohne allerdings mit ihr zu brechen (z. B. in Jalta)[4]. Auch die vor allem im Winter

---

[2] Vojtech Mastny, Stalin and the Prospects of a Separate Peace in World War II, in: The American Historical Review 77 (1972), S. 1365 ff., bes. 1376 ff., 1379 ff., 1388.

[3] Reichsaußenminister Ribbentrop zum japanischen Außenminister Oshima am 31. August/1. September 1942: Für Deutschland sei ein Sonderfrieden „völlig unmöglich", weil Stalin die „Bedingungen, die wir ihm stellen würden und wozu wir uns dank unserer militärischen Lage stark genug fühlten, nicht annehmen" könnte. (Undatierte Aufzeichnung Gottfriedsens, Politisches Archiv des Auswärtigen Amts (PA), F 20/376 ff.) Zum Scheitern des „Ostfeldzugs": Klaus Reinhardt, Die Wende vor Moskau, Stuttgart 1972.

[4] Robert A. Divine, Roosevelt and World War II, Baltimore 1969, S. 91 ff., 96 ff.; Wolfgang J. Helbich, Franklin D. Roosevelt, Berlin 1971, S. 241 ff. Zum Great Design: Hans-Peter Schwarz, Vom Reich zur Bundesrepublik. Deutschland im Widerstreit der außenpolitischen Konzeptionen in den Jahren der Besatzungsherrschaft 1945–1949, Neuwied-Berlin 1966, S. 42 ff., bes. 48 ff., 52 f., 57 f. Zur Gefahr der Sowjetisierung Polens und Ostmitteleuropas, vor der Roosevelt bereits 1943 gewarnt worden war: Orville H. Bullitt (Hrsg.), For the President. Personal and Secret. Correspondence between Franklin D. Roosevelt and William C. Bullitt, Boston 1972, S. 576 ff., bes. 580, 582, 595 ff.

1944/45 öffentlich diskutierte britisch-amerikanische *Blockpolitik* (in West-europa unter Führung Englands) widersprach in ihren Zielsetzungen den Grundsätzen der Anti-Hitler-Koalition[5].

Alles in allem änderten sich die alliierten Friedensziele mehrfach. Sie erscheinen als *vom Kriege abhängige Variablen*, als Funktion zweier Eingangsgrößen:

1. des *Kriegsverlaufs*, quantifizierbar u. a. nach Kriegsdauer, -kosten und -materialien.

2. der *Kriegführung*, qualifizierbar anhand der Totalisierung des Kampfes durch Hitler – Deutschland und die Alliierten (Luft-, Partisanenkrieg).

2.3.   Die Dichotomie des Krieges in Ost und West

Hitlers axiomatisch festliegendes Primärziel war die Eroberung von „Lebensraum" im Osten. Dieses „Programm" basierte auf der rassenideologischen Prämisse, daß die Ostvölker biologisch minderwertig seien. Ihre „jüdisch-bolschewistische" Führungsschicht sollte ausgerottet und die slawische „Masse" dezimiert oder wie in einer Kolonie ausgebeutet werden. Diese Pläne wurden soweit wie möglich in „rassenideologischen Vernichtungskriegen" (Hillgruber) realisiert, die in Osteuropa beispiellos wüteten. Sie sollten die nationalsozialistische Herrschaft in Kontinentaleuropa vollenden und einen autarken, blockadefesten Großraum schaffen. Diese „Weltmachtstellung" betrachtete Hitler als Sprungbrett zur „Weltherrschaft[6]".

Das erste Opfer nationalsozialistischer systematischer Ausrottungspolitik wurde *Polen,* und zwar vom Anfang des Krieges an[7]. Es hatte die prozentual

---

[5] Heinrich Bodensieck, Provozierte Teilung Europas? Die britisch-nordamerikanische Regionalismus-Diskussion und die Vorgeschichte des Kalten Krieges 1939 bis 1945, Opladen 1970, S. 50 ff., bes. 56 f., 76 ff.

[6] Zu Hitlers „Programm" grundlegend Andreas Hillgruber, Hitlers Strategie. Politik und Kriegführung 1940–1941, Frankfurt a. M. 1965. Über das Junktim zwischen Judenvernichtung und Ostkrieg ders., Die „Endlösung" und das deutsche Ostimperium als Kernstück des rassenideologischen Programms des Nationalsozialismus, in: Vierteljahrshefte für Zeitgeschichte 2/1972, S. 133 ff. Vgl. auch Norman Rich, Hitler's War Aims. Ideology, The Nazi State, and the Course of Expansion, New York 1973, S. 121 ff., 204 ff.

[7] Die Dokumente beweisen eindeutig, daß Polen a priori als Modellfall eines rassenideologischen Völkermordes gedient hat. Bereits in einem Vermerk über die Amtschefbesprechung im Reichssicherheitshauptamt am 7. September 1939 heißt es u. a.: „Die führende Bevölkerungsschicht in Polen soll so gut wie möglich unschädlich gemacht werden. Die restlich verbleibende niedrige Bevölkerung wird keine besonderen Schulen erhalten, sondern in irgendeiner Form heruntergedrückt werden." (Bundesarchiv Koblenz, R 58/825). Nach einem Vermerk über die Amtschef- und Einsatzleiterbesprechung am 27. September 1939 waren von der politischen Führungsschicht in den besetzten polnischen Gebieten „höchstens noch 3 % vorhanden. Auch diese 3 % müssen unschädlich gemacht werden und kommen in KZs. Die Einsatzgruppen haben Listen aufzu-

höchsten Verluste an Menschenleben überhaupt: 16,1 % bis 22,2 % der Vor-
kriegsbevölkerung, das sind 4 bis 6,028 Millionen Polen wurden getötet oder
ermordet, darunter die jüdischen Staatsbürger[8]. Neben dieser physischen
Extermination vor allem der Führungsschichten, Intelligenz und Juden dienten Massenvertreibungen, Zwangsarbeit, Germanisierung (u. a. „eindeut-
schungsfähiger" Kinder), wirtschaftlich-soziale Verelendung (u. a. Epidemien),
Rechtsungleichheit, Demoralisierung, kulturelle Devastation usw. als subsi-
diäre Mittel zu dem Zweck, die polnische Nation zu schädigen und zu ent-
wurzeln[9].

Die Folge dieser nationalsozialistischen Verbrechen: Das deutsch-polnische
Verhältnis, bereits aus der Bismarckzeit schwer belastet, erreichte seinen
absoluten Tiefpunkt. Da grundsätzlich jeder Pole physisch bedroht wurde,
neigte er, je länger das Inferno wütete, immer mehr dazu, den Deutschen mit
dem Nationalsozialismus und dessen Ideologie zu identifizieren. Selbst die
kommunistischen Polen, die zunächst zwischen Deutschland und Hitler-Fa-
schismus trennten, vermochten Ende des Krieges nicht mehr zwischen beiden
zu differenzieren. Dieses Feindbild unterschied sich qualitativ von dem in
der Sowjetunion, wo stets, trotz aller nationalsozialistischen Greuel, die
jenen in Polen in nichts nachstanden, Deutschland und NSDAP auseinander-
gehalten wurden[10].

stellen, in welchen die markanten Führer erfaßt werden, daneben Listen der
Mittelschicht: Lehrer, Geistlichkeit, Adel, Legionäre, zurückkehrende Offiziere
usw. Auch diese sind zu verhaften und in den Restraum abzuschieben." (ebd.)
Die „Liquidierung des führenden Polentums" sollte bis 1. November 1939 abgeschlossen sein. Vgl. dazu auch die deutschen Originalakten vom 6. September
1939 bis 2. Juli 1940 über die Tätigkeit der Einsatzgruppen in Polen („Operation
Tannenberg"): Kazimierz Leszczyński, Działalność Einsatzgruppen policji be-
zpieczeństwa na ziemiach polskich w 1939 w świetle dokumentów, in: Biuletyn
głównej komisji badania zbrodni hitlerowskich w Polsce 22 (1971), S. 7 ff.
[8] Nach polnischen Berechnungen starben insgesamt 6 028 000 Staatsangehörige:
nur 644 000 fielen direkten Kriegshandlungen zum Opfer, dagegen 5 384 000
Vernichtungsaktionen (Konzentrationslagern, Massenexekutionen u. a.); vgl.
dazu Edmund Męclewski, Der faschistische Völkermord in Polen, in: Deutsche
Außenpolitik 12 (1967), S. 169 ff.; Presidency of the Council of Ministers. War
Indemnities Office. Statement on War Losses and Damages of Poland in 1939–
1945, Warsaw 1947, S. 43; Szymon Datner, Janusz Gumkowski, Kazimierz
Leszczyński, Genocide 1939–1945, Warszawa – Poznań 1962.
[9] Grundlegend Czesław Madajczyk, Polityka III Rzeszy w okupowanej Polsce,
2 Bde., Warschau 1970 (Lit.). Vgl. auch Martin Broszat, Nationalsozialistische
Polenpolitik 1939–1945, Stuttgart 1961. – Die deutschen Akten der Besatzungszeit ediert das Instytut Zachodni (Poznań) in der Serie Documenta Occupationis.
[10] Dem polnischen Botschafter in Moskau Kot war unbegreiflich, daß die sowjetische Regierung die Deutschen nicht kollektiv für die NS-Verbrechen verantwort-

Im Westen führte Hitler „europäische Normalkriege"; sie hielten sich im allgemeinen an das geltende Völkerrecht. Ausnahmen bestätigten nur diese Regel[11]. In der Hauptsache ging es Hitler darum, die Westmächte zu zwingen, ihm freie Hand im Osten zu gewähren. Noch bis in die letzten Kriegsjahre hinein verrannte er sich in die fixe Idee, ein „Ausgleich" mit England, mit dem zu kämpfen er gar keinen Grund habe, sei möglich. Mit anderen Worten: Hitler suchte den Sonderfrieden dort, wo er ihm verweigert wurde, verweigerte ihn aber Stalin, der ihn bis Mitte 1943 gesucht hatte.

Aus der Dichotomie des Krieges folgte:

1. Anders als im Westen löste die Kriegführung Hitlers im Osten pejorative *Rückkopplungsprozesse* aus, die zu barbarischen Exzessen führten und schließlich, nachdem die Eskalation ihren höchsten Grad erreicht hatte, beide Seiten zwang, weiterzukämpfen *oder* unterzugehen.

2. Die *Feindbilder* in Ost und West unterschieden sich grundlegend voneinander, vor allem ihre ideologische Motivation. Der Nationalsozialismus sah in Polen und Russen den Rassengegner („Untermenschen") schlechthin, den er mit dem jüdisch-bolschewistischen Todfeind gleichsetzte. Je länger die NS-Gewaltherrschaft im Osten tobte, um so mehr identifizierten die Polen – nicht jedoch in der Regel die Russen – diese Herrschaft mit dem deutschen Volk. Der Deutschenhaß dagegen, der sich in allen westlichen Ländern breitmachte, war in erster Linie von Massenmedien (Propaganda) vermittelt worden, jedoch im allgemeinen nicht aufgrund eigener Erlebnisse und subjektiver Bedrohungen (wie im Osten) entstanden. Von Ausnahmen abgesehen (Vansittartismus), war dieses Feindbild trotz aller ideologischer Klischees hauptsächlich Ausfluß des Abscheus gegen den Krieg und den deutschen Nationalsozialismus.

---

lich machte; vgl. Stanisław Kot, Conversations with the Kremlin and Dispatches from Russia, London 1963, S. 28 f.

Den undifferenzierten Deutschenhaß in Polen spiegeln insbesondere illegale Druckschriften während der Okkupationszeit wider; so heißt es z. B. in einem Flugblatt vom 30. Januar 1941: „Meide den Deutschen wie die Pest. Du wirst dich ihm nähern, wenn die Zeit der Abrechnung und der Vergeltung kommen wird. Verachte alles, was deutsch ist. Denn was von einem Deutschen herrührt – ist Lüge und Betrug." (PA, Inland II g., Bd. 414.)

Zum deutsch-polnischen Nationalbild: Hans-Adolf Jacobsen und Mieczysław Tomala (Hrsg.), Wie Polen und Deutsche einander sehen. Beiträge aus beiden Ländern, Düsseldorf 1973; Heinrich A. Stammler, Wandlungen des deutschen Geschichtsbildes von Polen, in: Ost-West Polarität, hrsg. von Alfred Domes, Köln 1972, S. 151 ff.

Über die sowjetische Unterscheidung zwischen deutschen Nationalsozialisten und deutschem Volk: J. Stalin, Über den Großen Vaterländischen Krieg der Sowjetunion, Moskau 1946, S. 13 f., 49 f.

[11] Zum berüchtigten Kommandobefehl vom 18. Oktober 1942 vgl. Hans G. Lehmann, Gefangenen-Vernehmungen nach St. Nazaire und Dieppe, in: Marine-Rundschau 70 (1973), S. 153 ff., bes. 167.

3. Im Falle einer *deutschen Niederlage* hatte das Reich im Osten härtere Strafen und Rückwirkungen zu gewärtigen als im Westen. Das Sicherheitsbedürfnis vor allem Polens und der Sowjetunion, der beiden Staaten, die am meisten gelitten hatten, spielte bereits in den Verhandlungen der Anti-Hitler-Koalition über die polnischen Nachkriegsgrenzen eine ausschlaggebende Rolle.

2.4.   Der konkrete Entscheidungsprozeß über die künftige Westgrenze Polens

2.4.1.   Kriegsziele der polnischen Exilregierung

Die von General Sikorski am 30. September 1939 in Paris gebildete polnische Exilregierung forderte unmittelbar nach dem deutschen „Blitzsieg" die Wiederherstellung eines „starken Polens" mit Grenzen, die seine Sicherheit gewährleisteten. Die Territorialwünsche, hauptsächlich militärstrategisch, teilweise aber auch wirtschaftlich motiviert, beschränkten sich zunächst auf Danzig und Ostpreußen[12]. Im Lauf der Jahre 1941/42 schlossen sie im *Norden* eine nicht näher definierte Verschiebung der deutsch-polnischen Grenze mit ein, und im *Süden* erstreckten sie sich auf das Oppelner Schlesien (Oberschlesien) sowie den kleinen Teil Niederschlesiens rechts der Oder; darüber hinausgehende territoriale Forderungen bis zur Bober -Queis oder gar Lausitzer Neiße verwarf die nach London übersiedelte Exilregierung noch am 7. Oktober 1942 ausdrücklich als phantastisch und gefährlich[13].

---

[12] Über Einzelheiten Włodzimierz T. Kowalski, Die UdSSR und die Grenze an der Oder und Lausitzer Neiße 1941–1945, Göttingen 1966, S. 12 ff.; Viktoria Vierheller, Polen und die Deutschlandfrage 1939–1949, Köln 1970, S. 21 ff.
Ostpreußen galt als deutsche „Militärbasis" für Angriffe auf Polen; vgl. The Bridgehead of East Prussia, hrsg. vom Polish Research Centre London, Edinburgh 1944.

[13] Kowalski, Die UdSSR, S. 39 ff.; ders., Walka dyplomatyczna o miejsce Polski w Europie 1939–1945, Warszawa 1966, S. 197 f.; Z. Anthony Kruszewski, The Oder-Neisse Boundary and Poland's Modernization. The Socioeconomic and Political Impact, New York/Washington/London 1972, S. 199 ff.; Vierheller, S. 26 f.
Umstritten ist, ob Sikorskis Memoranden vom Dezember 1942 bereits die Oder-Neiße-Linie als zukünftige Grenze (Aleksander Bregman, Linia Odry i Nysy, to nie „wymysł Stalina", in: Dziennik Polski (London) vom 9. Dezember 1952; deutscher Auszug: Gotthold Rhode – Wolfgang Wagner (Hrsg.), Quellen zur Entstehung der Oder-Neiße-Linie in den diplomatischen Verhandlungen während des Zweiten Weltkrieges, Stuttgart ²1959, S. 20 f.) oder aber als „natürliche Sicherheitslinie" für die polnische Besetzung deutscher Gebiete (Kowalski, Die UdSSR, S. 42 ff.) verlangten.
Über frühe publizistische Territorialforderungen, die ex post nicht überbewertet werden dürfen: Wolfgang Wagner, Die Entstehung der Oder-Neiße-Linie in den diplomatischen Verhandlungen während des Zweiten Weltkrieges, Stuttgart ³1964, S. 5 ff., 10 ff.

Das vergrößerte Polen sollte nach dem Kriege eine Konföderation mit der Tschechoslowakei (eventuell sogar mit Ungarn) bilden und in Osteuropa Kristallisationskern eines neuen internationalen Gleichgewichtssystems werden, das funktionell *primär* gegen das geschlagene Deutschland, *sekundär* aber auch gegen die aufstrebende Sowjetmacht gerichtet war[14]. Die Westmächte standen diesen Nachkriegsplänen, die sich mit ihren eigenen weitgehend deckten, wohlwollend gegenüber. Auch stimmten sie spätestens im März 1943 prinzipiell darin überein, daß Polen Ostpreußen nebst Danzig erhalten und die dortige deutsche Bevölkerung umgesiedelt werden müsse[15].

2.4.2. Hintergründe und Folgen der Kompensationstheorie

In ein *neues* Stadium trat die interalliierte Meinungsbildung erst nach Stalingrad. Hatte die Sowjetunion bislang dilatorisch abgelehnt, die Grenzen Polens nach dem Vorkriegsstande anzuerkennen, so forderte sie nunmehr prononciert die Abtretung „Ostpolens". Und zwar aufgrund folgender historischer Tatbestände und Zusammenhänge – wie exkursorisch angemerkt: Piłsudski-Polen hatte während der konterrevolutionären Interventions- und Bürgerkriege den jungen Sowjetstaat am 25. April 1920 überfallen. Als der Angriff zu scheitern drohte, intervenierte die Entente, die Polen unterstützte. Der britische Außenminister Lord Curzon schlug der Sowjetregierung am 12. (11.?) Juli 1920 die später nach ihm benannte Demarkationslinie für einen Waffenstillstand vor[16]; doch konnte Polen nach der überraschenden Wende des

---

[14] Zu den Konföderationsplänen, die letztlich am sowjetischen Veto scheiterten: Eduard Táborský, A Polish-Czechoslovak Confederation, in: Journal of Central European Affairs 9 (1950), S. 379 ff.; Piotr S. Wandycz, Czechoslovak-Polish Confederation and the Great Powers 1940–1943, Indiana 1956; Kowalski, Die UdSSR, S. 13 f., 27 ff., 47 ff.; Vierheller, S. 16 ff.

[15] Die geplante Übergabe Ostpreußens an Polen, von der Sowjetunion befürwortet, war auch insofern folgerichtig, als England und die USA beabsichtigten, das Deutsche Reich zu zerstückeln und soweit wie möglich zu schwächen; vgl. Robert E. Sherwood, Roosevelt und Hopkins, Hamburg 1950, S. 581, 583 f. (Aufzeichnungen Hopkins vom 15. März 1943); Jan Ciechanowski, Vergeblicher Sieg, Zürich 1948, S. 188, 202; Kowalski, Die UdSSR, S. 51 ff.; Wagner, S. 22 ff.

[16] Sie korrespondierte in ihrem nördlichen Teil mit der „Linie des 8. Dezember 1919", die vom „Obersten Rat der Alliierten und Assoziierten Hauptmächte" auf der Pariser Friedenskonferenz als ethnographische polnische Ostgrenze befürwortet worden war, und entsprach im südlichen Verlauf der ebenfalls in Paris empfohlenen „Linie A". Vgl. Rudi Goguel (Hrsg.), Polen, Deutschland und die Oder-Neiße-Grenze, Berlin 1959, S. 897 ff., 906 f., 918 f. (Note Curzons vom 12. Juli 1920), Kartenskizzen: S. 900, 905, Literaturhinweise: S. 949 ff. Siehe auch Alius, Die Curzon-Linie. Das Grenzproblem Sowjetunion–Polen, Zürich/New York 1945; James T. Shotwell, Poland and Russia 1919–1945, New York 1945, S. 5 ff.; Romain Yakemtchouk, La Ligne Curzon et la IIe Guerre Mondiale, Louvain-Paris 1957; Gotthold Rhode, Die Entstehung der Curzon-Linie, in: Osteuropa 5 (1955), S. 81 ff. Zum historischen Aspekt Adam Żołtkowski, Border of Europe. A Study of the Polish Eastern Provinces, London 1950.

Krieges (Wunder an der Weichsel) der geschwächten Sowjetrepublik seinen Willen aufzwingen und ihr im Rigaer Frieden vom 18. März 1921 (Präliminarfrieden vom 12. Oktober 1920) Gebiete entreißen, die größtenteils Weißrussen und Ukrainer bewohnten[17]. Der Sowjetstaat betrachtete diese juristisch eindeutigen Abtretungen nachträglich als nichtig, denn sie waren von Polen in der Stunde innerer und äußerer Bedrängnis erpreßt worden.

Die erste konkrete, erfolgversprechende Möglichkeit, die verlorenen Gebiete zurückzugewinnen, bot der deutsch-sowjetische Nichtangriffspakt vom 23. August 1939. In seinem Geheimen Zusatzprotokoll war vereinbart worden, daß die beiderseitigen Interessensphären für den „Fall einer territorial-politischen Umgestaltung" ungefähr durch die Flüsse San, Weichsel und Narev abgegrenzt würden (Zif. 2)[18]. Nach Hitlers Angriff auf Polen rückte die Rote Armee seit dem 17. September auf diese Demarkationslinie vor. Sie wurde am 28. September 1939 in einem Grenz- und Freundschaftsvertrag so rektifiziert, daß sie im großen ganzen – vom Bezirk Białystok abgesehen – der ethnographischen Curzonlinie entsprach[19]. Nach gelenkten Wahlen zu einer westukrainischen und einer westweißrussischen Nationalversammlung, die um Aufnahme in die Sowjetunion gebeten hatten, verleibte sich diese die okkupierten Gebiete förmlich ein, im Juli/August 1940 auch Litauen, das Wilna und Umgegend erhalten hatte.

Stalin räumte zwar nach Hitlers Überfall ein, daß die deutsch-sowjetischen Grenzvereinbarungen ungültig seien, doch lehnte er konstant ab, das ehemalige Ostpolen nach dem Kriege wieder herauszugeben, wie die Londoner Exilregierung erwartet hatte[20]. Da sie auf der Rückgabe beharrte und eine Kompensation auf Kosten Deutschlands ablehnte, nahm Stalin ihre Haltung im Fall Katyn' (Entdeckung von Massengräbern polnischer Offiziere) zum

---

[17] Dziennik Ustaw vom 25. März 1921, Dokument Nr. 161, S. 331 ff.; Documents on Polish-Soviet Relations 1939–1945 (DPSR), Bd. 1, London 1961, S. 3 ff.

[18] Akten zur deutschen auswärtigen Politik 1918–1945 (ADAP), Serie D, Bd. VII, Baden-Baden 1956, S. 206 f.
Über die Gesamtzusammenhänge und die Literatur siehe Hillgruber, in: Sowjetunion. Außenpolitik 1917–1955 (Osteuropa-Handbuch), Köln–Wien 1972, S. 282 ff.

[19] ADAP, Serie D, Bd. VIII, Baden-Baden/Frankfurt a. M. 1961, S. 127 ff., bes. 129. – Die polnisch besiedelten Gebiete bis zum Bug (die Wojewodschaft Warschau östlich der Weichsel und die Wojewodschaft Lublin) sowie der Zipfel um Suwałki fielen in die deutsche Interessensphäre, Litauen dagegen wurde der sowjetischen zugeschlagen. Vgl. die genaue Grenzbeschreibung im Zusatzprotokoll vom 4. Oktober 1939, ebd., S. 162 ff. Zur Haltung der Exilregierung: DPSR, Bd. 1, S. 63 ff., 69 ff.

[20] Die wichtigsten Quellenauszüge: Rhode-Wagner, S. 25 ff. Vgl. auch Wagner, S. 30 ff.

Anlaß, die diplomatischen Beziehungen am 25. April 1943 abzubrechen[21]. Eine Analyse dieses interalliierten Konflikts ergibt folgenden Befund[22]: Ministerpräsident Sikorski und nach seinem tödlichen Flugzeugabsturz am 4. Juli 1943 auch sein Nachfolger Mikołajczyk verwarfen die offensichtlich von sowjetischer Seite stammende Idee, Polen für den Verzicht auf die Gebiete östlich der Curzonlinie durch deutsche bis zur Oder zu entschädigen, aus folgenden Hauptgründen:

a. Polen müsse aus dem Kriege – wie geplant – gestärkt hervorgehen, nicht aber durch territoriale Verluste geschwächt, abgesehen davon, daß sie auch innenpolitisch inakzeptabel und daher in keiner Weise zu verantworten wären.

b. Die Westverschiebung bis zur Oder würde Polen zum Todfeind Deutschlands machen und der Sowjetunion dann auf Gedeih und Verderben in die Hände treiben. Eben deshalb beschränkte die Exilregierung ihre primär sicherheitspolitisch-wirtschaftlich motivierten Territorialwünsche bewußt auf Ostpreußen, Danzig, Oberschlesien (Oppeln) und eine Grenzverkürzung im Westen.

Churchill machte sich als erster westlicher Premier die Idee der Kompensation zu eigen, und zwar aufgrund folgender Hauptmotive, die auch Roosevelt billigte:

a. Der Koalition mit der Sowjetunion als militärpolitischer Großmacht (seit Stalingrad) gebühre der Vorrang vor dem Bündnis mit Polen; denn seine Exilregierung besäße zwar Legitimität, verfüge aber über nur sehr begrenzte militärische Ressourcen.

b. Die Grenzfrage wäre weniger wichtig als das gesellschaftlich-politische System Nachkriegspolens.

c. Territoriale Amputationen Deutschlands zugunsten Polens bis zur Oder, über die bisherigen polnischen Forderungen hinausgehend, würden Nachkriegsdeutschland entscheidend schwächen und der Exilregierung erleichtern, auf Ostpolen zu verzichten.

---

[21] Zur Entstehung der Kompensationsidee: Rhode-Wagner, S. 33 ff.; Wagner, S. 41 ff.; W. W. Kulski, The Lost Opportunity for Russian-Polish Friendship, in: Foreign Affairs 25 (1947), S. 667 ff., bes. 674 f.
Literatur über Katyn': Hillgruber, Sowjetunion, S. 284 f., Anm. 6.

[22] Die Analyse beruht auf einer Auswertung der einschlägigen Quellenmaterialien und Darstellungen. Vgl. insbesondere DPSR, Bd. 1, S. 469 ff., 480 ff., 502 f., 511 ff., 523 ff.; Rhode-Wagner, S. 49 ff.
Kowalski, Die UdSSR, S. 58 ff., bes. 62 f., 64 ff.; Vierheller, S. 31 ff., 37 f., 63 ff., 67 ff., 78 ff.; Wagner, S. 57 ff.; Edward J. Rozek, Allied Wartime Diplomacy. A Pattern in Poland, New York/London 1958, S. 68 ff., 115 ff., 132 ff.
Erstmals hatte Stalin offenbar bereits im Dezember 1941 ventiliert, inwieweit Bereitschaft bestünde, die polnische Grenze bis zur Oder zu verschieben: Sikorskis Gespräch mit Churchill am 31. Januar 1942 (DPSR, Bd. 1, S. 274); vgl. dagegen zur Unterredung Sikorskis mit Stalin am 3./4. Dezember 1941 ebd., S. 231 ff., 244 ff.

d. Die Curzonlinie sei als ethnographisch gerechte sowjetisch-polnische Grenze bereits 1919/1920 von der Entente empfohlen worden, und dies präjudiziere die angloamerikanische Stellungnahme.

Diese Gedankengänge Churchills und Roosevelts stimmten weitgehend mit jenen Stalins überein, und diese partielle Kongruenz besiegelte das Schicksal der Londoner Exilregierung. Kurz nachdem er mit dieser gebrochen hatte, trat der bereits inoffiziell im März 1943 in Moskau gegründete „Verband der Polnischen Patrioten" (Związek Patriotów Polskich: ZPP) erstmals an die Öffentlichkeit. Er verfocht die Thesen, daß nur eine Bindung an die Sowjetunion die Sicherheit Polens gewährleisten könne und es sich darauf konzentrieren müsse, „uralte polnische Gebiete" im Westen wiederzugewinnnen statt „fremde" im Osten, d. h. jenseits der Curzonlinie. Stalins Strategie bei dieser Taktik orientierte sich an folgenden Fernzielen:

a. Nur eine kommunistische polnische Regierung würde offenbar vorbehaltlos bereit sein, auf Ostpolen zugunsten einer Kompensation im Westen zu verzichten und sich darüber hinaus mit der Sowjetunion zu verbünden. Und das hieß zugleich, Polen als potentiellen „Brückenkopf" der Westmächte ausschalten.

b. Der Verlust der deutschen Ostgebiete bis zur Oder müsse Polen und Deutsche abgrundtief verfeinden; die Sowjetunion könne dann ihr Einflußpotential vorteilhaft ausnutzen oder gar zwischen beiden optieren.

2.4.3. Teheran und der Machtkampf um die polnischen Nachkriegsgrenzen

Auf der *Konferenz von Teheran,* die vom 28. November bis 1. Dezember 1943 tagte, einigten sich Stalin, Roosevelt und Churchill auf die Formel, „daß die Heimstatt des polnischen Staates und Volkes zwischen der sogenannten Curzonlinie und der Oderlinie liegen soll, unter Einbeziehung von Ostpreußen und der Provinz Oppeln in den Bestand Polens"[23]. Damit hatten die „Großen Drei" die Curzon- und Oderlinie prinzipiell gebilligt, ohne sich allerdings bereits verbindlich auf sie als „endgültige Grenzziehung" festzulegen. Da Stalin zuerst die Ribbentrop-Molotov-Grenze (1939) gefordert hatte, erschien die Curzonlinie, die den Bezirk Białystok und Gebiete am San südlich Przemyśl bei Polen beließ, nachträglich als sowjetisches „Zugeständnis".

---

[23] Alexander Fischer (Hrsg.), Teheran, Jalta, Potsdam. Die sowjetischen Protokolle von den Kriegskonferenzen der „Großen Drei", Köln 1968, S. 86. Foreign Relations of the United States (FRUS). Diplomatic Papers. The Conferences at Cairo and Tehran 1943, Washington 1961, S. 603 f.

Über die Grenzfrage, Roosevelts Pläne, Deutschland in fünf Teile zu zerstückeln, und Churchills Vorschlag einer Donauföderation siehe u. a. Winston Churchill, The Second World War, Bd. V, London usw. 1952, S. 317 ff., 348 ff., 354 ff., 356 f.; Wagner, S. 46 ff., 51 ff.; Kowalski, Die UdSSR, S. 73 ff., 84 ff.; Heinz G. Sasse, Die ostdeutsche Frage auf den Konferenzen von Teheran bis Potsdam, Tübingen 1954, S. 17 ff., bes. 22 f.; Gottfried Zieger, Die Teheran-Konferenz 1943, Hannover 1967, S. 103 ff.

Zur Literatur ferner Hillgruber, Sowjetunion, S. 315 f., Anm. 18 und 21.

Stalin ließ sich dafür mit Nordostpreußen entschädigen; er beanspruchte es vor allem deshalb, weil die Sowjetunion die „eisfreien Häfen Königsberg und Memel" benötige und es sich um ein historisch slawisches, bereits 1914 heftig umkämpftes Gebiet handle[24].

Churchill hatte in Teheran zugesagt, ex post die Zustimmung der polnischen Exilregierung einzuholen, über deren Kopf hinweg sich die Anti-Hitler-Koalition verständigt hatte. Nach langwierigen Verhandlungen, in denen Churchill Mikołajczyk hart unter Druck setzte, schien dieser zwar bereit zum Einlenken, sofern die Westmächte die Unabhängigkeit Nachkriegspolens, seine Grenzen und die Nichteinmischung der Sowjetunion in seine inneren Angelegenheiten gewährleisteten; da jedoch weder die USA noch Großbritannien gewillt waren, solche Garantien zu geben, weigerte sich die Exilregierung schließlich, die Curzonlinie vorbehaltlos anzuerkennen und unterbreitete Kompromißvorschläge[25]. Damit war für Stalin, dessen Truppen erstmals am 4. Januar 1944 die polnische Vorkriegsgrenze überschritten hatten, die Entscheidung gefallen: Er setzte – definitiv offensichtlich erst im Juni – auf eine kommunistische Regierung, nachdem sich die Londoner in seinen Augen eindeutig als „profaschistisch-imperialistisch" entlarvt und abgelehnt hatte, sich auf „demokratischer" Basis zu rekonstruieren.

Inzwischen hatte der „Verband der polnischen Patrioten in der Sowjetunion" erneut gefordert, die Curzonlinie gegen Kompensation im Westen anzuerkennen. Die um die Jahreswende 1941/42 im Warschauer Untergrund gegründete „Polnische Arbeiterpartei" (Polska Partia Robotnicza: PPR), Nachfolgerin der 1938 aufgelösten Kommunistischen Partei Polens, legte sich nach und nach ebenfalls auf dieses „Programm" fest, wozu es allerdings einiger Ermahnungen seitens der Komintern bedurfte[26]. Als die Rote Armee, die am 22. Juni

---

[24] Fischer, S. 83 f., 87; FRUS (Tehran), S. 599 f., 601 (Grenzkarte), 604.

[25] Zu den Verhandlungen, nach deren Scheitern Stalin und Churchill Briefe mit versteckten Drohungen wechselten: Rhode-Wagner, S. 82 ff., 96 ff., 112 ff., 121 ff.; DPSR, Bd. 2, S. 123 ff., 152 ff., 205 ff.; Briefwechsel Stalins mit Churchill, Attlee, Roosevelt und Truman 1941–1945, Berlin 1961, S. 241 ff., 251 ff., 598 ff., 608 f., 629 ff.
Kowalski, Die UdSSR, S. 96 ff., bes. 99 ff.; Wagner, S. 76 ff.; Sasse, S. 24 ff., 36 ff.; Rozek, S. 183 ff., 205 ff., 213 ff.

[26] Perepiska General'nogo Sekretarja KKKI G. M. Dimitrova s rukovodstvom Pol'skoj Rabočej Partii 1942–1943, in: Novaja i novejšaja istoria 1964, Nr. 5, S. 109 ff., bes. 121 f.
Über Einzelheiten: J. Pawłowicz, Strategia frontu narodowego PPR III. 1943 – VII. 1944, Warszawa 1965, S. 161 ff., 263 ff.; Alexander Uschakow, Das Erbe Stalins in den deutsch-polnischen Beziehungen, Köln o. J. (Sonderdruck aus „Internationales Recht und Diplomatie"), S. 14 ff.; Vierheller, S. 54 ff., 72 ff., 78 ff.
Zur Geschichte der KPP und PPR: Nicholas Bethell, Die polnische Spielart. Gomulka und die Folgen, Wien–Hamburg 1971, S. 26 ff., 55 f., 58 ff., 65 ff.; M. K. Dziewanowski, The Communist Party of Poland, Cambridge/Mass. 1959, S. 157 ff., 175 ff.

1944 ihre Sommeroffensive eröffnet hatte, die Curzonlinie überschritt, wurde aufgrund sowjetisch-polnischer Absprachen aus Vertretern des ZPP, der PPR und linksstehender Politiker das „Polnische Komitee der Nationalen Befreiung" (Polski Komitet Wyzwolenia Narodowego: PKWN) gebildet. Es residierte kurzfristig in Chołm, ab 25. Juli in Lublin (Lubliner Komitee).

Bereits am 26. Juli schloß es mit der Sowjetregierung einen völkerrechtlichen Vertrag ab, worin ihm als einzig anerkannter Repräsentation Polens die Verwaltung der Gebiete westlich der Curzonlinie übertragen wurde[27]. Tags darauf folgte ein – bis 1967 unbekanntes – geheimes Grenzabkommen. Es legte als polnische Ostgrenze die Curzonlinie mit einigen Abweichungen zugunsten Polens fest (Art. 1, 3), übertrug ihm Danzig sowie Ostpreußen bis auf den nördlichen Teil, der zur Sowjetunion gehören sollte (Art. 2), und bestimmte, daß als polnische Westgrenze die Oder-Neiße-Linie (Stettin eingeschlossen) gelten solle (Art. 4)[28]. Zwar blieb offen, ob die westliche oder östliche Neiße gemeint sei, doch kann dieser Vertrag trotzdem als Geburtsstunde der heute bestehenden Staatsgrenzen qualifiziert werden; denn sie waren zum ersten Mal bilateral insgeheim ausgehandelt und damit präjudiziert worden.

Die ausmanövrierte Exilregierung versuchte, sich nochmals ins Spiel zu bringen, allerdings erfolglos: Der von ihr am 1. August ausgelöste Aufstand in Warschau wurde, während sich die Rote Armee, die bereits die Stadtviertel östlich der Weichsel erobert hatte, passiv verhielt, blutig niedergeschlagen, und die Bemühungen Mikołajczyks, im August und im Oktober 1944 in Moskau doch noch zu einem Ausgleich mit Stalin zu kommen, scheiterten. Denn dieser forderte unnachgiebig wie bisher die vorbehaltlose Anerkennung der Curzonlinie als künftige polnische Ostgrenze und die „Rekonstruktion" der Exilregierung, in der Vertreter des Lubliner Komitees dominieren sollten; Mikołajczyk dagegen hielt trotz massiven britischen Drucks sein „Liberum Veto" (Churchill) gegen die Beschlüsse von Teheran aufrecht und versuchte, wenigstens Wilna und Lemberg zu retten[29].

---

[27] Rhode-Wagner, S. 137 f. Das Manifest vom 22. Juli 1944 ebd., S. 134 ff., vollständig in: Goguel, S. 285 ff.
Über das Lubliner Komitee: Kowalski, Die UdSSR, S. 111 ff., 121 ff., bes. 124 f.; Wagner, S. 86 ff.; Bethell, S. 99 f.

[28] Stosunki polsko-radzieckie w latach 1917–1945, Dokumenty i materiały, Warszawa 1967, S. 399 ff.; deutsch bei Uschakow, S. 25 f. Über die Verhandlungen ebd., S. 19 f.; Vierheller, S. 74 f.

[29] Über die Verhandlungen in Moskau, wo Mikołajczyk erstmals ungeschminkt über die Ergebnisse von Teheran unterrichtet wurde: DPSR, Bd. 2, S. 309 ff., 325 ff., 334 ff., 416 ff., 423 ff., 430 ff.; Rhode-Wagner, S. 139 ff., 143 ff.; Briefwechsel Stalins, 303 ff., 310 ff., 332, 637 ff.; Kowalski, Die UdSSR, S. 129 ff.; Wagner, S. 89 ff.; Rozek, S. 237 ff., 249 ff., 267 ff., 277 ff.; Bethell, S. 100 ff.
Literatur über den Warschauer Aufstand (1. August – 2. Oktober 1944): Hillgruber, Sowjetunion, S. 320 Anm. 3. Vgl. auch Stalins Briefwechsel, S. 309, 314 ff.

In eine ausweglose Isolation gedrängt, wollte Mikołajczyk sich offenbar mit dem Verlust aller Ostgebiete abfinden, falls Polen bis zur Oder-Neiße-Linie entschädigt werde und die Westmächte seine Grenzen und seine Unabhängigkeit garantieren würden. In einem geheimgehaltenen Schreiben vom 2. November 1944 an den polnischen Außenminister Romer bestätigte der Staatssekretär im Foreign Office Cadogan, daß die britische Regierung grundsätzlich die Verschiebung der polnischen Grenze bis zur Oder einschließlich Stettins befürworte und bei der Friedensregelung unterstützen werde; doch könne sie eine Garantie für die Unabhängigkeit und Integrität Polens nur zusammen mit der Sowjetregierung übernehmen[30]. Die US-Regierung stellte am 17. November 1944 ebenfalls klar, daß sie „unequivocally for a strong, free and independent Polish State" eintrete, aber eine Garantie für seine künftigen Grenzen nicht geben könne[31]. Daraufhin zwangen die Minister des Exilkabinetts Mikołajczyk, der ihnen zu konzessionsbereit erschien, am 24. November 1944 zurückzutreten; denn sie vertraten mehrheitlich die Ansicht, daß es weniger um die Oder-Neiße-Grenze gehe, als vielmehr darum, ob Polen pro-westlich oder kommunistisch werde.

Mit dem neuen Ministerpräsidenten Arciszewski setzte sich die antisowjetische Richtung in der polnischen Exilregierung endgültig durch. Sie lehnte fortan jeden Kompromiß mit der Sowjetunion ab, insbesondere bezüglich der Curzonlinie, und forderte daher nur Danzig, Ostpreußen, Oberschlesien (Oppeln) sowie eine Grenzbegradigung im Westen – wie bis 1942[32]. Diese Zielsetzungen liefen den Interessen der Anti-Hitler-Koalition zuwider. Die neue Regierung fiel daher als politisch relevanter Faktor des internationalen Systems faktisch aus: Sie mußte von der diplomatischen Bühne abtreten und dem Lubliner Komitee Platz machen. Stalin ließ es trotz der Bitte Roosevelts, noch abzuwarten, am 1. Januar 1945 als „Provisorische Regierung der Polnischen Republik" ausrufen und erkannte es drei Tage später an. Der bisherige Vorsitzende des Komitees Osóbka-Morawski wurde Ministerpräsident und Bierut Staatspräsident.

2.4.4. Die polnische Frage auf der Konferenz von Jalta

Auf der *Krimkonferenz in Jalta* vom 4. bis 11. Februar 1945 überschattete die polnische Frage die Verhandlungen in zweifacher Hinsicht:

a. Bezüglich der zukünftigen politischen und sozialen Ordnung Polens, der das Interesse *primär* galt, beschlossen die „Großen Drei" nach langem Tau-

---

[30] Poland, Germany and European Peace. Official Documents 1944–1948, London 1948, S. 105 f.; Rhode-Wagner, S. 151 f. Vgl. auch DPSR, Bd. 2, S. 445 ff.

[31] Poland, Germany S. 107 f., Rhode-Wagner, S. 154 f. Vgl. auch DPSR, Bd. 2, S. 461 ff.

[32] Arciszewski laut Sunday Times (London) vom 17. Dezember 1944: „Wir wollen weder Breslau noch Stettin. Wir fordern nur unsere ethnisch und historisch polnischen Gebiete, die unter deutscher Herrschaft stehen." (Rhode-Wagner, S. 167). Siehe auch oben S. 27 f.

ziehen, die amtierende Provisorische Regierung solle „auf breiterer demokratischer Grundlage" umgebildet werden und sich verpflichten, „möglichst bald freie und uneingeschränkte Wahlen auf der Grundlage des allgemeinen Wahlrechts und geheimer Abstimmung abzuhalten"[33]. Die Westmächte machten von diesen Bedingungen die Anerkennung der neuen „Provisorischen Regierung der Nationalen Einheit" abhängig. Sie ließen insofern bereits die ihnen unbequeme Londoner Exilregierung fallen, hatten zugleich aber auch gegen den Willen Stalins ein Mitspracherecht in Polen durchgesetzt. Indem sie insbesondere auf freien und uneingeschränkten Wahlen bestanden, war dem sowjetischen Bestreben, im militärisch besetzten Ostmitteleuropa politische faits accomplis zu schaffen, ein Riegel vorgeschoben worden. Allerdings konnten Roosevelt und Churchill die ihnen konzedierten „freien Wahlen" nicht international absichern, denn Stalin widersetzte sich einer solchen Garantie.

b. Bezüglich der Nachkriegsgrenzen stimmten die „Großen Drei" darin überein, daß die Curzonlinie mit unwesentlichen Abweichungen zugunsten Polens die polnische Ostgrenze bilde, dagegen konnten sie sich über das Ausmaß der Kompensationen im Westen nicht einigen. Während Stalin, wie vertraglich verpflichtet, die Oder-Neiße-Linie befürwortete, und zwar auf polnischem Wunsch entlang der westlichen (Lausitzer) Neiße, wollten Churchill und Roosevelt nur die Oderlinie zugestehen. Sie zweifelten daran, daß die – a priori einkalkulierte – Aussiedlung der Deutschen bis zur Oder-westlichen Neiße praktisch durchführbar wäre und Polen alle diese Gebiete „verdauen" könne; auch glaubten sie, sich aus verfassungsrechtlichen Gründen nicht schon auf eine feste Grenzziehung festlegen zu können und dem Lubliner Komitee keine so weitgehenden Zugeständnisse zubilligen zu müssen wie der Exilregierung Mikołajczyks. Da es Stalin hauptsächlich darum ging, die Curzonlinie bestätigt zu erhalten, konnte sich die Konferenz auf die vage Formel einigen, „daß Polen im Norden und im Westen einen bedeutenden Gebietszuwachs erhalten" werde. Zu gegebener Zeit sollte hierüber die Meinung der neuen polnischen Regierung der Nationalen Einheit eingeholt werden und danach die Delimitation der polnischen Westgrenze der Friedens-

---

[33] Fischer, S. 187; FRUS, The Conferences at Malta and Yalta 1945, Washington 1955, S. 980.

Zum Thema freie Wahlen und Regierungsumbildung: Fischer, S. 133 f., 140 f., 155, 157, 159 f., 164, 166 f.; FRUS (Yalta), S. 709, 776 ff., 803 ff., 842 ff., bes. 846 f., 867 f., 898 f.

Zur Konstituierung der Provisorischen Regierung, die die Westmächte ablehnten anzuerkennen: Briefwechsel Stalins, S. 344 f., 349 f., 357 ff., 662 ff., 668 ff., 670 f.; Kowalski, Die UdSSR, S. 158 ff., 165 ff.

Über die westlichen Vorentscheidungen, bes. in Malta: Edward R. Stettinius, Roosevelt and the Russians. The Yalta Conference, Garden City/New York 1949, S. 59 ff., bes. 64 f., 86 f.; FRUS (Yalta), S. 230 ff. (Briefing Book Paper mit Landkarte gegenüber S. 233), 508 ff.

konferenz vorbehalten bleiben[34]. Anders als im Osten war somit im Westen die Grenzregelung *offen*.

Alles in allem lassen sich die Entscheidungen der Krimkonferenz über Polen wie folgt charakterisieren:

1. Sie beruhten, die Curzonlinie ausgenommen, auf *„dilatorischen Formelkompromissen"* (Carl Schmitt), d. h. „faulen" Konzessionen aufgrund verzögerungstaktischer Verhandlungsführung. Diese ermöglichten eine Einigung trotz prinzipieller Uneinigkeit, indem sie die Konflikte vertagten, statt sie – wie ein „echter" Kompromiß – zu regulieren oder zu lösen.

2. Sie verknüpften die *sekundäre* Grenzfrage im Westen mit der *primären* Frage des künftigen polnischen Regierungssystems, d. h. sie machten definitive Stellungnahmen zur Westgrenze von *unbekannten* Konditionen und Faktoren abhängig. Dieses Junktim drohte dann konfliktträchtige Rückkopplungsprozesse auszulösen, wenn die politischen Entscheidungen über das Schicksal Polens fielen oder gefallen waren. Es fehlten insbesondere Garantien für die freien Wahlen und für die westliche Unterstützung der Oder-Neiße-Linie als künftige deutsch-polnische Grenze.

3. Sie schufen einen Zustand der *Rechtsunsicherheit* bezüglich der polnischen Westgrenze, d. h. sie forderten dazu heraus, vollendete Tatsachen zu schaffen und so die Grenzdelimitation der Friedenskonferenz zu präjudizieren. Da Deutschland die Koalition durch seine Kriegführung und die millionenfachen NS-Verbrechen immer „blutrünstiger" (Roosevelt, Stalin) gemacht hatte, lag nahe, etwaige interalliierte Konflikte auf Kosten des geschlagenen gemeinsamen Feindes auszutragen.

2.5. Die bedingungslose Totalkapitulation als Ende des Deutschen Reiches

Mit Wirkung vom 9. Mai 1945 kapitulierte das Deutsche Reich bedingungslos zu Lande, zu Wasser und in der Luft. Dieser bereits außergewöhnlichen *militärischen* Kapitulation folgte am 5. Juni 1945 die von den Siegermächten einseitig proklamierte *staatlich-politische* Kapitulation[35]. Mit dieser historisch

---

[34] Fischer, S. 187 f.; FRUS (Yalta), S. 980 („final delimitation of the western frontier of Poland should thereafter await the Peace Conference").

Zur Curzonlinie (Roosevelt und Churchill hatten Stalin erfolglos nahegelegt, auf Lemberg als „Geste" gegenüber Polen zu verzichten): Fischer, S. 132 f., 135, 152; FRUS (Yalta), S. 667 ff., 677 ff., bes. 680, 905.

Über die Oder-Neiße-Frage und die Aussiedlung der Deutschen: Fischer, S. 136, 145 ff., 171 f., 177; FRUS (Yalta), S. 669, 716, 792 f., 869.

Vgl. auch Churchill, Bd. VI, S. 319 ff.; Werner Weidenfeld, Jalta und die Teilung Deutschlands. Schicksalsfrage für Europa, Andernach 1969, S. 43 ff.; Diane Shaver Clemens, Yalta, New York 1970, S. 173 ff., bes. 194 ff., 206 f.; Wagner, S. 115 ff.

Zur Literatur ferner Hillgruber, Sowjetunion, S. 328 Anm. 2.

[35] Berliner Erklärung in Anbetracht der Niederlage Deutschlands und der Übernahme der obersten Regierungsgewalt hinsichtlich Deutschlands vom 5. Juni

wie völkerrechtlich beispiellosen Totalkapitulation hatte die Anti-Hitler-Koalition ihr wichtigstes Kriegsziel erreicht: die auf der Konferenz von Casablanca am 24. Januar 1943 verkündete „Unconditional Surrender".

Die Berliner Deklaration vom 5. Juni 1945 ging davon aus, daß Deutschland „nicht mehr fähig" sei, „sich dem Willen der siegreichen Mächte zu widersetzen" und sich „allen Forderungen, die ihm jetzt oder später auferlegt werden", a priori unterwerfe (Abs. 1). Da es keine verantwortungsfähige zentrale Institution in Deutschland gebe (die Regierung Dönitz war am 23. Mai abgesetzt worden), erklärten die Regierungen Großbritanniens, der USA, der Sowjetunion und Frankreichs ihren Willen, die „oberste Regierungsgewalt in Deutschland" (supreme authority with respect to Germany)[36] zu übernehmen, und zwar alle öffentlich-rechtlichen Befugnisse in toto bis hinunter zu den Gemeinden (Abs. 5).

Aus dieser Absichtserklärung folgt, daß die Siegermächte nicht nur *Besatzungsgewalt* (occupatio bellica) ausüben wollten, die sie de facto ohnehin bereits inne hatten, sondern auch de jure *Herrschaft*, d. h. die staatlichen Hoheitsrechte. Wenn sie aber insofern die Souveränität über das deutsche Territorium (in den Grenzen vom 31. Dezember 1937 gemäß Art. 2 d) beanspruchten und übernahmen, so setzte dies die Vernichtung des 1871 gegründeten Deutschen Reiches als Völkerrechtssubjekt voraus. Zwar handelte es sich um keine debellatio im strengen Sinne, da die Siegermächte in der Berliner Deklaration expressis verbis auf eine Annexion Deutschlands verzichteten (Abs. 5); doch behielten sie sich ausdrücklich vor, „später die Grenzen Deutschlands oder irgendeines Teiles Deutschlands und die rechtliche Stellung Deutschlands oder irgendeines Gebietes, das gegenwärtig einen Teil deutschen Gebietes bildet", festzulegen (Abs. 6). Und dies kann nur heißen, daß sie sich als Inhaber deutscher Staatsgewalt befugt fühlten, deutsches Territorium zu derelinquieren oder ein neues bzw. – wie 1949 realisiert – neue Staatsgebilde zu gründen. Sie beanspruchten folglich, über Deutschland und deutsche Gebiete namens der Deutschen zu verfügen: *suo nomine, non inter alios pactum.*

1945, in: Amtsblatt des Kontrollrats in Deutschland, Ergänzungsblatt, Nr. 1, S. 7 f. Die militärische Kapitulationsurkunde ebd., S. 6.

Art. 4 der Kapitulationsurkunde stellt eine Ermächtigungsklausel für die von den Siegermächten einseitig vollzogene staatlich-politische Kapitulation dar; vgl. Reimer Hansen, Das Ende des Dritten Reiches. Die deutsche Kapitulation 1945, Stuttgart 1966, S. 210 ff., bes. 213 f.; Hillgruber, Die historisch-politische Bedeutung der deutschen Kapitulation 1945, in: Geschichte in Wissenschaft und Unterricht 2/1969, S. 65 ff., bes. 71 f.

[36] „Supreme authority", das ist in strengem Sinne nicht die „oberste Regierungsgewalt", sondern, wie in der alliierten „Feststellung" vom selben Tage exakt übersetzt, die „oberste Gewalt" (Amtsbl., Erg.Bl. 1, S. 12), also suprema potestas, Souveränität.

Anders als die Mehrheit der ausländischen, namentlich östlichen Staats- und Völkerrechtler bejahen die meisten westdeutschen den Fortbestand des Deutschen Reiches[37]. Es habe zwar 1945 seine staatliche Organisation eingebüßt und sei deshalb völkerrechtlich handlungsunfähig geworden; daraus folge allerdings nicht, daß es auch seine Völkerrechtssubjektivität (Rechtsfähigkeit) verloren habe. Die materiell wie subjektiv ausgeübte Gewalt der Siegermächte erscheint so als *fremde* Staatsgewalt, z. B. zweckgebundene oder treuhänderische, nicht aber als souveräne deutsche[38].

Formaljuristisch sind diese Interpretationen in sich schlüssig, doch fragt es sich sehr, ob die deutsche Totalkapitulation, ein bisher einzigartiges Phänomen und Institut, mit der *herkömmlichen* Begriffsjurisprudenz auslotbar ist. Um die Singularität dieses totalen Zusammenbruchs ermessen zu können, ist es erforderlich, die bislang vorherrschende abstrakte juristisch-sollenswissenschaftliche Betrachtungsweise durch eine konkrete historisch-politikwissenschaftliche zu ergänzen[39]. Zahlreiche Fortbestandstheorien, von denen es ein gutes Dutzend gibt, entpuppen sich dann als ad-hoc-Konstruktionen, die politischen Zielsetzungen dienen sollten: der Wiedervereinigung, der

---

[37] Literaturhinweise bei Claus Arndt, Die Verträge von Moskau und Warschau. Politische, verfassungsrechtliche und völkerrechtliche Aspekte, Bonn-Bad Godesberg 1973, S. 96 Anm. 291 und S. 127 Anm. 405 sowie Siegrid Krülle, Die völkerrechtlichen Aspekte des Oder-Neiße-Problems, Berlin 1970, S. 80 Anm. 60. Einen Überblick über den Theorienstreit geben Rolf Quist, Ostpolitik, Völkerrecht und Grundgesetz, Starnberg 1972, S. 21 ff. und Rudolf Schuster, Deutschlands staatliche Existenz, München 1963.

[38] Grundlegend Erich Kaufmann, Deutschlands Rechtslage unter der Besatzung, Stuttgart 1948 und Rolf Stödter, Deutschlands Rechtslage, Hamburg 1948.
Zur Untergangstheorie: Hans Kelsen, The International Legal Status of Germany to be Established Immeadiately upon Termination of the War, in: The American Journal of International Law 38 (1944), S. 689 ff.; ders., The Legal Status of Germany According to the Declaration of Berlin, in: ebd., Bd. 39 (1945), S. 518 ff.; Hans Nawiasky, Die Grundgedanken des Grundgesetzes für die Bundesrepublik Deutschland. Systematische Darstellung und kritische Würdigung, Stuttgart/Köln 1950, S. 5 ff.

[39] Hansen (S. 221 f.) hebt mit Recht hervor, daß dem Völkerrecht der Begriff der politischen Kapitulation fremd war. So spricht Stödter (S. 27 ff., 60 ff., 181 ff.) vom rein militärischen Charakter der bedingungslosen Kapitulation, die zu einer occupatio bellica im Sinne der Haager Landkriegsordnung geführt habe. Vgl. auch Kaufmann, S. 27 ff. und Marlis G. Steinert, Die 23 Tage der Regierung Dönitz, Düsseldorf/Wien 1967, S. 323 f. Ein Musterbeispiel rechtsdogmatischer Befangenheit bietet Krülle, S. 80 ff., 91 ff. und 110 ff. Obwohl sie zugesteht, daß Art. 35 HLKO eine „unconditional surrender", bei der „der Sieger nicht nur den militärischen Oberbefehl, sondern die Staatsgewalt übernimmt", unbekannt ist (S. 82 f.), legt sie ihrer Argumentation das herkömmliche völkerrechtliche Besatzungsrecht zugrunde und verkennt so das Phänomen der deutschen Totalkapitulation gründlich.

Rückgewinnung der Oder-Neiße-Gebiete, dem Alleinvertretungsanspruch. Bekanntlich sind alle Staatsorgane der Bundesrepublik Deutschland nach höchstrichterlicher Rechtsprechung – das Bundesverfassungsgericht hat sie am 31. Juli 1973 erneut bekräftigt –[40] verpflichtet, aufgrund verfassungsrechtlicher Normen vorauszusetzen, daß das Deutsche Reich den Zusammenbruch überdauert habe. In diesem westdeutschen Selbstverständnis spiegelt sich die Diskrepanz zwischen Verfassungsrecht und Verfassungswirklichkeit.

2.6.   Systematische Analyse der Konfliktgrundlagen

Unter Vernachlässigung *historisch-individueller* Aspekte zugunsten *politikwissenschaftlich-genereller* lassen sich die Parameter, auf denen der Oder-Neiße-Konflikt basiert, iterativ abstrahiert wie folgt miteinander verknüpfen:

Die Ausgangsvariable Polens Westverschiebung (1. 9. 1939 – 5. 6. 1945) erscheint als tendenzielle Funktion der Eingangsvariablen *Krieg, Friedensziele* und *Kooperation* sowie der konstanten Größen *Curzonlinie* und *Äquität*.

Definitionen und Erläuterungen:

Parameter sind jene Größen, die den Entscheidungsprozeß über Polens Westverschiebung und ihr Ausmaß bestimmt haben. Sie lassen sich nicht streng voneinander trennen, denn sie haben sich wiederum gegenseitig beeinflußt. Sie erscheinen als Gefüge variabler und konstanter Größen, werden somit nicht – wie in der Regel in der Mathematik – als Koeffizienten von Variablen definiert. Im Rahmen dieser Studie wird darauf verzichtet, Hauptwerte für die Parameter festzulegen, d. h. sie zu quantifizieren. Eine solche Einflußgewichtung ist insbesondere bei qualitativen Größen schwierig.
Variable (Veränderliche, Unbekannte) heißen solche Größen, die sich im Laufe der Zeit ändern. Diese erscheinen somit als ausschlaggebende *historische* Dimension.
Als *Konstanten* werden solche Größen bezeichnet, die im großen und ganzen unveränderlich sind, allerdings im Laufe der Zeit unterschiedlichen Einfluß ausüben können. Sie erscheinen, ohne dieser Definition zu widersprechen, unter *bestimmten* Aspekten auch als Variablen. (Die Länge eines Metallstabes z. B. ist in der Regel eine Konstante, unter Einwirkung von Temperatur jedoch eine von der Wärme sowie dem linearen Ausdehnungskoeffizienten abhängige Variable.)
Unter *Funktion* wird ein *tendenziell-approximatives* Abhängigkeitsverhältnis zwischen Größen verstanden. In der Mathematik ist die abhängige (Ausgangs-) Variable y eine eindeutige Funktion der Eingangsvariablen x, wenn

---

[40] Urteil betreffend den Grundvertrag mit der DDR vom 21. Dezember 1972: Eve Cieslar/Johannes Hampel/Franz-Christoph Zeitler (Hrsg.), Der Streit um den Grundvertrag. Eine Dokumentation, München/Wien 1973, S. 284 ff., bes. 293 f.

jedem zulässigen Zahlenwert von x ein fixer Zahlenwert y *gesetzmäßig* zugeordnet ist. An die Stelle dieser *Bedingungsgleichung* y = f (x) tritt die *Wahrscheinlichkeit* y ⇸ f (x). Die Kopula = (ist gleich) wird somit durch das Symbol ⇸ ersetzt, und das bedeutet: y tendiert dazu, Funktion von x zu sein. Damit wird dem Umstand Rechnung getragen, daß in der Geschichte Trends und Tendenzen vorherrschen, aber nur in Ausnahmefällen Zwänge menschliches Verhalten streng kausal determinieren. Mit anderen Worten: die menschliche Irrationalität und die Möglichkeiten, zwischen Alternativen zu wählen, werden bewußt als Dimensionen des Entscheidungsprozesses mit einkalkuliert. Dies schließt allerdings nicht aus, daß unter bestimmten Konstellationen und Einflüssen politisches Verhalten weitgehend programmiert wird.

Beschreibung der Parameter:

1. Der Zweite Weltkrieg war die conditio sine qua non des Oder-Neiße-Konflikts. Wäre das Deutsche Reich nicht völlig geschlagen und entmachtet worden, so hätte Polen niemals auf seine Kosten umfangreiche territoriale Zusagen erhalten und einlösen können.

Im Entscheidungsprozeß über die polnische Westverschiebung spielte der *Krieg* hauptsächlich eine Rolle als Funktion der Variablen Kriegsverlauf, Kriegführung, Feindbild und Effektivität. Der *Kriegsverlauf* schaltete das Deutsche Reich als machtpolitischen Faktor immer mehr aus, so daß aus einem Subjekt ein Objekt der Weltpolitik wurde, und qualifizierte die Sowjetunion und die USA als ausschlaggebende militärpolitische Größen. Hitlers Totalisierung des Krieges im Osten verschärfte die alliierte *Kriegführung* zunehmend und machte die Westmächte geneigter, territorialen Wünschen der Sowjetunion und Polens entgegenzukommen. Es entstanden *Feindbilder:* sie identifizierten große Teile des deutschen Volkes – in Polen sogar in toto – mit Nazismus, Aggressivität, Militarismus, Brutalität usw. und steigerten den Deutschenhaß vor allem in Ostmitteleuropa ins Grenzenlose. Die *Effektivität* als faktische Verfügungsgewalt (Besitz) über okkupiertes Territorium wurde wirksam, als die Rote Armee im Laufe ihres militärischen Vormarsches nach dem Westen zunächst polnische und dann deutsche Gebiete eroberte. Die Sowjetunion konnte diese Faustpfänder als Druckmittel benutzen, d. h. sie nur unter bestimmten Voraussetzungen wieder herausgeben, oder aber vollendete Tatsachen schaffen und die Westmächte mit ihnen konfrontieren. Diese Bestrebungen, erstmals im Juli 1944 bei der Ausrufung des Lubliner Komitees zutage getreten, wurden um so deutlicher, je mehr der Krieg dem Ende zuneigte. Da die Westmächte in Ostmitteleuropa nicht unmittelbar militärisch präsent waren, vermochten sie dort politischen Einfluß nur über die Koalition auszuüben. Falls sie zerbrach, so drohten sich die Ergebnisse des Krieges in Ostmitteleuropa auf die Effektivität und ihre normative Kraft zu reduzieren.

2. Als vornehmlich vom Krieg abhängige *Friedensziele* erschienen im Entscheidungsprozeß: die Schwächung Deutschlands und die Wiederherstellung

eines starken polnischen Staates. Beide Zielsetzungen sollten dazu dienen, eine Nachkriegsordnung zu verwirklichen, die die Sicherheit der Siegermächte gewährleistete.

Über alle Meinungsverschiedenheiten hinweg war sich die Koalition darin einig, daß Deutschland besetzt und geschwächt werden müsse, damit es nie wieder den Frieden gefährden könne. Es sollte zerstückelt, entindustrialisiert, verkleinert, umerzogen, entmilitarisiert werden. Die Pläne, es zu bestrafen, verschärften sich, je länger der Krieg dauerte. Die polnischen Territorial-forderungen – anfangs gemäßigt, dann zunehmend erweitert – harmonier-ten mit diesen alliierten Kriegszielen. Die Schwächung Deutschlands schien *eine* Seite alliierter Sicherheitspolitik zu sein, die Stärkung Polens die *andere.* Beide Kriegsziele waren somit voneinander funktionell abhängig. Sie ver-änderten sich im Laufe des Krieges immer mehr zuungunsten Deutschlands und damit zugunsten Polens.

Die Koalition stimmte zwar darin überein, daß nach dem Krieg ein „neues, starkes, unabhängiges und freies Polen" entstehen müsse, doch verschleierte diese *Homonymie, d. h. die* Zuordnung gleichlautender Worte zu inhaltlich unterschiedlichen Begriffen, nur die divergierenden Zielsetzungen. Der ur-sprünglich westlichen Konzeption, dem neuen, eventuell konföderierten Polen im Rahmen der pax anglo-americana eine *antideutsche und zugleich antisowjetische* Funktion zuzuweisen, wurde seit Stalingrad der Boden unter den Füßen entzogen. Nichtsdestoweniger gingen die Westmächte noch in Jalta davon aus, Polen werde aufgrund freier Wahlen ein bürgerlich-demo-kratischer Staat und dadurch ein Verbündeter in Ostmitteleuropa werden. Stalin dagegen wünschte ein „sowjetfreundliches" Polen, das für ihn haupt-sächlich eine „Frage der Sicherheit" war. Erst nachdem sich die Londoner Exilregierung als Hindernis erwiesen hatte, das sowjetische Territorium bis zur Curzonlinie auszudehnen und es möglichst weiträumig militärstra-tegisch zu sichern, setzte Stalin auf eine kommunistische Regierung mit dem Ziel, Polen sozialrevolutionär „von oben" umzugestalten. Das neue „demo-kratische" Polen, das auf Kosten Deutschlands gestärkt werden sollte, er-füllte aus sowjetischer Sicht eine andere Funktion als aus westlicher.

3. Ohne ein Minimum an *Kooperation* war die Anti-Hitler-Koalition lebens-unfähig. Diese Variable beeinflußte den Entscheidungsprozeß über die West-verschiebung Polens in vierfacher Hinsicht: durch die Faktoren Koalitions-äquivalenz, Einfluß bzw. Macht, Kommunikation und Konsensus. Diese hingen in erster Linie von den außenpolitischen Entscheidungsträgern ab.

Koalitionsäquivalenz wird definiert als approximative Gleichwertigkeit na-tional-einzelstaatlicher und international-multilateraler Interessen innerhalb eines Bündnisses. Im Idealfall sind sie miteinander kongruent, doch ist die Regel, daß sie ausbalanciert werden müssen. Neigt sich die Waagschale allzusehr dem nationalen Egoismus zu, so gewinnen die *zentrifugalen* Kräfte die Oberhand und zerstören auf die Dauer das Bündnis; sind die außen-politischen Entscheidungsträger dagegen geneigt, nationale Interessen den gemeinsamen multilateralen unterzuordnen oder notfalls gar zu opfern, so erhalten die *zentripetalen* Kräfte ein Übergewicht und stärken das Bündnis. Im Loyalitätskonflikt mit der Londoner Exilregierung gaben die Westmächte der Koalition mit der Sowjetunion stets den Vorrang vor jener mit Polen, wie die übergeordneten Ziele der Allianz geboten.

Der Rang, den die einzelnen Alliierten in der Koalition innehatten, richtete sich nach dem *Einfluß,* den sie ausübten. Der Staat A beeinflußt den Staat B dann, wenn er dessen Entscheidungen *indirekt* mitbestimmen kann; steht B kein Spielraum mehr offen, sich den Einflüssen von A zu entziehen, so daß A *direkt* B zwingen kann, etwas zu tun oder zu lassen, so liegt keine *Einfluß-,* sondern eine *Machtbeziehung* vor. Obgleich sie sich voneinander unterscheiden: Einfluß reduziert sich letzten Endes doch auf Macht und diese wiederum auf quantitative, qualitative und personelle Indikatoren.

Die Sowjetunion hatte im Bündnis den Vorrang vor Polen, weil sie größere *Macht* besaß; sie beruhte auf den militärischen Erfolgen der Roten Armee und der davon abhängigen Autorität Stalins. Er vermochte daher die Westmächte stärker zu beeinflussen als die Londoner Exilregierung, die mit ihren Ansichten über die polnischen Nachkriegsgrenzen aufgrund der machtpolitischen Gegebenheiten nicht durchdringen konnte. Sie bezeugte, indem sie sich ihnen nicht beugte, ihre Unabhängigkeit, mußte aber dem Lubliner Komitee weichen, das zu konstituieren sie Stalin zwang, um seine territorialen Pläne in Polen durchzusetzen.

Die *Kommunikation* als Form zwischenstaatlicher Interaktion vollzog sich auf der höchsten Ebene, aber auch auf der unteren, namentlich militärischen. Der Informationsaustausch über Polen wurde, wie der Briefwechsel der „Großen Drei" bezeugte, immer intensiver. Sie vermochten so Meinungsverschiedenheiten auszutragen, Mißverständnisse zu beseitigen und eventuelle Konflikte zu kanalisieren oder beizulegen. Diese persönlichen Kontakte schufen über alle unüberbrückbaren politischen und ideologischen Differenzen hinweg gewisse Loyalitätsbeziehungen zwischen den „Großen Drei"; in ihren Briefen schlugen sie vertrauliche, vielfach sogar familiäre Töne an. Churchill und Roosevelt hießen Stalin euphorisch sogar „Uncle Joe".

Der *Konsens* zwischen den Koalitionspartnern war von *innen- und außenpolitischen* Entscheidungsprozessen abhängig, die hauptsächlich die nationalen Führungseliten bestimmten. Der Krieg erzwang, solange er währte, einen Minimalkonsens, und zwar nicht nur aus militärischen und außenpolitischen, sondern auch aus innenpolitischen Gründen; denn die öffentliche Meinung in England und in den USA befürwortete und forderte die Kooperation mit der Sowjetunion gegen die verhaßten Deutschen. Die Haltung Roosevelts zur polnischen Westverschiebung wurde beeinflußt davon, daß es sechs Millionen amerikanische Wähler polnischer Abstammung gab, jene Churchills geprägt dadurch, daß Polen für die Engländer casus belli und insofern eine „Frage der Ehre" war. Auch die Londoner Exilregierung berief sich auf innenpolitische Motive, als sie territoriale Forderungen im Norden und Westen erhob, zugleich aber die Curzonlinie als Ostgrenze ablehnte. Außenpolitisch spielten jedoch *originäre* innenpolitische Faktoren keine ausschlaggebende Rolle, denn der Krieg und die Kriegspropaganda hatten die öffentliche Meinung in den Staaten der Anti-Hitler-Koalition weitgehend gleichgeschaltet. Den Konsens zwischen den Bündnispartnern verbürgte der alles beherrschende *Primat des Krieges*.

4. Die Forderung nach Abtretung Ostpolens bis zur *Curzonlinie* war eine feststehende Größe sowjetischer Politik, d. h. eine *Konstante*. Aufgrund dieser obstinaten Zielsetzung entstand die *Kompensationsidee*. Sie wirkte unter dem Einfluß der Variablen Krieg und Kooperation mit unterschiedlicher Intensität auf den außenpolitischen Entscheidungsprozeß über die Westverschiebung Polens ein.

Stalin war zu keiner Zeit bereit, auch nicht in der schwersten militärischen Bedrängnis, auf das bereits einverleibte Ostpolen zu verzichten. Aber erst die Erfolge der Roten Armee, namentlich seit Stalingrad, verliehen seiner Forderung nach Anerkennung der Curzonlinie Nachdruck. Nachdem sich die „Großen Drei" auf sie in absentia der Polen geeinigt hatten, blieb im Grunde nur noch offen, womit Polen für den Verlust seiner Ostgebiete entschädigt werden sollte.

Die Londoner Exilregierung scheiterte hauptsächlich daran, daß sie die ihr offerierte territoriale Kompensation bis zur Oder-Linie als Äquivalent für den Verzicht auf Ostpolen ablehnte und wenigstens Wilna, Lemberg oder die galizischen Ölfelder zu retten versuchte. Indem das Lubliner Komitee die Curzonlinie akzeptierte, konnte es das Ausmaß der Kompensation mitbestimmen und die einmalige Chance nutzen, Gebietsansprüche bis zur westlichen Neiße, d. h. über die ursprünglich von den Großmächten offerierte Oder-Linie hinaus, durchzusetzen. Diese von einer Konstanten abhängige Wechselbeziehung zwischen polnischer Ost- und Westgrenze hat das Schicksal Ostdeutschlands außergewöhnlich stark beeinflußt.

5. *Äquität* als Sammelbegriff für alle rechtlichen oder pseudorechtlichen Entscheidungsfaktoren ist eine vornehmlich statische, also *konstante* Größe, deren Bedeutung für die ihrem Wesen nach *dynamische* Politik nicht unterschätzt werden darf. Die Politik fragt in der Regel nach dem *Sein,* das Völkerrecht dagegen nach dem *Sollen,* d. h. wie Staaten sich außenpolitisch normengerecht zu verhalten haben. Neben Rechtstiteln spielen auch Rechtsstandpunkte eine Rolle; bei ihnen handelt es sich jedoch vielfach um verschleierte politische Postulate.

Der Rechtstitel des Friedensvertrages von Riga (1921), auf den sich die polnische Exilregierung stützte, vermochte den Verlust Ostpolens nicht zu verhindern; denn Stalin konnte die völkerrechtliche Gebietsabtretung aufgrund der veränderten machtpolitischen Konstellation durch eine zwischenstaatliche *Adjudikation* revidieren, wobei er sich auch auf die „Gerechtigkeit" sowie das Selbstbestimmungsrecht der Westukrainer und -weißrussen berief. Mit der Anerkennung der Curzonlinie durch das Lubliner Komitee (1944) und die Westmächte (Jalta) war die polnische Ostgrenze völkerrechtlich *delimitiert*. Ungeklärt blieb jedoch der Verlauf der polnischen West-

bzw. deutschen Ostgrenze; sie festzulegen hatten sich die Siegermächte aufgrund des Rechtstitels der bedingungslosen Kapitulation vorbehalten. Neben dem Reich, das sogar als Völkerrechtssubjekt unterging, fiel auch die Londoner Exilregierung als politischer Faktor völlig aus, und zwar hauptsächlich deshalb, weil sie auf ihrem Rechtsstandpunkt beharrte, ohne den politischen Realitäten Rechnung zu tragen.

3. DAS KONFLIKTPOTENTIAL

3.1. Der Besitzerwerb der Oder-Neiße-Gebiete

Die Rote Armee, die am 12. Januar 1945 eine Großoffensive eingeleitet hatte, eroberte bis Ende März (von wenigen „Festungen", Landzungen und Bergketten abgesehen) die Oder-Neiße-Gebiete; östliche Teile Ostpreußens waren bereits im Oktober 1944 besetzt worden. Die *Zivilverwaltung* des okkupierten Landes übertrug die Sowjetunion schrittweise der provisorischen polnischen Regierung, deren Truppen die Rote Armee unterstützt hatten; nur in Nordostpreußen blieb die sowjetische Militärverwaltung bestehen.

Die polnische Inbesitznahme der deutschen Ostgebiete schien zwar den Beschlüssen der Krimkonferenz implicite zu entsprechen, war aber doch einseitig insofern, als der Umfang der territorialen Kompensation offenstand und die Westmächte nicht konsultiert wurden. Nach einem Besuch in Moskau hatte Staatspräsident Bierut bereits am 5. Februar 1945, also während der Konferenz, bekanntgegeben, daß die Regierung „schon mit der Eingliederung deutschen Vorkriegsterritoriums" begonnen habe, um „die polnische Westgrenze an die Oder und Neiße vorzuschieben"[1]. Wollten sich Moskau und Warschau a priori über den Willen der Westmächte hinwegsetzen oder nur ihre Reaktion testen? Richtig ist zweifellos das Letztere; denn der Oberste Verteidigungsrat der UdSSR entschied erst *nach* der Krimkonferenz definitiv, die polnische Verwaltung in den Oder-Neiße-Gebieten einzuführen. Da die Westmächte in Jalta die sowjetisch-polnischen Grenzforderungen zwar mehrfach ablehnten anzuerkennen, aber keine Entschlossenheit bekundet hatten, sich ihnen grundsätzlich zu widersetzen, forderten sie indirekt Moskau und Warschau heraus, ihre Gebietsansprüche durch zielstrebiges Handeln durchzusetzen. Auch nährten die vagen Beschlüsse der Konferenz polnische Wunschvorstellungen, der Territorialgewinn im Westen hänge hauptsächlich vom Willen der polnischen Regierung bzw. Nation ab.

---

[1] New York Times vom 6. Februar 1945 (Rhode-Wagner, S. 232). Die endgültige sowjetische Entscheidung fiel erst *nach* der Krimkonferenz; die polnische provisorische Regierung wurde am 14. Februar 1945 in Moskau unterrichtet (Vierheller, S. 104 f.).

44

Bereits am 14. März 1945 verkündete die Warschauer Regierung die Einrichtung der vier neuen „Verwaltungsbezirke" Masuren, Pommern, Ober- und Niederschlesien, und am 30. März verleibte sie die Freie Stadt Danzig als Wojewodschaft ins polnische Staatsgebiet ein[2]. Aufgrund dieser Vorgänge und Informationen darüber bat das State Department die Sowjetregierung zweimal um Auskünfte über den Status der deutschbewohnten Territorien. Sie motivierte am 17. April und am 16. Mai 1945 die polnische Verwaltung u. a. damit, daß die Deutschen geflohen seien, die Polen dagegen nicht; auch sei sie erforderlich, um die Beschlüsse von Jalta zu realisieren, die sie voraussetzten. Als örtlich bedingte Notwendigkeit stünde die Zivilverwaltung in keiner Beziehung zur Westgrenze, die – wie vereinbart – erst auf der Friedenskonferenz delimitiert werde[3]. Da sich die US-Regierung mit diesen vorsichtig erbetenen Informationen zufriedengab, ohne zu protestieren, ermunterte sie Moskau und Warschau indirekt, weiterhin vollendete Tatsachen zu schaffen, statt sie davon abzuschrecken.

Der Besitzerwerb der ostdeutschen Territorien, die bereits am 24. Mai 1945 als „Wiedergewonnene Gebiete" (Ziemie Odzyskane) den polnischen Staatsorganen unterstellt worden waren, begann Ende Januar in Oberschlesien und endete im Spätsommer/Herbst 1945[4]. Die Effektivität der polnischen Zivilverwaltung verbürgte anfänglich die sowjetische Besatzungsmacht sowie reguläres polnisches Militär. Nach und nach konnten sich die polnischen „Regierungsbevollmächtigten" in den Bezirken, Kreisen, Städten und Ortschaften auch auf einen eigenen Verwaltungsapparat, auf die aus bewaffneten Zivilisten gebildete Miliz sowie den staatlichen Sicherheitsdienst (Urząd Bespieczenstwa) stützen. Trotz der häufig chaotischen Zustände, die nach dem Kriege jenseits Oder und Neiße herrschten, übte die provisorische Warschauer Regierung spätestens im Sommer 1945 de facto die

---

[2] Das Dekret vom 30. März dehnte das polnische Recht auf das Gebiet der ehemaligen Freien Stadt aus: Dziennik Ustaw Rzeczypospolitej Polskiej (Dz. U. R. P.) Nr. 11, Pos. 57 (Dokumentation der Vertreibung, Bd. I/3, Nr. 15).

[3] FRUS. The Conference of Berlin (Potsdam) 1945, Bd. I, S. 743 ff. Anm. 4. Vgl. auch Arthur Bliss Lane, I saw Poland Betrayed, New York usw. 1948, S. 256 ff.; Wagner, S. 144 f.

[4] Dokumentation der Vertreibung, Bd. I/1, S. 105E ff.; Bernard George, Les Russes arrivent. La plus grande migration des temps modernes, Paris 1966, S. 164 ff., 176 ff., 188 ff., 191 ff.; Vierheller, S. 104 ff.
Über Einzelheiten: Rudolf Neumann, Ostpreußen unter polnischer und sowjetischer Verwaltung, Frankfurt a. M./Berlin 1955, S. 1 ff.; Ernst Bahr und Kurt König, Niederschlesien unter polnischer Verwaltung, Frankfurt a. M. 1967, S. 1 ff.; Richard Breyer und Heinz Hinkel, Verwaltungsgliederung und Raumplanung in Polen und Ostdeutschland vor und nach 1945, in: Zeitschrift für Ostforschung 8 (1959), S. 83 ff., bes. 104 ff. Vgl. auch die chronologische Übersicht bei Herbert Kraus, Der völkerrechtliche Status der deutschen Ostgebiete innerhalb der Reichsgrenze nach dem Stande vom 31. Dezember 1937, o. O. 1962, S. 145 ff. (Anhang X).

Verfügungsgewalt und Kontrolle über die ihr von der sowjetischen Militärverwaltung übergebenen Gebiete aus.

3.2.   Anfänge und Zielsetzungen der Vertreibung und Polonisation

Zu den ersten Aktivitäten der neuen polnischen Verwaltungsbehörden gehörte die Austreibung und Umsiedlung deutscher Bevölkerungsteile. Eindeutige Stellungnahmen der Alliierten (vor allem der westlichen) hatten die
Warschauer Regierung bestärkt, diese Pläne zu verwirklichen, doch wurde
sie auch von den nationalsozialistischen Umsiedlungs- und Vertreibungs-
aktionen während des Krieges beeinflußt.

1. Die *Siegermächte* stimmten prinzipiell darin überein, daß die deutsche
Bevölkerung aus den neuen polnischen Westgebieten ausgesiedelt werden
müsse, um die Nationalitätenfrage für immer zu lösen. Sie wollten die
„Fehler von Versailles" nicht wiederholen: daß deutsche Minderheiten die
ostmitteleuropäischen Staaten erneut innenpolitisch belasteten oder außenpolitisch – wie von Hitler – mißbraucht werden könnten. Daher sollte „reiner
Tisch" (Churchill) geschaffen werden.

Der Gedanke der Totalaustreibung setzte sich etwa Sommer/Herbst 1944
endgültig durch. Er stammte nicht von sowjetischer oder kommunistischer
polnischer Seite, die ursprünglich nach sozialen und politischen Kriterien
zu differenzieren beabsichtigte, sondern von tschechischer (Beneš), exil-
polnischer und englischer[5]. In seiner Unterhausrede vom 15. Dezember 1944
propagierte Churchill sogar öffentlich die „völlige Vertreibung" mehrerer
Millionen Deutscher, die unter modernen Bedingungen leichter als je zuvor
sei[6]. Humanitäre Erwägungen ließ Churchill außer acht, auch in Jalta, wo
er lediglich Bedenken hegte, ob die Aussiedlungen bis zur Oder- (westlichen)
Neiße technisch-praktisch zu bewältigen seien. Die sowjetische und polnische
Regierung konnten daher davon ausgehen, daß die Westmächte die unter-
schiedslose Vertreibung der deutschen Bevölkerung billigen würden und
daß es primär Zweifel über die Durchführbarkeit der Bevölkerungstransfers
zu zerstreuen gälte.

---

[5] Feo Jernsson, Die Vertreibung der Deutschen aus Polen, in: Politische Studien
18 (1967), H. 172, S. 184 ff., bes. 187 ff.; Janusz Sobczak, Przesiedleńcy w
Niemieckiej Republice Federalnej, Poznań 1962, S. 49 ff.; Bolesław Wiewióra,
The Polish-German Frontier in the Light of International Law, Poznań 1964,
S. 130 ff., bes. 136 f.; Vierheller, S. 39 ff., 83 ff.

[6] Parliamentary Debates. House of Commons. Official Report, Bd. 406, S. 1480 ff.
Über Bedenken von Unterhausmitgliedern gegen die Vertreibungspläne: ebd.,
S. 1496 ff.
Die NS-Propaganda berief sich mehrfach auf Churchills Rede, die beweise, daß
es um Sein oder Nichtsein des deutschen Volkes gehe; vgl. Hitlers Ansprache
vor Divisionskommandeuren am 28. Dezember 1944 in: Helmut Heiber (Hrsg.),
Hitlers Lagebesprechungen. Die Protokollfragmente seiner militärischen Konfe-
renzen 1942–1945, Stuttgart 1962, S. 739.

2. Das NS-Regime führte *Massenumsiedlungen,* die bereits nach dem Ersten Weltkrieg auf dem Balkan stattgefunden hatten, in den Jahren 1939–1941 mit Volksdeutschen aus Ostmittel- und Südosteuropa sowie Südtirol durch[7]. Sie wurden bevorzugt in den annektierten polnischen Gebieten (vor allem in den „Reichsgauen" Westpreußen und Wartheland) angesiedelt, aus denen die nationalsozialistischen Machthaber Teile der einheimischen Bevölkerung vertrieben hatten, vor allem ins „Generalgouvernement". Ihren Höhepunkt fanden die grausamen Massendeportationen im Gebiet um Zamość (Distrikt Lublin), wo sie im Herbst 1942 anliefen[8].

Obwohl maßgebende Mitglieder der Londoner Exil- und der späteren provisorischen Warschauer Regierung auf die Massenvertreibungen hinwiesen, die Deutschland als fertige Beispiele liefere, so distanzierten sie sich doch von den NS-Methoden, die sie bewußt auf die deutsche Bevölkerung nicht anwenden wollten[9]. In der Tat unterschieden sich die polnischen Aspirationen grundlegend von den nationalsozialistischen: Es ging nicht darum, die Ostdeutschen auszurotten oder zu dezimieren, sondern darum, sie zu vertreiben und auszusiedeln. Die zahllosen Gewalttätigkeiten, Greuel und Verbrechen an Unschuldigen, darunter Frauen, Kindern und Greisen, waren nicht zentral gelenkt oder bewußt entfesselt, sondern vielfach *Affekthandlungen:* nationalistische Exzesse und persönliche Racheakte infolge eines langaufgestauten fanatischen Deutschenhasses, der sich nach dem Kriege wild entlud.

---

[7] Janusz Sobczak, Hitlerowskie przesiedlenia ludności niemieckiej w dobie II wojny światowej, Poznań 1966; ders., Ethnic Germans as the Subject of the Nazi Resettlement Campaign During the Second World War, in: Polish Western Affairs 8 (1967), S. 63 ff.; Dietrich A. Loeber (Hrsg.), Diktierte Option. Die Umsiedlung der Deutsch-Balten aus Estland und Lettland 1939–1941, Neumünster 1972; Gerhard Ziemer, Deutscher Exodus. Vertreibung und Eingliederung von 15 Millionen Ostdeutschen, Stuttgart-Degerloch 1973, S. 66 ff.; Alfred Bohmann, Menschen und Grenzen, Bd. 1, S. 125 ff.
Über die Umsiedlungen auf dem Balkan, insbesondere zwischen Griechenland und der Türkei: Stephen D. Ladas, The Exchange of Minorities. Bulgaria, Greece and Turkey, New York 1932.

[8] Wysiedlanie ludności polskiej w tzw. Kraju Warty i na zamojszczyźnie oraz popełnione przy tym zbrodnie, in: Biuletyn głównej Komisji badania zbrodni Hitlerowskich w Polsce 21 (1970), S. 11 ff., bes. 62 ff. (deutsche Dokumente). Vgl. auch Documenta Occupationis, Bd. VIII, Poznań 1969. Nach den Planungen des Reichssicherheitshauptamts sollten von 45 Millionen „Fremdvölkischen" 31 Millionen vertrieben werden, darunter 16–20,4 Millionen Polen (80–85 %); vgl. Helmut Heiber, Der Generalplan Ost, in: Vierteljahrshefte für Zeitgeschichte 6 (1958), S. 281 ff.; Czesław Madajczyk, Generalplan Ost, in: Polish Western Affairs 3 (1962), S. 391 ff. Unveröffentlichte Materialien über den Generalplan Ost befinden sich im Bundesarchiv, NS 19 neu, Bd. 1739.

[9] Kowalski, Die UdSSR, S. 38 f.; Rhode-Wagner, S. 141, 270 f. Vgl. jedoch Zycie Warszawy vom 24. April 1946, wo die Massenumsiedlung als Konsequenz der Polenpolitik Hitlers dargestellt wird.

Auch strömten in die Oder-Neiße-Gebiete fragwürdige und kriminelle Elemente (Abenteurer, Spekulanten, Marodeure, Banden, Schieber, NS-Kollaboranten u. a.) mit ein, die das Chaos des deutschen Zusammenbruchs dazu mißbrauchten, ihren Rachedurst oder ihre Beutegier zu stillen. Die Ausschreitungen und Übergriffe häuften sich unmittelbar nach dem Kriege, nahmen dann aber sukzessive ab. Die Behandlung der deutschen Bevölkerung wechselte vielfach von Ort zu Ort, und neben Morden und Verbrechen, Mißhandlungen und Vergewaltigungen, Terror und Exekutionen gab es Zeugnisse der Menschlichkeit: Versöhnungsbereitschaft, Hilfe, Gerechtigkeitssinn und Mitgefühl[10].

Der Vertreibung war die Flucht von schätzungsweise 80–90 % der ostdeutschen Bevölkerung vor der Roten Armee vorausgegangen. Der Schrecken, den sie bei ihrem Einmarsch verbreitete, löste überstürzte Evakuierungen und Trecks aus, so daß weite Landstriche von Menschen entblößt wurden. Schon wenige Tage nach dem sowjetischen Großangriff schätzten die zuständigen NS-Ämter den „Flüchtlingsstrom aus dem gefährdeten Osten auf 3–4 Millionen" Deutsche; da er erst in den Monaten Februar und März anschwoll, dürfte die Fluchtbewegung stärker gewesen sein als bisher angenommen[11]. Allerdings kehrten Teile der Flüchtlinge, die vielfach Opfer

---

[10] Die Vertreibung der deutschen Bevölkerung aus den Gebieten östlich der Oder-Neiße (Dokumentation der Vertreibung, Bde. I/1–2), Bonn o. J.; Die ostdeutsche Tragödie. Erlebnisberichte im Spiegel des Menschenrechts, Lippstadt 1947; Dokumente der Menschlichkeit aus der Zeit der Massenvertreibungen, Kitzingen o. J. (1950).

[11] Aufzeichnung vom 22. Januar 1945 aus dem Reichssicherheitshauptamt (Bundesarchiv, NS 19/161, Folder 344). Einzelheiten über die Flucht vor der Roten Armee: Dokumentation der Vertreibung, Bd. I/1, S. 23E ff., 1 ff., 345 ff., 405 ff.; Friedrich Zipfel, Vernichtung und Austreibung der Deutschen aus den Gebieten östlich der Oder-Neiße-Linie, in: Jb. für die Gesch. Mittel- und Ostdeutschlands 3 (1954), S. 145 ff., bes. 161 ff.; Johannes Kaps (Hrsg.), Die Tragödie Schlesiens 1945/46 in Dokumenten, München 1952/53, S. 49 ff., 92 ff., 130 ff.; Elizabeth Wiskemann, Germany's Eastern Neighbours, London etc. 1956, S. 98 ff.
Die Gewalttaten der Roten Armee in den Oder-Neiße-Gebieten waren kriegsbedingt (bis 8. Mai) oder entsprangen primär sozialrevolutionären, kommunistischen und antifaschistischen Zielsetzungen, wobei allerdings zahllose Unschuldige ihr Leben verloren. Deutschenhaß wie bei den nationalistischen Polen blieb eine Ausnahme, doch gab es auch nach dem Kriege neben den anfänglich geduldeten Vergewaltigungen und Plünderungen außergewöhnlich viele Willkürakte einzelner Rotarmisten, oft unter dem Einfluß von Alkohol (vgl. Dokumentation, S. 65 E, 111 E, 173). Nicht stichhaltig ist die These, die Rote Armee habe indifferenten Terror gegen alle und jeden Deutschen ausgeübt. (So aufgrund lokaler Vorkommnisse im Jan./Febr. 1945 und fragwürdiger Quellenexzerpte Karl Friedrich Grau, Schlesisches Inferno. Kriegsverbrechen der Roten Armee beim Einbruch in Schlesien 1945, Stuttgart 1966; vgl. auch Rolf D. Becker, Niederschlesien 1945. Die Flucht – Die Besetzung, Bad Nauheim 1965).

von Kampfhandlungen wurden, nach dem Kriegsende – soweit möglich – wieder in ihre Heimatorte zurück, vermutlich bis zu 1,2 Millionen Menschen.

Die polnische Provisorische Regierung hatte bereits am 2. März/6. Mai 1945 das gesamte deutsche Vermögen eingezogen und damit die Vertreibung der enteigneten und faktisch weitgehend rechtlosen zurückgebliebenen Ostdeutschen vorbereitet[12]. Die ersteren größeren Aussiedlungen begannen im Juni 1945: zuerst in Danzig, wo die deutsche Bevölkerung mehr oder weniger gezwungen wurde, unter dem Schein der Freiwilligkeit auszureisen, und dann unmittelbar östlich der Oder-Lausitzer Neiße auf außerordentlich brutale Weise mit dem Ziel, in diesen noch umstrittenen Gebieten eine tote Zone zu schaffen. Mitte Juli wurden diese wilden Austreibungen, bei denen Militär oder Miliz etwa 250 000 deutsche Einwohner wie Vieh zusammentrieben und nach Gewaltmärschen über die Flüsse jagten, aufgrund sowjetischer Interventionen eingestellt[13].

Die Flucht und die Vertreibung der deutschen Bevölkerung sowie die Neubesiedlung und der Wiederaufbau durch polnische bedingten sich gegenseitig. Das eine war der negative, das andere der positive Aspekt der interdependenten Bevölkerungsverschiebungen, die sich invers zueinander verhielten. Die „Wiedergewonnenen Gebiete" sollten polonisiert und die Spuren der jahrhundertealten deutschen Vergangenheit ausgelöscht werden. Die Parole hieß: „Liquidierung der deutschen Frage".

Die ersten polnischen Siedler strömten bereits in den ersten Monaten des Jahres 1945 spontan in die Oder-Neiße-Gebiete; dieser „wilden" Kolonisation folgte ab Juni die planmäßig organisierte unter der Leitung des „Staatlichen Repatriierungsamtes" (Państwowy Urząd Repatriacyjny)[14]. Seine zunächst begrenzten Kompetenzen waren zu diesem Zweck erweitert worden, und ein wissenschaftlicher Beirat unterstützte es bei der Planung. Dennoch

---

[12] Dz. U.R.P. 1945, Pos. 45 und 97. Die urspüngliche ad-hoc-Konstruktion, es handle sich um „aufgegebene und verlassene Vermögen", wurde nach dem Potsdamer Abkommen fallen gelassen (Dz. U.R.P. 1945, Pos. 295 [Art. 2d], 1946, Pos. 87 und 182.).

[13] Dokumentation der Vertreibung, Bd. I/1, S. 140E ff.; Bd. I/2, S. 653 ff.; Bahr-König, S. 35 ff.

[14] Stefan Banasiak, Działalność osadnicza Pánstwowego Urzędu Repatriacyjnego na Ziemiach Odzyskanych w latach 1945–1947, Poznań 1963; ders., Settlement of the Polish Western Territories in 1945–1947, in: Polish Western Affairs 6 (1965), S. 121 ff., bes. 125 ff.; Zygmunt Dulczewski, Społeczne aspekty migracji na Ziemiach Zachodnich, Poznań 1964; Hans Joachim von Koerber, Die Bevölkerung der deutschen Ostgebiete unter polnischer Verwaltung, Berlin 1958; Rudolf Neumann, Die ostpolnischen Gebiete nach 1945, in: Zeitschr. für Ostforsch. 5 (1956), S. 395 ff., bes. 403 ff.; Kruszewski, S. 37 ff., bes. 49 ff. und 60 ff. Als Rechtsgrundlagen der Besiedlung dienten das Dekret über die Bodenreform vom 6. Sept. 1944 in der Fassung vom 18. Jan. 1945 (Dz. U.R.P. Pos. 13) und das Gesetz vom 6. Mai 1945 (Anm. 12).

vollzog sich die Besiedlung, sieht man von den Ostpolen ab, im großen ganzen mehr spontan als organisiert. Eine einflußreiche Initiative entfaltete vor allem die kommunistische PPR, die ihre Mitglieder aufforderte, sich an der Kolonisation zu beteiligen[15]. Unter den führenden politischen Aktivisten der „Ersten Brigade" befanden sich in der Regel Funktionäre der Arbeiterpartei.

Die polnischen Siedler (Statistik: Schaubild II) stammten ihrer Herkunft nach aus folgenden Gebieten:

1. Die *Repatrianten* kamen aus der Sowjetunion jenseits der Curzonlinie. Teile dieser „Ostpolen" treckten bereits während des Krieges (1942–1944) westwärts, und seit November 1944 wurden sie aufgrund bilateraler Umsiedlungsverträge unter oft menschenunwürdigen Umständen auf Zügen in die Oder-Neiße-Gebiete transferiert. Sie siedelten dort häufig in geschlossenen Kolonien, so z. B. viele ehemalige Lemberger in Breslau, wohin auch ihre Universität überführt wurde.

2. Die *Umsiedler* und *Militärkolonisten* aus Zentralpolen stellten das zahlenmäßig stärkste Kontingent. Es handelte sich fast ausschließlich um junge landwirtschaftliche Bevölkerung, die aufgrund überdurchschnittlicher Geburtsraten die enormen polnischen Menschenverluste der Kriegs- und Besatzungszeit zu einem beträchtlichen Grad kompensiert hatte und nun mit den modernen Mitteln gelenkter staatlicher Propaganda für die Kolonisation mobilisiert wurde. Es gehörte bereits zur historischen Tradition der ländlichen Überschußbevölkerung Polens, entweder nach Amerika oder nach Mittel-Westeuropa auszuwandern, und zwar bevorzugt in die benachbarten deutschen Ostprovinzen, wo sie die preußischen Großgrundbesitzer als billige Arbeiter in der Regel den einheimischen vorzogen und ausbeuteten; dieser Trend korrespondierte mit der „Ost- und Landflucht" im Reich seit 1871, die zur Abwanderung deutscher Landbewohner in die Städte und westlichen Industriezentren (Berlin, Sachsen, Ruhrgebiet) führte. Die Umsiedler wanderten – wie in der Vergangenheit – aus „Nachbarschaftsregionen" in die Oder-Neiße-Gebiete ein, so z. B. die Posener nach Ostbrandenburg und Niederschlesien.

3. Die *Reemigranten* reisten in der Regel aus West-, Mittel- und Südosteuropa ein, wohin sie selbst oder ihre Vorfahren ausgewandert waren. In Belgien, Nordfrankreich und im Ruhrgebiet hatten sie vornehmlich im Bergbau gearbeitet, in Jugoslawien und Rumänien hauptsächlich als Bauern und Landproletarier. Der Strom der anfänglich rückkehrwilligen polnischen Emigranten versiegte nach dem Ausbruch des Kalten Krieges immer mehr.

3.3.   Der interalliierte Machtkampf um Polen

Nach der Krimkonferenz, deren Ergebnisse im Lager der Anti-Hitler-Koalition überschwenglich gefeiert wurden, konzentrierte sich das Interesse auf

---

[15] Rhode-Wagner, S. 268 ff.; Kowalski, Die UdSSR, S. 191; Vierheller, S. 106 f.

die Umbildung der polnischen Provisorischen Regierung. Nachdem die Westmächte die Londoner Exilregierung, die – eine Ausnahme von der Regel –
gegen die Beschlüsse von Jalta schärfstens protestierte, fallengelassen und
damit faktisch zur Bedeutungslosigkeit verurteilt hatten, ging es ihnen darum,
größtmöglichen Einfluß auf die künftige Regierung der Nationalen Einheit
zu gewinnen[16]. Stalin strebte an, die bisherige Regierung als Kern der neuen
zu erhalten, Roosevelt und Churchill dagegen beabsichtigten, sie soweit
wie möglich mit Politikern zu durchsetzen, die ihr Vertrauen genossen. Da
beide Seiten ihre inkompatiblen Ziele durchzusetzen versuchten, stockten
die Verhandlungen der interalliierten Dreierkommission (Molotov, Harriman,
Clark Kerr), die in Jalta für die Regierungsumbildung eingesetzt worden
war.

Über die sowjetische Verhandlungstaktik befremdet, versicherten Churchill
und vor allem Roosevelt Stalin, sie würden jede Lösung als „unannehmbar"
zurückweisen, die dazu führe, daß das Warschauer Regime verhüllt fort-
bestünde. Trotzdem verharrte Stalin auf seinem Standpunkt: die Regierung
„rekonstruieren" heiße nicht, sie „liquidieren". Als er auch noch Polen am
21. April 1945 unter dem Deckmantel eines gegen Deutschland gerichteten
Abkommens „über Freundschaft, gegenseitige Hilfe und Zusammenarbeit
nach dem Kriege" vertraglich eng an die Sowjetunion band, kam es zur ersten
interalliierten *Kraftprobe*[17].

Trotz des Risikos, daß die Sowjetunion die in Jalta vereinbarte Hilfe im
Krieg gegen Japan nicht leisten würde, entschloß sich Truman nach Konsulta-

---

[16] Im Protest vom 13. Febr. 1945 erklärte die Londoner Exilregierung unter Berufung auf elementare Rechtsgrundsätze und die Atlantik-Charta, daß sie die
Beschlüsse der Krimkonferenz über Polen nicht anerkennen könne. Sie betrachtete „die Abtrennung der östlichen Hälfte des Gebietes Polens durch Errichtung
einer polnisch-sowjetrussischen Grenze, die entlang der Curzonlinie verläuft,
als Fünfte Teilung Polens, die jetzt durch seine Verbündeten vorgenommen
wurde". (Johannes Maass (Hrsg.), Dokumentation der deutsch-polnischen Beziehungen 1945–1959, Bonn–Wien–Zürich 1960, S. 1; vgl. auch DPSR, Bd. 2,
S. 521 f.).
Zu Churchills und Roosevelts optimistischer Einschätzung der Krimkonferenz:
Rhode-Wagner, S. 233 ff., 246 f. Vgl. auch die enthusiastische Reaktion in den
USA: Sherwood, S. 712 f.; James Francis Byrnes, Speaking frankly, Toronto–
London 1947, S. 45; The Forrestal Diaries, hrsg. von Walter Millis, New York
1951, S. 35.
[17] Vertragstext und ergänzende Materialien: Goguel, S. 344 ff. Vgl. auch Kowalski,
Die UdSSR, S. 181 ff.; DPSR, Bd. 2, S. 574 f. Über die interalliierten Verhand-
lungen: Briefwechsel Stalins, S. 379 f., 384 ff., 396 f., 398 ff., 404 f., 694 ff., 707 ff.,
712 ff.; Churchill, Bd. 6, S. 367 ff.; FRUS 1945, Bd. 5, S. 110 ff., bes. 134 ff., 212 ff.;
Stettinius, S. 312 ff.; Byrnes, Speaking, S. 53 ff., 60 ff.; Lane, S. 89 ff.; Wagner,
S. 136 ff.; Martin F. Herz, Beginnings of the Cold War, Bloomington/London
1966, S. 76 ff., 89 ff.; Llewellyn Woodward, British Foreign Policy in the Second
World War, London 1962, S. 502 ff.

tion seiner Ratgeber, mit den Russen nunmehr „Fraktur" zu reden[18]. Der neue Präsident, Nachfolger des am 12. April gestorbenen Roosevelt, drohte ihnen an, sie hätten keine Wirtschaftshilfe zu erwarten, falls sie das Abkommen von Jalta über Polen nicht amerikanischer Interpretation gemäß erfüllten. Auch werde die Warschauer Regierung nicht zur Gründungskonferenz der Vereinten Nationen nach San Francisco (25. April – 26. Juni 1945) eingeladen, und zwar selbst auf die Gefahr hin, daß die Sowjetunion ihr dann fernbleibe.

Trotz Trumans konfligierender Taktik, die auch Churchill unterstützte, lenkte Stalin nicht ein. Zwar erklärte er sich bereit, den von den Westmächten favorisierten Mikołajczyk zu den Verhandlungen über die Regierungsumbildung einzuladen, nachdem dieser die Beschlüsse der Krimkonferenz unter britischem Druck anerkannt hatte; doch versteifte sich Stalin nach wie vor darauf, daß das „jugoslawische Präzedenzmodell" auch für Polen gelten müsse. Mit dem offensichtlichen Ziel, Druck auszuüben, wurden daraufhin unmittelbar nach der deutschen Kapitulation die amerikanischen Leih- und Pachtlieferungen an die Sowjetunion abrupt gekürzt; sogar Schiffe, die unterwegs waren, mußten umkehren[19]. Obgleich Truman die unangekündigt verhängten Sanktionen am 11. Mai wegen der Proteste in der amerikanischen Öffentlichkeit revidierte, mußten sie die Ost-Westbeziehungen belasten. Die Restriktionen trafen die vom Krieg ausgelaugte Sowjetunion unvorbereitet an der empfindlichsten Stelle. Sie mußten sie um so mehr vor den Kopf stoßen, als ihre Bemühungen, einen langfristigen 6-Milliarden-Dollar-Wiederaufbau-Kredit zu erhalten, bereits gescheitert waren.

Zu einer noch schärferen Konfrontation mit der Sowjetregierung, die 16 führende polnische Anhänger der Londoner Exilregierung verhaftet und verschleppt hatte, riet Churchill. Er schlug vor, den Rückzug der amerikanischen Truppen aus Mitteldeutschland davon abhängig zu machen, daß der polnische und österreichische Streitfall im westlichen Sinne geregelt werde. Auch Truman befürwortete, die territorialen „Faustpfänder" auszuspielen,

---

[18] Von Trumans bewußter „Strategie einer sofortigen Kraftprobe" spricht Gar Alperovitz, Atomare Diplomatie, Hiroshima und Potsdam, München 1966, S. 15 ff., bes. 30 f.; dagegen betont die Kontinuität im Jahre 1945 und seinen Übergangscharakter Herbert Feis, Between War and Peace. The Potsdam Conference, Princeton N. J. 1960, S. 31 ff., bes. 35 f. Vgl. auch FRUS 1945, Bd. 5, S. 235 ff.; Harry S. Truman, Memoirs, Bd. 1, Garden City 1955, S. 14 ff., 37 ff., bes. 74 ff., 79 ff.; Churchill, Bd. 6, S. 424 ff.; William D. Leahy, I Was There, London 1950, S. 408 ff., 411 ff.; Forrestal Diaries, S. 48 ff.; Woodward, S. 508 ff.; Arthur H. Vandenberg und Joe Alex Morris (Hrsg.), The Private Papers of Senator Vandenberg, Boston 1952, S. 175 f.

[19] Den Zusammenhang betont Alperovitz, S. 35 ff. Vgl. dagegen Truman, Bd. 1, S. 227 f.; Herz, S. 153 ff., 163 ff.; Feis, 26 ff., 329 ff.; Stettinius, S. 318 f.; Stellungnahme Stalins: Sherwood, S. 735 ff. – Zu den Verhandlungen: Briefwechsel Stalins, S. 406 ff., 416 ff., 427 ff., 716 ff., 724 ff.; Truman, Bd. 1, S. 254 ff.

doch beschloß er aus innenpolitischen und wegen des Krieges gegen Japan auch militärischen Gründen, das Verhältnis zur Sowjetunion zu entspannen. Der nach Moskau geheim entsandte Hopkins, ein Vertrauter des verstorbenen Roosevelt, vermochte Ende Mai 1945 Stalins Mißtrauen, daß die Westmächte das System des Cordon sanitaire erneuern und die Sowjetunion militärisch sowie wirtschaftlich erpressen wollten, notdürftig beschwichtigen. Nachdem beide die Notwendigkeit freier Wahlen in Polen unterstrichen hatten, einigten sich Stalin und Hopkins: Die bestehende Provisorische Regierung sollte als Kern der neuen durch Exilpolitiker ergänzt werden, die der Sowjetunion freundlich gegenüberstanden[20].

Auf dieser Basis entstand am 28. Juni 1945 die Provisorische Regierung der Nationalen Einheit. An ihrer Spitze standen Bierut als Staatspräsident und Osóbka-Morawski als Premier; ihre Stellvertreter wurden die Exilpolen Grabski und – neben Gomułka – Mikołajczyk, der auch das Landwirtschaftsministerium erhielt. Am 29. Juni erkannten die UdSSR und Frankreich die neue Regierung an, am 5. Juli auch die USA und England[21]. Sie hoben damit zugleich die diplomatische Legitimation der gescheiterten Londoner Exilregierung auf; ihr blieb nur noch übrig zu protestieren.

Alles in allem hatte der interalliierte Machtkampf um Polen vorerst eine einseitige sowjetische Lösung erfolgreich verhindert und den westlichen Einfluß im Lande gesichert. Die Kooperation mit der Sowjetunion schien den Westmächten trotz der weitgehenden Zugeständnisse, die sie machen mußten, mehr Vorteile zu bieten als die Konfrontation, die in einer Sackgasse gemündet hatte. Da Truman nach der Regulation des Konflikts um Polen auch eine Einigung mit der Sowjetunion über Deutschland erwartete, zog er die amerikanischen Truppen aus Thüringen, Sachsen und Mecklenburg zurück.

---

[20] FRUS (Potsdam), Bd. 1, S. 21 ff., 24 ff., 31 ff., 53 ff. Zur Unterrichtung Churchills wurde Davies nach London entsandt: ebd., S. 63 ff.; Sherwood, S. 725 ff., bes. 729 ff., 734 ff., 740 ff. Vgl. ferner Alperovitz, S. 72 ff., bes. 78 ff.; Herz, S. 101 ff.; Forrestal Diaries, S. 57 f.; Truman, Bd. 1, S. 257 ff.; Feis, S. 82 ff., 97 ff., bes. 102 ff.
Zu den Plänen Churchills: Churchill, Bd. 6, S. 438 f., 498 f. („Iron Curtain"), 522 ff. Vgl. auch Truman, Bd. 1, S. 298 ff., bes. 301 ff.
Über die 16 Führer der antikommunistischen Untergrundbewegung in Polen und ihre Verurteilung in Moskau: DPSR, Bd. 2, S. 591 ff., 601 ff.; Rozek, S. 390 ff.; Bronislaw Kusnierz, Stalin and the Poles, London 1949, S. 228 ff., 234 f.
[21] Über Einzelheiten: Kowalski, Walka dyplomatyczna, S. 588 ff.; Rozek, S. 384 ff., 394 ff.; DPSR, Bd. 2, S. 625 ff.; FRUS, Bd. 1, S. 714 ff.; Documents on American Foreign Relations (DAFR), Bd. 7, S. 903 f.; Truman, Bd. 1, S. 320 f.; Mikołajczyk, Der Krieg gegen die Freiheit, Berlin 1948, S. 68 ff.; Bethell, S. 119 ff., 123 ff.; Feis, S. 203 ff.; Lane, S. 112 ff.; Jan Ciechanowski, Vergeblicher Sieg, Zürich 1948, S. 384 f. Kabinettsliste: Goguel, S. 350 f.

3.4. Potsdam als de facto Anerkennung der Oder-Neiße-Linie und Legalisierung der Vertreibung

3.4.1. Internationale Einflußfaktoren

Vom 17. Juli bis 2. August 1945 trafen sich die „Großen Drei" in Potsdam, um die nach dem Kriegsende in Europa aufgeworfenen politischen, militärischen, territorialen und wirtschaftlichen Fragen zu klären, vor allem die deutschen. Zwei Einflußfaktoren haben den Verhandlungsgang und die Ergebnisse der Konferenz maßgeblich mitbestimmt.

1. Wie bereits in Jalta, so hielten es die Westmächte auch in Potsdam für wünschenswert, daß die Sowjetunion sich am Krieg gegen Japan beteilige, um sein Ende zu beschleunigen. Zwar wurde der Wert der sowjetischen Hilfe vielfach wegen der Entwicklung der Atombombe bestritten, doch herrschten Zweifel, ob Japan nach dem fest vereinbarten Einsatz der beiden verfügbaren Bomben kapitulieren würde. Stalins erneuerte Zusage, er werde in den Krieg eintreten, stärkte seine Verhandlungsposition, intensivierte aber auch die Neigung der Westmächte, Konzessionen zu machen[22]. Es entstanden, wie schon in Jalta, Rückkopplungen zwischen dem ostasiatischen Krieg und den europäischen Streitfragen.

2. Im Wissen um das Geheimnis der Atombombe verhandelten die Westmächte aus einer Position der Überlegenheit. Nachdem Truman am 21. Juli erfahren hatte, daß die erste Nuklearexplosion am 16. Juli in New Mexico geglückt sei, war er „a changed man". Er glaubte, die USA könnten es nun mit der ganzen Welt aufnehmen, so daß er „generally bossed the whole meeting" (Churchill)[23]. Als ihr Vorsitzender verschärfte er seine von Anfang an offensive Verhandlungsführung und drängte Stalin immer mehr in die Defensive. Ein Vergleich der US-Vorschläge mit den endgültigen Beschlüssen der Konferenz beweist explicite, daß diese in der Regel auf amerikanischen Entwürfen und Vorentscheidungen beruhen[24]. Stalin akzeptierte sie, obwohl sie ihm viele Zugeständnisse machten, zum größten Teil erst nach hartnäckigem Widerstand, und zwar ohne die Stärke der neuen Waffe zu ermessen, über die ihn Truman nur verschwommen am 24. informierte.

---

[22] FRUS (Potsdam), Bd. I, S. 903 ff., bes. 910, Bd. II, S. 46 (fortan zitiert: PP: Potsdam Papers); Truman, Bd. 1, S. 322 f.; Forrestal Diaries, S. 78 f.; Alperovitz, S. 120 ff.; John R. Deane, The Strange Alliance, New York 1947, S. 270 ff.

[23] PP I, S. 225 und 1361 ff. nebst Anm. 1 dazu. Über die Interdependenzen zwischen Atombombe und Konferenz vgl. auch Alperovitz, S. 163 ff., bes. 166 f.; Martin J. Sherwin, The Atomic Bomb and the Origins of the Cold War: US-Atomic-Energy Policy and Diplomacy, 1941–1945, in: American Hist. Review 78 (1973), S. 945 ff., bes. 967.

[24] Ernst Deuerlein, Die amerikanischen Vorformulierungen und Vorentscheidungen für die Konferenz von Potsdam, in: Deutschland Archiv 3 (1970), S. 337 ff., bes. 352 ff.; vgl. auch ders., Die Verabschiedung der Deutschland-Bestimmungen des Potsdamer Abkommens, ebd., S. 673 ff.

3.4.2. Einwände der Westmächte gegen die Oder-Neiße-Linie

In den Verhandlungen über die polnische Westgrenze vertraten die Westmächte einerseits und die Sowjetunion sowie die zu den Beratungen hinzugezogene polnische Delegation andererseits unterschiedliche Standpunkte. Truman und Churchill bzw. nach seiner Wahlniederlage Attlee (Premier ab 28. Juli) lehnten die Westverschiebung Polens bis zur Oder und Lausitzer Neiße aus folgenden *Hauptgründen* ab:

a. Die Sowjetunion befürworte die Oder-Neiße-Linie aus primär eigensüchtigen Zielen. Sie wolle das Sicherheitsbedürfnis Deutschland gegenüber ausnützen, um Polen von sich abhängig zu machen, und ihm zugleich erleichtern, den Verlust seiner Ostgebiete zu verschmerzen, indem es territorial im Westen möglichst weitgehend entschädigt werde. Auf diese Interdependenzen wies insbesondere das State Department hin, das seinen unter Roosevelt verlorengegangenen Einfluß auf die Außenpolitik wieder voll zurückgewonnen hatte[25].

b. Die Sowjetunion habe Polen ohne Konsultation der Verbündeten die Zivilverwaltung jenseits Oder und Neiße übertragen und erschwere dadurch die Regelung des Reparationsproblems. Churchills und vor allem Trumans Vorwürfe Stalin gegenüber verdeutlichten allerdings: es ging ihnen in erster Linie um die *Form, wie* die deutschen Ostgebiete Polen als „Zone" übergeben worden waren, weniger darum, *daß* sie ihnen übergeben worden waren. Sie wollten nicht vor vollendete Tatsachen gestellt werden, die ihre Entscheidungsfreiheit einschränkten, betonten aber, man hätte sich vermutlich leicht einigen können, wenn man verhandelt hätte, statt einseitig vorzugehen[26].

c. Die Einverleibung deutscher Gebiete westlich der *östlichen* (Glatzer) Neiße werde das neue Polen mehr belasten als ihm nutzen. Namentlich Churchill warnte Polen davor, nicht zuviel zu verlangen: Nach dem Ersten Weltkrieg sei es zu weit nach Osten gegangen, jetzt wolle es zu weit nach Westen gehen. Es frage sich, ob die Polen imstande seien, alle Gebiete, die sie forderten, neu zu besiedeln und wirtschaftlich voll zu nutzen[27].

d. Die Umsiedlung von etwa 8,5 bis 9 Millionen Ostdeutschen schaffe in den Westzonen unhaltbare Zustände und belaste die Besatzungsmächte mit der Lebensmittel- und Brennstoffversorgung außergewöhnlich, zumal

---

[25] PP I, S. 743 ff., bes. 744.

[26] Fischer, S. 259 ff.; PP II, S. 208 (Truman: it is probable that full agreement could be reached on what the Soviet Government desires, but he wanted consultation), 217 (Truman: I am very friendly to Poland and sympathetic with what Russia proposes regarding the western frontier, but I do not want to do it that way), 384, 389.
Über den Zusammenhang mit der Reparationsfrage: PP I, S. 778, 780 f., 831, 842 f., 860 ff., 893 ff., bes. 895, 940 ff., bes. 943 f., 1137 f.; Woodward, S. 541 ff.

[27] Fischer, S. 264; PP II, S. 212 f., 219, 1136 ff. Vgl. auch Churchill, Bd. 6, S. 573 f., 576 f.

die agrarischen Überschußgebiete Ostdeutschlands und die schlesische Kohle ausfallen würden. Die Ernährungsfrage beunruhigte vornehmlich Churchill bzw. Attlee, da sich in der britischen Zone die meisten Flüchtlinge aufhielten. Die Argumentation der Westmächte ließ keinen Zweifel daran, daß sie *eigene* materielle Interessen verfochten, nicht *deutsche;* denn sie mußten die Ernährungskosten hauptsächlich mit ihrem Geld bestreiten, wollten sie die Flüchtlinge und Vertriebenen in den zerstörten Westzonen nicht verhungern lassen. Moralische Bedenken gegen die Zwangsumsiedlungen von etwa 8,5 bis 9 Millionen Menschen äußerte beiläufig nur Churchill[28].

Obwohl sie unterschiedlichen Nachdruck auf die Motivation legten: im Ergebnis stimmten die amerikanischen und britischen Vertreter stets darin überein, daß die Oder-Neiße-Linie abzulehnen sei. Die Haltung Trumans war konzessionsbereiter als jene Churchills und vor allem Attlees. Dieser opponierte als Letzter gegen die westliche Neiße, da er an der östlichen festhalten wollte.

3.4.3. Argumente der polnischen Delegation für die Oder-Neiße-Linie

Stalin und die polnischen Regierungsvertreter, die – wie in Jalta vorgesehen – ihre Meinung über den Gebietszuwachs im Westen äußerten, wünschten die Lausitzer Neiße und die Oder nebst Stettin als Grenze, die Polen allerdings mit dem Unterschied, daß sie das *linke* Oderufer verlangten[29]. Die polnische Delegation, der alle maßgeblichen Mitglieder der neuen Regierung angehörten, begründete die Territorialforderungen mit folgenden *Hauptargumenten*[30]:

a. Das neue moderne Polen müsse gestärkt und demographisch homogen aus dem Kriege hervorgehen. Dank seiner geographischen Lage könne es dann eine Vermittlerrolle zwischen Ost und West spielen und die deutsche Hegemonie über die Ostsee brechen.

b. Die Abtrennung der Ostgebiete jenseits der Curzonlinie bedinge eine Kompensation im Westen. Sie verringere zwar das Staatsgebiet um ca. 80 000 qkm nach dem Stande von 1939, biete Polen jedoch bessere Entwick-

---

[28] Fischer, S. 273; PP II, S. 248. Später überbetont und als „Unrecht" dargestellt: Churchill, Bd. 6, S. 570.
Zur Ernährungs- und Brennstoffrage: Fischer, S. 262 f., 264 f., 267 f., 276, 319, 321 f.; PP II, S. 210 ff., bes. 214 f., 218 ff., 249 ff.; Churchill, Bd. 6, S. 568 f. Vgl. auch das britische Memorandum: PP I, S. 777 ff., bes. 779.

[29] PP I, S. 757 ff., II, S. 1138 f.

[30] Nach Ausführungen Bieruts, des Außenministers Rzymowski und Mikołajczyks: Fischer, S. 302 f.; PP II, S. 332 ff., 1517 ff. Vgl. auch ebd., S. 1140 ff., bes. 1142 ff. und I, S. 757 ff., ferner Sprawy Międzynarodowe 22 (1969), Nr. 7/8, S. 91 ff., bes. 97 ff. (deutsche Auszüge: Bulletin des Ministeriums für Auswärtige Angelegenheiten (Warszawa) Nr. 1 (1970), S. 12 f., 14). Mikołajczyks Memoranden vom 24. Juli: PP II, S. 1128 f., 1140 f.

lungsmöglichkeiten (vor allem wirtschaftliche) und insofern ein Äquivalent für die Territorialverluste von etwa 388 000 auf 309 000 qkm.

c. Die neue Grenze sei die kürzestmögliche und deshalb die militär-strategisch beste. Sie beraube Deutschland, das Polen habe vernichten wollen, seiner Angriffsbasen im Osten, und festige nicht nur den Frieden und die Sicherheit in Europa, sondern leiste Polen auch eine moralische und materielle „Reparation" für im Kriege erlittene Schäden.

d. Polen müsse sich wirtschaftlich-industriell voll entfalten können und als Markt für ausländische Importe und Investitionen offenstehen. Voraussetzungen dafür seien neben den Rohstoffen und der Industrie Schlesiens das Wassersystem der Oder und ihrer südlichen Nebenflüsse, Stettin als Hafen und ein breiter Zugang zum Meer.

e. Der Gebietszuwachs gebe Polen alte Gebiete zurück, in denen einst die „Wiege" (cradle) der Nation gestanden habe. Diese historischen Reminiszenzen, nur kurz eingeblendet, spielten auf die Westausdehnung unter dem Piastenherzog/könig Bolesław Chrobry (992–1025) an.

3.4.4. Stalins Doppelspiel in der Grenzfrage

Obwohl Stalin die polnischen Territorialforderungen befürwortete, war seine Haltung die am schwersten durchschaubare. Da sowjetische Quellen nur begrenzt vorliegen, läßt sich ein definitives Urteil nicht fällen; doch deutet vieles darauf hin, daß Stalin ein *Doppelspiel* in der Grenzfrage getrieben hat:

a. Von Truman und Churchill zur Rede gestellt, motivierte Stalin die polnische Zivilverwaltung in den ostdeutschen Gebieten zweifach: einmal mit dem Abkommen von Jalta, das sie impliziere, zum anderen mit örtlichen faktischen Notwendigkeiten, da die Deutschen alle geflohen seien. Nach den Aufzeichnungen des State Department äußerte er in der Sitzung am 21. Juli u. a.: „ . . . no frontiers had been ceded at the Crimea except for the provision that Poland would receive territory. The western frontier question is open and the Soviet Union is not bound. The President repeated: 'You are not?' Stalin replied: 'No' "[31]. Diese Aussagen, in den veröffentlichten sowjetischen Protokollen nicht enthalten, aber in den Memoiren expressis verbis bestätigt, widersprachen dem geheimen Grenzvertrag mit dem Lubliner Komitee vom 27. Juli 1944 (oben S. 33); denn darin hatte die Sowjetunion der Oder-Neiße-Linie als Grenze zugestimmt und sich verpflichtet, sie vorbehaltlos zu unterstützen (Art. 4).

b. Stalin wäre in Potsdam einverstanden gewesen, die Grenzfrage nicht weiter zu erörtern und auf die lange Bank zu schieben (the question remains in suspense), da eine Einigung ausgeschlossen schien. Um dies den Polen

---

[31] PP II, S. 209. Ebenso Truman, Bd. 1, S. 367; Churchill, Bd. 6, S. 567; Byrnes, S. 80. Dagegen Fischer, S. 261. Über Stalins Argumentation ferner: Fischer, S. 259 ff.; PP II, S. 208 ff., 217 ff.

zu demonstrieren, drängte er vermutlich darauf, sie zu konsultieren. Anders als Truman, der die Oder-Neiße-Frage ebenfalls nicht als dringlich ansah, bestand jedoch Churchill auf einer Entscheidung[32]. Sie sollte vorbeugen, daß der Status quo sich konsolidiere, bewirkte dann aber genau das, was Churchill hatte vereiteln wollen.

c. Truman und Churchill betrachteten Mikołajczyk als ihren Vertrauensmann in der neuen polnischen Regierung. Er hatte sich in der Erkenntnis, daß Ostpolen unwiderruflich verloren sei, zum prononcierten Fürsprecher der Oder-Neiße-Linie gemacht und forderte sie auch in Potsdam; dadurch stimmte er Truman und Churchill geneigt, die polnischen Gebietsansprüche, die bewußt so motiviert worden waren, daß sie politische und wirtschaftliche Interessen der Westmächte weckten, doch noch zu akzeptieren. Da Stalin keine Illusionen über die antikommunistische Einstellung der überwältigenden Mehrheit des polnischen Volkes sowie über die in ihm weitverbreiteten antirussischen Ressentiments hegte, mußte er für den Fall, daß völlig freie Wahlen stattfanden, den Sieg Mikołajczyks fest einkalkulieren. Stalin konnte jedoch kein Interesse daran haben, Polen vorbehaltlos zu unterstützen, solange er riskierte, daß es bürgerlich-kapitalistisch oder gar sowjetfeindlich werde.

d. In seiner Siegesproklamation vom 9. Mai 1945 hatte Stalin öffentlich verkündet, die Sowjetunion wolle Deutschland nicht vernichten oder zerstückeln. Er rückte damit von den westlichen Teilungsplänen ab, die er in Jalta noch gebilligt hatte, und setzte in Potsdam den Beschluß durch, Deutschland als „wirtschaftliche Einheit" zu betrachten[33]. Dieser Kurswechsel, ohne den möglicherweise Deutschland bereits 1945 gespalten worden wäre, entsprach den ökonomischen Interessen der Sowjetunion wegen der Reparationsansprüche, aber auch politischen, da die totale Niederlage und das Vertriebenenproblem günstige Voraussetzungen für einen sozialrevolutionären Umsturz schufen. Stalin scheint einer der wenigen Konferenzteilnehmer gewesen zu sein, die das geschlagene, völlig entmachtete deutsche Volk – ohne allerdings für es Partei zu ergreifen – nicht nur als *subjugiertes Objekt,* sondern auch als *potentiellen Demiurgen* alliierter Entscheidungen bereits in Potsdam mit einkalkuliert haben. Sollte er sich die Hände in der Oder-Neiße-Frage binden, solange die Würfel weder in Polen noch in Deutschland gefallen waren?

3.4.5. Konkordanzen trotz Dissens

Trotz aller Meinungsverschiedenheiten stimmten die Alliierten in wesentlichen Punkten überein, die mit der ostdeutschen Territorialfrage zusammenhingen:

---

[32] Fischer, S. 262 f., 272 ff.; PP II, S. 210, 247 ff., 261 ff. Vgl. auch PP I, S. 777 ff.
[33] Stalin, S. 219. Fischer, S. 353 f.; PP II, S. 824.

1. Das Oder-Neiße-Problem könne definitiv erst auf der *Friedenskonferenz* geregelt werden. Dieser Vorbehalt, eine opinio communis aller Konferenzteilnehmer, entsprang den parallelen Wünschen der Sowjetunion und der Westmächte, die Entscheidung *de jure* zurückzustellen[34]. Truman berief sich namentlich auf verfassungsrechtliche Kompetenzen des Senats in der Außenpolitik.

2. Nordostpreußen mit Königsberg solle bis zur endgültigen Regelung auf der Friedenskonferenz die Sowjetunion erhalten. Stalin erinnerte an die Diskussionen in Teheran, und Truman und Churchill stimmten seiner Territorialforderung prinzipiell zu[35].

3. Die polnische Provisorische Regierung der Nationalen Einheit werde sobald wie möglich freie Wahlen abhalten und damit das Abkommen von Jalta erfüllen. Auf diesen Punkt legten die Westmächte den größten Wert. Wie bereits in Jalta, so scheiterten allerdings auch in Potsdam die amerikanischen und vor allem britischen Versuche, die freien Wahlen international abzusichern und davon die Zustimmung zur Oder-Neiße-Linie abhängig zu machen[36].

4. Umstritten blieben hauptsächlich die Gebiete zwischen *östlicher* (Glatzer) Neiße und *westlicher* (Lausitzer, Görlitzer) Neiße und insoweit das Ausmaß der Massenvertreibungen; denn die Westmächte waren durchaus bereit, wie schon in Jalta, der Oderlinie unter Einschluß von Stettin zuzustimmen[37]. Die Oder-Neiße-Grenze war für sie nur eine Frage sowjetischer Konzessionen.

3.4.6. Das Junktim zwischen Grenz- und Reparationsfrage

Vorbereitende angloamerikanische Memoranden hatten empfohlen, die Grenzfrage, falls sich keine Einigkeit erzielen lasse, als *Handelsobjekt* (bargaining possibilities of this issue) zu benutzen und notfalls unter Anwendung von Druckmitteln mit dem Reparationsproblem zu koppeln[37a]. Da die USA ablehnten, sich erneut auf eine Diskussion fester Reparationssum-

---

[34] Fischer, S. 259 f., 266, 275 f., 279, 319 f.; PP II, 209 f., 217, 249, 262, 384, 389, 519 f., 1138.

[35] Fischer, S. 293 ff.; PP II, S. 305 f., 314, 988 (sowjetischer Vorschlag).

[36] Fischer, S. 205, 256 f.; PP II, S. 188 f., 206, 216. Kowalski, The Western Powers and the Polish-German Frontier During the Second World War, in: Polish Western Affairs 6 (1965), S. 118 f. – Über die erfolglosen Bemühungen Attlees und Bevins um Garantien für freie Wahlen: Fischer, S. 347 f.; PP II, S. 518; Woodward, S. 561 ff.

[37] Fischer, S. 276 ff.; PP II, S. 250 f., 263 f. (Churchill: I think Marshal Stalin and I agree up to this point that the new Poland should advance to the Oder); PP I, S. 745 f., 755; Woodward, S. 561 f. Vgl. auch Harrimans Äußerungen nach polnischen Quellen: Kowalski, The Western Powers, S. 116 f. (dagegen PP II, S. 1528 f.).

[37a] PP I, S. 755, 777 ff., bes. 778 und 781.

men einzulassen, die Sowjetunion aber darauf beharrte, das deutsche Reparationssoll und ihren Anteil zu fixieren, war die Konferenz in dieser Materie ebenso wie in der Grenzfrage an einem toten Punkt angelangt. Die amerikanische Delegation unterbreitete daraufhin am 29. Juli einen Kompromißvorschlag: Er bot die polnische Verwaltung der Gebiete jenseits Oder und *östlicher Neiße* als Handelsobjekt gegen die sowjetische Zustimmung zum amerikanischen Reparationsplan auf prozentueller Basis[38]. Auf einen Einwand Molotovs stellte der amerikanische Außenminister Byrnes klar, der amerikanische Entwurf schließe nicht aus, daß Polen die westliche Neiße erhalte, falls die Friedenskonferenz sie als Grenze billige.

Da das amerikanische Junktim die materiellen Interessen der Sowjetunion in der Reparationsfrage gefährdete, setzte Stalin die polnische Delegation unter Druck, die Bober-Queis-Linie anstelle der Lausitzer Neiße zu akzeptieren. Mit anderen Worten: Als die Grenzfrage die erwarteten Reparationen zu schmälern drohte, war Stalin zu territorialen Konzessionen auf Kosten Polens und damit zugunsten Deutschlands bereit. Die Polen mußten jedoch, nachdem sie Stalin vorübergehend die Wasserscheide zwischen Lausitzer Neiße und Queis als neue Grenzlinie zugestanden hatten, von ihren ursprünglichen Gebietsforderungen nicht abrücken; denn die amerikanische Delegation dehnte am 30. Juli von sich aus ihren Grenzvorschlag auf die *westliche* Neiße aus, ohne etwas von der sowjetisch-polnischen Kompromißbereitschaft zu wissen[39]. Dadurch wurde dem offensichtlichen Plan Stalins, im bargaining mit den Amerikanern höhere Reparationen gegen Quadratkilometer zu tauschen, buchstäblich der Boden unter den Füßen entzogen.

Da Stalin und Molotov trotz der territorialen Zugeständnisse der USA das Reparationsproblem neu aufrollen wollten, machten die USA die Oder-Neiße-Linie in einem package deal davon abhängig, daß die Reparationsfrage und die Behandlung Italiens sowie der früheren deutschen „Satellitenstaaten" im westlichen Sinne geregelt werde. Unter Druck gesetzt, das amerikanische „Paket" in toto anzunehmen oder die Konferenz scheitern zu lassen (Truman drohte mit der Abreise), lenkte Stalin widerwillig ein[40]: Nach langem Feilschen wurde festgelegt, daß die Sowjetunion ihre Reparationsansprüche aus ihrer Besatzungszone sowie aus deutschen Auslandsinvestitionen befriedigen und aus den Westzonen von den für die deutsche Friedenswirtschaft nicht erforderlichen beschlagnahmten Industrieanlagen 15 % gegen einen Aus-

---

[38] PP II, S. 471 f., 1150. Leahy, S. 491 f. Das Reparationsprotokoll von Jalta: Fischer, S. 192 f.

[39] PP II, S. 1150 f. Über Stalins Kompromißvorschlag: ebd., S. 1539. Vgl. auch Feis, S. 261; Vierheller, S. 121 f.; Wagner, S. 175 f.; Deuerlein, Deklamation oder Ersatzfrieden? Die Konferenz von Potsdam, Stuttgart/Berlin/Köln/Mainz 1970, S. 147 f.; ferner jedoch Kowalski, Walka, S. 628.

[40] Fischer, S. 337 ff., bes. 346 ff., 361 ff.; PP II, S. 512 ff., 518, 520, 629 f., 921 ff.; Leahy, S. 493 f., Byrnes, S. 85.

tausch hauptsächlich von Nahrungsmitteln bzw. 10 % ohne Gegenleistung erhalten solle. Mit dieser Einigung waren zugleich die Würfel in der Grenzfrage gemäß amerikanischem Entwurf gefallen.

Nach diesem vermeintlichen Verhandlungserfolg stimmten die Westmächte in Widerspruch zu ihren Bedenken, die sie ursprünglich geäußert hatten, der pauschalen Massenausweisung der Deutschen aus Ostmittel- und Südosteuropa zu. Im Schnellverfahren entschied die Konferenz über das Schicksal von Millionen: Sie sollten in „geregelter und humaner" Weise in die alliierten Besatzungszonen transferiert werden[41].

3.4.7. Zur Interpretation des Potsdamer Abkommens

Das Abschluß-Protokoll vom 2. August 1945 wurde in zwei Fassungen veröffentlicht und stellte ein mixtum compositum aus Pressekommunique und völkerrechtlichen Normen dar. Die in der Regel Potsdamer Abkommen genannte kleine Ausgabe enthält folgende Bestimmungen über das Oder-Neiße-Problem, die nachträglich auch die Provisorische Regierung Frankreichs gebilligt bzw. zur Kenntnis genommen hat[42]:

1. Im Kapitel VI wurde „vorbehaltlich der endgültigen Bestimmungen der territorialen Fragen bei der Friedensregelung" (at the peace settlement, pri mirnom uregulirovanii, par les traités de paix) Nordostpreußen mit Königsberg gemäß sowjetischer Grenzbeschreibung an die Sowjetunion übergeben. Der amerikanische Präsident und der britische Premier verpflichteten sich, den „Vorschlag der Konferenz bei der bevorstehenden Friedensregelung" zu unterstützen (Abs. 3). Diese Klausel entwertete, da sich die westlichen Entscheidungsträger festlegten, die eindeutige juristische Rückstellung des Gebietsübergangs *materiell-inhaltlich* völlig. Folglich konnte es sich a posteriori nur noch darum handeln, den Konferenzbeschluß bei der „Friedensregelung" *formal zu bestätigen*. Wie bereits in Jalta hinsichtlich der Curzonlinie, so achtete die Sowjetregierung auch in Potsdam darauf, ihren territorialen Gewinn soweit wie möglich meritorisch abzusichern. Bei der Schlußredaktion wurde daher noch das Wort „provisorisch" im Text gestrichen[43].

2. Im Kapitel IX Buchstabe a nahmen die drei Großmächte zur „Kenntnis", daß die polnische Provisorische Regierung der Nationalen Einheit zugestimmt habe, sobald wie möglich „auf der Grundlage des allgemeinen Wahlrechts und der geheimen Abstimmung" freie und ungehinderte Wahlen durchzuführen, „wobei alle demokratischen und antinazistischen Parteien das Recht zur Teilnahme und zur Aufstellung von Kandidaten haben und die Vertreter

---

[41] Fischer, S. 325, 354 f.; PP II, S. 523 f., 536 f.; vgl. auch 398 f.

[42] Englischer, russischer, französischer und deutscher Text in: Amtsblatt des Kontrollrats in Deutschland, Ergänzungsbl. Nr. 1, S. 13 ff. (Rhode-Wagner, S. 296 ff.). Die große Ausgabe: PP II, S. 1478 ff.
Über die französische Stellungnahme: Rhode-Wagner, S. 308 f.

[43] PP II, S. 552 f.

der alliierten Presse volle Freiheit genießen sollen, der Welt über die Entwicklung der Ereignisse in Polen vor und während der Wahlen zu berichten". Juristisch gesicherte Pflichten wurden der Warschauer Regierung jedoch ebenso wenig wie in Jalta auferlegt.

Dagegen kreierte Kapitel IX Buchstabe b ein „Abkommen" (agreement, soglašenie, l'accord) über die „Westgrenze Polens". Zunächst bekräftigten die „Großen Drei" wie in Jalta ihre Absicht, „daß die endgültige Festlegung der Westgrenze Polens bis zur Friedenskonferenz zurückgestellt werden soll" (that the final delimitation of the western frontier of Poland should await the peace settlement; čto okončatel'noe opredelenie zapadnoj granicy Pol'ši dolžno byt' otloženo do mirnoj konferencii; que la délimitation finale de la frontière occidentale de la Pologne doit être fait au moment du règlement de la paix). Dann vereinbarten sie, bis zu dieser „endgültigen Festlegung der Westgrenze Polens die früher deutschen Gebiete östlich der Linie, die von der Ostsee unmittelbar westlich von Swinemünde" und von dort die Oder und westliche Neiße entlang bis zur tschechoslowakischen Grenze verläuft, einschließlich des nicht der Sowjetunion übergebenen Teiles von Ostpreußen sowie des Gebiets der früheren Freien Stadt Danzig „unter die Verwaltung des polnischen Staates" zu stellen und insoweit (for such purposes) nicht zur sowjetischen Besatzungszone Deutschlands zu zählen. Diese völkerrechtlichen Vereinbarungen enthalten nicht nur eine *formell-*, sondern – anders als in Kapitel VI – auch eine *materiell-rechtliche Rückstellungsklausel*, und zwar sogar zweifach. Diesen kategorischen juristischen Vorbehalt, der den Übergang der Gebietshoheit (Souveränität) verhinderte, stellte jedoch die Konferenz selbst in Frage:

a. Die „Großen Drei" gingen in Potsdam davon aus, daß die Friedenskonferenz, die der von ihnen eingesetzte „Rat der Außenminister" vorbereiten sollte (Kapitel II A 3 a), in absehbarer Zeit stattfinden und ihre Beschlüsse kodifizieren werde. Alle Konferenzteilnehmer stimmten darin überein, daß die Entscheidung von Potsdam die polnische Frage erledigt[44]. Aufgrund des Rechtstitels der bedingungslosen Kapitulation hielten sie es für selbstverständlich, daß Deutschland an die Potsdamer Beschlüsse suo nomine gebunden sei; sie sollten ihm bei der Friedenskonferenz notfalls im Wege des *octrois* auferlegt werden.

b. Die „früher deutschen" Gebiete jenseits der Oder-Neiße unterstanden nicht dem alliierten Kontrollrat bzw. der sowjetischen Besatzungsmacht, sondern polnischer „Verwaltung". Und das konnte nur heißen: Sie wurden insoweit als abgetrennte, und nicht mehr als deutsche Gebiete betrachtet, zu denen sie nach den Reichsgrenzen von 1937, die die Konferenz als Diskussionsbasis zugrunde gelegt hatte, gehörten. Allerdings war die Grenzlinie im

---

[44] Fischer, S. 350, 388; PP II, S. 520 (The President said then they were all agreed on the Polish question), 534 (Truman: This settles the Polish question). Truman, Bd. 1, S. 405 f.

nördlichen Verlauf unpräzis beschrieben worden: Stettin sollte, obwohl westlich der Oder gelegen und aus Versehen nicht besonders erwähnt, nach dem Willen der Konferenz ausdrücklich unter polnische Verwaltung kommen[45].

c. Die von den Alliierten gebilligten Massenvertreibungen der Ostdeutschen und die damit zusammenhängende Neubesiedlung der Oder-Neiße-Gebiete durch Polen implizierten eine irreversible Raum- und Bevölkerungsumverteilung. Eine restitutio in integrum setzte voraus, daß die neu angesiedelten Polen ebenso wie zuvor Millionen Deutscher vertrieben wurden, um diesen wieder Platz zu machen. Dieser circulus vitiosus hätte nicht nur jeder Logik widersprochen, sondern auch das Unrecht der Vertreibung ins Unendliche potenziert.

3. In Kapitel XIII beschlossen die „Großen Drei", daß die deutsche Bevölkerung oder Teile von ihr aus Polen, aus der Tschechoslowakei und aus Ungarn nach Deutschland transferiert werden müßten. Die Ausweisungen sollten vorerst eingestellt und dann „in ordnungsgemäßer und humaner Weise" (in an orderly and humane manner) durchgeführt und vom Kontrollrat geregelt werden.

Der Beschluß sprach nur von „Polen", involvierte aber aufgrund Stipulation insbesondere – obgleich expressis verbis nicht erwähnt – die Oder-Neiße-Gebiete. (Subsumiert bereits unter den Begriff „Polen"?) Aus Nordostpreußen waren nach dem schlampig redigierten Text des Kapitels XIII Ausweisungen überhaupt nicht vorgesehen; als sie im Sommer 1947 begannen, nahmen sie die Westmächte hin, da sie sich verbalkontraktlich gebunden fühlten[46].

4. Alles in allem steht das Potsdamer Abkommen im Kontext der Beschlüsse von Jalta, die es politisch und rechtlich ausfüllt. Die interalliierten Konflikte waren zu Lasten des untergegangenen Deutschen Reiches und zugunsten Polens ausgetragen worden, ohne die Oder-Neiße-Frage meritorisch definitiv zu regeln; denn sie sollte als Grenze erst auf der Friedenskonferenz endgültig delimitiert, d. h. de jure festgelegt werden. Trotz dieses Rechtsvorbehalts enthält das Potsdamer Abkommen als völkerrechtlicher Vertrag in favorem tertii eine de facto Anerkennung der Oder-Neiße-Linie[47]: Die West-

---

[45] Fischer, S. 379; PP II, S. 534, 587 f., 597. Vgl. auch Truman, Bd. 1, S. 406; Knut Ipsen, Diskrepanz zwischen der Grenzklausel des Warschauer Vertrages und dem faktischen Grenzverlauf?, in: Ostverträge – Berlin-Status, Münchener Abkommen, Beziehungen zwischen der BRD und der DDR (Kieler Symposium), Hamburg 1971, S. 75 ff.

[46] Dokumentation der Vertreibung, Bd. I/1, S. 151E f. Grundsätzlich zur Haltung der USA: John C. Campbell, The European Territorial Settlement, in: Foreign Affairs 26 (1947), S. 196 ff.

[47] Dieses Resultat stimmt in vielen Punkten mit Klafkowskis frühen Forschungsergebnissen überein, daß das Potsdamer Abkommen ein wegen der bedingungslosen Totalkapitulation Deutschlands völkerrechtlich zulässiger Vertrag zugunsten Dritter sei, der in Relation zu den politischen Beschlüssen von Jalta stehe und die Oder-Neiße-Linie faktisch als Grenze anerkenne (Podstawy prawne granicy Odra-Nisa na tle umów: Jałtańskiej i Poczdamskiej, Poznań

1947, S. 7 ff., 25 ff., 45, 56 ff.). Vgl. auch Klafkowski, The Potsdam Agreement, Warszawa 1963, S. 38 ff., 50 ff., 177 ff., 219 ff., bes. 222 ff. und ders., Die Rechtsgrundlagen der Oder-Neiße-Grenze, in: Die polnischen Westgebiete, Poznań 1960, S. 86 ff., bes. 92 ff., 104 f., 126. Siehe ferner Wiewióra, S. 64 ff., 91, 92 ff., 107 ff., 152 ff., 201; Józef Kokot, The Logic of the Oder-Neisse Frontier, Poznań–Warszawa o. J. (1960), S. 16 ff., 48 ff., 58 ff., 68 ff.; Manfred Lachs, Die Westgrenze Polens, Warszawa 1967, S. 21 ff.; Krzysztof Skubiszewski, La frontière polono-allemande en Droit International, in: Revue Générale de Droit International Public 61 (1957), S. 242 ff., bes. 244 f., 246, 248 f.; Zbigniew A. Jordan (Exilpole), Oder-Neisse-Line. A Study of the Political, Economic and European Significance of Poland's Western Frontier, London 1952, S. 18 f.

Kondensierte Wiedergaben des polnischen Standpunktes: Klafkowski, The Polish German Frontier in the System of International Agreements, in: Polish Western Affairs 1 (1960), S. 213 ff.; Skubiszewski, The Frontier Between Poland and Germany as a Problem of International Law and Relations, ebd. 5 (1964), S. 311 ff. Nicht zugestimmt wird der polnischen Interpretation, daß das Potsdamer Abkommen die Oder-Neiße-Grenze bereits materiell endgültig festgelegt und damit geregelt habe. Die Rückstellungsklausel „final delimitation of the western frontier of Poland should await the peace settlement" wird deshalb als konkrete Grenzfestlegung im Gelände gedeutet, d. h. als Abstecken, Berichtigung, Demarkation. Vgl. Kokot, S. 27 ff.; Wiewióra, S. 119 ff.; Lachs, S. 26 f., 37 ff.; Jordan, S. 12 f.; Skubiszewski, La frontière, S. 253 mit dem Zugeständnis: „le point le plus faible de la théorie de la compensation territoriale definitive"; Klafkowski, Die deutsch-polnische Grenze nach dem II. Weltkrieg, Poznań 1970, S. 12 ff., bes. 14 f., 16; ders., Podstawy, S. 31 ff., 68 ff.; ders., Cesja terytorialna a traktat pokoju na tle granicy Odra-Nysa Łużycka, Poznań 1957, S. 23 ff.; ders., Die Rechtsgrundlagen, S. 90 ff., 94 ff. Unhaltbar ist auch Klafkowskis Versuch, die im Potsdamer Abkommen vorgesehene „Friedensregelung" mit der Beendigung des Kriegszustandes zwischen „Deutschland" und den Alliierten, insbesondere Sowjetunion/Polen im Jahre 1955, zu identifizieren: Les conséquences juridiques de la Seconde Guerre Mondiale et la problème allemand, Varsovie 1968, S. 200 ff., bes. 240 ff.; Der Vertrag zwischen der Volksrepublik Polen und der BRD vom 7. Dez. 1970, Warszawa 1973, S. 24 ff., bes. 29 f.

Als Beispiele für Interpretationen aus der DDR und Sowjetunion: Roland Meister, Das Völkerrecht garantiert die Friedensgrenze an Oder und Neiße, Leipzig/Jena 1955, S. 46 ff., 60; Alexander Martin, Potsdam und die Oder-Neiße-Grenze im Spiegel des Völkerrechts, in: Goguel, S. 357 ff., bes. 360, 419 ff. (Belege); Herbert Kröger, Die staatsrechtliche Bedeutung des Potsdamer Abkommens für das deutsche Volk, in: Festschrift für Erwin Jacobi, Berlin 1957, S. 197 ff.; Peter Alfons Steiniger, Manfred Müller, Edith Oeser und Bernhard Graefrath, in: Wiss. Zeitschr. der Humboldt-Universität zu Berlin, Gesellschafts- und Sprachwiss. Abt. 15 (1966), S. 55 ff.; G. P. Shukow, Die deutsch-polnische Grenze an der Oder und Lausitzer Neiße – eine unverbrüchliche Friedensgrenze, in: Gegenwartsprobleme des Völkerrechts, Berlin 1962, S. 233 ff., bes. 237. Vgl. dazu auch Jens Hacker, Sowjetunion und DDR zum Potsdamer Abkommen, Köln 1969, S. 98 ff.

Falls das Potsdamer Abkommen die Grenzfrage bereits völkerrechtlich definitiv hätte regeln wollen, so wäre die zweifache materielle Rückstellungsklausel im Kap. IX b ebenso überflüssig gewesen wie die formelle im Kap. VI. Auch die mächte legalisierten die – bereits begonnenen – Massenaustreibungen sowie die schon bestehende polnische Zivilverwaltung in den faktisch abgetrennten „früher deutschen" Ostgebieten und schrieben so die Oder-Neiße-Linie effektiv, wenn auch nicht juristisch fest. Obwohl sich die Westmächte nach dem Wortlaut des Abkommens de jure nicht gebunden hatten: die formal als provisorisch betrachtete Entscheidung in der Grenzfrage war ohne Zustimmung der Sowjetunion und Polens irreversibel, sofern Gewalt als Mittel der Politik ausschied.

3.5.   Der Ausbruch des Kalten Krieges

Polen war gegen Ende des Krieges zum permanenten Streitobjekt und damit zugleich zum symbolischen Testfall der Anti-Hitler-Koalition geworden – the root of conflicts. Sie konnten jedoch trotz aller tiefgreifenden Meinungsverschiedenheiten immer wieder mittels dilatorischer Kompromisse beigelegt werden – in Teheran, in Jalta, bei der Rekonstruktion der Warschauer Regierung und schließlich in Potsdam. Dieses provisorische Krisenmangement demonstrierte die Funktionsfähigkeit der Anti-Hitler-Koalition: die *Kooperation* als conditio sine qua non jeder Allianz siegte über die sie zwangsläufig zerstörende *Konfrontation*.
Mit anderen Worten: Polen und die damit zusammenhängenden Divergenzen waren nur eine *Wurzel,* aber nicht unmittelbar äußerer *Anlaß* für den Ausbruch des Kalten Krieges. Dieser entzündete sich offen erstmals auf dem *Balkan* aus Gründen, die im Rahmen dieser Studie nur kurz gestreift werden können.
Die Sowjetunion begann nach der Eroberung der südosteuropäischen Staaten, diese nach und nach in den eigenen Machtbereich einzugliedern. Churchill hatte mit Stalin am 9. Oktober 1944 auf dem Balkan Interessensphären abgesprochen und quantifiziert: 90 % sowjetischen Einfluß in Rumänien sowie 80 % in Ungarn und Bulgarien im Austausch gegen 90 % englischen in Grie-

westliche Zusage in diesem Kapitel, den Konferenzvorschlag bei der Friedensregelung zu unterstützen, erscheint dann als sinnlos. Da Polen und die Sowjetunion nicht die *Gebietshoheit,* sondern die *Verwaltung* über die Oder-Neiße-Gebiete erhielten, kann weder von einer rechtsverbindlichen Zession noch Adjudikation gesprochen werden. Vgl. mit Nachweisen Krülle, S. 161 ff., 164 ff., 194 ff.; Beispiele für Verwaltungsgebiete (Bosnien/Herzegowina 1878–1908, Zypern 1878–1911/14 u. a.) ebd., S. 258 ff.; Herbert Kraus, Der völkerrechtliche Status der deutschen Ostgebiete, S. 19 ff., 132 ff.; ders., Die Oder-Neiße-Linie, Köln-Braunsfeld 1954, S. 35 f. Alle anderen Interpretationen dieser westdeutschen Autoren werden abgelehnt, insbesondere alle Thesen, die den völkerrechtlichen Charakter des Abkommens bestreiten; vgl. mit Nachweisen Krülle, S. 156 ff.; Hacker, S. 20 ff.; Fritz Faust, Das Potsdamer Abkommen und seine völkerrechtliche Bedeutung, Frankfurt a. M./Berlin 1969, S. 55 ff., bes. 57 f. („Regierungsabkommen").

chenland und gemeinsame Verantwortung in Jugoslawien (50 % zu 50 %)[48]. Roosevelt billigte diese Vereinbarungen insofern, als sie substantiell in die Waffenstillstandsbedingungen für Rumänien, Bulgarien und Ungarn eingebaut wurden. Die Sowjetunion verhängte eine Nachrichtensperre über die von ihr besetzten Balkanstaaten und schaltete den westlichen Einfluß und die ihn repräsentierenden Parteien immer mehr aus.

Trotz aller Vorstöße Moskaus lehnten die Westmächte ab, die neuen sowjetisch beeinflußten und kontrollierten Regierungen diplomatisch anzuerkennen. Indem sie sich auf die in Jalta verabschiedeten Grundsätze über das „befreite Europa" beriefen, verlangten Truman und Churchill, die bestehenden Regierungen in Bulgarien und Rumänien sollten „demokratische" Elemente aufnehmen und „freie, uneingeschränkte Wahlen" abhalten[49]. Diese Forderungen entsprachen jenen während des alliierten Machtkampfes um Polen. Damals triumphierte, nachdem die Kraftprobentaktik versagt hatte, die Kooperation über den Konflikt, diesmal dagegen siegte der Konflikt über die Kooperation. Denn die USA weigerten sich kategorisch, den Status quo auf den Balkan zu akzeptieren, und schwenkten immer mehr auf einen *Konfrontationskurs* ein[50]:

a. Die Atombombenexplosion von Hiroshima und Nagasaki (6. und 9. August 1945), eine weltweite Sensation, potenzierten das Vertrauen der USA in ihre Stärke außergewöhnlich. Die revolutionäre Waffe und ihre verheerende zerstörerische Kraft verschärften aber auch die Tendenz, die Bombe in den Dienst der Politik zu stellen, d. h. „atomare Diplomatie" (Alperovitz) zu treiben.

b. Japan kapitulierte am 14. August 1945, fünf Tage nachdem die Rote Armee in die Mandschurei einmarschiert war, unter dem Schock der Atombombenexplosionen. Der ostasiatische Krieg hatte die Konzessionsbereitschaft der Westmächte gegenüber der Sowjetunion erhöht; nach seinem Ende dagegen löste er Rückkopplungsprozesse aus, die den Zerfall der Kriegsallianz begünstigten.

---

[48] Alperovitz, S. 147 ff. Davon abweichende Prozentsätze bei Louis Fischer, The Road to Yalta. Soviet Foreign Relations 1941–45, New York etc. 1972, S. 183 ff. (Bulgarien: 75:25, Ungarn: 50:50). Vgl. auch Herz, S. 124 ff., bes. 129 f.

[49] Einzelheiten bei Feis, S. 62 ff., 188 ff.; Alperovitz, S. 151 ff., bes. 163 f. Vgl. die Konferenzprotokolle: Fischer, S. 258, 331 f.; PP II, S. 207, 461 ff.; Truman, Bd. 1, S. 345 f.

[50] Über die Determinanten und Hintergründe der US-Außenpolitik: William Appleman Williams, Die Tragödie der amerikanischen Diplomatie, Frankfurt a. M. 1973; Lloyd C. Gardner, Architects of Illusion. Men and Ideas in American Foreign Policy 1941–1949, Chicago 1970; Joyce und Gabriel Kolko, The Limits of Power. The World and the United States Foreign Policy, 1945–1954, New York/London 1972; Gabriel Kolko, Die Hintergründe der US-Außenpolitik, Frankfurt a. M. 1971; Ekkehart Krippendorff, Die amerikanische Strategie. Entscheidungsprozeß und Instrumentarium der amerikanischen Außenpolitik, Frankfurt a. M. 1970, bes. S. 33 ff.; Hans-Peter Schwarz, S. 63 ff.

c. Die außenpolitischen Entscheidungsträger der Truman-Administration, die sich bevorzugt aus Kreisen des *Finanzkapitals* (Acheson, Harriman, McCloy u. a.) und des *Militärs* (Clay, Eisenhower, Forrestal, Leahy, MacArthur, Marshall, Smith u. a.) rekrutierte, bekannten sich zu einer „realistischen Machtpolitik" sowie zu einem militanten Antikommunismus. Die „nationalen Interessen" Amerikas sah diese neue Führungselite, die die alte „internationale" unter Roosevelt immer mehr ablöste, vor allem von der Sowjetunion bedroht. Nicht Kooperation *mit* ihr, sondern Blockbildung *gegen* sie – so hieß die Parole. Die politikwissenschaftlichen Doktrinen Kennans und Morgenthaus („realistische Schule") spiegelten in vieler Hinsicht diesen politischen Wandel wider.

d. Der außenpolitische Kurs Roosevelts, in der letzten Phase von Widersprüchen nicht frei, unterschied sich zwar wesentlich von dem Trumans, doch blieben bestimmte Zielsetzungen weitgehend konstant. Sie basierten auf der Prämisse, daß die USA, auf ihr wirtschaftliches Potential gestützt, eine universalistisch-mondiale Politik der „offenen Tür" treiben müßten, um ihre „Interessen" wahrzunehmen und freien Handel mit freiem Zugang zu allen Rohstoffquellen und Absatzmärkten zu gewährleisten, insbesondere in Europa und Ostasien. Falls die durch den Krieg vor allem ökonomisch geschwächte Sowjetunion sich dieser One-World-Policy, die die asymmetrische Dominanz der USA in indirekten Einflußsphären implizierte, widersetzte, so sollten wirtschaftliche Trümpfe (Kredite, Wirtschaftshilfe) oder diplomatische Druckmittel (Non-recognition) ausgespielt werden, um sie „kooperationswillig" zu machen.

Bei der Analyse der sowjetischen Nachkriegspolitik in Europa kristallisieren sich als *„Leitlinien"* heraus[51]:

a. Aufgrund der marxistischen Imperialismustheorie und seiner Erfahrungen vor und während des Krieges trieb Stalin primär *Macht- und Sicherheitspolitik* mit dem Ziel, die militärischen Erfolge der Roten Armee bis zum äußersten auszunutzen. Der sowjetische Machtbereich sollte weiträumig abgeschirmt werden: 1. durch unmittelbare territoriale Expansion (Baltische

---

[51] Während die alte orthodox-liberale Forschung davon ausging, daß die „expansionistische, aggressive" Sowjetunion den Kalten Krieg ausgelöst habe und Stalin deshalb sein „maßgeblicher Architekt" sei (so noch John Lukacs, Konflikte der Weltpolitik nach 1945, Der Kalte Krieg, München 1970, S. 36), betonte die neuere „revisionistische Schule" den Anteil der USA an seiner Entstehung aufgrund weltweiter Wirtschaftsinteressen. Vgl. dazu Werner Link, Die amerikanische Außenpolitik aus revisionistischer Sicht, in: Neue Polit. Lit. 16 (1971), S. 205 ff.; D. F. Fleming, The Cold War and its Origins 1917–1960, Bd. 1, London 1961, S. 290 ff., 308 ff.; David Horowitz, Kalter Krieg, Bd. 1, Berlin 1969; Walter Lafeber, America, Russia, and the Cold War 1945–1971, New York usw. 1972. Zur vermittelnden Position: John Lewis Gaddis, The United States and the Origins of the Cold War 1941–1947, New York/London 1972; Link, Das Konzept der friedlichen Kooperation und der Beginn des Kalten Krieges, Düsseldorf 1971.

Staaten, Bessarabien, Nordbukowina, „Ostpolen", Karpathenukraine); 2. durch einen Gürtel kommunistisch beherrschter oder kontrollierter Volksdemokratien in Ost- und Südosteuropa; 3. durch eine „neutrale" Zwischenzone einschließlich „Deutschland" als Puffer zwischen dem kapitalistischen und sozialistischen Block. Die Deutschlandpolitik war in erster Linie eine Variable dieser sowjetischen Strategie, ihr somit taktisch untergeordnet.

b. Die *sozialrevolutionäre Umgestaltung* in den okkupierten ost- und südosteuropäischen Ländern („Sowjetisierung") erfüllte die Funktion, den sowjetischen Machtbereich politisch, gesellschaftlich und ideologisch abzusichern. „Dieser Krieg", so sagte Stalin zum jugoslawischen Kommunistenführer Djilas im April 1945, „ist nicht wie in der Vergangenheit; wer immer ein Gebiet besetzt, erlegt ihm auch sein eigenes gesellschaftliches System auf. Jeder führt sein eigenes System ein, so weit seine Armee vordringen kann. Es kann gar nicht anders sein[52]." Dieses entlarvende Wort galt in der Tat nicht nur für die Sowjetunion, sondern auch für die Westmächte. In den von ihnen besetzten Ländern schalteten sie zum größten Mißtrauen Stalins (z. B. in Italien und auf den japanischen Hauptinseln) jedes sowjetische Mitspracherecht aus und duldeten ein nur bürgerlich-demokratisches Regierungssystem mit privatkapitalistischer Wirtschaftsordnung, zuletzt auch in den deutschen Besatzungszonen.

c. Die von Churchill und vor allem Roosevelt zugestandenen „Interessengebiete" im Fernen Osten und auf dem Balkan betrachtete Stalin als *Kriegsbeute;* in der Sorge, sie könne ihm entrissen werden, suchte er sie durch faits accomplis zu sichern. Die im Herbst 1945 beginnende Konfrontationsstrategie der USA mußte diese Tendenz noch verschärfen, zumal die Westmächte auf dem Balkan Positionen zurückgewinnen wollten, die sie ursprünglich preisgegeben hatten. Beim Aufstand der griechischen Kommunisten um die Jahreswende 1944/45 hatte sich Stalin, wie auch Churchill bezeugte, strikt an die Vereinbarungen über die Einflußsphären gehalten. Warum machte man ihm jetzt streitig, was die Rote Armee erobert hatte und als sowjetische Interessen- und Sicherheitssphäre anerkannt worden war? Je mehr sich der weltpolitische Druck auf die Sowjetregierung verstärkte, desto hektischer schuf sie in den okkupierten Ländern vollendete Tatsachen, um die „Beute" nicht zu gefährden.

d. Mangels Quellen läßt sich nicht klären, ob Stalins mehrfache, allerdings nicht rechtsverbindliche Zusagen, in den „befreiten" Ländern *freie Wahlen* abzuhalten, zunächst aufrichtig gemeint waren oder eine Mentalreservation enthielten. In Finnland, in Österreich und in der Tschechoslowakei erlaubte er durchaus repräsentative Regierungen, und im November 1945 ließ er in Ungarn und Österreich tatsächlich freie Wahlen zu. Als sie jedoch für die

---

[52] Milovan Djilas, Gespräche mit Stalin, Frankfurt a. M. 1962, S. 146. Vgl. auch Günter Bartsch, Milovan Djilas oder die Selbstbehauptung des Menschen, München 1971, S. 102 ff.

Kommunisten enttäuschend verliefen, vollzog er offensichtlich unter dem Eindruck der westlichen Konfrontationsstrategie einen abrupten Kurswechsel: Er unterdrückte fortan freie Wahlen rigoros. Sie schufen seiner Meinung nach antisowjetische Staaten, und das „könne er nicht dulden"[53].

Der diplomatische „Großeinsatz" der USA hatte in Bulgarien noch den gewünschten Erfolg, daß die auf den 26. August 1945 festgelegten Wahlen in letzter Minute verschoben wurden (25. August), versteifte jedoch den sowjetischen Widerstand gegen die geforderte Umbildung der Regierung Groza in Rumänien. Die Sitzungen des von der Potsdamer Konferenz eingesetzten Rates der Außenminister in London (11. September – 2. Oktober 1945) und in Moskau (16. – 26. Dezember 1945) standen bereits unter dem Vorzeichen der sowjetisch-amerikanischen Spannungen auf dem Balkan und im Fernen Osten[54]. Von diesen ersten „Friedenskonferenzen" an datierte der offene, nicht wieder überbrückbare Bruch zwischen den Alliierten. Er weitete sich seitdem immer mehr aus.

So begann, nachdem der Zweite Weltkrieg geendet hatte, fast nahtlos ineinander übergehend, der *Kalte Krieg*. Damit entstand eine neue Größe, die das Ost-West-Verhältnis immer stärker überschattete und vergiftete. Das „*Kriegsziel*" hieß: mit *allen* Druck- und Zwangsmitteln außer direkten militärischen, d. h. Waffengewalt, Positionen zu erschüttern und zurückzugewinnen, die der „Gegner" im Zweiten Weltkrieg effektiv errungen hatte. Für die Westmächte bedeutete das: die politischen Konsequenzen der militärischen Erfolge der Roten Armee ex post nicht nur in Frage stellen, sondern soweit wie möglich auch revidieren, anders ausgedrückt, den Status quo verändern oder wenigstens verhindern, daß er sich konsolidiere, die eigenen Einflußsphären dagegen fest in den eigenen Machtbereich eingliedern und als „Stützpunkte" ausbauen. Für die vom Krieg ausgelaugte und a priori unterlegene Sowjetunion dagegen handelte es sich *primär* darum, der weltpolitischen Konfrontation standzuhalten, d. h. den Status quo zu behaupten und durch faits accomplis (insbesondere Sowjetisierung) soweit wie möglich zu zementieren. Der Kalte Krieg wird daher definiert als *Fortsetzung des Zweiten Weltkriegs mit anderen Mitteln zwischen den bisherigen Alliierten.*

3.6.   De rebus contra reservationes iuridicas gestis

3.6.1.   Der Vollzug der Kapitel VI, IX b und XIII Potsdamer Abkommen

Da Polen die Potsdamer Beschlüsse im Wege der Stipulation eines Vertrages zugunsten Dritter approbierte, erwarb es nicht nur Rechte an den Oder-Neiße-

---

[53] Vgl. Stalins Äußerungen nach Herz, S. 140.
[54] FRUS 1945, Bd. 2, S. 99 ff., 560 ff. Über die amerikanische Politik gegenüber Bulgarien und Rumänien: FRUS 1945, Bd. 4, S. 277 ff., 302 ff., 309 f., Bd. 5, S. 492 ff., 502 ff., bes. 574 ff., 627 ff. Vgl. ferner Alperovitz, S. 222 ff., 240 ff., 253 f.; Gaddis, S. 263 .

Gebieten, ihm erwuchsen auch Pflichten. Ob sich die drei Großmächte durch ihre Offerte Polen gegenüber festgelegt, ihm also unentziehbare Rechtsansprüche auf die gewährten Vorteile eingeräumt haben, bleibe dahingestellt. Nach herrschender Rechtslehre impliziert ein pactum in favorem tertii keine echte Partnerschaft mit dem Dritten, d. h. die vertragsschließenden Parteien bleiben frei, ihr Abkommen zu annulieren oder zu revidieren[55].

Bereits am 16. August 1945 schloß die Sowjetunion mit Polen einen Grenzvertrag ab, der eine unmittelbare Folge des Potsdamer Abkommens darstellte. Artikel 1 und 2 delimitierten die beiderseitige Staatsgrenze unter Berufung auf die Krimkonferenz definitiv entlang der Curzonlinie mit Abweichungen zugunsten Polens; im ostpreußischen Teilbereich dagegen legte Art. 3 „bis zur endgültigen Entscheidung der Gebietsfragen bei der Friedensregelung" (vpred' do okončatel'nogo rešenija territorial'nych voprosov pri mirnom uregulirovanii) die im Kap. VI des Potsdamer Protokolls beschriebene Grenzlinie zugrunde[56]. Diese Rückstellungsklausel widerlegt die spätere östliche Interpretation des Potsdamer Abkommens und hat darüber hinaus den geheimen Grenzvertrag vom 27. Juli 1944 revidiert:

a. Der *Rechtsvorbehalt* stimmte mit den Beschlüssen der zitierten Potsdamer Konferenz überein (v sootvetstvii s rešeniem Berlinskoj Konferencii), hatte jedoch im Geheimvertrag vom 27. Juli 1944 gefehlt, der bereits den endgültigen Übergang Ostpreußens an die Sowjetunion und Polen stipuliert hatte (Art. 2). Hätte die Rückstellungsklausel nur eine Demarkation im Gelände impliziert, so wäre es überflüssig gewesen, die Bestimmungen des Geheimabkommens zu revidieren, zumal sein Art. 5 bereits die „örtliche Festlegung" der gemeinsamen Staatsgrenze vorsah.

b. Beide Staaten annullierten die *definitive* Grenzregelung des Art. 2 Geheimvertrag und ersetzten sie durch die *provisorische* des Kap. VI Potsdamer

---

[55] Hans Ballreich, Verträge zugunsten und zu Lasten Dritter, in: Karl Strupp/Hans-Jürgen Schlochauer, Wörterb. des Völkerrechts, Bd. 3, Berlin 1962, S. 544 f.; D. Anzilotti, Lehrbuch des Völkerrechts, Bd. 1, Berlin/Leipzig 1929, S. 320 ff., bes. 322 f.; Antonio Scrimali, Natur und Grundlage der Rechtsverbindlichkeit des Völkerrechts mit bes. Berücksichtigung der Wirksamkeit der internationalen Verträge und Übereinkommen für jene Staaten, die nicht an ihrer Gestaltung teilgenommen haben, in: Zeitschr. für öffent. Recht 21 (1941), S. 190 ff., bes. 197 ff.; Q. C. McNair, A Note on Pacta Tertiis, in: Varia Juris Gentium. Festschrift für Jean Pierre Adrien François, Leiden 1959, S. 188 ff.; Kraus, Der völkerrechtliche Status, S. 29 f.; vgl. dagegen Klafkowski, Podstawy, S. 25 ff., bes. 49 f.; ders., Die Rechtsgrundlagen, S. 126.

[56] United Nations Treaty Series, Bd. 10 (1947), S. 193 ff. Der von Osóbka-Morawski und Molotov unterzeichnete Vertrag trat am 5. Febr. 1946 nach dem Austausch der Ratifikationsurkunden (Art. 4) in Kraft. Er wurde am 15. Febr. 1951 durch einen polnisch-sowjetischen Gebietsaustausch von insgesamt 480 qkm teilweise geändert und ergänzt; vgl. Vedomosti Verchovnogo Soveta SSSR Nr. 23 vom 14. Juli 1951 und Rhode, Polnisch-sowjetischer Gebietsaustausch, in: Zeitschrift für Geopolitik 22 (1951), S. 443 (Skizze).

Abkommen, paßten sie ihm somit an. Sie hoben insofern materiell-rechtlich die Gebietszuweisung Südostpreußens an Polen bzw. Nordostpreußens an die Sowjetunion auf.

c. Beide Regierungen ordneten offensichtlich auch die übrigen Bestimmungen des Geheimvertrags den Beschlüssen von Jalta und Potsdam unter, betrachteten diese somit fortan als *konstitutiv*. Die Zession Ostpolens nach Art. 1 und 2, mit der Adjudikation der Krimkonferenz motiviert, hätte sich sonst erübrigt, da die Lubliner Regierung es bereits am 27. Juli 1944 geheim rechtskräftig abgetreten hatte (Art. 1 und 3). Stalin hatte damit *international* und nunmehr auch öffentlich *bilateral* die Curzonlinie als Staatsgrenze anerkannt erhalten, ohne aufgrund des Potsdamer Abkommens an die Oder-Neiße-Linie gebunden zu sein, wie der überholte Geheimvertrag stipulierte (Art. 4).

Die Gebiete östlich Oder und Lausitzer Neiße wurden den polnischen Verwaltungsbehörden gemäß Kap. IXb Potsdamer Abkommen formell übergeben, der Abschnitt zwischen Greifenhagen, Stettin und Swinemünde (ca. 850 qkm) jedoch erst aufgrund einer sowjetisch-polnischen Übereinkunft in Swiecie am 19. November 1945, da der Verlauf der Grenzlinie im obersten nördlichen Abschnitt ungenau beschrieben worden war. Das eroberte Stettin, Objekt sowjetisch-polnischer Streitigkeiten und Mißverständnisse, hatten die Polen erst im dritten Anlauf am 3./5. Juli 1945 definitiv zur Verwaltung erhalten[57].

Wie bereits die bilateralen *Grenzvereinbarungen*, so hatten auch die alliierten *Umsiedlungsverträge* dem Potsdamer Abkommen gegenüber den Charakter von Ausführungsnormen en détail. Der vom Kontrollrat am 20. November 1945 gebilligte zentrale Aussiedlungsplan, in einem „besonders augenfälligen Geist der Zusammenarbeit" verabschiedet, sah vor, 3,5 Millionen Deutsche aus „Polen" in die sowjetische und britische Besatzungszone zu transferieren. Die Einzelheiten legten die polnischen und britischen bzw. sowjetischen Vertreter beim Combined Repatriation Executive am 14. Februar (Operation Schwalbe) und 5. Mai 1946 zweiseitig fest[58]. Der Kontrollrat übernahm damit zugleich die Verantwortung für die Aussiedlungsaktionen, die – obwohl gemäß Kap. XIII Potsdamer Abkommen als „ordnungsgemäße" apostrophiert – nach wie vor an vielen Mißständen krankten, abgesehen davon, daß lokale

---

[57] Richard Breyer, Die Oder-Neiße-Linie bei Stettin, in: Recht im Dienste der Menschenwürde. Festschrift für Herbert Kraus, Würzburg 1964, S. 423 ff., bes. 433 f. Vgl. auch die Grenzbeschreibung im Pressedienst der Polnischen Militärmission beim Alliierten Kontrollrat vom 7. Febr. 1947; Keesing's Archiv der Gegenwart 1945, S. 441.

[58] Europa-Archiv 1947, S. 823 f.; Goguel, S. 403 ff.; Sprawy Międzynarodowe 23 (1970), Nr. 7, S. 130 ff., weitere Dokumente ebd., S. 132 ff. – Über die Umsiedlungspraxis, die vielfach den Vorschriften des Kap. XIII widersprach: FRUS 1945, Bd. 2, S. 1272 f., 1290 ff., 1309 ff., 1317 ff.; Dokumentation der Vertreibung, Bd. I/1, S. 143E ff. (mit Nachweisen); Bd. I/2, S. 707 ff., 759 ff.; Wiskemann, S. 113 ff.; George, S. 207 ff.

polnische Behörden auch wieder im Herbst 1945 eigenmächtig Ostdeutsche vertrieben oder unter Druck setzten, auszureisen. Im Laufe des Jahres 1946 wirkten sich jedoch die alliierten Vorschriften bei den systematischen Massenumsiedlungen immer mehr aus; sie ließen sich in keiner Weise mehr mit den „wilden" brutalen Ausweisungen vergleichen, die außerordentlich vielen Menschen das Leben oder die Gesundheit gekostet hatten.

Mit der Vertreibung lief die *Neubesiedlung* parallel. Daraus erwuchsen Polen Aufgaben und Pflichten, die unter den Begriff der „*Verwaltung*" gemäß Kap. IX b Potsdamer Abkommen subsumiert werden können. *Subjekt* dieser Verwaltung waren die polnischen Staatsorgane, *Objekt* die Verwaltungsgebiete und ihre Bevölkerung, d. h. hauptsächlich Polen, die nach und nach die Ostdeutschen verdrängten. Die Grenz- und Umsiedlungsverträge gehörten zur Kategorie des *Völkerrechts,* die Verwaltungsbefugnisse dagegen zur Kategorie des *Staatsrechts.* Zu diesen gegenüber dem Potsdamer Abkommen verwaltungsrechtlichen Ausführungsbestimmungen zählten in erster Linie:

a. Das Dekret vom 13. November 1945, das mit seiner Verkündigung am 27. November in Kraft trat. Es konstituierte für eine Übergangszeit ein Sonderministerium mit außerordentlichen Vollmachten für die „Wiedergewonnenen Gebiete" (Art. 1 und 2) und führte in ihnen das innerpolnische Recht ein[59].

b. Die Verordnung vom 6. April 1946 über das Verfahren zur Feststellung der polnischen Nationalität von in den Verwaltungsgebieten (§ 1) wohnenden Personen und das damit zusammenhängende Staatsbürgergesetz vom 28. April 1946[60]. Sie regelten Staatsangehörigkeitsfragen der im Lande verbleibenden einheimischen Bevölkerung, der sogen. *Autochthonen.* Sie konnten auf Antrag hin ihre polnische Abstammung oder Verbundenheit mit dem polnischen Volk vor Verifikationskommissionen nachweisen und wurden, nachdem sie eine besondere Treueerklärung unterschrieben hatten, als Personen polnischer Nationalität bestätigt und sodann eingebürgert. Das eine war *Deklarationsakt,* das andere *Konstitutionsakt.* Die Verwaltungsbehörden verifizierten etwa eine Million ehemaliger deutscher Staatsangehöriger als Volkspolen, darunter namentlich Masuren in Ostpreußen, Kassuben in Nord-

---

[59] Dz. U. R. P. Nr. 51, Pos. 295. Vgl. zur Auslegung Klafkowski, The Potsdam Agreement, S. 225 ff.; ders., Die deutsch-polnische Grenze, S. 59 ff., 63 ff.; Christian Th. Stoll, Die Rechtsstellung der deutschen Staatsangehörigen in den polnisch verwalteten Gebieten, Frankfurt a. M./Berlin 1968, S. 47 ff.; Georg Geilke, Die Entwicklung des polnischen Justizrechts seit Kriegsende (1944–1951), in: Zeitschr. für Ostforschung 2 (1953), S. 107 ff., bes. 129 f. – Im ehemaligen Freistaat Danzig war das polnische Recht bereits am 30. März 1945 eingeführt worden (vgl. oben S. 45).

[60] Dziennik Urzędowy Ministerstwa Ziem Odzyskanych (Dz. U.M.Z.O.) Nr. 4, Pos. 26; Dz. U.R.P. Nr. 15, Pos. 106. Vgl. auch die Durchführungsverordnung vom 11. Mai 1946 (Dz. U.M.Z.O. Nr. 4, Pos. 30) und das Rundschreiben des Ministeriums vom 4. Sept. 1946 (ebd., Nr. 11, Pos. 178); Dokumentation der Vertreibung I/3, S. XII f., 158 ff., 197 f., 200 ff., 279 ff.; Stoll, S. 56 ff., 88 ff., 127 ff., 154 ff.

ostpommern sowie „Wasserpolen" und Slonzaken in Oberschlesien. Viele von diesen „Autochthonen" optierten widerstrebend für die polnische Nation, da sie sich nur so der Vertreibung, Vermögensbeschlagnahme und Rechtsungleichheit entziehen konnten. Erst das neue Staatsbürgergesetz vom 8. Januar 1951 beseitigte diese Interdependenzen.

c. Rechtsvorschriften über die Verwaltung, Sicherstellung und Erfassung des ehemals deutschen Vermögens. Es bildete den Grundstock der Sozialisierung, die vor allem das Gesetz vom 3. Januar 1946 forcierte[61].

d. Die Verordnung des Ministerrats vom 29. Mai 1946 über die vorläufige Verwaltungseinteilung der „Wiedergewonnenen Gebiete". Sie schuf die neuen Wojewodschaften Allenstein (Olsztyn), Stettin (Szczecin) und Breslau (Wrocław) und gliederte einige abgetrennte Kreise bereits bestehenden Wojewodschaften ein („gemischte Provinzen")[62].

e. Rechtsakte zur Förderung der Neubesiedlung und Regelung der Eigentumsverhältnisse der Kolonisten, namentlich an Grund und Boden[63].

Das Präsidium des Obersten Sowjets der UdSSR gliederte durch ein Dekret vom 7. April 1946 Nordostpreußen als Gebiet (Oblast') der Russischen Sowjetischen Föderativen Sozialistischen Republik ein[64]. Die Stadt Königsberg wurde am 7. Juli 1946 in Kaliningrad umbenannt. Die restliche deutsche Bevölkerung siedelten die sowjetischen Behörden erst seit Mitte 1947 nach und nach aus.

Aus den sehr weitreichenden polnischen und vor allem sowjetischen Rechtsakten folgt, daß beide Staaten sich dauerhaft in ihren Verwaltungsbezirken einzurichten gedachten, sie also für immer behalten wollten. Trotz der *juristischen* Vorbehalte des Potsdamer Abkommens wurden sie *faktisch* irreversibel in das Staatsgebiet eingegliedert. Da die „Logik von Potsdam" (Kokot) diese Konsequenz implizierte, stellte das polnisch-sowjetische Vorgehen weder eine einseitige noch stufenweise *Annexion* dar[65], denn sie hätte eine

---

[61] Dz. U.R.P. Nr. 3, Pos. 17; Nr. 13, Pos. 87. Vgl. auch Dz. U.M.Z.O. 1946, Nr. 1, Pos. 9, Pos. 10; Nr. 4, Pos. 35, Pos. 40. Siehe auch Stoll, S. 164 ff.

[62] Dz. U.R.P. Nr. 28, Pos. 177. Vgl. auch die Durchführungsverordnung vom selben Tag ebd., Pos. 178 und Europa-Archiv 1946/47, S. 609. *

[63] Verzeichnis bei Georg Geilke, Die gesetzgeberischen Maßnahmen zur Neubesiedlung der deutschen Ostgebiete, in: Kurt Rabl (Hrsg.), Das Recht auf die Heimat, Bd. 4, München 1960, S. 113 ff., bes. 119 ff., 295 ff.

[64] Reinhart Maurach, Handbuch der Sowjetverfassung, München 1955, S. 124; Alfred Bohmann, Menschen und Grenzen, Bd. 3, Köln 1970, S. 136, 159.

[65] Die Annexionsthese vertreten u. a. Eberhard Menzel, Das Annexionsverbot des modernen Völkerrechts und das Schicksal der deutschen Ostgebiete, in: Das östliche Deutschland, Würzburg 1959, S. 3 ff., bes. 15 ff., 20 f., 24; Kraus, Der völkerrechtliche Status, S. 58 ff., bes. 145 ff. (Daten zur „etappenweisen Annexion"); Wiskemann, S. 2, 113 Anm. 5; Maurach, S. 124; Bohmann, Bd. 1, S. 262 ff. – Von einer „versuchten Annexion" spricht Krülle, S. 203 ff. Vgl. dagegen über die Verwaltungsaufgaben mit Recht Klafkowski, The Potsdam Agreement, S. 231 ff.; ders., Die Rechtsgrundlagen, S. 104 ff., 110 ff.

gewalttätige Aneignung und einen eindeutigen Usurpationswillen vorausgesetzt. Um auszuschließen, daß dieser Annexionstatbestand vorliegt, bleibt zu prüfen, ob die westlichen Signatare des Potsdamer Abkommens die sowjetisch-polnischen Maßnahmen in den Oder-Neiße-Gebieten als Bruch der Kap. VI, IXb und XIII verstanden haben, z. B. als Usurpation, Subjugation usw.

3.6.2. Die Oder-Neiße-Linie aus der Sicht der Westmächte

Präsident Truman betonte in einer Rundfunkansprache vom 9. August 1945, die polnische Westgrenze sei noch nicht endgültig geregelt worden, doch ließ er keinen Zweifel daran, daß sie auf der Basis des an sich „provisorischen" Potsdamer Abkommens festgeschrieben werde. Die Oder-Neiße-Gebiete sollten Polen befähigen, sich besser zu versorgen, zu verteidigen und eine „homogenere Nation" zu bilden. Als Endziel schwebte Truman ein unabhängiges, starkes und „blühendes" Polen mit einer Regierung vor, die vom Volke so schnell wie möglich durch freie, unbehinderte Wahlen bestellt werden sollte[66].

Neben dieser Rede Trumans bezeugte auch die Haltung der amerikanischen Administration eindeutig, daß Polen damit rechnen durfte, die Oder-Neiße-Linie auf der Friedenskonferenz bestätigt zu erhalten. Das Kriegsinformationsamt in Washington zensierte oder unterdrückte Berichte über die Vertreibung[67], bei der US-Behörden im Rahmen der Kontrollratsvereinbarungen behilflich waren. Das State Department wünschte die Errichtung von Konsulaten in den Oder-Neiße-Gebieten, und in einem veröffentlichten Memorandum vom 11. Dezember 1945 legte es für die deutsche Friedenswirtschaft als geographische Grenzen die in Potsdam vorgesehenen zugrunde[68]. Der amerikanische Botschafter in Warschau Lane führte Verhandlungen über Millionenkredite, die dem Wiederaufbau Polens, u. a. in den verwüsteten Oder-Neiße-Gebieten, dienen sollten.

Zurückhaltender als die amerikanischen Stellungnahmen waren die regierungsamtlichen englischen. Auf eine persönliche Meinungsäußerung des Oppositionsführers Churchill, der die „provisorische" Oder-Neiße-Linie einen „Fehler" nannte und von einer „Tragödie unvorstellbaren Ausmaßes" sprach, die sich hinter dem „Eisernen Vorhang" abspiele, antwortete Außenminister Bevin am 20. August 1945 im Unterhaus, er selbst gebe die Gefahr zu, daß

---

[66] New York Herald Tribune vom 10. Aug. 1945 (Ausländische Dokumente zur Oder-Neiße-Linie, Stuttgart 1949, S. 135 f.). Truman stützte sich hauptsächlich auf polnische Argumente und sprach von nur ca. anderthalb Millionen Deutschen, die sich jenseits der Oder-Neiße-Linie befänden.

[67] Congressional Record. Senate 84th Congress, 2nd Session (1956), S. 1541 ff.

[68] Europa-Archiv 1 (1946/47), S. 257; FRUS 1945, Bd. 5, S. 362 f., Lane, S. 260. Zu den Verhandlungen über einen 90-Millionen-Dollar-Kredit an Polen: FRUS 1946, Bd. 6, S. 374 ff. passim.

Polen zu weit nach dem Westen gehe. Die endgültige polnische Westgrenze, die am Friedenstisch geregelt werde, sei abhängig von der Zahl der Umsiedler insbesondere aus den Gebieten jenseits der Curzonlinie sowie von der Erfüllung der in Potsdam gegebenen Zusagen, in Polen sobald wie möglich freie, geheime Wahlen durchzuführen und echte Freiheiten (Religions-, Rede-, Versammlungs-, Meinungsfreiheit) zu gewährleisten[69]. In der Unterhausdebatte über Bevins Stellungnahme wurde nicht nur Kritik an den Vertreibungsmethoden laut, sondern aufgrund falscher Pressemeldungen auch die Legende geboren, daß in Potsdam die westliche Neiße mit der östlichen verwechselt worden sei[70].

Nach Bevins Äußerungen bestanden zwischen dem politischen System Polens und seiner Westgrenze Interdependenzen. Von diesem Junktim gingen auch die amerikanischen Stellungnahmen aus, allerdings nicht expressis verbis, sondern stillschweigend. Noch in einer schriftlichen Antwort auf eine Anfrage im Unterhaus am 10. Oktober 1945 versicherte Bevin, seine Regierung sei in keiner Weise verpflichtet, die Oder-Neiße-Linie auf der Friedenskonferenz zu unterstützen; die Politik Polens werde die britische Haltung bei der endgültigen Grenzregelung beeinflussen[71].

Am eindeutigsten präsentierten sich die Stellungnahmen Frankreichs, das im Laufe des Jahres nach und nach von den „Großen Drei" ein Mitspracherecht als Siegermacht eingeräumt erhielt. Bereits während seines Moskauer Besuchs im Dezember 1944 hatte de Gaulle als provisorischer Regierungschef die Oder-Neiße-Linie in der Hoffnung befürwortet, Stalin werde ihn dann darin unterstützen, daß das Rheinland an Frankreich abgetreten und das Ruhrgebiet internationalisiert werde[72]. Die Zerstückelung Deutschlands, seine territoriale Amputation und seine permanente Niederhaltung waren die Leitmotive der gaullistischen Politik, die darauf abzielte, Frankreich als kontinentaler Großmacht eine Schlüsselrolle zwischen Ost und West zu sichern.

Die Potsdamer Entscheidung über die Oder-Neiße-Linie begrüßte der französische Außenminister Bidault am 23. August 1945 als „officially temporary

---

[69] Parliamentary Debates, House of Commons, Official Report, Bd. 413, Sp. 293 ff. Churchills Erklärung vom 16. und Edens ähnliche vom 20. Aug. 1945 ebd., Sp. 83 f., 317 f. Churchill „beunruhigten" nunmehr Berichte über die Massenaustreibungen, obwohl er sie als Regierungschef vorbehaltlos befürwortet hatte und einer ihrer geistigen Väter war, vgl. oben S. 46 Anm. 6 und Władysław Anders, An Army in Exile, London 1949, S. 210 f. Nicht humanitäre oder moralische, sondern *politische und persönliche* Motive erklären daher Churchills Meinungsumschwung.

[70] Parliamentary Debates, Bd. 413, Sp. 743, 1117 ff. (Nach Daily Herald vom 24. Aug. 1945).

[71] New York Times vom 11. Okt. 1945.

[72] Sovetsko-francuzckie otnošenija vo vremja Velikoj Otečestvennoj Vojny 1941–1945, Moskva 1959, S. 133 f.; Charles de Gaulle, Mémoires de Guerre, Bd. 3, Paris 1959, S. 368 f.; Kowalski, Die UdSSR, S. 152 ff.; Rhode-Wagner, S. 33 f., 191 f.

but probably permanent in actual fact"[73]. Diese Interpretation deckte sich mit der vorherrschenden westlichen. Allerdings bedauerte die französische Regierung, daß deutsche Gebiete nicht auch zu ihren Gunsten im Westen abgetrennt und der Zuständigkeit des Kontrollrats entzogen worden waren[74]. Als Fazit ergibt sich:

1. Die Westmächte wollten die formell provisorische Oder-Neiße-Linie auf der bevorstehenden Friedenskonferenz bestätigen und damit den ihnen durchaus bewußten inneren Widerspruch aufheben, der zwischen den *juristischen* Vorbehalten des Potsdamer Abkommens und seiner *faktischen* Realisierung klaffte. Sie hegten allerdings die Erwartung, daß Polen freie Wahlen durchführen (USA, England) bzw. Territorialforderungen (Frankreich) unterstützen werde.

2. Die Westmächte räumten ein, daß sie die Oder-Neiße-Gebiete als integralen Bestandteil Polens betrachteten, indem sie ihre Neubesiedlung ebenso wie die Totalaustreibung der Ostdeutschen vorbehaltlos billigten und unterstützten. Diese Bevölkerungstransfers, vereinzelt nur wegen nicht „ordnungsgemäßer" Durchführung bemängelt (Kap. XIII Potsdamer Abkommen), entwerteten a posteriori die Rückstellungsklauseln und bedeuteten eine „implied recognition" der Oder-Neiße-Grenze[75].

3. Die USA und England verfolgten die innenpolitische Entwicklung in Polen und in der Sowjetunion äußerst aufmerksam und mißtrauisch, meldeten aber keine Bedenken dagegen an, daß beide Staaten in ihren Verwaltungsgebieten vollendete Tatsachen schufen. Da die westlichen Signatare des Potsdamer Abkommens schwiegen, statt zu protestieren oder zumindest Einwände zu erheben, gilt der Gundsatz: Qui tacet consentire videtur. Der Annexionstatbestand ist schon deshalb a priori nicht erfüllt.

3.7.   Territorialer Status quo und polnischer Revisionismus

Obwohl Polen das Potsdamer Abkommen als „Sieg" (Gomułka) feierte: es maß ihm zunächst keineswegs jene prinzipielle Bedeutung bei, die es ihm *rückwirkend* zuerkannte. Da die Konferenz die polnische Westgrenze noch nicht definitiv festgelegt hatte und die Warschauer Regierung mit ihrem Anspruch auf das *linke* Oderufer nicht durchgedrungen war, erhoffte sie nachträglich eine Chance, diese Territorialforderung doch noch zu realisieren.

---

[73] PP II, S. 1561. Vgl. auch das Interview des französischen Botschafters in Warschau Garreau in: Andrzej Leśniewski (Hrsg.), Western Frontier of Poland, Warsaw 1965, S. 118.

[74] Documents français relatifs à l'Allemagne, Paris 1947, S. 13 f.; Times vom 9. Nov. 1945.

[75] John C. Campbell, The European Territorial Settlement, S. 199 f. – Ein Plan des Alliierten Kontrollrats vom 8. März 1946 ging von der Voraussetzung aus, daß Deutschland „aus dem gegenwärtigen deutschen Gebiet zwischen der Oder-Neiße-Linie und den gegenwärtigen Westgrenzen" bestehe (Goguel, S. 398).

Öffentlich verkündetes Maximalziel war nicht die Grenzziehung entlang Oder und Lausitzer Neiße, sondern 30 Meilen (ca. 50 km) westlich der Oder, d. h. bis unmittelbar vor die Tore Berlins[76]. Sofort nach Potsdam wurden daher mit amtlicher Billigung und Förderung Gebiete links der Oder gefordert. Agitatorisch-publizistisch verfocht diese Territorialwünsche vor allem der reaktivierte „Polnische Westverband" (Polski Związek Zachodni), wissenschaftlich motivierte sie das Posener „West-Institut" (Instytut Zachodni), das die Regierung am 27. Februar 1945 als formal unabhängige Forschungszentrale bestätigt hatte und mit öffentlichen Mitteln förderte. Der erste Direktor Wojciechowski, seine Mitarbeiter Kiełczewska, Gluck, Kaczmarczyk u. a. propagierten bis in den Herbst 1946, teilweise noch bis in das Jahr 1947 in mehrfach aufgelegten Schriften die These, daß Polen westlich der Oder Gebiete erhalten müsse, um voll saturiert zu werden[77]. Diese Territorialforderungen, von Fall zu Fall sicherheitspolitisch, geographisch, historisch, wirtschaftlich oder kompensatorisch begründet und dem Geiste der deutschen Geopolitik und des nationalistischen Egoismus entsprungen, bezeugten den Versuch, den totalen Zusammenbruch des Reiches bis zum äußersten auszunützen. Offensichtlich waren diese territorialen Revisionsbestrebungen nur im Stettiner Bereich erfolgreich, wo die polnische Regierung die Grenzlinie um einige Quadratkilometer nach Westen verschieben konnte (Kreise Greifenhagen und Ückermünde, Neuwarper See, Stettiner Haff); größere einseitige Annexionen wurden jedoch von der Sowjetunion unterbunden[78].

---

[76] Economist (London) vom 10. Febr. 1945 (Rhode-Wagner, S. 232 f.).

[77] Maria Kiełczewska u. a., O lewy brzeg środkowej i dolnej Odry, in: Przegląd Zachodni 1945, Nr. 2/3, S. 61 ff.; Zygmunt Wojciechowski (Hrsg.), O lewy brzeg Odry, Poznań 1946; ders., The Left Bank of the Oder, in: Poland's Place in Europe, Poznań 1947, S. 421 ff.; vgl. auch Andrzej Marjański, Zachodnia granica Polski na Odrze i Nisie, Poznań 1947, S. 7 f.
Über die geopolitische Orientierung Wojciechowskis und seiner Stellvertreter Kiełczewska und Grodek, deren Schriften nach dem Kriege in polnischen Schulen zeitweise Pflichtlektüre waren: Kiełczewska, O podstawy geograficzne Polski, Poznań 1946; dies., The Geographical Bases of Poland, in: Poland's Place, Poznań 1947, S. 9 ff.; dies. und Andrzej Grodek, Odra-Nisa, najlepsza granica Polski, Poznań 1946.
Zu Wojciechowskis Geschichtsbild, das auf der Vorstellung einer jahrtausendalten „Schlacht" zwischen Germanen und Slawen basierte und offensichtlich undifferenzierter Deutschenhaß durchtränkte: Poland and Germany. Ten Centuries of Struggle, in: Poland's Place, S. 87 ff.
Über Entstehung und Zielsetzung des West-Instituts, das, bereits in der Okkupationszeit entstanden, die Rechtsform eines eingetragenen Vereins erhielt: Rudolf J. Neumann, Polens Westarbeit, Bremen 1966, S. 13 ff. mit Literaturnachweisen.

[78] Eine definitive Klärung der Vorgänge, die zur heute bestehenden Grenzziehung im Abschnitt Stettin–Swinemünde führten, ist zur Zeit nicht möglich. Anfang

Die Forderungen auf Gebiete westlich der Oder dokumentierten, daß Polen eine – wenn auch geringfügige – Revision des Kap. IX b Potsdamer Abkommen erstrebte, also hoffte, den Status quo noch zu seinen Gunsten korrigieren zu können. Dies setzte implicite voraus, daß die Potsdamer Konferenz keine definitiven territorialen Entscheidungen gefällt hatte. Staatspräsident Bierut legte auf seiner Pressekonferenz am 24. August 1945 den Akzent auf das Abkommen von Jalta, indem er auf die Folgen der Führung der neuen polnischen Ostgrenze hinwies: Sie hätte eine „Rekompensation im Westen" (rekompensata na zachodzie) erfordert, die prinzipiell bereits in Jalta anerkannt, aber konkreter erst in Potsdam entschieden worden sei[79]. Der Generalsekretär der Arbeiterpartei Gomułka sprach am 31. Dezember 1945 noch als Minister für die Wiedergewonnenen Gebiete davon, diese habe Polen in Potsdam zur „Verwaltung" erhalten[80]. Und im Restitutionsabkommen vom 12. Februar 1946 mit der Tschechoslowakei wurde im Art. 2 zwischen dem Verwaltungs-, d. h. Oder-Neiße-, und dem Staats-, d. h. Hoheitsterritorium unterschieden[81]; Polen selbst erkannte damals also noch völkerrechtlich an, was es wenig später heftig bestreiten und bekämpfen sollte.

Der *begrenzte* innerpolnische Revisionismus unterschied sich grundlegend von dem extremen exilpolnischen, der den territorialen Status quo schlechthin in Frage stellte. Obwohl die Curzonlinie definitiv als Staatsgrenze festgelegt worden war, erkannte sie die Exilregierung nicht als rechtsverbindlich an. Sie legte gegen die Zession Ostpolens Rechtsverwahrung ein, indem sie nicht nur gegen das Abkommen von Jalta protestierte, sondern auch gegen das Grenzabkommen vom 16. August 1945, das sie für null und nichtig erklärte[82]. Sie rechnete damit, ihr Revisionismus werde von breiten antisowjetischen Teilen des polnischen Volkes, das den Verlust der Ost-

---

April 1946 erhielt Polen Nord-Stettin zur Verwaltung und erst am 19. Sept. 1947 den Haupthafen. Anfang Nov. 1947 besetzten polnische Truppen einen ca. 50 km langen und 10 km breiten Gebietsstreifen bei Schwedt in der sowjetischen Besatzungszone. Siehe dazu die widersprüchlichen und unverbürgten Pressemeldungen: Tagesspiegel vom 19. Okt. 1946, Neue Zeitung vom 4. Nov. 1946, Neue Zürcher Zeitung vom 5. Nov. 1947, Telegraf vom 19. Febr. 1948, Keesing's Archiv der Gegenwart 1947, S. 1199, 1241; ferner Breyer, S. 435 ff.

Noch im Febr. 1946 forderte der Vizepräsident des Landesnationalrats Szwalbe das linke Oderufer: Klafkowski, Podstawy, S. 48. Zur verlangten Besatzungszone: ebd., S. 50, Anm. 42.

[79] Klafkowski, Podstawy, S. 34 f. (deutsch: Maass, S. 3).
[80] Georg W. Strobel, Deutschland–Polen. Wunsch und Wirklichkeit, Bonn/Bruxelles/New York 1969, Dokument Nr. 7 (S. 41). Gomułka betonte neben dem Kompensationsgedanken vor allem den urpolnischen Charakter der Oder-Neiße-Gebiete („Piastengebiete"); vgl. Głos Ludu vom 3. Juli und 5. Aug. 1945.
[81] Zbiór Dokumentów Nr. 3 (1947), S. 109 ff.
[82] DPSR, Bd. 2, S. 521 f., 641.

gebiete anfänglich nur schwer verschmerzte, offen oder insgeheim unterstützt werden, namentlich von dem besitzenden Bürger- und Bauerntum sowie den Umsiedlern. Neben dem Gebietszuwachs im Westen sollte der Territorialbestand Vorkriegspolens gewahrt oder wenigstens die „Annexion" Wilnas, Lembergs und der galizischen Ölfelder rückgängig gemacht werden. Um ihre Gebietsansprüche jenseits der Curzonlinie nicht zu gefährden, lehnte die Exilregierung nach wie vor die in Polen vertretene Kompensationstheorie ab, stellte die Oder-Neiße-Linie jedoch nicht grundsätzlich in Frage, wenngleich sie zunächst, da von Kommunisten erkämpft, als anrüchig galt und deshalb vereinzelt abgelehnt wurde. Letzten Endes erstrebte dieser Revisionismus, den territorialen Status quo ante im *Osten* wiederherzustellen und den territorialen Status quo im *Westen* soweit wie möglich aufrechtzuerhalten – alles in allem ein mit den Westmächten verbündetes bürgerlichkapitalistisches, großpolnisches Imperium, das sich gleichermaßen gegen Deutschland wie die Sowjetunion gerichtet hätte.

Vor dem deutschen Revisionismus gab es somit einen polnischen: der *exilpolnische* bedrohte den territorialen Besitzstand der Sowjetunion, gegen die er sich richtete; der *innerpolnische* dagegen erstrebte Grenzverbesserungen westlich der Oder-Neiße-Linie. Als konstitutiv für den Gebietszuwachs galten primär die Beschlüsse von Jalta: als „Offerte" an Polen, selbst über die Kompensation im Westen zu entscheiden, die dann die Alliierten aufgrund ihres Blankoakzepts zu notifizieren hätten. Gegen diese *später* von Ehrlich und seiner „Krakauer Schule" zur Theorie ausgebauten Rechtsauffassung („Blankettheorie") setzte sich die von Klafkowski begründete „Posener Schule" durch[83]: Sie ging davon aus, daß Polen die Souveränität über die Oder-Neiße-Gebiete nicht *originär* durch das Abkommen von Jalta, sondern *derivativ* durch das Potsdamer Abkommen im Wege der Annahme eines pactum in favorem tertii erworben habe, und zwar definitiv. Die Ansprüche auf Gebiete jenseits der Oder-Neiße-Linie wurden als „Grenzkorrekturen" (poprawki graniczne) im Sinne des Potsdamer Abkommens umgedeutet. Die logische Konsequenz, daß sie dann auch zugunsten Deutschlands hätten erfolgen können, wird jedoch von Klafkowski ausdrücklich verworfen.

3.8.   Flüchtlinge, Vertriebene und Siedler

3.8.1.   Das ostdeutsche Flüchtlings- und Vertriebenenproblem als Konfliktsyndrom

Zwar hatte das ganze deutsche Volk den Krieg verloren, so daß gerecht gewesen wäre, wenn es seine Folgen zu gleichen Teilen getragen hätte; doch mußten für ihn am meisten die deutschen Ostflüchtlinge und -vertriebenen

---

[83] Ludwik Ehrlich, Suwerenność Polski na ziemiach zachodnich i północnych. Zagadnienia prawne, Katowice 1962, S. 10 ff., bes. 13, deutsche Zusammenfassung: 50 ff.; Klafkowski, Podstawy, S. 48 f., 50.

leiden und büßen. Der größte Teil von ihnen stammte aus den Reichsterritorien, die in Potsdam unter polnische bzw. sowjetische Verwaltung gestellt worden waren.

In diesen Oder-Neiße-Gebieten lebten nach der Reichsstatistik im Mai 1939 insgesamt 9,621 Millionen Menschen (13,8 % der Reichsbevölkerung), von denen sich 9,575 Millionen zum Deutschtum bekannten. Von dieser deutschen Bevölkerung entfielen auf Schlesien 4,576 Mill., auf Ostbrandenburg 0,642 Mill., auf Ostpommern 1,884 Mill. und auf Ostpreußen 2,473 Millionen (darunter ca. 1,2 Mill. auf den später sowjetisch verwalteten Nordteil)[84].

Die Ausweisung der Ostdeutschen, die größtenteils bereits vor der Roten Armee und Kampfhandlungen geflüchtet waren, vollzog sich nach westdeutschen Schätzungen in folgenden Etappen: 1945: 650 000 Personen, 1946: 2 000 000, 1947: 500 000, 1948 und 1949 je 150 000, 1950/51 im Rahmen der Aktion Link: 50 000, insgesamt somit 3,5 Millionen[85]. Nach Bevölkerungsbilanzen des Statistischen Bundesamtes in Wiesbaden (Stand: Herbst 1950) blieben ca. 1,101 Millionen Deutsche in den Oder-Neiße-Gebieten zurück, und ca. 1,390 Millionen deutsche Zivilpersonen verloren ihr Leben durch Krieg (ohne Luftkrieg), Besetzung, Verschleppung, Flucht und Vertreibung. Wenn man die Wehrmachtssterbefälle und Luftkriegstoten mit 668 000 Personen berücksichtigt, so ergibt sich für die deutsche Bevölkerung in den Oder-Neiße-Gebieten ein Gesamtverlust von 2,006 Millionen Menschen, das sind 20,9 % nach dem Stande vom Mai 1939. Nach dieser Statistik beträgt die Gesamtzahl der nach dem Kriege während Flucht und Vertreibung umgekommenen deutschen Zivilpersonen in den Oder-Neiße-Territorien insgesamt 1,338 Millionen, darunter 299 200 Ostpreußen, 364 700 Ostpommern, 207 500 Ostbrandenburger und 466 300 Schlesier[86]. Das Ausmaß der ostdeut-

---

[84] Die deutschen Vertreibungsverluste. Bevölkerungsbilanzen für die deutschen Vertreibungsgebiete 1939/50, hrsg. vom Statistischen Bundesamt, Wiesbaden 1958, S. 29 ff., bes. 38. Von polnischer Seite wird bestritten, daß die Zahlenangaben über die deutsche Bevölkerung stichhaltig sind; sie beruhen auf der Statistik des Deutschen Reiches, Bd. 552, Heft 1, nach dem Stande vom 17. Mai 1939 in den Grenzen vom 31. Dez. 1937. Die gesamte Reichsbevölkerung betrug 69,3 Mill. Personen.

[85] Eingeschlossen sind die zentralpolnischen Gebiete und offensichtlich auch Danzig; vgl. Dokumentation der Vertreibung, Bd. I/1, S. 155E. Nach polnischen Berechnungen, die Nordostpreußen nicht mit einbeziehen, wurden 1945–1950 aus Polen ca. 2 984 075 Deutsche ausgesiedelt (Kruszewski, S. 17) bzw. vom Febr. 1946 bis Ende 1949 ca. 2 275 100 (Rocznik Statystyczny 1949, Warszawa 1950, S. 26).

[86] Die deutschen Vertreibungsverluste, S. 37 f. Unhaltbar sind die noch höheren Zahlen über Menschenverluste in der Dokumentation der Vertreibung, Bd. I/1, S. 157E ff.
Nach dem Statistischen Bundesamt beträgt die Gesamtzahl der deutschen Nachkriegsverluste aus allen Vertreibungsgebieten ca. 2,2 Mill. Zivilpersonen, vgl. auch Ziemer, S. 94 ff. Die westdeutschen Angaben über Vertreibungsverluste

schen Tragödie, die sich hinter diesen nackten Zahlen verbirgt, läßt sich allerdings statistisch nicht einwandfrei erfassen, da zuverlässiges Zahlenmaterial fehlt; Schätzungen und Konjekturen treten vielfach an seine Stelle.

Obwohl die Massenaustreibungen anfänglich rücksichtslos hart durchgeführt wurden und unter ihrem Deckmantel im Jahre 1945 verschiedentlich sogar regelrechte Pogrome gegen wehrlose Zivilpersonen, darunter Frauen und Kinder, stattfanden, schwieg die Weltöffentlichkeit. Abgesehen davon, daß sie nicht oder nur frisiert informiert worden war: das Ausmaß der millionenfachen NS-Verbrechen, nunmehr erst voll enthüllt, hatte eine verstärkte Welle des Abscheus, des Deutschenhasses und des Entsetzens ausgelöst. Sie erklärten vieles, rechtfertigten aber nicht die Totalvertreibungen und ihre Methoden, zumal sie in der Regel unterschiedslos *allen* Deutschen galten, auch subjektiv völlig unschuldigen, und damit gegen fundamentale Grundsätze der Gerechtigkeit verstießen. Gegen dieses von den Siegermächten sanktionierte Unrecht wandten sich nur einzelne Persönlichkeiten, namentlich einflußreiche kirchliche Würdenträger sowie deutsche und jüdische Emigranten; ihre Stimme vermochte jedoch die Mauer des Schweigens und der Gleichgültigkeit nur selten zu durchdringen[87]. Die Vereinten Nationen schlossen die deutschen Vertriebenen aus der internationalen Flüchtlingsfürsorge aus (z. B. UNRRA), auch noch am 15. Dezember 1946 nach den Statuten der International Refugee Organization (IRO). Die ersten Hilfssendungen stammten aus dem Vatikan und Schweden, und seit dem Frühjahr 1946 lieferten die im CRALOG-Verband zusammengeschlossenen amerikanischen Wohlfahrtsorganisationen verstärkt Lebensmittel nach Deutschland.

---

werden von polnischer Seite bemängelt, teilweise mit Recht: Kokot, S. 92 ff.; Sobczak, Przesiedleńcy, S. 65 ff.; Stanisław Schimitzek, „Vertreibungsverluste"? Westdeutsche Zahlenbeispiele, Warszawa 1966 (Kurzfassung: Zum Thema der sogenannten Vertreibungsverluste, in: Blätter für deutsche und internat. Politik 12 (1967), S. 258 ff.).

[87] Oskar Golombek (Hrsg.), Pius XII. zum Problem der Vertreibung. Eine Sammlung von Worten und Weisungen Papst Pius XII., Köln 1962, S. 40 ff. (Auszüge: Golombek (Hrsg.), Die katholische Kirche und die Völker-Vertreibung, Köln 1966, S. 37 ff.); Kaps, S. 5 f., 72 ff.; Resolution des Weltkirchenrats vom Febr. 1946: Vertriebene und Flüchtlinge volksdeutschen Ursprungs, Washington 1950, S. 13 f.

Time-Magazine (New York) vom 13. Aug. 1945, Manchester Guardian vom 10. Sept. 1945, Bertrand Russell in der Times vom 26. Okt. 1945, Anna O'Hare McCormick in der New York Times vom 13. Nov. 1945; The Nineteenth Century and After, London 1945, S. 193 ff.; Committee Against Mass Expulsion: The Land of the Dead, New York o. J. (1946); Isaiah Bowman, The Strategy of Territorial Decisions, in: Foreign Affairs 24 (Jan. 1946), S. 177 ff., bes. 189; Wenzel Jaksch, Europas Weg nach Potsdam. Schuld und Schicksal im Donauraum, Köln 1967, S. 437 ff., 444 ff.; Victor Gollancz, Our Threatened Values, London/New York 1948, S. 133 ff. (Presseauszüge 1945/46).

Schaubild 1

Herkunftsgebiete nach dem Wohnsitz am 1. 9. 1939	Flüchtlinge und Heimatvertriebene in den Aufnahmegebieten in 1000						
	am 29. Oktober 1946				am 13. September 1950		
	West-zonen	Berlin	Sowjet-zone	Sum-me	BDR	West-Berlin	DDR
Oder-Neiße-Gebiete							
Schlesien	1623	27	1049	2699	2053	37	
Ostbrandenburg	78	16	230	323	131	22	
Ostpommern	658	24	504	1186	891	32	
Ostpreußen	922	25	491	1438	1347	28	
zusammen	3281	92	2273	5646	4423	118	2440
Ost- und Südosteuropa							
Danzig	141	5	72	218	225	5	
Sowjetunion	124	3	57	184	158	3	
Polen	283	9	246	538	410	10	
Tschechoslowakei	1559	4	841	2404	1912	6	
Ungarn	138	–	4	142	178	–	
Jugoslawien	98	1	24	123	147	–	
Rumänien	108	1	57	166	149	1	
Österreich	85	1	11	97	111	2	
Sonstiges Ausland	109	4	15	128	117	3	
zusammen	2642	28	1327	3997	3407	30	1759?
insgesamt	5923	120	3600	9643	7830	148	4199?

Quelle: Statistisches Taschenbuch über die Heimatvertriebenen in der Bundesrepublik Deutschland und in West-Berlin, hrsg. vom Statistischen Bundesamt, Wiesbaden 1953, S. 3.

Nach der Volkszählung vom 29. Oktober 1946 hielten sich in den vier Besatzungszonen bereits 9,643 Millionen Ostflüchtlinge und -vertriebene auf, davon 5,646 Millionen aus den Oder-Neiße-Gebieten (Schaubild 1). Sie belasteten das ausgebombte, zerrüttete Rumpfdeutschland außergewöhnlich und drohten es vollends in das Chaos zu stürzen. Obgleich die politischen, intergesellschaftlichen, sozialpsychologischen, ideologischen und konfessionellen Probleme, die die Flüchtlinge und Vertriebenen aufwarfen, einen unentwirrbaren Symptomenkomplex bildeten, seien als *konstitutive Faktoren* dieses *Konfliktsyndroms* u. a. herausgegriffen[88]:

---

[88] Hilde Eiserhardt, Die soziale und wirtschaftliche Eingliederung der Flüchtlinge in Deutschland, in: Europa-Archiv 1 (1946/47), S. 227 ff.; Das deutsche Flüchtlingsproblem in seinen wirtschaftlichen und sozialen Zusammenhängen. Bericht aus dem Institut für Weltwirtschaft an der Universität Kiel, März 1946 (hekt.); Das Flüchtlingsproblem in der amerikanischen Besatzungszone. Ein Bericht des

1. Die Flüchtlinge/Vertriebenen hatten nur ihr nacktes Leben gerettet und in der Regel einige Habseligkeiten. Zwar hatten die ausgebombten Einheimischen ebenfalls Eigentum, Wohnung und Hausrat verloren, aber nur selten ihre Existenzgrundlage; auch blieb meistens das soziale Gefüge, in dem sie lebten, intakt. Keine Gruppe des deutschen Volkes war so proletarisiert, so entwurzelt und so deklassiert worden wie das Millionenheer der Flüchtlinge/Vertriebenen. Ihr sozialer Absturz und ihre offensichtlich trostlose Situation drohten sie dem Radikalismus in die Hände zu treiben oder dumpfer Resignation anheimfallen zu lassen.

2. Die Flüchtlinge/Vertriebenen litten schwer unter dem Verlust ihrer Heimat und sehnten sich in sie zurück, vor allem die ältere Generation und die landwirtschaftliche Bevölkerung. Diese psychisch-emotionellen Folgeschäden der Vertreibung können nicht hoch genug bewertet werden. Die späteren Versuche in westdeutschen Massenmedien, das tiefverwurzelte Heimatgefühl der Flüchtlinge/Vertriebenen zu belächeln, bezeugen lediglich Sachunkenntnis und mangelndes Verständnis für eine Zeit, in der Heimatliebe und -bindung noch nicht geschwunden und Grund und Boden mehr waren als bloße Produktionsmittel. Allerdings neigten die Flüchtlinge/Vertriebenen in ihrem Elend dazu, die Heimat zu idealisieren.

3. Die Verdichtung der Bevölkerung auf engem Raum trotz Wohnungs- und Hungersnot, Wirtschaftselend, Arbeitslosigkeit u. a. gefährdete den sozialen Frieden. Es entwickelten sich Interessengegensätze zwischen Einheimischen, die ihren Besitzstand zu wahren suchten, und Flüchtlingen/Vertriebenen, die ihn in Frage stellten. Sie wurden deshalb vielfach als unerwünschte Eindringlinge empfunden und nicht selten öffentlich oder insgeheim als Habenichtse, Pack, Gesindel, „Preußen", „Polaken", Ausländer usw. beschimpft. Wenn sich auch Pauschalurteile nicht fällen lassen, da zahllose Einheimische unter persönlichen Opfern taten, was sie konnten, um die Not der Flüchtlinge/Vertriebenen zu lindern, und die Aufnahme, die sie fanden, sich oft von Ort zu Ort änderte, so läßt sich doch nicht bestreiten, daß sie im allgemeinen eher unfreundlich war als freundlich oder verständnisvoll[89]. Sie er-

---

Länderrats an General Clay, Stuttgart 1947; Die Flüchtlinge in der britischen Zone, Lemgo 1948; Friedrich Edding/Hans-Erich Hornschu/Hilde Wander, Das deutsche Flüchtlingsproblem, Kiel 1949; Ziemer, S. 106 ff.; Karl Valentin Müller, Soziologische und sozialpsychologische Folgen der Austreibungen, in: Das östliche Deutschland, S. 757 ff.; Dorothee Neff, Der Heimatverlust bei den Flüchtlingen. Ein Beitrag zum Phänomen der Heimat, phil. Diss. Erlangen 1956, S. 54 ff.

[89] Dieses heikle Thema, bis heute tabu, hat Spuren nur in frühen Schriften hinterlassen: Das deutsche Flüchtlingsproblem, S. 36 f.; Das Flüchtlingsproblem in der amerikanischen Besatzungszone, S. 18 f., 21; Die Flüchtlinge in der brit. Zone, S. 45 ff., 70 ff., 73 ff. – In der polnischen Literatur wird zwar die vielfach schlechte Aufnahme der Flüchtlinge/Vertriebenen geschildert, die „Umsiedlung" selbst jedoch als „ordnungsgemäß" dargestellt; vgl. Klafkowski, Podstawy, S. 89 ff., 95 ff.; Sobczak, Przesiedleńcy, S. 72 ff., 78 ff.

schwerte die *Integration* der Flüchtlinge/Vertriebenen, die nicht nur den höchsten Anteil an Arbeitslosen und Fürsorgeempfängern stellten, sondern häufig schon wegen ihres Dialekts, ihrer Konfession oder schlechthin als „Fremde" (besonders in Dörfern) diskriminiert wurden. Die sozialen Kluften und Vorurteile vergrößerte auch die Unterbringung ostdeutscher Städter auf dem platten Lande.

4. Das gemeinsame Schicksal und gemeinsame Ziele („Schicksalsgemeinschaft") begünstigten die Entstehung eines ausgeprägten *Gruppenbewußtseins* und *Wir-Gefühls* mit noch diffusen *Feindbildern* bei Flüchtlingen/Vertriebenen. Ob sich ihr latenter Radikalismus gegen die östlichen Vertreibungsstaaten und ihre Völker richten, d. h. sich *außenpolitisch* ablenken lassen würde, oder sich gegen die Einheimischen als beati possidentes wenden und die bestehenden Produktionsverhältnisse bedrohen, d. h. sich *sozialrevolutionär* auswirken würde, blieb zunächst offen, zumal das alliierte Koalitionsverbot die Flüchtlinge/Vertriebenen daran hinderte, sich zu organisieren. Allerdings darf nicht außer acht gelassen werden, daß die Interessenlage dieser Millionenmasse nicht immer ein und dieselbe war: Ein großer Teil hatte beträchtliche Vermögenswerte eingebüßt und konnte sich deshalb weniger mit der Vertreibung abfinden als jene Gruppe, die in der Heimat nichts besessen hatte. Je größer das verlorene Eigentum und die davon abhängige soziale Deklassierung, um so intensiver der Wunsch, die Oder-Neiße-Gebiete zurückzugewinnen und die alten Besitzverhältnisse zu restaurieren (Großgrundbesitzer, Unternehmer, Kapitaleigner, Großbauern usw.).

Obwohl die Westmächte für die Vertreibung mitverantwortlich waren, betrachteten sie das Flüchtlings-/Vertriebenenproblem als rein innerdeutsche Angelegenheit, die sie nichts anginge. Frankreich riegelte sogar bis Sommer 1948 seine Besatzungszone ab, um die Vertriebenen als Element gesamtdeutschen Nationalbewußtseins und sozialer Unruhe fernzuhalten. Die einheimische Bürokratie in den Ländern der britischen und amerikanischen Zone schuf nach und nach eine besondere „Flüchtlingsverwaltung" (Sonderbeauftragte, Staatskommissariate, Flüchtlingsausschüsse, -ämter u. a.) und lenkte den Strom der hungernden, frierenden und obdachlosen Vertriebenen wegen der zerstörten Städte bevorzugt auf das platte Land. Große Verdienste bei der „Flüchtlingsbetreuung" erwarben sich die Wohlfahrtsverbände, das Rote Kreuz, das Hilfswerk der Evangelischen Kirche und die katholische Caritas[90].

---

[90] Über Einzelheiten das umfangreiche Sammelwerk: Eugen Lemberg–Friedrich Edding (Hrsg.), Die Vertriebenen in Westdeutschland. Ihre Eingliederung und ihr Einfluß auf Gesellschaft, Wirtschaft, Politik und Geistesleben, 3 Bde., Kiel 1959. Vgl. auch die um Verständnis werbende Schrift des Hauptgeschäftsführers des Evangelischen Hilfswerks Herbert Krimm (Hrsg.), Das Antlitz der Vertriebenen. Schicksal und Wesen der Flüchtlingsgruppen, Stuttgart 1949.

Mit den Westzonen verglichen, waren Aufnahme und Lebensbedingungen der Vertriebenen in der Sowjetzone (Schaubild 1) noch am besten. Bereits am 24. September 1945 war eine „Zentralverwaltung für deutsche Umsiedler", wie die Flüchtlinge/Vertriebenen amtlich hießen, geschaffen worden[91]. Die sowjetische Militäradministration und auf ihren Befehl die deutsche Bürokratie griffen rigoros gegen aufnahmeunwillige Einheimische mit Beschlagnahmen durch. Sozialisierung und Bodenreform schufen auf administrativem Wege neue Arbeitsplätze und Siedlerstellen und damit objektiv bessere Voraussetzungen für eine gerechtere Lastenverteilung als in den Westzonen.

3.8.2. Konfliktträchtige Probleme der polnischen Siedler in den Oder-Neiße-Gebieten

In den Oder-Neiße-Gebieten befanden sich Mitte 1945 ca. 5,2 Millionen Menschen. Ihre Zahl nahm zunächst geringfügig ab, erreichte Anfang 1947 wieder den ursprünglichen Stand und erhöhte sich danach langsam (Schaubild 2). Ab- und Zuwanderung hielten sich somit im großen ganzen die Waage, d. h. der Zuzug polnischer Siedler und ihr Geburtenüberschuß vermochten die Vertreibung der Deutschen nach und nach auszugleichen.

Schaubild 2

Herkunftgruppe	Wohnbevölkerung in Millionen					
	1. 7. 1945	14. 2. 1946	1. 1. 1947	1. 6. 1947	1. 1. 1948	1. 1. 1949
anerkannte Deutsche	3,5	2,1	0,5	0,3	0,15	0,1
Autochthone	1,0	1,0	1,0	1,05	1,1	1,1
Einheimische	4,5	3,1	1,5	1,35	1,25	1,2
Repatrianten	0,25	0,8	1,8	1,9	2,0	2,1
Umsiedler	0,45	1,1	1,75	1,9	2,0	2,4
Reemigranten	0,0	0,0	0,1	0,15	0,2	0,2
Siedler	0,7	1,9	3,65	3,95	4,2	4,7
Wohnbevölkerung	5,2	5,0	5,15	5,3	5,45	5,9

Quelle: Hans Joachim von Koerber, Die Bevölkerung der deutschen Ostgebiete unter polnischer Verwaltung, Berlin 1958, S. 92 (nach dem Rocznik Statystyczny und Schätzungen Koerbers).

---

[91] Peter-Heinz Seraphim, Die Heimatvertriebenen in der Sowjetzone, Berlin 1954, S. 24 ff.

Die Siedler, Anfang 1946 bereits etwa 1,9 Millionen (Schaubild 2), wurden hauptsächlich mit folgenden Problemen konfrontiert[92]:

1. Nach Krieg und Besetzung lagen die Oder-Neiße-Gebiete in Schutt und Asche; was an industrieller Ausrüstung noch brauchbar war, hatte die Rote Armee demontieren und in die Sowjetunion schaffen lassen. Wohnungsnot, Rechtsunsicherheit, Wirtschaftselend, Hunger und Kapitalmangel erschwerten den Siedlern, sich in der fremden Umgebung einzuleben.

2. Die Siedlergruppen (Schaubild 2) unterschieden sich nach geographischer und sozialer Herkunft, nach Lebens- und Sprachgewohnheiten. Die Anpassungsschwierigkeiten erhöhten sich dadurch, daß es sich vornehmlich um *landwirtschaftliche* Bevölkerung handelte, die in – wenn auch zerstörte – *städtisch-industrielle* Gebiete einströmte. Am schnellsten vertraut mit der neuen Umgebung wurden die Umsiedler aus dem benachbarten Zentralpolen, am langsamsten die Repatrianten aus der Sowjetunion. Sie litten nicht nur unter Heimweh, sondern setzten ihre alte Lebensweise vielfach in den Städten fort. Kleintierhaltung in Wohnungen und auf Balkonen (z. B. Ziegen, Kaninchen, Hühner, verschiedentlich sogar Kühe) ließ sich nach dem Kriege z. B. in Breslau oft beobachten.

3. Zwischen den zuziehenden Polen und den noch anwesenden Einheimischen kam es zu Konflikten und Streitigkeiten. Sie wurden zwar durch die Ausweisungen, die viele Deutsche herbeisehnten und wie eine „Befreiung" empfanden, fortschreitend entschärft und bereinigt, doch blieben nationale, vermögensrechtliche, konfessionelle u. a. Gegensätze zwischen den Siedlern und den im Lande bleibenden Autochthonen (z. B. den protestantischen Masuren) bestehen.

4. Unter den Siedlern herrschte Unsicherheit darüber, ob die Oder-Neiße-Gebiete dauernd bei Polen bleiben würden. Gewissensbisse quälten sie vielfach deshalb, weil sie über Eigentum verfügten, das die Deutschen zurücklassen mußten. Diese Faktoren trugen dazu bei, daß viele Siedler nicht seßhaft wurden: Sie zogen von Ort zu Ort oder verließen trotz Verbots die ihnen zugeteilten Siedlerstellen, nachdem sie abgewirtschaftet hatten. Unter ihnen befanden sich manche Abenteurer, Spekulanten und fragwürdige Existenzen. Da es ihnen in erster Linie darum ging, leichte Beute zu machen, vergrößerten sie die nach dem Kriege in den Oder-Neiße-Gebieten herrschende Rechtsunsicherheit.

Obgleich die konfliktträchtigen Probleme der Siedler in vieler Hinsicht jenen der Flüchtlinge/Vertriebenen in den deutschen Besatzungszonen ähnelten, so

---

[92] Robert Jungk in: Information et Documentation vom 8. Dez. 1945; Homer Bigart in: New York Herald Tribune vom 25. Mai 1946; Manchester Guardian vom 26. Aug. 1946. – Bohmann, Bd. 1, S. 298 ff., 318 ff.; Kruszewski, S. 89 ff., 143 ff.; Jan Stanisław Łoś, Warunki bytowania ludości polskiej na Ziemiach Odzyskanych, Lublin 1947 (dt. Marburg 1955); Koerber, S. 15 f., 34 f.; Obdudowa Ziem Odzyskanych (1945–1955), Poznań 1957.

ließen sich doch gravierende Unterschiede nicht übersehen. Polnische Staatsorgane, nationale und internationale Organisationen (UNRRA) unterstützten die Siedler tatkräftig. Sie kamen freiwillig oder als Optanten in die Oder-Neiße-Gebiete, meistens von dem Pioniergeist beseelt, sie nach der jahrhundertealten deutschen „Fremdherrschaft" zu repolonisieren und wiederaufzubauen. Ungeahnte Möglichkeiten boten sich vor allem jungen tüchtigen Siedlern.

Integrationsfaktoren der bunt zusammengewürfelten Siedlergemeinschaft waren: der Deutschenhaß, der Kolonisationsgeist, die nationale Identität (Sprache, Abstammung, Kultur) und nicht zuletzt der Katholizismus[93]. Die kommunistische Arbeiterpartei übte auf die Massen der Siedler weitaus nicht den Einfluß aus, den die katholische Kirche ausstrahlte. Sie gab ihnen eine geistig-seelische Heimat, die allen Polen, woher sie auch kamen, in einer noch fremden, vielfach feindlichen Umgebung Geborgenheit vermittelte und das Gefühl, zu Hause zu sein.

3.9.   Deutschland und die Oder-Neiße-Linie

Nach dem totalen Zusammenbruch plagten die meisten Deutschen so viele Existenzsorgen, daß für sie die Politik zunächst in den Hintergrund trat. Die Besatzungsmächte, auf den Kurs eines „karthagischen" Friedens eingeschworen, wollten die „militaristischen" Deutschen strafen, demokratisieren, umerziehen, entflechten, entnazifizieren u. a. Die härteste Linie verfolgte die amerikanische Militärverwaltung, die nach der Direktive J(oint) C(hiefs) S(taff) 1067 vom 26. April/11. Mai 1945 Deutschland wie einen „besiegten Feindstaat" zu behandeln hatte[94].

Den lizensierten Parteien und Zeitungen war verboten, eine Besatzungsmacht zu kritisieren. Die Deutschen konnten schon deshalb ihre Meinung nicht frei bilden und äußern. Welche Haltung sie zur Oder-Neiße-Linie einnahmen, läßt sich trotzdem unschwer ergründen. Daß die Flüchtlinge/Vertriebenen sie a priori nicht billigen konnten, bedarf keiner Begründung, doch steht außer Zweifel, daß diesen Standpunkt auch das deutsche Volk teilte. Nach dem Potsdamer Abkommen ließ sich keine repräsentative deutsche Gruppe ermitteln, die die Oder-Neiße-Gebiete völlig verloren glaubte, zumal sie nur für vorübergehend abgetrennt galten. Alle deutschen Parteien von rechts

---

[93] Zur Rolle der Kirche: Kruszewski, S. 159 ff. – Die Bedeutung des Deutschenhasses für die nationale Einheit im allgemeinen und die Grenzfrage im besonderen hatte Gomułka bereits in seiner Rede vom 25. Febr. 1945 hervorgehoben (Strobel, S. 38 f.).

[94] John Gimbel, Amerikanische Besatzungspolitik in Deutschland 1945–1949, Frankfurt a. M. 1971, S. 16 ff. – Über die Leitmotive der westlichen Besatzungspolitik: Schwarz, S. 105 ff., 149 ff., 179 ff.

bis links einschließlich der KPD[95] waren der Meinung, daß die endgültige Entscheidung über die Ostgrenze erst auf der Friedenskonferenz fallen werde, insgeheim hoffend, diese würde nach den „Lehren von Versailles" auch die Interessen des geschlagenen Deutschlands berücksichtigen.

Zur Negativbilanz der Oder-Neiße-Linie in bezug auf Deutschland als Ganzes gehörten neben der ostdeutschen Flüchtlings- und Vertriebenenfrage (3.8.1.) hauptsächlich[96]:

1. Die Oder-Neiße-Gebiete umfaßten 114 342 qkm oder 24,3 % des Reichsterritoriums nach dem Stande von 1937 (Schaubild 3). Es versteht sich von

Schaubild 3

Territorium	Umfang in qkm	% nach den Reichsgrenzen von 1937	% des okkupierten Deutschland
Westzonen	245 291	52,1	68,9
Sowjetzone	107 460	22,9	30,1
Gesamtberlin	884	0,2	0,3
Saarland	2 567	0,5	0,7
Okkupiertes Deutschland	356 202	75,7	100,0
Oder-Neiße-Gebiete	114 342	24,3	
Reichsgebiet am 31. 12. 1937	470 544	100,0	

Quelle: Józef Kokot, The Logic of the Oder-Neisse Frontier, Poznań-Warszawa o. J. (1960), Anhang 1. Nach Bohmann, Bd. 1, S. 195, umfaßten die Oder-Neiße-Gebiete 114 296 qkm.

---

[95] Vgl. Fred Oelßner, KPD: „Die Ostgrenze Deutschlands wurde auf der Berliner Konferenz noch nicht endgültig festgelegt; es wurde nur beschlossen, die Gebiete östlich der Oder und der westlichen Neiße unter die Verwaltung Polens zu stellen" (Deutsche Volkszeitung vom 28. Aug. 1945). Otto Grotewohl, damals noch SPD, nannte am 26. Aug. 1945 die Oder-Neiße-Linie ein „Provisorium", über das erst bei der Friedensregelung entschieden werde (1. SPD-Bezirkstag in Leipzig). Dagegen sprach Walter Ulbricht auf einer Funktionärstagung der KPD Groß-Berlins am 25. Juni 1945 von einer „Abtretung der Gebiete östlich der Oder und der Görlitzer Neiße", die Hitler verspielt habe (Goguel, S. 551 f.).

[96] Friedrich Edding, Das Flüchtlingsproblem in Westdeutschland, in: Weltwirtschaftliches Archiv 62 (1949), S. 309 ff.; ders., Die Flüchtlinge als Belastung und Antrieb der westdeutschen Wirtschaft, Kiel 1952, S. 11 ff., 30 ff.; Hilde Wander, Die Flüchtlinge in der Bevölkerungs- und Arbeitsmarktstruktur Westdeutschlands, o. O. 1949; Werner Gatz, Vertriebenenproblem und Außenhandel, in: Das östliche Deutschland, S. 791 ff.; Albrecht Baehr, Auf dem Wege. Eine Zwischenbilanz des Vertriebenen- und Flüchtlingsproblems, Troisdorf 1960.

selbst, daß jede Nation sich gegen eine solche gravierende Amputation seines Staatsgebiets wehrt und auch nach einem verlorenen Krieg nicht ohne Vorbehalte hinzunehmen bereit ist. Im Versailler Friedensvertrag hatte das Reich im Osten insgesamt 51 188 qkm abtreten müssen, und obwohl es sich um eine völkerrechtliche Zession handelte, trat jede Regierung und Partei der Weimarer Republik dafür ein, diesen Territorialverlust wenigstens teilweise wieder rückgängig zu machen. Die friedliche und später gewaltsame Revision des Versailler Friedensvertrages war eine *Konstante* deutscher Außenpolitik bis Hitler gewesen, und nach den Erfahrungen der Geschichte konnte es nur eine Frage der Zeit und Umstände sein, wann ein neuer deutscher Revisionismus entstand, der sich gegen das Potsdamer Abkommen richtete. Er mußte sich, obwohl es die alliierten Hauptmächte unterzeichnet hatten, in erster Linie gegen *Polen* wenden, das von ihm als tertius profitiert hatte.

2. Die Oder-Neiße-Territorien gehörten zu den agrarischen Überschußgebieten des Reiches. Nach dem verlorenen Weltkrieg wirkte sich ihre Abtrennung um so nachteiliger aus, je mehr sich die Ernährungslage in den übervölkerten Besatzungszonen verschlechterte. Der fehlende Binnenhandel innerhalb Deutschlands mußte nun durch den *Außenhandel* ersetzt werden, d. h. die industrialisierten west- und mitteldeutschen Gebiete wurden noch mehr als bisher von *Lebensmittelimporten* abhängig. Um sie jedoch finanzieren zu können, wären Export- und Zahlungsbilanzüberschüsse erforderlich gewesen, die nur eine intakte Industrie ohne alliierte Restriktionen, Reparationen, Demontagen u. a. hätte erzielen können. Unter den herrschenden Umständen schien daher fraglich zu sein, ob Deutschland ohne die landwirtschaftlichen Überschüsse aus den Oder-Neiße-Gebieten und ihre Rohstoffe überhaupt lebensfähig sei.

3. Flucht und Vertreibung von Millionen, insbesondere aus den Oder-Neiße-Gebieten, ließen den Siedlungsraum des deutschen Volkes auf West- und Mitteldeutschland zusammenschrumpfen. Diese Verdichtung der Wohnbevölkerung führte zu ihrer ungleichmäßigen geographischen Verteilung, vor allem in den bevorzugten Flüchtlingsaufnahmeländern Schleswig-Holstein, Niedersachsen und Bayern (Schaubild 4), zu einem Überangebot von Arbeitskräften, zu einem Mangel an Grund und Boden, namentlich für heimatvertriebene Bauern, zu Wohnungsnot u. a. m. Ob und inwieweit das um ein Viertel verkleinerte Deutschland in der Lage war, diese Probleme zu meistern, blieb zunächst offen.

Die Oder-Neiße-Linie brachte dem deutschen Volk zweifellos auch *Vorteile*, doch standen sie in keiner Proportion zu den Nachteilen. Diese traten nach dem Kriege in aller Schärfe hervor, die ersteren dagegen wirkten sich erst in der *Zukunft* positiv aus und blieben daher unbeachtet.

1. Flucht und Vertreibung aus den Oder-Neiße-Gebieten und die sozialrevolutionäre Umgestaltung in der Sowjetzone (Bodenreform) bedeuteten das Ende des *ostelbischen Großgrundbesitzes* und damit des *preußischen Adels*.

Schaubild 4   (Vgl. Schaubild 1)

Westzonen bzw. BRD	Bevölkerung am Jahresbeginn							
	1946	1947	1948	1949	1950	1951	1952	1953

Heimatvertriebene in 1000

Schleswig-Holstein .	680	859	878	888	882	828	775	729
Hamburg	45	64	76	91	103	122	138	150
Niedersachsen . .	676	1 518	1 633	1 767	1 851	1 840	1 794	1 746
Bremen	18	26	32	39	44	51	57	63
Nordrhein-Westfalen	267	798	976	1 183	1 267	1 369	1 527	1 665
Hessen	118	569	626	675	703	730	750	767
Rheinland-Pfalz . .	26	54	60	75	91	185	216	238
Baden-Württemberg .	49	593	648	701	792	890	950	1 010
Bayern	738	1 770	1 828	1 916	1 938	1 931	1 912	1 890
Bundesgebiet . . .	2 617	6 251	6 757	7 335	7 671	7 946	8 120	8 258

Gesamtbevölkerung in 1000

Schleswig-Holstein .	2 491	2 655	2 683	2 698	2 665	2 566	2 491	2 425
Hamburg	1 400	1 420	1 467	1 515	1 562	1 621	1 658	1 687
Niedersachsen . .	5 833	6 462	6 645	6 789	6 846	6 779	6 711	6 651
Bremen	462	488	506	529	549	569	581	594
Nordrhein-Westfalen	10 992	11 865	12 251	12 677	13 011	13 277	13 599	13 878
Hessen	3 519	4 093	4 174	4 259	4 285	4 346	4 394	4 431
Rheinland-Pfalz . .	2 631	2 767	2 799	2 852	2 912	3 049	3 114	3 170
Baden-Württemberg .	5 396	5 971	6 092	6 245	6 370	6 487	6 592	6 697
Bayern	8 254	9 126	9 235	9 304	9 244	9 219	9 188	9 175
Bundesgebiet . . .	40 978	44 846	45 852	46 868	47 443	47 915	48 327	48 708

Von 100 Personen der Gesamtbevölkerung waren Heimatvertriebene

Schleswig-Holstein .	27	32	33	33	33	32	31	30
Hamburg	2	5	5	6	7	8	8	9
Niedersachsen . .	12	23	25	26	27	27	27	26
Bremen	4	5	6	7	8	9	10	11
Nordrhein-Westfalen	2	7	8	9	10	10	11	12
Hessen	3	14	15	16	16	17	17	17
Rheinland-Pfalz . .	1	2	2	3	3	6	7	8
Baden-Württemberg .	1	10	11	11	12	14	14	15
Bayern	1	19	20	21	21	21	21	21
Bundesgebiet . . .	6	14	15	16	16	17	17	17

Quelle: Statistisches Taschenbuch über die Heimatvertriebenen, Wiesbaden 1953, S. 5.

90

Er hatte in der Geschichte der preußisch-deutschen Großmacht stets eine privilegierte Sonderstellung in Staat und Gesellschaft behauptet: als Träger der großagrarisch-feudalen Ordnung im alten Preußen, als Stütze konservativ-reaktionärer Bestrebungen im Deutschen Reich und nicht zuletzt als Elite des preußisch-deutschen Militarismus. Die Entmachtung des Junkertums, die zugleich zu seiner Vernichtung wurde, erleichterte nach 1945 die *Demokrati*sierung Deutschlands oder ermöglichte sie gar erst.

2. Die Flüchtlinge/Vertriebenen, namentlich die tüchtigen, wirkten vielfach wie ein nationaler *Sauerteig* im deutschen Volk. Indem sie sich mit den Einheimischen vermischten, verschwägerten oder mit ihnen konkurrierten, spielten sie eine herausragende Rolle bei der Formierung der Nachkriegsgesellschaft. Diese Tendenzen mußten allerdings auf die Dauer dazu führen, daß der ostdeutsche Mensch „ausstarb" und die Zeit das Flüchtlings-/Vertriebenenproblem von selbst „heilte".

3. Die Flüchtlinge/Vertriebenen boten der *Wirtschaft* neue Arbeitskräfte und Talente an, die ihren Aufschwung nach der westdeutschen Währungsreform (20. Juni 1948) begünstigten. Flucht und Vertreibung der vornehmlich agrarischen ostdeutschen Bevölkerung übernahmen insofern ersatzweise die Funktion der industriellen Proletarisierung und endeten dann in der Verstädterung, so zur sozialen Mobilität im deutschen Volk beitragend.

3.10. Systematische Analyse der Konfliktvoraussetzungen

In bezug auf die deutsch-polnische Grenzfrage erscheint die Zeit vom Ende des Zweiten Weltkriegs bis Mitte/Herbst 1946 als *Transitorium*: als dichotome Übergangsphase zwischen Kooperation und Konflikt (cooling-off period). Einerseits erwies sich die Anti-Hitler-Koalition noch als funktionsfähig, andererseits zerfiel sie fortschreitend. Die Parameter der Konfliktvoraussetzungen lassen sich wie folgt verknüpfen:

> Die Ausgangsvariable Oder-Neiße-Linie erscheint als tendenzielle Funktion der Eingangsgrößen Krieg/Kalter Krieg, Friedens-/Nachkriegsziele, Kooperation/Konflikt und des Rechtstitels Potsdamer Abkommen.

Beschreibung der Parameter:

1. Der *Krieg* hatte nach der Totalkapitulation des Reiches ein *Machtvakuum* hinterlassen, die *Feindbilder* verfestigt und die *Effektivität* auf die eroberten deutschen Gebiete ausgedehnt. Das Image des deutschen Volkes sank auf den absoluten Tiefpunkt, und die faktische Verfügungsgewalt über das besetzte Reichsterritorium schränkten lediglich interalliierte Absprachen und Vereinbarungen ein.

Zu den politischen Konsequenzen der militärischen Erfolge der Roten Armee gehörten u. a. die polnische Verwaltung in den Oder-Neiße-Gebieten, die beginnende Vertreibung der Deutschen und die Neubesiedlung des Landes ohne Konsultation der Westmächte. Sowjetunion und Polen schufen durch dieses *einseitige* Vorgehen Fakten, die das Potsdamer Abkommen präjudizierten, sich jedoch noch im Rahmen extensiver Interpretationen der Beschlüsse von Jalta hielten. Stalin konnte ihre dilatorischen Formelkompromisse infolge des bestehenden Machtvakuums bis zum äußersten ausnützen und konfrontierte die Westmächte mit einem fait accompli.

Die im Zweiten Weltkrieg geschaffenen Tatsachen stellte allerdings der *Kalte Krieg* in Frage. Er entsprang dem Bestreben der USA, Positionen in Einflußsphären zurückzugewinnen, die Roosevelt und Churchill der Sowjetunion zugestanden hatten. Deutschland und Polen blieben zwar zunächst aus der Konfrontationsstrategie ausgeklammert. Da sie jedoch darauf abzielte, den Status quo zu revidieren oder „aufzurollen", schien es nur eine Frage der Zeit zu sein, bis der Kalte Krieg universalisiert wurde und auf Mitteleuropa übergriff. Es mußte nicht nur damit gerechnet werden, daß interalliierte Konflikte über die in Potsdam de facto anerkannte Oder-Neiße-Linie entstanden, sondern sogar damit, daß der Kalte Krieg in einen *Dritten Weltkrieg* umschlug und dann völlig neue Perspektiven eröffnete.

2. Zu den alliierten *Friedenszielen* gehörte auch nach dem Kriege die Schaffung eines starken Polens auf Kosten Deutschlands. Zwar bestanden materiell-inhaltliche Meinungsverschiedenheiten über das politisch-gesellschaftliche System Nachkriegspolens, doch wurden sie formell-verbal durch Homonyma wie „demokratisch", „frei", „unabhängig" verschleiert oder überbrückt.

Da die *Grenzfrage* von *untergeordneter* Bedeutung war, das *Regierungssystem* aber von *übergeordneter* und mit ihm funktionell zusammenhing, drohten die innenpolitischen Grundsatzentscheidungen in Polen auch interalliierte Konflikte über die Oder-Neiße-Linie heraufzubeschwören. Es war zu erwarten, daß die Westmächte sie befürworten würden, falls sich ihre Hoffnungen auf ein bürgerlich-kapitalistisches Polen erfüllten, sie jedoch bekämpfen, falls die Sowjetunion ihre Pläne in Polen zu realisieren, d. h. es zu einer kommunistischen Volksdemokratie umzugestalten vermochte.

Diese Interdependenzen verhielten sich invers zueinander. Sie reduzierten sich letzten Endes auf den Mechanismus einer *Booleschen Funktion:* einer Binärentscheidung zwischen der Sowjetunion *oder* den Westmächten, die von der Erfüllung bzw. Nichterfüllung *einer* Bedingung abhing und der *Identität* bzw. ihrer inversen Größe *Negation* entsprach. Tertium non datur. Polen verlor in beiden möglichen Fällen die Sympathie *einer* Weltmacht und mußte damit rechnen, von ihr und dem verkleinerten Deutschland, mit dessen Feindschaft es in jedem Falle zu rechnen hatte, in die Zange genommen zu werden.

Die Interdependenzen des Konfliktpotentials lassen sich wie folgt veranschaulichen:

Schaubild 5

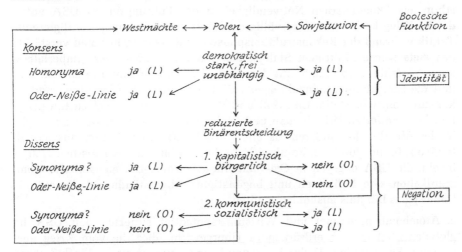

Definition der Funktionen:

Identität: y = x, d. h. y = ja (L), wenn x = ja (L), und y = nein (O), wenn
x = nein (O).

Negation: y = x̄, d. h. y = ja (L), wenn x = nein (O), und y = nein (O),
wenn x = ja (L).

Input: → ↓

Feedback: ↑ ⤴ ⤴
(Rückkopplung)

3. Die Variable *Konflikt* eliminierte fortschreitend die Variable *Kooperation*.
Die eine ließ sich dem Kalten Krieg zuordnen, die andere dem Zweiten Weltkrieg.

a. Mit der Kapitulation des Reichs entfiel die conditio sine qua non der
Negativallianz, die Hitler-Deutschland trotz aller Gegensätze wie eine eiserne
Klammer zusammengehalten hatte. Nach dem Zusammenbruch des letzten gemeinsamen Gegners Japan wurde die *Koalitionsäquivalenz* immer mehr zur
negativen Größe: die zentrifugalen Kräfte innerhalb des Bündnisses verschärften sich und überspielten die zentripetalen. Die Anti-Hitler-Koalition
zerfiel.

b. Die neuen Entscheidungsträger Truman/Byrnes und Attlee/Bevin verunsicherten die *Kommunikation* und *Interaktion* innerhalb des Bündnisses.
Nach dem Tode Roosevelts, der eine sehr persönliche und kompromißbereite
„Weltpolitik" getrieben hatte, gewann die antisowjetisch eingestellte amerikanische Administration, vor allem das State Department, ihren Einfluß auf
die außenpolitischen Entscheidungsprozesse zurück, und die Labourregierung

93

Attlee/Bevin, die sich inneren Reformen verschrieben hatte, ordnete sich schon aus ökonomischen Notwendigkeiten der Führungsmacht USA unter, da der Krieg Englands Kräfte völlig erschöpft hatte. Trumans konfligierende Taktik während der Rekonstruktionsphase der Regierung in Polen verstärkte das stets wache Mißtrauen Stalins, daß ein Kurswechsel der „imperialistischen" Mächte bevorstünde mit dem Ziel, den Cordon sanitaire zu erneuern und die Sowjetunion „einzukreisen". Statt einander zu informieren und zu konsultieren, wie Stalin, Churchill und Roosevelt in der Regel zu tun pflegten, konfrontierten sich Truman und Stalin immer mehr mit faits accomplis in der Absicht, den anderen als mitspracheberechtigten Partner auszuschalten, so z. B. die UdSSR in Frankreich, Italien und auf den japanischen Hauptinseln, die USA dagegen in Ost- und Südosteuropa. Die mangelhafte Kommunikation säte Mißtrauen und begünstigte Mißverständnisse, die auf die Dauer jedes Bündnis aushöhlen mußten.

c. Atombombenmonopol und Wirtschaftspotential sicherten den USA im globalen Maßstab ein erdrückendes Übergewicht über die vom Krieg ausgelaugte Sowjetunion. Dadurch entstand eine *asymmetrische Einfluß-* bzw. *Machtbeziehung* zwischen beiden Weltmächten. Falls die schwächere die Präponderanz der stärkeren nicht anerkannte und Waffengewalt ausschied: Mit welchen negativen und positiven Mitteln konnten die USA dann die UdSSR dazu zwingen oder verlocken, „kooperativ" zu sein?

d. An die Stelle des *Konsens* im Kriege trat der *Dissens* nach dem Kriege. Die unüberbrückbaren Meinungsverschiedenheiten, erstmals in Südosteuropa und im Fernen Osten entstanden, weiteten sich so lange aus, bis sie geographisch die Erde umfaßten. Deutschland blieb allerdings zunächst aufgrund vornehmlich innenpolitisch-psychologischer Gründe aus dem Ost-West-Konflikt ausgeklammert; denn die öffentliche Meinung in den Siegerstaaten und die politischen Entscheidungsträger waren sich einig im Abscheu und Haß gegen die Deutschen.

4. Die für die Oder-Neiße-Linie wichtigste Konstituante war das *Potsdamer Abkommen*. Es schuf sie als provisorische, *veränderliche* Größe, nicht als meritorisch definitive, *„konstante"* Grenze. Die Oder-Neiße-Linie trug schon deshalb den Keim eines zukünftigen Konflikts in sich. Das Potsdamer Abkommen stabilisierte sie und stellte sie zugleich in Frage. So entstand eine *konfliktträchtige Ambivalenz:*

a. Die Alliierten erkannten die Oder-Neiße-Linie *de facto* an, vertagten jedoch die Entscheidung *de jure*. Insofern basierten die Beschlüsse von Potsdam wie jene von Jalta auf dilatorischen Formelkompromissen.

b. Mit westlicher Zustimmung oder Duldung wurden in den Oder-Neiße-Gebieten vollendete Tatsachen geschaffen, obwohl die endgültige Regelung der deutschen Ostgrenze einer Friedenskonferenz vorbehalten blieb. Es entstanden Widersprüche zwischen der *faktischen* Entwicklung (res gestae) und den *juristischen* Rückstellungsklauseln (reservationes iuridicas).

c. Die Westmächte sicherten der Sowjetunion zu, die endgültige Gebietsabtretung Nordostpreußens bei der Friedensregelung zu unterstützen, legten sich jedoch Polen gegenüber in keiner Weise fest, die Oder-Neiße-Linie de jure zu bestätigen. Der Vorbehalt des Kap. VI besaß nur *formalen*, jener des Kap. IX b jedoch *materiellen* Charakter.

d. Die Westmächte setzten voraus, Polen würde freie, unbehinderte Wahlen abhalten, doch fehlten juristische oder internationale Garantien, daß sie tatsächlich stattfanden (Kap. IX a).

e. Die Westverschiebung Polens, d. h. der Verlust Ostpolens und die Kompensation auf Kosten Deutschlands gefährdeten den territorialen Status quo. Der exilpolnische *Revisionismus* richtete sich gegen die Ostgrenze entlang der Curzonlinie, der von der Warschauer Regierung unterstützte erstrebte Grenzkorrekturen westlich der Oder-Neiße-Linie, und ein deutscher war nur eine Frage der Zeit und der Umstände.

f. Ein unauslotbares Konfliktpotential schufen die Massenvertreibungen aus den Oder-Neiße-Gebieten und ihre Neubesiedlung. Beide verhielten sich reziprok zueinander: die Vertreibung war die inverse Funktion der Neubesiedlung und umgekehrt. Einerseits ließen sich die Bevölkerungsverschiebungen ohne Gewalt schwer rückgängig machen, so daß sie die Oder-Neiße-Linie stabilisierten, andererseits stellten sie sie in Frage; denn sie beschworen schwerste innenpolitische Konflikte herauf, deren Ursache letztlich die demographischen Veränderungen selbst waren, die mit den polnischen Grenzverschiebungen zusammenhingen.

2. VERTRIEBENENVERBÄNDE
UND DEUTSCH-POLNISCHE BEZIEHUNGEN NACH 1945

von P. von zur Mühlen, B. Müller und K. Schmitz

1.   DIE VERTRIEBENENVERBÄNDE IM POLITISCHEN SYSTEM DER
      BUNDESREPUBLIK DEUTSCHLAND

In der publizistischen und politischen Diskussion in der Bundesrepublik und im Ausland, besonders in der Volksrepublik Polen, in der CSSR, in der Sowjetunion und in der DDR über den Einfluß von Interessengruppen auf den außenpolitischen Entscheidungsprozeß nahmen die Vertriebenenverbände und ihre Aktivitäten einen hervorragenden Platz ein. Die Einschätzungen über ihren Einfluß auf die westdeutsche Außenpolitik sind kontrovers. Vor allem von polnischer und tschechoslowakischer Seite wurden sie regelmäßig als Keimzelle eines neuen deutschen Expansionsdranges und als Inkarnation von Revanchismus und Militarismus angesehen. Man sah in den Vertriebenenverbänden soziale Gruppierungen, die das aggressive Gedankengut einer vergangenen nationalistischen Expansionspolitik weiterpflegten und unter den Existenzbedingungen eines parlamentarischen Systems deshalb gefährlich ausspielen könnten, weil die regierenden Parteien bei Wahlen auf die Stimmen dieser Gruppierungen beim Machterwerb und beim Machterhalt angewiesen sein könnten. Gleichzeitig glaubte man in den Parteien CDU/CSU und FDP, die die Regierungen der Bundesrepublik in den fünfziger und sechziger Jahren bildeten, Kräfte ausmachen zu können, die einem Revanchismus nachgeben würden, und ihn auch deshalb aktiv unterstützten, weil sie Sammelbecken von Kräften seien, die das gleiche wie die Vertriebenenverbände wollten, es aber nicht so unmittelbar auszusprechen wagten.

Die oft schrillen Verlautbarungen der Vertriebenenverbände und die demonstrative Zustimmung von Parteivertretern bei offiziellen Kundgebungen dieser Organisationen lieferten der „anderen Seite" willkommene, wenn auch vordergründige, Beweise für ihren Revanchismus- und Nationalismusverdacht. Inwieweit die Vorstellungen und Aktivitäten von Vertriebenen eine wirkliche Bedrohung für die Volksrepublik Polen und die CSSR darstellten oder inwieweit diese Staaten aus Gründen nationaler Identifikation ein solches Feindbild zu zeichnen suchten, kann hier nicht näher untersucht werden, weil es den Rahmen dieser Studie sprengen würde.

Die mangelnde Beschäftigung mit der Rolle und der Funktion der Vertriebenenverbände für den außenpolitischen Entscheidungsprozeß der Bundesrepublik zeigt sich in der geringen Anzahl von wissenschaftlichen Arbeiten über dieses Thema[1]. Die Gründe dafür scheinen politischer und wissenschaftlicher Art zu sein. Die Deutschland- und Ostpolitik Westdeutschlands war lange Zeit von einer zwiespältigen Haltung der politischen Kräfte in der Bundesrepublik geprägt. In den fünfziger und sechziger Jahren proklamierten die Parteien als außenpolitisches Ziel die Wiedervereinigung Deutschlands und forderten gemäß den Erklärungen im Potsdamer Abkommen von 1945 den Abschluß eines Friedensvertrages mit Deutschland als Teil einer europäischen Friedensordnung, die geschaffen werden sollte. Zukunftsvisionen vom endgültigen territorialen Umfang Deutschlands orientierten sich an den Grenzen von 1937 und bedeuteten deshalb in ihren Konsequenzen eine Verkleinerung der Volksrepublik Polen um die Gebiete jenseits von Oder und Neiße, die nach Kriegsende unter die Verwaltung des polnischen Staates gestellt worden waren. Dies hätte das Ende der DDR und damit das Zurückdrängen des osteuropäischen Einflußbereiches bedeutet, eine Forderung, die angesichts der realen Machtverhältnisse zwischen den USA und der Sowjetunion als den bestimmenden Weltmächten in Europa illusorisch sein mußte.

Auf der anderen Seite konzentrierten sich die Regierungen der Bundesrepublik Deutschland nach 1949 auf eine verstärkte westeuropäische Integration, der sie aus politischen, militärischen, wirtschaftlichen und strategischen Gründen den Vorrang gaben, die aber zugleich eine Akzeptierung der Spaltung Deutschlands und damit der durch den zweiten Weltkrieg entstandenen Machtverhältnisse und Blockeinteilung nach sich zog. Die Unvereinbarkeit zwischen West- und Ostpolitik der Bundesrepublik Deutschland und die Verlagerung der westdeutschen Bemühungen auf die Westintegration beschränkte die „alte" Ostpolitik (vor 1969) auf Absichtserklärungen, die man nicht durch politische Aktivitäten in Schritte politischen Handelns umsetzen konnte und wollte, weil eine Durchsetzung angesichts der Blockaufteilung in Europa unmöglich war, und auch die westlichen Verbündeten der Bundesrepublik Deutschland eine Unterstützung versagten und sich in ihren Vorstellungen und Maßnahmen an einer Status-quo-Politik in Europa orientier-

---

[1] In den Gesamtdarstellungen über die bundesrepublikanische Außenpolitik von Waldemar Besson: Die Außenpolitik der Bundesrepublik. Erfahrungen und Maßstäbe, München 1970, Wolfram F. Hanrieder: Die stabile Krise. Ziele und Entscheidungen der bundesrepublikanischen Außenpolitik 1949–1969, Düsseldorf 1971 und Martin Saeter: Eine Analyse der deutschen Frage. Okkupation, Integration, Gleichberechtigung, Oslo 1967 wird der Einfluß der Vertriebenenverbände auf den außenpolitischen Entscheidungsprozeß nicht untersucht. Aufschlußreicher ist die verbandssoziologische Studie von Manfred Max Wambach: Verbändestaat und Parteienoligopol. Macht und Ohnmacht der Vertriebenenverbände, Stuttgart 1971. In den weiteren Ausführungen wird auf diese Arbeit noch näher eingegangen.

ten. Trotz dieser Entwicklungen und Einstellungen ist die Frage nach dem Einfluß der Vertriebenenverbände auf die Politik gegenüber Osteuropa und vor allem gegenüber der Volksrepublik Polen von uns zu stellen.

Sie ist nicht losgelöst zu betrachten von dem Problem der sozialen, wirtschaftlichen und politischen Integration der Vertriebenen in das System der Bundesrepublik Deutschland. In einer weiteren Arbeit müßte im einzelnen die Frage geprüft werden, ob die Vertriebenenverbände als Interessengruppe einen Druck auf die außenpolitischen Vorstellungen der Bundesregierung und der Parteien nur deshalb ausübten, weil sie hofften, auf diesem Wege eine fortschreitende Integration zu erreichen. Dieses Problem kann hier nur angedeutet, aber nicht näher untersucht werden. Es soll einer späteren Untersuchung über die Einflußnahme von Interessengruppen auf den gesellschaftspolitischen Willensbildungs- und Entscheidungsprozeß vorbehalten bleiben.

Die geringe wissenschaftliche Beschäftigung mit dem Einfluß der Vertriebenenverbände auf den außen- und vor allem ostpolitischen Entscheidungsprozeß der Bundesregierung und der Parteien hat theoretische und forschungspraktische Gründe. Das Instrumentarium zur Erfassung von Einflußnahmen auf außenpolitische Entscheidungsprozesse ist schon aufgrund der Quellenlage oft eher formaler Art. Die Außenpolitik als eine klassische Prärogative der Exekutive entzieht sich mehr als andere Bereiche der Politik dem „direkten Zugriff" der Parteien und Interessengruppen. Sie kann nur indirekt in Form von ablehnenden oder bekräftigenden Aussagen der Gruppierungen zu Plänen, Absichten und Aktivitäten der Regierung und im Hinblick auf jeweils fällige Wahlen beeinflußt werden. Da die Vertriebenenverbände über keine internationale Vereinigung wie andere Interessengruppierungen nach dem Vorbild der Gewerkschaften verfügten, ist ihre versuchte Einflußnahme auf den innersystemischen Sektor außenpolitischer Aktivitäten der Regierung beschränkt[2].

---

[2] Grundlegend zur methodischen Anlage von Fallstudien über außenpolitische Entscheidungsprozesse siehe u. a. C. C. Schweitzer: Amerikas chinesisches Dilemma, Westdeutscher Verlag, Köln und Opladen 1969, S. 12 f.: „... unter dem Terminus „außenpolitischer Entscheidungsprozeß" (soll) der gesamte policy- und decision-making-process verstanden werden, das heißt derjenige Prozeß, der die Meinungs- und Willensbildung auf dem Gebiet der Außenpolitik bis hin zu einer möglichen exekutiven Entscheidung bzw. Maßnahme umfaßt. Wir könnten somit von einem außenpolitischen Entscheidungsprozeß einmal im engeren Sinne einer Entscheidung durch die Exekutive unter Mitwirkung der Legislative im sogenannten gouvernementalen Bereich sprechen; und zum zweiten im weiteren Sinne einer Einwirkung von intermediären Gruppen aller Art (Verbänden etc.), der öffentlichen und veröffentlichten Meinungen aus dem Primärbereich der allgemeinen Öffentlichkeit heraus.
Im Prozeß der Meinungsbildung, Willensbildung und Entscheidung auf außenpolitischem Gebiet kommt es – genauso wie auf innenpolitischem – zu vielfältigen Wechselbeziehungen und Wechselwirkungen sowohl innerhalb der einzelnen Bereiche als auch zwischen ihnen. In pluralistisch organisierten demo-

Unter Berücksichtigung der politischen, wissenschaftlichen und forschungs-praktischen Schwierigkeiten konnte der Untersuchungsgegenstand dieser Studie nur ein eingeschränkter sein: Die vorliegende Arbeit hat es sich zum Ziel gesetzt, die Vorstellungen und Aktivitäten der Führungsgremien der Vertriebenenorganisationen zu den deutsch-polnischen Beziehungen bzw. Nichtbeziehungen darzustellen. Diese Absicht wird allerdings durch eine Reihe von Schwierigkeiten eingeschränkt, die sich aus der Quellenlage und dem zu behandelnden Zeitraum ergeben.

Wie schon erwähnt wurde, bestanden in dem Zeitraum von 1949 bis 1971 zwischen Bonn und Warschau schlechte bzw. keine Beziehungen. Es lassen sich aber auf beiden Seiten Signale ausmachen, die darauf hindeuten, daß beide Staaten sich der Problematik der offenen Fragen, vor allem der Grenz-fragen, bewußt waren, auf eine Lösung hinarbeiten wollten, aber dennoch zu keiner Klärung kamen. Eine Nachzeichnung dieser Standpunkte hätte nur einen vordergründigen Wert. Deshalb konzentriert sich die Arbeit im wesentlichen auf zwei Phasen in diesem Zeitraum: Einmal auf die Jahre von 1955 bis 1958, in denen Möglichkeiten zur Normalisierung der Beziehungen vorhanden zu sein schienen, und zum anderen auf die Jahre 1969 bis 1971, in denen es zum Abschluß eines Vertrages zwischen der Bundesrepublik und der Volksrepublik Polen kam. Dieser Vertrag kann als der Beginn der Normalisierung der Beziehungen zwischen den beiden Staaten angesehen werden, wenn die in ihm enthaltenen Chancen genützt werden. In beiden Phasen deutscher Nachkriegsgeschichte haben die Vertriebenenverbände ihre ganze Kraft darangesetzt, die Außenpolitik der Bundesregierung in ihrem Sinne zu beeinflussen.

---

kratischen Regierungssystemen sind die Führungseliten im gouvernementalen Bereich um eine größtmögliche Unterstützung aus dem intermediären Bereich der „attentive" und „effective publics" und dem der allgemeinen Öffentlichkeit bemüht. Kräfte aus den beiden letzteren Bereichen nehmen ihrerseits gerade in den angelsächsischen Regierungssystemen am Prozeß auch der außenpoli-tischen Meinungs- und Willensbildung teil und versuchen [...] auf den Entschei-dungsprozeß in der Außenpolitik Einfluß zu nehmen. In diesen Systemen wirken die politischen Parteien in jeweils unterschiedlicher, aber gleichermaßen vielfältiger Weise an diesem Prozeß mit und bestätigen sich als „Transmissions-riemen" zwischen gouvernementalem und intermediärem Bereich sowie zwischen den intermediären Gruppen und dem Primärbereich der allgemeinen Öffentlichkeit. [...] Der Bereich der allgemeinen Öffentlichkeit wird hier als derjenige verstanden, der die nach der Theorie der Demokratie zur Mitarbeit und Mitverantwortung aufgerufenen Wähler in ihrer Gesamtheit umfaßt. Hier werden „popular attitudes" wirksam, die gerade in den USA den außenpoli-tischen Entscheidungsprozeß stark beeinflussen können. Solche popular attitu-des resultieren aus nationalen, regionalen und sozio-kulturellen Besonderheiten und werden unter anderem durch das Erziehungs- und Bildungswesen sowie durch die modernen Massenmedien und die damit gegebenen besonderen Mög-lichkeiten der Indoktrination geprägt."

Die Materialbeschaffung für eine Geschichte der deutsch-polnischen Beziehungen seit 1949 sowie für die Geschichte der Vertriebenenverbände gestaltete sich oft recht schwierig. Zu viele Einzelheiten von Interesse berühren noch die aktuelle Tagespolitik, und die Archive werden Wissenschaftlern erst nach den üblichen Sperrfristen geöffnet. Diese Beschränkungen wirkten sich auch auf die Materialsammlung zu der vorliegenden Studie aus. Durch glückliche Zufälle, Interventionen des politikwissenschaftlichen Herausgebers und verständnisvolle Hilfsbereitschaft einzelner früherer „Akteure" in Politik und Diplomatie wurde jedoch den Verfassern bislang nicht veröffentlichtes Quellenmaterial zugänglich gemacht, das einen Einblick in einige Vorgänge der Jahre 1956 bis 1958 gestattete. In allen Fällen mußten die Verfasser Diskretion über die Herkunft der Informationen zusichern, so daß im Anmerkungsapparat anonym und unbestimmbar „Quellenmaterial" zitiert wird, wo die Untersuchung sich auf dieses stützt. Eine solche – wissenschaftlich sicher nicht befriedigende – Form quellenkundlicher Rechenschaft erhält ihre Legitimation durch die noch in die Gegenwart reichende politische Bedeutung der Fragestellung – ein Umstand, der gerade dem Zeithistoriker widerfahren kann. Die Verfasser danken allen Personen, die Quellenmaterial zugänglich gemacht und somit zur Vollständigkeit der Arbeit beigetragen haben[3].

Die Studie wurde im Rahmen eines von der Deutschen Gesellschaft für Friedens- und Konfliktforschung geförderten Polen-Forschungsprojektes angefertigt, das unter der Leitung des Bonner Politologen Carl-Christoph Schweitzer stand.

2. DIE VERTRIEBENENVERBÄNDE UND DIE DEUTSCH-POLNISCHEN BEZIEHUNGEN IN DER ÄRA ADENAUER

Die Beziehungen zwischen der Volksrepublik Polen und der Bundesrepublik Deutschland standen von Anfang an unter ungünstigem Vorzeichen. Die Leidensgeschichte Polens im Zweiten Weltkrieg und die Vertreibung der Deutschen aus den Gebieten jenseits von Oder und Neiße hatten in beiden Völkern Wunden hinterlassen, die bessere nachbarschaftliche Beziehungen auf lange Sicht erschweren mußten. Im Mittelpunkt des gestörten Verhältnisses standen die Blutopfer des Krieges auf polnischer und die Grenzfrage auf deutscher Seite. Polen konnte an einem politisch oder wirtschaftlich wiederhergestellten Deutschland nicht interessiert sein, allein schon um der

---

[3] Herr Dr. Wambach gestattete einen Einblick in seine Materialsammlung, gab wertvolle Hinweise und vermittelte Informationen, die sonst nur mit Schwierigkeiten zu beschaffen gewesen wären. Herr Dr. Brües stellte den Verfassern seine noch nicht veröffentlichte Dissertation zur Verfügung, die dadurch für die vorliegende Studie ausgewertet werden konnte. Beiden möchten wir für ihr Entgegenkommen danken. Auch dem Auswärtigen Amt ist nochmals an dieser Stelle zu danken.

Sicherheit seiner neuen Grenzen willen. Noch in den letzten Kriegswochen hatte Wladyslaw Gomulka – damals stellvertretender Ministerpräsident – gefordert, man müsse Deutschlands Industriepotential in der Zukunft niedrig halten, wobei er eine Unterscheidung von Industrie- und Rüstungspotential nicht vornahm. Konsequenterweise protestierte Polen 1948 gegen die Ausdehnung des Marshallplanes auf die westlichen Besatzungszonen Deutschlands, von der es ein Wiedererstarken der deutschen Wirtschaft befürchtete[1]. Ebenso protestierte Warschau am 5. Oktober 1949 bei den drei Westmächten gegen die Gründung der Bundesrepublik und nahm zwei Wochen später diplomatische Beziehungen mit der gleichfalls kurz zuvor gegründeten DDR auf. Umgekehrt lehnten sämtliche deutschen Parteien – bis 1947 übrigens unter Einschluß der Kommunisten – die Oder-Neiße-Linie als deutsche Grenze ab. In seiner Regierungserklärung vom 20. September 1949 bekräftigte Bundeskanzler Adenauer, daß sich Deutschland niemals mit der Oder-Neiße-Grenze abfinden könne und seine Rechtsansprüche bis zu einem Friedensvertrag aufrechterhalten werde[2]. Die Bundesregierung bekräftigte wiederholt diesen Standpunkt, als die DDR und Polen am 6. Juni 1950 den Grenzverlauf vereinbarten und einen Monat später im Görlitzer Abkommen die Oder-Neiße-Linie als „unantastbare Friedens- und Freundschaftsgrenze" anerkannten. Am 9. Juni erklärte sie die vereinbarte Grenzziehung für nichtig und wiederholte, daß erst in einem Friedensvertrag mit einer gesamtdeutschen Regierung die endgültige deutsch-polnische Grenze ausgehandelt werden könne. Damit verankerte Bonn sein Verhältnis zu Polen in Grundsätzen, die für zwei Jahrzehnte die Richtlinien für jede Ostpolitik bestimmten. Die Beziehungen zwischen der Bundesrepublik und Polen befanden sich für lange Zeit in einem circulus vitiosus, der keinen Ausweg bot. Solange Polen sich seiner Grenzen nicht sicher war und die DDR allein diese anerkannte, mußte es an der deutschen Teilung um jeden Preis interessiert sein. Solange Bonn wiederum in Warschau einen Garanten oder zumindest einen Befürworter der Teilung erblickte, konnte es kaum zu Konzessionen in der Grenzfrage bereit sein, gleichgültig ob es innenpolitisch dazu in der Lage gewesen wäre oder nicht.

Die Vertriebenenverbände machten sich die regierungsoffiziellen Grundsätze in der deutsch-polnischen Frage zu eigen und betrachteten sich seitdem als deren treueste Interpreten. Auf der von den Vertriebenenorganisationen am 5. August 1950 in Stuttgart veranstalteten Kundgebung wurde die „Charta der Heimatvertriebenen" verlesen, in der der Verzicht auf Rache und Gewalt, aber zugleich der Rechtsanspruch auf Heimat und damit auf die Rückkehr in die verlorenen Ostgebiete ausgedrückt wurde. Von gewissen termino-

---

[1] Georg W. Strobel (1): Deutschland und Polen seit 1945. Über ein verhindertes Gespräch, Deutsche Studien H. 26, 7. Jg. (1969), S. 123.

[2] Verhandlungen des Deutschen Bundestages. Stenogr. Berichte, 1. Wahlperiode. 5. Sitzung vom 20. 9. 1949, S. 28 f.

logischen Unterschieden abgesehen, waren die Grundsätze der Verbände und der Bundesregierung kongruent. Meinungsverschiedenheiten konnten erst dadurch entstehen, daß entweder eine der beiden Seiten die bisherige gemeinsame Basis verließ oder aber unterschiedliche praktische Konsequenzen aus ihr ableitete. Ein solcher Fall trat ein, als Adenauer 1953 die Möglichkeit eines deutsch-polnischen Kondominiums in den ehemaligen deutschen Ostgebieten erwog. Dieser Gedanke, offensichtlich als wohlwollende Geste gegenüber Polen beabsichtigt, veranlaßte die Vertriebenenverbände zu einem massiven Protest bei Adenauer, in dessen Folge er seine Äußerungen dementierte und in der nächsten außenpolitischen Debatte des Bundestages den bisherigen offiziellen Standpunkt in der Grenzfrage bekräftigte[3].

Man kann das Verhältnis Bonn–Warschau in den Jahren 1949–1955 als Phase der Nicht-Beziehungen bezeichnen, in denen beide Seiten allenfalls in Form von Monologen miteinander kommunizierten. Diese Phase stellte zwar kein politisches Vakuum im Verhältnis beider Staaten dar: Im August 1953 gab Polen seinen Verzicht auf deutsche Reparationen bekannt. Seit Anfang 1955 bekundete es in regelmäßigen Abständen seine Bereitschaft zur Normalisierung seiner Beziehungen mit ganz Deutschland und erklärte im Februar 1955 den Kriegszustand für beendet[4]. Aber diese einseitigen Verlautbarungen blieben im zwischenstaatlichen Verhältnis ohne Echo.

Eine veränderte Situation trat erst ein, als Bundeskanzler Adenauer im September 1955 die Aufnahme diplomatischer Beziehungen mit der UdSSR vereinbarte. Menschlich am bedeutsamsten war die durch Adenauer erwirkte Rückkehr der deutschen Kriegsgefangenen. Politisch relevant auch in bezug auf das deutsch-polnische Verhältnis waren die drei deutschen Vorbehalte mit dem Ziel, daß in folgenden Fragen durch die Aufnahme diplomatischer Beziehungen nichts präjudiziert würde: 1. die deutschen Grenzen, 2. der Anspruch der Bundesrepublik, für das ganze deutsche Volk zu sprechen und 3. die Nicht-Anerkennung der DDR[5]. Die Aufnahme diplomatischer Beziehungen mit Moskau hätte theoretisch den Präzedenzfall für eine revidierte Politik gegenüber anderen osteuropäischen Staaten bieten können. Aus diesem Grunde betrachteten die Vertriebenenverbände den Botschafteraustausch mit Moskau mit großer Skepsis und sahen seine Rechtfertigung allein in der damit eingehandelten Freilassung der Kriegsgefangenen. Am 16. September 1955 bekannte das Präsidium des „Bundes der vertriebenen Deutschen" (BvD) daher: „Mit Bedauern wird festgestellt, daß zehn Jahre nach Beendigung der Feindseligkeiten das Schicksal der deutschen Kriegsgefangenen in Rußland von der Regierung der Sowjetunion zum Gegenstand eines politischen

---

[3] Hans W. Schoenberg: Germans from the East. A Study of Their Migration, Resettlement and Subsequent Group History since 1945, Den Haag 1970, S. 273.

[4] Strobel (1), S. 129.

[5] Vgl. die Erklärung Adenauers vom 22. 9. 1955, in: Die Auswärtige Politik der Bundesrepublik Deutschland. Hrsg. vom Auswärtigen Amt, Köln 1972, S. 310 f.

Handelsgeschäftes gemacht wird. – Die Wiederaufnahme diplomatischer Beziehungen zwischen der Bundesrepublik und der Sowjetunion muß als eine politische Notwendigkeit angesehen werden. Sollte allerdings eine genaue Nachprüfung ergeben, daß die in Moskau vereinbarte Regelung den Rechtsanspruch auf die deutschen Vertreibungsgebiete gefährdet oder beeinträchtigt, dann würde diese Vereinbarung für das deutsche Volk und insbesondere für die Vertriebenen untragbar sein und müßte abgelehnt werden"[6].

Die Haltung der Vertriebenenverbände zu einer Aufnahme der Beziehungen mit Warschau unter vergleichbaren Bedingungen war damit festgelegt. Jeder politische Schritt mußte abgelehnt werden, der den Rechtsanspruch auf die Ostgebiete beeinträchtigte, verwässern oder in Vergessenheit geraten lassen könnte. Die deutschen Vorbehalte gegenüber Moskau erhielten insofern ihre besondere Bedeutung, als die UdSSR eine der vier alliierten Siegermächte war und die Mitverantwortung für Deutschland als Ganzes trug. Dieser Gesichtspunkt entfiel aber im Falle Polens ebenso wie die Frage der Kriegsgefangenen. Von späteren Befürwortern eines Botschafteraustausches zwischen Bonn und Warschau wurde die Existenz der noch verbliebenen Volksdeutschen in Polen angeführt, denen ein Bonner Vertreter in Warschau zu mancher Erleichterung verhelfen könnte. Aber für die Vertriebenenverbände besaß der Rechtsanspruch Vorrang, der durch einen polnischen Botschafter in Bonn, der demnach ja auch deutsches Territorium zu repräsentieren hätte, gefährdet würde. Im Abwägen der Argumente für und wider einen Botschafteraustausch erhielten die Sorgen vor einer Verwässerung des Rechtsanspruchs ihr besonderes Gewicht.

Die Vertriebenen, die nach dem Zusammenbruch des Dritten Reiches und der Niederlage der deutschen Wehrmacht unter teilweise unvorstellbaren Strapazen[7] zu Millionen ihre Heimatgebiete verlassen mußten, hatten das demographische und soziale Bild Westdeutschlands erheblich verändert. Die meisten von ihnen, die aus den Reichsgebieten jenseits von Oder und Neiße, aber auch aus volksdeutschen Exklaven in Ost- und Südosteuropa stammten,

---

[6] „Erklärung des Präsidiums des BvD vom 16. 9. 1955 zum Ergebnis der Moskau-Reise des Bundeskanzlers" (Wambach-Archiv).

[7] S. die heute im Bundesarchiv Koblenz lagernde Dokumentensammlung zu: Jahr der Menschenrechte 1965. Gedenkjahr der Vertreibung. Arbeitsunterlagen, Hrsg. BdV, Bonn 1965, S. 21–46;
– Dokumentation der Vertreibung 1949–1969, Hrsg. Bundesministerium für Vertriebene, Flüchtlinge und Kriegsbeschädigte, Bonn o. J., S. 4 f.;
– Statistisches Bundesamt Wiesbaden: Die deutschen Vertreibungsverluste. Bevölkerungsbilanzen für die Vertreibungsgebiete 1939–1950, Wiesbaden 1958, S. 38 und 45.
Hans Graf Lehndorff: Ostpreußisches Tagebuch. Aufzeichnungen eines Arztes aus den Jahren 1945–47, München[6] 1961.
Marion Gräfin Dönhoff: Namen, die keiner mehr nennt. Ostpreußen – Menschen und Geschichte, Düsseldorf/Köln 1962.

wurden in Gebiete – vornehmlich der britischen und amerikanischen Besatzungszone – eingewiesen, die ihnen nach Landschaft, Sprache, Kultur und Konfession oft fremd, unter den Bedingungen der allgemeinen Not oft feindlich gegenüberstanden. Ernährung, Unterbringung und Beschäftigung der Vertriebenenmassen[8] stellten die Länderregierungen, Gemeinden und Parteien vor zahllose politische Probleme[9], die nur unter Mithilfe von Vertriebenenorganisationen zu lösen waren.

Die ersten Zusammenschlüsse von Vertriebenen waren meist Treckgemeinschaften gewesen, die sich aber durch die Verteilung ihrer Angehörigen auf verschiedene Ortschaften schnell wieder auflösten. Gegen Ende des Jahres 1945 gab es dann bereits Bestrebungen, überregionale Vereinigungen der Vertriebenen ins Leben zu rufen[10]. Ein erfolgreicher Abschluß dieser Bemühungen war zunächst jedoch nicht möglich, da die Besatzungsmächte den Vertriebenen das Koalitionsrecht bis 1948 verweigerten. Erst im Jahre 1950 wurde ihnen auch die Bildung einer eigenen Partei erlaubt. Zwar bestanden unter Tarnbezeichnungen illegale Gemeinschaften, deren Ausbau indessen aus mangelnden Kommunikationsmöglichkeiten zwischen den Vertriebenenfunktionären und ihren Gruppen erschwert wurde. Außer den Besatzungsbehörden standen außerdem die deutschen Parteien Zusammenschlüssen der Vertriebenen mit großem Mißtrauen gegenüber.

Die wichtigsten Organisationen, die um 1955 als politische Repräsentationsorgane von Bedeutung waren, waren der „Bund der vertriebenen Deutschen" (BvD), der „Verband der Landsmannschaften" (VdL) sowie als eigene politische Partei der „Gesamtdeutsche Block/Bund der Heimatvertriebenen und Entrechteten" (GB/BHE). Der BvD – 1954 hervorgegangen aus dem „Zentralverband der vertriebenen Deutschen" (ZvD) – verstand sich vorrangig als „Vertriebenengewerkschaft", d. h. als Interessenverband für die sozialen Belange des von ihm vertretenen Personenkreises. Den Höhepunkt seines politischen Einflusses hatte er in den frühen 50er Jahren erlebt während der Vorbereitung und Verabschiedung der Lastenausgleichsgesetze[11]. Der

---

[8] Nach der o. a. Dokumentation der Vertreibung lebten in der Bundesrepublik am Stichtag 1. 1. 1968 10,6 Millionen Vertriebene (= 17,5 % der Bevölkerung); rechnet man noch die rund 2,7 Millionen Flüchtlinge aus der DDR hinzu, so ergibt sich ein Prozentsatz von 23,3 an Vertriebenen und Flüchtlingen.

[9] Ein umfangreiches Sammelwerk, das vor allem die soziale und demokratische Integration der Vertriebenen sowie ihr organisatorisches und kulturelles Wirken in der Bundesrepublik behandelt, bieten Eugen Lemberg u. a. (Hrsg.): Die Vertriebenen in Westdeutschland, 3 Bde., Kiel 1959. – Am Schluß des dritten Bandes befindet sich eine ausfürliche Bibliographie.

[10] Wambach, S. 28–51.

[11] Für die Geschichte dieses Verbandes sind die Erinnerungen Kathers sehr wertvoll, zumal sie zugleich einen interessanten Einblick in die Verfassungswirklichkeit der frühen BRD geben; Linus Kather: Die Entmachtung der Vertriebenen. Erster Band: Die entscheidenden Jahre, München–Wien 1964; Zweiter Band: Die Jahre des Verfalls, München–Wien 1965.

BvD war „westregional" gegliedert, d. h. er bestand aus Landesverbänden, die ohne Rücksicht auf die landsmannschaftliche Herkunft seiner Mitglieder weitgehend den geographischen und administrativen Bedingungen der Bundesrepublik angepaßt waren. Der VdL, 1952 aus den „Vereinigten ostdeutschen Landsmannschaften " (VOL) entstanden, stellte eine relativ lockere Föderation aller ost- und volksdeutschen Landsmannschaften dar, die ungeachtet der Wohnorte ihrer Mitglieder teilweise nach Heimatkreisen und -städten organisiert waren. Beide Dachverbände, BvD und VdL, unterhielten zudem eine Reihe sozialer, konfessioneller, kultureller oder berufsständischer Arbeitsgemeinschaften, Zusammenschlüsse oder sonstiger Gliederungen.

Die Abgrenzung der Arbeitsbereiche beider Dachverbände war dergestalt geregelt worden, daß dem BdV die sozialen Belange der Vertriebenen oblagen, der VdL jedoch deren außenpolitische Interessen vertrat und das kulturelle Erbe des Ostdeutschtums bewahrte. Trotz dieser klaren Abgrenzung herrschte zwischen beiden Verbänden eine Rivalität, die in sachlichen, partei- und verbandspolitischen sowie persönlichen Konflikten begründet lag. Sie hat die beiden Verbände in ihrer Handlungsfähigkeit oft eingeschränkt und ist gelegentlich von der Bundesregierung zur Neutralisierung ihres Einflusses ausgenutzt worden. Die Konflikte zwischen BvD und VdL wurden auch nur oberflächlich übertüncht, als beide zwischen 1957 und 1959 etappenweise zum „Bund der Vertriebenen/Vereinigte Landsmannschaften und Landesverbände" (BdV) vereinigt wurden.

BdV und VdL waren Interessenverbände, die in den Parteien und über diese auf die Regierung einzuwirken suchten. Nur im Falle des BHE ist versucht worden, gegen den heftigen Widerstand der anderen Parteien eine spezifische „Vertriebenen- und Flüchtlingspartei" zu gründen[12]. Wegen des bundesweiten Koalitionsverbots bis 1950 konnte der BHE sich 1949 noch nicht an den Bundestagswahlen beteiligen, wohl aber im Jahre 1950 an den Landtagswahlen in Schleswig-Holstein, wo ein Drittel der Bevölkerung aus Vertriebenen[13] bestand; hier konnte er 23,4 % der Stimmen für sich gewinnen. Durch diesen spektakulären Anfangserfolg ermutigt und nach der endgültigen Aufhebung des Koalitionsverbots organisierte sich die Partei auf Bundesebene. Um ihre spezifischen Vertriebeneninteressen um einen nationalen und nationalstaatlichen Akzent zu erweitern, hatte sich die Partei im Jahre 1952 in „Gesamtdeutscher Block/Bund der Heimatvertriebenen und Entrechteten" (GB/BHE) umbenannt. Bei der Bundestagswahl von 1953 konnte der GB/BHE mit 27 Abgeordneten (5,7 % der Stimmen) in das Parlament einziehen.

Wie bereits erwähnt, hatten die etablierten Parteien der Gründung einer eigenständigen Vertriebenenpartei ablehnend gegenübergestanden. Am stärk-

---

[12] Franz Neumann: Der Block der Heimatvertriebenen und Entrechteten. Ein Beitrag zur Geschichte und Struktur einer politischen Interessenpartei, Meisenheim am Glan 1968.
[13] Ebda., S. 34.

sten war diese Absicht von der SPD bekämpft worden, die allenfalls bereit war, Wohlfahrtsorganisationen für die Vertriebenen und deren soziale Belange zu akzeptieren[14]. Eine wesentlich differenziertere Haltung nahmen CDU und CSU ein, die bereits während des Koalitionsverbotes Verständnis für die Zulassung von Vertriebenenorganisationen zeigten, eine spezifische „Vertriebenenpartei" wie den BHE aber ebenfalls ablehnten. Die Unionsparteien unterstützten politisierende Verbandsfunktionäre allerdings nur unter der Voraussetzung, daß sie parteiabhängig oder zumindest parteikonform blieben[15].

Das Verhältnis der Vertriebenenverbände zur FDP war nicht ungetrübt. Es bestanden nur Beziehungen zu Untergruppierungen in der Partei. Sieht man vom BHE einmal ab, der selbst in seinen größten Wahlerfolgen stets nur einen Teil aller Vertriebenenstimmen auf sich vereinigen konnte, war die CDU/CSU diejenige Partei, die die meisten Vertriebenenstimmen auf sich vereinigte. Stellt man, wie Brües zu Recht hervorhebt, die sozialen, politischen und konfessionellen Gegebenheiten der Vertreibungsgebiete in Rechnung, so ist diese Tatsache leicht erklärbar. Entweder kamen sie aus stark katholisch geprägten Landstrichen (Schlesien, Ermland, Sudeten) oder aber aus agrarischen Gebieten, so daß die meisten von ihnen aufgrund ihrer Herkunft schon prädestinierte CDU/CSU-Wähler waren[16].

Das Verhältnis der Vertriebenenverbände zum BHE war ein ambivalentes, meist aber positives. Vor allem begrüßten die Verbände, daß eine Partei direkt die politischen Forderungen der Vertriebenen vertrat, ohne durch parteipolitische Rücksichten der Verbandsführer behindert zu sein. Die relativ enge Bindung des BHE zum ZvD/BvD vertiefte sich, als der Vorsitzende des letzteren, Linus Kather, im Jahre 1954 von der CDU zum BHE übertrat. Da der BHE als kleine Partei nicht die Mittel für einen aufwendigen bürokratischen Apparat besaß, war er in der Zeit von 1953–1957 stark auf die Hilfe des BvD angewiesen. Zu einem derart engen Verhältnis wie etwa zwischen der SPD und den Gewerkschaften haben sich die beiderseitigen Beziehungen allerdings nicht entwickelt[17].

Trotz ihrer eindeutigen Affinität zu den Unionsparteien haben die Vertriebenenverbände sich aber stets als parteipolitisch neutrale Vereinigung verstanden und diesen Anspruch zumindest formal aufrecht zu erhalten versucht. Sofern die Verbände sich als parteipolitisch neutral verstanden und sich der Konzeption einer „Vertriebenenpartei" wie des BHE nicht anschlossen, mußten sie sogar darum bemüht sein, in allen größeren Parteien durch

---

[14] Wambach, S. 35 und Kather I, S. 28 ff.

[15] Wambach, S. 33 f.

[16] Hans Josef Brües: Artikulation und Repräsentation politischer Verbandsinteressen, dargestellt am Beispiel der Vertriebenenorganisationen. Diss. Köln 1972, S. 102.

[17] Ebda., S. 96; Wambach, S. 103.

parteipolitisch engagierte Verbandsfunktionäre ihre Interessen gebührend zu wahren. Dies konnte naturgemäß zu Konflikten führen, wenn die betreffenden Personen zwischen der Priorität der Partei und des Verbandes wählen mußten. In einem solchen Entscheidungsfall galt in der Regel die Priorität – zumindest soweit es sich um Bundestagsabgeordnete handelte – in der Regel den Parteiinteressen. Dies führte jedoch nur selten zu Konflikten innerhalb der jeweiligen Verbandsführungen. Hauptursache für die Zerstrittenheit der Vertriebenenverbände waren stark divergierende Konzeptionen der Verbände, die in der Außen- und „Heimatpolitik" am deutlichsten wurden.

Einigkeit und sogar Geschlossenheit unter den Vertriebenen herrschte hingegen bei sozialpolitischen Forderungen. Hierbei befanden sie sich in einer günstigen Ausgangsposition. Die westdeutsche Gesellschaft mußte ihre Forderungen erfüllen, wenn sie nicht wollte, daß die Vertriebenen in Barackensiedlungen und Notunterkünften einen sozialen Unruheherd darstellten. Die gleichmäßigere Aufteilung der Vertriebenen auf das gesamte Bundesgebiet war eine Möglichkeit dazu. Neue Siedlungen wurden gegründet, industrielle Arbeitsplätze und Bauernstellen geschaffen. In den Behörden von Bund und Ländern fanden Vertriebene weit über den Prozentsatz ihres Bevölkerungsanteils Arbeitsmöglichkeiten[18]. Vor allem aber wurden ab 1951 unter maßgeblicher Mitarbeit der Vertriebenenverbände die Rahmengesetze für den Lastenausgleich ausgearbeitet, mit deren Hilfe ein beträchtlicher Teil des Nationalvermögens neu verteilt wurde und von dem unter allen anderen Geschädigtengruppen des Zweiten Weltkrieges die Vertriebenen 66 % erhielten[19]. Durch spezialisierte und hochqualifizierte Experten im Bundestag sowie durch ein enges Kooperationssystem mit den Ministerien und mit den Parteien haben die Vertriebenenverbände gewichtige Entscheidungen vorbereitet und somit in den Jahren 1951–1954 den Höhepunkt ihrer verbandspolitischen Macht erlebt[20]. Durch ihre Mitwirkung an der Schadensfeststellung wurden ihnen sogar quasiamtliche Funktionen zugewiesen.

Der materiellen Seite des eben skizzierten Protektionssystems entsprach auch eine personelle. Es wurde bereits erwähnt, daß in einigen Bundesbehörden die Vertriebenen prozentual überrepräsentiert waren. Das galt in besonderem Maße für das für sie zuständige Bundesministerium für Vertriebene, Flüchtlinge und Kriegsgeschädigte, in dem nach informeller Schätzung noch um 1970 ca. 80 % der Beamtenschaft aus Kreisen der Vertriebenen stammte, für deren „Investitur" und dienstliche Karriere die Vertriebenenverbände eine oft nicht unerhebliche Rolle gespielt haben[21]. Es versteht sich,

---

[18] Schoenberg, S. 134.
[19] Zur Bedeutung der Vertriebenenverbände auf die Lastenausgleichsgesetzgebung s. R. Fritz: Der Einfluß der Parteien und Geschädigtenverbände auf die Schadensfeststellung im Lastenausgleich, Diss. Berlin 1964.
[20] Brües, S. 74 ff.; Wambach, S. 44.
[21] Brües, S. 230.

daß dadurch Querverbindungen zwischen Verbänden und Ministerialbürokratie hergestellt wurden, die wiederum den Entscheidungsprozeß beeinflußt haben. Das gilt allerdings nicht so sehr für die Person des Vertriebenenministers, für dessen Ernennung die Verbände zwar ein informelles Mitspracherecht beanspruchten, das aber vor allem in der Ära Adenauer oft nicht zum Tragen kam. Von den insgesamt neun Vertriebenenministern, die es zwischen 1949 und 1969 gegeben hat, waren fünf selbst Vertriebene, die den Verbänden sehr nahestanden[22]. Weitere Ministerien, deren Ressorts die Interessen der Vertriebenenverbände berührten oder für die letztere wenigstens ein Mitspracherecht geltend machten, waren das Auswärtige Amt und das Gesamtdeutsche Ministerium.

Um einen wirksamen Einfluß auf die Gesetzgebung ausüben zu können, war die Präsenz von Vertriebenenfunktionären im Bundestag und in den Landtagen erforderlich, die die Mitgliedschaft in einer Partei voraussetzte. Das Verhältnis der Vertriebenenverbände zum BHE wurde bereits kurz skizziert, ebenso die zunächst sehr ablehnende Haltung der SPD. Die Vertriebenen fanden, bedingt durch ihre Affinität zur CDU und CSU in diesen Parteien weit mehr Verständnis für ihre Belange und eine stärkere Aufnahmebereitschaft als in der SPD, die sich damit begnügte, beim Parteivorstand ein „Referat" für Vertriebenen- und Flüchtlingsangelegenheiten" einzurichten, über das die Kontakte der Partei zu den Verbänden laufen sollten[23]. Während die Einflüsse der Verbände an die SPD „von außen" herangetragen werden mußten, konnten sie in den Unionsparteien „von innen" wirken. Durch drei Parteiinstitutionen waren die Vertriebenen in der Union vertreten: „Bundesvertriebenenausschuß", „Vereinigung der Vertriebenen und Flüchtlinge", „Landesverband Oder-Neiße" (LVON). Der Landesverband LVON wurde erst 1968 als eigenständiger Landesverband aufgelöst und firmiert seitdem als „Union der Vertriebenen und Flüchtlinge". Dagegen war und ist das Referat für Vertriebenenarbeit bei der CDU-Bundesgeschäftsstelle von untergeordneter Bedeutung[24]. Die genannten Gruppierungen boten den Vertriebenen sehr weitreichende Möglichkeiten der Mitarbeit, verfolgten aber auch den Zweck, sie politisch zu integrieren und dadurch den Einfluß ihrer Verbände zu mindern. Innerhalb der CDU/CSU-Bundestagsfraktion bildete sich eine „Arbeitsgemeinschaft der Vertriebenenabgeordneten" (AVA), die von den genannten Gliederungen der Unionsparteien gestützt wurde und etwa vier- bis fünfmal jährlich zusammentrat; sie umfaßte in der dritten Legislaturperiode (1957–1961) 32 Abgeordnete und stand in enger Verbin-

---

[22] Zur Rolle der Vertriebenenminister, S. Brües, S. 240 ff.; – vgl. Lothar Wieland: Das Bundesministerium für Vertriebene, Flüchtlinge und Kriegsgeschädigte, Frankfurt/Bonn 1968.

[23] Brües, S. 110 f.

[24] Ebda., S. 104 ff.

dung mit den Vertriebenenverbänden[25]. Ein weiteres Fraktionsgremium der Unionsparteien, in dem die Vertriebenenabgeordneten zwar nicht ausschließlich, aber zahlenmäßig doch stark vertreten waren, war der „Arbeitskreis V" der CDU/CSU-Fraktion. Er war zuständig für die Sachgebiete Auswärtige Politik, Gesamtdeutsche Fragen und Verteidigung und wegen der politisch ungeklärten Frage der Oder-Neiße-Grenze für die Vertriebenen von großem Interesse. Innerhalb des Arbeitskreises V bildete sich eine besondere „Arbeitsgruppe Oder-Neiße", in der die Vertriebenen dominierten; dieser Unterausschuß ist allerdings nie über den Status einer ad hoc-Gruppe hinausgekommen[26]. Besonderes Gewicht hatten die Vertriebenen aller Parteien in bestimmten Bundestagsausschüssen, deren Arbeitsgebiete ihre Interessen berührten. Das gilt für den Lastenausgleichsausschuß ebenso wie für den Vertriebenenausschuß, aber auch für den Gesamtdeutschen- und den Auswärtigen Ausschuß. In der zweiten Legislaturperiode saßen im Vertriebenenausschuß zehn Vertriebene bei 23 Mitgliedern; zahlenmäßig geringer vertreten waren die Vertriebenenabgeordneten im Gesamtdeutschen und im Auswärtigen Ausschuß mit sechs bzw. vier bei jeweils 29 Mitgliedern[27]. Aber ihre geringe Zahl wurde teilweise aufgewogen durch das verbandspolitische Gewicht, das ihnen ihre Organisationen, VdL, BvD und die einzelnen Landsmannschaften sowie der BHE, verliehen.

Einen Zusammenschluß der Vertriebenenabgeordneten aller Parteien hat es im Bundestag nicht gegeben. In den einzelnen Ausschüssen arbeiteten sie in Fragen eng zusammen, die ihre Belange berührten, was durch ihren relativ engen Kontakt über die Verbände begünstigt wurde. Im Jahre 1954 versuchte der VdL, diese parlamentarische Solidarität der Vertriebenenabgeordneten zu institutionalisieren, in dem er den „Parlamentarischen Beirat" des VdL gründete. Dieser Beirat tagte jeweils vor wichtigen Entscheidungen, besonders vor Ausschußsitzungen, für die die Vertriebenenabgeordneten eine gemeinsame Strategie vereinbarten. Vorsitzender war der Präsident des VdL; einige Jahre nach der Fusion von VdL und BdV zum Einheitsverband BdV wurde dieser Beirat 1962 neu belebt.

Außerdem bildeten die Verbände zur Beeinflussung der Regierung und ihrer nachgeordneten Dienststellen „Zulieferergremien", die durch Experten hochqualifizierter Spezialisten oder auch durch persönliche Interventionen von Verbandsfunktionären an Entscheidungen mitwirken sollten. Im Jahre 1951 richtete der ZvD/BvD die „Außenpolitische Arbeitsgemeinschaft" (AAG) ein, die die außenpolitischen Interessen der Vertriebenen zu formulieren und die Verbandsführung nach Bedarf mit Gutachten zu versorgen hatte. Der VdL nahm zur ASG keinen Kontakt auf, weil er in ihr gemäß dem „Göttinger

---

[25] Wambach, S. 95 f. – Jürgen Domes: Mehrheitsfraktion und Bundesregierung. Aspekte des Verhältnisses der Fraktion der CDU/CSU im zweiten und dritten Deutschen Bundestag zum Kabinett Adenauer, Köln–Opladen 1964, S. 35.
[26] Ebda., S. 41 ff.
[27] Schoenberg, S. 139.

Abkommen" eine eindeutige Kompetenzüberschreitung des ZvD erblickte. Nach einem Streit mit Adenauer wurde dieses Gremium 1953 wieder aufgelöst[28]. Im Dezember 1957 bildete der kurz vorher begründete Einheitsverband BdV einen „Gesamtdeutschen Ausschuß", der die Bundestagsparteien hinsichtlich ihrer Bereitschaft zur Aufnahme diplomatischer Beziehungen zu Polen beeinflussen sollte.

Als der BdV nicht mehr in der Lage war, die Kosten für dieses Gremium zu tragen, erhielt er finanzielle Unterstützung durch das Auswärtige Amt, das Gesamtdeutsche- und das Vertriebenenministerium, was den Einfluß der Regierung auf die Verbandsarbeit stärkte. Zusätzlich zu diesem 1959 aus 19 Mitgliedern[29] bestehenden Ausschuß bildete der BvD einen Auswärtigen Ausschuß, in dem ein Expertenstab Gutachten und Stellungnahmen des Verbandes ausarbeitete und als Beobachterdelegation an fast allen internationalen Konferenzen teilnahm, die die deutsche Frage behandelten[30].

Diese knappe Skizzierung des verbandspolitischen Instrumentariums der Vertriebenenorganisationen darf nun aber nicht zu falschen Schlüssen über den tatsächlichen Einfluß der Verbände verleiten. Der Einfluß war im Verhältnis zu der von ihnen vertretenen zahlenmäßig starken Bevölkerungsgruppe gering. Die Parteien haben stets darauf geachtet, daß der Einfluß der Vertriebenenorganisationen in Grenzen blieb, entweder in dem sie wie die SPD die Gründung der Verbände behinderten oder aber wie die CDU und CSU, in dem sie die Vertriebenen in die Parteien zu integrieren suchten. Die Ansprüche der Verbände auf eigene „Vertriebenenwahlkreise" wurden dabei ebenso zurückgewiesen wie die Forderungen der Landsmannschaften nach Sitz und Stimme im Bundesrat[31]. Zudem hat Adenauer zu Vertriebenenministern entweder schwache Persönlichkeiten ernannt, wie Lukaschek oder aber „politisch Schwache", die er wie im Falle Oberländers wegen seiner NS-Vergangenheit und seines umstrittenen Ansehens bei den Vertriebenenverbänden jederzeit fallenlassen konnte[32]. Die Zerstrittenheit der Verbände untereinander erleichterte ihm diese Personalpolitik immer wieder.

In den ersten Jahren nach 1949 stand die wirtschaftliche Eingliederung und die soziale Integration der Vertriebenen an erster Stelle der verbandspolitischen Arbeit. Anfang der 50-er Jahre verminderte sich die Aktualität dieses Problemkomplexes, und er wurde von der sogenannten „Heimatpolitik" verdrängt[33]. Der Begriff Heimatpolitik umfaßte alle Maßnahmen, die die Erinnerung an und den Rechtsanspruch auf die Vertreibungsgebiete in der Öffentlichkeit, gegenüber Regierung und Parteien und im Ausland wachhielten. Dar-

---

[28] Wambach, S. 83.
[29] Ebda., S. 87.
[30] Brües, S. 73.
[31] Vgl. Kather I, S. 70; – Wambach, S. 60.
[32] Vgl. Domes. S. 85 f.; ; Kather II, S. 143.
[33] Boehm, Gruppenbildung und Organisationswesen, in: Lemberg I, S. 595 f.

unter gehörten ebensosehr die Pflege ostdeutschen Brauchtums, die Sammlung und Archivierung geretteter Kulturgüter[34], wie völkerrechtliche Gutachten und außenpolitische Stellungnahmen zur Frage der deutschen Ostgrenzen. Je mehr der Prozeß der Integration abgeschlossen wurde, desto mehr bildete die – außenpolitisch konzipierte – „Heimatpolitik" das eigentliche Arbeitsgebiet, in dem die Vertriebenenverbände wirken zu müssen glaubten. Um 1960 erklärte der damalige BdV-Präsident und spätere Vertriebenenminister Hans Krüger, das Vertriebenenproblem sei nur noch zu 20 % Innenpolitik, aber zu 80 % Außenpolitik[35].

Die Vertriebenenverbände hatten seit jeher den Anspruch verfochten, als legitimierte Repräsentanten Ostdeutschlands ein entscheidendes Mitsprache- und ein „Kontrollrecht über die offizielle Politik" ausüben zu dürfen, zumindest in allen Fragen, die die Vertreibungsgebiete und Deutschland als Ganzes berührten[36]. Solange die Bundesregierung noch keine souveräne Außenpolitik treiben konnte und die soziale Integration der Vertriebenen Vorrang in der Politik ihrer Verbände besaß, wurde dieser Anspruch nur rein theoretisch geltend gemacht. Aber nach der Aufnahme der diplomatischen Beziehungen zwischen Bonn und Moskau und der Möglichkeit einer begrenzten eigenständigen Ostpolitik der Bundesrepublik erhielten die Forderungen der Vertriebenenverbände einen realen Hintergrund. Auf fast allen internationalen Konferenzen seit 1953, die die deutsche Frage berührten, waren Vertreter der Vertriebenenverbände als Beobachter anwesend, sogar bei Adenauers Moskau-Reise 1955[37]. Je mehr in der folgenden Zeit die Aufnahme diplomatischer Beziehungen zwischen Bonn und Warschau in den Bereich des Möglichen rückte, desto stärker mußten die Vertriebenenorganisationen sich um Einfluß auf außenpolitische Entscheidungen bemühen.

Die Kontaktbereitschaft, die Polen Bonn gegenüber in den ersten Monaten des Jahres 1956 zeigte, und westalliierte Ermunterungen an die Bundesregie-

---

[34] Hierin hatten die Vertriebenenverbände ihre finanzielle Grundlage und organisatorische Hilfe durch die für solche Zwecke im § 96 des Bundesvertriebenengesetzes verankerte faktische Subventionierung durch den Staat. Dies wurde im Bundestag und in den Länderparlamenten über mehrere, nur selten näher spezifierte Haushaltstitel abgewickelt, lange Zeit noch erweitert durch Zuwendungen aus den Kassen des Bundeskanzleramtes und des Bundespresseamtes, so daß die tatsächliche Höhe der Zuschüsse nicht erkennbar ist; vgl. Brües, S. 244 f., 185. – Diese von der Bundesrepublik gegenüber den Vertriebenen (d. h. ihren Verbänden) praktizierte „Obhutpflicht" nahm schon frühzeitig die Form eines gewaltigen materiellen Protektions- und Patronagesystems an, das die eigentlichen Verbandsbürokratien weitgehend unabhängig machte von der Zahl der Verbandsmitglieder oder gar der Masse der nicht organisierten Vertriebenen.

[35] Dietrich Strothmann: Die Vertriebenen, in: Nach 25 Jahren. Eine Deutschland-Bilanz, hrsg. von Karl-Dietrich Bracher, München 1970, S. 317.

[36] Wambach, S. 64 f.

[37] Ebda., S. 90.

rung, sich einer möglichen Verbesserung des deutsch-polnischen Verhältnisses nicht zu verschließen, konfrontierten die Vertriebenenverbände mit der Notwendigkeit, ihren Einfluß als außenpolitischer Interessenverband zur Geltung zu bringen. Im März 1956 entwarf der BdV-Vorsitzende Kather für die BHE-Fraktion den Text für eine Große Anfrage im Bundestag, in der der Bundesregierung eine immer deutlicher zutage tretende Vernachlässigung der Oder-Neiße-Frage vorgeworfen werden sollte. Die BHE-Fraktion bitte die Regierung, so hieß es, um Auskunft, wie sie der zunehmenden Gleichgültigkeit gegenüber dem Vertriebenenproblem entgegenwirken wolle. Außerdem wollte die BHE-Fraktion wissen, warum die Regierung es nicht für nötig befunden habe, gegen die vor kurzem erfolgte Übereignung von 500 000 ehemals deutschen Bauernstellen an ihre jetzigen polnischen Besitzer Verwahrung einzulegen und schließlich, ob und mit welchen Mitteln die Bundesregierung der aktiven polnischen und tschechoslowakischen Propaganda in der Welt entgegenzuwirken gedenke. Schließlich wurde die Bundesregierung ersucht, im Auswärtigen Amt endlich eine Abteilung für deutsche Ostfragen einzurichten[38]. Diese Fragen berührten heimatpolitische Interessen, die nicht nur BHE und BvD, sondern auch die Landsmannschaften vertraten. Die Große Anfrage war indessen derart scharf formuliert, daß die dem VdL angehörenden Abgeordneten sie sich nicht zueigen machen konnten, ohne in Konflikt mit der Regierungspartei CDU/CSU zu geraten. Der VdL-Vorsitzende Baron Manteuffel-Szoege (CDU) versuchte nun, auf seine Weise das gleiche Ziel zu erreichen: in einem Gespräch mit dem Vorsitzenden der CDU/CSU-Fraktion im April 1956 bat er die Unionsparteien, bei Wahlen mehr Vertriebene als Kandidaten aufzustellen und Adenauer, er möge in seinen Reden häufiger das Problem der Wiedervereinigung ansprechen[39].

Trotz dem unterschiedlichen Vorgehen der Vorsitzenden der beiden großen Vertriebenenorganisationen ist die sachlich fast gleichartige Interessenlage beider Verbände erkennbar. Dennoch blieb der GB/BHE mit seiner Großen Anfrage allein und konnte keine Vertriebenenabgeordneten aus anderen Parteien für sie gewinnen. Da die Rumpffraktion des GB/BHE nach dem Ausscheiden ihres „Ministerflügels" nur noch über 18 Abgeordnete verfügte, nach der Geschäftsordnung des Bundestages für eine Große Anfrage aber mindestens 30 Unterschriften erforderlich sind, bedurfte der Kathersche Entwurf dringend der Unterstützung durch Vertriebene oder Sympatisanten aus anderen Fraktionen. Er erhielt sie weder von der FDP noch von der SPD, so daß die Große Anfrage nicht gestellt werden konnte[40].

Einig in ihren Mitteln zur Einwirkung auf die Bundesregierung waren beide Verbände erst, nachdem ihr politischer Auftrag durch eine Äußerung Brentanos in Frage gestellt wurde. Am 1. Mai 1956 erklärte der Bundesaußen-

---

[38] Kather II, S. 115 f.
[39] Quellenmaterial.
[40] Hierzu vergleiche die Darstellung bei Kather II, S. 116 f.

minister in London, daß das deutsche Volk eines Tages werde wählen müssen zwischen der Wiedervereinigung mit 17 Millionen Landsleuten und seinem „problematischen Rechtsanspruch" auf die Ostgebiete[41]. Diesmal richteten BvD und VdL einen gemeinsamen massiven Protest an die Regierung: „... Die deutschen Heimatvertriebenen protestieren mit aller Schärfe dagegen, daß Bundesaußenminister von Brentano in London den deutschen Anspruch auf die Oder-Neiße-Gebiete bzw. seine Verwirklichung mit friedlichen Mitteln als problematisch bezeichnet und im Zusammenhang mit der westmitteldeutschen Wiedervereinigung einen Verzicht auf die deutschen Ostgebiete in Erwägung gezogen hat[42].

In der ersten spontanen Reaktion waren sich beide Verbandsvorsitzenden zwar einig, nicht aber im weiteren Vorgehen. Befürwortete Kather einen gemeinsamen scharfen Angriff der Verbände gegen Adenauer, so konnte Manteuffel ihn nur mit Mühe dazu anhalten, die Kritik ausschließlich gegen den Außenminister zu richten. Brentano, der schon am 3. Mai seine Londoner Äußerungen dementiert bzw. als Mißverständnis hingestellt hatte, sah sich schließlich dem Druck der beiden bei ihm vorsprechenden Verbandsführer ausgesetzt. Er versprach ihnen, erstens auf einer bevorstehenden Schlesiertagung im Sinne der Verbände zu sprechen und zusätzlich in einem Schreiben an Kather und Manteuffel den bisher gültigen Standpunkt der Bundesregierung in der Deutschland- und Außenpolitik zu bekräftigen. Die Abfassung seines Schreibens überließ er Baron Manteuffel. Es wurde am 20. Mai 1956 so rechtzeitig aufgesetzt, daß es von den beiden Verbandsführern auf einer Sudetendeutschen Veranstaltung verlesen werden konnte. In diesem ihm „diktierten" Schreiben bekundete Brentano, daß für ihn die Gebiete jenseits von Oder und Neiße weiterhin ein integrierender Teil Deutschlands seien[43].

Für Kather war die Affäre indessen noch nicht abgeschlossen. Er wollte trotz Brentanos Dementi seine scharfe Kritik an der Ost- und Deutschlandpolitik der Bundesregierung in Verbindung mit seiner gescheiterten Großen Anfrage in die parlamentarische Debatte einbringen. Zu diesem Zweck stellte die BHE-Fraktion am 28. Mai 1956 einen Entschließungsantrag, zu dem nur 15 Unterschriften erforderlich waren, und in dem die Regierung aufgefordert wurde, sicherzustellen, daß der Rechtsanspruch auf die Ostgebiete nicht von Mitgliedern der Bundesregierung und ihren nachgeordneten Stellen in Zweifel gezogen würde. Zusätzlich solle sie alle hierzu erforderlichen Mittel ergreifen, um die Durchführung des Rechtsanspruchs vorzubereiten und hierzu organi-

---

[41] Polen, Deutschland und die Oder-Neiße-Grenze, hrsg. vom Deutschen Institut für Zeitgeschichte in Verbindung mit der Deutsch-Polnischen Historiker-Kommission, unter der verantwortlichen Redaktion von Rudi Goguel (im folgenden zitiert: Goguel), Berlin 1959, S. 676. – Die Äußerungen Brentanos werden hier auf amerikanischen Druck zurückgeführt.

[42] Ebda.

[43] Ebda., S. 679.

satorische Sofortmaßnahmen im Auswärtigen Amt zu ergreifen. Über das Ergebnis solle die Regierung am 31. Oktober 1956 Bericht erstatten[44].

Diesem Entschließungsantrag konnte nun nicht das gleiche Schicksal zuteil werden wie der geplanten Großen Anfrage. Aber er wurde gleichwohl durch die Regierungsfraktion entschärft. Zunächst wurde dieser Antrag zeitlich so auf die Tagesordnung gesetzt, daß am Vortage, dem 18. Juni, der Außenminister eine Erklärung abgeben konnte, die dem Resolutionsantrag weitgehend die Spitze nahm und damit gegenstandslos werden ließ. In seiner Erklärung stellte sich Brentano in der Frage der deutschen Ostgrenze auf den Standpunkt der Vertriebenenverbände und bezeichnete wie diese eine Aufnahme diplomatischer Beziehungen mit Warschau als zur Zeit nicht möglich[45]. Am folgenden Tage beantragte die BHE-Fraktion, die Aussprache über die Regierungserklärung des Außenministers mit dem Resolutionsantrag zu verbinden, um ihrem Resolutionsantrag größere Resonanz in der Öffentlichkeit zu verschaffen. Als die Regierungsmehrheit diesen Antrag zur Tagesordnung ablehnte, beantragte die BHE-Fraktion die Absetzung ihrer Resolution, um sie zu einem günstigeren Zeitpunkt erneut einbringen zu können. Aber auch dieser Antrag wurde von der CDU/CSU-Mehrheit zurückgewiesen.

Die BHE-Fraktion war nun genötigt, gegen ihren Willen ihren Resolutionsantrag zu einem ihr ungünstig erscheinenden Zeitpunkt zu begründen. Zu einer parlamentarischen Debatte darüber kam es freilich nicht. Auf Antrag der CDU/CSU wurde über den Resolutionsentwurf ziffernmäßig abgestimmt, wobei Punkt 1 – der die massive Kritik an der Regierung enthielt – sofort abgelehnt, die Punkte 2–4 als Material dem Auswärtigen Ausschuß federführend und dem Gesamtdeutschen- und dem Vertriebenenausschuß zur Mitberatung überwiesen wurden. Im weiteren Verlauf seiner Behandlung wurde der Antrag einem vom Auswärtigen- und vom Gesamtdeutschen Ausschuß gebildeten Unterausschuß zugeleitet und war damit vollends der öffentlichen Auseinandersetzung entzogen. Der Unterausschuß erstattete später über den Antrag einen Bericht, der niemals vom Bundestag verabschiedet wurde und somit wirkungslos blieb[46]. Der Versuch des BvD-Vorsitzenden und seiner BHE-Parteifreunde, das Problem der deutschen Ostgrenzen und der Haltung der Bundesregierung zum Gegenstand einer die Öffentlichkeit ansprechenden Debatte zu machen, wurde von der Mehrheitsfraktion unter Einschluß ihrer Vertriebenenabgeordneten verhindert.

Am Beispiel dieses Vorganges lassen sich einige Feststellungen treffen, die auch in späterer Zeit ihre Gültigkeit behalten haben. Von wenigen Ausnahmen abgesehen, hat der Versuch von Vertriebenenabgeordneten, ohne parteipolitische Rückendeckung oder Unterstützung eine eigenständige, womöglich

---

[44] Verhandlungen des Deutschen Bundestages. Drucksachen. 2. Wahlperiode. Nr. 2406 vom 28. 5. 1956.

[45] Verhandlungen des Deutschen Bundestages. Stenogr. Berichte. 2. Wahlperiode. 155. Sitzung vom 28. 6. 1956, S. 8422.

[46] Einzelheiten dazu s. Kather II, S. 119 ff. und 124.

oppositionelle Politik zu treiben, keinen Erfolg gehabt[47]. Im Zweifelsfalle haben sie sich für die Partei- und Fraktionsdisziplin und gegen die Verbandsinteressen entschieden. Kathers Forderung, der Verbandspolitik Vorrang vor der Parteipolitik zu geben, brachte viele Abgeordnete in Rollenkonflikte und nur wenige sind seinem Beispiel als Parteiwechsler gefolgt[48].

Diese Tatsache weist aber auch deutlich darauf hin, daß den Vertriebenenorganisationen im parlamentarischen Raum sehr enge Grenzen gesetzt waren. Erfolge als Interessenverband konnten sie entweder durch weitgehende Anpassung an die Regierungspolitik bei gleichzeitiger Aufgabe eines Teils ihrer Interessen in Konfliktfällen erringen, wofür der VdL ein Beispiel ist, oder durch die Mobilisierung großer Volksmassen, wie sie Kather mehrfach versucht hat. Beispiel für die erste Variante der Verbandspolitik war eine am 11. Juli 1956 zwischen dem VdL und dem Bundesaußenminister vereinbarte Regelung, derzufolge sich alle zwei Monate führende Verbandsfunktionäre und Vertreter des AA treffen und beiderseits interessierende Fragen erörtern sollten[49]. Beispiel für die zweite Variante waren die von Kather wiederholt im Laufe des Jahres 1956 veranstalteten Kundgebungen und Demonstrationen, auf denen er auf sehr direkte, die Bundesregierung und auch die Westmächte keineswegs schonende Weise die außenpolitischen Ansichten des BvD zum Ausdruck brachte[50]. Diese Kundgebungen sind von der Bundesregierung mit großer Aufmerksamkeit beobachtet worden und dürften vor allem im September und Oktober 1956 die erwünschten regierungsoffiziellen Verlautbarungen im Sinne der Vertriebenenverbände beeinflußt haben[51].

Die Frage eines deutsch-polnischen Botschafteraustausches, den die Vertriebenenverbände so erbittert zu verhindern trachteten, wurde erneut aufgeworfen im Gefolge des „Polnischen Oktobers". Zwar erklärte Brentano am 16. Dezember 1956 gegenüber der „Sozialpolitischen Korrespondenz", daß die Frage diplomatischer Beziehungen noch nicht aktuell sei, fügte jedoch den Satz hinzu: „Mit unserem östlichen Nachbarn, Polen, werden wir, sobald es frei entscheiden kann, sicherlich zu einer Regelung im europäischen Geiste kommen...."[52]. Was die Vertriebenenverbände mißtrauisch stimmen mußte, war die Formulierung „Regelung im europäischen Geiste", die den Anspruch

---

[47] Eine gewisse Ausnahme bildete die Verzögerung des im März 1956 zwischen Bonn und Belgrad abgeschlossenen Jugoslawienvertrages. Anlaß war die – ein Jahr später bestätigte – Befürchtung, daß Jugoslawien die DDR und die Oder-Neiße-Grenze anerkennen könnte; vgl. Schoenberg, S. 276 f.

[48] Wambach, S. 108 ff.

[49] Quellenmaterial.

[50] Kather II, S. 98 ff., 126 und 134.

[51] Vgl. Verhandlungen des Deutschen Bundestages. 2. Wahlperiode. 161. Sitzung vom 28. 9. 1956, S. 8951. Siehe auch Zeittafel und Bibliographie zum Vertriebenenproblem, hrsg. vom Bundesministerium für Vertriebene, Flüchtlinge und Kriegsgeschädigte (im folgenden zitiert: Zeittafel) Bd. I, Bonn 1959, S. 151.

[52] Bulletin Nr. 236, 18. 12. 1956, S. 2254 f.

auf die Vertreibungsgebiete nicht zum Ausdruck brachte. Noch bedenklicher in diesem Zusammenhang mußte sie das Interview stimmen, das der Außenminister einen Tag später den „US News and World Report" gab. Darin erklärte er u. a.: „Wir sind bereit, für die Wiedervereinigung Opfer zu bringen, und Deutschland wird auch bereit sein, diesen Grundsatz auf sein Verhältnis zu Polen anzuwenden"[53].

Die Szenerie glich derjenigen im Mai. Die Vertriebenenorganisationen intervenierten beim Außenminister. Zwar ließ er sich diesmal keinen Brief mehr diktieren, aber er dementierte seine Äußerungen, erklärte den Vorfall für ein Mißverständnis und führte dieses auf Übersetzungsfehler zurück. Um die Verbände zu beruhigen, stimmte er am 29. Januar 1957 im Arbeiterkreis V der CDU/CSU-Fraktion mit den Vertriebenenabgeordneten den Inhalt seiner Rede ab, die er zwei Tage später vor dem Bundestag halten sollte. In ihr trat er ausdrücklich Mutmaßungen über „Verzichtstendenzen" in der Regierung entgegen und distanzierte sich auch von Äußerungen einiger CDU-Politiker, die in diesem Sinne hätten gedeutet werden können. Für die Regierung bekannte er, sie halte weiter daran fest, daß „ ... das deutsche Volk die Oder-Neiße-Linie nicht als gegenwärtige oder künftige Grenze Deutschlands akzeptieren kann"[54].

Die Vertriebenenverbände hegten weiterhin das Mißtrauen, daß die Bundesregierung hinter ihrem Rücken eine Politik der Preisgabe ihrer Interessen betreibe oder wenigstens diese stark vernachlässige. Wiederholt versuchten sie gerade im Bundestagswahljahr 1957 auf Exekutive und Legislative Einfluß zu nehmen und forderten insbesondere auch eine bessere Politik der Information über Vertriebenenprobleme durch die Bundesregierung im Ausland.

Auf Initiative der Vertriebenenabgeordneten wurde ein sechsköpfiger Unterausschuß des Auswärtigen Ausschusses gebildet, der erstmals am 19. Februar 1957 zusammentrat und in dem vier Mitglieder Vertriebenenabgeordnete waren[55]. Dieser Unterausschuß sah seine Aufgaben vor allem darin, die diplomatischen Vertretungen der Bundesrepublik gründlicher mit Informationsmaterial zu versorgen und sie stärker im Sinne der Vertriebenenverbände zu aktivieren[56]. Dem Unterausschuß war überdies sicherlich die Funktion zugedacht, Entscheidungen außenpolitischer Natur zu verzögern, zu verwässern oder aber zu präjudizieren. Der im Frühjahr 1957 beginnende Wahlkampf begrenzte indessen seinen Wirkungsbereich zeitlich und sachlich. Die Sorge der Vertriebenenverbände vor einer Aufnahme diplomatischer Beziehungen zwischen Bonn und Warschau erhielt neue Nahrung durch die

[53] Zeittafel, S. 161.
[54] Verhandlungen des Deutschen Bundestages. Stenogr. Berichte. 2. Wahlperiode. 188. Sitzung vom 31. 1. 1957, S. 10642.
[55] Vgl. Handbuch Deutscher Bundestag, 2. Legislaturperiode.

seit dem „Polnischen Oktober" immer deutlicher gegenüber Bonn gezeigte polnische Gesprächsbereitschaft. Im Dezember 1956 deutete die Warschauer Zeitschrift „Kontrasty" vorsichtig an, daß gewisse polnische Kreise zu einer Korrektur der Oder-Neiße-Grenze bereit wären, wenn die polnische Ostgrenze um Wilna und Lemberg korrigiert würde[57]. Auch änderte sich teilweise die Haltung der polnischen Regierung sowie der polnischen Öffentlichkeit gegenüber den verbliebenen Volksdeutschen. Im Dezember 1956 und im Januar 1957 häuften sich Presseartikel, in denen die Diskriminierung der sog. Autochthonen kritisiert und deren Wunsch zur Ausreise auf ihre bisherige unfreundliche Behandlung zurückgeführt wurde[58]. Am 14. Januar 1957 wiederholte die Warschauer Regierung den Wunsch, auch ihre Beziehungen zur Bundesrepublik Deutschland zu normalisieren; Polen könne allerdings auch warten[59].

Hinter diesen offiziellen Verlautbarungen vollzog sich ein weiterer polnischer Versuch, zu einem besseren Verhältnis zu Bonn zu gelangen. Im Januar 1957 trat der Botschaftsrat an der polnischen Botschaft in Washington, Jaroszek, an den Gesandten der deutschen Botschaft, Albrecht von Kessel, heran und bat diesen um eine politische Aussprache. Nachdem von Kessel aus Bonn die Erlaubnis hierzu erhalten hatte, unterbreitete Jaroszek der Bundesrepublik das Angebot diplomatischer Beziehungen bei gleichzeitiger Ausklammerung der Grenzfrage. Jaroszek begründete das große Interesse Warschaus mit der Befürchtung, daß der im „Polnischen Oktober" ertrotzte außenpolitische Spielraum nicht von langer Dauer sein werde. Deswegen sei Warschau an einer Normalisierung interessiert, bevor eine neue weltpolitische Verkrampfung sie wieder daran hindern werden. Die Gespräche zwischen Jaroszek und dem Gesandten von Kessel wurden bis zum Frühjahr fortgeführt. Im Mai ließ Außenminister von Brentano die polnische Seite über seinen Gesandten wissen, daß die Bundesregierung wegen der bevorstehenden Bundestagswahl aus Rücksicht auf die Stimmen der Vertriebenen noch nicht in offizielle Verhandlungen über einen Botschafteraustausch eintreten könne. Die Bundesregierung bitte daher um Verständnis, daß die Gespräche erst nach den Wahlen im September 1957 fortgeführt werden könnten[60].

Die Geheimgespräche, über die nur ein sehr kleiner Personenkreis informiert war, berührten nicht den für die Öffentlichkeit bestimmten Schlagabtausch von Verlautbarungen beider Seiten. In seiner Bundestagsrede vom 31. Januar 1957 ging Brentano auf die polnischen Offerten nicht ein. Er unterstrich die unvereinbare Haltung beider Regierungen in der Grenzfrage und drückte seine Befürchtung aus, daß die Anerkennung eines Ostblockstaates durch

---

[56] Ebda.
[57] Johannes Maass, Dokumentation der deutsch-polnischen Beziehungen nach dem Zweiten Weltkrieg, Bonn–Wien–Zürich 1960, S. 140.
[58] Zeittafel, S. 162.
[59] Hansjakob Stehle, Nachbar Polen, Frankfurt/Main. 2. Aufl. 1968, S. 362.
[60] Quellenmaterial.

Bonn die weltweite Anerkennung der DDR nach sich ziehen müsse[61]. Warschau beantwortete diese Absage mit einer recht schroffen Stellungnahme, bekundete aber weiterhin eine friedliche Zusammenarbeit mit allen Staaten, ungeachtet ihrer gesellschaftlichen Struktur[62].

Nicht sehr viel anders verlief der indirekte Dialog zwischen Ministerpräsident Cyrankiewicz und Bundesaußenminister von Brentano, den beide anläßlich von Staatsbesuchen in Indien führten und in dem sie in öffentlichen Verlautbarungen auf die vorangegangenen Äußerungen des jeweils anderen eingingen. Cyrankiewicz kritisierte die starre Haltung Bonns, ließ aber die Möglichkeit eines besseren Verhältnisses offen. Brentano wiederholte die bekannte Formel, daß die Bundesrepublik den Tag abwarten wolle, an dem ohne Gewaltanwendung die Grenzfrage zu beiderseitiger Zufriedenheit gelöst werden könne[63].

Ähnlich verlief auch der im Frühjahr und Sommer 1957 erfolgende Wechsel von einseitigen Erklärungen beider Regierungen. Vor Posener Arbeitern richtete Gomulka im Juni 1957 heftige Angriffe gegen die Bundesrepublik, ließ aber gleichzeitig in seiner Rede die Bereitschaft erkennen, „ ... einen beiderseitigen vorteilhaften wirtschaftlichen und kulturellen Austausch zu entwikkeln". Er wünschte „normale, auf friedliche Koexistenz gestützte Beziehungen" zur Bundesrepublik. Abschließend führte er aus: „Wir meinen, daß das ebenso ein gewisser Faktor auf dem Wege der friedlichen Wiedervereinigung sein könnte"[64]. Hierauf ging die Bundesregierung nicht ein. Auf einer Pressekonferenz am 12. Juli 1957 erklärte Adenauer, daß die polnische Haltung in der Grenzfrage so starr sei, daß eine „ ... Normalisierung der deutsch-polnischen Beziehungen (...) unter diesen Umständen zur Zeit schwer vorstellbar" sei[65].

Adenauer war damit zum Standpunkt der Vertriebenenverbände, von dem sich seine Regierung gelegentlich entfernt hatte, zurückgekehrt. Die ständige Forderung nach Klärung der Grenzfrage, zu deren Ausklammerung Warschau bereit war, weist darauf hin, das die Bundesregierung an einem Botschafteraustausch nicht interessiert war. Die Feststellung Gomulkas vom 1. September 1957 scheint richtig gewesen zu sein: „Das ganze Vorgehen der Bundesregierung ermächtigt uns zu der Feststellung, daß die Bundesregierung

---

[61] Verhandlungen des Deutschen Bundestages. Stenographische Berichte. 2. Wahlperiode. 188. Sitzung vom 31. 1. 1957, S. 10642.

[62] Maass, S. 132 f. – Der Hinweis auf die inneren Verhältnisse der Bundesrepublik war zugleich gegen polnische Gegner einer beiderseitigen Annäherung gerichtet, die ihre Haltung damit begründeten, daß sich die „Struktur" seit 1945 in Westdeutschland nicht wesentlich verändert habe.
Vgl. Jerzy Kowalewski: Die polnische Haltung gegenüber der Bundesrepublik Deutschland, Europa-Archiv 13 Jg. (1958), S. 10367 ff.

[63] Maass, S. 134; – Herbert Marzian: Zeittafel und Dokumente zur Oder-Neiße-Linie 1956–1959, Kitzingen 1959, S. 24 f.

[64] Maass, S. 140.

[65] Marzian, S. 37.

in Wirklichkeit gar nicht die Normalisierung der Beziehungen wünscht"[66].
Dafür spricht auch, daß Bonn die von Jaroszek eingeleiteten Gespräche, die
für die Zeit nach der Wahl aufgeschoben worden waren, nicht fortführte,
obwohl dann die Gründe für eine Rücksichtnahme auf die Vertriebenenverbände nicht mehr gegeben waren.

Allerdings wird man in der Politik Bonns kaum einen bestimmenden Einfluß
der Vertriebenenverbände ausmachen können. Eine Woche nach seinem größten Wahlsieg am 22. September 1957, wich Adenauer in einem Interview mit
der amerikanischen Fernsehgesellschaft CBS der Frage eines Botschafteraustausches mit Warschau aus. Man müsse Handels- und Wirtschaftsbeziehungen
herstellen und diese dann schrittweise erweitern. Auf die Zusatzfrage, ob
damit auch eine Anerkennung der Oder-Neiße-Grenze verbunden sei, gab
er ebenfalls eine ausweichende Antwort. Man müsse das Heimatrecht der
Vertriebenen anerkennen, was er dahingehend präzisierte, daß diese das
Recht haben müßten, in ihre alte Heimat zurückzukehren. Von einer Rückkehr der Ostgebiete zum deutschen Hoheitsgebiet sprach er nicht, sondern
von ihrer wirtschaftlichen Integration, in deren Folge sich im Laufe der Zeit
schon irgendeine Lösung ergeben werde[67]. Dieses Interview und auch frühere
Regierungsäußerungen haben oppositionelle Vertriebenenpolitiker wie Kather zu recht als Beweis für die Behauptung gewertet, daß die Grenzfrage für
Adenauer von untergeordneter Bedeutung ist; auf jeden Fall scheint sie nicht
der ausschlaggebende Grund für eine Ablehnung der polnischen Offerten
gewesen zu sein. Ein Blick auf den Wahlkampf und das Wahlergebnis von
1957 vermag die verbreitete Ansicht über einen angeblichen außenpolitischen
Einfluß der Vertriebenenverbände zu relativieren.

In der Wahl vom 15. September 1957 schaffte es der GB/BHE – bei einem
Stimmenanteil von nur 4,6 % – nicht mehr, mit Abgeordneten in den Deutschen Bundestag einzuziehen[68].

Die Parteiführung führte die Wahlniederlage hauptsächlich auf drei Ursachen
zurück:

1. auf das mangelnde Vertrauen der Wähler in die Fähigkeit des GB/BHE,
   die 5 %-Hürde zu überspringen,

2. auf den plebiszitären Charakter der Wahl durch die personelle Alternative Adenauer/Ollenhauer und auf

3. das Totschweigen der Partei in der Presse[69].

---

[66] Maass, S. 151.
[67] Marzian, S. 40 f.; Goguel, S. 701.
[68] Im Vergleich dazu errangen die Unionsparteien mit 50,2 % die absolute Mehrheit und damit ihren größten Sieg, den sie in der Geschichte der Bundesrepublik
je erreichen konnten. Die SPD stieg geringfügig auf 31,8 %, die FDP sank auf
7,7 %. Die DP erhielt zwar nur 3,8 %, konnte aber durch Direktmandate 17 Abgeordnete in den Bundestag entsenden.
[69] Neumann, S. 200.

Als weitere Faktoren können u. a. die verstärkte Assimilierung der Vertriebenen in die bundesrepublikanische Gesellschaft sowie die *Auflösung* landsmannschaftlicher Bindungen der Vertriebenen angenommen werden[70].

Die Frage nach dem Schicksal der deutschen Ostgebiete und die Deutschland- und Ostpolitik spielten im Wahlkampf jedenfalls kaum eine Rolle. Dem GB/BHE und den Vertriebenenverbänden gelang es nicht, sich an diesen Themen zu profilieren und dadurch für sich Stimmengewinne zu erzielen[71].

Neben der Wahlniederlage des GB/BHE stellte das Wahlergebnis von 1957 auch insgesamt eine Schwächung der Position der Vertriebenenverbände dar. Statt der bisher 94 zogen nur noch 66 Vertriebenenabgeordnete in den Bundestag, deren politisches Aktionsfeld durch ihre Zugehörigkeit zur CDU/CSU, FDP oder SPD eingeengt war. Die Rolle der Opposition, die sie bisher durch ihre Kollegen von der BHE-Fraktion hatten wahrnehmen lassen, war nur noch in sehr begrenztem Maße möglich.

Auch nach der Bundestagswahl im Herbst 1957 spielte das deutsch-polnische Verhältnis in den Auseinandersetzungen zwischen Regierung und *Opposition* *eine Rolle*. In seiner Regierungserklärung am 4. 11. 1957 ging Adenauer auf das Verhältnis zwischen Bonn und Warschau nicht ein, worauf der sozialdemokratische Partei- und Fraktionsvorsitzende Erich Ollenhauer bemängelte, daß der Bundeskanzler die Frage der künftigen deutsch-polnischen Beziehungen überhaupt nicht *erwähnt* habe[72].

Dieses Problem wurde erneut akut anläßlich der Regierungserklärung Adenauers am 23. Januar 1958, in der der Kanzler die Ansicht vertrat, die gemeinsamen Interessen der Bundesrepublik Deutschland und Polen lägen in der Zurückdrängung des Kommunismus[73]. Daraufhin brachten die Oppositionsparteien SPD und FDP einen gemeinsamen Antrag ein, in dem die Bundesregierung aufgefordert wurde, „mit der polnischen Regierung in Besprechungen über die Herstellung diplomatischer Beziehungen ... einzutreten"[74]. Der

---

[70] Vgl. dazu: Kitzinger, Uwe W.: Wahlkampf in Westdeutschland. Eine Analyse der Bundestagswahl 1957, Göttingen 1960 (hier bes. S. 146 und S. 251 f.);
Grosser, Alfred: Le plebiszite du 15 septembre 1957, in: Revue francaise de science politique VII (1957) (hier bes. S. 861);
Kather II (hier bes. S. 174).

[71] Zur Problematik der Deutschland- und Ostpolitik im Wahlkampf 1957 s.: Untersuchung der Wählerschaft und Wahlentscheidung 1957. Arbeitsbericht über Erhebungen im Wahljahr, hrsg. von DIVO, Frankfurt/M. – Bad Godesberg o. J. (hier bes. S. 116 f.).

[72] Erich Ollenhauer führte u. a. aus: „Wir sind der Meinung, daß es im Interesse des deutschen Volkes und im Interesse der Entspannung in Europa liegt, wenn wir endlich normale Beziehungen zu Polen und auch zu anderen osteuropäischen Völkern aufnehmen" (Verhandlungen des Deutschen Bundestages. Stenogr. Berichte. 3. Wahlperiode. 4. Sitzung vom 4. 11. 1957, S. 53.)

[73] Verhandlungen des Deutschen Bundestages. Stenogr. Berichte. 3. Wahlperiode. 9. Sitzung vom 23. 1. 1958, S. 365.

[74] Ebda., S. 421.

Antrag wurde – wie nicht anders zu erwarten war – von den Regierungsparteien abgelehnt und dem Auswärtigen Ausschuß zur weiteren Behandlung
und eingehenden Prüfung überwiesen. Bevor die Vertriebenenverbände ihre
im Bundestag vertretenen Mitglieder aktivieren konnten, trat der BdV – am
26. Januar 1958 – mit einer Stellungnahme[75] zum SPD/FDP-Antrag an die
Öffentlichkeit, in der er dringend vor der Aufnahme von Beziehungen zu
Warschau warnte. Die Überweisung des SPD/FDP-Antrages an den Auswärtigen Ausschuß verlagerte ihn aus der Öffentlichkeit des parlamentarischen
Plenums in die vertrauliche Sphäre der Ausschußsitzungen. Sie dauerten noch
an, als die außenpolitische Szenerie die Aufnahme diplomatischer Beziehungen unter den von Polen zuvor genannten Voraussetzungen längst in weite
Ferne gerückt hatte[76].

---

[75] Ein deutscher Botschafter in Warschau müßte also in Gebieten tätig werden,
„die nicht polnisches Staatsgebiet sind, von Polen aber als solches beansprucht
und behandelt werden. Ein polnischer Botschafter in Bonn werde deutsches
Reichsgebiet vertreten." – Weiterhin befürchtete der BdV, daß die Aufnahme
von diplomatischen Beziehungen von der Weltöffentlichkeit als Verzicht gedeutet und von den noch im Osten verbliebenen Deutschen als Verrat empfunden werden könnte. (Stellungnahme des Vorstandes des Bundes der Vertriebenen – Vereinigte Landsmannschaften und Landesverbände – zur Frage der
Aufnahme diplomatischer (. . .) Verbindungen vom 26. 1. 1958; Wambach-Archiv).
Charakteristisch für die Argumentation der Vertriebenenfunktionäre und ihnen
nahestehender CDU/CSU-Abgeordneter ist der Artikel von Karl Theodor Frhr.
zu Guttenberg: Das deutsch-polnische Problem. Ein deutscher Botschafter in
Warschau?, in: Die politische Meinung, H. 29, 3. Jg. (1958), S. 33 ff.
[76] Zwischen dem 12. 3. 1958 und dem 8. 10. 1959 befaßte sich der Auswärtige Ausschuß viermal mit dem Antrag. Zu Berichterstattern wurden ein CSU- und ein
SPD-Abgeordneter ernannt, die im Ausschuß die unterschiedlichen Standpunkte
ihrer Fraktionen in der Frage des Botschafteraustausches wiederholten (s. Wenzel Jaksch: Deutsche Ost-Europapolitik. Zwei Dokumente des Dritten Deutschen
Bundestages, Bonn 1964, 4. Aufl., S. 10). Die Vertriebenenverbände hatten also
erreicht, daß die kontroversen Fragen in der geschlossenen Sphäre von Exper-
tengremien beraten wurde.
Als die Debatte in politischen Grundsatzfragen festzulaufen drohte, regte man
die Einsetzung eines Unterausschusses an (Jaksch, S. 7); dieser wurde
dann im Oktober 1959 auch gebildet und dem bei einer Gesamtzahl von sieben
Mitgliedern der BdV-Präsident, ein Vizepräsident, ein weiteres Präsidiumsmit-
glied und ein Mitglied des Sudetendeutschen Rates angehörten. Diese Politiker
gehörten in der dritten Legislaturperiode dem Parlamentarischen Beirat des
BdV an (Wambach, S. 105, Schoenberg, S. 280). Außerdem gehörten vier der
Mitglieder des Unterausschusses auch dem Gesamtdeutschen Ausschuß des BdV
an. Die Vertriebenenverbände sahen die wichtigste Aufgabe des Unteraus-
schusses darin, die Frage der diplomatischen Beziehungen zu Polen und anderen
sozialistischen Ländern dilatorisch zu behandeln und weitere parlamentarische
Initiativen unter Kontrolle zu halten. Dazu ergab sich bald Gelegenheit.
Im Jahre 1958 unternahm der SPD-Bundestagsabgeordnete Carlo Schmid eine
Reise in die Volksrepublik Polen, während der er sich für die Aufnahme diplo-

Auf die Außenpolitik der Regierung hat sich das parlamentarische Nachspiel des SPD/FDP-Antrages ohnehin nicht ausgewirkt. Der indirekte Dialog, der in den vergangenen Jahren offene oder versteckte Ansätze zu Gesprächen enthalten hatte, schlug ab Herbst 1958 um in eine polemische Schärfe, die die psychologischen Voraussetzungen für eine beiderseitige Verständigung schwer belastete. Noch im Juli 1958 – wenige Tage, nach dem Brentano „größte Zurückhaltung" in der Frage eines Botschafteraustausches mit Warschau empfohlen hatte – beteuerte Adenauer den Ostpreußen, sie würden eines Tages in ihre Heimat zurückziehen können, wenn die Bundesrepublik nur treu zur Nato hielte[77]. Ein halbes Jahr später beantwortete Polen die Bonner Äußerungen mit einer Propaganda, deren Stil sich im Laufe der folgenden Jahre kaum ändern sollte. Unter Anspielung auf Adenauers Ernennung zum Ordensritter erklärte Cyrankiewicz – wenige Wochen vor der Genfer Außenministerkonferenz – am 18. März 1959, der Bundeskanzler solle seinen Rittermantel mit einem Büßerhemd vertauschen, nach Polen pilgern und das polnische Volk um Vergebung bitten für die deutschen Untaten in der Vergangenheit; allerdings, fügte er ironisch hinzu, brauche er hierzu das Visum der DDR[78].

In dieser Atmosphäre blieb auch der von der Bundesregierung propagierte Gedanke eines Gewaltverzichts mit Warschau und Prag politische Makulatur. In einer von der Bundesregierung entworfenen Erklärung vom 20. Juli 1959

matischer Beziehungen mit Warschau aussprach; der Stuttgarter Parteitag der SPD äußerte sich in ähnlichem Sinne. Vor dem Hintergrund dieser Debatte ist auch der erneute Antrag der SPD-Fraktion vom 5. 11. 1959 zu sehen, in dem die Aufnahme von Beziehungen mit den osteuropäischen Völkern (einschließlich Polens) gefordert wurde. Dieser Antrag wurde dem Unterausschuß des Auswärtigen Ausschusses zugeleitet. Vom Februar 1960 bis Mai 1961 beschäftigte sich dieser in insgesamt 19 Sitzungen mit den beiden Anträgen (Jaksch, S. 12). Am 31. Mai 1961 legte der Auswärtige Ausschuß den vom Unterausschuß erstellten Bericht vor, der als Jaksch-Bericht bekannt wurde. Er war größtenteils von Wenzel Jaksch (SPD) und Baron Manteuffel-Szoege erarbeitet worden. In dem Bericht wurde die Bundesregierung aufgefordert, „... jede sich bietende Möglichkeit (zu) ergreifen, um ohne Preisgabe lebenswichtiger deutscher Interessen zu einer Normalisierung der Beziehungen zwischen der Bundesrepublik und den osteuropäischen Staaten zu gelangen...". Bei der Gestaltung der Beziehungen zu Polen solle sie den „besonderen psychologischen Belastungen des deutsch-polnischen Verhältnisses Rechnung tragen und gegenüber solchen Ländern, die deutsche Volksteile deportiert oder deutsches Gebiet unter vorläufiger Verwaltung haben, bei der etwaigen Herstellung amtlicher Kontakte die jeweils erforderlichen völkerrechtlichen Vorbehalte geltend machen" (Verhandlungen..., 162. Sg. 14. 6. 1961, S. 9304, Drs. 2807). – Der Antrag der SPD vom 23. 1. 1958 hätte nicht ehrenvoller zu den Akten gelegt werden können.

[77] Bulletin, 12. 7. 1958, S. 1257.
[78] Georg W. Strobel (2): Deutschland–Polen. Wunsch und Wirklichkeit, Bonn/Brüssel/New York 1971, 2. Aufl., S. 61.

wurde vorgeschlagen, daß beide Seiten Differenzen aller Art in keinem Fall mit gewaltsamen Mitteln austragen, sich an keinen Angriffsakten dritter Staaten beteiligen oder sie unterstützen sollten.

Gleichzeitig sollte bei den Vertragspartnern Einverständnis darüber bestehen, daß die „Verträge nicht die Rechtsverhältnisse und Rechtsauffassungen der Partner in solchen Fragen berühren, die der Vertragstext nicht ausdrücklich erwähnt"[79]. Von polnischer Seite wurden derartige Angebote zurückgewiesen. Am 6. August 1959 erklärte Cyrankiewicz, daß ein Nichtangriffspakt diplomatische Beziehungen voraussetze und in ein gesamteuropäisches Sicherheitssystem eingebettet werden müßte. Unter Anspielung auf den Rapackiplan schob er damit den Schwarzen Peter Bonn zu.

Ein besonderes Kapitel in dem seit 1959 erneut verkrampften Verhältnis zwischen beiden Staaten bildete die sogenannte Beitz-Affäre. Der Generalbevollmächtigte des Krupp-Konzerns, Berthold Beitz, wurde im Sommer 1960 von Cyrankiewicz zu einem – informellen, aber gleichwohl politischen – Besuch Polens eingeladen. Nachdem er sich der Zustimmung Adenauers vergewissert hatte, flog er Anfang Dezember 1960 nach Warschau. In seinen Gesprächen mit dem Ministerpräsidenten sowie mit Vertretern des Außenhandelsministeriums wurde ihm bedeutet, daß Polen an einem langfristigen Handelsabkommen interessiert sei[80].

Unmittelbar nach seiner Rückkehr unterrichtete Beitz den Bundeskanzler. Adenauer beauftragte ihn daraufhin im Januar 1961, in Warschau die Haltung der polnischen Regierung zu folgenden Vorschlägen zu sondieren: Abschluß eines langfristigen Handels- und Kulturabkommens, Errichtung von Konsulaten oder Handelsmissionen mit konsularischen Befugnissen und die Entsendung eines deutschen Sonderbotschafters zu Verhandlungen über diese Themen. Adenauer hatte diesen Auftrag an Beitz erteilt, ohne seine Mitarbeiter, seine Partei, seine Fraktion, das Auswärtige Amt oder den Auswärtigen Ausschuß des Deutschen Bundestages zu informieren. Daher kam es während der Reise des Kruppbevollmächtigten nach Polen zu Äußerungen offizieller deutscher Stellen, die die Polen an der Mission von Beitz zweifeln ließen, die Gespräche erschwerten und die Atmosphäre vergifteten[81]. Da beide Staaten überhöhte Erwartungen an diesen Kontakt geknüpft hatten, war auf beiden Seiten die Enttäuschung über das ausbleibende Resultat groß. Die Fronten verhärteten sich erneut[82].

Erst vor dem Hintergrund der von US-Präsident Kennedy betriebenen Entspannungspolitik konnten in der Bundesrepublik die Verfechter einer flexibleren Ostpolitik an Boden gewinnen. Gerhard Schröder als Amtsnachfolger von Heinrich von Brentano wurde ihr Exponent in der CDU/CSU. Auf dem Dortmunder Parteitag der CDU im Juni 1962 verfocht er die These, daß Bonn

---

[79] Die Auswärtige Politik . . . , S. 408 f.
[80] Stehle, S. 334 ff.
[81] Ebda., S. 341 f.
[82] Ebda., S. 343 f.

auch in Osteuropa präsent sein müsse. Wegen der Hallsteindoktrin schwächte er seine Forderungen ab und erklärte, es könnten nur Handelsmissionen ausgetauscht werden[83]. Die daraufhin einsetzenden Aktivitäten führten am 7. 3. 1963 zum Abschluß eines Handelsvertrages zwischen der BRD und der Volksrepublik Polen, die Wirtschaftsbeziehungen wirkten sich allerdings nicht auf das bilaterale Verhältnis beider Staaten aus. Polen beharrte trotz der wirtschaftlichen Beziehungen weiterhin auf der Forderung nach einem regulären Botschafteraustausch, dem zuvor die Anerkennung seiner Grenzen vorangegangen sein müsse. Zusätzlich übernahm es Forderungen, die über das unmittelbare bilaterale Verhältnis hinausgingen: Verzicht auf Atomwaffen und Ungültigkeitserklärung des Münchener Abkommens ex tunc. Ein Beschluß des IV. Parteitages der Polnischen Vereinigten Arbeiterpartei vom 20. Juni 1964 forderte von der Bundesrepublik nicht nur die Anerkennung der Oder-Neiße-Grenze, sondern auch die Anerkennung der DDR und Lösung der Berlin-Frage in ihrem Sinne[84]. Gomulka, dessen Verhältnis zur DDR in den ersten zwei Jahren seiner Amtszeit ein recht gespanntes gewesen war, stellte sich in allen Fragen der Deutschland-Politik hinter Ulbricht und machte ihre Erfüllung zur Voraussetzung besserer Beziehungen zu Bonn. Im Laufe der 60er Jahre entwickelte Polen insgesamt acht solcher Vorbedingungen, von denen einige aus verfassungsrechtlichen oder moralischen Gründen für Bonn unannehmbar waren: 1. Anerkennung der Oder-Neiße-Grenze, 2. Verzicht auf atomare Waffen, 3. Völkerrechtliche Anerkennung der DDR, 4. Aufgabe der Hallstein-Doktrin, 5. „Erfüllung des Potsdamer Abkommens", 6. Annullierung des Münchener Abkommens ex tunc, 7. Verbot „revisionistischer Aktivitäten" in der Bundesrepublik und 8. Zustimmung zu einer Berlin-Lösung im Sinne des sozialistischen Lagers[85]. Unter Punkt 5 dieser Forderungen fielen a. die Anerkennung der Rechtmäßigkeit der Vertreibung, b. Entschädigung der mißhandelten oder deportierten polnischen Staatsbürger, c. Rückgabe der zu „Germanisierungszwecken geraubten polnischen Kinder" und d. die Rückgabe der verschleppten polnischen Kulturgüter[86]. Am maximalistischen Inhalt dieser Vorbedingungen, die geschlossen oder in variierenden Konstellationen ständig wiederholt wurden, wird deutlich, daß Polens Interesse an einer Normalisierung während der 60er Jahre geschwunden war. Das Gesprächsangebot, das Bundeskanzler Erhard im März 1966 der polnischen Regierung übermittelte, war recht verschwommen und ging auf die polnischen Vorbedingungen nicht ein. Es hätte von polnischer Seite als Zeichen guten Willens interpretiert werden können, wurde jedoch von Gomulka zurückgewiesen. Am 1. September 1966 erklärte Cyrankiewicz, daß Polen zwar normale Beziehungen zu Bonn anstrebe, aber sie von der Erfül-

---

[83] Waldemar Besson: Die Außenpolitik der Bundesrepublik. Erfahrungen und Maßstäbe, München 1970, S. 331.
[84] Strobel (2), S. 64.
[85] Strobel (1), S. 139.
[86] Ebda., S. 140.

lung der Vorbedingungen abhängig machen müsse[87]. An dieser Haltung än
derte sich auch nichts, als in Bonn im Herbst 1966 die Große Koalition die
Regierung bildete, die die von Gerhard Schröder begonnene Öffnung nach
Osten intensiver fortzusetzen begann.

An dieser Stelle bietet es sich an, ein vorläufiges Resumee über die Aktivitäten und den Einfluß der Vertriebenenverbände auf die deutsch-polnischen
Beziehungen in der Ära Adenauer zu ziehen. Ohne noch einmal alle Details
zu wiederholen, schälen sich einige Grundlinien heraus, die kurz skizziert
werden sollen.

1. Rückblickend auf die Jahre 1956 bis 1958 stellt sich die Frage, ob und in
welchem Maße es den Vertriebenenverbänden und ihren in den Parteien und
im Parlament wirkenden Vertretern gelungen ist, außenpolitische Entscheidungen der Bundesregierung zu beeinflussen. Zunächst haben die Vertrie-
benenparlamentarier es durchaus vermocht, die Behandlung ihnen nicht ge-
nehmer Anträge und Gesetzesvorlagen wesentlich zu verzögern. Die um etwa
ein halbes Jahr verschobene Ratifikation des Jugoslawien-Vertrages zeugt
ebenso davon wie die Überweisung des SPD/FDP-Antrages an einen Unterausschuß, in dem die Vertriebenenabgeordneten dominierten. Vor allem die
Unterausschüsse gaben ihnen die Möglichkeit zu dilatorischer Behandlung,
wodurch Entscheidungen entweder auf Zeiten verschoben werden konnten,
in denen sie nicht mehr opportun oder aktuell waren, oder aber im bürokratischen Mechanismus der Beratungen versandeten. – Durch Interventionen
bei Ministern konnten die Verbände erstens Gelder und Personalentschei-
dungen durchsetzen und wiederholte Bekenntnisse von Bundesregierung und
Parteien zum provisorischen Charakter der Oder-Neiße-Grenze erwirken.
Letzteres wurde auch durch gelegentliche massive Demonstrationen erreicht,
die im Jahre 1956 vom BvD veranstaltet wurden.

2. Der Einfluß der Verbände auf außenpolitische Entscheidungen war jedoch
gering wenn man bedenkt, daß eine Kontrolle durch die im Parlament wirkenden Vertriebenenabgeordneten oder gar durch die Verbände selbst allgemein
nicht stattgefunden hat und auch nicht stattfinden konnte. Von den deutsch-
polnischen Gesprächen in Washington z. B. haben die Vertriebenenorganisationen nichts gewußt, so daß eine Einflußnahme auf ihren Verlauf nicht
möglich war. Druck auf die Regierung über das Parlament war aber insofern problematisch, als die Regierung im zweiten und dritten Bundestag von
einer breiten Parlamentsmehrheit getragen wurde. Die Vertriebenenabgeordneten waren indessen nicht nur Angehörige ihrer Verbände, sondern auch
– und vor allem – Mitglieder ihrer Partei und Fraktion. Sie mußten daher
zwangsläufig in Rollenkonflikte geraten, wenn die Politik ihrer Partei mit
den Interessen ihrer Verbände kollidierte. In derartigen Konfliktsituationen
haben sie meistens der Partei den Vorrang eingeräumt[88]. Einen Sonderfall

---

[87] Strobel (2), S. 68 f.
[88] Vgl. Wambach, S. 108 f.

stellte im zweiten Bundestag der GB/BHE dar, für dessen Abgeordnete es diesen Rollenkonflikt nicht gab[89].

Aus Gründen der Fraktionsdisziplin war die Möglichkeit einer interfraktionellen Zusammenarbeit aller Vertriebenenabgeordneten nur in sehr begrenztem Maße gegeben, außer wenn diese Kooperation von den Parteien geduldet wurde. Die parlamentarischen Erfolge der Vertriebenenabgeordneten wurden nur dadurch möglich, daß sie zugleich von der Regierungsmehrheit getragen oder wenigstens nicht behindert wurden. Eine eigenständige oppositionelle Politik gegen die Regierung, wie sie Kather im Frühjahr und Sommer 1956 versuchte, wurde von der Regierung und den Regierungsparteien unterbunden.

Eine Einflußnahme der Vertriebenenabgeordneten der CDU/CSU auf die Fraktionsspitze (etwa mit Hilfe der AVA) und über diese auf die Bundesregierung kann ausgeschlossen werden. Die Unionsfraktion insgesamt hat zwar in den Bereichen Inneres, Soziales, Wirtschaft und Finanzen eigene Standpunkte und sachliche und gelegentlich auch personelle Entscheidungen durchgesetzt; aber in Fragen der Außen-, Deutschland- und Verteidigungspolitik hat sie vorbehaltlos die Regierung Adenauer unterstützt. In der Politik gegenüber der Sowjetunion, der DDR sowie gegenüber Polen und auch in der Oder-Neiße-Frage ist sie dem Kanzler nahezu widerspruchslos gefolgt. Die Regierungsparteien dienten mehr als „clearing"-Stellen und als Instrumente zur „Parlamentarisierung" der offiziellen Regierungspolitik[90]. In der Frage der deutsch-polnischen Beziehungen sind daher damals nach Maßgabe der zugänglichen Quellen weder über das Parlament noch unmittelbar über die Exekutive außenpolitische Entscheidungen durch die Vertriebenenorganisationen nachhaltig beeinflußt worden.

3.   DIE VERTRIEBENENVERBÄNDE IN DER DEUTSCHEN ÖFFENTLICHKEIT 1959–1969

Die am 28. Oktober 1957 gegründete Einheitsorganisation der Vertriebenen stellte in jeder Beziehung einen Kompromiß dar. Nicht nur war der BdV dadurch nur begrenzt funktionsfähig, daß BdV und VdL bis zu ihrer Selbstauflösung im Sommer 1959 weiterbestanden, sondern auch die unterschiedlichen organisatorischen und verbandspolitischen Strukturen – westregionale und landsmannschaftliche Gliederung – blieben im BdV erhalten. Die bisherigen Rivalitäten wurden durch die Einheitsorganisation nur kaschiert, nicht beseitigt. So ist es zum Beispiel dem BdV nicht gelungen, für sämtliche

---

[89] Kather hat zeitweilig mit dem Gedanken gespielt, das Gewicht der CDU/CSU-Vertriebenenabgeordneten als Druckmittel gegen die Regierung auszuspielen, allerdings noch nicht in der Frage der deutsch-polnischen Beziehungen (vgl. Kather II, S. 14).

[90] Domes, S. 168.

landsmannschaftlichen und BdV-Zeitschriften und -Blätter eine zentrale Presseagentur einzurichten, was die Pressearbeit der Vertriebenenorganisationen erheblich vereinfacht hätte[1]. Gleichwohl konnten BdV und Landsmannschaften seit 1960 ihre Öffentlichkeitsarbeit ausbauen. Der bürokratische Apparat wurde vergrößert und die Zahl der in allen zentralen und regionalen Gliederungen hauptamtlich beschäftigten Mitarbeiter auf 1300 erhöht. Das Jahreseinkommen des BdV und der Landsmannschaften aus Mitgliedsbeiträgen und Spenden (ohne staatliche Subventionen) betrug ca. 14 Mill. DM, wovon 80 % bei den Landsmannschaften verblieben, 4 % an den BdV abgeführt wurden[2]. An dieser Struktur der Finanzverteilung wird der föderative Charakter des BdV deutlich sichtbar. Die Arbeit der eigentlichen BdV-Zentrale wurde weitgehend von staatlichen Subventionen getragen, die wiederum in dem bereits skizzierten „Protektions- und Patronagesystem" verankert waren.

Die Pressearbeit wurde meist von den Landsmannschaften geleistet mit zahllosen Blättern, die eine geringe Auflage hatten. Die BdV-Führung gab und gibt nur das Zentralorgan, den „Deutschen Ostdienst" (dod) in einer Auflage von 2000 Exemplaren wöchentlich oder 14tägig heraus. Die Jahresauflage aller Vertriebenenpublikationen betrug 1,4 Millionen[3]. Auch die Kultur- und Verbandsarbeit wurde und wird nicht vom BdV selbst geleistet, sondern von den landsmannschaftlichen oder entsprechenden Gremien, Organisationen, Institutionen, Stiftungen oder Kulturwerken. Selbst die meisten der regelmäßigen Kundgebungen und sonstigen Manifestationen werden von den Landsmannschaften organisiert, allein für Veranstaltungen wie für den „Tag der Heimat" zeichnet der BdV verantwortlich. Für 1966 wurden insgesamt 1,5 Mill. Teilnehmer an Veranstaltungen des BdV oder der Landsmannschaften errechnet[4].

Die BdV-Zentrale in Bonn mußte oft schnelle Entscheidungen treffen. Sie mußte daher in ihren Beschlußfassungen weitgehend autonom sein vom Votum der Landesverbände und Landsmannschaften, was ihr einen sehr geringen Grad an Repräsentativität für die Mitglieder der Vertriebenenorganisationen im allgemeinen verlieh. Landsmannschaften und Landesverbände bewahrten sich ihre Autonomie gegenüber der BdV-Spitze, wie umgekehrt diese nur einen recht geringen Einfluß auf jene ausüben konnte. Da der BdV nur relativ wenige Mittel aus den Mitgliedsbeiträgen der Landesverbände und Landsmannschaften erhielt, war er auch materiell von ihnen nicht abhängig. Vielmehr finanzierte er seine Arbeit aus den Subventionen. Diese Verbandsstruktur hatte zur Folge, daß die BdV-Führung bis etwa 1969 ihren

---

[1] Brües, S. 51.
[2] Schoenberg, S. 117.
[3] Brües, a.a.O.
[4] Georg Herde (1): Die Rolle der Landsmannschaften im politischen Leben der Bundesrepublik, Blätter für deutsche und internationale Politik, Bd. 11/2 (1966), S. 1137.

politischen Einfluß nur aufgrund ihrer organisatorischen und personellen Verflechtung mit dem politischen System ausübte, ungeachtet der ständig sinkenden Zahl und Stärke der tatsächlich organisierten Vertriebenen[5].

Bundesregierung und Parteien haben bis in die späten 60er Jahre hinein das von ihnen selbst getragene und respektierte Protektionssystem nicht in Frage zu stellen gewagt. Regelmäßig erschienen auf den Treffen, Kundgebungen und sonstigen Veranstaltungen der Vertriebenen Vertreter der Regierung und der Parteien, die mit ihren Auftritten wiederum eine Möglichkeit zu persönlicher Profilierung wahrnahmen[6]. Den Verbänden wurde dadurch eine öffentliche Ehrung zuteil, die in keinem Verhältnis zu ihrer Mitgliederstärke stand.

Man kann wohl sagen, daß die Vertriebenenverbände in den Jahren 1959–1966 den Höhepunkt ihres politischen Stellenwertes im System der Bundesrepublik erlebten. Das ist nicht gleichbedeutend mit politischer Macht, die im Kampf um den Lastenausgleich wesentlich größer war. In den Jahren 1959–1966 herrschte zwischen Vertriebenenverbänden, Bundesregierung und Parteien eine weitreichende Harmonie. Das Verhältnis zu den Unionsparteien war ungetrübt und erhielt eine zusätzliche Festigung durch die 1960 gefaßte Grundsatzentschließung, daß die Union niemals die Oder-Neiße-Grenze als deutsche Ostgrenze akzeptieren werde. Diese Losung wurde regelmäßig wiederholt und als vermeintliche Kontrasthaltung zur SPD herausgestellt, der in dieser Frage nationale Unzuverlässigkeit vorgeworfen wurde[7]. Nachdem sich durch die polnische Politik keine ostpolitischen „Versuchungen" mehr boten, besserte sich auch das Verhältnis der Vertriebenenverbände zur FDP. Vor der Bundestagswahl 1965 schloß für sie der „Nationalliberale" Siegfried Zoglmann sogar ein förmliches Abkommen mit der Sudetendeutschen Landsmannschaft, in der die Partei sich verpflichtete, jede „Verzichtspolitik" zu bekämpfen[8].

Auch das Verhältnis der Vertriebenenverbände zur SPD, das in den Jahren 1956–1958 manchen Belastungsproben ausgesetzt gewesen war, besserte sich zusehends. Die Geschichte der beiderseitigen Beziehungen spiegelt sich wider im politischen Leben des sudetendeutschen sozialdemokratischen Vertriebenenpolitikers Wenzel Jaksch. Bereits 1955 hatte er die Absicht bekundet, wegen der vermeintlichen Vernachlässigung der Vertriebeneninteressen die SPD zu verlassen, entschied sich aber dann doch für seinen Verbleib. Seine Differenzen mit der Partei setzten sich jedoch fort, so daß auf der hessischen Landesdelegiertenkonferenz am 14. Juli 1957 der Antrag gestellt wurde, ihn von der Landesliste zu streichen[9]. Im Herbst 1958 beschloß Jaksch abermals seinen Parteiaustritt, den er erstens mit der Generallinie der Partei begrün-

---

[5] Brües, S. 60 f.
[6] Ebda., S. 85 ff.; Strothmann, S. 306.
[7] Schoenberg, S. 245.
[8] Brües, S. 100.
[9] Heinrich Windelen: SOS für Europa, Stuttgart 1972, S. 83 f.

dete, zweitens mit seiner Sorge um den politischen Nachwuchs aus den Ostgebieten und dem Sudetenland und drittens mit seiner Sorge um die ostpolitischen Konzeptionen der SPD allgemein. Nach langem Zureden der Parteiführung nahm Jaksch jedoch sein Parteibuch wieder zurück; die Partei gab
ihm offenbar zufriedenstellende Zusicherungen und benutzte ihn gegenüber
den Vertriebenen sogar als Aushängeschild[10].
Die SPD suchte eine Annäherung an die Verbände. Der Parteivorstand organisierte ab 1959 regelmäßig Gesprächsrunden mit den Spitzen von BdV und
Landsmannschaften. Die Zahl der Gespräche erhöhte sich naturgemäß vor
den Wahlen 1961 und 1965 und ebbte in der unmittelbaren Folgezeit wieder
ab. Die SPD anerkannte ausdrücklich das Recht auf Heimat, weiterhin das
Recht der Vertriebenenorganisationen auf ihre politische und landsmannschaftliche Aktivität und bekundete, daß sie sich niemals mit der Zerstückelung Deutschlands abfinden werde. Die Vertriebenenorganisationen hono-
rierten dies, indem sie in ihrer Pressearbeit auf das enge Verhältnis zur SPD
hinwiesen und die Partei dadurch für die Vertriebenen „wählbar" machten.
Sichtbares Zeichen für die Annäherung zwischen SPD und BdV war die
Wahl des Sozialdemokraten Wenzel Jaksch zum BdV-Präsidenten im Jahre
1961. Auch nach dessen Tod 1966 wurde der Stuhl des BdV-Präsidenten wieder mit einem Sozialdemokraten, Reinhold Rehs, besetzt, so daß bis zu dessen
Übertritt zur CDU im Jahre 1969 Angehörige der SPD dem BdV präsidierten.
Als die SPD im Jahre 1965 mit einem Wahlsieg rechnete, schloß sie zuvor
mit den Vertriebenenorganisationen eine reguläre „Wahlkapitulation" ab.
Sie versprach für den Fall der Übernahme der Regierungsverantwortung,
daß sie das Bundesministerium für Vertriebene nicht auflösen und daß sie
Wenzel Jaksch mit der Leitung eines noch zu bildenden Ausschusses für Ostpolitik betrauen werde[11]. Mit anderen Worten: die SPD war bereit, den Vertriebenenorganisationen eine kontrollierende oder wenigstens beratende
Funktion im politischen Entscheidungsprozeß einzuräumen. Da die SPD dann
nicht die Regierung bildete, kam sie gar nicht in die Verlegenheit, diese und
weitere Versprechen, die sie vorher gegeben hatte, einzulösen. Als sie jedoch
ab Herbst 1966 in der Großen Koalition tatsächlich an der Regierung beteiligt wurde, verschlechterte sich ihr Verhältnis zu den Vertriebenenorganisationen zusehends.
Alle im Bundestag vertretenen Parteien hatten sich zwar regelmäßig zum
juristischen Fortbestand Deutschlands in seinen Grenzen von 1937 bekannt,
aber konkrete Wege zur Wiederherstellung eines deutschen Nationalstaates
in seinen alten oder wenigstens friedensvertraglich geregelten Grenzen nicht
aufgewiesen. Wohl hatten sie öfter die Unannehmbarkeit der Oder-Neiße-
Grenze beschworen und immer wieder das Heimatrecht betont, aber sich
zugleich auf positive Konkretisierungen an Stelle der bloßen Negation des

---

[10] Ebda., S. 85 ff.
[11] Brües, S. 115–123.

Bestehenden nicht eingelassen. Das „Heimatrecht" war den Vertriebenenorganisationen zu unbestimmt, weswegen sie die Parteien auf das von ihren
Völkerrechtlern formulierte, präzisere „Annexionsverbot" festlegen wollten.
Aber darauf ging keine der Parteien ein; alle beharrten vielmehr auf dem
unverbindlicheren „Heimatrecht" mit dem keinerlei politische Konkretisierungen verbunden waren[12]. Es war daher nicht verwunderlich, daß unter den
Vertriebenen diese verbalen, aber politisch doch recht verschwommenen Bekenntnisse auf Unmut und Kritik stießen. Am 16. August 1961, drei Tage
nach dem Bau der Berliner Mauer, drohte das BdV-Präsidium auf einer Son-
dersitzung, daß die Geduld der Vertriebenenverbände nicht überfordert
werden dürfe[13]. Gerade der Bau der Mauer, der die deutsche Teilung sichtbar vertiefte, war unter einigen Außenseitern der Vertriebenen Anlaß zur
Abspaltung von den Verbänden, die ebenso wie die mit ihnen verflochtenen
„Lizenzparteien" als unglaubwürdig empfunden wurden. 1962 organisierte
sich die rechtsradikale, völkische „Aktion Oder-Neiße" (AKON), die die
Wiederherstellung der deutschen Grenzen von 1914 unter Einfluß des
Sudetenlandes forderte. Zwei Jahre später bildete sich aus den Konkurs-
massen verschiedener Rechtsparteien (DRP, DP, aber auch des BHE) die
NPD, die besonders unter den Vertriebenen Stimmen und Zulauf zu gewin-
nen hoffte[14]. Die offizielle Führung von BdV und Landsmannschaften distanzierte sich zwar von diesen rechtsradikalen Organisationen. Unterhalb
der Schwelle der verbandsoffiziellen Kontakte hatte es freilich seit jeher
Querverbindungen einzelner landsmannschaftlicher Sondergruppierungen
nach rechts gegeben. Erwähnenswert ist hierbei der sudetendeutsche „Witiko-
Bund", dessen Mitglieder die Mehrheit im Vorstand der sudetendeutschen
Landsmannschaft stellen. Der Witiko-Bund bot nicht nur vielen alten Volks-
tumskämpfern und NS-Funktionären eine organisatorische Heimat, sondern
war und ist auch Bindeglied und Vermittler zu anderen nationalistischen
und rechtsradikalen Gruppen, deren Wirkungsfeld zeitweise bis weit nach
Südtirol reichte[15]. Die Kontakte von Vertriebenenfunktionären zu rechtsradikalen Parteien und Organisationen in anderen europäischen Ländern
und in Übersee wurden sichtbar anläßlich der Kehler Heimattage im Oktober
1966, zu denen u. a über 100 Gäste aus dem Lager der äußersten französischen Rechten erschienen[16]. Der BdV und sein sozialdemokratischer Präsident
haben sich von dieser Veranstaltung nicht nur nicht distanziert, sondern waren sogar Gastgeber dieses merkwürdigen Treffens. Ebensowenig haben
sich BdV und Landsmannschaften von den völkischen Parolen des langjährigen Verkehrsministers Seebohm oder von den nationalistischen Sonntags-
reden des „Witikonen" Walter Becher distanziert, der geäußert hatte: „Lieber

---

[12] Ebda., S. 73.
[13] Sander, S. 92.
[14] Schoenberg, S. 296 ff.
[15] Herde (1), S. 1144 f.
[16] Ebda., S. 1145 f.

nehme ich eine vierte oder fünfte polnische Teilung in Kauf, als das Breslau für immer polnisch bliebe[17]."

Es wäre falsch, die Vertriebenenorganisationen aufgrund der genannten Beispiele als Sammelbecken des Rechtsradikalismus zu bezeichnen. In eigenem Verbandsinteresse haben sie regelmäßige Bekenntnisse zum demokratischen Staat und zum Grundgesetz abgelegt, in der Erwartung, dafür als Teil dieses bestehenden Regierungssystems anerkannt und respektiert zu werden. Ein Ausscheren nach rechts, ein Konflikt mit den im Parlament vertretenen Parteien hätte die Verbände auf ihre bloße Mitgliederbasis zurückgeworfen und damit schwer geschädigt. Die Vertriebenenorganisationen haben auch trotz eindeutiger Affinität zu den Unionsparteien stets die parteipolitische Neutralität formal aufrecht zu erhalten versucht. Das Bekenntnis zu den demokratischen Parteien wurde aber schweren Belastungen ausgesetzt, als diese sich in der zweiten Hälfte der 60er Jahre dem Bewußtseinswandel der politischen Öffentlichkeit anschlossen und bislang gehütete Grundsätze der Ost- und Deutschlandpolitik in Frage zu stellen begannen. Die Folge war streng genommen nicht eine Rechtsentwicklung der Vertriebenenverbände, deren Grundsätze sich seit 1950 in allen Fragen, die Deutschland als Ganzes betrafen, kaum geändert hatten. Aber gerade ihr Beharren auf Rechtspositionen, das in den 60er Jahren von einem wachsenden Teil der Bevölkerung als anachronistisch empfunden wurde, isolierte BdV und Landsmannschaften im allgemeinen politischen Bewußtseinsprozeß und ließ sie in Gesellschaft völkischer Gruppen allein.

Die Krise der Vertriebenenverbände, die sich erst ab Mitte der 60er Jahre in der Öffentlichkeit sichtbar abzeichnete, setzte freilich früher ein und begann mit der inneren organisatorischen Auszehrung. BdV und Landsmannschaften mögen sich vielleicht lange der Täuschung hingegeben haben, daß durch die Vererbung des Vertriebenenstatuts auf die schon in Westdeutschland geborenen Kinder auch die Erinnerung und mit ihr die Mentalität ihrer Eltern weitergeben würde. Auf diese Weise zählten die Verbände auch die längst in der Bundesrepublik geborenen Vertriebenenkinder, die gegen Ende der 60er Jahre immerhin ein Drittel aller „Vertriebenen" ausmachten, zu ihrem potentiellen Anhang[18]. Der biologische Rückgang der Vertriebenen verminderte dennoch die Mitgliederzahlen von BdV und Landsmannschaften, ohne daß ihnen neue Bevölkerungsgruppen zugeführt wurden. Die Untersuchung einer Ortsgruppe der Landsmannschaft Schlesien im Jahre 1961 (!) ergab, daß das durchschnittliche Alter der aktiven weiblichen und männlichen Mitglieder bei 61,3 bzw. 56 Jahren lag; 30–40jährige waren selten und Jüngere als 30jährige fehlten völlig[19]. Mitgliederzahlen des BdV und der Lands-

---

[17] Zit. nach Strothmann, S. 318.

[18] Ebda., S. 304.

[19] Günter Rauer: Die Landsmannschaft Schlesien aus der Sicht einer Ortsgruppe in Niedersachsen. Eine empirisch-soziologische Untersuchung (Mskr. der Hochschule für Wirtschaft und Politik, 13. Lehrgang), Hamburg 1961, S. 30.

mannschaften sind für die neueste Zeit nicht bekanntgegeben worden[20]. Auch die intensive Jugendarbeit der Landsmannschaften hat nicht verhindern können, daß die Integration in die „Altbevölkerung" die Kinder meistens aus den noch vorhandenen landsmannschaftlichen Traditionen reißt. Offensichtlich ist die zweite Generation der Vertriebenen meist dann für die Landsmannschaften verloren, wenn sie in das heiratsfähige Alter kommt[21].

Aus dieser demographisch prekären Lage der Vertriebenenverbände ergibt sich nun die Frage, inwiefern sie aus der Sicht ihrer Mitglieder als politische Organisation betrachtet wurden. Eine 1964 durchgeführte Strukturanalyse der hamburgischen Landesgruppe der Landsmannschaft Ostpreußen z. B. wies eine erhebliche Diskrepanz im verbandspolitischen Selbstverständnis der Mitglieder der Landsmannschaft einerseits und der offiziellen Verbandsführung andererseits auf. Von 35 befragten Mitgliedern gaben 23 unpolitische Gründe für die Existenzberechtigung der Landsmannschaften an, einer politische Gründe, sieben beides; der Rest äußerte keine Meinung[22]. Die Mehrheit betrachtete die Landsmannschaft nicht als politische Organisation und nannte auch keine politischen Motive für ihren früheren Beitritt. Im Gegensatz hierzu konnten die Verfasser bei den Verbandsfunktionären die Ansicht antreffen, daß die Verbände ein politisches Mandat besäßen[23].

Der Prestigeverlust der Vertriebenenverbände setzte erst ein mit der zunehmenden Kritik in der Öffentlichkeit an ihrer politischen Funktion. Zwar waren schon früher in Presse, Rundfunk und Fernsehen ihre Grundsätze in der Ost- und Deutschlandpolitik angegriffen worden. Den eigentlichen Auftakt zu einer umfassenden Diskussion bildete erst die im Oktober 1965 veröffentlichte Denkschrift der Evangelischen Kirche in Deutschland (EKD) über „Die Lage der Vertriebenen und das Verhältnis des deutschen Volkes zu seinen östlichen Nachbarn". In ihr wurde zu einer Versöhnung auf der Grundlage der faktischen Nachkriegsgrenzen aufgerufen, was in der Folgezeit noch eine Flut von Gegenschriften und polemischen Erwiderungen auslöste[24]. Einen Monat nach Erscheinen der Ostdenkschrift begann mit der Botschaft der in Rom weilenden polnischen Bischöfe an ihre westdeutschen Amtsbrüder der Dialog zwischen polnischer und deutscher katholischer

---

[20] Die Zahlenangaben der Vertriebenenverbände unterliegen seit jeher großen Schwankungen (vgl. Schoenberg, S. 115); sie sind teilweise auf die Doppelmitgliedschaften in den einzelnen Gliederungen und Organisationen zurückzuführen.

[21] Vgl. Rauer, S. 39 f.

[22] Hans-Dieter Horn und Wulf Suhr: Strukturanalyse der Landsmannschaft Ostpreußen e. V. unter besonderer Berücksichtigung der Rückkehrwilligkeit der Mitglieder einer Landesgruppe (Mskr. der Hochschule für Wirtschaft und Politik, 16. Lehrgang), Hamburg 1964, S. 30.

[23] Ebda., S. 33 und 43.

[24] Vgl. Schoenberg, S. 295; – Reinhard Henkys (Hrsg.): Deutschland und die östlichen Nachbarn. Beiträge zu einer evangelischen Denkschrift, Stuttgart–Berlin 1966.

Kirche[25]. Die katholische Kirche in Deutschland legte sich politisch weniger fest als die evangelische, aber auch so wurde hier der Problemkreis Ostpolitik und Vertriebenenverbände weiter diskutiert. Folgerichtig mündete diese Diskussion schließlich ein in die Argumentation des Polenmemorandums, das der katholische Bensberger Kreis im März 1968 veröffentlichte und das – ähnlich wie die Denkschrift der EKD – auf das Heimatrecht der seit 1945 in den ehemaligen deutschen Ostgebieten geborenen Polen hinwies[26].

Der Prozeß der *ostpolitischen Bewußtseinswandlung* wurde zunächst getragen von vereinzelten Publizisten und Intellektuellen, von denen sich die Bundesregierung – wie noch 1964 im Falle des Historikers Golo Mann[27] – zu distanzieren veranlaßt sah, sobald sie in der Frage der deutsch-polnischen Grenzen vom offiziellen Standpunkt abzuweichen wagten. Nach ihnen griffen kirchliche Kreise die Diskussion auf sowie einzelne Persönlichkeiten oder Gruppen in der politischen Öffentlichkeit. Ihnen folgten vereinzelte Vertreter der Parteien, die – ohne Zustimmung der Parteiführungen – ihre privaten Meinungen bekundeten. Durch die Studentenunruhen in den Jahren 1966/67 wurden zusätzlich bislang allgemein respektierte oder gehütete Tabus der überlieferten Deutschlandpolitik mit ihren ostpolitischen Implikationen durchbrochen. Erst an letzter Stelle traten die Parteiführungen mit veränderten Grundsätzen zum deutsch-polnischen Verhältnis an die Öffentlichkeit.

Die ersten *parteipolitischen* Anstöße zum Umdenken in der Ost- und Deutschlandpolitik kamen aus Kreisen der FDP; sie trugen zwar keinen parteioffiziellen Charakter, regten aber stark die innerparteiliche Diskussion an. Im März 1967 forderte der FDP-Sprecher Wolfgang Schollwer in einem außenpolitischen Arbeitspapier die „ ... Aufgabe des Anspruchs auf die deutschen Ostgebiete und die Akzeptierung der gegenwärtigen deutschen Ostgrenzen"[28]. Zum gleichen Zeitpunkt veröffentlichte der FDP-Schatzmeister Hans Rubin in der Zeitschrift „liberal" den Artikel „Die Stunde der Wahrheit". Ähnlich wie Schollwer forderte auch Rubin die Anerkennung der Oder-Neiße-Linie als deutsche Ostgrenze: „Wer die Wiedervereinigung will, muß die Oder-Neiße-Grenze anerkennen und die Existenz des anderen, kommunistischen Staates auf deutschem Boden zur Kenntnis nehmen"[29]. Damit wurden die von Brentano 1956 in die Diskussion geworfenen „Opfer" für die Wiedervereinigung erneut zur Sprache gebracht. Diese Thesen konnten freilich erst parteioffizielle Gültigkeit erlangen, als durch die Wahl Walter Scheels der

---

[25] Deutsch-polnischer Dialog. Briefe der polnischen und deutschen Bischöfe und internationale Stellungnahmen, Bonn 1967.

[26] Das Polenmemorandum des Bensberger Kreises, Herder-Korrespondenz H. 4, Jg. 22 (1968), S. 172–178.

[27] Golo Mann: Verzicht oder Forderung? Die deutschen Ostgrenzen, Freiburg/Br. 1964.

[28] Meißner, S. 192.

[29] Ebda., S. 194.

konservative, nationalliberale Flügel der Partei in den Hintergrund gedrängt wurde. Die neue linksliberale Parteiführung propagierte seit Anfang 1968 – mit noch gewissen Rücksichten auf parteiinternen Widerstand – den neuen ostpolitischen Kurs der Partei.

In der SPD dauerte der Prozeß der ostpolitischen Neuorientierung wesentlich länger, obwohl er sich schon seit der Bildung der Großen Koalition 1966 zaghaft andeutete. Er wurde naturgemäß stark behindert durch die Rücksichten der Partei auf ihren Koalitionspartner CDU/CSU und auf die Koalitionsvereinbarungen, zu denen u. a. die gemeinsame Haltung in der Oder-Neiße-Frage gehörte. Die Gesprächsbereitschaft nach Osten, die der neue Außenminister und sozialdemokratische Parteivorsitzende Willy Brandt Anfang 1967 zu erkennen gab, mußte das Verhältnis zu den Vertriebenenverbänden belasten. Zwar war die Aufnahme diplomatischer Beziehungen zwischen Bonn und Bukarest im Januar 1967 im Hinblick auf die Deutschlandpolitik relativ unproblematisch, aber die Spitzen von BdV und Landsmannschaften erkannten sehr wohl, daß diese Maßnahme nur ein erster Schritt in eine Richtung war, die sie nicht billigen konnten. Charakteristisch sind daher auch die Argumente, die gegen die Öffnung nach Osten vorgetragen wurden. „Die Vertriebenen haben die geschichtliche Aufgabe, ein Bollwerk des Widerstandes zu sein, wenn sich Resignation und Defätismus ausbreiten. Die Meinung der Führungskreise der Vertriebenen geht dahin, daß die sogenannte Entspannung, deren Zielsetzung entscheidend von den Interessen beider Weltmächte, den USA und der UdSSR, diktiert wird, mehr Gefahren als Chancen für die Wahrung der deutschen Interessen mit sich bringt"[30]. Die Besprechung zwischen SPD-Vorstand und BdV-Führung am 6. Oktober 1967 offenbarte auch die tiefen Differenzen[31]. Die von Außenminister Brandt im Laufe des Jahres mehrfach bekundete Bereitschaft der Bundesrepublik, durch Gewaltverzichtserklärungen zur Entspannung in Europa beizutragen, verdichtete sich gegen Ende des Jahres zu der Feststellung, daß er Verständnis für Polens Wunsch nach gesicherten Grenzen aufbringe[32]. Auf ihrem Nürnberger Parteitag im März 1968 wurde schließlich die ostpolitische Richtlinie beschlossen, derzufolge die Bundesrepublik vorbehaltlich einer endgültigen friedensvertraglichen Regelung die „ ... bestehenden Grenzen in Europa, insbesondere die gegenwärtige polnische Westgrenze zu respektieren und anzuerkennen" habe[33].

Damit war der Bruch zwischen SPD und Vertriebenenverbänden vollzogen.

---

[30] dod Nr. 4/67, S. 1.

[31] Vgl. Brües, S. 124 f.; – Friedhelm Baukloh: Landsmannschaften als Stützen der „neuen Ostpolitik", Blätter für deutsche und internationale Politik, Bd. 12/2 (1967), S. 1235; Baukloh begreift nicht, daß die SPD gar keinen abrupten Bruch mit den Vertriebenenverbänden vollziehen konnte und um einer möglichst reibungsfreien Trennung von ihnen ihre Abwendung so schmerzlos wie möglich durchführen mußte.

[32] Meißner, S. 235.

[33] Ebda., S. 246.

Allerdings zogen sozialdemokratische Vertriebenenpolitiker wie der BdV-Präsident Rehs daraus zunächst noch keine persönlichen Konsequenzen. Aber Gemeinsamkeiten waren in der Ost- und Deutschlandpolitik nicht mehr gegeben. Die Ostdeutschen stünden – so die BdV-Führung im „deutschen ostdienst" – vor der Entscheidung, ob sie nunmehr die volle Entschädigung für die verlorene Heimat fordern sollten, nachdem die SPD 25 % des deutschen Territoriums abgeschrieben habe. „Die überraschende Entscheidung des Parteitages scheint eine vertrauensvolle Zusammenarbeit beenden zu wollen. Wir vermögen bedauerliche Folgen in den kommenden Wahlen nicht mehr abzuwenden"[34]. Als in den Landtagswahlen in Baden-Württemberg im Frühjahr 1968 die SPD schwere Verluste erlitt und dafür die NDP in den Landtag einzog, haben dann auch die Vertriebenenverbände dies als deutliche Warnung an die Adresse der Sozialdemokraten ausgeschlachtet.

Mit dem ostpolitischen Kurswechsel von FDP und SPD hatte die „Vereinsamung" der Vertriebenenverbände, die drei Jahre vorher mit der EKD-Denkschrift eingesetzt hatte, ihren vorläufigen Abschluß gefunden. Diese Vereinsamung legte auch die charakteristische Ideologie der Vertriebenenverbände frei, die vorher durch die regierungsoffizielle Ost- und Deutschlandpolitik der Regierungen Adenauer, Erhard und Kiesinger verdeckt worden und somit in ihren spezifischen Ausprägungen weniger erkennbar war. Der zentrale Begriff in dem ideologischen Konzept der Verbände und ihrer Sprecher – gleich welcher parteipolitischen Couleur – ist die Vertreibung. Mit ihr wurde nach 1945 eine gottgewollte Ordnung, die „Heimat", zerstört. Diese Ordnung aber besteht aus der Einheit von Mensch, Kultur und Natur. Gegenbegriff zur Vertreibung ist daher die Rückkehr, mit der die zerstörte Ordnung wieder hergestellt wird. Die Polarität zwischen Vertreibung und Rückkehr wird überbrückt durch das „Recht auf Heimat", welches durch die „Heimatpolitik" verwirklicht werden soll. Gegenstand der Heimatpolitik ist einmal die Linderung der Not der Vertriebenen durch ihre soziale Eingliederung und zugleich die Pflege und Erhaltung des Volkstums, welches im Augenblick der Rückkehr die Einheit von Mensch, Kultur und Natur wiederherstellte[35]. Jede Andeutung eines „Verzichts" stellt die gottgewollte Weltordnung in Frage und ist daher der Gegenwert zur Rückkehr. Diese aber nahm mit abnehmender Bedeutung der sozialen Not der Vertriebenen immer stärker die chiliastischen Züge eines göttlichen oder historischen Rechtsaktes, einer Heilserwartung an[36]. Die Funktionäre der Vertriebenenverbände lebten, nach Meinung ihrer Kritiker, immer mehr in einer Scheinwirklichkeit, wie sie oft bei Emigranten beobachtet werden kann, die den Kontakt mit den politischen Gegebenheiten durch die Fiktion einer Wunschwelt ersetzen[37].

---

[34] dod Nr. 11/12/1968, S. 5.

[35] Brües, S. 37 ff.

[36] Ebda., S. 45; – Eugen Lemberg: Der Wandel des politischen Denkens, in: Lemberg III, S. 451.

[37] Schoenberg, S. 240.

Die Vertriebenenverbände hielten an der bislang gültigen Doktrin fest, daß die Grenze zwischen Deutschland und Polen solange nicht geregelt sei, als noch ein von einer gesamtdeutschen Regierung geschlossener Friedensvertrag ausstehe. Sie betrachteten sich seit jeher nicht nur als Sachwalter der von der Vertreibung und Flucht betroffenen Personen, sondern auch der ostpolitischen Belange Deutschlands selbst. Das bedeute aber, daß ihr Selbstverständnis, Anspruch und ihre Argumentation nur solange von der Bevölkerung anerkannt werden konnten, als die Hoffnung auf eine (nationalstaatliche) Wiedervereinigung und den Abschluß eines von einer gesamtdeutschen Regierung ausgehandelten Friedensvertrages von einer Mehrheit der Bevölkerung geteilt wurde. Die öffentliche Anerkennung ihres politischen Anspruchs und die Kraft ihrer ostpolitischen Argumente mußten in der Öffentlichkeit Einbußen erleiden, je mehr Zweifel an den von ihnen erwarteten „Korrekturen" der Geschichte laut wurden. Mit zunehmender Resignation oder Gleichgültigkeit in der Grenzfrage verloren die Verbände naturgemäß an Prestige, auch unter den Kreisen der Vertriebenen selber, die sich mit den politischen Parolen ihrer Verbandsfunktionäre immer weniger identifizierten.

Dieser Prozeß wird deutlich an den Zahlenwerten, die regelmäßige Repräsentativerhebungen in den Jahren 1951, 1956, 1959, 1962, 1966 und 1967 (Oktober und November) ergaben. Die jeweils gestellte Frage lautete: „Finden Sie, wir sollten uns mit der jetzigen deutsch-polnischen Grenze – der Oder-Neiße-Linie – abfinden oder nicht abfinden?" Hinsichtlich der Fragestellung ist noch zu bemerken, daß der Begriff „abfinden" nicht gleichbedeutend mit „anerkennen" der Grenze ist, sondern nur das Ausmaß von Resignation oder Gleichgültigkeit ausdrückt. Das Resultat zeigt folgende Tabelle[38]:

	abfinden	nicht abfinden	unentschieden, keine Meinung
1951 (März)	8 %	80 %	12 %
1956 (Dezember)	9 %	73 %	18 %
1959 (September)	12 %	67 %	21 %
1962 (März)	26 %	50 %	24 %
1964 (September)	22 %	59 %	19 %
1966 (Februar)	27 %	54 %	19 %
1967 (Oktober)	35 %	44 %	21 %
1967 (November)	46 %	35 %	19 %

---

[38] Diese und die folgenden Zahlenangaben beruhen auf Erhebungen des Instituts für Demoskopie, Allensbach.

Bemerkenswert ist die Diskontinuität, die sich in den Zahlenreihen für das Jahr 1964 ergibt. Kennzeichnend für den rapiden Bewußtseinswandel seit 1966 ist auch die Beschleunigung des Prozesses, die ihren Gipfel in der vierwöchigen Zeitspanne im Herbst 1967 erreicht. Dieser Sachverhalt läßt die Vermutung zu, daß die breite Bevölkerung – im Gegensatz zur engeren „politischen Öffentlichkeit" – durch die Parteien mehr beeinflußt wurde als umgekehrt diese durch den Meinungswandel der Bevölkerung. Aufschlußreich ist auch die Haltung bestimmter demographischer Gruppen, für die Vergleichszahlen vom Oktober 1967 vorliegen. Nach ihnen weicht die Haltung der Vertriebenen und Flüchtlinge wesentlich vom Durchschnitt der Bevölkerung ab. Während sich 44 % der Gesamtbevölkerung mit der Oder-Neiße-Linie nicht abfinden wollten, waren es unter den Vertriebenen 56 %; während 35 % der Gesamtbevölkerung bereit waren, die Nachkriegsgrenzen hinzunehmen, waren es unter den Vertriebenen nur 22 %. Schlüsseln wir das Ergebnis nach Altersgruppen auf, dann finden wir die meisten derer, die sich mit den Grenzen abfinden wollen, unter den 16–29jährigen: 40 % (Gegner: 38 %); die wenigsten dagegen unter den 45–59jährigen: 30 % (Gegner: 50 %). Die 30–44jährigen und die über 60jährigen unterschieden sich nur geringfügig voneinander mit 37 bzw. 35 % und 44 bzw. 42 % Gegnern.

Für die innenpolitische Entwicklung der deutsch-polnischen Beziehungen ist die folgende parteipolitische Aufschlüsselung (ebenfalls Oktober 1967) von Bedeutung:

	abfinden	nicht abfinden	unentschieden, keine Meinung
SPD-Anhänger	46 %	39 %	25 %
FDP-Anhänger	40 %	51 %	9 %
CDU/CSU-Anhänger	33 %	46 %	21 %
NPD-Anhänger	23 %	59 %	18 %

Die Tabelle zeigt, daß die Bereitschaft zur Hinnahme der Oder-Neiße-Grenze bei den Sozialdemokraten am größten war und jeweils weiter nach rechts abnahm. Diese Reihenfolge findet aber keine Entsprechung in der negativen Haltung zur Grenze. Die FDP-Anhänger weisen zwar den zweitgrößten Teil an Befürwortern, aber auch den zweitgrößten Teil an Gegnern einer Hinnahme der Grenze auf und übertreffen in letzterem sogar die Unionsparteien. Da unter ihnen gleichzeitig die Zahl der Unentschiedenen und Meinungslosen am niedrigsten war, verdeutlichen diese Zahlen die starke innere Polarisierung der Partei, die vor allem während der Ostpolitik 1970–1972 durch die Abspaltung der Nationalliberalen politische Bedeutung erlangen sollte.

Die Hinnahme der deutsch-polnischen Nachkriegsgrenze stellt eine weniger aktive politische Haltung dar, als das Plädoyer für ihre Anerkennung. Aus diesem Grunde weichen die Antworten auf folgende gestellte Frage von den oben gegebenen Werten ab: „Sollte die Bundesrepublik die Oder-Neiße-Linie, die jetzt Deutschland von Polen trennt, als endgültige deutsche Ostgrenze anerkennen oder nicht anerkennen?"

	anerkennen	nicht anerkennen	unentschieden, keine Meinung
1967 (November)	31 %	50 %	19 %
1968 (September)	34 %	43 %	23 %

Beachtenswert ist die Tatsache, daß im September 1968 die Gegner der Anerkennung der Oder-Neiße-Grenze nicht mehr die Mehrheit der Bevölkerung stellten. Diese eindeutige Entwicklung der öffentlichen Meinung und die veränderte ostpolitische Haltung von SPD und FDP machen die Auszehrung der Vertriebenenverbände von „oben und unten" sichtbar. Ihr Stellenwert in der öffentlichen Meinung, ihr politisches Ansehen war angeschlagen. Erst in dieser Situation konnten es SPD und FDP wagen, die von beiden propagierte Ostpolitik zum Gegenstand des Wahlkampfes zu machen.
In der Geschichte der Bundestagswahlen war die Einflußnahme der Vertriebenenverbände nicht so sehr auf das Votum der einzelnen Wähler gerichtet, sondern – wie Brües richtig bemerkt – an die Adresse der Parteien[39]. Mit der versteckten oder offenen Drohung, gegebenenfalls für die konkurrierenden Parteien indirekte Wahlhilfe zu leisten, sollten alle von neuem auf die ostpolitischen Grundsätze der Verbände verpflichtet werden. In diesem Sinne waren Anfang 1969 auch Aufrufe folgender Art zu verstehen: „Die Stunde der Vertriebenen und Flüchtlinge ist da. Ihren Stimmen Gehör zu verschaffen, ist an der Zeit (...). Unser Kampf für den Bundestagswahlkampf kann nur die Gretchenfrage sein: Wie hältst Du es mit der Oder-Neiße?"[40].
Die Situation zu Beginn des Jahres 1969 unterschied sich indessen doch von früheren Wahljahren. Der Drohmechanismus funktionierte nur solange, als sich alle Parteien tatsächlich von einer unliebsamen Wahlhilfe der Verbände bedroht fühlten und somit einen Konflikt scheuten. Anfang 1969 war dieser Konflikt längst ausgebrochen. Im Herbst 1968 hatten sich die Beziehungen zur SPD noch weiter verschlechtert. Vor allem die SPD-Landesverbände griffen BdV und Landsmannschaften scharf an und warfen ihnen Rechtsradikalismus vor; die Parteileitung taktierte zwar vorsichtiger, aber der Bruch war um die Jahreswende 1968/69 längst vollzogen[41]. Hinzu kam, daß die Annäherung von SPD und FDP in ostpolitischen Fragen schon lange vor dem Beginn des Wahlkampfes Spekulationen über eine Koalition beider

---

[39] Brües, S. 173.
[40] dod Nr. 1/1969, S. 6.
[41] Brües, S. 134 ff.

Parteien und damit eine Ablösung der Unionsparteien von der Regierungsverantwortung förderte. Ein Zeichen für ihre Bereitschaft zur Koalition mit
den Sozialdemokraten setzte die FDP im März 1969 mit ihrer Hilfe bei der
Wahl des SPD-Kandidaten Heinemann zum Bundespräsidenten[42]. Im Laufe
der folgenden Monate bekräftigten beide Parteien immer häufiger ihre Gemeinsamkeiten, so daß sich der Wahlkampf zunehmend auf die Alternative
CDU/CSU oder SPD/FDP konzentrierte. Für die Vertriebenenverbände trat
nun eine neuartige Situation ein, indem sie – erstmals seit dem Scheitern
des GB/BHE – genötigt waren, unmittelbar die Wähler für bzw. gegen bestimmte Parteien zu mobilisieren. Dies führte BdV und Landsmannschaften
in schwere politische Rollenkonflikte. Denn aus wohlerwogenem verbands-
politischem Interesse hatte vor allem der BdV den im Bundestag vertretenen
Parteien stets eine wenigstens formale Neutralität gewahrt. Diese Haltung
war erforderlich, um über alle Fraktionen die Verbandsinteressen wirksam
wahrnehmen zu können; sie war aber auch nur solange möglich, als alle
Parteien in einem Mindestmaß an ostpolitischen Gemeinsamkeiten mit dem
BdV übereinstimmten. Die sich anbahnende Parteienkonstellation brachte den
BdV nun in die Notlage, die formale Neutralität weiterhin mühsam zu wah-
ren, um sich nicht ausschließlich auf eine Partei stützen zu müssen, inhaltlich
aber eindeutig für die Unionsparteien einzutreten. Noch problematischer war
das Verhältnis der Vertriebenenverbände zur NPD. Mit Rücksicht auf die
demokratischen Parteien distanzierten sie sich zwar von ihr, obwohl die
Verbände in ostpolitischer Hinsicht mit der Anhängerschaft keiner anderen
Partei mehr übereinstimmten als mit den NPD-Wählern. Die Folge dieses
Rollenkonfliktes war eine charakteristische Ambivalenz im Verhältnis zu
allen Parteien (außer der CDU/CSU) und eine sichtbare Unsicherheit der
BdV-Führung im Wahlkampf.
Der BdV war naturgemäß daran interessiert, die künftige Ost- und Deutschlandpolitik in den Vordergrund der Wahlkampfthematik zu stellen. Das ist
ihm nur in begrenztem Maße gelungen. Dominierendes Thema war die Wirt-
schafts- und Finanzpolitik, in deren Brennpunkt seit dem Frühjahr 1969 die
Frage nach der Aufwertung der DM stand[43]. Aber an zweiter Stelle rangierte
bereits die von SPD und FDP propagierte neue Ost- und Deutschlandpolitik.
In diesem Zusammenhang ist die Entwicklung der öffentlichen Meinung in
der Oder-Neiße-Frage seit dem September 1968 interessant. Die Zahl der
Befürworter einer Anerkennung der Grenze war zwar bis zum März 1969
geringfügig von 34 % auf 32 % gesunken, aber auch die Zahl der Gegner
von 43 % auf 42 % zurückgegangen. Für den Wahlkampf von Interesse ist
hierbei eine parteipolitische Aufschlüsselung dieser Zahlen:

---

[42] Werner Kaltefleiter mit Peter Arend, Paul Kevenhörster und Rüdiger Zülch:
   Im Wechselspiel der Koalitionen. Eine Analyse der Bundestagswahl 1969, in:
   Verfassung und Verfassungswirklichkeit Bd. 5/1, Köln 1970, S. 127.
[43] Ebda., S. 66.

	anerkennen	nicht anerkennen	unentschieden, keine Meinung
Insgesamt	32 %	41 %	27 %
SPD-Anhänger	39 %	39 %	22 %
FDP-Anhänger	61 %	27 %	12 %
CDU/CSU-Anhänger	28 %	48 %	24 %
NPD-Anhänger	22 %	78 %	0

BdV und Landsmannschaften versuchten nun, unter großem propagandistischem Aufwand auf die Gefahren hinzuweisen, die ihrer Ansicht nach mit einer „Verzichts- und Anerkennungspolitik" verbunden seien. Mit Kundgebungen, Treffen und verschiedenen anderen Veranstaltungen sollte die Wahlentscheidung beeinflußt werden. Für 1969 organisierten die Vertriebenenverbände insgesamt 26 derartiger Manifestationen, davon 25 vor der Wahl im September. Immerhin sollen nach Angaben des BdV etwa eine Million Vertriebene oder Sympathisanten den Schlesiertag in Hannover, die Pfingsttreffen der Sudetendeutschen in Nürnberg und der Ostpreußen in Essen sowie den „Tag der Heimat" in Berlin und im ganzen Bundesgebiet besucht haben[44]. Während der BdV auf den Veranstaltungen meist vorsichtiger auftrat und indirekt vor den „Anerkennungsparteien" warnte, drückten die Landsmannschaften ihre Wahlempfehlungen wesentlich konkreter und radikaler aus[45]. In der internen Verbandsarbeit wurde freilich auch der BdV deutlicher. Anfang Juli übermittelte sein Wahlkampfausschuß allen Landes- und Kreisverbänden ein Rundschreiben, das nicht in der Öffentlichkeit bekannt werden durfte. Darin wurden Diskussionsgruppen aus rhetorisch begabten und gut informierten Verbandsangehörigen angeregt, die auf den Wahlveranstaltungen der Parteien „Verzichtstendenzen" bloßstellen und widerlegen sollten. Vor allem aber hätten die Verbandsangehörigen alle Parteien als für die Vertriebenen unwählbar hinzustellen, die erstens die Oder-Neiße-Linie „anerkennen bzw. respektieren" wollten, zweitens die DDR als zweiten deutschen Staat zu akzeptieren bereit wären, drittens das Münchener Abkommen für nichtig oder für ungerecht hielten und viertens das Unrecht der Vertreibung mit dem Tode des letzten davon Betroffenen für abgetan hielten[46]. Diese Wahlkampfanleitung war eindeutig gegen SPD und FDP gerichtet, aber trotzdem suchte der BdV offene Konfrontationen zu vermeiden. Nur in Ausnahmefällen haben die Vertriebenenverbände Parteien und Politiker nament-

---

[44] dod Nr. 21/1969, S. 1 f. und Nr. 24/1969, S. 5.

[45] Brües, S. 172 f.

[46] Ebda., S. 171 f.; – Georg Herde (2): Das Verhältnis der Regierung Brandt/Scheel zu den Landsmannschaften, Blätter für deutsche und internationale Politik Bd. 16/1 (1970), S. 578.

lich angegriffen. Charakteristisch für diese ambivalente und unsichere Haltung gegenüber SPD und FDP ist der inhaltlich eindeutige, in seinem Wortlaut aber vorsichtige Aufruf, den der BdV-Präsident drei Tage vor der Wahl an die Vertriebenen richtete: „Ihr wißt, wer (...) durch verantwortungsloses Anerkennungsgerede das Selbstbestimmungsrecht des ganzen deutschen Volkes aufs Spiel setzt. – Wir müssen am 28. September verhindern, daß eine solche Politik die Geschicke unseres Landes bestimmt. Wir müssen erreichen, daß aus den Wahlen eine handlungsfähige Regierung hervorgeht, die in der Deutschland- und Ostpolitik einen klaren und festen Kurs steuert"[47].

Die Unsicherheit der Vertriebenenverbände gegenüber den Parteien erstreckte sich, wie bereits angedeutet wurde, auch auf die NPD. Ihr von vielen Seiten befürchteter Einzug in den Bundestag hätte aus numerischen Gründen eine SPD/FDP-Koalition unmöglich und eine Fortsetzung der Großen Koalition erforderlich gemacht. Unter diesen Voraussetzungen hätte die Bundesrepublik kaum neue Wege in der Ost- und Deutschlandpolitik beschreiten können. Es trifft zu, daß manche Vertriebenenfunktionäre derartige Spekulationen angestellt haben[48]; es trifft aber nicht zu, daß – wie Herde behauptet – BdV und Landsmannschaften direkt zur Wahl der NPD aufgerufen haben[49]. Die NPD selber hat wohl mit größerem Zulauf aus Kreisen der Vertriebenen gerechnet und daher besonders viele Vertriebene als Kandidaten aufgestellt, nicht zuletzt ihren Spitzenkandidaten Linus Kather, der seine politische Gratwanderung auf der äußersten Rechten abschloß[50]. Die Vertriebenenverbände sind auf diese Offerten nicht eingegangen und haben weiterhin am formalen Bekenntnis zu den demokratischen Parteien festgehalten. Auch ist irgendeine größere Resonanz der NPD unter den Vertriebenen nicht nachweisbar.

Unbelastet und eindeutig war allein das Verhältnis der Verbände zu den Unionsparteien. Nicht nur gehörten die meisten der führenden Vertriebenenfunktionäre der CDU oder CSU an, nicht nur fanden ihre Argumente größeren Anklang unter ihren Wählern, sondern auch die Unionsparteien selber hoben ihre Gemeinsamkeiten mit den Verbänden hervor. Zu wiederholten Anlässen im Laufe des Sommers 1969 bekräftigte der CDU-Vorsitzende und Bundeskanzler Kiesinger, daß eine Grenzregelung mit Polen erst in einem Friedensvertrag mit einer gesamtdeutschen Regierung erfolgen könne. Die (CDU/CSU-)Regierung sei nicht gewillt, hinter dem Rücken der Vertriebenen eine „Politik des Verzichts" zu treiben. In Wahlkampfbroschüren, die die CDU-Bundestagskandidaten vorstellten, wurde ausdrücklich auf die Vertriebenen unter ihnen hingewiesen und nicht zuletzt setzte die CDU den Vertriebenenminister Heinrich Windelen als unmittelbaren „Betreuer" der Vertriebenen werbewirksam ein[51]. Massiver als die CDU agitierte ihre baye-

---

[47] dod Nr. 37/1969, S. 1.
[48] Baukloh, S. 1238.
[49] Herde (2), S. 577.
[50] Strothmann, S. 317; – Brües, S. 199 f.
[51] Kaltefleiter, S. 51; – Brües, S. 160.

rische Schwesterpartei CSU, die mit ihrer harten Kritik am „Illusionismus" der SPD und nationalkonservativen Parolen vom „Ausverkauf deutscher Interessen" diejenigen Gruppen ansprach, die ihre politische Position im öffentlichen Leben der Bundesrepublik gefährdet sahen[52]. Am 22. April empfing die CSU-Parteispitze eine Delegation von BdV-Vertretern; in einem Kommuniqué bekannte sie sich zum Heimatrecht und versprach, Kandidaten aus den Reihen der Vertriebenen zum Bundestag aufzustellen[53]. Die spätere Oppositionsgemeinschaft zwischen Unionsparteien und Vertriebenenverbänden bahnte sich schon während des Wahlkampfes an.

Wenn die Vertriebenenverbände die „Verzichtstendenzen" einer Partei offen angriffen, dann richtete sich ihre Kritik meist gegen die FDP. Wegen ihrer relativ geringen Größe nahm der BdV bei ihr weniger Rücksicht auf die formelle parteipolitische Neutralität. Dagegen suchten die Verbände offene Konfrontationen mit der SPD zu vermeiden. Der sozialdemokratische Parteivorstand schwächte sogar aus taktischen Gründen die Nürnberger Entschließung zur Oder-Neiße-Grenze ab und verkündete im März 1969: „Wir werden die gegenwärtigen Grenzen respektieren; wir wissen, daß ihre endgültige Regelung nur in dem immer noch ausstehenden Friedensvertrag möglich ist", – eine terminologische Differenzierung, die vom BdV ausdrücklich begrüßt wurde[54]. Diese taktische Linie der scheinbaren Wiederannäherung wurde fortgesetzt auf dem sozialdemokratischen Parteitag in Bad Godesberg im April 1969, auf dem es dem Parteivorstand gelang, Anträge auf Anerkennung von DDR und Oder-Neiße-Grenze zu überspielen. Auch wurden die Vertriebenenverbände mit versöhnlichen Worten gewürdigt. In ähnlichem Stil war schließlich auch der Empfang gehalten, den der Parteivorsitzende und Bundesaußenminister Willy Brandt am 29. April dem BdV-Präsidium gab.

Mit der sogenannten Rehs-Affäre trat das Verhältnis zwischen SPD und BdV in ein neues Stadium. Die Landesdelegiertenkonferenz der SPD von Nordrhein-Westfalen hatte zwar dem schlesischen Vertriebenenpolitiker Herbert Hupka den sicheren achten Listenplatz gegeben, eine ähnliche Placierung jedoch dem BdV-Präsidenten Reinhold Rehs trotz Fürsprache des Parteivorstandes verweigert. Daraufhin trat Rehs zur CDU über, die ihm einen Wahlkreis versprach. „Art und Stil des Entgegenkommens", so kommentierte der BdV diesen Vorrang, „das Rehs bei der CDU gezeigt wird, lassen erkennen, daß seine politische Haltung und das Vertrauenskapital, das er im Auftrage der Vertriebenen zu verwalten hat, hier richtig eingeschätzt und eingesetzt werden"[55]. Die CDU gab Rehs allerdings auch nur den aussichtslosen Wahlkreis Verden, in dem er erwartungsgemäß nicht gewählt wurde. Die Affäre Rehs durchbrach den letzten Rest an offizieller Scheinneutralität vonseiten

---

[52] Kaltefleiter, S. 69 f.
[53] dod Nr. 15/16/1969, S. 4.
[54] dod Nr. 11/12/1969, S. 5.
[55] dod Nr. 19/20/1969, S. 1.

des BdV. Der Konflikt mit der SPD trat deutlicher in Erscheinung, als der Berliner Regierende Bürgermeister Klaus Schütz – offensichtlich in Übereinstimmung mit dem Parteivorstand – im Juni für eine Anerkennung der Oder-Neiße-Grenze plädierte[56]. Der BdV beschwerte sich darüber bei Bundeskanzler Kiesinger, der sich namens der Unionsparteien von den inkriminierten Äußerungen distanzierte. – Auf dem Berliner „Tag der Heimat" am 17. September wiederholte Schütz seine ostpolitische Konzeption.

In seiner Ausgabe vom 25. September, also drei Tage vor der Wahl, veröffentlichte der „dod" eine abschließende Stellungnahme über das Verhältnis der Vertriebenenverbände zu den Parteien. „Die führenden Politiker der FDP verfochten weiterhin einen Standpunkt der Anerkennung der gewaltsam geschaffenen Realitäten, wobei in der Frage der Anerkennung der gewaltsam geschaffenen ‚DDR' und der Oder-Neiße-Grenze nur noch fadenscheinige formelle Rechtsvorbehalte gemacht wurden"[57]. Mit Interesse vermerkt der Artikel indessen, daß einige nationalliberale Vertreter des rechten FDP-Flügels, selber Mitglieder der Vertriebenenverbände, sich ostpolitische Abstinenz auferlegt hätten. An der SPD kritisiert das Blatt den ostpolitischen Pessimismus in Bezug auf eine künftige gesamteuropäische Friedensordnung. Der Artikel drückt zwar Skepsis gegenüber der SPD aus, versucht aber zu differenzieren und eine direkte Wertung zu vermeiden. Wohlwollend nimmt er dafür Stellung zur CDU/CSU, der er „Geschlossenheit, Klarheit und Konsequenz der programmatischen Aussage" bescheinigt. Er hebt die enge personelle Verflechtung von BdV und Unionsparteien hervor und zitiert zustimmend die ostpolitischen Aussagen ihrer prominenten Vertreter. – Der Artikel, der die Absicht einer Wahlempfehlung ausdrücklich zurückweist (!), ist charakteristisch für das gesamte ambivalente Verhalten der Verbände im Wahlkampf, in dem sie mühsam und oft nur unter großer Zurückhaltung die formelle Neutralität wahrten, durch inhaltliche Aussagen indessen eindeutig Stellung für die Unionsparteien bezogen. Aufgrund der dadurch bedingten Widersprüchigkeit in ihrem Verhalten und ihrem oft unsicheren Taktieren haben BdV und Landsmannschaften nicht die vollen Mittel eingesetzt, über die sie 1969 vielleicht noch verfügten. Womöglich hätten sie durch eine offene Parteinahme für die eine und gegen die andere Partei das Wahlverhalten eines größeren Personenkreises beeinflussen und angesichts des knappen Wahlergebnisses eine Entscheidung zu ihren Gunsten herbeiführen können. Es wäre sogar denkbar gewesen, daß sie durch eine Wahlempfehlung für die NPD dieser zu den fehlenden 0,7 % und damit zum Einzug in den Bundestag hätten verhelfen können. Damit wären aber, wie bereits erwähnt, die innenpolitischen Voraussetzungen für eine neue Ostpolitik verhindert worden. Die Vertriebenenverbände haben die formelle parteipolitische Neutralität sowie ihre offizielle Absage an die NPD nicht aufgegeben, weil sie sich weiter-

[56] „Die Zeit" Nr. 30, 27. VI. 1969.
[57] dod Nr. 37/1969, S. 13 f.

hin als überparteiliche Kontrollinstitution in der politischen Öffentlichkeit verstanden und diese ihre Rolle nicht durch ein Abgleiten in Extrempositionen gefährden wollten. Sie haben aber dieses Risiko nicht eingehen wollen, weil sie die Bedeutung der Wahl von 1969 nicht voll begriffen haben.

Die Wahl vom 28. September 1969 erbrachte der CDU/CSU 46,1 %, der SPD 42,7 %, der FDP 5,8 % und der NPD, die nicht in den Bundestag einzog, 4,3 %. Die Wahlanalysen zeigen, daß der für die FDP verlustreiche Wahlausgang stark durch die Abwanderung alt- und nationalliberaler Konservativer zu den Unionsparteien verursacht wurde. Die CDU/CSU selbst mußte eine Stimmeneinbuße von 1,4 % hinnehmen, die größtenteils der SPD zugutekamen. Der SPD war der Einbruch in die katholische Stadtbevölkerung gelungen, zumeist auf Kosten der CDU/CSU. Die Verluste der Unionsparteien an ihrer rechten Flanke an die NPD wurden durch die Erbschaft aus dem liberalen Lager aufgewogen[58]. Inwiefern hat sich das Votum der Vertriebenen auf das Wahlergebnis ausgewirkt? Anhaltspunkte hierzu liefern sechs Wahlkreise mit überdurchschnittlich hohem Anteil an Vertriebenen (d. h. mehr als 21,3 %). Während die CDU/CSU im Bundesdurchschnitt gegenüber 1965 um 3 % ihrer Wähler verlor, verzeichnete sie in diesen Wahlkreisen eine Zunahme von 19 %[59]; die SPD vermehrte ihren Stimmenanteil durchschnittlich um 8 % ihrer Wähler von 1965, in den „Vertriebenenwahlkreisen" jedoch nur um 0,8 %; die FDP schließlich verlor im Bundesdurchschnitt 39 % ihrer bisherigen Wähler, in den betreffenden sechs Wahlkreisen 52 %. Die NPD konnte in ihnen nur unterdurchschnittliche Gewinne erzielen, so daß ein größerer Zulauf von Vertriebenen zu ihr nicht erkennbar ist[60].

Die Eindeutigkeit dieser Zahlen läßt keinen Zweifel daran aufkommen, daß der Wahlkampf mit seiner starken ostpolitischen Ausrichtung eine partielle Mobilisierung der Vertriebenen bewirkt hat. Wie weit hier der unmittelbare Einfluß der Verbände entscheidend war, dürfte nur schwer zu ermessen sein; er sollte aber auf keinen Fall unterschätzt werden. Grundsätzliche methodologische Überlegungen von Brües und seine Analyse einzelner Wahlkreise zeigen, daß eine bloße Gegenüberstellung von Wahlkreisresultaten und Bundesdurchschnitt ohne umfassendere Untersuchung der regionalen Verhältnisse leicht zu Fehlschlüssen führen kann[61]. Gleichwohl können wir die Feststellung treffen, daß die Wahl von 1969 die politische Position der Vertriebenenverbände schwer erschüttert hat. Die Zahl der Vertriebenen, die sie noch mobilisiert haben mögen, sind dagegen als bloße Erfolge im Rückzugsgefecht zu werten. Die Niederlage von BdV und Landsmannschaften besteht einmal

---

[58] Kaltefleiter, S. 152 ff.; – Bernhard Beger: Wähler im Aufbruch, Die Politische Meinung, 14. Jg., H. 129 (1969), S. 44 ff. – Helmut Bilstein: Bundestagswahl 1969: Tendenzen des Wählerwillens, Gegenwartskunde 18 (1969), S. 441 ff.

[59] Die Basis zu diesen Prozentzahlen ist der jeweilige Stand der einzelnen Parteien vor der Wahl.

[60] dod Nr. 38/1969, S. 6.

[61] Brües, S. 179 ff.

darin, daß das knappe Wahlergebnis die SPD/FDP-Koalition und damit die Ostpolitik ermöglichte, so daß den Verbänden nur noch die Anlehnung an die Unionsparteien blieb. Gravierender aber dürfte sein, daß der Prozeß der ostpolitischen Umorientierung in der Bevölkerung durch den Wahlkampf selbst beschleunigt und nach der Bildung der Regierung Brandt/Scheel fortgesetzt wurde.

4. VERTRIEBENENVERBÄNDE UND DEUTSCH-POLNISCHE BEZIEHUNGEN UNTER DER REGIERUNG BRANDT/SCHEEL 1969–1972

Polen hat es in den Jahren 1968 und 1969 den Befürwortern einer flexibleren, konzessionsbereiten Ostpolitik keineswegs leichtgemacht. Die Forderungen von SPD und FDP, die Oder-Neiße-Grenze „anzuerkennen bzw. zu respektieren", wurden zwar aufmerksam registriert, änderten an der schroffen Haltung der Warschauer Regierung gegenüber der Bundesrepublik jedoch zunächst nichts. Noch am 26. Februar 1969 nannte Ministerpräsident Cyrankiewicz die Bonner Politik „eine der gefährlichsten Sprengladungen"; das ganze Streben der Bundesrepublik sei auf die Rückgewinnung der jetzigen polnischen Westgebiete ausgerichtet. Sobald die internationale Weltlage eine Chance zur Entspannung biete, mache Bonn durch gezielte Provokationen alle Hoffnungen auf ein besseres außenpolitisches Klima zunichte[1]. Noch am 18. Mai 1969, als der durch starke ostpolitische Akzente geprägte Wahlkampf längst ausgebrochen war, richtete Parteichef Gomulka scharfe Angriffe gegen Bonn, allerdings differenzierter als bisher und ohne Nennung der bislang erhobenen polnischen Maximalforderungen. Indem er auf einer Wahlveranstaltung in Warschau auf die ostpolitischen Vorstellungen der SPD einging, bot er Bonn einen Vertrag über die Anerkennung der Oder-Neiße-Grenze an. Dieser Vertrag dürfe jedoch kein völkerrechtliches Provisorium darstellen und für Polen nicht weniger beinhalten als der Görlitzer Vertrag von 1950[2]. Dieses Angebot wiederholte Warschau am 16. Oktober 1969, also unmittelbar nach der Bildung der Regierung Brandt/Scheel.

Einen Tag später begrüßte die neue Bundesregierung dieses Angebot und bekundete Ende Oktober und danach wiederholt ihre Gesprächsbereitschaft. Am 25. November schließlich überreichte der Leiter der deutschen Handelsmission in Warschau der polnischen Regierung eine Note, in der Verhandlungen über alle strittigen Fragen förmlich angeboten wurden. Vier Wochen später, am 22. Dezember übergab der Leiter der polnischen Handelsmission in Köln die Antwort seiner Regierung, in der das deutsche Angebot angenommen wurde. Der Weg für offizielle Verhandlungen war damit freigegeben. Die erste der nun folgenden sechs Verhandlungen fand in Warschau statt und dauerte vom 4.–6. Februar 1970. Deutscher Delegationsleiter war Staats-

---

[1] Strobel (2), S. 72.
[2] Ebda., S. 73 ff.

sekretär Duckwitz, polnischer Gesprächspartner Vizeaußenminister Winiewicz. Auch die nächsten Verhandlungen vom 9.–11. März und vom 22.–24. April wurden in Warschau geführt. Die vierte Runde (8.–10. Juni) wurde in Bonn abgehalten, die fünfte (23.–25. Juli) und sechste Runde (5.–7. Oktober) abwechselnd in Warschau und Bonn. Parallel zu diesen Verhandlungen fanden Wirtschaftsgespräche statt, die am 12. Mai zum Abschluß eines deutsch-polnischen Warenprotokolls führten. Den Gegenstand der Verhandlungen bildeten der Gewaltverzicht, die Grenzfrage, die Aufnahme diplomatischer Beziehungen und die sogenannten humanitären Fragen, in deren Mittelpunkt die Umsiedlung von Volksdeutschen im Rahmen der Familienzusammenführung stand. Als zentraler Punkt des Vertragswerks kristallisierte sich bald die Grenzfrage heraus. Ein Präjudiz für die Einigung über eine Grenzformel war mit dem am 12. August 1970 in Moskau unterzeichneten deutsch-sowjetischen Vertrag geschaffen, in dem Bonn die bestehenden Grenzen in Europa unter ausdrücklicher Nennung der Oder-Neiße-Grenze als unantastbar und unverletzlich anerkannte. Nach der sechsten Verhandlungsrunde zwischen Duckwitz und Winiewicz wurde die sogenannte „Grenzformel" veröffentlicht, die die grundsätzliche Einigung über das Vertragswerk anzeigte. Die abschließenden Verhandlungen wurden im November durch die beiden Außenminister Scheel und Jendrychowski geführt und endeten am 18. November mit der Paraphierung des Vertragswerkes, das am 7. Dezember 1970 von Brandt und Cyrankiewicz unterzeichnet wurde[3].

Der Warschauer Vertrag stellte in mehrfacher Beziehung einen Kompromiß dar. Polen erhielt von der Bundesrepublik Deutschland die Anerkennung seiner Westgrenze, die Bekräftigung ihrer Unverletzlichkeit und den Bonner Verzicht auf künftige Gebietsansprüche. Warschau ließ alle übrigen Vorbedingungen fallen, die es im Laufe der 60er Jahre regelmäßig gestellt hatte. Die Bundesrepublik wiederum hielt am völkerrechtlichen Fortbestand von Deutschland als Ganzem fest, was zwar nicht im Vertragstext verankert, jedoch in den Noten an die drei westalliierten Siegermächte ausgedrückt wurde[4]. Da die Bundesrepublik nicht für Deutschland als Ganzes handeln kann, bleibt die Anerkennung der Oder-Neiße-Grenze bis zu einem Friedensvertrag ein Provisorium.

Es versteht sich, daß die Vertriebenenverbände weder die von der Bundesregierung betriebene Ostpolitik noch deren Resultate billigen konnten. Da ihr Widerstand zu erwarten war, wurden sie nicht konsultiert und auch nicht, wie 1955 bei Adenauers Moskau-Reise, durch die Präsenz eines Vertreters am Entscheidungsprozeß „beteiligt". Die Regierung nutzte den Vorteil einer jeden Exekutive gegenüber der Kontrolle von Parlament und Öffentlichkeit: die deutsch-polnischen Verhandlungen wurden geheim geführt, was einerseits den Gegnern der Ostpolitik konkrete Angriffsflächen nahm, andererseits die Regierung allen möglichen Verdächtigungen aussetzte, gegen die sie

---

[3] Die Auswärtige Politik, S. 777 ff.
[4] Ebda., S. 779.

sich wegen fehlender oder nur sehr allgemein gehaltener Dementis nur unvollkommen wehren konnte[5]. So bildeten denn Veröffentlichungen von angeblichen Verhandlungsdokumenten und die publizistische Überzeichnung regierungsinterner Indiskretionen durch oppositionelle Presseorgane wirksame Mittel, mit denen die Ostpolitik diskreditiert werden konnte. Die Bundesregierung war gegenüber der Opposition trotzdem noch dadurch im Vorteil, daß sie trotz ihrer knappen parlamentarischen Mehrheit von 12 teilweise unsicheren Stimmen Fakten schaffen konnte, die sich auf den legislativen und internationalen Charakter der deutsch-polnischen Beziehungen zumindest psychologisch auswirken mußten.

Der Konflikt zwischen den Vertriebenenverbänden und der Regierung war unausbleiblich, sofern diese einen Vertrag anstrebte, den auch die polnische Seite akzeptieren konnte. Da die Verbände die öffentliche Meinung im Bundestagswahlkampf nicht in ihrem Sinne hatten beeinflussen und die Bildung der SPD/FDP-Koalition nicht hatten verhindern können, waren sie auf die Allianz mit den Unionsparteien angewiesen. Die Opposition der Vertriebenenorganisationen wurde daher vorrangig getragen von den Vertriebenenfunktionären im Bundestag, die größtenteils der CDU/CSU-Fraktion angehörten. In den 6. Bundestag waren insgesamt 56 Abgeordnete eingezogen, die der BdV als „Vertriebene" betrachtete, wobei die Zugehörigkeit zu diesem Personenkreis ihrer landsmannschaftlichen Herkunft entnommen wurde. Insgesamt waren es 35 Vertriebenenabgeordnete weniger als in der fünften Legislaturperiode. Von diesen 56 Abgeordneten gehörten 22 der CDU/CSU an, 30 der SPD und 4 der FDP. Aktive Funktionäre des BdV oder der Landsmannschaften waren von ihnen bei der CDU/CSU 14, bei der SPD 9 sowie sämtliche vier FDP-Vertriebenen. Die Regierungskoalition stützte sich daher auf eine Mehrheit von Abgeordneten, von denen einige von Anfang an der Ostpolitik skeptisch gegenüberstanden, andere unsicher oder schwankend waren, die die neue Ostpolitik einem großen parlamentarischen Risiko aussetzte.

Die neue Bundesregierung taktierte gegenüber den Vertriebenenverbänden auf zwei Ebenen. Einmal suchte sie ihnen Einflußbereiche zu entziehen, andererseits scheute sie zunächst den unvermeidbaren offenen Konflikt. Beispiel für ersteres war die Auflösung bzw. Umbenennung der für die Vertriebenenverbände wichtigen Ministerien. Die Ressorts der Bundesminister für gesamtdeutsche Fragen sowie für Vertriebene, Flüchtlinge und Kriegsgeschädigte waren seit jeher diejenigen Bereiche gewesen, in denen die Verbände ein Mitspracherecht angemeldet hatten. Beide Ministerien waren oft mit Vertriebenen oder ihnen genehmen Politikern besetzt worden und hatten gelegentlich die Kontaktstellen der Verbände zur Regierungsspitze dargestellt. Die gegen den Widerstand der CDU/CSU-Fraktion erfolgte Umbenennung des gesamtdeutschen Ministeriums in ein Ministerium für innerdeutsche Be-

---

[5] Vgl. Gerhard Gründler: CDU/CSU in der Opposition, Die neue Gesellschaft 17 (1970), S. 562.

ziehungen betraf mehr die Titulatur und die Aktualität der gesamtdeutschen Frage. Gravierender für den verbandspolitischen Einfluß war die Auflösung des Vertriebenenministeriums und die Überführung seiner Abteilungen in das Innenministerium, gegen die der BdV vergeblich Protest einlegte[6]. Dadurch wurde dieses Ressort entwertet und der Zugang zur Spitze der Exekutive erheblich erschwert.

Gleichzeitig kam die Regierung Brandt/Scheel den Vertriebenenverbänden in zweitrangigen Fragen entgegen. Schon im November 1969 versprach der sozialdemokratische Fraktionsvorsitzende Wehner den Landsmannschaften auf dem Saarbrücker Europa-Kongreß staatliche Subventionen. Als Ersatz für ihre Beteiligung oder Mitwirkung an der Außenpolitik empfingen der Bundeskanzler oder einzelne Kabinettsmitglieder die Vertreter der Vertriebenenverbände zu offiziellen Gesprächen oder besuchten deren Veranstaltungen. In einem Zeitraum von sieben Monaten erwies ihnen die Regierung neunmal diese Reverenz, – eine Ehre, die den Verbänden in diesem Ausmaß noch nie zuvor erwiesen worden war[7]. Noch am 21. Oktober, also rund vier Wochen vor der Paraphierung des Warschauer Vertrages, empfing Außenminister Scheel das BdV-Präsidium. Diese Empfänge und Gespräche sollten kaschieren, daß – um die dafür geprägte Floskel zu gebrauchen – tatsächlich „hinter dem Rücken der Vertriebenen" vollendete Tatsachen geschaffen wurden.

Da die Verbände vom außenpolitischen Willensbildungs- und Entscheidungsprozeß ausgeschaltet waren, mußten sie andere Möglichkeiten der Einflußnahme auf die Regierungsparteien suchen. Teilweise versuchten sie, verbandstreue Vertriebenenfunktionäre in den Regierungsparteien zu aktivieren, um entweder deren schmale Mehrheit im Bundestag von zunächst 12 Stimmen oder allgemein das Ansehen der Regierung zu untergraben. Innerhalb der SPD blieben derartige Versuche ohne nennenswerten Erfolg. Im Oktober 1969 verließ aus Protest gegen die angekündigte neue Ostpolitik ein niedersächsischer Landtagsabgeordneter die SPD in Richtung CDU. Im Februar folgte ihm die frühere niedersächsische Vertriebenenministerin Maria Meyer-Sevenich. Im Laufe der folgenden zwei Jahre traten noch einige regionale BdV-Politiker von der SPD zur CDU über. Die Ankündigung des sozialdemokratischen Abgeordneten und Vorsitzenden der Schlesischen Landsmannschaft, Herbert Hupka, hinter ihm stünden in der Partei zahlreiche gleichgesinnte Gegner der neuen Ostpolitik, hat sich nicht bewahrheitet. Mit seinem Übertritt zur CDU im Februar 1972 blieb Hupka innerhalb seiner Fraktion allein.

Das schwächere Glied in der Regierungskoalition bildete die FDP, die nur recht knapp die 5 %-Klausel bei den Wahlen von 1969 übersprungen hatte.

---

[6] Herde (2), S. 581; Herde begreift diese Maßnahmen zwar richtig als Taktik, bezeichnet aber das Verhältnis der neuen SPD/FDP-Regierung zu den Landsmannschaften als bloße Fortsetzung der CDU-Politik.

[7] Herde (2), S. 584.

Wie wir an den Umfragen von 1968 gesehen hatten, war die ostpolitische Polarisierung innerhalb der FDP-Wählerschaft besonders groß gewesen, was sich in verschärftem Maße auch in der Flügelbildung der Partei widerspiegelte. Sachliche und persönliche Differenzen verhärteten die Gegensätze und drängten die nationalliberalen Opponenten der Ostpolitik, soweit sie sich nicht schon 1969 von der Partei abgewandt hatten, in ihrer Argumentation in die Nähe der Unionsparteien und Vertriebenenverbände. Sichtbares Zeichen dieser Flügelbildung war im Herbst 1970 der Übertritt von drei liberalen Bundestags- und drei nordrhein-westfälischen Landtagsabgeordneten als Mitglieder bzw. Hospitanten zur jeweiligen Unionsfraktion, was die Regierungskoalition in Bonn und Düsseldorf in arge Bedrängnis brachte. Als Auffangbecken für diejenigen abtrünnigen FDP-Politiker, die nicht gleich Mitglieder der CDU/CSU werden wollten, wurde die „Nationalliberale Aktion" (NLA) und durch den sudetendeutschen Vertriebenenpolitiker Zoglmann die „Deutsche Union" (DU) gegründet.

Die scheinbaren Konzessionen der Bundesregierung an die Vertriebenenverbände konnten die offene Auseinandersetzung ebenso wenig wie die Formation einer breiten oppositionellen Front gegen die Ostpolitik verhindern. Die grundsätzlichen Interessen der Vertriebenenverbände und die – teilweise nur taktischen – Ambitionen der Unionsparteien waren inhaltlich weitgehend kongruent, was durch die enge personelle Verflechtung zwischen beiden noch zusätzlich unterstrichen wurde. Programmatisch verkündete der BdV Anfang 1970 im Hinblick auf den ausstehenden „Bericht zur Lage der Nation", daß bei einer „Demontage gültiger Rechtspositionen" der Bundestag – insbesondere aber die Opposition – das Wort haben werde[9]. Die CDU/CSU baute ihrerseits ihr seit dem Wahlkampf 1969 recht enges Verhältnis zu den Vertriebenenverbänden aus und empfing am 20. Januar 1970 das BdV-Präsidium. In einer gemeinsamen Erklärung zur Ostpolitik der Regierung wurde festgehalten, daß „... völkerrechtliche endgültige Regelungen (...) allerdings nur mit einer in demokratischer Weise dazu legitimierten freien Vertretung des ganzen deutschen Volkes vereinbart werden (können)"[10]. Derartige Gespräche und gemeinsame Erklärungen wurden regelmäßig fortgesetzt.

Gleichzeitig nahm die CDU die Vertriebenenverbände öffentlich in Schutz vor Angriffen von Anhängern der Ostpolitik, so auf ihrem Düsseldorfer Parteitag Anfang 1971, auf dem sie ihr Bekenntnis zum Wirken der Verbände in ihre Beschlüsse aufnahm. In den Jahren 1970–1972 wurde es feststehende Tradition, daß Politiker der Unionsparteien in verstärkter Zahl auf Heimattreffen und Kundgebungen der Vertriebenen auftraten; denn Anfang bildete Strauß im Mai 1970 auf dem Bonner Marktplatz. Publizistisch schloß sich dieser Allianz der Springer-Konzern an, der mit dem Vorabdruck geheimer

---

[8] Rolf Zundel: F.D.P. 1970, Die neue Gesellschaft 17 (1970), S. 566.
[9] dod Nr. 1/1970, S. 3.
[10] dod Nr. 2/1970, S. 6.

Regierungsdokumente und mit anderen Mitteln die Politik von Unions- und Vertriebenenpolitikern unterstützte, wofür ihn der BdV auf dem Berliner „Tag der Heimat" 1970 mit einer Medaille auszeichnete.

Innerhalb dieser oppositionellen Allianz erlangten die Vertriebenenverbände aufgrund der Rolle, die ihnen die Unionsparteien beimaßen, eine unerwartet große Bedeutung. Sie bildeten die Kontaktstelle für alle Gegner der Ostpolitik und hatten zugleich die Aufgabe, diese den Unionsparteien zuzuführen. Gleichwohl haben die Verbände Gruppenbildungen rechts von der CDU/CSU nicht verhindern können: die militante „Aktion Widerstand", die im September 1970 gegründete „Gemeinschaft ostdeutscher Grundeigentümer" (GOG) sowie die rechtsradikale „Deutsche Volksunion" (DVU). Durch ihre enge Anlehnung an die Unionsparteien wurden die Verbände indessen auch immer mehr deren politisches Werkzeug und vergrößerten damit ihre Abhängigkeit von der CDU/CSU. Wie stark die Vertriebenenorganisationen mit den Unionsparteien verschmolzen, zeigt die Tatsache, daß sie in ihrer Propaganda immer mehr Themen außerhalb der Ost- und Deutschlandpolitik aufgriffen. So machten sie sich die Kritik der CDU/CSU an der offiziellen Wirtschaftspolitik zueigen, was mit der spezifischen Vertriebenenproblematik durch die These verknüpft wurde, daß die Geschädigten des zweiten Weltkrieges, also die Vertriebenen, die Hauptopfer der Geldentwertung seien[11].

Die Vertriebenenverbände brachten eine Vielzahl von Argumenten gegen die Ostverträge vor, angefangen mit deren Verfassungswidrigkeit über ihren verfassungsändernden (und damit im Parlament eine $^2/_3$-Mehrheit erforderten) Charakter bis hin zum Vorwurf des Verrats und Ausverkaufs deutschen Territoriums. Alle diese Argumente bewegten sich innerhalb des Feldes, das wir an anderer Stelle als „Vertriebenenideologie" beschrieben hatten. Die zentralen Begriffe stellten in ihr „Heimat, Vertreibung, Eingliederung, Heimatpolitik, Rückkehr und wieder Heimat" dar, die zugleich die Abfolge der Restauration einer gottgewollten Ordnung andeuten. Jede Art von „Verzicht" bildet daher einen Verrat an dieser Ordnung und eine Hinnahme des Unrechts der Vertreibung. Gemäß diesem Weltbild haben die Vertriebenenverbände stets an der Annahme festgehalten, daß der Friedensvertrag mit einem vereinigten Deutschland noch ausstehe, weil er völkerrechtlich noch nicht abgeschlossen sei. Die Erkenntnis, daß die internationalen und nationalen Voraussetzungen hierzu seit langem nicht mehr gegeben sind, haben die Verbände verdrängen müssen, weil diese Erkenntnis zugleich ihre eigene Daseinsberechtigung in Frage gestellt hätte. Der Warschauer Vertrag habe nach ihrer Ansicht daher voreilig dem noch ausstehenden Friedensvertrag vorgegriffen, was die völlige Verkennung des Zeitfaktors in der Politik durch die BdV-Spitze aufdeckt: „Wir bestreiten der Bundesrepublik Deutschland das Mandat", so konstatierte das BdV-Präsidium nach der Veröffentlichung des Vertragstextes, „vor frei vereinbarten friedensvertraglichen Regelungen

---

[11] dod Nr. 31/1970, S. 1 und Nr. 43/1971, S. 1.

Demarkationslinien in Deutschland in ‚bestehende' Grenzen vertraglich um-
zuwandeln. (...) Die Bundesregierung darf Deutschland nicht in eine gegenüber 1945 verschlechterte Position bringen und einen ins Nichts geworfenen
Verzicht auf unsere Heimat aussprechen"[12]. In gleichem Sinne meinte der
ehemalige Vertriebenenminister Windelen, die Bundesrepublik könne nunmehr „... in einer Friedenskonferenz, selbst wenn sie dann wieder für
Deutschland als Ganzes spräche, keine Gebietsansprüche mehr geltend machen". Andererseits, meinte er, bringe der Vertrag Polen doch keine Sicherheit, da ein künftiger gesamtdeutscher Souverän nicht an ihn gebunden sei[13].
Die Vertriebenenideologie klammert indessen nicht nur den Zeitfaktor aus,
sondern ignoriert zudem das polnische Bedürfnis nach der Unantastbarkeit
seiner jetzigen Grenzen. Noch im März 1968 hatte der damalige Vertriebenenminister Kai-Uwe von Hassel erklärt, nicht die Grenzfrage verhindere ein
besseres deutsch-polnisches Verhältnis, sondern das kommunistische Regime
in Polen. Vielfach meinten Verbandsfunktionäre, daß man sich mit einem
nicht-kommunistischen Polen über die Grenze im Sinne der Verbände gütlich
werde einigen können. Es wurde verdrängt, daß nicht nur alle nicht-kommunistischen Gruppierungen in Polen, sondern auch die Mehrheit aller Exil-
Polen die neuen Grenzen befürworteten. Die Vertriebenenfunktionäre ver-
wandelten damit einen nationalen Konflikt in einen ideologischen. Daher
interpretierten sie den Warschauer Vertrag vorwiegend als Teil des Moskauer Vertrages und zugleich als deutsches Zugeständnis an „den Kommunismus"[14].
Die oppositionelle Haltung der Unionsparteien gegen die Ostverträge war
bei einigen ihrer Mitglieder zweifellos von ähnlichen ideologischen Motiven
bestimmt. Zugleich aber verfolgte die Partei- und Fraktionsspitze der CDU/
CSU andere Ziele. Die Unionsparteien waren auf die Rolle der Opposition
1969 nicht vorbereitet gewesen. Sie verstanden sich vielmehr als „Regierung
im Exil", wozu sie durch die schwache Regierungsmehrheit im Parlament
bestärkt wurden. Führende CDU-Politiker rechneten mit einem allseitigen
Scheitern der Bundesregierung, mit politischen Fehlgriffen und einem rapiden
Sympathieverlust in der Bevölkerung, der in den nächsten Wahlen von 1973
der Union den Sieg bringen würde. Im Falle mehrerer Mandatswechsel durch
unzufriedene SPD- und FDP-Abgeordnete könnte die Macht schon vorzeitig
durch ein konstruktives Mißtrauensvotum zurückgewonnen werden. Dieser
Fall aber konnte am ehesten bei einem Zerfall der FDP eintreten, die die
schwächste Stelle der Regierungskoalition bildete; sie war von inneren Spaltungstendenzen und bevorstehenden Niederlagen in den Landtagswahlen 1970
bedroht[15]. An die Stelle der propagierten „kritisch-konstruktiven Alternati-

---

[12] Stellungnahme des BdV-Präsidiums (dod Nr. 37/38/1970, S. 5).
[13] Windelen, S. 143, 154.
[14] Ebda, S. 154 ff.
[15] Kaltefleiter, S. 167 f.

ven" setzten die Unionsparteien eine Politik der Intrigen und Affären, um die Regierungskoalition zu paralysieren. Hierbei waren ihnen die Vertriebenenverbände nützliche Werkzeuge, mit denen sie konservative, nationalliberale FDP-Anhänger verunsichern konnten. Die FDP sah sich wiederum veranlaßt, auf ostpolitische Empfindlichkeiten der Wähler Rücksicht zu nehmen; so ist es auf wohltaktische Überlegungen zurückzuführen, daß Außenminister Scheel erst nach der dreifachen Landtagswahl vom 14. Juni 1970 nach Moskau fuhr und die Entscheidung über die Formulierung der Grenzregelung verschoben wurde[16].

Die Landtagswahlen vom 14. Juni 1970 in Nordrhein-Westfalen, Niedersachsen und dem Saarland stellten einen Tiefpunkt in der Geschichte der ersten Regierung Brandt/Scheel dar. Für die CDU ergab sich bei einer Zusammenrechnung aller drei Resultate ein Gewinn von 2 %, für die SPD 0,2 und für die FDP ein Verlust von 0,4 %, d. h. für die Regierungskoalition insgesamt gegenüber 1969 ein leichter Verlust von 0,2 %[17]. Die CDU profitierte von der Konkursmasse der NPD-Wählerschaft sowie von den verunsicherten FDP-Wählern; die SPD gewann in Niedersachsen von der CDU, verlor dagegen in Nordrhein-Westfalen geringfügig an die FDP sowie an die diesmal sehr große „Partei der Nichtwähler"[18]. Politisch gravierender als diese geringe Zahlenverschiebung war die Auswirkung auf die Zusammensetzung der drei Landtage, in denen die FDP in Hannover und Saarbrücken nicht mehr, in Düsseldorf nur knapp vertreten und zudem von nationalliberalen Spaltungstendenzen bedroht war. Insofern stellte das Wahlergebnis auch für die Bonner Regierungskoalition eine schwere Niederlage dar und ist von ihren Gegnern als solche gewertet worden. Die Vertriebenenverbände führten das Ergebnis auf das Votum ihrer Anhänger zurück, von denen allein 2,5 Millionen in Nordrhein-Westfalen lebten[19].

Die bayerischen Landtagswahlen im November 1970 gestatteten der FDP zwar die Rückkehr ins Parlament, brachten jedoch Stimmengewinne, der SPD Verluste. Wegen der starken wirtschaftspolitischen Ausrichtung des Wahlkampfes ist eine generelle Bewertung der Ostpolitik schwierig zu ermitteln. Sie ist in etwas verzerrten Proportionen allerdings in den sogenannten „Vertriebenengemeinden" Geretsried und Waldkraiburg erkennbar. In Geretsried sank gegenüber 1966 der SPD-Anteil an den Gesamtstimmen von 41 % auf 34,7 %, in Waldkraiburg von 50,8 % auf 39,7 %; in den gleichen Wahlkreisen gewann dagegen die CSU fast 12 % bzw. 21 % dazu (35,7 : 47,6 % bzw. 30,9 : 51,8 %), was bei einem gesamtbayerischen Stimmengewinn von 3,3 % ein deutliches Gewicht der Vertriebenen aufzeigt[20]. Bei der Landtagswahl in Schleswig-Holstein im April 1971 gewannen sowohl SPD als auch CDU dazu,

---

[16] Gründler, S. 562.

[17] Werner Sörgel: Landtagswahlen 1970, Die neue Gesellschaft 17 (1970), S. 654.

[18] Ebda., S. 656.

[19] dod. Nr. 20/1970, S. 2.

[20] dod Nr. 37/38/1970, S. 4.

während FDP und NPD nicht wieder in den Landtag einzogen. Aber in den Wahlkreisen mit mehr als 18 % Vertriebenenanteil an der Bevölkerung gewann die SPD nur 1,8 % dazu, in den „einheimischen" Wahlkreisen dagegen 2,8 %. Umgekehrt konnte die CDU im Landesdurchschnitt 5,7 % dazugewinnen, in einheimischen Wahlkreisen allein jedoch nur 4,6 %, was das starke Gewicht der Vertriebenenstimmen anzeigt[21].

Die Landtagswahlen von 1970 und 1971 haben wesentlich dazu beigetragen, die Bonner Regierungskoalition zu irritieren und den Zusammenhalt der FDP-Fraktion zu paralysieren. Der Übertritt von FDP-Abgeordneten zur CDU/CSU-Fraktion, erstmals im Herbst 1970, schien der Kalkulation der Unionsparteien auf einen Zerfall der Regierungskoalition durch „Überläufer" recht zu geben und die Möglichkeit eines konstruktiven Mißtrauensvotums näher zu bringen. Die Landtagswahlen spiegelten allerdings nicht die öffentliche Meinung in der Ostpolitik wieder. Die Zahl derer, die sich mit der Oder-Neiße-Grenze abfinden wollten, war im November 1967 bis zum März/April 1970 von 46 % auf 58 % gestiegen; die der Bürger mit entgegengesetzter Meinung im gleichen Zeitraum von 35 % auf 25 % gesunken. In der Frage der Anerkennung der Grenze als Gegenleistung für bessere Beziehungen zu Polen hatten im März 1969 noch 32 % dafür und 41 % dagegen votiert sowie 27 % sich unentschieden bzw. gar nicht geäußert. Für den Zeitpunkt Januar/Februar 1970, also zu Beginn der Ostpolitik liegt folgende parteipolitische Aufschlüsselung der Befürworter bzw. Gegner einer Anerkennung der Oder-Neiße-Grenze vor[22]:

	Für Anerkennung	gegen Anerkennung	unentschieden, keine Meinung
Insgesamt	46 %	28 %	26 %
CDU/CSU-Anhänger	34 %	40 %	26 %
FDP-Anhänger	78 %	11 %	11 %
SPD-Anhänger	61 %	22 %	17 %

Nach diesen Zahlen scheint die FDP also bereits zu Beginn des Jahres 1970 den größten Teil ihres alten nationalliberalen Wählerstammes abgestoßen zu haben[23]. Bemerkenswert ist, daß auch in der CDU-Wählerschaft eine stärkere ostpolitische Polarisierung sichtbar wird und der Anteil der Befürworter

---

[21] dod Nr. 16/1971, S. 6. – Aus den Angaben geht nicht hervor, wie hoch der CDU-Stimmenzuwachs in den „Vertriebenenwahlkreisen" war.

[22] Institut für Demoskopie, Allensbach. – Die statistische Basis für die FDP-Anhängerschaft ist sehr klein, so daß die Zahlen nur als Annäherungswert angesehen werden können.

[23] Kaltefleiter, S. 167.

einer Grenzanerkennung nicht mehr weit hinter den Gegnern zahlenmäßig zurücksteht, bei einer recht großen Zahl von Unentschiedenen.

Diese faktische Dreiteilung der Anhängerschaft der Unionsparteien war auch in diesen selbst, vor allem aber in ihrer Bundestagsfraktion zu beobachten. Die Gegnerschaft gegen die Ostverträge war nur bei einem Teil der Fraktion in grundsätzlichen Erwägungen begründet, der vorwiegend von der Mehrheit der bayerischen CSU sowie den Vertriebenenabgeordneten und ihren Sympathisanten gebildet wurde. Die Befürworter einer flexiblen Ostpolitik, die wir die Gruppe der „Pragmatiker" nennen wollen, fanden sich in der Gesamtpartei auf seiten der Jungen Union, verteilten sich innerhalb der Bundestagsfraktion auf lose Gruppierungen oder Einzelpersönlichkeiten; die Unterschiede ihrer ostpolitischen Konzeption unterschieden sich von der Regierungspolitik allenfalls in Formfragen. Eine dritte Gruppe schließlich, die der „Taktiker" sah die Ostpolitik vorwiegend unter innenpolitischen Aspekten im Hinblick auf die Möglichkeit, mit ihr die Regierungsmehrheit zu paralysieren, ohne sich grundsätzlich außenpolitisch festzulegen. Diese letzte Gruppe, offensichtlich die größte in der Bundestagsfraktion, scharte sich um den Fraktionsvorsitzenden Barzel[24], der nach dem Saarbrücker Parteitag im Herbst 1971 auch Parteivorsitz und Kanzlerkandidatur auf sich vereinigte.

Von diesen drei Gruppierungen war die der Gegner der Ostpolitik die geschlossenste, was einmal durch die Formation der besonderen CSU-Landesgruppe, zum anderen durch den engen Zusammenhalt der Vertriebenenabgeordneten bewirkt wurde. Die schwächste Gruppe war die der „Pragmatiker", die mehr oder minder von der mittleren Gruppe integriert wurde und keinen eigenen Zusammenschluß gebildet hat. Daran hinderten sie die Gegner der Ostverträge, die über den verbandspolitischen Einfluß des BdV streng über die ostpolitische Partei- und Fraktionsdisziplin wachten. Als zwei CDU-Abgeordnete im Frühjahr 1970 nach einer längeren Polen-Reise eine Annäherung zwischen Bonn und Warschau auf der Basis einer Politik befürworteten, die der Regierungskoalition recht nahe kam, intervenierte der BdV sofort beim CDU-Parteivorstand, beim Generalsekretär und beim Fraktionsvorsitzenden und bewirkte eine parteioffizielle Ablehnung der Ostpolitik der Regierung[25]. Unter Führung der Vertriebenenabgeordneten setzten die Gegner der Ostpolitik auch durch, daß auf dem Düsseldorfer Parteitag der CDU im Januar 1971 die Anträge der Jungen Union auf Anerkennung der Oder-Neiße-Grenze mehrheitlich abgewiesen und die bisherige Stellung der Partei als richtunggebend für die endgültige Entscheidung über ihre Ostpolitik kanonisiert wurde[26].

Für die Partei- und Fraktionsspitze der Unionsparteien war die enge Liäson mit den Vertriebenenverbänden überwiegend negativer Natur, d. h. sie stützte

---

[24] Gründler, S. 563.
[25] dod Nr. 17/1970, S. 7.
[26] dod Nr. 3/1971, S. 2.

sich auf die gemeinsame Ablehnung der Regierungspolitik, jedoch mit unterschiedlicher Zielsetzung. Die Vertriebenenverbände wollten die Ostverträge verhindern, die CDU/CSU-Spitze jedoch die Macht gewinnen. Wie eine CDU/CSU-Regierung die bereits unterzeichneten Ostverträge behandeln würde, blieb in dieser Liäson allerdings unausgesprochen. Die CDU/CSU-Führung hat sich tatsächlich niemals auf ein bedingungsloses Nein zu den Ostverträgen festgelegt. Ihre ablehnende Haltung trug stets nur eine provisorische Form, die unter veränderten politischen Umständen leicht hätte fallen gelassen werden können. Die Partei verkündete stets nur unverbindliche Richtlinien für eine in der Zukunft zu treffende endgültige Entscheidung: so geschehen auf dem Düsseldorfer Parteitag und selbst auf dem Saarbrücker Parteitag wurde ein Antrag von Berliner CDU-Delegierten auf ein endgültiges Nein an den Parteivorstand zur Beratung weitergeleitet; die Entscheidung wurde offen gehalten. Die Taktik der Fraktionsspitze änderte sich auch nicht, als die Ostverträge am 23.–25. Februar 1972 in erster Lesung vom Bundestag behandelt wurden[27].

Generell läßt sich die Ostpolitik der CDU/CSU-Führung dahingehend charakterisieren, daß sie zwei Ziele verfolgte, ein vorgebliches und ein tatsächliches. Das vorgebliche Ziel, das als Basis für die Allianz mit den Vertriebenenverbänden diente, war die Verhinderung der Ratifikation der Ostverträge, zumindest in ihrer vorliegenden Form. Das tatsächliche Ziel war jedoch die Ablösung der SPD/FDP-Regierung durch ein konstruktives Mißtrauensvotum, nachdem genügend SPD- und FDP-Abgeordnete übergelaufen waren. Nun trat im Frühjahr 1972 aber der sonderbare Fall ein, daß die Unionsparteien in die Lage versetzt wurden, das vorgebliche Ziel zu erreichen, nicht jedoch das tatsächliche. Die für die CDU relativ günstigen Ergebnisse der Landtagswahlen in Baden-Württemberg am 23. April 1972 bewogen drei unsichere FDP-Abgeordnete, teils ihre Fraktion in Richtung CDU zu verlassen, teils wenigstens ihre Gegnerschaft gegen die Ostverträge zu entdecken. Der durch Mandatswechsel beseitigte Stimmenvorsprung der Regierungsparteien veranlaßte daraufhin den Oppositionsführer Barzel, erstmals in der Geschichte der Bundesrepublik das konstruktive Mißtrauensvotum zu wagen. Am 25. April wurde es eingebracht, am 27. fand die Abstimmung darüber statt. In der Zwischenzeit mobilisierte der Ärger über die Mandatswechsler, die Sorge um das Schicksal der Regierung Brandt/Scheel und um die Ostverträge die Bevölkerung in zahlreichen Städten zu spontanen Demonstrationen und Streiks, – auch dies ein Novum in der Geschichte der Bundesrepublik. Die Auszählung ergab für Barzel 247 Stimmen, zwei weniger als zur absoluten Mehrheit erforderlich waren; das Mißtrauensvotum war gescheitert[28]. Noch am selben Tage gelang es dafür der CDU/CSU-Fraktion, der Regierungskoalition bei der Abstimmung über den Kanzleretat eine Niederlage beizu-

---

[27] Verhandlungen des 6. Deutschen Bundestages, 171.–173. Sg., 23.–25. Februar 1972, S. 8 833 ff.

[28] Zur Entwicklung der Einzelvorgänge s. „Der Spiegel" Ne. 19, 1972, S. 21 ff.

bringen. Das Stimmenpatt bescheinigte die Handlungsunfähigkeit beider Seiten.

Die Unionsparteien waren zwar nicht in der Lage, die Regierung zu stürzen, sie hätten aber wohl die Ostverträge über die Einschaltung des Bundesrates nach Art. 77 GG zu Fall bringen können. Ein Einspruch des Bundesrates, in dem die CDU-regierten Länder die Mehrheit besaßen, hätte vom Bundestag nur mit absoluter Mehrheit überstimmt werden können, über die die Regierungskoalition nicht mehr verfügte. Das vergebliche Ziel war also erreichbar, das tatsächliche jedoch nicht. Die Unionsparteien haben die Möglichkeit, das vorgebliche Ziel zu erreichen, nicht genutzt. Schon am 25. April hatte Barzel sein Mißtrauensvotum mit der Absicht begründet, den Ostverträgen eine breite Mehrheit zu verschaffen. Dem Widerspruch dieser Absicht zu seiner bisherigen Politik hätte der neue Bundeskanzler Barzel durch eine geringfügige kosmetische Bearbeitung des Vertragswerks kaschieren können. Die Abstimmungsniederlage vom 27. April enthob Barzel jedoch zunächst der Zwangslage, seine kosmetischen Künste unter Beweis zu stellen.

Aus innenpolitischen Gründen wurde die zweite Lesung der Ratifikationsgesetze vom 4. auf den 10. Mai verschoben. Der Prozeß der Willensbildung war innerhalb der CDU/CSU angesichts der politischen Konfusionen noch nicht abgeschlossen. Barzel hatte zwar stimmenmäßig die Mittel in der Hand, Verträge scheitern zu lassen. Aber er brauchte Zeit, um auch die Hinterbänkler seiner Fraktion begreifen zu lassen, daß dies niemals seine Absicht gewesen war. Daher beantragte er am 10. Mai eine Unterbrechung der zweiten Lesung der Ratifikationsgesetze, was jedoch durch ein Stimmenpatt abgelehnt wurde. Eine Analyse dieser Abstimmung an der die Berliner Abgeordneten mit gültigen Stimmen beteiligt waren, machte indessen der Regierungskoalition deutlich, daß für sie nur 247 westdeutsche Abgeordnete, also eine Minderheit, votiert haben konnte. Die Drohung Barzels mit einer geschlossenen Ablehnung der Ostverträge durch seine Fraktion für den Fall, daß die zweite Lesung wegen der Erschöpfung der Abgeordneten nicht unterbrochen würde, veranlaßte SPD und FDP, den Unionsparteien entgegenzukommen: die Fortsetzung der zweiten Lesung wurde um eine Woche verschoben[29]. Zudem kamen Barzels kosmetische Künste nun doch noch zur Geltung. Ein von der CDU/CSU-Fraktionsspitze angeregter und von allen Parteien beschickter Redaktionsausschuß verfaßte in der Zwischenzeit einen Resolutionsentwurf, der inhaltlich die Ostverträge relativieren und damit den Unionsparteien die Zustimmung erleichtern sollte. Nach einer Reihe von Schwierigkeiten und Verwicklungen, in die auch die sowjetische Botschaft einbezogen wurde, einigten sich die Parteien auf einen Text, der den völkerrechtlich provisorischen Charakter der Grenzfrage hervorhob, und damit die Glaubwürdigkeit der Regierung stark belasten mußte[30]. Die Gegenleistung der

---

[29] Über den Verlauf der Ereignisse s. „Der Spiegel" Nr. 21, 1972, S. 21 ff.
[30] Verhandlungen . . . , 187. Sg., Anlage 6, S. 10 960.

Unionsparteien sollte darin bestehen, daß die geschlossene Ablehnung aufgegeben und den Abgeordneten die individuelle Gewissenentscheidung frei-
gestellt würde.

Die Bereitschaft der Regierungsparteien zur Zustimmung zur gemeinsamen
Bundestagsentschließung stellte ein Opfer dar, das aber letzten Endes von
der CDU/CSU nicht honoriert worden ist. Am 15. Mai stellt das CDU-Prä-
sidium die Entscheidung über die Ostverträge ihren Abgeordneten frei und
plädierte selbst *für* die Ratifikation. Aber nun rächte sich die bislang mehr-
gleisig vorgetragene Opposition gegen die Verträge. Die CSU-Spitze und ihre
Landesgruppe innerhalb der CDU/CSU-Bundestagsfraktion stellten sich aus
parteipolitischen Gründen trotz der gemeinsamen Resolution gegen die Verträge und beriefen sich auf das bislang propagierte offizielle Nein. Im Verlauf der folgenden fraktionsinternen Diskussion traten die durch die gemeinsame Gegnerschaft gegen die Regierung bislang kaschierten unterschiedlichen Motivationen zutage. Während die Befürworter stärker an die Öffentlichkeit getreten waren, korrekt anführten, die CDU/CSU habe sich niemals
auf ein endgültiges Nein festgelegt, antworteten ihnen ihre Gegner, sie täten
so, als sei das propagierte Nein jemals fraglich gewesen. Um nun eine Spaltung der Fraktion zu verhindern, wurde auf Druck der CSU eine Stimmen-
enthaltung als Kompromiß beschlossen[31]. In der Schlußabstimmung über
den Moskauer und den Warschauer Vertrag sowie über die gemeinsame
Resolution votierten je 248 Abgeordnete – also keine absolute Mehrheit –
für die beiden Verträge; gegen den Moskauer ein FDP- und neun CDU/CSU-
Abgeordnete und gegen den Warschauer Vertrag wiederum ein FDP- und
16 Unionsabgeordnete; die gemeinsame Entschließung wurde bei fünf Ent-
haltungen vom gesamten Bundestag angenommen[32].

Die Vertriebenenabgeordneten waren mit der Ratifikation um den Preis ihrer
Bündnistreue zur CDU/CSU betrogen worden. Sie hatten auf den Verlauf
der Ereignisse seit dem gescheiterten Mißtrauensantrag keinen Einfluß auf
das parlamentarische Geschehen mehr nehmen und das Scheitern der Ostverträge nicht durchsetzen können. Die Abstimmung brachte die meisten
der zu diesem Zeitpunkt 25 Vertriebenenabgeordneten der CDU/CSU in arge
Rollenkonflikte, da sie zwischen der Priorität ihrer Partei- und ihrer Ver-
bandszugehörigkeit zu entscheiden hatten. Alle fünf Abgeordneten, die sich
bei der Abstimmung über die Bundestagsresolution enthielten, waren Vertriebenenfunktionäre, unter ihnen BdV-Präsident Czaja sowie die Vorsitzenden der Schlesischen und Sudetendeutschen Landsmannschaft, Hupka und
Becher. Für einen erweiterten Kreis von 27 Abgeordneten – unter ihnen 16
Vertriebene – gab Czaja eine Erklärung ab, in der nochmals Widerspruch
gegen die Ratifikation der Ostverträge erhoben wurde[33]. Vier von den zehn

---

[31] S. „Der Spiegel" Nr. 22, 1972, S. 21 ff.
[32] Verhandlungen . . . , 187. Sg., 17. Mai 1972, S. 10 931 ff.
[33] Ebda., Anlage 4, S. 10 956.

Abgeordneten, die gegen den Moskauer und zehn von den siebzehn, die gegen den Warschauer Vertrag stimmten, waren Vertriebene. Eine knappe Mehrheit der Vertriebenenabgeordneten, unter ihnen der BdV-Vizepräsident Hans-Edgar Jahn und der Pommernführer Phillip von Bismarck, votierten mit der Fraktionsmehrheit und gaben damit den Parteiinteressen Vorrang vor den Verbandsinteressen.

So wie die Bundesregierung Anfang 1970 durch vermehrte Scheinkonzessionen den ausstehenden Konflikt mit den Vertriebenenverbänden zu mildern versucht hatte, so wollte nun auch die CDU/CSU-Fraktionsspitze die „hinter dem Rücken der Vertriebenen" praktizierte Duldung der Ratifikationsgesetze durch eine scheinbare Würdigung der Vertriebeneninteressen verschleiern. Diesem Zweck diente ein Resolutionsantrag der CDU/CSU-Fraktion, in dem festgehalten wurde, daß die Verträge nicht die Vertreibung nachträglich legalisierten[34]. Aber derartige Manöver konnten nicht verbergen, daß die Vertriebenenverbände, insbesondere ihre Vertreter im Bundestag, als schwächster Juniorpartner der Unionsparteien von diesen hintergangen worden waren. Dies wurde vollends sichtbar, als die CDU/CSU-regierten Bundesländer darauf verzichteten, über den Bundesrat, in dem sie über eine Mehrheit verfügten, Einspruch gegen die Ostverträge zu erheben. Die Enttäuschung in den Vertriebenenverbänden über das Verhalten der Unionsparteien und zugleich die unterschiedliche Motivation ihrer Liäson wird deutlich in einem Artikel des BdV-Vizepräsidenten Rudolf Wollner ausgedrückt: „Das Unwahrscheinliche, das Unglaubliche ist geschehen. Die CDU/CSU hat sich im Bundestag nahezu geschlossen der Stimme enthalten, anstatt geschlossen mit Nein zu stimmen und damit angesichts der Stimmengleichheit die Verträge zu Fall zu bringen. Auch in der zweiten Instanz, im Bundesrat, wo die CDU/CSU-regierten Länder die Mehrheit haben, ließen sie die Verträge wider Erwarten ohne Einspruch passieren. Einspruch hätte über Einschaltung des Vermittlungsausschusses zur vierten Lesung im Bundestag geführt, bei der die Koalition die Verträge nur mit absoluter Mehrheit hätte durchsetzen können, über die sie nicht verfügt..."[35]. Die Verantwortung für dieses Versagen lastet Wollner nicht der CSU an, die bis zuletzt zum Nein entschlossen gewesen sei, auch nicht dem Gros der CDU, sondern der Fraktionsführung unter Rainer Barzel.

Der sachlich angelegte Konflikt zwischen Unionsparteien und Vertriebenenverbänden blieb aus und mußte ausbleiben. Denn eine Trennung von der CDU/CSU hätte BdV und Landsmannschaften politisch völlig isoliert, ihre Lobby-Funktionen eingeschränkt und ihre parlamentarische Präsenz gefährdet. Es blieb bei der Verstimmung und der – von Wollner angedeuteten – Hoffnung, unter einer späteren CDU/CSU-geführten Bundesregierung eine Revision der Ostverträge ertrotzen zu können. Die Vertriebenenfunktionäre,

---

[34] Ebda., Anlage 7, S. 10 961.
[35] dod Nr. 17/18/1972, S. 2.

die ein Vierteljahrhundert lang die Illusion über eine friedensvertragliche Grenzregelung zwischen Deutschland und Polen kultiviert hatten, entwickelten nunmehr eine zusätzliche Illusion mit der Annahme, die vom Bundestag gefällte und von der Mehrheit der Unionsparteien akzeptierte Entscheidung über die Ostverträge mit Hilfe eben dieser Parteien jemals revidieren zu können.

Die Ratifikation der Ostverträge dokumentierte den fast totalen Machtverlust der Vertriebenenverbände und bescheinigte ihnen damit unheilbares Siechtum. Nicht nur hatten sie den Abschluß und die Ratifikation der Verträge durch vermehrte politische Aktivität seit 1969 nicht verhindern können, sondern sie hatten die mit ihnen liierten Unionsparteien nicht einmal zur Bündnistreue anzuhalten vermocht. Ihre Vertreter im Bundestag wiederum waren nicht einmal fähig zu gemeinsamen und geschlossenem Vorgehen im Parlament und die meisten von ihnen haben im Zweifelsfalle ihre Parteizugehörigkeit über die Verbandsinteressen gestellt. Ihre eigene Ohnmacht demonstrierten BdV und Landsmannschaften schließlich dadurch, daß sie trotz Irreführung durch die CDU/CSU-Führung aus Furcht vor völliger politischer Isolierung den sachlich und politisch notwendigen Bruch scheuten. Nach der Ratifikation der Ostverträge verloren sie auch in der Öffentlichkeit an Ansehen. Ihre Veranstaltungen verloren an Interesse, im vorgezogenen Wahlkampf des Jahres 1972 blieben sie weitgehend unbemerkt. Seit der Wahlkampfniederlage der Unionsparteien am 19. November 1972 dürften sie auch in dieser Partei nur gewisse Reservate halten können, in denen ihre Verbandsfunktionäre in Personalunion auch höhere Parteiämter bekleiden.

Die Geschichte der Vertriebenenverbände stellt sich uns somit dar als ein permanenter Machtzerfall von Interessenverbänden, deren Einfluß in gewissen gesellschaftlichen Bereichen einige Bedeutung besessen hatte. Zwar entsprach er niemals der Zahl ihrer Mitglieder oder gar dem Anteil der Vertriebenen an der Gesamtbevölkerung, aber er war doch in der Sozialpolitik von Gewicht. Für den Zerfall dieses Einflusses lassen sich folgende Gründe anführen, ohne noch einmal die Breite der Argumentation wiederholen zu wollen:

1. Die Vertriebenen waren bis zur Gründung der Bundesrepublik die ärmste und somit ohnmächtigste Bevölkerungsgruppe, untergebracht in Notunterkünften, notdürftig am Leben erhalten durch in- und ausländische Hilfsorganisationen, in der Bildung von Interessenorganisationen durch materielle und administrative Barrieren behindert.

Die Bundesrepublik war auf die Integration der Vertriebenen angewiesen, um nicht durch die Proletarisierung und Verelendung der entwurzelten Massen einen sozialen Konflikt entstehen zu lassen, der den Wiederaufbau der Gesellschaft gefährdet und das politische Leben in erheblichem Maße belastet hätte. In dieser Situation konnten die Vertriebenenorganisationen diejenigen Mittel einsetzen, mit denen Verbände am wirkungsvollsten und zugleich am friedlichsten ihre Interessen durchsetzen: die Heranbildung einer hochqualifizierten Expertenschicht, die die staatliche Bürokratie berät, ergänzt und Entscheidungen in ihrem Sinne vorbereitet. Die quasiamtlichen Funktionen der Vertriebenenverbände in der Abwicklung des Lastenausgleichs haben sie wegen der langen Laufzeit dieses Problems bis in die Gegenwart zu unentbehrlichen Institutionen gemacht, wobei die zunehmende soziale Integration der Vertriebenen dieses Gesetzgebungswerk seiner politischen Brisanz entledigte. Seit Mitte der 50er Jahre verloren die Verbände selbst ihre eigentliche politische Machtstellung, die sie aus eigenem Gewicht erworben hatten, wie das Ausscheiden des GB/BHE aus dem Bundestag 1957 deutlich zeigte. Es verblieb den Landsmannschaften danach nur noch die Rolle, die ihnen von offizieller Seite durch staatliche Subventionen, durch Patenschaften westdeutscher Städte für landsmannschaftliche Vereinigung usw. eingeräumt wurde und die sich in Geldern, kulturellen Projekten, organisatorischer Hilfestellung bei Treffen und Ehrenbezeigungen aller Art ausdrückte. Und schließlich blieben die „Kaderapparate" der eigentlichen Verbände, deren Macht – wie die vorliegende Studie zu zeigen versucht hat – eine von oben verliehene war. Je mehr die Verbände innerhalb der Vertriebenen an Bedeutung verloren, desto mehr wuchs ihre Abhängigkeit von staatlichen und parteilichen Instanzen, desto mehr entwickelte sich ihre politisierende Bürokratie von „Berufsvertriebenen" zu mehr oder minder nützlichen Vasallen und Lehensträgern, deren Stellung nur deswegen solange unangefochten blieb, weil keine Partei als erste sie in Zweifel zu ziehen wagte.

2. Es ist den Vertriebenenverbänden wohl in verdienstvoller Arbeit gelungen, ostdeutsches Kulturgut zu sammeln und der Nachwelt zu erhalten. Aber es ist ihnen nicht gelungen, ihre Sprache, Tradition, landsmannschaftliche Eigenart und historische Erfahrungen der nächsten Generation als politisches Vermächtnis zu vermitteln. Als Bevölkerungsgruppe selbst haben sie sich derart stark integriert, daß sie demographisch nur noch in der Statistik und bei gelegentlichen Veranstaltungen als eigene Gruppe existieren[36]. Vielfach distanzieren sie sich von der Klassifizierung „Vertriebener", je mehr damit eine Affinität zu bestimmten Einstellungen verbunden wird. Damit aber sind die Verbände zur inneren Auszehrung verurteilt; die Möglichkeit, sich personell zu erweitern oder aber auch nur Kontinuität zu wahren, fehlt ihnen völlig; die Resonanz in der Bevölkerung schwindet immer mehr, vor allem unter den Jugendlichen, auch unter jenen, die laut Gesetz den Vertriebenenstatus von ihren Eltern geerbt haben. Die Gebundenheit der Verbände an eine durch ein gemeinsames Schicksal geprägten Generation sowie die Aussicht auf ein absehbares Versinken in völliger numerischer und verbandspolitischer Bedeutungslosigkeit entziehen ihnen ein wichtiges Merkmal andererer Interessengruppen: die Fähigkeit zu kontinuierlicher Arbeit über Wahlen und Regierungswechsel hinweg. Viele von den Hindernissen,

---

[36] Vgl. Strothmann, S. 306.

die sie politischen Entscheidungen in den Weg legten, hatten nur aufschiebenen Charakter.

3. Mit der abnehmenden Bedeutung des Vertriebenenproblems eng verbunden ist auch die abnehmende Bedeutung der Oder-Neiße-Frage selbst. Innerhalb des Komplexes, den man mit der Bezeichnung „deutsche Frage" tituliert, war sie zunehmend von minderer Bedeutung und wurde in konkreten Sorgen um Berlin und der schon weit problematischeren Frage der Wiedervereinigung völlig überlagert. Innerhalb der Zielsetzungen der Bonner Deutschlandpolitik bildete die Frage der deutschen Ostgrenze die spekulativste, bei der eine Regelung im Sinne der Vertriebenenverbände am unwahrscheinlichsten war. Wie den Meinungsumfragen zu entnehmen war, entschwand die Oder-Neiße-Frage immer mehr dem politischen Problemkatalog der Bevölkerung und erhielt zunehmend fiktiven und imaginären Charakter, an die man nur noch durch gelegentliche Veranstaltungen der Vertriebenenverbände erinnert wurde. Die deutsche Frage aber, innerhalb deren die Grenzfrage von untergeordneter Bedeutung war, rückte selbst umso mehr in den Hintergrund, je mehr der Status quo in Europa und mit ihm die deutsche Teilung von der europäischen Staatenwelt akzeptiert wurde. Der Warschauer Vertrag, dessen Zustandekommen und dessen Ratifikation die Vertriebenenverbände nicht hatten verhindern können, hat die faktische Endgültigkeit der Oder-Neiße-Grenze bestätigt und dabei die Zustimmung der Mehrheit der deutschen Öffentlichkeit gefunden.

Rückblickend muß die Frage, ob die Vertriebenenorganisationen Ursache des mehr als zwei Jahrzehnte nach 1945 währenden belasteten Verhältnisses zwischen beiden Staaten war, verneint werden. Die Verbände sind in Bonn, aber auch in Warschau, zu Konfliktstoffen hochstilisiert worden, wenn es im Interesse beider Seiten lag. Ihr eigener Einfluß aber war nie so groß, daß sie auf die Dauer außenpolitische Entscheidungen beeinflussen konnten.

Aufgrund ihrer zwar historisch ausgerichteten, in ihren Prämissen jedoch ahistorischen Ideologie haben die Verbände den Fortbestand eines politischen Konflikts angenommen, der längst von der weltpolitischen Entwicklung verdrängt worden ist.

3. KONFLIKT UND INTEGRATION IN DER DARSTELLUNG DEUTSCH-POLNISCHER BEZIEHUNGEN DURCH DIE WESTDEUTSCHE TAGES-PRESSE

von A. Wick-Kmoch

1. EINLEITUNG UND PROBLEMSTELLUNG

Wie und wieweit Beziehungen zwischen Westdeutschen und Polen durch die westdeutsche Tagespresse als konflikthaft oder als integrationsbezogen dargestellt wird, soll in dieser Studie untersucht werden.

Die Problematisierung des Themas Massenmedien, als deren Teil sich die Presse darstellt, erscheint aus zweierlei Gründen nützlich und notwendig: Begegnen die einen ihnen doch mit Vorurteilen und negativen Stereotypen, überantworten sich ihnen die anderen, wohl darum wissend, daß kaum eine Alternative bleibt, wenn sie sich über verschiedene Aspekte ihrer Umwelt informieren und sich eine Meinung bilden wollen. Fürchten die einen die Medien wegen des ihnen unterstellten Manipulationspotentials, wegen des „narkotisierenden", das kritische Denken eindämmenden Kraft[1], preisen sie die anderen wegen der ihnen zugeschriebenen Funktion, die Meinungs- und Informationsfreiheit zu bewahren[2] und damit eine demokratische Ordnung möglich zu machen.

In einem ambiguiden Licht erscheinen sie auch dort, wo es zu entscheiden gilt, ob die Vorstellungen, die sie uns vermitteln, sich eher als harmonisierte, retouchierte Abbilder von Gegenständen und Ereignissen der uns umgebenen Realität präsentieren oder ob es gerade die negativen, konfliktbehafteten Sachverhalte sind, die bevorzugt selegiert und dargeboten werden. So glauben einige Autoren mit Bezug auf überregional verbreitete Tageszeitungen, die hier im Mittelpunkt der Betrachtung stehen sollen, generalisierend sagen zu können, daß Presseberichte das Bild einer „konfliktfreien,

---

[1] Lazarsfeld, P. F. und Merton, R. K. Mass Communication, Popular Taste und Organized Social Action, in: Schramm, W. und Roberts, D. F., The Process and Effects of Mass Communication, Urbana, Chicago, London 1971, S. 554 ff.

[2] De Fleur, M. L., Theory of Mass Communication, New York 1966, S. 5.

interessegereinigten politischen Atmosphäre" skizzieren[3]. „Im Durchschnitt aller (vom Autor untersuchten, Anmerk d. Verf.) Zeitungen bezogen sich ... nur 7 %/o auf Spannungen zwischen anderen Akteuren innerhalb und außerhalb des politischen Systems der Bundesrepublik"[4]. Demgegenüber wird von anderen Forschern argumentiert, daß Zeitungen die Tendenz hätten, gerade negative Geschehnisse herauszugreifen und sie den positiven zu bevorzugen. „Im Leben gibt es eine grundlegende Asymmetrie zwischen dem Positiven, das schwierig ist und Zeit braucht, und dem Negativen, das sich als viel leichter darstellt und weniger Zeit zu seiner Entfaltung benötigt"[5]. Wieweit diese Aussage und die anderen Gründe, die Galtung für eine verzerrende Auswahl anführt, – leichtere Identifizierbarkeit negativer Ereignisse, Konkordanz mit entsprechenden Bedürfnissen sowie die Plötzlichkeit ihres Eintretens und damit ihre Aktualität – zutreffen, soll hier allerdings nicht entschieden werden.

Die Untersuchung verzerrender Einflüsse, der Selektion und Gewichtung in Hinblick auf die hier zur Diskussion gestellten Dimensionen in Berichten und Nachrichten über Deutsche und Polen erscheint nicht bloß deshalb sinnvoll, weil Massenmedien, und damit auch die Tagespresse, die Vorstellungen, die wir uns von anderen Nationen und internationalen Beziehungen machen, zu einem nicht unbeträchtlichen Teil prägen.

„Die Regelmäßigkeit, die Allgegenwärtigkeit und die Stetigkeit von Nachrichtenmedien machen sie in jedem Fall zum ersten Anwärter für den Rangplatz Nummer „eins" in der Skala der internationalen Imagegestalter ... Untersuchungen der Angemessenheit der Bilder, die die Medien von der Welt vermitteln, sind so von erstrangiger Bedeutung"[6].

Im folgenden sollen kurz einige, zum Verständnis wesentliche Punkte der hier verwendeten Methode der Inhaltsanalyse behandelt und die Konzepte „Konflikt" und „Integration", soweit sie als Ausgangspunkt des empirischen Teils bedeutsam erscheinen, erläutert werden.

2. DAS KONZEPT „KONFLIKT"

Will man konflikthafte und integrationsbezogene Tendenzen erfassen, so ist es angebracht, von einem theoretischen System oder einem bestimmten Konzeptverständnis auszugehen. Theorien als Netze nomologischer Sätze sind um die Konzepte „Sozialer Konflikt" und „Soziale Integration" bisher nur

---

[3] Schatz, H., Eine Inhaltsanalyse der überregionalen Tagespresse in der Bundesrepublik, in: Zoll, R. u. Hennig, E., Massenmedien und Meinungsbildung, München 1970, S. 185.

[4] Schatz, Anmerk. 3, S. 185/186.

[5] Galtung, J. u. Ruge, M. H., The Structure of Foreign News, Journal of Peace Research 1, 1964, S. 69/70 (Übers. d. Verf.)

[6] Galtung u. Ruge, Anmerk. 5, S. 64 (Übers. d. Verf.)

recht rudimentär vorhanden. Die Klärung der Begriffe, um die sich verschiedene Autoren bemühen[7], fällt keineswegs einheitlich aus.

Fink[8] findet bei seiner Synopsis vorhandener Definitionen sowohl umfassende als auch eng umgrenzte, wobei sich letztere dadurch auszeichnen, daß sie nur manifeste Konfliktäußerungen unter dem Etikett „Konflikt", nicht jedoch intrapsychische beinhalten. Zu den Vertretern eines engen Konflikt-Konzeptes gehören Mack und Snyder, die eine Auflistung von Merkmalen vornehmen:

(1) „Es müssen mindestens zwei Parteien (oder analytisch voneinander abhebbare Einheiten) vorhanden sein, die ein Minimum an Kontakt zueinander haben bzw. die bis zu einem gewissen Grade für einander sichtbar sein müssen.

(2) Es müssen sich einander ausschließende und/oder miteinander inkompatible und einander entgegengesetzte Werte aufweisbar sein, die auf knappen Ressourcen oder auf Positionsknappheit beruhen.

(3) Notwendige Bedingung für die Existenz eines sozialen Konflikts sind ferner Verhaltensweisen, die dem Ziel dienen, den oder die Partner zu vernichten, zu verletzen, ihm bzw. ihnen Widerstand zu leisten oder Kontrolle auszuüben. In der Beziehung kann nur einer auf Kosten des anderen gewinnen.

(4) Es sind Aktionen und Reaktionen mit sich ausschließenden Zielen vorhanden.

(5) Und schließlich sind soziale Konflikte dadurch gekennzeichnet, daß beide Parteien versuchen, Macht zu erlangen (z. B. Macht über knappe Ressourcen oder Positionen) und Macht auszuüben (indem sie das Verhalten der anderen Partei in bestimmte Richtungen zu lenken versuchen) oder dadurch, daß tatsächlich Macht ausgeübt wird"[9].

In diesem Katalog notwendiger Bedingungen für das Vorhandensein eines Konfliktes sind motivationale Korrelate des Konfliktgeschehens nicht enthalten. Antagonistische Beziehungen sind danach nicht existent, wenn sie nicht ausgetragen werden. Geht man davon aus, daß Definitionen letztlich die

---

[7] Z. B. Aubert, V., Competition and Consensus, Two Types of Conflict and Conflict Resolution, Journ. Confl. Res. 7, 1963.
Boulding, K. E., Conflict and Defense, A General Theory, New York, 1962.
Coser, L. A., Theorie der Sozialen Konflikte, Neuwied u. Berlin 1972[2] (1965).
Kerr, C., Industrial Conflict and its Mediation, Am J. Sociol., LX, 1954/55, S. 230–245.

[8] Fink, Cl. F., Some Conceptual Difficulties in the Theory of Social Conflict, Journ. Confl. Res. XII, 4, 1968, S. 412–460.

[9] Mack, R. W. u. Snyder, R. C., The Analysis of Social Conflict – Toward an Overview and Synthesis, in: Journ. Confl. Res., II, 2, 1957, (Übers. d. Verf.).

Funktion haben, Phänomene aus unserer Umwelt herauszulösen und identifizierbar zu machen, erscheint es uns wenig sinnvoll, intrasystemare Spannungen und aggressive Tendenzen, die ihren Bezugspunkt in einem oder mehreren sozialen Partnern haben, nicht als Anzeichen für das Bestehen eines Konfliktes und damit als eines seiner Merkmale heranzuziehen. Wir möchten uns doch eher mit Fink zu einer weiteren Fassung entschließen und unter Konflikt „jede soziale Situation oder jeden sozialen Prozeß" verstehen, „in der bzw. bei dem zwei oder mehrere soziale Einheiten wenigstens durch eine Form antagonistischer psychischer Beziehungen oder wenigstens durch einen Modus antagonistischer Interaktion miteinander verbunden sind"[10].

Unter Einbeziehung auch der motivationalen Komponenten einer konflikthaften Ereigniskette gelangt man zu dem Konflikttriangel, das Galtung entworfen hat,

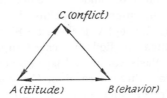

bei dem die Eckpunkte der Graphen die gefühlshaften Beziehungen zum sozialen Partner (A), das offene Konfliktverhalten (B) und die Konfliktobjekte (C, d. h. die knappen Ressourcen oder inkompatiblen Interessen) darstellen sollen, die als in einem wechselseitigen Bedingungsverhältnis stehend verstanden werden können.

3.   DAS KONZEPT „INTEGRATION"

Unter „Integration" kann allgemein der Zusammenschluß von Teilen zu einem übergeordneten Ganzen verstanden werden.

Daneben gibt es jedoch noch eine Reihe anderer Interpretationsmöglichkeiten, wenn der Begriff auf internationale Beziehungen Anwendung findet. North, Koch und Zinnes[12] konnten sechs verschiedene Bedeutungsnuancen herausarbeiten:

(1) „Integration" als geringe Wahrscheinlichkeit, daß zur Lösung von Konflikten Gewalt angewendet wird,

---

[10] Fink, Anmerk. 8, 456, (Übers. d. Verf.)

[11] Galtung, J., The Middle East and the Theory of Conflict, Journ. Peace Research, 8, 1971, S. 182.

[12] North, R. C., Koch, H. E. u. Zinnes, Dina A., The Integrative Functions of Conflict, in: Zawodny, J. K., Man and International Relations, San Francisco 1966 (Integration), S. 350–366.

(2) „Integration" als Abwesenheit von Konflikten überhaupt,

(3) „Integration" als Übereinstimmung, Konsensus in Hinblick auf politische Ziele und auf Mittel der Zielerreichung,

(4) „Integration" als Ausmaß der kooperativen Interdependenz zwischen Organisationen (d. h. Staatennationen oder Subnationale Organisationen, Anmerk. d. Verf.),

(5) „Integration" als Austausch von Kommunikationen und schließlich

(6) „Integration" als Gemeinsamkeit der Mitgliedschaft von Organisationen.

Neben der hier angedeuteten Verwendung des Begriffes zur Bezeichnung der Abwesenheit eines Konfliktes und zur Kennzeichnung bestimmter Modi der Verbindung von Organisationen (Aspekte, die uns hier weniger interessieren sollen) kann das Konzept vor allem im Sinne einer „Assoziation"[13] von Gruppen oder einzelnen Mitgliedern dieser Gruppen verstanden werden. Als sozialpsychologische Basis solcher „Assoziationen" fungieren dabei unter anderm einmal die von Mitgliedern einer Gruppe wahrgenommene Ähnlichkeit mit den Angehörigen einer anderen Gruppe und zum anderen ihre gegenseitige Attraktion bzw. positive Einstellung zueinander. Galtung[14] hat als eine wesentliche Grundlage der sozialen Integration die Ähnlichkeit von Partnern im Sinne einer Übereinstimmung von Einstellungen und von Interessen sowie im Sinne gemeinsamer Perspektiven und Werte herausgestellt. Zudem haben sozialpsychologische Untersuchungen ergeben[15], daß unter gewissen Bedingungen und bei Annahme von Prämissen, die hier nicht weiter diskutiert werden können, die perzipierte Ähnlichkeit mit einem Partner und die Wertschätzung bzw. positive Einstellung, mit dem diesem begegnet wird, kovariieren, was heißt, daß Individuen, wenn sie einmal Gemeinsamkeiten festgestellt haben, dazu tendieren, sich gegenseitig positiver zu betrachten und umgekehrt. Eine positivere Einschätzung führt zu häufigeren und freundlicheren Interaktionen bzw. Kommunikationen[16], und eine stärkere Interaktion kann eine höhere Wertschätzung nach sich ziehen[17], selbst wenn intervenierende Variablen diese Beziehungen verunklären mögen. Gefördert wird die Entstehung positiver Einstellungen in Situationen der Kooperation, d. h. durch Bedingungen, die unter anderem dadurch gekennzeichnet sind, daß nicht Individual-, sondern Gruppenziele erreicht bzw. realisiert werden

---

[13] Galtung, J., A Structural Theory of Integration, J. Peace Res., 1968, 5, S. 375–395.

[14] Galtung, Anmerk. 13, S. 379.

[15] Newcomb, Th. M., The Study of Consensus, in: Merton, R. K., Broom, L. u. Cottrell, L. S., Sociology Today, New York 1959.

[16] Fauquier, W. u. Vinacke, W. E., Communication and opinion as a function of member attractiveness and opinion discrepancy, J. soc. Psychol. 63, 1964, 295–308.

[17] Homans, G. C., The Human Group, New York 1950.

müssen[18]. Freundliche soziale Beziehungen bzw. der Wunsch, ein freundliches „Klima" aufrechtzuerhalten, lassen sich nach Pruitt parallel zu der Tendenz beobachten, eine zum Teil bewußt eingesetzte verständnisvolle Reagibilität, eine „responsiveness" zu zeigen, worunter die Fähigkeit einer politischen Handlungseinheit zu verstehen ist, die Bedürfnisse und Interessen einer anderen Einheit adäquat zu perzipieren und bei den eigenen Entscheidungen angemessen zu berücksichtigen[19].

Zusammenfassend soll hier unter einer integrativen sozialen Beziehung ein Verhältnis zwischen sozialen Einheiten verstanden sein, das nicht nur durch die Abwesenheit von Konflikten charakterisierbar ist, sondern vor allem durch die Übereinstimmung von Perzeptionen und Bewertungen relevanter Objekte sowie durch eine positive Einstellung der Partner zueinander und durch die Unterstützung der anderen Handlungseinheit bei der Verwirklichung oder Erlangung von Zielen.

4. CHARAKTERISIERUNG DER INHALTSANALYSE ALS METHODE

Die in der deutschen Sprache neben dem Begriff „Inhaltsanalyse" auch verwendete Bezeichnung „Aussagenanalyse"[20] geht auf die Unterscheidung formaler und inhaltlicher Aussagenbestandteile zurück: Bessler versucht mit dem Vorschlag, den Ausdruck „Aussagenanalyse" als Oberbegriff für „Inhaltsanalyse" und „Formanalyse" zu verwenden, vermittelnd in die Diskussion um diese Sprachregelung einzugreifen[21].

Nach der schon klassisch gewordenen Definition von Berelson ist die Inhaltsanalyse definiert als eine Forschungstechnik zur objektiven, systematischen und quantitativen Beschreibung des manifesten Inhaltes von Kommunikationen[22]. In dieser Definition wird von Berelson mit seiner Forderung nach Objektivität – nach intersubjektiver Übereinstimmung und Überprüfbarkeit – auch das Problem der Meßgenauigkeit, der Reliabilität, angesprochen. Der Anspruch auf Systematik der Technik, hier verstanden als ein Vorgehen, bei dem alle für ein Problem relevanten Aspekte des zu analysierenden Textmaterials erfaßt werden, zielt auf das Problem der Validität, der inhaltlichen Gültigkeit, auf die Frage also, ob tatsächlich das erfaßt wird, was erfaßt

---

[18] Deutsch, M., An Experimental Study of the Effects of Cooperation and Competition upon Group Processes, Human Relations, Vol. II, 3, London 1949, 199–231.

[19] Pruitt, D. G., An Analysis of Responsiveness between Nations, J. Conflict Resolut. VI, 1, 1962, S. 5–18.

[20] Maletzke, G., Psychologie der Massenkommunikation, Hamburg 1963, S. 57 ff. Bessler, H., Aussagenanalyse, Bielefeld 1970.

[21] Bessler, Anmerk. 20, S. 31.

[22] Berelson, B., Content analysis, in: Lindzey, G. (Hrsg.), Handbook of Social Psychology, Bd. I, Reading, Mass u. London 1954, S. 489.

werden soll. Bemerkenswert an der Konzeptualisierung der Inhaltsanalyse durch Berelson ist die Betonung der Notwendigkeit einer quantitativen Beschreibung von Aussagen. Trotz mancher Kritik[23] an der sog. quantitativen Methode und trotz der Überzeugung einiger Autoren[24], daß qualitative Inhaltsangaben sich zu deskriptiven und explorativen Zwecken durchaus eignen, hat sich im Laufe der Zeit eine Gleichsetzung des Terminus „Inhaltsanalyse" mit „quantitativer Vorgehensweise" vollzogen, was sich in der Tatsache niederzuschlagen scheint, daß sich in späteren Begriffsbestimmungen keine explizite Erwähnung des Kriteriums „quantitativ" mehr findet: „Inhaltsanalyse kann definiert werden als eine Technik, die dazu dient, aus systematisch und objektiv spezifizierten Textcharakteristiken Schlußfolgerungen zu ziehen[25]."

„Quantitativ" kann dabei bedeuten, daß Häufigkeiten, mit denen definierte Klassen von Symbolen repräsentiert sind, festgestellt (Frequenzanalyse) oder daß überdies Grade der Ausprägung innerhalb dieser einzelnen Klassen eingeschätzt werden (z. B. „positiv"–„neutral"–„negativ" bei der Richtungsanalyse[26] bzw. bei „Intensitätsanalysen" oder bei den komplizierteren „Bewertungsanalysen"[27] mit einer Skala, die von +3 als starke Ausprägung bis –3 als schwache Ausprägung reicht).

Mit der Methode der Inhaltsanalyse sollen nun in unserer Untersuchung, ausgehend von der Überlegung, daß pauschalisierende Aussagen über konflikthafte bzw. integrationsbezogene Darstellungen von Interaktionen bzw. Kommunikationen durch Presseorgane wenig sinnvoll sind, die folgenden Hypothesen überprüft werden:

(1) Die drei herangezogenen Zeitungen unterscheiden sich in der Betonung der hier als Indikatoren für „Konflikt" und „Integration" herausgestellten Variablen.

(2) „Konflikt" und „Integration" werden in den beiden Zeiträumen unterschiedlich stark hervorgehoben.

(3) Die Tendenzen, konflikthaft oder integrationsbezogen zu interagieren und zu kommunizieren, werden von den drei Presseorganen für Deutsche und Polen verschieden stark herausgearbeitet.

---

[23] Vgl. z. B. Krakauer, S., The Challenge of Qualitative Content Analysis, in: Public Opinion Quarterly, 16, 1959, S. 631–641.
George, A. L., Propaganda Analysis, Evanston und New York, 1959.

[24] Mayntz, Renate, Holm, K. u. Hübner, P., Einführung in die Methoden der empirischen Soziologie, Köln und Opladen, 1969, S. 152.

[25] Z. B. Holsti, O. R., Content Analysis, in: Lindzey, G. u. Aronson, E., The Handbook of Social Psychology, Reading, Mass. usw., II, 1968, S. 601, (Übers. d. Verf.)

[26] Budd, R. W., Thorp, R. K. u. Donohew, L., Content Analysis of Communications, New York und London, 1967, S. 50 ff.

[27] Osgood, Ch. E., The Representational Model and Relevant Research Methods, in: Pool, Ithiel de Sola (Hrsg.), Trends in Content Analysis, Urbana 1959, S. 33 ff.

5. PROZESS DER DATENERHEBUNG

5.1. Kategorienbildung

„Eine Inhaltsanalyse steht und fällt mit ihren Kategorien[28]." Trotz der in diesem Zitat von Berelson ausgesprochenen Bedeutung von Kategorien gibt es keine Richtlinien für ihre Konstruktion. Entstehen sie meistens vor dem Hintergrund „impliziter oder expliziter theoretischer Vorstellungen"[29] als A-priori-Systeme, bleibt dabei die Transformation theoretischer Konzepte in Klassifikationsalternativen ohne verbindliche Regeln problematisch. Überdies unterliegt der Satz aufgestellter Kategorien bei der Anwendung auf das vorliegende Textmaterial einer Reihe von Modifikationen, die verfälschende Effekte mit sich bringen können. In unserem Fall blieb von der ursprünglich vorgesehenen Kategorienzahl etwa ein Viertel für die endgültige Untersuchung übrig.

Die hier heranzuziehenden Indikatoren für Konflikt bzw. Integration sind:

(1) Statements, in denen eine negative Einstellung zur Partnernation, antagonistische Beziehungen oder Haß zum Ausdruck kommen.
Beispiele:
„Am wenigsten darf Gomulka als Deutschen-Freund gelten."
„Die nationalistischen Gefühle, die der Umwandlungsprozeß in Polen zum Vorschein gebracht hat, sind durchaus nicht prodeutsch."

(2) Statements verbaler Aggressionen, der Kritik, Beschuldigung, Herabsetzung, Diskriminierung von Vertretern der anderen Nation.
Beispiele:
„Zycie Warszawy beschuldigte die Koalition, sie habe ihre Haltung zur Oder-Neiße-Grenze nicht wirklich geändert."
„Polen bezichtigt die deutschen Sozialdemokraten als Imperialisten, die ‚noch' mit den Kapitalisten und den USA kollaborieren."
„Der polnische Parteisekretär attackierte die BRD mit harten Worten."

(3) Statements, in denen Mißtrauen, Skepsis, Zweifel an den Motiven (von Vertretern) der anderen Nation zum Ausdruck kommen.
Beispiele:
„Die Polen können ihr Mißtrauen und ihre Skepsis gegenüber den Deutschen nicht überwinden."
„Der neue Nationalheld Gomulka hat aus seinem Mißtrauen gegenüber dem deutschen ‚Nationalismus' keinen Hehl gemacht."
„Er (ein deutscher Journalist) hat Zweifel an der Redlichkeit der Polen."

---

[28] Berelson, Anmerk. 22, S. 510.
[29] Herrmann, Th. u. Stäcker, K. H., Sprachpsychologische Beiträge zur Sozialpsychologie, in: Graumann, C. F. (Hrsg.), Sozialpsychologie, 1. Halbband: Theorien und Methoden, Göttingen 1969, S. 398–474, Zitat S. 409.

(4) Positive Einstellung zur Partnernation

Aus den Statements, die dieser Kategorie zugeordnet werden sollten, mußte eine positive Einstellung zu (spezifischen Aspekten) von Vertretern der „Partnernation" hervorgehen, die sich in einer positiven Verstärkung, in der Würdigung der Leistung oder sonstiger Merkmale der Partnernation manifestieren konnte. Feststellungen der Ähnlichkeit zwischen Deutschen und Polen wurden dieser Kategorie auf Grund der geringen Fallzahl und mit Rechtfertigung der engen Beziehung zwischen den beiden Variablen „Positive Einstellung" und „perzipierte Ähnlichkeit" zugeordnet.

Beispiele:

„Sie reagierten mit einer bewundernden Sympathie für die deutsche Leistung."

„Zwischen den beiden Delegationen ist eine Freundschaft gewachsen."

„Die jungen Polen fühlen sich unserer westlichen Lebensart ähnlich."

(5) Freundliches Verhalten

Statements dieser Kategorie umfassen Aussagen über freundliche Face-to-Face-, postalische oder telephonische Interaktionen bzw. Kommunikationen zwischen Vertretern der beiden Staaten; auch diplomatische Gesten werden notiert.

Beispiele:

„Er dankte den Polen für ihre lebenswichtige und taktvolle Aufnahme."

„Die Gruppe begrüßte die polnischen Studenten und wünschte ihnen einen schönen Aufenthalt."

„Der Dekan der medizinischen Fakultät der Universität Posen dankte den deutschen Studenten und ihren Professoren für den freundlichen Empfang."

(6) Verständnis für die Belange des Partners

Dieser Kategorie werden Textbestandteile zugeordnet, die zeigen, daß einer der Partner Aspekte der Situation des anderen wahrnimmt (und ihnen bei seinen Entscheidungen und in seinem Verhalten Rechnung trägt).

Beispiele:

„Die Polen zeigten großes Verständnis für die Situation der BRD."

„Die BRD habe großes Verständnis dafür, daß die Polen in gesicherten Grenzen leben wollen."

„Mit Rücksicht auf die Empfindlichkeit der Polen wird diese Erklärung nicht formell als Teil des Vertragswerkes angesehen."

5.2. Textauswahl

Bei der Auswahl der Texte, anhand derer die Hypothesen getestet werden, wurde das Verfahren des Mehrstufenplanes gewählt.

Bei der Auswahl der Presseorgane wurde von der Überlegung ausgegangen, daß die Zeitungen hinreichend Material bieten mußten, sie eine möglichst

weite Verbreitung haben und zudem in ihrer politischen Richtung streuen
sollten. Ausgewählt wurden „Die Welt" (W), „Die Frankfurter Allgemeine"
Zeitung" (FAZ) und „Die Frankfurter Rundschau" (FR).

Zeitlich determiniert wurde die Selektion von Ausgaben der genannten Organe auf die Jahre 1957 und 1970 deshalb, weil diese beiden Zeitabschnitte
trotz aller Unterschiede als Phasen der politischen Neuorientierung unter
gewissen Kriterien einigermaßen vergleichbar erscheinen.

Von den Artikeln wurden solche ausgewählt, in denen Deutsche und Polen
in Interaktion bzw. Kommunikation standen, ausgeschlossen hingegen wurden diejenigen, in denen durch eine der beiden Nationen die deutsch-polnischen Beziehungen gegenüber einer dritten thematisiert wurden, sowie Artikel, in denen vorwiegend innenpolitische Hintergründe und Auseinandersetzungen angesprochen wurden.

Aus der folgenden Übersicht gehen die Anzahl der herangezogenen Ausgaben
(AA) und die durchschnittliche Länge der ausgewählten Artikel (DL, in Einheiten von Sätzen) hervor:

		AA	DL
1957	FAZ	59	14,0
	FR	64	11,4
	W	65	14,4
1970	FAZ	243	16,0
	FR	240	13,5
	W	196	18,6

5.3.   Festlegung der Analyseeinheiten

Will man eine möglichst hohe Objektivität und Reliabilität der Ergebnisse
erreichen, so ist eine Festlegung derjenigen Satzeinheiten, die zur Kategorisierung, Zählung und Interpretation herangezogen werden sollen, notwendig.
Als systematische Einheit, d. h. als die Einheit, die regelmäßig daraufhin
untersucht wird, ob sie bestimmte, einer der Kategorien zuzuordnende Bestandteile enthält, wurde der Satz definiert, und zwar der Einfachheit halber
der Satz von Punkt zu Punkt. Als „Zähleinheit", also der Einheit, die anschließend der Auszählung zugrundegelegt wird, wurde das in ähnlicher
Form in den Untersuchungen von North et al.[30] verwendete Grundmodell mit
den folgenden Bestandteilen bestimmt:

(1) „Aussageträger" als denjenigen, der sagt, meint, behauptet, glaubt,
daß ein

(2) „Handlungsträger"

---

[30] North, R. C., Holsti, O. R., Zaninovich, M. G. u. Zinnes, Dina A., Content Analysis
A Handbook with Applications for the Study of International Crisis, Northwestern University Press 1963, S. 45 f.

(3) etwas tut, denkt, wahrnimmt usw., ein prädikativer Ausdruck, der letztlich die Zuordnung einer Grundeinheit zu einer der Klassifikationsalternativen bestimmt.

Ein Beispiel:
„Der Regierungssprecher (1) wies darauf hin, daß die polnische Presse (2) sehr hart auf die Erklärung Polens geantwortet habe (3)."
Zur präziseren Identifikation von klassifizierbaren Satzteilen durften schließlich als „Kontexteinheiten" die unmittelbar vorangehenden und nachfolgenden Sätze herangezogen werden, wenn die Kodierer auch die Anweisung hatten, möglich selbständige und unabhängig vom Kontext verständliche Zuordnungen vorzunehmen. Um unkontrollierte Inferenzen zu vermeiden, gab es für jede Kategorie eine Liste von Verbalisierungen, die festlegten, wieweit Schlußfolgerungen bei der Kodierung von Satzteilen erlaubt waren.

5.4. Vorstufen der Untersuchung

In mehreren Vorstudien wurden die Kategorien an Materialstichproben auf ihre Anwendbarkeit hin geprüft und zum Teil neu definiert, wenn sich z. B. zeigte, daß zu ähnliche Alternativen nicht klar voneinander differenzierbar waren, oder eliminiert, wenn sich niedrigere Objektivitätswerte als .70 (nach der Formel von Holsti[31] ergaben. Überdies wurden die oben erwähnten Kataloge mit Beispielen erstellt.

5.5. Die Durchführung der eigentlichen Kategorisierung

Die Katalogisierung zog sich, nachdem die Notierung in speziell vorbereitete Kodierungsblätter in einer Reihe von Sitzungen mit den Beurteilern eingeübt worden war, über mehrere Monate hin, zumal ein Teil des Materials rekodiert wurde, um Objektivitäts- und Reliabilitätsschätzungen durchführen zu können, und die kategorisierten Sätze für das sich anschließende Intensitätsrating doubliziert werden mußten.

5.6. Intensitätsschätzungen

Unterschiede in der Darstellung können sich nicht nur in der Häufigkeit, mit der konflikthafte bzw. integrationsbezogene Reaktionen von Polen und Westdeutschen geschildert werden, sondern vor allem auch in der Intensität manifestieren. Um die Intensität der einzelnen, den jeweiligen Kategorien

---

[31] Holsti, O. R., Content Analysis for the Social Sciences and Humanities, London 1969, S. 140.

zugeordneten Verbalisierungen abschätzen zu können, wurden Zufallsstichproben der doubliziert vorliegenden Formulierungen (für jede Kategorie getrennt) 60 Schülern der Sekundarstufe II im Alter von 17 bis 23 Jahren vorgelegt, die die Statements nach für jede Kategorie vorgegebenen Bewertungsmerkmalen einer Ratingskala von 1 (geringe Ausprägung) bis 7 (starke Ausprägung) zuordnen mußten. Dazu waren die Handlungsträger und sonstige identifizierende Schlüsselbegriffe durch Symbole ersetzt worden (z. B. Polen = X, „Oder-Neiße-Grenze" = Y), um die Mobilisierung von nationalen Stereotypen bei den Beurteilern zu verhindern und möglichst eine Gleichbehandlung der Reaktionen von Mitgliedern der polnischen und deutschen Nation zu gewährleisten. Obwohl zweifellos die Heranziehung von Schülern und die – verglichen mit dem einem Leser von Tageszeitungen zur Verfügung stehendem Reizmaterial – veränderten Informationen nicht unproblematisch sind, konnte auf diese Weise für jede Kategorie eine Art Skala erstellt werden, bei der die einzelnen Punkte durch Mustersätze repräsentiert waren, die wiederum als Grundlage für die Einschätzung der restlichen schon nominal kategorisierten Sätze dienten. Diese umständliche Prozedur war deshalb notwendig geworden, weil sich die Kodierer bei Versuchen, die Zuordnung von Textbestandteilen zu den Klassifikationsalternativen und die Intensitätsschätzung in einem Arbeitsgang zu erbringen, als überfordert erwiesen hatten.

Verrechnet wurden auf der Basis des so erhaltenen Ordinalskalenniveaus, d. h. auf einem Meßniveau, bei dem sich die einzelnen Skalenpunkte in einem Verhältnis des „größer/kleiner" zueinander verhalten, nur diejenigen Kategorien, bei denen sich die Reliabilitätsschätzungen größer als .83 erwiesen[32].

6.   Ergebnisse

Im folgenden sollen nur die Häufigkeiten der Besetzungen für die einzelnen Kategorien dargestellt werden, während auf die Präsentation der Verteilungen der Intensitäten aus Raumgründen verzichtet werden muß. Unterschiedsberechnungen wurden bei Daten auf Nominalskalenniveau mit x^2-Tests[33], bei Daten auf Ordinalskalenniveau mit nonparametrischen Varianzanalysen nach Kruskal u. Wallis[34] bzw. mit dem Mann-Whitney U Test[35] vorgenommen. Bei Berücksichtigung nur der einzelnen Kategorien ergaben sich kaum signifikante Ergebnisse.

---

[32] Berechnet nach Winer, B. J., Statistical Principles in Experimental Design, New York 1962, S. 124 ff.

[33] [34] und [35] Siegel, S., Nonparametric Statistics for the Behavioral Sciences, McGraw–Hill Book Company, Inc., New York usw. 1956, S. 175 ff. bzw. S. 184 ff., S. 116 ff.

6.1. Konflikthafte Reaktionen 1957

Tab. 1: Negative Einstellung zur Partnernation

	FAZ	FR	W	
Polen	1	5	4	
Deutsche	3	1	3	$\chi^2 = 0{,}146$,n.s.; df $= 2$

Tab. 2: Verbale Aggression, Kritik, Beschuldigung

	FAZ	FR	W	
Polen	16	11	47	H = 4,33,n.s.
Deutsche	7	3	5	H = 2,89,n.s.

Tab. 3: Mißtrauen, Skepsis, Zweifel

	FAZ	FR	W	
Polen	6	4	18	H = 4,67,n.s.
Deutsche	1	0	7	–

6.2. Integrative Reaktionen 1957

Tab. 4: Positive Einstellungen gegenüber Vertretern der Partnernation

	FAZ	FR	W	
Polen	6	11	14	H = 3,498,n.s.
Deutsche	5	0	10	–

Tab. 5: Freundliches Verhalten

	FAZ	FR	W	
Polen	4	7	7	H = 20,03,p$>$0,001
Deutsche	4	7	3	H = 4,43,n.s.

Tab. 6: Verständnis

	FAZ	FR	W	
Polen	4	0	3	U = 0,8837,n.s.
Deutsche	8	9	16	H = 1,75,n.s.

Zum Teil mag die geringe Fallzahl einiger Kategorien dafür verantwortlich sein, daß augenscheinliche Unterschiede nur durch Zufall zustandegekommen sind. Deutlich werden die Differenzen in den Pressedarstellungen tatsächlich erst, wenn man die Häufigkeiten konflikthafter Tendenzen von Deutschen und Polen einerseits und ihre integrationsbezogenen Reaktionen zusammenfaßt. In Tabelle 7 zeigt sich, daß konflikthafte Tendenzen 1957 von der

Tab. 7: Gesamtzahl integrativer und konflikthafter Tendenzen in den drei Presseorganen 1957

	FAZ	FR	W	Summen
Konflikt	34	24	84	142
Integration	31	34	53	118
Summen	65	58	137	260

Presse häufiger betont werden als integrationsbezogene. Dabei werden von der „Welt" häufiger konflikthafte Reaktionen geschildert als integrative, wenn letztere auch in stärkerem Maße auftreten als bei den anderen beiden Presseorganen. Während bei der „Frankfurter Allgemeinen Zeitung" beide Reaktionstendenzen etwa gleich stark vertreten sind, treten integrative Verhaltensweisen bei der „Frankfurter Rundschau" häufiger auf als konflikthafte. Diese Differenzen sind überzufällig: $\chi^2 = 7,397, p < 0,05$. df $= 2$.
Unterschiede zwischen den Zeitungen in der Darstellung konflikthafter Reaktionen der Deutschen einerseits und der Polen andererseits lassen sich hingegen für den Zeitraum 1957 nicht feststellen:

Tab. 8: Konflikthafte Reaktionen der Polen und Deutschen im Zeitraum 1957

	FAZ	FR	W	Summen
Polen	23	20	69	112
Deutsche	11	4	15	30
Summen	34	24	84	142

$$\chi^2 = 0,79, \text{n.s.}; \text{df} = 2$$

Ebensowenig unterscheiden sich die Darstellungen integrativer Tendenzen von Vertretern der beiden Nationen im gleichen Zeitraum:

Tab. 9: Integrationsbezogene Reaktionen der Polen und Deutschen im Zeitraum 1957

	FAZ	FR	W	Summen
Polen	14	18	24	56
Deutsche	17	16	29	62
Summen	31	34	53	118

$$\chi^2 = 1,89, \text{n.s.}; df = 2$$

Die zweite Hypothese kann also für den Zeitraum 1957 nicht bestätigt werden. Für das Zeitintervall 1970 ergaben sich folgende Resultate:

6.3.   Konflikthafte Reaktionen 1970

Tab. 10: Negative Einstellung zur Partnernation

	FAZ	FR	W
Polen	6	1	2
Deutsche	2	0	5

$\chi^2 = 1,015, \text{n.s.}; df = 2$

Tab. 11: Verbale Aggression, Kritik

	FAZ	FR	W
Polen	74	56	27
Deutsche	10	1	15

$H = 5,65, \text{n.s.}$
$H = 1,49, \text{n.s.}$

Tab. 12: Mißtrauen, Skepsis, Zweifel (Polen)

Intensitäts-stufen	FAZ	FR	W
1	1	2	4
2	3	0	0
3	4	1	0
4	7	8	10
5	3	6	2
6	4	6	0
7	3	1	6
	25	24	22

$H = 9,61, p < 0,00$

Tab. 13: Mißtrauen, Skepsis, Zweifel (Deutsche)

	FAZ	FR	W	
Deutsche	7	2	12	H = 6,825, p<0,00

Nach Darstellung der Presse zeigten sich die Polen 1970 mißtrauischer und äußerten sich häufiger kritisch als Deutsche. Dabei unterschieden sich die drei Presseorgane sowohl in der Häufigkeit als auch in der Intensität der Formulierungen von Mißtrauensäußerungen gegenüber der Angehörigen der beiden Nationen.

6.4. Integrative Tendenzen 1970

Tab. 14: Positive Einstellungen gegenüber Vertretern der Partnernation

	FAZ	FR	W	
Polen	22	26	16	H = 1,61, n.s.
Deutsche	5	25	6	H = 5,29, n.s.

Tab. 15: Freundliches Verhalten

	FAZ	FR	W	
Polen	26	17	11	H = 12,63, p<0,01
Deutsche	25	22	24	H = 2,39, n.s.

Tab. 16: Verständnis

	FAZ	FR	W	
Polen	9	12	7	H = 5,92, n.s.
Deutsche	25	22	24	H = 2,39, n.s.

Positive Einstellungen zur anderen Nation werden am häufigsten von der „Frankfurter Rundschau" betont, wenn auch weder signifikante Unterschiede in der Herausarbeitung dieser Variable noch in Bezug auf Verständnisreaktionen bestehen. Allerdings weichen die drei Zeitungen in der Darstellung freundlicher Verhaltensweisen der Polen ab: Am häufigsten stellt sie die „Frankfurter Allgemeine Zeitung", am seltensten „Die Welt" heraus.

Auch für das Jahr 1970 werden Differenzierungen der antagonistischen und harmonisierenden Verhaltensweisen beider Nationen deutlich.

Tab. 17: Gesamtzahl integrativer und konflikthafter Tendenzen in den drei Presseorganen 1970

	FAZ	FR	W	Summen
Konflikt	124	84	83	291
Integration	112	124	88	324
Summen	236	208	171	615

Konflikt wird von der FAZ, Integration von der „Frankfurter Rundschau" am stärksten betont. Während „Die Welt" in der Hervorhebung der beiden Dimensionen ausgeglichen ist, treten konflikthafte Motivationen und Handlungen bei der „Frankfurter Allgemeinen Zeitung" gegenüber entspannenden hervor; bei der „Frankfurter Rundschau" treten konfliktbezogene hinter ausgleichenden Tendenzen zurück. Insgesamt wird Integration etwas stärker betont als Konflikt. Diese Abweichungen sind überzufällig (χ^2 = 9,189, p<0,05, df = 2.
Sehr signifikante Abweichungen bestehen in der Wiedergabe konflikthafter Reaktionen der Polen einerseits und der Deutschen andererseits:

Tab. 18: Konflikthafte Reaktionen der Polen und Westdeutschen im Zeitraum 1970

	FAZ	FR	W	Summen
Polen	105	81	51	237
Deutsche	19	3	32	54
Summen	124	84	83	291

$$\chi^2 = 32,43, p < 0,001, \text{ bei } df = 2$$

Wenn nach der Darstellung der Tageszeitungen polnische Staatsbürger wesentlich stärker als Westdeutsche spannungsinduzierende Verhaltensweisen zeigen, wird diese Tendenz am meisten von der „Frankfurter Allgemeinen Zeitung" hervorgehoben. Der „Welt" stellen sich Angehörige der BRD auch als streitbarer dar. Auffallend selten betont die „Frankfurter Rundschau" antagonistische Reaktionen von Deutschen.
Keine überzufälligen Diskrepanzen sind in der Berichterstattung bezüglich der hier gewählten Anzeichen für Integration zwischen Polen und Deutschen zu finden, wenn auch „Die Welt" in der Herausarbeitung integrativer Tendenzen der Polen Abweichungen zeigt.

Tab. 19: Integrationsbezogene Reaktionen der Polen und Deutschen im Zeitraum 1970

	FAZ	FR	W	Summen
Polen	57	55	34	146
Deutsche	55	69	54	178
Summen	112	124	88	324

$$\chi^2 = 3{,}028,\ \text{n.s.},\ df = 2$$

Zusammenfassend läßt sich zur ersten Hypothese sagen, daß sich die drei in dieser Untersuchung herangezogenen Presseorgane in der Betonung der hier gewählten Indikatoren für „Konflikt" und „Integration" unterscheiden (Tab. 7, Tab. 17), wobei die „Frankfurter Rundschau" dazu tendiert, integrative Verhaltensweisen gegenüber konflikthaften sowohl 1957 als auch 1970 in ihrer Berichterstattung stärker zu akzentuieren, während „Die Welt" und die „Frankfurter Allgemeine Zeitung" insgesamt eher antagonistische Reaktionen vor entspannungsorientierten hervortreten lassen. Eine zusammenfassende Aufstellung mag dies verdeutlichen:

Tab. 20: Gesamtzahl integrativer und konflikthafter Tendenzen in den drei Presseorganen 1957 und 1970

	FAZ	FR	W	Summen
Konflikt '57 + '70	158	108	167	433
Integration '57 + '70	143	158	141	442
Summen	301	266	308	875

$$\chi^2 = 12{,}247,\ p < 0{,}01,\ df = 2$$

Die zweite Hypothese konnte hingegen durch die Ergebnisse nicht gestützt werden. Das Verhältnis von konflikthaften zu integrationsorientierten Verhaltensweisen war in beiden Zeiträumen nicht nachweislich verschieden. Das Thema Polen war in den drei Zeitungen zwar 1970 aktueller, aber die Einstellung zu Polen war nicht unbedingt günstiger.
Die dritte Hypothese bezüglich der unterschiedlichen Behandlung von Westdeutschen und Polen in der Berichterstattung der Presse ließ sich nur teilweise bestätigen (Tab. 8 und 9 bzw. 18 und 19). Während die Polen 1970 als konfliktinduzierender dargestellt werden, lassen sich derartige Unterschiede weder für den Zeitraum 1957 noch für die Integrations-Variablen innerhalb beider Zeitintervalle aufzeigen.

7. ZUSAMMENFASSUNG

In dieser Kurzstudie wurde untersucht, inwieweit westdeutsche Tageszeitungen – „Frankfurter Allgemeine Zeitung", „Frankfurter Rundschau" und „Die Welt" – konflikthafte und integrationsbezogene Kommunikationen bzw. Interaktionen zwischen Westdeutschen und Polen in den Zeiträumen 1957 und 1970 betonen. Ausgehend von bestimmten Konzepten des Konflikts und der Integration war ein Kategorienschema für eine Inhaltsanalyse entwickelt worden, aus dem sechs Variablen ausgewählt und in der vorliegenden Arbeit vorgestellt wurden. Von den folgenden Hypothesen, die hier überprüft wurden, konnten die erste unterstützt, die dritte hingegen nur teilweise bestätigt werden; die zweite wurde nicht gestützt:

(1) Die drei Zeitungen unterscheiden sich in der Betonung der hier als Indikatoren für „Konflikt" und „Integration" herausgestellten Variablen.

(2) „Konflikt" und „Integration" wird in den beiden Zeiträumen unterschiedlich stark hervorgehoben.

(3) Die Tendenzen, konflikthaft oder integrationsbezogen zu interagieren und zu kommunizieren, werden von den drei Presseorganen für Deutsche und Polen verschieden stark herausgearbeitet.

4. HISTORISCH-POLITIKWISSENSCHAFTLICHE BIBLIOGRAPHIE

Die nachstehende Bibliographie bringt eine Auswahl der wichtigsten Veröffentlichungen zum deutsch-polnischen Verhältnis nach 1945, gegliedert nach
den hierfür maßgeblichen Gesichtspunkten. Werke, bei denen eine mehrfache
thematische Zuordnung möglich ist, werden wiederholt aufgeführt.

1. BIBLIOGRAPHIEN, ZEITTAFELN, HILFSMITTEL

Ostdeutsche Bibliographie. Das internationale Schrifttum über die Heimatgebiete
der deutschen Vertriebenen, das deutsche Vertriebenenproblem und mittel-
europäische Fragen. Von Herbert Marzian, Kitzingen 1953 ff.
Bittermann, Gabriele: Die Oder-Neiße-Linie. Literaturbericht und Bibliographie, in:
Jahresberichte der Bibliothek für Zeitgeschichte Bd. 44, 1972.
Czarnecki, Feliks: Bibliografia ziem zachodnich 1945–1958, Poznań 1962.
Horak, Stephan: Poland's International Affairs 1919–1960, Bloomington/Ind. 1964.
Marzian, Herbert: Zeittafel und Dokumente zur Oder-Neiße-Linie, Kitzingen 1953 ff.
Zeittafel und Bibliographie zum Vertriebenenproblem, hrsg. vom Bundesministe-
rium für Vertriebene, Flüchtlinge und Kriegsgeschädigte, 2 Bde., Bonn 1959.

2. HISTORISCHE HINTERGRÜNDE DES DEUTSCH-POLNISCHEN VER-HÄLTNISSES

Broszat, Martin: Zweihundert Jahre deutscher Polenpolitik, München 1963 und
Frankfurt 1972.
Brozsat, Martin: Nationalsozialistische Polenpolitik 1939–1945, Stuttgart 1965.
Datner, Szymon, Janusz Gumkowski, Kazimierz Leszczyński: Genocide 1939–1945,
Warszawa – Poznań 1962.
Halecki, Oskar: A History of Poland, London 1961.
Hillgruber, Andreas: Die „Endlösung" und das deutsche Ostimperium als Kern-
stück des rassenideologischen Programms des Nationalsozialismus, Viertel-
jahreshefte für Zeitgeschichte, Jg. 22, 1972.
Madajczyk, Czesław: Polityka III Rzeszy w okupowanej Polsce (Die Politik des
Dritten Reiches während der Besetzung Polens), 2 Bde., Warszawa 1970.
Męclewski, Edmund: Der faschistische Völkermord in Polen, in: Deutsche Außen-
politik 12, 1967.
Sobczak, Janusz: Hitlerowskie przesiedlenia ludności niemieckiej w dobie II wojny
światowej (Hitlers Umsiedlung der Volksdeutschen im Verlauf des II. Weltkrieges), Poznań 1966.

3. VERTREIBUNG, VERTRIEBENENPROBLEME, LANDSMANNSCHAFTEN

Albrecht, Gerhard: Die wirtschaftliche Eingliederung der Vertriebenen in Hessen, Berlin 1954.

Baehr, Albrecht: Auf dem Wege. Eine Zwischenbilanz des Vertriebenen- und Flüchtlingsproblems, Troisdorf 1960.

Behnke, Joachim: Nach 20 Jahren. Die Arbeit der katholischen Vertriebenenorganisationen. Rückblick und Schwerpunkte für die Zukunft, Hildesheim 1966.

Böhme, Kurt W.: Gesucht wird ..., Die dramatische Geschichte des Suchdienstes, München 1965.

Deutsch-polnische Begegnungen 1945–1958. Eine Berichtssammlung, hrsg. vom Göttinger Arbeitskreis, zusammengestellt und bearbeitet von Peter Nasarski, Würzburg 1960.

Deutsche und Polen. Probleme einer Nachbarschaft, hrsg. von Herbert Czaja, Gustaf E. Kafka u. a., Recklinghausen 1960.

Dokumentation der Vertreibung 1949–1969, hrsg. vom Bundesministerium für Vertriebene, Flüchtlinge und Kriegsgeschädigte, Bd. I, 1–3, Bonn o. J.

Dokumente der Menschlichkeit aus der Zeit der Massenvertreibungen, Kitzingen o. J.

Edding, Friedrich: Die Flüchtlinge als Belastung und Antrieb der westdeutschen Wirtschaft, Kiel 1952.

Edding, Friedrich: Die wirtschaftliche Eingliederung der Vertriebenen und Flüchtlinge in Schleswig-Holstein, Berlin 1955.

Edding, Friedrich: Das Flüchtlingsproblem in Westdeutschland, Weltwirtschaftliches Archiv 62, 1949.

Essen, Werner: Bestand, Verbreitung, Entwicklung, Vertreibung, Herkunft und Menschenverluste der deutschen Vertriebenen. Ein bevölkerungspolitischer Überblick, Ostdeutsche Wissenschaft Bd. 11, 1964.

George, Bernard: Les Russes arrivent. La plus grande migration des temps modernes, Paris 1966.

Herde, Georg: Die Rolle der Landsmannschaften im politischen Leben der Bundesrepublik, Blätter für Deutsche und Internationale Politik, Jg. 11, 1966.

Jahr der Menschenrechte 1965. Gedenkjahr der Vertreibung. Arbeitsunterlagen, hrsg. vom Bund der Vertriebenen, Bonn 1965.

Jernsson, Feo: Die Vertreibung der Deutschen aus Polen, Politische Studien 18, 1967.

Jolles, Hiddo M.: Zur Soziologie der Heimatvertriebenen und Flüchtlinge, Köln – Berlin 1965.

Kather, Linus: Die Entmachtung der Vertriebenen. Erster Band, Die entscheidenden Jahre; Zweiter Band: Die Jahre des Verfalls, München – Wien 1964/65.

Kollai, Helmut Rudi: Die Eingliederung der Vertriebenen und Zuwanderer, Berlin 1959.

Materialien zur revanchistischen Politik des Bonner Staates und der Landsmannschaften, hrsg. vom Deutschen Institut für Zeitgeschichte, Berlin 1964.

Landsmannschaftlicher Revanchismus in Westdeutschland. Zu seiner Geschichte und Rolle im imperialistischen Herrschaftssystem, hrsg. vom Deutschen Institut für Zeitgeschichte, Berlin 1969.

Schimitzek, Stanisław: „Vertreibungsverluste"? Westdeutsche Zahlenbeispiele, Warszawa 1966.

Schoenberg, Hans W.: Germans from the East. A Study of their Migration, Resettlement and Subsequent Group History since 1945, 's Gravenhagen 1970.

Sobczak, Janusz: Przesiedleńcy w Niemieciej Republice Federalnej (Die Umsiedler in der Bundesrepublik Deutschland), Poznań 1962.

Strothmann, Dietrich: Die Vertriebenen, in: Nach 25 Jahren. Eine Deutschland-Bilanz, hrsg. von Karl Dietrich Bracher, München 1970.

Die ostdeutsche Tragödie. Erlebnisberichte im Spiegel des Menschenrechts, Lippstadt 1947.

Die deutschen Vertreibungsverluste. Bevölkerungsbilanzen für die deutschen Vertreibungsgebiete 1939/50, hrsg. vom Statistischen Bundesamt, Wiesbaden 1958.

Die Vertriebenen in Westdeutschland. Ihre Eingliederung und ihr Einfluß auf Gesellschaft, Wirtschaft, Politik und Geistesleben, 3 Bde., hrsg. von Eugen Lemberg und Friedrich Edding, Kiel 1959.

Wambach, Max Manfred: Verbändestaat und Parteienoligopol. Macht und Ohnmacht der Vertriebenenverbände, Stuttgart 1971.

Wander, Hilde: Die Flüchtlinge in der Bevölkerungs- und Arbeitsmarktstruktur Westdeutschlands, o. O. 1949.

Wieland, Lothar: Das Bundesministerium für Vertriebene, Flüchtlinge und Kriegsgeschädigte, Frankfurt/M. – Bonn 1968.

Zipfel, Friedrich: Vernichtung und Austreibung der Deutschen aus den Gebieten östlich der Oder-Neiße-Linie, Jahrbuch für die Geschichte Mittel- und Ostdeutschlands 3, 1954.

4.   DIE ODER-NEISSE-FRAGE IN VÖLKERRECHT UND AUSSENPOLITIK

Bluhm, Georg: Die Oder-Neiße-Linie in der deutschen Außenpolitik, Freiburg/Br. 1963.

Dokumentation der deutsch-polnischen Beziehungen 1945–1959, hrsg. von Johannes Maass, Bonn–Wien–Zürich 1960.

Drzewieniecki, W. M.: The German-Polish Frontier, Chicago 1959.

Faust, Fritz: Das Potsdamer Abkommen und seine völkerrechtliche Bedeutung, Frankfurt/M.–Berlin 1969.

Hacker, Jens: Sowjetunion und DDR zum Potsdamer Abkommen, Köln 1969.

Heimatrecht in polnischer und deutscher Sicht, hrsg. vom Niedersächsischen Ministerium für Vertriebene, Flüchtlinge und Kriegsgeschädigte, Leer/Ostfriesland 1962.

Jaksch, Wenzel: Deutsche Osteuropa-Politik. 2 Dokumente des Dritten Bundestages, Bonn ³1964.

Jordan, Zbigniew A.: Oder-Neisse Line. A Study of the Political, Economic and European Significance of Poland's Western Frontier, London 1952.

Kęplicz, Klemens: Potsdam – nach zwanzig Jahren, Warszawa 1966.

Klafkowski, Alfons: The Potsdam Agreement, Warszawa 1963.

Koepcke, Cordula: Oder-Neiße: Die Pflicht zur Entscheidung, München–Wien 1970.

Kokot, Józef: The Logic of the Oder-Neisse-Frontier, Poznań–Warszawa o. J.

Kowalski, Włodzimierz T.: Die UdSSR und die Grenze an der Oder und Lausitzer Neiße 1941–1945, Göttingen 1966.

Kraus, Herbert: Die Oder-Neiße-Linie. Eine völkerrechtliche Studie, Köln 1954.

Kröger, Herbert: Die staatsrechtliche Bedeutung des Potsdamer Abkommens für das deutsche Volk, in: Festschrift für Erwin Jacobi, Berlin 1957.

Krülle, Siegrid: Die völkerrechtlichen Aspekte des Oder-Neiße-Problems, Berlin 1970

Kruszewski, Z. Anthony: The Oder-Neisse Boundary and Poland's Modernization. The Socioeconomic and Political Impact, Washington D. C. – London – New York 1972.

Lachs, Manfred: Die Westgrenze Polens, Warszawa 1967.

Materialien zur revanchistischen Politik des Bonner Staates und der Landsmannschaften, hrsg. vom Deutschen Institut für Zeitgeschichte, Berlin 1964.

Mildenberger, Jürgen: Das Recht auf die Heimat und das Grundgesetz, Köln 1964.

Poland, Germany and European Peace. Official Documents 1944–1948, London 1948.

Polen, Deutschland und die Oder-Neiße-Grenze, hrsg. vom Deutschen Institut für Zeitgeschichte in Verbindung mit der Deutsch-Polnischen Historiker-Kommission unter der verantwortlichen Redaktion von Rudi Goguel, Berlin 1959.

Quellen zur Entstehung der Oder-Neiße-Linie in den diplomatischen Verhandlungen während des II. Weltkrieges, hrsg. von Gotthold Rhode und Wolfgang Wagner, Stuttgart ²1959.

Quist, Rolf: Ostpolitik, Völkerrecht und Grundgesetz, Starnberg 1972.

Rabl, Kurt (Hrg.): Das Recht auf Heimat Bd. 4, München 1960.

Raschhofer, Hermann: Die Vertreibung der Ostdeutschen. Völkerrechtliche und politische Fragen, Ostdeutsche Wissenschaft Bd. 11, 1964.

Landsmannschaftlicher Revanchismus in Westdeutschland. Zu seiner Geschichte und Rolle im imperialistischen Herrschaftssystem, hrsg. vom Deutschen Institut für Zeitgeschichte, Berlin 1959.

Sasse, Heinz G.: Die ostdeutsche Frage auf den Konferenzen von Teheran bis Potsdam, Tübingen 1954.

Schuster, Rudolf: Deutschlands staatliche Existenz im Widerstreit politischer und rechtlicher Gesichtspunkte 1945–1963, München 1963.

Schweitzer, Wolfgang: Ideologisierung des „Rechts auf Heimat"?, Zeitschrift für Evangelische Ethik, Jg. 7, 1963.

Skubiszewski, Krzysztof: The Frontier between Poland and Germany as a Problem of International Law and Relations, Polish Western Affairs 5, 1964.

Staar, Richard F.: The Polish-German Boundary: A Case Study in International Law, Journal of Public Law 11, 1962.

Stasiewski, Bernhard u. Peter Scheibert: Polen zwischen Ost und West. Arbeitsmaterial zur deutsch-polnischen Frage, Köln 1960.

Studnicki, Władysław: Irrwege in Polen. Ein Kampf um die polnisch-deutsche Annäherung, Göttingen 1951.

Teheran, Jalta, Potsdam. Die sowjetischen Protokolle von den Kriegskonferenzen der „Großen Drei", hrsg. von Alexander Fischer, Köln 1968.

Vierheller, Viktoria: Polen und die Deutschlandfrage 1939–1949, Köln 1970.

Wagner, Wolfgang: Die Entstehung der Oder-Neiße-Linie in den diplomatischen Verhandlungen während des II. Weltkrieges, Stuttgart ³1964.

Wiewióra, Bolesław: The Polish-German Frontier in the Light of International Law, Poznań 1964.

Wiskemann, Elisabeth: Germany's Eastern Neighbours, London etc. 1956.

5. NORMALISIERUNG DER BEZIEHUNGEN, DEUTSCH-POLNISCHE BE-
GEGNUNGEN

Arndt, Claus: Die Verträge von Moskau und Warschau. Politische, verfassungsrechtliche und völkerrechtliche Aspekte, Bonn–Bad Godesberg 1973.

Berndt, Günter: Polen in Schulbüchern der BRD. Zur Ratifikation des Warschauer
Vertrages auf gesellschaftlicher Ebene, Blätter für Deutsche und Internationale
Politik, Jg. 16, 1971.

von Braun, Joachim, Freiherr: Gericht ohne Gnade? Ein evangelischer Christ und
Staatsbürger zur Ost-Denkschrift der EKD, hrsg. vom Göttinger Arbeitskreis,
Veröffentlichung Nr. 342, Würzburg 1966.

Bromke, Adam u. Harald von Riekhof: The West German – Polish Treaty, The
World Today 27, 1971.

Deutsch-polnischer Dialog. Briefe der polnischen und deutschen Bischöfe und internationale Stellungnahmen, Bonn 1967.

Deutschland und die östlichen Nachbarn. Beiträge zu einer evangelischen Denkschrift, Stuttgart–Berlin 1966.

Grossmann, Kurt R.: Die Geschichte der deutsch-polnischen Verständigung, Die
neue Gesellschaft H. 1, 1971.

Gumpert, Jobst: Polen–Deutschland auf dem Weg zur Verständigung. Bestandsaufnahme einer tausendjährigen Nachbarschaft, München 1970.

Labroisse, Gerd: Die Verträge von Moskau und Warschau und die Politik der
Bundesregierung, International Spectator 13, 1971.

Die Lage der Vertriebenen und das Verhältnis des deutschen Volkes zu seinen
östlichen Nachbarn. Eine Denkschrift, hrsg. von der EKiD, Hannover 1965.

Markiewicz, Władysław: Perspectives of the so-called „Versöhnung" between
Germans and Poles, Polish Western Affairs 7, 1966.

Wie Polen und Deutsche einander sehen. Beiträge aus beiden Ländern, hrsg. von
Hans-Adolf Jacobsen u. Mieczysław Tomala, Düsseldorf 1973.

Polen ein Schauermärchen oder Gehirnwäsche für Generationen. Geschichtsschrei-
bung und Schulbücher, Beiträge zum Polen-Bild der Deutschen, hrsg. von
Günter Berndt u. Reinhard Strecker, Reinbek 1971.

Das Polenmemorandum des Bensberger Kreises, Herder-Korrespondenz, Jg. 22,
1968.

Skowronnek, Christiane: Probleme des deutsch-polnischen Verhältnisses in westdeutschen Schulbüchern, Geschichte in Wissenschaft und Unterricht 17, 1966.

Strobel, Georg W.: Deutschland–Polen. Wunsch und Wirklichkeit, Bonn–Bruxelles–
New York 1969.

Strobel, Georg W.: Das Problem der Normalisierung der deutsch-polnischen Beziehungen. Berichte des Bundesinstituts für ostwissenschaftliche und internationale Studien 7, Köln 1969.

Volksrepublik Polen – Bundesrepublik Deutschland. Probleme der Normalisierung
gegenseitiger Beziehungen. Texte und Dokumente, hrsg. und mit Vorwort
versehen von Janusz Rachocki, Poznań 1972.

Wagner, Wolfgang: Ein neuer Anfang zwischen Polen und Deutschen. Der Vertrag
von Warschau, Europa-Archiv Folge 23, 1970.

II.
Sozialpsychologisch-soziologische Untersuchungen

1. KONSTRUKTION DES UMFRAGE-INSTRUMENTARIUMS[1]

von B. Schäfer

Das Vertrauen in die Ergebnisse von Untersuchungen, die sich des Interviews als Datenerhebungstechnik bedienen, wird bisweilen dadurch gestört, daß sie in Widerspruch zu empirischer Evidenz aus anderen Erkenntnismitteln stehen. Es ist hier nicht der Ort, die Fehlermöglichkeiten der Interview-Technik zu referieren bzw. zu diskutieren (vgl. Maccoby u. Maccoby 1966; Scheuch 1967; Cannell u. Kahn 1968; Friedrich 1972; Erblöh 1972).
Aber es soll kurz begründet werden, warum innerhalb der hier verwendeten „Interviews" in Konstruktion und Anwendung relativ aufwendige Techniken (Einstellungs-Skalen, Eindrucksdifferentiale) vergleichsweise zeit- und kostensparenden vorgezogen werden.
Das Interview als eine Sammlung mehr oder weniger aufeinander bezogener Einzelfragen, für deren Formulierungsgüte meist „goldene Regeln" und subjektive Erfahrungssätze des Forschers Kriterien sind (Interview als „Kunst") (vgl. Sheatsley 1966; Anger 1969; Gorden 1969 u. a.), bei denen meist allenfalls die angebotenen Antwortalternativen (bei geschlossenen Fragen) eine empirische Begründung erfahren haben, ist vor allem dann als Forschungstechnik problematisch, wenn die Güte der Beobachtung (Messung) nicht anders als mit Plausibilität belegt werden kann: vor allem die ein-fache Operationalisierung einer Variable durch (eine) einzelne Frage(n) ist insbesondere bei komplexen Sachverhalten wie Einstellungen wenig geeignet, das Validi-

---

[1] Das hier vorgestellte Instrumentarium wurde in der Zeit von November 1971 bis Mai 1972 in Zusammenarbeit mit Jost Herbig, Manfred Hombach, Jons Kersten, Reinhard Oppermann und Dörte Wiechardt konstruiert. Der Verfasser schuldet ihnen für ihre außerordentlich kooperative und konstruktive Mitarbeit besonderen Dank.
Es wurden Rechenprogramme von Dipl.-Math. T. Krumnack, Dipl.-Psych. F. Kahlau, Dipl.-Psych. K. H. Steffens, Dr. G. Rudinger sowie eigene Programme des Verfassers verwendet. Die Datenanalysen wurden auf der IBM 370 der Gesellschaft für Mathematik und Datenverarbeitung in Bonn gerechnet.

tätsproblem befriedigend zu lösen. Es mangelt zumeist an präziser Kenntnis der Indikatorfunktion der einzelnen Fragen (vgl. Friedrich 1972), z. B. daran, wie der Befragte sie versteht.

Ein weiterer Nachteil betrifft das Meßniveau der erreichbaren Daten: im Regelfall Nominal- oder Ordinalskalenniveau; d. h. die Meßwerte der Befragten stehen allenfalls in einer ‚kleiner‘, ‚gleich‘, ‚größer‘ - Relation. Für viele Datenanalysetechniken ist jedoch Intervallskalenniveau der Meßwerte Voraussetzung, d. h., es müssen Annahmen gemacht werden können, die eine metrische Klassifizierung der Befragten erlauben.

Die im Rahmen der vorliegenden Untersuchung verwendeten „Interviews" enthalten sowohl Einzelfragen zur Eruierung der Reaktionen auf Informations-, Kenntnis- und abgrenzbare Einstellungsmerkmale als auch Skalen und Eindrucksdifferentiale zur Messung komplexer Einstellungsvariablen.

Im einzelnen wurde in einer repräsentativen Umfrage in der Bundesrepublik Deutschland (Juni/Juli 1972) neben Stellungnahmen zu Fragen des deutschpolnischen Verhältnisses und der Politik gegenüber der Volksrepublik Polen erhoben: die Einstellung zur Ostpolitik, die Konfliktbereitschaft gegenüber Polen, die Eindrucksbeschreibung von Völkern und die Bewertung politischer Schlüsselwörter (politische Ideologie).

Über die der Befragung vorangegangene Konstruktion des verwendeten Instrumentariums wird nachstehend berichtet.

1.   EINSTELLUNG ZUR OSTPOLITIK (EINSTELLUNGSSKALA)

1.1.   Begriffliche Präzisierung des Variablenkonzeptes

Das Objekt der Einstellung, die hier gemessen werden soll, ist die Außenpolitik der Koalitionsregierung Brandt/Scheel gegenüber den osteuropäischen Staaten, wie sie insbesondere in den Verträgen von Moskau (12. 8. 1970) und Warschau (7. 12. 1970), sowie dem Transitabkommen zwischen der Bundesrepublik Deutschland und der Deutschen Demokratischen Republik (12. 12. 1971) repräsentiert wurde. Dieser Meinungsgegenstand war zum Zeitpunkt der Vorbereitung und Durchführung der Untersuchung von außergewöhnlicher Aktualität, nicht nur als Thema der Massenmedien, sondern auch hinsichtlich seiner Befürwortung oder Ablehnung verbreiteter Diskussionsstoff innerhalb der Bevölkerung der Bundesrepublik Deutschland.

Die Bestimmung des Einstellungsobjektes als der subjektiv wahrgenommene Teil jener (außen)politischen Aktivitäten der Regierung der Bundesrepublik Deutschland, die sich in Form und Inhalt auf die genannten Verträge beziehen, erscheint hinreichend definitiv.

Der Operationalisierung der Variable „Einstellung zur Ostpolitik" muß über die (inhaltliche) Umschreibung des Einstellungsobjektes hinaus eine Festlegung des Aspektes des Einstellungssystems, der gemessen werden soll, vorangehen. Scott (1968) zählt insgesamt elf solcher Dimensionen auf.

Im Anschluß an Thurstones klassische Definition von Einstellung als Grad des positiven bzw. negativen Affekts gegenüber einem Einstellungsobjekt intendieren wir die Erfassung der globalen affektiven Bewertung der Ostpolitik durch die zu befragenden Personen. Einzelnen, inhaltlich unterschiedlichen Beurteilungsgesichtspunkten, der Mannigfaltigkeit der Argumente, kann dabei nur eine instrumentelle Relevanz zugesprochen werden: sie dienen lediglich dazu, alle Personen unserer Befragungsstichprobe auf dem Kontinum zwischen den Polen (extrem) positiver bis (extrem) negativer Bewertung der Ostpolitik quantitativ angemessen zu lokalisieren.

1.2. Operationalisierung

Befriedigende Maße lassen sich ermitteln, wenn wir verschiedene inhaltliche Urteile über den Meinungsgegenstand, die cognitive Vielfalt, auf ihre jeweiligen impliziten Bewertungsbedeutungen (Skalenwerte) untersuchen und den Einstellungskennwert anhand der Bewertungsbedeutungen der bevorzugten Beurteilungsaspekte (statements) bzw. des Grades ihrer Favorisierung bzw. Ablehnung errechnen. Diese Prämissen liegen den Modellen der Einstellungsmessung ad modum Thurstone und Likert zugrunde (vgl. Green 1954; Edwards 1957; Dawes 1972).

Zunächst wurde empirisch eine (repräsentative) Sammlung (itempool) jener Aussagen, Argumente und Beurteilungsaspekte bestimmt, von der angenommen werden konnte, daß sie das Repertoire von Bewertungen der Ostpolitik abdeckt. Durch Anwendung von Kriterien der Thurstone-Prozedur, minimale Interquartil-Streuung und item-Skalierung, wurden im Sinne des Modells problematische (z. B. mehrdeutige) statements eliminiert bzw. gewährleistet, daß die weiterzuberücksichtigenden statements möglichst stark hinsichtlich des impliziten Bewertungsgrades auf dem Kontinuum positiver vs. negativer Bewertung variierten. Sodann wurde eine Trennschärfeanalyse durchgeführt, um jene items zur Messung der ,Einstellung zur Ostpolitik' auszuwählen, die am zuverlässigsten die Befragten hinsichtlich ihrer ,Einstellung zur Ostpolitik' voneinander differenzierten. Zur Schätzung der Meßgenauigkeit (Reliabilität) wurde abschließend eine Messung mit Meßwiederholung (retest) durchgeführt.

1.2.1. Erstellung des item-pool 'Einstellung zur Ostpolitik'

Für die Sammlung von statements zur Ostpolitik konnte zunächst auf 20 items einer Einstellungsskala (Einstellung zur Ostpolitik) zurückgegriffen werden, die vom Verf. im Rahmen einer Übung zur Einstellungsmessung im Wintersemester 1970/71 mit den Übungsteilnehmern exemplarisch entwickelt worden war. Der item-pool, der diesem Instrument zugrunde gelegen hatte, war auf der Basis explorativer (freier) Interviews zusammengestellt worden. Wegen der beträchtlichen Weiterentwicklung der Ostpolitik war dieses Instrument hinsichtlich der Aktualität seiner Items teilweise überholt. Die noch brauchbar erscheinenden Items wurden deshalb ohne weitere Bevorzugung in den neuen item-pool übernommen.

Zum Zeitpunkt der Konstruktion der hier vorgestellten Einstellungsskala wurden weitere explorative Interviews durchgeführt, wobei auf möglichst breite Streuung der Befragten über die üblichen demografischen Merkmale geachtet wurde. Die bewertenden Aussagen zur Ostpolitik wurden in den von den Befragten gewählten Formulierungen protokolliert. Zusätzlich wurden Tages- und Wochenzeitungen durchgesehen, statements zur Ostpolitik wurden notiert.

Eine erste Selektion erfolgte im Hinblick darauf, ob diese Bewertungen sich inhaltlich auf das oben präzisierte Einstellungsobjekt bezogen. Alle verbliebenen Formulierungen wurden sodann mithilfe der bei Edwards (1957, 13 f) zusammengestellten, übrigen formalen Kriterien überprüft.

Zur weiteren Selektion verblieben insgesamt 138 statements zur Ostpolitik im item-pool.

1.2.2. Urteiler-Streuung und Skalierung

Um jene statements eliminieren zu können, die keine eindeutige Indikatorfunktion aufweisen, d. h. solche, die auf dem definierten Kontinuum nicht eindeutig lokalisiert werden können (z. B. wegen Mehrdeutigkeit der Formulierung; Thurstone (1928): criterion of ambiguity) und um die relative Position der statements auf dem Kontinium mehr oder weniger 'günstiger' oder 'ungünstiger' Bewertung der Ostpolitik nach dem Gesetz des kategorialen Urteils quantitativ zu bestimmen, wurden alle 138 statements zur Beurteilung nach der hierbei üblichen Instruktion vorgelegt (Beurteilung auf einer 11-Punkte-Skala).

Die Stichprobe bestand aus 65 Personen, die hinsichtlich Geschlecht, Alter und Ausbildungslänge quasi-repräsentativ für die BRD zusammengestellt war. Um Positionseffekte zu reduzieren (Beeinflussung des Urteilsverhaltens durch eine bestimmte Reihenfolge der statements) wurden die 12 Seiten des statement-Katalogs jedem Urteiler in anderer Reihenfolge vorgelegt.

Um ‚Verfälschungen' im Sinne des Einflusses persönlicher Einstellungen auf den Urteilsprozeß bei den errechneten Streuungsmaßen und den Skalenwerten zu vermeiden, wurden zunächst jene „sorglosen" Urteiler identifiziert und ihre Urteilswerte von der weiteren Datenverarbeitung ausgeschlossen (vgl. Hovland u. Sherif 1952), die 30 % und mehr der statements nur einer bzw. 50 % und mehr nur zwei der 11 Beurteilungskategorien zuordneten[2].

---

[2] Zur Frage der Variabilität von Einstellungsitem-Einstufungen auf dem 'favorable-unfavorable'-Kontinuum als Effekt unterschiedlicher persönlicher Einstellung des Urteilers vgl. auch Befunde bei Manis (1960, 1961, 1964), Upshaw (1962, 1965), Hinckley (1963), Selltiz, Edrich u. Cook (1965), Zavalloni u. Cook (1965), Schulman u. Tittle (1968), Rambo (1969) u. a.; vgl. auch Kiesler, Collins u. Miller (1969, 264 ff.).

Dies war bei sieben Urteilern der Fall, so daß die folgenden Berechnungen auf den Daten von insgesamt 58 Urteilern basieren.

Für alle statements wurde nun als Streuungsmaß der Interquartil-range berechnet, das ist jener Bereich der 11-Punkte-Skala, den die mittleren 50 % der Verteilung der Urteile (vom 26. bis zum 75. Prozentrang) einnehmen. Üblicherweise wird ein range von maximal 2 bis 2,5 Intervallbreiten bei einer 11-Punkteskala akzeptiert. Es wurden entsprechend zunächst alle items selegiert, deren interquartil-range kleiner als zwei Einheiten war; zusätzlich wurden items aufgenommen bis zu einem range von 2,5 Einheiten, wenn ihr Medianwert in einem von den übrigen items mangelhaft repräsentierten Bereich lag.

Von den insgesamt 138 statements des item-pool erfüllten insgesamt 52 die hier fixierte Konvention. Es handelt sich also um jene statements, die von der Majorität der Urteiler relativ eindeutig auf dem Kontinuum der (Un)-Günstigkeit für die Ostpolitik lokalisiert werden konnten.

Eine quantitative Bestimmung der Position (Skalenwerte) dieser items wurde nach dem Gesetz des kategorialen Urteils (successive intervals, Fall V) vorgenommen. Die 52 selegierten statements sind auf S. 193 ff. mit ihren Skalenwerten (und Selektionskennwerten, s. u.) wiedergegeben. Die Differenz von je zwei Skalenwerten markiert die Distanz zwischen diesen statements auf dem (hypothetischen) psychologischen Kontinuum der ‚Günstigkeit‘ für die Ostpolitik.

1.2.3.   Trennschärfeanalyse

Die ‚Eindeutigkeit‘ der Indikatorfunktion der zur Messung heranzuziehenden statements ist durch das soeben geschilderte Verfahren innerhalb der konventionierten Grenzen, gewährleistet. Ein wesentlicher Vorzug des Thurstone-Modells der Einstellungsmessung konnte so für das hier wegen seiner höheren Meßgenauigkeit (Reliabilität) verwendete Likert-Modell nutzbar gemacht werden. (Zur Alternative der Modelle von Thurstone und Likert vgl. Seiler u. Hough 1970.) Insoweit kein Integrationsversuch beider Modelle vorgenommen wird, ist das Dilemma monotoner vs. nicht-monotoner item-Charakteristik (vgl. Green 1954, 365; Shaw u. Wright 1967, 26) im Sinne einer Modellunverträglichkeit nicht relevant.

Die Trennschärfeanalyse, wesentlicher Bestandteil der Itemanalyse des Likert-Modells dient der Selektion solcher items, die einen relativ optimalen Beitrag leisten, um im Sinne des Einstellungskonzeptes unterschiedlich eingestellte Befragungspersonen voneinander zu trennen.

Als Trennschärfe-Index wurde der Selektionskennwert nach Lienert (1967, 141 ff.) verwendet. Er liefert vergleichbare Koeffizienten für items unterschiedlicher ‚Schwierigkeit‘. Als Personengruppen, hinsichtlich derer die Diskriminationsfähigkeit der items untersucht werden konnte, mußten solche gefunden werden, die unterschiedliche (positive bzw. negative) Einstellung zur Ostpolitik aufwiesen. Wir vermuteten als Befürworter Mitglieder von

(Bonner) SPD-Ortsverbänden[3], als Ablehner Mitglieder von Vertriebenen-verbänden. Die Stichprobe umfaßte insgesamt 51 Personen (25 aktive SPD-Mitglieder; 26 organisierte Vertriebene). In einer Form analog der späteren Anwendung der Einstellungsskala wurden ihnen die 52 statements zu folgender Instruktion vorgelegt. (Die Reihenfolge der „Fragebogen"-Blätter wurde wie bei der vorherigen Erhebungsprozedur für alle Befragten unterschiedlich gelegt, um Positionseffekte zu vermindern.)

Instruktion

Wir haben hier eine Reihe von Behauptungen über aktuelle Fragen zusammengestellt. Zu diesen Behauptungen haben verschiedene Menschen eine unterschiedliche Meinung. Wir möchten nun gerne von Ihnen wissen, wie Sie jede dieser Behauptungen beurteilen; d. h. Sie sollen angeben, in welchem Ausmaß Sie diesen Behauptungen zustimmen oder sie ablehnen.
Dabei haben Sie folgende Möglichkeiten, Ihr Urteil abzustufen:

1 stimmt voll und ganz
2 stimmt überwiegend
3 stimmt gerade noch
4 unentschieden
5 stimmt eher nicht
6 stimmt überwiegend nicht
7 stimmt überhaupt nicht

Wählen Sie bitte jedesmal die Antwort, die am besten Ihre Meinung ausdrückt und schreiben Sie die dazugehörige Zahl jeweils hinter die beurteilte Behauptung. Urteilen Sie bitte spontan, ohne lange zu überlegen und lassen Sie keine Behauptung aus.
Wir danken Ihnen für Ihre Mitarbeit.

Die Berechnung vorläufiger Einstellungsscores für alle Befragten machte deutlich, daß die Vertriebenen unserer Stichprobe nur zum Teil für das vorliegende Trennschärfeanalyse-Problem brauchbar negative Einstellungs-Meßwerte aufwiesen. Die item-Liste wurde deshalb zusätzlich noch sieben weiteren Personen (Funktionären einer Vertriebenenorganisation) vorgelegt; deren Einstellungsscores entsprachen voll den vorher genannten Erwartungen.
Von den 58 Befragten wurden zur klareren Dichotomisierung die mittleren 8 ausgeschlossen und anhand der 25 positiv und der 25 eher negativ eingestellten Personen die Trennschärfe-Koeffizienten für alle items berechnet. Diese Prozedur wurde zweimal wiederholt, wobei 2 items mit den niedrigsten Koeffizienten eliminiert wurden.
Die 50 zurückbehaltenen items wiesen alle Selektions-Kennwerte gleich oder größer 0.58 (Median ca. .75) auf; dieses Ergebnis kann als außerordentlich zufriedenstellend bezeichnet werden.

---

[3] Für die Erhebungen dort sei Herrn Gebauer herzlich gedankt.

Es verblieben folgende statements:

Nr. d. item pool	inter- quartil range	Skalen- wert	Sel. kenn- wert	statement
59	1.99	0.523	.72	Die neue Ostpolitik ist eine Politik des Friedens, der Verständigung und des Ausgleichs.
120	1.41	0.543	–	Die neue Ostpolitik stellt eine bedeutsame Wende dar, denn mit der Aufrechterhaltung von Konfrontationen und Spannungen ist dem gesamten deutschen Volke nicht gedient.
126	1.75	0.595	.71	Die Ostpolitik unserer jetzigen Regierung bedeutet einen wichtigen Beitrag für das Zusammenleben der Menschen.
33	1.65	0.668	.70	Die Verhandlungen der jetzigen Bundesregierung mit dem Osten sind echte Friedensbemühungen und daher zu begrüßen.
122	1.32	0.740	.69	Die Verträge mit der UdSSR und Polen stellen einen bedeutsamen Versuch der Herstellung normalisierter Beziehungen zwischen Bonn, Moskau und Warschau dar.
110	1.90	0.769	.66	Durch die Verhandlungen mit dem Ostblock hat die jetzige Regierung gezeigt, daß sie an einer echten Entspannung in Europa interessiert ist.
46	1.76	0.785	–	Die Verträge mit Moskau und Warschau sind sehr zu begrüßen, da sie die längst überfällige Aufnahme voller diplomatischer Beziehungen zu Rußland und Polen ermöglichen.
37	1.83	0.683	.78	Durch ihre Ostpolitik beendet die jetzige Regierung endlich die furchtbare Tradition des Kalten Krieges.
68	1.97	0.704	.60	Durch die Initiative der jetzigen Bundesregierung ist es möglich geworden, zu unseren östlichen Nachbarn ein besseres Verhältnis zu bekommen.
86	1.74	0.904	.72	Der Moskauer Vertrag bietet eine Möglichkeit, auf friedlichem Wege die Verhältnisse in Europa zu ordnen.
38	1.75	0.904	.74	Durch die Ostpolitik unserer jetzigen Regierung wird endlich eine Normalisierung der Beziehungen zu unseren östlichen Nachbarn erreicht.
127	1.67	0.904	.76	Die Ostverträge unserer Regierung sind ein erster Schritt zur Aussöhnung mit dem Osten.

Nr. d. item pool	inter-quartil range	Skalen-wert	Sel. kenn-wert	s t a t e m e n t
50	1.51	0.958	.68	Die Ostpolitik der derzeitigen Bundesregierung stellt einen entscheidenden Schritt zur Verständigung der Völker untereinander dar.
105	1.97	0.990	.64	Es ist zu begrüßen, daß in den Verträgen mit der UdSSR und Polen breite Möglichkeiten für die Entwicklung allseitiger Zusammenarbeit enthalten sind.
119	1.54	1.001	.72	Ein besonderer Vorzug der jetzigen Ostpolitik ist, daß sie bessere Möglichkeiten zu wirtschaftlichem, wissenschaftlichem und kulturellem Austausch mit dem Ostblock schafft.
35	1.73	1.005	.77	Die Ostpolitik der jetzigen Regierung legt den Grundstein zu einer umfassenden Sicherheit und Zusammenarbeit in Europa.
101	1.90	1.076	.76	Durch die Anerkennung der DDR als gleichberechtigtem Verhandlungspartner werden die menschlichen Beziehungen zwischen den Deutschen beider Staaten erleichtert.
77	1.84	1.108	.68	Die neue Ostpolitik eröffnet wertvolle Möglichkeiten zu einer erheblich verbesserten wirtschaftlichen, technischen und politischen Zusammenarbeit mit dem Osten.
131	1.74	1.108	.77	Wenn die jetzige Ostpolitik konsequent weitergeführt wird, sind für alle Seiten auf lange Sicht lohnende und befriedigende Lösungen denkbar.
18	1.98	1.208	.74	Es ist zu begrüßen, daß Brandt und Scheel mit ihrer Ostpolitik die Zeit des Kalten Krieges überwunden haben.
55	1.43	1.227	.70	Durch die Ostpolitik der Regierung Brandt/Scheel hat sich unser Verhältnis zum Ostblock erheblich entspannt.
109	1.92	1.550	.63	Durch die neue Ostpolitik hat sich die Stellung der Bundesrepublik im internationalen Kräftespiel verbessert.
90	1.98	1.543	.69	Die neue Ostpolitik beweist, daß die Verhältnisse in Deutschland auf vertraglichem Wege geordnet werden können.
102	2.27	1.718	.58	Die Ostpolitik in ihrer jetzigen Form ist als Gegengewicht zu der überstarken Ausrichtung nach den USA zu befürworten.

Nr. d. item pool	inter- quartil range	Skalen- wert	Sel. kenn- wert	statement
113	2.28	1.916	.64	Die gegenwärtige Ostpolitik mag zwar ihre Fehler haben, gegenüber der Programmlosigkeit der CDU/ CSU in diesen Fragen steht sie aber immer noch gut da.
118	2.21	2.207	.78	Die Gerüchte von immensen Reparationsforderungen als Folge der Ostverträge sind nur Panikmache.
44	2.06	2.405	.79	Wenn die gegenwärtige Ostpolitik weniger forsch und besser abgesichert wäre, könnte man sie leichter gutheißen.
123	1.67	2.516	.80	Die bisherigen Ergebnisse der Ostpolitik können nicht ganz befriedigen.
52	2.03	2.560	.87	Willy Brandt muß sehr drauf achten, was für ein Ziel die Sowjetunion mit ihrer freundlich erscheinenden Politik verfolgt.
49	1.76	2.616	.64	Unsere Ostpolitik ist noch immer durch viele Wunschvorstellungen der jetzigen Bundesregierung in ihrer vollen Wirksamkeit gehemmt.
51	1.68	2.670	.89	Die neue Ostpolitik berücksichtigt wenig die Vielfalt der Meinungen hierzu in unserem Land.
15	1.78	2.719	.84	Die Ostpolitik ist nicht so durchführbar wie es sich die jetzige Regierung vorstellt.
76	1.96	2.852	.93	Die Ostpolitik der jetzigen Bundesregierung ist ein bißchen zu viel auf schnelle Erfolge und ein bißchen zu wenig auf dauerhafte Sicherung des Friedens ausgerichtet.
96	1.79	2.852	.70	Durch den Vertrag mit Moskau wird einer friedensvertraglichen Regelung der Verhältnisse in Europa vorgegriffen.
61	1.65	2.925	.84	Die Ostpolitik unserer derzeitigen Regierung wird allzu überhastet betrieben.
116	2.07	3.017	.81	Die Verträge von Moskau und Warschau haben unsere Verhandlungsposition gegenüber der DDR geschwächt.
56	1.94	3.093	.71	Die Aktivitäten unserer derzeitigen Regierung in Fragen der Ostpolitik wirken sich auf unser westliches Bündnis zwangsläufig negativ aus.
65	1.70	3.132	.93	Die Ostpolitik der Brandt/Scheel-Regierung hat es versäumt, für die Menschen im Osten wirkliche Verbesserungen zu erkämpfen.

Nr. d. item pool	inter- quartil range	Skalen- wert	Sel. kenn- wert	s t a t e m e n t
125	1.85	3.162	.93	In den Verträgen von Moskau und Warschau sind einfach zu viele Zugeständnisse von unserer Seite enthalten.
10	1.98	3.196	.70	Durch die Ostpolitik der derzeitigen Bundesregierung werden politische Einflußmöglichkeiten verschenkt.
80	1.98	3.240	.74	Abkommen mit der DDR über den Verkehr und ein paar Telefonanschlüsse nach Ostdeutschland sind nur Augenwischerei.
95	1.97	3.443	.90	Durch die neue Ostpolitik gerät die Bundesregierung in ein Abhängigkeitsverhältnis zur Sowjetunion.
27	1.95	3.505	.82	Die Verhandlungen mit dem Osten führen letztenendes in eine Sackgasse.
58	1.85	3.350	.78	Die Ostpolitik in der jetzigen Form führt in eine Sackgasse.
133	1.97	3.664	.68	Die neue Ostpolitik stellt einen umfassenden Versuch dar, alle bisher harterkämpften Positionen aufzugeben.
82	1.80	3.746	.89	Wer die Politik der Sowjets kennt, weiß wie töricht es ist, ihren Erklärungen zu vertrauen.
74	1.85	3.963	.83	Brandt's Ostpolitik ist eine schleichende Kapitulation vor den Forderungen des Ostens.
106	1.54	4.492	.75	Man kann nur hoffen, daß ein gerichtliches Verfahren gegen die Ostpolitik von Brandt und Scheel Erfolg haben wird.
47	1.95	4.662	.73	Die derzeitige Bundesregierung begeht mit ihrer Ostpolitik Verrat an der deutschen Sache.
117	1.66	4.771	.70	Was sich die Regierung Brandt/Scheel in Sachen Ostpolitik alles erlaubt, grenzt schon ans Kriminelle.
26	1.42	4.846	.82	Die Verträge mit Moskau und Polen verstoßen gegen das Grundgesetz; Brandt und Genossen gehörten eigentlich vor ein Gericht.
79	0.78	5.015	.61	Willy Brandt gehört wegen Landesverrats ins Zuchthaus.

1.2.4. Endgültige Fassung der Skala ‚Einstellung zur Ostpolitik'

Zur Messung der ‚Einstellung zur Ostpolitik' wurden 15 items (Indikatoren) ausgewählt, und zwar so, daß für alle Bereiche des Kontinuums diejenigen beibehalten wurden, die jeweils die höchsten Trennschärfekoeffizienten aufwiesen. Wegen der kleinen, für die Zielstichprobe nicht repräsentativen Gruppen, die der Trennschärfe-Analyse zugrundelagen, wurden die Schwierigkeitindices nicht zur Selektion herangezogen. Es wurde darauf geachtet, nicht mehrere sehr bedeutungsähnliche items zu verwenden.

1. Der Moskauer Vertrag bietet eine Möglichkeit, auf friedlichem Wege die Verhältnisse in Europa zu ordnen.

2. Die bisherigen Ergebnisse der Ostpolitik können nicht ganz befriedigen.

3. In den Verträgen von Moskau und Warschau sind einfach zu viele Zugeständnisse von unserer Seite enthalten.

4. Durch die Ostpolitik der Regierung Brandt/Scheel hat sich unser Verhältnis zum Ostblock erheblich entspannt.

5. Die Ostpolitik der jetzigen Regierung legt den Grundstein zu einer umfassenden Sicherheit und Zusammenarbeit in Europa.

6. Brandt's Ostpolitik ist eine schleichende Kapitulation vor den Forderungen des Ostens.

7. Die Ostpolitik der derzeitigen Bundesregierung ist ein bißchen zuviel auf schnelle Erfolge und ein bißchen zu wenig auf dauerhafte Sicherung des Friedens ausgerichtet.

8. Die Verhandlungen mit dem Osten führen letztenendes in eine Sackgasse.

9. Wenn die Ostpolitik weniger forsch und besser abgesichert wäre, könnte man sie leichter gutheißen.

10. Die derzeitige Bundesregierung begeht mit ihrer Ostpolitik Verrat an der deutschen Sache.

11. Die Verträge mit Moskau und Polen verstoßen gegen das Grundgesetz; Brandt und Genossen gehörten eigentlich vor ein Gericht.

12. Die gegenwärtige Ostpolitik mag zwar ihre Fehler haben, gegenüber der Programmlosigkeit der CDU/CSU in diesen Fragen steht sie aber immer noch gut da.

13. Die neue Ostpolitik ist eine Politik des Friedens, der Verständigung und des Ausgleichs.

14. Durch die neue Ostpolitik hat sich die Stellung der Bundesrepublik im internationalen Kräftespiel verbessert.

15. Durch die Verhandlungen mit dem Ostblock hat die jetzige Regierung gezeigt, daß sie an einer echten Entspannung in Europa interessiert ist.

1.2.5. Reliabilität der Einstellungsskala

Zur quantitativen Bestimmung der Meßgenauigkeit des Instruments wurde bei einer neuorganisierten Stichprobe von 40 Personen eine Messung mit einer Meßwiederholung (Test-Retest) nach einem 3-Wochen-Intervall durchgeführt. Man schätzt dabei die Meßgenauigkeit durch die Vorhersagequalität der beiden Messungen füreinander.

Für die Korrelation beider Messungen ergab sich ein $r_{tt} = .94$, wonach die Reliabilität der Skala als voll zufriedenstellend angesehen werden kann.

2. EINSTELLUNG 'KONFLIKTBEREITSCHAFT GEGENÜBER POLEN'

Die Einstellungsskala ‚Konfliktbereitschaft gegenüber Polen‘ wurde nach dem gleichen technischen Modell entwickelt, wie die vorher beschriebene Konstruktion der Skala ‚Einstellung zur Ostpolitik‘. Es erübrigt sich deshalb, die Prinzipien der Konstruktion hier erneut allgemein zu skizzieren. Es ist darauf hinzuweisen, daß beide Instrumente parallel, d. h. mithilfe der teilweise selben Stichproben von Befragungspersonen entwickelt worden sind. Dies beeinträchtigt jedoch nicht die konzeptspezifische Unabhängigkeit der beiden Einstellungsskalen.

2.1. Begriffliche Fixierung des Einstellungskonzeptes 'Konfliktbereitschaft gegenüber Polen'

Im Gegensatz zur ‚Einstellung zur Ostpolitik‘ bedarf das Einstellungskonzept ‚Konfliktbereitschaft gegenüber Polen‘ einer eingehenden theoretischen Problematisierung dessen, was gemessen werden soll. Diese betrifft weniger das Einstellungsobjekt – Polen (worunter sowohl Volk wie Staat verstanden werden kann) – als vielmehr den spezifischen Aspekt des Einstellungssystems, der mit ‚Konfliktbereitschaft‘ umschrieben ist. ‚Konfliktbereitschaft‘ gegenüber einem Einstellungsobjekt kann nicht unmittelbar, sondern nur abstrahiert, orientiert an theoretischen Konstrukten, aus der psychischen Erfahrung hergeleitet werden. Insofern die Wissenschaft eine allgemeinverbindliche Theorie oder auch nur eine entsprechende Begrifflichkeit nicht anbietet, wird es auch unsere Aufgabe sein, ein theoretisch haltbares, praktikables Bezugssystem zu etablieren. Mit anderen Worten: wir müssen eine Konvention treffen, was wir unter Konfliktbereitschaft (gegenüber Polen) verstehen.

Die Interpretation von (späteren) Ergebnissen, die die Variable ‚Konfliktbereitschaft gegenüber Polen‘ betreffen, muß sich der hier zu treffenden Sprachregelung des Terminus ‚Konfliktbereitschaft‘ so eng wie möglich anschließen.

Auf die mangelhafte begriffliche Präzision des Terminus ‚Konflikt‘ ist verschiedentlich hingewiesen worden (vgl. Bernard 1950; Mack u. Snyder 1957; Feger 1972). Darüberhinaus ist nicht verbindlich geklärt, ob die Unterscheidung unterschiedlicher Konflikttypen (z. B. nach dem Gegenstand: religiöse-, Klassen-, ethnische Konflikte, etc.; nach der Art der Parteien: intraindividuelle Konflikte, interindividuelle Konflikte in oder zwischen Gruppen) theoretisch notwendig bzw. angemessen ist; der faktischen Etablierung spezieller Bezugssysteme für die Konfliktanalyse steht das Postulat einer generellen

Konflikttheorie gegenüber (vgl. Fink 1968). Es kann hier nicht der Ort sein, die einschlägige Literatur kritisch zu würdigen. Wir beschränken uns darauf, die Operationalisierung der Einstellungsvariablen ‚Konfliktbereitschaft gegenüber Polen' insoweit zu begründen, als der Bezugsaspekt ‚Konfliktbereitschaft' (zum Einstellungsobjekt ‚Polen') erklärungsbedürftig ist.

Insofern wir die Bereitschaft, Konflikte einzugehen, als Einstellung zu erfassen versuchen, benötigen wir (sozial)psychologische (und nicht z. B. soziologische oder semantische) Indikatoren für Konflikte. Damit soll keine grundsätzliche Bewertung des Analyseansatzes vorgenommen werden. Die Wahl des Analyeansatzes entspricht der Art der zu operationalisierenden (Einstellungs)Variablen 'Konfliktbereitschaft', wobei Konflikt auf der Ebene des Konfliktverhaltens betrachtet wird.

In Ermangelung einer verbindlichen, theoretisch begründeten Taxonomie von Konflikttypen spezifizieren wir den hier betrachteten Konflikt als einen solchen zwischen (nationalen) Gruppen. Goldman umschreibt im Anschluß an Mack u. Snyders (1957) Zusammenstellung der in der Literatur am häufigsten genannten Bestimmungsstücke von Konflikt und Konfliktverhalten eine Konfliktsituation als „a social relationship between two or more parties (...) in which at least one of the parties perceives the other as an adversary engaging in behaviors designed to destroy, injure, thwart or gain scarce resources at the expense of the perceiver" (Goldman 1966, 335). Neben Feindseligkeit, Aggressivität und Diskriminierung werden von verschiedenen Autoren als Merkmale des Konfliktverhaltens außerdem u. a. Bedrohung, Versuche der Beherrschung (Machtausübung), geringes Ausmaß an Kooperation und verständnisbereiter Reagibilität (responsiveness, Pruitt 1962) genannt (vgl. auch Deutschs (1965; 1973) Unterscheidung kooperativer vs. competitiver Prozesse im Konflikt).

In intensiver Diskussion im interdisziplinären Kreis von Mitarbeitern des Gesamtprojektes wurde ein „Kompromiß"-Konzept von Konfliktverhalten zwischen Gruppen, adaptiert auf die Beziehung der Westdeutschen gegenüber Polen entwickelt, das jene Beschreibungselemente enthält, die allgemeinen Konsens fanden.

Um entsprechend dem weiter unten („Operationalisierung") skizzierten Modell ‚Konfliktbereitschaft gegenüber Polen' meßbar zu machen, wurden zwei gegensätzliche Pole des Ausmaßes von Konfliktverhalten charakterisiert:

Konfliktmindernd:
> Bereitschaft, durch enge Zusammenarbeit, bei der auch die polnischen Standpunkte berücksichtigt werden, bestehende Spannungen zu vermindern, Ziele von gemeinsamem Interesse und Nutzen zu verwirklichen und auch Polen, wo dies möglich ist, hilfreich zu unterstützen.

Konfliktsteigernd:
> Bestreben, die polnischen Standpunkte und Interessen abzulehnen und Versuch, allein den eigenen Standpunkt durchzusetzen; u. U. sogar Interesse, Polen zu schädigen.

Das hier entwickelte Verständnis von sozialem Konflikt bzw. Konfliktverhalten beschreibt, welche Verhaltensbedingungen geeignet erscheinen, die Konfliktwahrscheinlichkeit zu mindern oder zu steigern.

Es impliziert keine Bewertung von Konflikt per se wie sie positiv etwa von North et al. (1960; vgl. auch Coser 1965) oder negativ im 'Konfliktreduktionismus' (vgl. dazu Schmid 1968) vorgetragen wird.

Aus unserem Konzept können also keine Prognosen darüber abgeleitet werden, welche Effekte den Intentionen entsprechendes Konfliktverhalten haben würde, außer, daß das Ausmaß feindseliger Konflikte durch entsprechendes Verhalten gemindert bzw. gesteigert würde. Um zu entscheiden, ob diese Konsequenzen als Konfliktbeilegung (-lösung) oder als Konfliktunterdrükkung (-kontrolle) (Dencik 1971) zu interpretieren wären, bedürfte es eigener theoretischer und empirischer Evidenz, insbesondere aber einer eingehenden Analyse der 'objektiven' Interessenslage der involvierten Parteien sowie einer normativen Zielbestimmung ihrer Entwicklung.

Daß Abwesenheit von Konflikt kein absoluter, verbindlich valider Indikator für ausgeglichene soziale Interaktion bei Abwesenheit 'personaler' und 'struktureller' Gewalt (Galtung 1969a) ist, hat Schmid (1968) dargelegt und exemplifiziert. Wir geben jedoch unserer Überzeugung Ausdruck, daß wir im Falle des deutsch-polnischen Verhältnisses die mit dem Pol 'konfliktmindernd' bezeichneten Verhaltensintentionen als insofern potentiell konfliktlösend bezeichnen könnten, als sie geeignet erscheinen, günstige Bedingungen für ausgeglichene, gewaltfreie soziale Interaktionen zwischen Deutschen und Polen zu schaffen, wenn sie als Maxime des Akteurs Bundesrepublik Deutschland gelten.

Wir stützen uns dabei einerseits auf die Befunde der Untersuchungen von Sherif u. Sherif (1969) zur Konfliktlösung zwischen Gruppen; andererseits scheint diese Auffassung in Einklang zu stehen mit den von Galtung (1969b) zur Lösung internationaler Konflikte bei egalitären, symmetrischen Interaktionen empfohlenen assoziativen Strategien.

2.2.   Operationalisierung von 'Konfliktbereitschaft gegenüber Polen'

Um die unterschiedliche Verhaltensbereitschaft von Mitmenschen zu messen, Konflikte bezogen auf Polen im umschriebenen Sinne einzugehen (zunächst symbolisch: verbal), ist es notwendig, Aussagen über Aktivitäten gegenüber Polen zu sammeln, die so geartete Konfliktbereitschaft in unterschiedlichem Ausmaß implizieren. Ausmaß (Grad) dieser impliziten Konfliktträchtigkeit wird empirisch, unter Heranziehung einer noch näher zu beschreibenden Urteiler-Stichprobe zu bestimmen sein. Deren Einschätzung der Konfliktvalenz der Aussagen über Aktivitäten gegenüber Polen anhand der oben entwickelten Konzeptbeschreibung von Konfliktverhalten gegenüber Polen wird das endgültige Bezugssystem definieren, mit dessen Hilfe wir die Zustimmung bzw. Ablehnung dieser Aussagen durch unsere späteren Befragungspersonen quantitativ (i. S. einer Intervallskala) als mehr oder weniger ausgeprägte Konfliktbereitschaft dieser Personen (gegenüber Polen) bestimmen können.

2.2.1. Item-pool 'Konfliktbereitschaft gegenüber Polen'

Neben einigen explorativen Interviews wurde der item-pool im wesentlichen auf der Basis der Analyse relevanter Literatur (z. B. EKD-Denkschrift, Schriften der Vertriebenenverbände, Tages- und Wochenzeitschriften) erstellt. Brauchbar erscheinende Gedanken wurden dabei häufig als Anregung zu Formulierungen aufgefaßt, die i. S. der Konzeptbeschreibung als adäquat erschienen.

Alle Formulierungen wurden abschließend anhand der bei Edwards zusammengestellten formalen Kriterien, sowie von den Vertretern der Politikwissenschaft beim Projekt auf inhaltliche Korrektheit geprüft.

Der endgültige item-pool enthielt insgesamt 126 statements, von denen angenommen wurde, daß die in ihnen vorgeschlagenen Aktivitäten gegenüber Polen bzw. die dazu abgegebenen Stellungnahmen in relativ vielen unterschiedlichen Abstufungen das Ausmaß von Konfliktverhalten i. S. des vorgetragenen Konzeptes reflektierten.

2.2.2. Beurteilung der Konfliktvalenz der statements

2.2.2.1. Urteiler-Stichprobe

Von der Entscheidung über die Qualität der Urteiler-Stichprobe wird wesentlich die Art des Bezugssystems betroffen; es wird durch die Urteiler festgelegt, in welchem Ausmaß die statements Konfliktverhalten im Sinne des Konzepts indizieren und ob sie dieses Ausmaß für diese Urteiler eindeutig indizieren. Wenngleich die Bestimmung des impliziten Konfliktausmaßes für die Ermittlung von Einstellungsscores nach dem Thurstone-Modell zwar zentral relevant, jedoch nach dem (hier bevorzugten) Likert-Modell von sekundärer Bedeutung ist, erscheint es nicht unerheblich, für wen die indikative Funktion der statements eindeutig ist, zumal davon ausgegangen werden kann, daß gruppenspezifische Indikatorfunktion (Skalenwert) und Urteilsstreuung (ambiguity) interagieren.

Unterschiedliche Skalen- und Streuungswerte würden wir beispielsweise erwarten, wenn wir die statements unseres item-pool einmal von Personen beurteilen ließen, die etwa denen der späteren Anwendungsstichprobe entsprechen, und anderseits von sachverständigen sozialwissenschaftlichen Experten. Im letzteren Falle könnten wir von einer ‚Verobjektivierung' des Bezugssystems sprechen, insofern die Kenntnis bezüglich der konfliktmindernden vs. – steigernden Wirkung spezifischer konkreter Verhaltensweisen, die aus der Konzeptbeschreibung nicht abgeleitet werden kann, den Urteilsprozeß intervenierend modifizieren würde.

Aussagen, z. B. die mehr Kontakte zwischen Deutschen und Polen postulieren, würden von einer für die BRD (quasi)-repräsentativen Urteiler-Stichprobe wahrscheinlich sehr viel stärker und einheitlicher als konfliktmindernd klassifiziert werden als von Experten, die die unterschiedlichen Effekte von Kontakt, dessen soziale Kontextbedingungen nicht bekannt sind, auf die soziale Interaktion kennen (vgl. Amir 1969). Sie würden Kontakt bei sportlichen Wettkämpfen u. U. nicht als konfliktmindernd, sondern als günstige Bedingung für die Manifestation feindseligen Verhaltens ansehen.

Man kann sagen, daß potentielle Diskrepanzen dieser Art auf eine unzureichend definitive Konzeptbeschreibung zurückgeführt werden können. Andererseits ist es nicht nur nicht möglich, ein hinreichend explizites Konzept vorzulegen, sondern es ist auch keineswegs erwünscht: das Konzept des Konfliktverhaltens soll lediglich den allgemeinen Rahmen des Bezugssystems beschreiben, innerhalb dessen eine empirische Spezifizierung des Verständnisses von konfliktminderndem bzw. steigerndem Verhalten i. S. der Urteiler möglich ist.

Wir sind davon ausgegangen, daß die Spezifikation des Bezugssystems durch eine Urteilerstichprobe entsprechend der späteren Untersuchungsstichprobe als angemessene Voraussetzung anzusehen ist, Konfliktbereitschaft zu messen, daß also dem eigenen Verständnis der zu befragenden Personen vorrangig Rechnung zu tragen ist.

Für die Urteiler der Eich-Stichprobe mußte angenommen werden können, daß sie in der Lage waren, das dargebotene Konfliktverhaltens-Konzept einschließlich der Instruktion zu verstehen und anzuwenden („hinreichend intelligente Vpn", Esser 1972, 196 f.). Von insgesamt 68 Personen, deren Dauer des Schulbesuchs überwiegend zwischen 9 und 12 Jahren und nicht unter 8 Jahren lag, wurden zu den 126 statements (Reihenfolge der 12 Seiten des Fragebogens jeweils verschieden) Urteile mithilfe folgender Instruktion erhoben:

Anleitung

Auf den folgenden Blättern sind Aussagen zusammengestellt, die sich auf Verhaltensweisen gegenüber Polen beziehen. Diese Verhaltensweisen können als in unterschiedlichem Maß konfliktmindernd bzw. konfliktsteigernd in bezug auf unser Verhältnis zu Polen betrachtet werden.

Konfliktminderndes Verhalten ist dadurch gekennzeichnet, daß man bereit ist, durch enge Zusammenarbeit, bei der auch die polnischen Standpunkte berücksichtigt werden, bestehende Spannungen zu vermindern, Ziele von gemeinsamem Interesse und Nutzen zu verwirklichen und auch Polen, wo dies möglich ist, hilfreich zu unterstützen.

Demgegenüber ist konfliktsteigerndes Verhalten dadurch gekennzeichnet, daß man die polnischen Standpunkte und Interessen ablehnt und versucht, allein den eigenen Standpunkt durchzusetzen und unter Umständen sogar daran interessiert ist, Polen zu schädigen.

Sie werden nun gebeten, die im folgenden genannten Verhaltensweisen in Hinblick darauf zu beurteilen, wie konfliktmindernd bzw. konfliktsteigernd sie aus westdeutscher Sicht in bezug auf Polen sind. Dazu sollen Ihnen die nachfolgenden Zahlen dienen:

1   2   3   4   5   6   7   8   9   10   11

konfliktmindernd   konfliktsteigernd

Die Zahl 1 soll bei Aussagen mit extrem konfliktminderndem Inhalt benutzt werden, die Zahl 2 für Aussagen mit noch sehr konfliktminderndem Inhalt, 3, 4 und 5 entsprechend für solche mit zwar immer weniger aber doch noch eher konfliktminderndem Inhalt. Entsprechend gilt für Aussagen mit extrem konfliktsteigerndem Inhalt die Zahl 11 bzw. die 10 in weniger extrem ausgeprägten Fällen – und für solche mit zwar immer weniger aber doch eher konfliktsteigerndem Inhalt die Zahl 9, 8 bzw. 7. Aussagen, deren Inhalt weder eher in Richtung auf konfliktmindernd noch konfliktsteigernd geht, kann man mit der Zahl 6 kennzeichnen.

Die Aussagen wurden so ausgewählt, daß alle zur Verfügung stehenden Zahlen ungefähr gleich häufig benutzt werden sollten.

Um Ihnen die Arbeit zu erleichtern, haben wir auf einem gesonderten Blatt noch einmal alle 11 Kategorien aufgeführt und angedeutet, was Sie mit diesen Zahlen bezeichnen sollen. Legen Sie bitte dieses Blatt stets sichtbar neben sich und schreiben Sie dann die Zahl, von der Sie glauben, daß sie am besten zu einer Aussage paßt, jeweils auf die punktierte Linie am rechten Blattrand.

Beachten Sie bitte, daß es hier *nicht um Ihre Einstellung zu Polen,* sondern um die möglichst objektive Ermittlung des konfliktmindernden bzw. konfliktsteigernden Inhalts der einzelnen Aussagen geht.

Bevor Sie nun mit der eigentlichen Beurteilung beginnen, lesen Sie bitte in ein paar Minuten alle Aussagen einmal flüchtig durch, damit Sie einen Überblick haben, in welchem Ausmaß die Aussagen vom Inhalt her konfliktmindernd oder konfliktsteigernd sind.

Vielen Dank für Ihre Mitarbeit.

2.2.2.2.   Urteiler-Streuung

Analog dem Vorgehen bei der Konstruktion der Skala 'Einstellung zur Ostpolitik' wurden die 'sorglosen Urteiler', insgesamt 11, identifiziert und ausgesondert.

Für alle 126 items wurden anhand der verbliebenen 57 Urteiler Interquartil-Maße berechnet und solche eliminiert, deren range größer als 2 Intervalleinheiten war bzw. 2.5 Einheiten, wenn der Medianwert der Urteile in einem von den übrigen items mangelhaft repräsentierten Bereich lag.

Bei 61 der insgesamt 126 statements war die Lokalisierung des Konfliktausmaßes innerhalb dieser Toleranzgrenze hinreichend einheitlich.

2.2.3.   Trennschärfeanalyse

Zur Beurteilung der Diskriminationsfähigkeit der items wurden Selektionskennwerte berechnet. Diese Trennschärfeanalyse wurde zusammen mit der entsprechenden Prozedur für die Skala 'Einstellung zur Ostpolitik' bei derselben Befragten-Stichprobe einschließlich einer zusätzlichen Befragungsper-

son, insgesamt also 59 Personen durchgeführt (vgl. S. 192; s. dort: Instruktion).
Ein Kriterium zur 'a priori'-Bestimmung unterschiedlich konfliktbereiter Personengruppen war nicht verfügbar. Es mußte deshalb darauf vertraut werden, daß die Personen dieser Stichprobe durch ihre vorläufigen Einstellungsscores hinsichtlich der Konfliktbereitschaft in entsprechend unterschiedliche Personengruppen aufgeteilt werden könnten. Zur klareren Dichotomisierung wurden aus der Verteilung der vorläufigen Meßwerte jene neun Personen ausgesondert, deren Meßwerte dem Median nächstgelegen waren.

Die Analyse wurde zweimal wiederholt, wobei jeweils items mit den niedrigsten Koeffizienten, insgesamt 25, eliminiert wurden. Die Koeffizienten des letzten Laufs, der noch 36 items berücksichtigte, sind in der nachfolgenden Übersicht enthalten. Alle Selektions-Kennwerte sind gleich oder größer .50, bei einem Median von etwa .74.

Nr. d. item pool	inter- quartil range	Skalen- wert	Sel. kenn- wert	s t a t e m e n t
8	1.90	0.322	–	Die Aussöhnung mit Polen ist ein bedeutsamer Schritt in eine bessere Zukunft.
17	1.91	0.542	–	Die Bundesrepublik und Polen sollten sich im Geiste des Friedens und der Versöhnung begegnen.
112	1.40	0.629	–	Wir müssen durch unsere Haltung den Polen zeigen, daß wir gewillt sind Barrieren abzubauen.
76	1.59	0.679	.58	Es ist nur zu begrüßen, daß man in den Verhandlungen mit Polen die alten ungelösten Probleme lösbar zu machen versucht.
123	1.41	0.688	–	Eine enge wirtschaftliche und technische Zusammenarbeit zwischen Polen und der Bundesrepublik sollte den Weg für weitere Kontakte ebnen.
126	1.81	0.709	.56	Nach dem Unrecht, das im Namen des deutschen Volkes Polen gegenüber geschehen ist, müssen wir zu Opfern bereit sein.
4	1.91	0.728	–	Ein geregelter Kulturaustausch zwischen der Bundesrepublik und Polen ist nur zu befürworten.
79	1.61	0.744	.58	Es ist dringend notwendig, daß die Verhandlungen mit Polen ein verlorenes Vertrauen wiederherstellen.
49	1.96	0.781	.75	Wir haben den Polen schon soviel Leid gebracht, daß es uns gut anstünde, ihnen zur Abwechslung einmal wirklich hilfreich entgegenzukommen.

Nr. d. item pool	inter- quartil range	Skalen- wert	Sel. kenn- wert	s t a t e m e n t
105	1.38	0.839	–	Man sollte die Bemühungen stärker unterstützen, die sich für den Abbau von Vorurteilen gegenüber Polen einsetzen.
9	1.90	0.868	.80	Eine Anerkennung der polnischen Westgrenze ist zu befürworten, da dadurch der Grundstein zu einer Aussöhnung mit Polen gelegt wird.
51	1.76	0.870	–	Die Gespräche mit Polen sind wertvoll, da sie letztlich der gesamteuropäischen Zusammenarbeit dienen.
70	1.98	0.956	.68	Die Geschichte Polens zeigt, daß dieses Land stets ein Spielball der mächtigen Blöcke war; wir sollten mithelfen, Polens Grenzen zu garantieren.
48	1.74	0.961	.69	Die Gespräche und Verträge mit Polen schaffen Bindungen und Verbindungen, was nur zu begrüßen ist.
75	1.97	0.961	–	Im Dienste einer weltweiten Sicherheitspolitik sind Verhandlungen mit Polen unbedingt notwendig.
85	1.94	1.012	.73	Einen Frieden zu sichern ist nur möglich, wenn wir die in Polen bestehenden Verhältnisse anerkennen.
124	1.66	1.016	.79	Die Hinnahme der gegenwärtigen Westgrenze Polens ist als Schritt auf einen dauerhaften Frieden in Europa hin gerechtfertigt.
34	1.69	1.051	–	Studienreisen Jugendlicher und anderer interessierter Kreise nach Polen sind als erster Entspannungsversuch nur zu begrüßen.
113	1.73	1.104	.59	Man sollte eine Verstärkung der Handelsbeziehungen mit Polen anstreben, um die polnische Volkswirtschaft zu stützen.
22	1.92	1.150	–	Man sollte sich bemühen, die Hindernisse und Barrieren zwischen der Bundesrepublik und Polen abzubauen.
41	1.69	1.224	–	Die Bemühungen Polens um ein friedliches Verhältnis mit der Bundesrepublik sollten wir zu würdigen wissen.
29	1.85	1.270	–	Ein intensiverer Warenaustausch zwischen Polen und der Bundesrepublik könnte und sollte manchen Engpaß in Polen überwinden helfen.

Nr. d. item pool	inter- quartil range	Skalen- wert	Sel. kenn- wert	statement
54	1.98	1.309	–	Auch im Interesse der eigenen Sicherheit müssen wir mit den Polen einen Ausgleich suchen, auch wenn das für uns Opfer bedeutet.
120	2.19	1.413	–	Wirtschaftliche Schwierigkeiten in Polen sollte die Bundesrepublik durch finanzielle Zuschüsse über- brücken helfen.
27	1.88	1.479	–	Das wirtschaftlich schwache Polen sollte von der wirtschaftlich starken Bundesrepublik unterstützt werden.
121	2.33	1.543	–	Die nach den Unruhen der streikenden Arbeiter in Polen gebildete neue Regierung ist eine Regierung des Volkes, mit der wir über Verständigung ver- handeln können.
92	2.38	1.584	–	Sportliche Veranstaltungen, an denen Westdeut- sche und Polen gemeinsam teilnehmen, sind viel zu selten.
64	2.25	1.684	–	Es sollten mehr polnische Fernsehsendungen im deutschen Fernsehen und umgekehrt gezeigt wer- den, um ein gegenseitiges Verständnis zu fördern.
31	2.15	2.268	.85	Da der Verlierer eines Krieges schon immer mit Gebietsabtretungen zu zahlen hatte, ist es gar nichts besonderes, wenn deutsches Territorium an Polen fällt.
10	1.86	2.548	.53	Man kann den Polen nicht in allen Fragen Zuge- ständnisse machen, man muß auch unsere eigenen Ansprüche geltend machen.
71	2.09	2.779	.67	Schon durch die völlig verschiedene Mentalität der Polen und der Deutschen ist ein Verständnis zwi- schen beiden Ländern sehr erschwert.
107	2.30	3.813	.79	Die großen Zugeständnisse, die von der Bundes- republik an Polen gemacht worden sind, wiegen die dadurch erzielten geringfügigen Verbesserun- gen nicht auf.
28	1.94	2.879	.69	Eine Verzichtpolitik gegenüber Polen führt nicht zu Lösungen, sondern irgendwann zu neuen Span- nungen.
20	1.97	2.947	.79	Es ist zwar an der Zeit, sich mit Polen auszusöh- nen, aber man sollte den Polen dennoch nicht ein- fach alles durchgehen lassen.

Nr. d. item pool	inter- quartil range	Skalen- wert	Sel. kenn- wert	statement
47	2.16	3.063	.84	Das deutsche Volk sollte sich davor hüten, durch übereilte Verträge mit Polen übervorteilt zu werden.
109	2.01	3.149	.82	Durch den deutsch-polnischen Vertrag werden deutsche Rechtspositionen unnötigerweise aufgegeben.
100	1.73	3.187	.73	Die Regierung der Bundesrepublik sollte in Zukunft den Polen zeigen, daß sie wirtschaftlich erheblich stärker auf uns angewiesen sind als wir auf sie.
36	1.97	3.358	.72	Ein Ausgleich mit Polen ist zwar erstrebenswert, aber nicht mit einer Regierung, die gegen das eigene Volk mit Panzern vorgeht.'
74	1.86	3.434	.52	Die Bundesrepublik ist auf Kontakte mit Ländern wie Polen nicht angewiesen.
77	1.68	3.444	.52	Den Polen ohne Gegenleistung finanzielle Hilfe zu gewähren, wäre nun wirklich das letzte, was man tun sollte.
16	1.68	3.456	.77	Solange das polnische Volk mit Gewalt und Terror regiert wird, sollte man keine Verträge mit seiner Regierung abschließen.
40	1.73	3.550	.89	Auch ein Friedensvertrag mit Polen rechtfertigt nicht die Preisgabe ehemals deutschen Territoriums.
95	1.48	3.598	.53	Die Zusammenstöße zwischen streikenden Arbeitern und der polnischen Regierung haben gezeigt, daß wir uns von dieser Regierung distanzieren müssen.
73	1.86	3.737	.87	Wenn wir so weiter machen, haben wir ohne Gegenleistung alles verschenkt, was uns in Polen von Rechts wegen zusteht.
35	1.67	3.834	.78	Wir müssen endlich Schluß damit machen, der polnischen Seite gegenüber nachzugeben.
2	1.60	3.944	.79	Man kann die Zerstörung der deutschen Tradition und Vergangenheit in Polen einfach nicht länger tatenlos hinnehmen.
88	1.87	3.979	.86	Man darf niemals auf deutsches Land in Polen verzichten, denn die Wahrung des Rechts auf Heimat hat unbedingten Vorrang.

Nr. d. item pool	inter-quartil range	Skalen-wert	Sel. kenn-wert	statement
83	1.66	4.011	.87	Es besteht ein berechtigter Anspruch der Bundesrepublik auf die ehemals deutschen Gebiete in Polen.
42	1.78	4.075	.70	Die Rückgewinnung der unter polnischer Verwaltung stehenden deutschen Ostgebiete ist nicht das Interesse kleiner Gruppen, sondern das Anliegen einer ganzen Nation.
117	1.83	4.083	.79	Eine Kapitulationsgrenze wie die heutige zwischen Deutschland und Polen darf niemals eine Versöhnungsgrenze sein.
69	1.65	4.083	.83	Polen hat überhaupt keinen Anspruch auf die ehemals deutschen Gebiete an Oder und Neiße, denn es hat schließlich den Krieg gegen Deutschland nicht gewonnen.
30	1.21	4.321	–	Was man auch unternimmt, man muß immer bedenken, daß man den Polen nicht trauen kann.
125	1.58	4.455	.63	Die Polen haben es wirklich nicht verdient, daß wir ihnen in irgendeiner Form helfen.
114	1.57	4.673	–	Eine Politik der Abschreckung ist Voraussetzung für eine Kontaktaufnahme mit Ländern wie Polen.
6	1.63	4.801	.68	Die Greueltaten der Polen an der deutschen Bevölkerung müssen gesühnt werden.
80	1.22	4.946	.57	Man sollte versuchen, durch einen Abbau der Handelsbeziehungen zu Polen, die polnische Wirtschaft empfindlich zu schädigen.
66	0.81	5.211	–	Zur Rückgewinnung der ehemals deutschen Gebiete im heutigen Polen ist jedes Mittel recht.
122	0.81	5.211	–	Die Vertriebenen sollten sich die Rückkehr in ihre alte Heimat, die heute ‚Polen' heißt, notfalls mit Gewalt erkämpfen.
25	0.80	5.228	–	In der Politik gegenüber Polen ist auch der Einsatz militärischer Mittel zu erwägen.
19	0.78	5.245	–	Um die ehemals deutschen Gebiete von Polen zurückzuerhalten sollte man notfalls auch mit Gewalt drohen.
50	0.71	5.319	–	Man sollte Spezialisten ausbilden, um die polnische Wirtschaft durch Sabotageakte zu schädigen.

2.2.4. Endfassung der Skala 'Konfliktbereitschaft gegenüber Polen'

Zur Messung der Einstellung 'Konfliktbereitschaft gegenüber Polen' wurden 15 items so ausgewählt, daß für alle Bereiche des Kontinuums diejenigen beibehalten wurden, die jeweils die höchsten Selektionskennwerte aufwiesen. Aus den früher genannten Gründen wurde auf eine Berücksichtigung der Schwierigkeitsindices verzichtet. Auf die Vermeidung der Auswahl mehrerer sehr bedeutungsähnlicher Indikatoren wurde geachtet.

1. Einen Frieden zu sichern ist nur möglich, wenn wir die in Polen bestehenden Verhältnisse anerkennen.
2. Da der Verlierer eines Krieges schon immer mit Gebietsabtretungen zu zahlen hatte, ist es gar nichts besonderes, wenn deutsches Territorium an Polen fällt.
3. Durch den deutsch-polnischen Vertrag werden deutsche Rechtspositionen unnötigerweise aufgegeben.
4. Schon durch die völlig verschiedene Mentalität der Polen und der Deutschen ist ein Verständnis zwischen beiden Ländern sehr erschwert.
5. Die Gespräche und Verträge mit Polen schaffen Bindungen und Verbindungen, was nur zu begrüßen ist.
6. Wenn wir so weiter machen, haben wir ohne Gegenleistung alles verschenkt, was uns in Polen von Rechts wegen zusteht.
7. Eine Kapitulationsgrenze wie die heutige zwischen Deutschland und Polen darf niemals eine Versöhnungsgrenze sein.
8. Es ist nur zu begrüßen, daß man in den Verhandlungen mit Polen die alten ungelösten Probleme lösbar zu machen versucht.
9. Eine Anerkennung der polnischen Westgrenze ist zu befürworten, da dadurch der Grundstein zu einer Aussöhnung mit Polen gelegt wird.
10. Die Greueltaten der Polen an der deutschen Bevölkerung müssen gesühnt werden.
11. Man darf niemals auf deutsches Land in Polen verzichten, denn die Wahrung des Rechts auf Heimat hat unbedingten Vorrang.
12. Die großen Zugeständnisse, die von der Bundesrepublik an Polen gemacht worden sind, wiegen die dadurch erzielten geringfügigen Verbesserungen nicht auf.
13. Man sollte eine Verstärkung der Handelsbeziehungen mit Polen anstreben, um die polnische Volkswirtschaft zu stützen.
14. Nach dem Unrecht, das im Namen des deutschen Volkes gegenüber Polen geschehen ist, müssen wir zu Opfern bereit sein.
15. Die Polen haben es wirklich nicht verdient, daß wir ihnen in irgend einer Form helfen.

2.2.5. Reliabilität der Skala

Die Meßgenauigkeit des Instruments wurde parallel zur Reliabilitäts-Untersuchung der Skala 'Einstellung zur Ostpolitik' bei derselben Stichprobe von 40 Personen untersucht. Die Test-Retest-Korrelation bei einem 3-Wochen-Intervall betrug $r_{tt} = .89$, ein ebenfalls noch voll zufriedenstellendes Ergebnis.

3. ANMERKUNG ZUR BEURTEILER-SPEZIFITÄT DER EINSTELLUNGSSKALEN

Eine Durchsicht der Sammlungen von Einstellungsskalen (z. B. Shaw u. Wright 1967; Robinson et al. 1968 ff.) läßt erkennen, daß allenfalls ausnahmsweise spezifiziert wird, für welche Populationen von Personen die Instrumente jeweils im Sinne einer Gruppen-Spezifität von Einstellungsskalen angemessen zur Messung eingesetzt werden können. Die Charakterisierung der Eichstichprobe läßt entsprechende Rückschlüsse nur indirekt zu, insofern sie kaum einmal als Stichprobe einer definierten Population umschrieben wird.

Hörmanns (1964) Feststellungen zur ‚differentiellen Valität‘ psychodiagnostischer Tests haben auch im Bereich der Einstellungsmessung entsprechende Bedeutung (vgl. auch Fuchs u. Schäfer 1972 zur Beurteiler-Spezifität von Eindrucksdifferentialen). Der Notbehelf der bei Persönlichkeitstests üblichen korrigierend-modifizierten Interpretation der erhaltenen Meßwerte durch Orientierung an Normen-Tabellen hat wohl, infolge der relativ geringeren zeitlichen Konstanz von Einstellungen, in der Sozialpsychologie keine Nachahmung gefunden.

Auch die hier vorgelegten Instrumente sind nur in dem Sinne gruppenspezifisch konstruiert, als sie zur Messung bei Bürgern der BRD sollen verwendet werden können. Der Verzicht auf die Entwicklung spezifischer, beurteilergruppen-adäquater Skalen hat neben ökonomischen Ursachen folgende Gründe: es ist äußerst schwierig, vor der Skalen-Konstruktion jene Gruppen zu identifizieren, die hinsichtlich dessen, was gemessen wird, verschiedene Bezugssysteme verwenden; und: die Verwendung unterschiedlicher Instrumente erschwert quantitativ und qualitativ die Vergleichbarkeit der Ergebnisse.

Die hier entwickelten Instrumente können als Kompromißlösung angesehen werden, die den spezifischen Eigenarten potentiell unterschiedlicher Gruppen von Personen (bezüglich der jeweiligen Einstellungsvariable) nicht Rechnung trägt, jedoch eine Annäherung an eine generell optimale Lösung darstellt. Dies gilt auch für die beiden Eindrucksdifferentiale 'Beurteilung von Völkern' und 'Bewertung politischer Schlüsselwörter' über die nachfolgend berichtet wird.

4. EINDRUCKSDIFFERENTIALE: 'BEURTEILUNG VON VÖLKERN' UND 'BEWERTUNG POLITISCHER SCHLÜSSELWÖRTER'

Beim Bericht über die Konstruktionsarbeit an den Eindrucksdifferentialen 'Beurteilung von Völkern' und 'Bewertung politischer Schlüsselwörter' kann hier auf die Darstellung technischer Details verzichtet werden. Sie sind bei Schäfer (1973; 1975) wiedergegeben. Wir beschränken uns deshalb auf eine Zusammenfassung der einzelnen Konstruktionsschritte und Ergebnisse, sowie eine für die Interpretation wichtige Diskussion der Ideologie-Relevanz der 'Bewertung politischer Schlüsselwörter'.

Die Konstruktionsprinzipien entsprechen den von Fuchs u. Schäfer (1972) vorgeschlagenen.

4.1. Eindrucksdifferential 'Beurteilung von Völkern'

4.1.1. Konzept-Klasse 'Völker'

Die durch den Terminus 'Völker' repräsentierte Konzeptklasse wird aufgefaßt als die umgangssprachlichen Benennungen der Zugehörigkeit von Individuen zu nationalen, staatlichen, ethnischen, religiösen oder sprachlichen Gruppen. Dabei wurde kein Wert auf soziologische, juristische oder ethnologische Präzision gelegt, da wir davon ausgingen, daß nur die umgangssprachliche Kennzeichnung der Gruppen als Beurteilungsobjekte eine konstante Identifikation dieser Gruppen und ihre Aktualität als Einstellungsobjekte über die größtmögliche Zahl von Befragungspersonen angemessen gewährleistet.

4.1.2. Relevante Beschreibungsmerkmale zur 'Beurteilung von Völkern'

Als relevant i. S. der Brauchbarkeit zur Eindrucksmessung wurden solche Adjektive aufgefaßt, die das gemeinhin benutzte Beurteilungsrepertoir der intendierten Untersuchungsgruppe bezüglich der Population von Völker-Konzepten reflektieren. Aus dieser Population wurde eine Stichprobe von 24 Konzepten gezogen, die einer Gruppe von 106 Personen (in rotierender Reihenfolge der Konzeptnamen) zur 'Beeigenschaftung' vorgelegt wurde.

Von insgesamt 696 verschiedenen Eigenschaftsbezeichnungen wurden jene 146 mit der höchsten Auftretungshäufigkeit bei verschiedenen Konzepten und gleichzeitig höchsten Verwendungshäufigkeit durch verschiedene Befragte als relevant beibehalten.

4.1.3. Antonyme

In einem zweiten Erhebungsschritt bei 81 Personen wurden für diese 146 Merkmale Antonyme empirisch gesucht. 66 Polaritäten wurden als brauchbar akzeptiert, bei denen von mehr als 50 % der Befragten ein identisches Antonym zur jeweiligen Eigenschaftsbezeichnung spontan genannt wurde.

4.1.4. Dimensionalität der 'Beurteilung von Völkern'

Einer dritten Personen-Stichprobe von 71 Befragten wurden aus einem auf 12 Konzepte reduzierten sample diese 66 Polaritäten zur Beurteilung von je 4 Konzepten im Sinne der späteren Anwendung vorgelegt. Diese Daten bildeten die Basis für die weiteren Selektionsprozeduren.

Die Faktorenanalyse nach einem von Orlik (1967) vorgeschlagenen Verfahren ergab eine eindeutige Lösung für zwei Faktoren (39 % bzw. 31 % Anteile an der Gesamtvarianz). Faktor 1, charakterisiert durch Adjektive wie 'frei, reich, städtisch, aufgeschlossen, offen, modern, selbständig, fortschrittlich' usw. wurde mit der Bezeichnung 'sozialer und ökonomischer Entwicklungsstand' identifiziert. Bei Faktor 2 dominierten temperamentbezogene Eigenschaften wie 'temperamentvoll, unruhig, laut, lebhaft, heißblütig' usw., weshalb hier die Kennzeichnung als 'Temperamentfaktor' angemessen erschien.

Als Konsequenz dieses Ergebnisses wurde die Konstruktionsarbeit für die Merkmale beider Faktoren getrennt fortgesetzt mit dem Ziel, zwei Instrumente zur 'Beurteilung von Völkern', die inhaltlich den Faktorinterpretationen entsprachen, zu erstellen.

4.1.5.   Trennschärfeanalyse

Abschließend wurden Trennschärfekoeffizienten (Selektionskennwerte nach Lienert 1967) für je 16 hoch und „rein" ladende Merkmale (dimensional getrennt) berechnet. Sie sind zusammen mit den Faktorladungen bei Schäfer (1973, 34) wiedergegeben.

Für den Faktor 1 lag der range der Selektionskennwerte bei .30 – .69 bei einem Median von .50; für die in die Finalversion selegierten fünf Merkmale liegen die Koeffizienten im Bereich von .45 – .67, mit einem Median von .51. Beim Faktor 2 lagen die Werte für alle 16 Merkmale entsprechend zwischen .10 und .71 mit einem Medianwert von .43; für die Polaritäten der Endfassung wurde der Wertebereich der Trennschärfekoeffizienten auf .39–.70 begrenzt; der Median beträgt hier .53.

4.1.6.   Endfasssung

Für die Zusammenstellung der Finalversion galten folgende Kriterien: hohe Faktorladung; hohe Trennschärfe; relative Bedeutungsungleichheit; fünf Merkmale je Faktor.

Entsprechend wurden folgende Merkmale für das Eindrucksdifferential 'Beurteilung von Völkern' selegiert.

Faktor 1: 'Sozialer und ökonomischer Entwicklungsstand'

unterdrückt	– frei
verschlossen	– aufgeschlossen
bäuerlich	– städtisch
altmodisch	– modern
unselbständig	– selbständig

Faktor 2: 'Temperament'

temperamentvoll	– ruhig
laut	– still
ungenau	– genau
schmuddelig	– sauber
faul	– fleißig

212

4.1.7. Meßgüte

Für die beiden Faktoren der 'Beurteilung von Völkern' liegen der Messung je fünf Skalen als Operationalisierung des jeweiligen faktorspezifischen Quantifizierungsaspektes vor. Die Skalen können als Meßwiederholungen zur Erhöhung der Reliabilität angesehen werden. Als Beleg für die Homogenität im Sinne der Kovaration dieser Skalen können die Ergebnisse der Hauptkomponentenanalyse gelten.

Als quantitative Indikatoren der Skalen-Homogenität wurden Generalisierbarkeitskoeffizienten (Cronbach, Rajaratnam u. Gleser 1963; Gleser, Cronbach u. Rajaratnam 1965) berechnet. Das hier zugrunde liegende varianzanalytische Modell berücksichtigt die gesamte Varianz der Daten – die Berechnung von Korrelationskoeffizienten impliziert dagegen eine Standardisierung der Meßskalen und ignoriert dabei jene Varianzanteile, die durch Differenzen der absoluten Ausprägungsgrade der Urteile zwischen den Skalen verursacht werden.

Entsprechend dem von Gleser et. al. (1965) vorgeschlagenen dreifaktoriellen Versuchsplan identifizieren wir die Varianzanteile, die auf die Haupteffekte und die Interaktionen entfallen und fragen dann, wie genau sich unsere Messungen reproduzieren lassen, wenn bei Konstanthaltung der Beurteiler andere Skalen aus der gleichen Population verwendet werden, d. h. wie reliabel unsere Skalen in diesem Sinne sind.

Tabelle 1: Varianzanalyse Faktor 1; Gesamtstichprobe N = 1706 (147 Beurteiler wurden wegen unvollständiger Daten nicht berücksichtigt), 10 Konzepte ('Völker'), 5 Skalen.

Quelle	MS	df	Varianzkomponenten	
			absolut	prozentual
Konzepte	13 609.33	9	1.536	36.78
Skalen	1 122.00	4	0.036	0.86
Beurteiler	12.66	1 705	0.138	3.31
Konzepte x Skalen	506.72	36	0.296	7.09
Konzepte x Beurteiler	4.11	15 345	0.526	12.60
Skalen x Beurteiler	3.11	6 820	0.163	3.90
Rest	1.48	61 380	1.481	35.46

Hauptquelle der Varianz sind die Konzepte; sie werden sehr unterschiedlich bewertet. Beträchtlicher Anteil an der Varianz des Datensystems entfällt auf die Interaktion Konzepte x Beurteiler; verschiedene Beurteiler bewerten verschiedene Völkerkonzepte bemerkenswert unterschiedlich.

Für die Fragestellung nach der Homogenität der Skalen ist der auf die Skalen (Haupteffekt und Interaktionen) entfallende, geringe Varianzanteil relevant.

213

Nach dem Versuchsplan 1 (vgl. Gleser et al. 1965) – jeder Beurteiler stuft jedes Konzept auf jeder Skala ein – ergibt sich für die Skalen bei Fixierung der Beurteiler ein Generalisierbarkeitskoeffizient von .99, ein für die Reliabilitätsschätzung sehr günstiges Ergebnis, dessen Aussagekraft allerdings durch den Einfluß eines Parameters für die (hier sehr große) Stichproben-Größe (Beurteiler) gemindert ist.

Die Isolierung der Varianzanteile bei den Beurteilungsrohwerten der Skalen des Faktors 2 erbrachte ein deutlich anderes Ergebnis. Es ist in Tabelle 2 wiedergegeben.

Tabelle 2: Varianzanalyse Faktor 2; Gesamtstichprobe N = 1706 (147 Beurteiler wurden wegen unvollständiger Daten nicht berücksichtigt), 10 Konzepte ('Völker'), 5 Skalen.

| Quelle | MS | df | Varianzkomponenten | |
			absolut	prozentual
Konzepte	6 146.22	9	0.668	18.45
Skalen	10 785.75	4	0.605	16.73
Beurteiler	8.70	1 707	0.061	1.69
Konzepte x Skalen	441.39	36	0.258	7.12
Konzepte x Beurteiler	3.13	15 363	0.338	9.35
Skalen x Beurteiler	3.94	6 828	0.250	6.91
Rest	1.44	61 452	1.439	39.75

Dem zwar höchsten, jedoch deutlich niedrigeren Varianzanteil zu Lasten der Konzepte bei Faktor 2 (verglichen mit Faktor 1) steht ein beträchtlicher Varianzanteil gegenüber, der durch die Skalen verursacht wird. Der Generalisierbarkeitskoeffizient bei Fixierung der Beurteiler beträgt für die Skalen auch hier .99.

Stützt man die Interpretation stärker auf die Skalen-Varianz, so muß berücksichtigt werden, daß diese nur partiell in die Berechnung von Faktor-Scores des Faktors 2 eingeht. Bereits als ein Ergebnis der Hauptkomponentenanalyse ist eine gewisse Inhomogenität der Skalen des zweiten Faktors durch die unterschiedlichen Ladungshöhen deutlich geworden (vgl. Schäfer 1973). Diesem Umstand wurde durch Gewichtung der Skalenrohwerte mit den Faktorladungen vor der Berechnung der Faktor-Scores Rechnung getragen (vgl. den folgenden Beitrag, S. 235). Diese unterschiedliche Gewichtung der Skalen, die die für die weitere Interpretation allein verbindlichen Faktor-Scores stark modifiziert, kann in der varianzanalytischen Datenanalyse nicht berücksichtigt werden. Die Varianz zu Lasten der Skalen kann im Falle des Faktors 2 deshalb nicht als angemessene Evidenzquelle zur Beurteilung der Reliabilität der Faktor-Scores herangezogen werden.

4.2. Eindrucksdifferential 'Bewertung politischer Schlüsselwörter' (Politische Ideologie)

4.2.1. Politische Schlüsselwörter und die Ideologie-Relevanz ihrer Bewertung

Insofern die Bewertung politischer Schlüsselwörter als Indikator politischer Ideologie interpretierbar sein soll, muß außer der Konzeptklasse 'Politische Schlüsselwörter' der hier verwendete Ideologiebegriff präzisiert werden. Die Explizierung dieses Ideologiekonzeptes wird erkennen lassen, inwieweit die Bewertung politischer Schlüsselwörter in der hier vorgeschlagenen Weise als eine geeignete Operationalisierung politischer Ideologie betrachtet werden kann.

4.2.1.1. Ideologie-Konzept

„An ideology is an organisation of beliefs and attitudes, religious, political or philosophical in nature – that is more or less institutionalized or shared with others deriving from external authority" (Rokeach 1968, 123 f.). Der Rekurs auf eine psychologische Definition verfolgt nicht den Zweck, den nicht zuletzt infolge seines 'interdisziplinären Charakters' zur Zeit präzisionsarmen Ideologiebegriff empiristisch oder gar psychologistisch aufzulösen. Die Problemstellung, ein Meßinstrument zur Erfassung ideologiespezifischer Merkmale zu konstruieren, impliziert die Forderung, nur auf solche Bestimmungsstücke einer Ideologiedefinition zu rekurrieren, die mithilfe sozialwissenschaftlicher Forschungstechniken operationalisierbar sind. Unsere Absicht, Personen (innerhalb von Gruppen) als Träger bestimmter 'Ideologien', d. h. als Träger empirisch zu bestimmender Ausprägungsgrade von Merkmalen zu identifizieren, die als 'ideologisch' klassifiziert werden können, akzentuiert darüberhinaus Kategorien der (Sozial) Psychologie für das zu verwendende Ideologiekonzept.

Insofern die verschiedenen Ideologiedefinitionen regelmäßig als notwendige Bedingung '... ein System von Anschauungen und Ideen ...' (z. B. Konstantinow, Autorenkollektiv 1971, 448), 'von Vorstellungen, Werten und Normen ...' (Lemberg 1971, 46) aufweisen, erscheint weniger dies als Mangel als vielmehr der Verzicht auf Spezifizierungen, deren operationale Verankerung den empirischen Forscher vor schwierige oder unlösbare Probleme stellt: Unlösbare, soweit erkenntnis- bzw. wissenschaftstheoretische Klassifizierungen angesprochen sind, etwa ob Ideologie (z. B. als 'falsches Bewußtsein' bei Marx u. Engels für idealistische Ideologien) notwendig irrational oder (als Marxismus-Leninismus) wissenschaftlich sein kann; schwierige, insofern die Spezifikationsbedingung nicht unmittelbar beobachtbar gemacht werden kann. Letzteres trifft etwa auf die funktionale Analyse von Ideologien als Wertsysteme im Dienste der Herrschaftsinteressen von gesellschaftlichen Klassen oder Gruppen zu.

Die Berechtigung der Diskussion dieser und anderer spezifischer Charakteristika des Ideologiebegriffs soll hier keineswegs bestritten werden. Sie erscheinen jedoch wenig geeignet, einen brauchbaren Beitrag zur Bestimmung des Erfassungsmodus ideologiespezifischer Merkmale bei Gruppen von Individuen zu leisten.

Wir lehnen uns im folgenden an eine Umschreibung Hofstätters (1972, 253) an, der – unter Hinweis auf Rokeach – Ideologie als gruppenspezifische „Rangordnung von Werten" versteht. Diese Definition entspricht in Rokeachs Begriffsverständnis Wert-Systemen, wobei Werte, im Unterschied zu (objektbezogenen) Einstellungen (attitudes) verstanden werden als solche „abstract ideals, positive or negative, not tied to any specific attitude object or situation, representing an person's belief about ideal modes of conduct and ideal terminal goals" (Rokeach 1968, 124).

Wir verwenden Rokeachs Analyse-Kategorie 'Wertsystem' als einen ideologierelevanten Indikator. 'Ideologie' wird als Konstrukt aufgefaßt, das über die Kenntnis gruppenspezifischer Wertsysteme erschlossen werden kann.

(Bezüglich des Wert-Begriffs orientieren wir uns hier an der allgemeinen Umschreibung Rokeachs (s. o.); für eine zusammenfassende Diskussion des Wert-Begriffs und der Messung von Werten vgl. Williams 1968; Albert 1968; Six 1974; Robinson u. Shaver, 1972, 405 ff.).

4.2.1.2. Konzept-Klasse 'Politische Schlüsselwörter'

Insofern 'Ideologien' in diesem Sinne durch den Inhalt der Werte, deren Bewertungsordnung bzw. -metrik für je bestimmte Ideologien konstitutiv ist, bestimmt werden, kommt dem Inventar von (hier: verbalen) Wertsymbolen besondere Bedeutung zu. Die Sprachregelung, jedes Bewertungsschema beliebig vorgegebener Wertbegriffe und -anzahl als Ideologie zu kennzeichnen, würde zu einem inflationär-partikularistischen Ideologiebegriff führen. Geht man entgegen dieser operationalistischen Auffassung davon aus, daß Ideologien vom Forscher völlig unabhängige psycho-soziale Entitäten („geschlossene Systeme") der Bewertung jeweils spezifischer Wertbegriffs-Inventare (evtl. spezifischer Wertbegriffs-Terminologien) sind, so wird für die empirische Identifizierung dieser Ideologien die Repräsentierung der entsprechenden spezifischen Werte-Listen, mithin die Kenntnis eines Teiles dessen vorausgesetzt, was erst untersucht werden soll.

Zweifellos könnte dieses Dilemma durch Verwendung einer geeigneten ideologiespezifischen Werte-Theorie relativiert werden. Da ein solches, inhaltlich ausgearbeitetes Bezugssystem jedoch nicht verfügbar ist, gehen wir bei dem hier zu etablierenden Werte-Inventar davon aus, daß es solche Wert-Begriffe aufweisen soll, die als eine (quasi)repräsentative Auswahl aus dem Universum politischer Werte angesehen werden können. Dieses Inventar schließt auch die Benennungen einiger 'Ideologien' ein, die ebenfalls als Werte unterschiedlicher Bewertbarkeit aufgefaßt werden können.

Über den Zweck der Konstruktion eines allgemeinen Meßinstruments zur Erfassung der Bewertung verbaler Wert-Symbole hinaus kann ein solches Werte-Inventar zwar nicht als Grundlage einer definitiven, inhaltlich bestimmten Identifizierung von Ideologien dienen; der Prozeß der Auswahl von Wert-Begriffen in dieses Inventar ist aber durch die Aufnahme von (im Vorverständnis) ideologisch kritischen Werten so angelegt, daß die Unterschiedlichkeit der Bewertung dieser Werte unterschiedliche Ideologie indiziert.

Bevor das verwendete Wertinventar vorgestellt wird, sei kurz auf die Charakterisierung der zu untersuchenden Ideologien als „politisch" eingegangen. Als „politische" Werte wurden solche aufgefaßt, die auf die gesellschaftliche Ordnung bezogen sind. In wie breitem bzw. engem Maße dies realisiert wurde, ist durch die Wiedergabe des Inventars der Kritik zugänglich.

Es erscheint wenig sinnvoll, den Prozeß der Genese des Werte-Inventars hier im Detail nachzuvollziehen. Die wesentlichen Schritte sollen jedoch kurz dargestellt werden. Zunächst wurde im Team[4] eine Liste von 'politischen Werten' zusammengestellt, ungeachtet der Bewertungsrichtung, des Abstraktionsniveaus, des Komplexitätsgrades usw. In einem weiteren Schritt wurden nach einem engeren Verständnis des Konzepts 'politische Werte' (orientiert am „Kern" der gesammelten Begriffe) davon abweichende Wertbegriffe eliminiert, für den Rest ein Kategoriensystem gesucht. Begriffe, die in dem schließlich beibehaltenen Raster nicht eingeordnet werden konnten, wurden nicht weiter berücksichtigt; ebenso wurde auf Begriffe verzichtet, die zwar zugeordnet werden konnten, jedoch mit Synonymen vertreten waren bzw. von denen angenommen wurde, daß sie im Sprachrepertoire der intendierten Untersuchungsgruppe nicht häufig genug auftauchten. Das Ausmaß der Streichungen richtete sich nicht zuletzt danach, eine vom Umfang her für die empirische Konstruktionsarbeit praktikable Liste von Begriffen zu erhalten. Das endgültige Schema ist im folgenden wiedergegeben:

Inventar politischer Wert-Begriffe

1. Gesellschaftspolitische Ordnungsvorstellungen

Demokratie	Nationalsozialismus
Diktatur	Polizeistaat
Kommunismus	Sozialdemokratie
Marxismus	Sozialismus

2. Mittel der Politik

Abrüstung	Mitbestimmung
Gewalt	Revolution
Krieg	Terror
Mehrheitsentscheidung	Umsturz

---

[4] Auf Seiten der Politologen waren die Herren Dr. Außerhofer, Gebauer, Dr. Lehmann und Prof. Dr. Schweitzer vertreten.

3. Allgemeine politische Zielvorstellungen

Bewahrung des	Frieden
Erreichten	Menschenrechte
Entspannung	Sicherheit
Fortschritt	Toleranz
Freiheit	Wohlstand

4. „Nationale" – Werte

Heimat	Vaterland
Nation	Volksgemeinschaft
Rasse*	

5. Kulturelle Werte

Kirche	Religion
Kultur	Zivilisation

4.2.1.3. Begriffsverständnis und -kenntnis

Nach den vorangegangenen begrifflichen Spezifizierungsversuchen soll nun noch ein wichtiger Aspekt der Validität der intendierten Maße problematisiert werden.

Insofern die einzelnen Wertbegriffe ohne nähere Erläuterung verbal präsentiert werden, kann Einheitlichkeit des Begriffsverständnisses nicht unterstellt werden. Ein Analogon zum 'criterion of ambiguity', wie Thurstone (1928) es für die Selektion von Einstellungs-statements entwickelt hat, ist nicht verfügbar. Es kann deshalb nicht ausgeschlossen werden, daß die Varianz der Bewertungen teilweise zu Lasten unterschiedlichen inhaltlichen Verständnisses der jeweiligen Wert-Begriffe geht. (Subjekt- bzw. gruppenspezifische Designata.) Die Interpretation (der gruppenspezifischen Bewertungssysteme) kann deshalb nicht von den Wertbegriffen als Symbolen invarianter Bedeutung ausgehen. Dieses Problem eignet allen Verfahren (z. B. Rokeach's Rangordnung, 1968, 168 ff.), die auf der Ebene hochabstrakter Wertbegriffe operieren, diese Begriffe nicht in diese Werte konstituierende statements auflösen, wie dies etwa im hierarchischen Modell Eysenck's (1954) geschieht.

Nun erscheint allerdings die Annahme plausibel, daß unterschiedliches Begriffsverständnis indikativ ist für unterschiedliche Ideologie. Unterschiedliches Demokratieverständnis beispielsweise deutet – entsprechend – darauf hin, daß die Träger dieser verschiedenen Begriffsinterpretationen auch Träger unterschiedlicher Ideologien sind. Und umgekehrt erscheint es plausibel, daß Träger gleicher Ideologien relevante Wertbegriffe in ähnlicher Weise verstehen.

---

* später eliminiert

Die enge Verbindung von Ideologie (i. S. eines marxistisch-leninistischen Ideologiekonzeptes) und spezifischer Wortbedeutung der politischen Sprache wird auch von Klaus (1971) betont und zusätzlich genetisch spezifiziert. „Wir haben schon darauf hingewiesen, daß es ferner eine Reihe von Wörtern gibt, die semantisch extrem vieldeutig sind, wie etwa „Freiheit", „Frieden", „Demokratie" usw. Die Wahl einer bestimmten Bedeutung dieser Worte durch die entsprechenden Klassenkräfte usw. ist primär, die Festlegung eines politisch-ideologischen Standpunktes, von dem aus die Wortinterpretationen vorgenommen werden, ist ebenfalls primär. Die sich daraus ergebenden Wortbedeutungen sind also nicht Ursache, sondern das Resultat ideologischer Prozesse" (Klaus 1971, 117).

Unsere Annahme erlaubt die Identifizierung unterschiedlicher, homogener Bewertungssysteme (mittels geeigneter Klassifikationsverfahren), die in dem Maße angemessen die 'Ideologie' ihrer Träger ausdrücken, als relevante, d. h. konstitutive Wertbegriffe zur Beurteilung vorgelegt wurden.

4.2.2. Relevante Bewertungsmerkmale politischer Schlüsselwörter

Einer Stichprobe von 61 Personen wurden die 34 Begriffe des Inventars politischer Wert-Begriffe (in rotierender Reihenfolge) zur Erhebung bewertender Primärassoziationen vorgelegt. Analog dem Vorgehen bei der 'Beurteilung von Völkern' wurden aus insgesamt 487 verschiedenen Bewertungsmerkmalen 68 als relevant selegiert.

4.2.3. Antonyme

In einem weiteren Erhebungsschritt bei einer Stichprobe von 71 Personen wurden Antonyme gesammelt und 34 Adjektivpaare als bipolar ausgewählt. (Das Selektionskriterium war auch hier mindestens 50 %ige Übereinstimmung der Befragten für ein identisches Antonym, wobei je Person nur die Primärassoziation erhoben wurde.).

4.2.4. Dimensionalität

Die verbliebenen 34 Polaritäten wurden in einer dritten Erhebungsprozedur in der Form der späteren Anwendung 75 Personen zur Beurteilung von je 8 eines auf 17 Wert-Wörter reduzierten Inventars politischer Schlüsselwörter vorgelegt.

Die Faktorenanalyse ergab eine höchst eindeutige Ein-Faktor-Lösung, bei der dieser Faktor ca. 82 % der Ausgangsvarianz erklärte. Er wird repräsentiert durch Merkmale wie 'positiv–negativ', 'gut–schlecht', 'lobenswert–tadelnswert' usw. und wird deshalb als allgemeiner Bewertungsfaktor gekennzeichnet.

4.2.5. Trennschärfeanalyse

Selektions-Kennwerte wurden für 18 Merkmale mit den höchsten Ladungen auf dem Bewertungsfaktor berechnet (vgl. Schäfer 1975, 148 f.). Bei einem

Median von .68 lag der range der Koeffizienten für alle 18 Merkmale bei .37–.79; für die sieben Polaritäten der Finalversion liegen diese zwischen .56 und .79 bei einem Medianwert von .69.

4.2.6. Endfassung

Nach den Kriterien gleichzeitig hoher Faktorladung, hoher Trennschärfe und relativer Bedeutungsungleichheit wurden 7 Polaritäten für das Eindrucksdifferential 'Bewertung politischer Schlüsselwörter', das als Ideologie-Indikator konzipiert worden war, selegiert.

lobenswert	–	tadelnswert
unfrei	–	frei
human	–	unmenschlich
gerecht	–	ungerecht
kriegerisch	–	friedlich
unnötig	–	nötig
gut	–	schlecht

4.2.7. Meßgüte

Analog dem Vorgehen bei der Konstruktion des Eindrucksdifferentials 'Beurteilung von Völkern' wurden auch hier Varianzkomponenten und der Generalisierbarkeitskoeffizient als Maß der Skalenhomogenität bestimmt.
Tab. 3 gibt die Varianzaufteilung für die Daten des Eindrucksdifferentials 'Bewertung politischer Schlüsselwörter' wieder.

Tabelle 3: Varianzanalyse; Gesamtstichprobe N = 1718 (135 Beurteiler wurden wegen unvollständiger Daten nicht berücksichtigt), 12 Konzepte (politische Schlüsselwörter), 7 Skalen.

Quelle	MS	df	Varianzkomponenten	
			absolut	prozentual
Konzepte	30 163.27	11	2.500	55.93
Skalen	259.83	6	0.008	0.18
Beurteiler	13.99	1 717	0.066	1.48
Konzepte x Skalen	92.98	66	0.054	1.20
Konzepte x Beurteiler	7.85	18 887	1.010	22.59
Skalen x Beurteiler	1.37	10 302	0.049	1.10
Rest	0.78	113 322	0.783	17.51

Der sehr niedrige Anteil der unaufgeklärten Restvarianz erlaubt eine sehr positive Einschätzung der Präzision der Untersuchung.
Wesentliche Varianz entfällt nur auf die Konzepte und die Interaktion Konzepte x Beurteiler. Diese Interaktionsvarianz läßt sich als unterschiedliche

Bewertung der politischen Schlüsselwörter durch verschiedene Beurteiler umschreiben. Als Voraussetzung der Identifizierung von Personen mit unterschiedlichen (ideologischen) Bewertungsmustern der verwendeten Konzepte ist dieses Ergebnis bedeutsam.

Praktisch nicht von Null verschieden ist der Varianzanteil, der auf die Skalen entfällt. Der Generalisierbarkeitskoeffizient für die Skalen bei Konstanthaltung der Beurteiler beträgt auch hier .99. Die auf der Basis des verwendeten Skalen-Sets zu berechnenden Faktor-Scores können als sehr zufriedenstellend reliabel angesehen werden.

LITERATUR

Albert, F. A. 1968. Value systems. In: Sills, D. L. (ed.): International encyclopedia of the social sciences. Vol. 16, 287–291.

Amir, Y. 1969. Contact hypothesis in ethnic relations. Psychological Bulletin 71, 319–342.

Anger, H. 1969. Befragung und Erhebung. In: Graumann, C. F. (Hrsg.) Handbuch der Psychologie, Band 7, 1. Halbband. Göttingen, 567–617.

Bernard, J. 1950. Where is the modern sociology of conflict? American Journal of Sociology 56, 11–16.

Cannell, C. F. u. Kahn, R. L. 1968. Interviewing. In: Lindzey, G. u. Aronson, E. (eds.): The Handbook of Social Psychology. Reading (Mass.): Addison-Wesley. Vol. II, 526–595.

Coser, L. A. 1965. Theorie sozialer Konflikte. Neuwied.

Cronbach, L. J., Rajaratnam, N. u. Gleser, G. C. 1963. Theory of generalizability: A liberation of reliability theory. British Journal of Statistical Psychology 16, 137–163.

Dawes, R. M. 1972. Fundamentals of attitude measurement. New York: Wiley.

Dencik, L. 1971. Plädoyer für eine revolutionäre Konfliktforschung. In: Senghaas, D. (Hrsg.): Kritische Friedensforschung. Frankfurt am Main, 247–270.

Deutsch, M. 1965. Conflict and its resolution. Paper der Tagung der 'American Psychological Association' Sept. 1965. Abgedruckt in: Smith, C. G. (ed.) 1971. Conflict Resolution: Contributions of the behavioral sciences. Notre Dame (Indiana): University of Notre Dame Press. 36–57.

Deutsch, M. 1973. The resolution of conflict. New Haven: Yale University Press.

Edwards, A. L. 1957. Techniques of attitude scale construction. New York: Appleton-Century Crofts.

Erbslöh, E. 1972. Interview. Stuttgart.

Esser, U. 1972. Skalierungsverfahren. In: Friedrich, W. (Hrsg.): Methoden der marxistisch-leninistischen Sozialforschung. Berlin: VEB Deutscher Verlag der Wissenschaften (3. Aufl.) 184–273.

Eysenck, H. J. 1954. The psychology of politics. London: Routledge u. Kegan Paul.

Feger, H. 1972. Gruppensolidarität und Konflikt. In: Graumann, C. F. (Hrsg.): Handbuch der Psychologie, Band 7, 2. Halbband, Göttingen, 1954–1653.

Fink, C. F. 1968. Some conceptual difficulties in the theory of social conflict. Journal of Conflict Resolution 12, 412–460.

Friedrich, W. 1972. Grundprobleme der Befragungsmethode. In: Friedrich, W. (Hrsg.): Methoden der marxistisch-leninistischen Sozialforschung. Berlin: VEB Deutscher Verlag der Wissenschaften (3. Aufl.). 24–73.

Fuchs, A. u. Schäfer, B. 1972. Kriterien und Techniken der Merkmalsselektion bei der Konstruktion eines Eindrucksdifferentials. Archiv für Psychologie 124, 282–302.

Galtung J. 1969a. Violence, peace and peace research. Journal of Peace Research 6, 167–191.

Galtung, J. 1969b. Theorien des Friedens. (Zit. aus: Senghaas, D. (Hrsg.): Kritische Friedensforschung. 1971. Frankfurt/M., 235–246.)

Gleser, G. C., Cronbach, L. J. u. Rajaratnam, N. 1965. Generalizability of scores influenced by multiple sources of variance. Psychometrika 30, 395–418.

Goldman, R. M. 1966. A theory of conflict processes and organizational offices. Journal of Conflict Resolution 10, 328–343.

Gorden, R. L. 1969. Interviewing. Strategy, techniques, and tactics. Homewood (Ill.): The Dorsey Press.

Green, B. F. 1954. Attitude measurement. In: Lindzey, G. (ed.): Handbook of Social Psychology. Cambridge (Mass.): Addison-Wesley, Vol. 1, 335–369.

Hinckley, E. D. 1963. A follow-up study on the influence of individual opinion on the construction of an attitude scale. Journal of Abnormal and Social Psychology 67, 290–292.

Hörmann, H. 1964. Aussagemöglichkeiten psychologischer Diagnostik. Zeitschrift für experimentelle und angewandte Psychologie 11, 353–390.

Hofstätter, P. R. 1972. Ideologie der Unsauberkeit. Zentralblatt für Bakteriologie, Parasitenkunde, Infektionskrankheiten und Hygiene. (I. Abt. Orig. B) 156, 252–266.

Hovland, C. I. u. Sherif, M. 1952. Judgmental phenomena and scales of attitude measurement: item displacement in Thurstone scales. Journal of Abnormal and Social Psychology 47, 822–832.

Kiesler, C. A., Collins, B. E. u. Miller, N. 1969. Attitude Chance. New York: Wiley.

Klaus, G. 1971. Sprache der Politik. Berlin: VEB Deutscher Verlag der Wissenschaften.

Lemberg, E. 1971. Ideologie und Gesellschaft. Stuttgart.

Lienert, G. A. 1967. Testaufbau und Testanalyse. Weinheim (2. Aufl.).

Maccoby, E. E. u. Maccoby, N. 1966. Das Interview: Ein Werkzeug der Sozialforschung. In: König, R. (Hrsg.): Das Interview. Köln (5. Aufl.). 37–85.

Mack, R. W. u. Snyder, R. C. 1957. The analysis of social conflict: Toward an overview and synthesis. Journal of Conflict Resolution 1, 212–248.

Manis, M. 1960. The interpretation of opinion statements as a function of recipients attitude. Journal of Abnormal and Social Psychology 60, 340–344.

Manis, M. 1961. The interpretation of opinion statements as a function of message ambiguity and recipient attitude. Journal of Abnormal and Social Psychology 63, 76–81.

Manis, M. 1964. Comment on Upshaw's „Own attitude as an anchor in equal-appearing-intervals." Journal of Abnormal and Social Psychology 68, 689–691.

North, R. C., Koch, H. E. u. Zinnes, D. A. 1960. The integrative functions of conflict. Journal of Conflict Resolution 4, 355–374.

Orlik, P. 1967. Eine Technik zur erwartungstreuen Skalierung psychologischer Merkmalsräume aufgrund von Polaritätsprofilen. Zeitschrift für experimentelle und angewandte Psychologie 14, 616–650.

Pruitt, D. G. 1962. An analysis of responsiveness between nations. Journal of Conflict Resolution 6, 5–18.

Rambo, W. W. 1969. Own-attitude and the aberrant placement of socially relevant items on an equal appearing interval scale. Journal of Social Psychology 79, 163–170.

Robinson, J. P., Rusk, J. G. u. Head, K. B. 1968. Measures of political attitudes. Ann Arbor: Institute for Social Research. The University of Michigan.

Appendix A: Robinson, J. P., Athanasiou, R. u. Head, K. B. 1969. Measures of occupational attitudes and occupational characteristics (4. Aufl.).

Appendix B: Robinson, J. P. u. Shaver, P. R. 1972. Measures of social psychological attitudes (4. Aufl.).

Rokeach, M. 1968. Beliefs, attitudes and values. San Francisco: Jossey-Bass.

Schäfer, B. 1973. Die Messung der ‚Beurteilung von Völkern' mithilfe eines Eindrucksdifferentials. Archiv für Psychologie 125, 29–38.

Schäfer, B. 1975. Konstruktion eines Eindrucksdifferentials zur Erfassung der ideologiespezifischen Bewertung politischer Schlüsselwörter. In: Bergler, R. (Hrsg.): Das Eindrucksdifferential. Bern: Huber, 139–156.

Scheuch, E. K. 1967. Das Interview in der Sozialforschung. In: König, R. (Hrsg.): Handbuch der empirischen Sozialforschung. Stuttgart (2. Aufl.), Band 1, 136–196.

Schmid, H. 1968. Politics and peace research. Journal of Peace Research 5, 217–232.

Schulman, G. I. u. Tittle, C. R. 1968. Assimilation-contrast effects and item selection in Thurstone scaling. Social Forces 46, 484–491.

Scott, W. A. 1968. Attitude measurement. In: Lindzey, G. u. Aronson, E. (eds.): The Handbook of Social Psychology. Reading (Mass.): Addison-Wesley. Vol. II, 204–273.

Seiler, L. H. u. Hough, R. L. 1970. Empirical comparisons of the Thurstone and Likert techniques. In: Summers, G. F. (ed.) Attitude measurement. Chicago: Rand Mc Nally, 159–173.

Selltiz, C., Edrich, H. u. Cook, S. W. 1965. Ratings of favorableness of statements about a social group as an indicator of attitude toward the group. Journal of Personality and Social Psychology 2, 408–415.

Shaw, M. E. u. Wright, J. M. 1967. Scales for the measurement of attitudes. New York: Mc Graw Hill.

Sheatsley, P. B. 1966. Die Kunst des Interviewens. In: König, R. (Hrsg.): Das Interview. Köln (5. Aufl.), 125–142.

Sherif, M. u. Sherif, C. W. 1969. Social Psychology. New York: Harper u. Row.

Six, B. 1974. Norm und Verhalten. In: Bergler, R. Sauberheit. Norm–Verhalten–Persönlichkeit. Bern: Huber, 140–150.

Thurstone, L. L. 1928. Attitudes can be measured. American Journal of Sociology 33, 529–554.

Upshaw, H. S. 1965. The effect of variable perspective on judgments of opinion statements for Thurstone scales: equal-appearing intervals. Journal of Personality and Social Psychology 2, 60–69.

Williams, R. M. 1968. The concept of values, In: Sills, D. L. (ed.): International encyclopedia of the social sciences. Vol. 16, 283–287.

Zavalloni, M. u. Cook, S. W. 1965. Influence of judges attitude on rating of favorableness of statements about a social group. Journal of Personality and Social Psychology 1, 43–54.

2. DURCHFÜHRUNG DER ERHEBUNGEN, FRAGENKATALOG UND GRUNDAUSZÄHLUNG

von B. Schäfer

In der Zeit vom 15. Juni bis zum 30. Juli 1972 wurden mit Hilfe des nachstehend wiedergegebenen Fragenkatalogs Erhebungen bei einer für die Bundesrepublik Deutschland und West-Berlin repräsentativen mehrstufigen Zufallsauswahl durchgeführt[1]. (Die Beschreibung der Stichprobenziehung durch Marplan ist im Anhang auf S. 238 f. wiedergegeben.)

Der endgültige, den Datenanalysen zugrundeliegende Stichprobenumfang beträgt 1.853 Beobachtungen (Interviews). Die durch Ausfälle bedingten – geringfügigen – Abweichungen der Stichprobenzusammensetzung nach Merkmalen wie Bundesland, Alter und Geschlecht von den Verhältnissen in der Grundgesamtheit wurden hingenommen; eine 'Repräsentativitätskorrektur' durch artifizielle Auffüllung der Stichprobe nach dem Populations-Schlüssel erfolgte nicht.

Um systematische Positionseffekte durch die Fragenabfolge zu vermindern wurden bei den Befragungen zwei Fassungen (A und B) des Interviewschemas mit folgenden Unterschieden abwechselnd von den Interviewern verwendet:

Fassung A	Frage 6	Eindrucksdifferentiale: Beurteilung der Völker-Konzepte
	Frage 8–22 a	Einzelitems zur Polen-Thematik
	Frage 23	Eindrucksdifferentiale: Bewertung politischer Schlüsselwörter
Fassung B	Frage 6	Eindrucksdifferentiale: Bewertung politischer Schlüsselwörter
	Frage 8	Eindrucksdifferentiale: Beurteilung der Völker-Konzepte
	Frage 29–23 a	Einzelitems zur Polen-Thematik

Der 'Neutralisierung' weiterer Positionseffekte diente auch eine unterschiedliche Abfolge der Eindrucksdifferential-Konzepte (Völker-Namen, politische Schlüsselwörter) innerhalb der Fassungen A und B. Wegen technischer Schwierigkeiten bei der Verkodung systematisch rotiert und permutiert vorgelegter Konzepte wurden drei verschiedene Abfolge-Versionen fixiert, deren Verwendung den Interviewern vorgegeben wurde[2].

---

[1] durchgeführt von: Marplan, Forschungsgesellschaft für Markt und Verbrauch, Offenbach/Main.

[2] Die Versionen wurden unterschiedlich markiert und codiert; die Daten der Versionen II und III maschinell entsprechend der Abfolge der Version I umgesetzt.

Das Interview kombiniert Formen mündlicher und schriftlicher Befragung: die Eindrucksdifferenzierung der Völker-Konzepte und der politischen Schlüsselwörter wurde schriftlich erhoben, d. h. die Befragten nahmen die Markierungen selbst vor. Die Beantwortung der übrigen items erfolgte mündlich. Instruktionen, wie sie für die Anwendung der Eindrucksdifferentiale und der Einstellungs-Skalen vorgegeben waren, wurden nicht nur vorgelesen, sondern gleichzeitig den Befragten schriftlich vorgelegt. Bei den Einzel-items wurden, soweit fragetechnisch möglich und sinnvoll, Listen der Antwortalternativen ausgehändigt.

In der Darstellung der Ergebnisse werden nun die Verwendungshäufigkeiten der Antwortkategorien für die Items der Skalen ‚Einstellung zur Ostpolitik‘ und ‚Konfliktbereitschaft gegenüber Polen‘ sowie für die Einzel-Fragen zu verschiedenen Aspekten der Polen-Thematik wiedergegeben (Tab. 1). Tab. 2 enthält Mittelwerte und Streuungen der Gesamtscores der Einstellungs-Skalen für unsere Stichprobe; die Tabellen 3 und 4 schließlich geben diese Statistiken für die Beurteilungen der Völker-Konzepte und für die Bewertungen der politischen Schlüsselwörter wieder.

Tab. 1: Verwendungshäufigkeiten der Antwortkategorien für die Items der Skalen ‚Einstellung zur Ostpolitik‘, ‚Konfliktbereitschaft gegenüber Polen‘ (Frage 7) und die Einzelitems zur Polen-Thematik (Fragen 8 bis 22a). Gesamtstichprobe N = 1853

Frage Nr.: 7
Wir haben hier eine Reihe von Behauptungen über aktuelle Fragen zusammengestellt. Zu diesen Behauptungen haben verschiedene Menschen eine unterschiedliche Meinung. Wir möchten nun gerne von Ihnen wissen, wie Sie jede dieser Behauptungen beurteilen; d. h. Sie sollen angeben, in welchem Ausmaß Sie diesen Behauptungen zustimmen oder sie ablehnen.

		stimmt völlig	stimmt überwiegend	unentschieden	stimmt überwiegend nicht	stimmt überhaupt nicht	keine Angabe
1. Der Moskauer Vertrag bietet eine Möglichkeit, auf friedlichem Wege die Verhältnisse in Europa zu ordnen.	N	520	697	420	135	72	9
	%	28.1	37.6	22.7	7.3	3.9	0.5
2. Die bisherigen Ergebnisse der Ostpolitik können nicht ganz befriedigen.	N	349	620	456	342	77	9
	%	18.8	33.5	24.6	18.5	4.2	0.5
3. In den Verträgen von Moskau und Warschau sind einfach zu viele Zugeständnisse von unserer Seite enthalten.	N	388	462	479	376	134	14
	%	20.9	24.9	25.8	20.3	7.2	0.8

	stimmt völlig	stimmt über- wie- gend	unent- schie- den	stimmt über- wie- gend nicht	stimmt über- haupt nicht	keine An- gabe
4. Einen Frieden zu sichern ist nur möglich, wenn wir die in Polen bestehenden Verhältnisse anerkennen.	N 438 % 23.6	580 31.3	478 25.8	248 13.4	98 5.3	11 0.6
5. Da der Verlierer eines Krieges schon immer mit Gebietsabtretungen zu zahlen hatte, ist es gar nichts Besonderes, wenn deutsches Territorium an Polen fällt.	N 343 % 18.5	525 28.3	506 27.3	312 16.8	161 8.7	6 0.3
6. Durch den deutsch-polnischen Vertrag werden deutsche Rechtspositionen unnötigerweise aufgegeben.	N 249 % 13.4	470 25.4	516 27.8	444 24.0	161 8.7	13 0.7
7. Durch die Ostpolitik der Regierung Brandt/Scheel hat sich unser Verhältnis zum Ostblock erheblich entspannt.	N 640 % 34.5	672 36.3	348 18.8	143 7.7	41 2.2	9 0.5
8. Die Ostpolitik der jetzigen Regierung legt den Grundstein zu einer umfassenden Sicherheit und Zusammenarbeit in Europa.	N 507 % 27.4	658 35.5	451 24.3	173 9.3	52 2.8	12 0.6
9. Brandt's Ostpolitik ist eine schleichende Kapitulation vor den Forderungen des Ostens.	N 198 % 10.7	285 15.4	440 23.7	526 28.4	391 21.1	13 0.7
10. Schon durch die völlig verschiedene Mentalität der Polen und der Deutschen ist ein Verständnis zwischen beiden Ländern sehr erschwert.	N 157 % 8.5	445 24.0	504 27.2	491 26.5	238 12.8	18 1.0
11. Die Gespräche und Verträge mit Polen schaffen Bindungen, was nur zu begrüßen ist.	N 653 % 35.2	705 38.0	342 18.5	110 5.9	30 1.6	13 0.7
12. Wenn wir so weiter machen, haben wir ohne Gegenleistung alles verschenkt, was uns in Polen von Rechts wegen zusteht.	N 231 % 12.5	321 17.3	434 23.4	516 27.8	338 18.2	13 0.7
13. Die Ostpolitik der derzeitigen Bundesregierung ist ein bißchen zuviel auf schnelle Erfolge und ein bißchen zu wenig auf dauerhafte Sicherung des Friedens ausgerichtet.	N 322 % 17.4	502 27.1	487 26.3	388 20.9	145 7.8	9 0.5
14. Die Verhandlungen mit dem Osten führen letztenendes in eine Sackgasse.	N 152 % 8.2	242 13.1	536 28.9	520 28.1	384 20.7	19 1.0

	stimmt völlig	stimmt über- wie- gend	unent- schie- den	stimmt über- wie- gend nicht	stimmt über- haupt nicht	keine An- gabe
15. Wenn die gegenwärtige Ostpolitik weniger forsch und besser abgesichert wäre, könnte man sie leichter gutheißen.	N 317 % 17.1	528 28.5	512 27.6	345 18.6	140 7.6	11 0.6
16. Eine Kapitulationsgrenze wie die heutige zwischen Deutschland und Polen darf niemals eine Versöhnungsgrenze sein.	N 272 % 14.7	321 17.3	576 31.1	387 20.9	282 15.2	15 0.8
17. Es ist nur zu begrüßen, daß man in den Verhandlungen mit Polen die alten ungelösten Probleme lösbar zu machen versucht.	N 786 % 42.4	685 37.0	276 14.9	81 4.4	14 0.8	11 0.6
18. Die derzeitige Bundesregierung begeht mit ihrer Ostpolitik Verrat an der deutschen Sache.	N 122 % 6.6	174 9.4	405 21.9	472 25.5	669 36.1	11 0.6
19. Die Verträge mit Moskau und Polen verstoßen gegen das Grundgesetz; Brandt und Genossen gehörten eigentlich vor ein Gericht.	N 57 % 3.1	110 5.9	401 21.6	378 20.4	891 48.1	16 0.9
20. Die gegenwärtige Ostpolitik mag zwar ihre Fehler haben, gegenüber der Programmlosigkeit der CDU/CSU in diesen Fragen steht sie aber immer noch gut da.	N 445 % 24.0	511 27.6	539 29.1	258 13.9	85 4.6	15 0.8
21. Eine Anerkennung der polnischen Westgrenze ist zu befürworten, da dadurch der Grundstein zu einer Aussöhnung mit Polen gelegt wird.	N 437 % 23.6	571 30.8	482 26.0	250 13.5	91 4.9	22 1.2
22. Die Greueltaten der Polen an der deutschen Bevölkerung müssen gesühnt werden.	N 58 % 3.1	165 8.9	534 28.8	426 23.0	644 34.8	26 1.4
23. Man darf niemals auf deutsches Land in Polen verzichten, denn die Wahrung des Rechts auf Heimat hat unbedingten Vorrang.	N 261 % 14.1	384 20.7	543 29.3	396 21.4	248 13.4	21 1.1
24. Die großen Zugeständnisse, die von der Bundesrepublik an Polen gemacht worden sind, wiegen die dadurch erzielten geringfügigen Verbesserungen nicht auf.	N 228 % 12.3	427 23.0	551 29.7	460 24.8	166 9.0	21 1.1

Frage Nr.: 7 (Forts.)

	stimmt völlig	stimmt überwiegend	unentschieden	stimmt überwiegend nicht	stimmt überhaupt nicht	keine Angabe
25. Man sollte eine Verstärkung der Handelsbeziehungen mit Polen anstreben, um die polnische Wirtschaft zu stützen.	N 462	649	540	138	50	14
	% 24.9	35.0	29.1	7.4	2.7	0.8
26. Nach dem Unrecht, das im Namen des deutschen Volkes Polen gegenüber geschehen ist, müssen wir zu Opfern bereit sein.	N 281	536	567	302	155	12
	% 15.2	28.9	30.6	16.3	8.4	0.6
27. Die Polen haben es wirklich nicht verdient, daß wir ihnen in irgendeiner Form helfen.	N 61	176	484	687	432	13
	% 3.3	9.5	26.1	37.1	23.3	0.7
28. Die neue Ostpolitik ist eine Politik des Friedens, der Verständigung und des Ausgleichs.	N 627	642	387	146	38	13
	% 33.8	34.6	20.9	7.9	2.1	0.7
29. Durch die neue Ostpolitik hat sich die Stellung der Bundesrepublik im internationalen Kräftespiel verbessert.	N 597	655	415	142	30	14
	% 32.2	35.3	22.4	7.7	1.6	0.8
30. Durch die Verhandlungen mit dem Ostblock hat die jetzige Regierung gezeigt, daß sie an einer echten Entspannung in Europa interessiert ist.	N 827	616	303	71	23	13
	% 44.6	33.2	16.4	3.8	1.2	0.7

Frage Nr.: 8[3]

		Total	Prozent
Nun noch ein paar Fragen zu neueren politischen Entwicklungen.		1.853	100.00
Vorweg: Verfolgen Sie die politischen Nachrichten in Presse, Funk oder Fernsehen täglich, nicht so regelmäßig oder nur selten?	täglich	969	52.3
	nicht so regelmäßig	571	30.8
	selten	310	16.7
	keine Angabe	3	0.2

[3] Die folgenden Fragen wurden von Herrn Dr. Th. Kutsch entwickelt.

Frage Nr.: 9

		Total	Prozent
		1.853	100.00
Wie stark waren Sie bisher am Thema Polen interessiert – sehr stark, weniger stark, kaum oder gar nicht?	sehr stark	321	17.3
	weniger stark	827	44.6
	kaum	462	24.9
	gar nicht	240	13.0
	keine Angabe	3	0.2

Frage Nr.: 10

Wie Sie ja wissen, wurde im November 1970 der deutsch-polnische Vertrag geschlossen; wie würden Sie diesen Vertrag bezeichnen:	als vorläufige Grenz-regelung	1.350	72.9
(Vorgabe der Alternativen)	oder als endgültigen Friedensvertrag	462	24.9
	keine Angabe	41	2.2

Frage Nr.: 10a

Haben Sie sich seit dem Vertragsabschluß stärker, weniger stark oder genauso stark wie bisher für das Thema Deutschland/Polen interessiert?	stärker als vorher	383	20.7
	weniger stark als vorher	210	11.3
	genauso stark wie vorher	1.239	66.9
	keine Angabe	21	1.1

Frage Nr.: 11

Wie bewerten Sie diesen Vertrag:	als Chance für die Zukunft	690	37.2
(Vorgabe der Alternativen)	als „Anerkennung der Realitäten"	609	32.9
	als Verrat an den Flüchtlingen und Heimatvertriebenen	179	9.7
	als endgültigen Verlust	330	17.8
	keine Angabe	45	2.4

Frage Nr.: 12

Welche Seite hat Ihrer Meinung nach bei diesem Vertragsabschluß den größeren politischen Gewinn gemacht, die Bundesrepublik Deutschland oder die Volksrepublik Polen?	Bundesrepublik Deutschland	225	12.1
	Volksrepublik Polen	918	49.5
	keine von beiden	671	36.2
	keine Angabe	39	2.1

Frage Nr.: 13

	Total	Prozent
	1.853	100.0

Welche Seite hat sich Ihrer Meinung nach durch diesen Vertrag stärker festgelegt: Deutschland oder Polen?

Deutschland	1.455	78.5
Polen	245	13.2
keine Angabe	153	8.3

Frage Nr.: 14

Wie beurteilen Sie die Reaktion der Länder England, Frankreich und USA auf den Vertragsabschluß: als eher zustimmend, gleichgültig oder eher ablehnend?

		eher zustimmend	gleichgültig	eher ablehnend	keine Angabe
England	N	1153	565	105	30
	%	62.2	30.5	5.7	1.6
Frankreich	N	1222	499	103	29
	%	65.9	26.9	5.6	1.6
USA	N	1217	495	111	30
	%	65.7	26.7	6.0	1.6

Frage Nr.: 15

Die Bundesrepublik hat in der Außenpolitik verschiedene Möglichkeiten. Sollte sie sich Ihrer Meinung nach bei ihrer Außenpolitik gegenüber Polen stärker an den Vorstellungen der westlichen Verbündeten orientieren – oder sollte sie ihre Außenpolitik gegenüber Polen unabhängiger davon gestalten?

Orientierung an westlichen Verbündeten	996	53.8
stärker unabhängige Orientierung	810	43.7
keine Angabe	47	2.5

Frage Nr.: 16

Glauben Sie, daß der Vertragsabschluß zwischen Deutschland und Polen auch die Politik zwischen dem östlichen und westlichen Block insgesamt verbessern kann, oder halten Sie ihn für ein Ereignis mit eher nur lokaler Bedeutung?

überregionale Bedeutung	1.220	65.8
nur regionale Bedeutung	597	32.2
keine Angabe	36	1.9

Frage Nr.: 17

Glauben Sie, daß die jüngere Generation der Polen, die nach 1945 geboren ist, stärker in einem friedlichen Ausgleich mit der Bundesrepublik interessiert ist als die ältere Generation, weniger stark als diese oder genauso wie diese?

stärker am Ausgleich interessiert	1.161	62.7
weniger stark am Ausgleich interessiert	250	13.5
genauso stark am Ausgleich interessiert	419	22.6
keine Angabe	23	1.2

	Total	Prozent
	1.853	100.00

Welche der drei Meinungen scheint Ihnen zur Verbesserung der Beziehungen *Deutschland–Polen* richtiger?

	Total	Prozent
Meinung A: „Wenn wir eine entscheidende Entspannung wünschen, müssen wir von uns aus allein abrüsten und dadurch ein Vorbild geben."	218	11.8
Meinung B: „Entspannung kann nur in kleinen Schritten vorgenommen werden und auch nur soweit, wie die Gegenseite mitzieht."	1.230	66.4
Meinung C: „Die Gegenseite soll erst einmal beweisen, daß sie es ehrlich meint und mit der Abrüstung beginnen. Erst dann können auch wir abrüsten."	375	20.2
Keine Angabe	30	1.6

Frage Nr.: 19

		Total	Prozent
Sollte es in der Zukunft zu einem ernsthaften Konflikt zwischen Deutschland und Polen kommen: Glauben Sie, daß dieser wahrscheinlich zwischen diesen beiden Ländern beigelegt werden kann oder daß er auch zu einem ernsthaften Konflikt zwischen den Blöcken führt?	kann wahrscheinlich lokal beigelegt werden	975	52.6
	führt wahrscheinlich zu großem Konflikt	830	44.8
	keine Angabe	48	2.8

Frage Nr.: 20

		Total	Prozent
Wie wird Ihrer Meinung nach die Entwicklung zwischen Deutschland und Polen bis zum Jahr 2000 aussehen?	als zunehmende Verständigung	898	48.5
(Vorgabe der Alternativen)	der Unterschied/Gegensatz bleibt, doch man toleriert sich gegenseitig	628	33.9
	gleichbleibend wie heute	235	12.7
	als zunehmender Konflikt	61	3.3
	keine Angabe	31	1.1

Frage Nr.: 21

Nehmen wir einmal an, daß Sie dem polnischen Volk für seine Leistungen auf verschiedenen Gebieten in den letzten fünf Jahren Noten erteilen können und daß Ihnen dafür die Noten Eins (sehr gut) bis Fünf (mangelhaft) zur Verfügung stünden.

Welche Note würden Sie dann jeweils für die folgenden Bereiche erteilen:

		1	2	3	4	5	keine Angabe
für den wirtschaftlichen Bereich	N	125	511	761	307	67	82
	%	6.7	27.6	41.1	16.1	3.6	4.4
für den kulturellen Bereich	N	153	635	716	217	37	95
	%	8.3	34.3	38.6	11.7	2.0	5.1
für den innenpolitischen Bereich	N	71	312	825	406	135	104
	%	3.8	16.8	44.5	21.9	7.3	5.6
für den außenpolitischen Bereich	N	125	505	789	288	58	88
	%	6.7	27.3	42.6	15.5	3.1	4.1

Frage Nr.: 22

In der Vergangenheit gab es zwischen Deutschland und Polen immer wieder Gebietsansprüche unter dem Motto „Recht auf Heimat". Wenn Sie es einmal grundsätzlich betrachten: Sind die fraglichen Gebiete östlich von Oder und Neiße eigentlich polnische oder deutsche Gebiete?

eigentlich polnische Gebiete	448	24.2
eigentlich deutsche Gebiete	1.331	71.8
keine Angabe	74	4.0

Frage Nr.: 22a

Wenn Sie von der heutigen Situation ausgehen – welcher Seite würden Sie heute bezüglich der fraglichen Gebiete östlich von Oder und Neiße eher das „Recht auf Heimat" zusprechen – der polnischen Seite oder der deutschen Seite?

der polnischen Seite	786	42.4
der deutschen Seite	1.011	54.6
keine Angabe	56	3.0

Entsprechend den Operationalisierungen der Variablen

      Einstellung zur Ostpolitik,
      Konfliktbereitschaft gegenüber Polen,
      Beurteilung von Völkern und
      Bewertung politischer Schlüsselwörter

interessieren bei diesen weniger die Beurteilungsrohwerte und ihre Verteilungen bei den einzelnen Items, als vielmehr globale Variablen-Scores, die für jeden Befragten über alle zu jeweils einer Variablen gehörenden Indikatoren berechnet werden.

Jede befragte Person erhält also je einen Meßwert für die Variablen 'Einstellung zur Ostpolitik' und 'Konfliktbereitschaft gegenüber Polen', je 10 Einstellungs-Scores für die Beurteilung der (zehn) Völker-Konzepte auf der ersten Dimension ('sozialer und ökonomischer Entwicklungsstand') und je 10 weitere Scores für die zweite Dimension ('Temperament') der Beurteilung von Völkern sowie 12 Meßwerte der Bewertung der (zwölf) politischen Schlüsselwörter.

Die Skalen 'Einstellung zur Ostpolitik' und 'Konfliktbereitschaft gegenüber Polen' waren in der Form von Likert-Skalen vorgegeben worden und die Reaktionen (Antworten) wurden entsprechend verrechnet (vgl. Likert 1932; Edwards 1957). Zunächst wurden die (gemischt präsentierten) Items beider Konzepte getrennt und auf gleiche Richtungspolung korrigiert. (Die Items sind teils 'für', teils 'gegen' die Ostpolitik – teils 'konfliktmindernd', teils 'konfliktfördernd' formuliert – die Verrechnung setzt gleichsinnige Polung voraus.) Für die 'Einstellung zur Ostpolitik' wurde die Antwortkategorie 1 als positiver Pol, die 5 als negativer Pol der Einstellung konventioniert (für 'Konfliktbereitschaft gegenüber Polen' 1 als konfliktfördernder und 5 als konfliktmindernder Pol entsprechend).

Die Scores wurden als Mittelwerte der verwendeten Kategorienzahlen errechnet[4].

Tabelle 2 gibt Mittelwerte und Streuungen der Einstellungsmaße in der Gesamtstichprobe (N = 1853) für die Variablen 'Einstellung zur Ostpolitik' und 'Konfliktbereitschaft gegenüber Polen' wieder. Beide Verteilungen weisen arithmetische Mittelwerte und Mediane etwa im Mittelpunkt der Kontinua auf. Die Inspektion der Verteilungen ergab, daß beide in charakteristi-

---

[4] Auf eine empirisch begründete Gewichtung der Item-Reaktionen (sigma scoring) wurde verzichtet, da keine entsprechenden skalierten (Intensitäts-)Werte für die Antwortkategorien vorliegen und der als gering einzuschätzende Präzisionsgewinn die Durchführung einer gesonderten Untersuchung als nicht vertretbar erscheinen ließ.

scher Weise normalverteilt sind; die Annahme einer Polarisierung der Bevölkerung der Bundesrepublik Deutschland in zwei extreme Lager hinsichtlich der Bewertung der Ostpolitik und des Ausmaßes ihrer Konfliktbereitschaft gegenüber Polen kann bereits hier verworfen werden.

Tab. 2: Statistiken der Verteilungen für die ‚Einstellung zur Ostpolitik‘ und die ‚Konfliktbereitschaft gegenüber Polen‘.

Variable	Polung	Mittelw.	Median	Streuung	N
Einstellung zur Ostpolitik	1 = pos. Pol 5 = neg. Pol	2.48	2.40	0.702	1851
Konfliktbereitschaft gegenüber Polen	1 = Pol ‚konfliktförd.‘ 5 = Pol ‚konfliktmind.‘	3.41	3.40	0.707	1851

Für die mit den Eindrucksdifferentialen 'Beurteilung von Völkern‘ und 'Bewertung politischer Schlüsselwörter‘ erhobenen Daten wurden für weitere Analysen und die Interpretation Faktor-Scores errechnet (vgl. Heise 1970; Diehl u. Schäfer 1975).

Da durch die Art der Merkmalsselektion die verschiedenen Polaritäten (Skalen) je einer Dimension als Meßwiederholungen angesehen werden können, kann der intendierte Faktor-Score als Mittelwert der Reaktionen auf die Skalen einer Dimension gebildet werden. Abweichend von der Praxis, die Beurteilungsrohwerte zu Summen zu addieren, wurden Mittelwerte berechnet, um Verzerrungen durch Reaktionsauslassungen (missing data) zu vermeiden. Entsprechend dem Befund Normans (1959), demzufolge Faktor-Scores erst dann als reliabel gelten können, wenn sie auf Beurteilungswerten von mindestens drei Skalen basieren, wurden Faktor-Scores nur für solche Befragten berechnet, die Markierungen auf mindestens drei Skalen angebracht hatten.

Vor der Berechnung der Mittelwerte wurden auch hier die Skalen gleichsinnig gepolt – die Polungsrichtung war durch das Vorzeichen der Ladung bei der Dimensionsanalyse bestimmt. Die Ladungshöhe der einzelnen Merkmale (Skalen), d. h. das Ausmaß in dem sie zur Definition des jeweiligen Faktor (= Dimensions)-Konzept beitragen, war bei jenen des Eindrucksdifferentials 'Bewertung politischer Schlüsselwörter‘ konsistent sehr hoch.

Bei den Skalen der beiden Dimensionen der 'Beurteilung von Völkern' war dies nicht in gleichem Maße der Fall (vgl. Schäfer 1973; 1975). Statt der impliziten Gleichgewichtung der einzelnen Skalen bei der Bildung des arithmetischen Mittels wurden deshalb zunächst alle Beurteilungsrohwerte entsprechend dem Ausmaß der Faktorsättigung (Ladungshöhe) der Skalen gewichtet und die Faktor-Scores unter Berücksichtigung dieser Gewichtung berechnet. Die ursprüngliche Skalenbreite von 1 bis 7 wurde durch diese Modifikation auf 0.97 (pos. Pol) bis 6.78 (neg. Pol) für den ersten Faktor und auf 0.85 (Pol: 'kühl') bis 5.94 (Pol: 'temperamentvoll') verändert. Diese Werte markieren die Pole der beiden (dimensional definierten) Kontinua, zwischen denen die Faktor-Scores der Befragten variieren können.

Tabelle 3 und Abbildung 1 geben die durchschnittlichen Faktor-Scores und deren Streuungen bzw. die geometrische Repräsentation der Völker-Konzepte in der Beurteilung durch die Gesamtstichprobe wieder. In Tabelle 4 und Abbildung 2 sind analog die durchschnittlichen Faktor-Scores (und Streuungen) sowie ihre Projektion auf das Kontinuum der 'Bewertung politischer Schlüsselwörter' wiedergegeben. (Zur empirischen Grundlage der beiden Faktoren zur Beurteilung von Völkern sowie des Faktors der Bewertung politischer Schlüsselwörter sei auf das Kapitel 'Konstruktion des Instrumentariums' verwiesen.)

Tab. 3: Beurteilung von Völkern

    a) Faktor 1: Faktor-Scores: Bewertung des sozialen und ökonomischen Entwicklungsstandes. Gesamtstichprobe. Polung: 0.97 (hohe Entw.) – 6.78 (nied. Entwickl.)

Konzept	Mittelwert	Median	Streuung	N
Engländer 1	2.798	2.90	0.976	1801
Chinesen 1	5.053	5.20	1.119	1750
Tschechen 1	4.365	4.40	0.995	1767
Italiener 1	3.157	3.10	0.941	1805
Ostdeutsche 1	4.241	4.20	1.023	1797
Polen 1	4.687	4.70	1.005	1783
Amerikaner 1	1.809	1.60	0.827	1792
Franzosen 1	2.484	2.30	0.911	1793
Westdeutsche 1	2.107	1.90	0.886	1814
Russen 1	4.854	4.80	1.021	1779

b) Faktor 2: Faktor-Scores: ‚Temperament'. Gesamtstichprobe. Polung: 0.85 (‚kühl') – 5.94 (‚temperamentvoll')

Konzept	Mittelwert	Median	Streuung	N
Engländer 2	2.443	2.40	0.747	1802
Chinesen 2	2.521	2.50	0.756	1748
Tschechen 2	2.962	2.90	0.733	1767
Italiener 2	4.367	4.40	0.834	1809
Ostdeutsche 2	2.018	2.00	0.677	1799
Polen 2	3.070	3.10	0.805	1783
Amerikaner 2	3.035	3.00	0.749	1793
Franzosen 2	3.760	3.70	0.753	1796
Westdeutsche 2	2.263	2.30	0.587	1814
Russen 2	2.769	2.80	0.750	1780

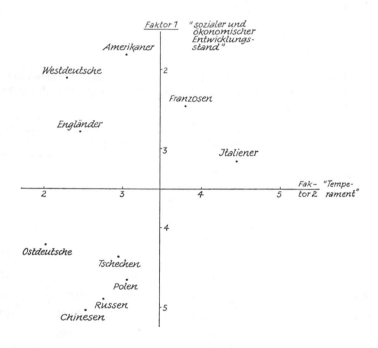

Abb. 1: Konfiguration der Beurteilung der Völker-Konzepte
Gesamtstichprobe N = 1746 – 1820

Tab. 4: Bewertung politischer Schlüsselwörter. Faktor-Scores. Gesamtstichprobe.
Polung: 1 (pos. Pol) – 7 (neg. Pol)

Konzept	Mittelwert	Median	Streuung	N
Diktatur	5.900	6.10	1.161	1815
Kirche	2.474	2.30	1.260	1808
Mitbestimmung	2.055	1.90	1.007	1809
Sozialdemokratie	2.540	2.40	1.117	1796
Demokratie	1.920	1.70	0.908	1819
Wohlstand	2.403	2.30	1.023	1814
Nationalsozialismus	5.657	6.00	1.355	1807
Toleranz	1.915	1.70	0.931	1787
Fortschritt	2.151	2.00	0.932	1820
Nation	2.738	2.70	1.089	1783
Abrüstung	1.953	1.60	1.065	1816
Kommunismus	5.460	5.70	1.322	1806

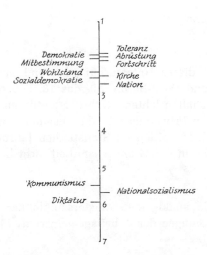

Abb. 2: Geometrische Darstellung von Rangordnung und Metrik der Bewertung
politischer Schlüsselwörter
Gesamtstichprobe N = 1783 – 1820 (Mittelwerte vgl. Tab. 4).

LITERATUR

Diehl, B. u. Schäfer, B. 1975. Techniken der Datenanalyse beim Eindrucksdifferen-
tial. In: Bergler, R. (Hrsg.): Das Eindrucksdifferential. Theorie und Technik.
Bern: Huber, 157–209.
Edwards, A. L. 1957. Techniques of attitude scale construction. New York: Apple-
ton-Century-Crofts.
Heise, D. R. 1970. The semantic differential and attitude research. In: Summers,
G. F. (Ed.): Attitude measurement. Chicago: Rand Mc Nally. 235–253.
Likert, R. 1932. A technique for the measurement of attitudes. Archives of Psycho-
logy 140. (Nachdruck in: Summers, G. F. (Ed.): Attitude measurement. Chicago:
Rand Mc Nally. 149–158).
Norman, W. T. 1959. Stability-characteristics of the semantic differential. American
Journal of Psychology 72, 581–584.
Schäfer, B. 1973. Die Messung der ‚Beurteilung von Völkern' mithilfe eines Ein-
drucksdifferentials. Archiv für Psychologie 125, 29–38.
Schäfer, B. 1975. Konstruktion eines Eindrucksdifferentials zur Erfassung der ideo-
logiespezifischen Bewertung politischer Schlüsselwörter. In: Bergler, R. (Hrsg.):
Das Eindrucksdifferential. Theorie und Technik. Bern: Huber, 139–156.

ANHANG

I. Anlage der Stichprobe[5]

1. Grundgesamtheit

Die Grundgesamtheit dieser Untersuchung bestand aus allen Personen in
der Bundesrepublik und West-Berlin, die das 18. Lebensjahr vollendet hatten und in Privathaushalten lebten. Nach der amtlichen Statistik bilden diejenigen Personen einen Privathaushalt, die zusammen wohnen und gemeinsam wirtschaften (vgl. Definition im Statistischen Jahrbuch 1971/S. 24). An-
staltshaushalte wurden in der Grundgesamtheit nicht berücksichtigt.

2. Auswahlverfahren

Die Stichprobe wurde analog dem Mastersample der ADM angelegt, das
auch für die Untersuchungen der Arbeitsgemeinschaft Media-Analyse herangezogen wird.

---

[5] Beschreibung durch Marplan

Die Auswahl der Zielpersonen wurde nach einem geschichteten dreistufigen Zufallsauswahlverfahren vorgenommen.

a. Schichtung

Die Schichtung erfolgte anhand von 25 Regierungsbezirken in 11 Bundesländern, 9 Gemeindegrößenklassen nach Boustedt und der Anordnung der Gemeinden bis 5000 Einwohner nach dem Prozentsatz landwirtschaftlicher Bevölkerung.

Folgende Gemeindegrößenklassen wurden berücksichtigt:

	bis	1.999	Einwohner
2.000	–	2.999	Einwohner
3.000	–	4.999	Einwohner
5.000	–	9.999	Einwohner
10.000	–	19.999	Einwohner
20.000	–	49.999	Einwohner
50.000	–	99.999	Einwohner
100.000	–	499.999	Einwohner
500.000	und mehr		Einwohner

Nach einer regionalen Untergliederung des Bundesgebietes und West-Berlins nach den 25 Regierungsbezirken wurden innerhalb der Regierungsbezirke sämtliche Gemeinden einer Ortsgrößenklasse zu einer Schicht zusammengefaßt. Auf diese Weise entstanden 148 Schichten.

b. Auswahlstufe 1: Bestimmung der Sample-Points

Als Einheit für die Ziehung der Sample-Points wurden die Stimmbezirke entsprechend dem Stand der Bundestagswahl 1969 bzw. der West-Berliner Wahlen von 1967 herangezogen. Aus den rund 50.000 Stimmbezirken in der BRD und in West-Berlin wurden per Zufall 268 Sample-Points gezogen. Dadurch waren auch die Befragungsorte festgelegt. In jedem gezogenen Stimmbezirk-Sample-Point sind von geschulten Mitarbeitern des Instituts alle Privathaushalte erhoben worden.

c. Auswahlstufe 2: Auswahl der Zielhaushalte

Aus dem Adressenverzeichnis aller Privathaushalte des ausgewählten Stimmbezirks wurden auf der zweiten Stufe 10 Zielhaushalte per Zufall bestimmt.

d. Auswahlstufe 3: Auswahl der Zielpersonen

Die Bestimmung der Zielpersonen im Haushalt erfolgt durch einen Zufallszahlenschlüssel, in dem zuerst alle Personen im Haushalt ab 18 Jahre getrennt nach Geschlecht und beginnend mit dem ältesten männlichen Mitglied in absteigender Reihenfolge gelistet werden. Anhand der vorgegebenen Zufallsziffernreihe war dann die Zielperson eindeutig bestimmt.

239

II. Einleitungsitems und (abschließende) ‚Statistik' der befragten Personen einschließlich Antwortverteilung.

Frage Nr.			Total	Prozent
			1.853	100.00
1	Wie lange wohnen Sie schon an Ihrem jetzigen Wohnort?	Weniger als 2 Jahre	110	5.9
		2 bis 5 Jahre	214	11.5
		6 bis 10 Jahre	222	12.0
		11 Jahre oder mehr, aber nicht immer	689	37.2
		Immer, seit der Geburt	618	33.4
		Keine Angabe	–	–
2	Würden Sie den Großteil Ihres Lebens lieber im Ausland oder lieber in Deutschland zubringen?	Lieber im Ausland	143	7.7
		Lieber im Inland	1.692	91.3
		Keine Angabe	18	1.0
3	In welchem Land (außer der BRD) würden Sie am liebsten wohnen, wenn Sie sich für eines entscheiden müßten?	Schweiz	334	18.0
		Österreich	324	17.5
		Frankreich	123	6.6
		Holland	105	5.7
		Schweden	94	5.1
		England	36	1.9
		Spanien	55	3.0
		Italien	59	3.2
		osteuropäische Länder (einschl. DDR)	53	2.9
		andere europäische Länder	83	4.5
		Amerika (allgemein)	63	3.4
		USA	59	3.2
		Kanada	24	1.3
		Mittel- und Südamerika	9	0.5
		Australien	25	1.3
		Afrika	8	0.4
		Asien (Vorder- u. Hinterasien)	14	0.8
		in keinem – nur BRD	142	7.7
		weiß nicht / keine Angabe	243	13.0

Frage Nr.			Total	Prozent
			1.853	100.00
4	Wo sind Sie auf- gewachsen? Sagen Sie mir das zunächst anhand dieser Liste.	Schleswig-Holstein	55	3.0
		Hamburg	57	3.1
		Bremen	16	0.9
		Niedersachsen	175	9.4
		Nordrhein-Westfalen	429	23.2
		Rheinland-Pfalz	109	5.9
		Hessen	147	7.9
		Saarland	38	2.1
		Baden-Württemberg	190	10.3
		Bayern	251	13.5
		West-Berlin	48	2.6
		in der heutigen DDR	70	3.8
		in den heutigen Ostgebieten (nicht DDR)	201	10.8
		im Ausland	61	3.3
		keine Angabe	6	0.3
5	Und sagen Sie mir jetzt anhand dieser Liste, wo Sie auf- gewachsen sind.	Stadt über 1 Mill. Einwohner	124	6.7
		Stadt zwischen 100.000 und 1 Mill. Einwohner	455	24.6
		kleinere Stadt oder kleinerer Ort (2.000 bis unter 100.000 Einwohner)	819	44.2
		verstreute, ländliche Siedlung (unter 2.000 Einwohner)	451	24.3
		keine Angabe	4	0.2

Statistik

Frage Nr.			Total	Prozent
			1.853	100.00
I	Wenn am nächsten Sonntag Bundestags- wahl wäre, welche Partei würden Sie dann wählen?	CDU/CSU	620	33.5
		SPD	828	44.7
		FDP	73	3.9
		NPD	4	0.2
		DKP	8	0.4
		Sonstige	23	1.2
		Würde nicht wählen	164	8.9
		keine Angabe	133	7.2

Frage Nr.			Total	Prozent
			1.853	100.00
II	Sind Sie in einer Gewerkschaft?	Ja, aktives Mitglied	74	4.0
		Ja, aber nur Beitragszahler	255	13.8
		Nein	1.519	82.0
		keine Angabe	5	0.3
III	Sind Sie Mitglied einer politischen Partei oder sonstigen politischen Vereinigung?	Ja, aktives Mitglied	57	3.1
		Ja, aber nur Beitragszahler	42	2.3
		Nein	1.747	94.3
		keine Angabe	7	0.4
IV	Sind Sie Mitglied einer religiösen Vereinigung? Ich meine nicht die Konfession.	Ja, aktives Mitglied	63	3.4
		Ja, aber nur Beitragszahler	125	6.7
		Nein	1.651	89.1
		keine Angabe	14	0.8
V	Alter	18–20 Jahre	69	3.7
		21–30 Jahre	299	16.1
		31–40 Jahre	391	21.1
		41–50 Jahre	345	18.6
		51–60 Jahre	260	14.0
		61–70 Jahre	317	17.1
		71 Jahre und älter	171	9.2
		keine Angabe	1	0.1
VI	Geschlecht	männlich	846	45.7
		weiblich	1.006	54.3
		keine Angabe	1	0.1
VII	Sind Sie ...	ledig	243	13.1
		verheiratet, mit Kindern	1.067	57.6
		verheiratet, ohne Kinder	233	12.6
		vormals verheiratet gewesen, mit Kindern	259	14.0
		vormals verheiratet gewesen, ohne Kinder	47	2.5
		keine Angabe	4	0.2

VIII	Welches ist die höchste Schulbildung, die Sie abgeschlossen haben?	Voksschule	1.220	65.8
		Realschule (Mittelsch.)	215	11.6
		berufsbildende Schule (Handelsschule)	223	12.0
		Gymnasium	102	5.5
		Universität/Hochschule	85	4.6
		keine Angabe	8	0.4
IX	Wie viele Jahre sind Sie bisher insgesamt zur Schule gegangen?	4 Jahre oder weniger	2	0.1
		5 bis 6 Jahre	30	1.6
		7 bis 8 Jahre	906	48.9
		9 bis 11 Jahre	365	19.7
		11 bis 12 Jahre	327	17.6
		13 oder mehr Jahre	211	1.4
		keine Angabe	12	0.6
Xa	Welchen Beruf üben Sie derzeit aus? (Zuordnung durch den Befragten anhand einer Liste)	freie Berufe, selbständige Akademiker	22	1.2
		kleinere Selbständige (z. B. Einzelhändler mit kleinem Geschäft, Handwerker)	79	4.3
		mittlere Selbständige (z. B. Einzelhändler mit großem Geschäft)	12	0.6
		größere Selbständige (z. B. Fabrikbesitzer)	1	0.1
		selbständige Landwirte	51	2.8
		ausführende Angestellte (z. B. Kontoristen, Verkäufer)	146	7.9
		qualifizierte Angestellte (z. B. Buchhalter, Kassierer)	133	7.2
		leitende Angestellte (z. B. Abteilungsleiter, Ingenieure, Direktoren)	65	3.5
		untere Beamte bis Obersekretär einschließlich	32	1.7
		mittlere Beamte bis Amtmann bzw. Assessor einschließlich	56	3.0
		höhere Beamte ab Regierungsrat	15	0.8

			Total	Prozent
		ungelernte Arbeiter	22	1.2
		angelernte Arbeiter	113	6.1
		Facharbeiter und nicht-selbständige Handwerker	224	12.1
		Hausfrau/Student/Schüler	664	35.8
		Lehrling in Ausbildung	6	0.3
		arbeitslos/Pensionär/ im Ruhestand	204	11.0
		keine Angabe	8	0.4
Xb	Bereich (Zuordnung durch den Befragten anhand einer Liste)	öffentliche Verwaltung	87	4.7
		Rechtsprechung, Strafvollzug, Polizei	15	0.8
		Gesundheits-, Wohlfahrtswesen	20	1.1
		Erziehung, Bildung, Kultur	49	2.6
		Wissenschaft und Forschung	14	0.8
		Handel und Verkehr	146	7.9
		Bank, Versicherung und Börse	40	2.2
		industrielle Verwaltung	37	2.0
		allgemeine Industrie, Güterherstellung, Bauwesen	259	14.0
		Handwerk, Bergbau	150	8.1
		Massenkommunikation und Werbung	8	0.4
		Landwirtschaft, Forstwirtschaft, Fischerei, Jagd	61	3.3
		technische öffentliche Dienste	29	1.6
		Haushalte	623	33.6
		arbeitslos, pensioniert, im Ruhestand	204	11.0
		nicht entscheidbar / ohne Beruf	90	4.9
		keine Angabe	21	1.1
Xc	Stellung im Beruf (Zuordnung durch den Befragten anhand einer Liste)	selbständig im eigenen Betrieb	144	7.8
		Arbeitsbereich ohne Untergebene	239	12.9
		Arbeitsbereich mit wenigen Untergebenen (bis 5)	157	8.5

			Total	Prozent
		Arbeitsbereich mit vielen Untergebenen (mehr als 5)	113	6.1
		unselbständiger Arbeitsbereich	273	14.7
		nicht entscheidbar	91	4.9
		ohne Beruf	807	43.6
		keine Angabe	29	1.6
Xd	Berufsausbildung (Zuordnung durch den Befragten anhand einer Liste)	kein Abschluß	655	35.3
		Kursabschluß	162	8.7
		Gesellenprüfung	489	26.4
		Meisterprüfung	84	4.5
		Fachschulabschluß (z. B. Versicherungsakademie, Betriebswirt, grad.)	158	8.5
		außeruniversitäre Diplome	35	1.9
		Universitätsexamen	65	3.5
		ohne Beruf	111	6.0
		keine Angabe	94	5.1
XI	Wie lange üben Sie diesen Beruf schon aus?	weniger als 2 Jahre	71	3.8
		2 bis 5 Jahre	164	8.9
		6 bis 10 Jahre	190	10.3
		11 oder mehr Jahre	607	32.8
		ohne Beruf	803	43.6
		keine Angabe	13	0.7
XII	Sind Sie mit Ihrem Beruf zufrieden oder würden Sie etwas anderes tun wollen?	bin zufrieden	892	48.1
		möchte etwas anderes tun	129	7.0
		ohne Beruf	808	43.6
		keine Angabe	24	1.3
XIII	Wie viele Personen zählt Ihr jetziger Haushalt?	1 Person	335	18.1
		2 Personen	539	29.1
		3 Personen	381	20.6
		4 Personen	364	19.6
		5 Personen	136	7.3
		6 Personen	52	2.8
		7 Personen	21	1.1
		8 Personen und mehr	18	1.0
		keine Angabe	7	0.4

			Total	Prozent
XIV	Welches ist Ihr persönliches Monats- einkommen (netto)?	unter DM 600,–	385	20.8
		DM 600,– b. u. DM 1.800,–	240	13.0
		DM 800,– b. u. DM 1.000,–	280	15.1
		DM 1.000,– b. u. DM 1.250,–	263	14.2
		DM 1.250,– b. u. DM 1.500,–	169	9.1
		DM 1.500,– b. u. DM 2.000,–	134	7.2
		DM 2.000,– b. u. DM 2.500,–	45	2.4
		DM 2.500,– und mehr	35	1.9
		kein eigenes Einkommen	49	2.6
		keine Angabe	253	13.7
XV	Welches ist das Monatseinkommen (netto) aller zum Haushalt gehörenden Personen? (Zuordnung durch den Befragten anhand einer Liste)	unter DM 600,–	127	6.9
		DM 600,– b. u. DM 800,–	158	8.5
		DM 800,– b. u. DM 1.000,–	224	12.1
		DM 1.000,– b. u. DM 1.250,–	303	16.4
		DM 1.250,– b. u. DM 1.500,–	285	15.4
		DM 1.500,– b. u. DM 2.000,–	321	17.3
		DM 2.000,– b. u. DM 2.500,–	154	8.3
		DM 2.500,– und mehr	118	6.4
		keine Angabe	163	8.8
XVI	Welche Konfession haben Sie?	evangelisch	904	48.8
		katholisch	826	44.6
		andere	34	1.8
		keine	80	4.3
		keine Angabe	9	0.5
XVII	Trifft eine oder mehrere der folgenden Kategorien bei Ihnen zu?			
	Im Gebiet des heutigen Polen aufgewachsen?	Flüchtling	101	5.5
		Heimatvertriebener	124	6.7
	Im Westen auf- gewachsen:	Flüchtling	48	2.6
		Heimatvertriebener	43	2.3
		direkter Nachkomme von Flüchtlingen/Heimatvertrie- benen (im Westen geboren und aufgewachsen)	40	2.2
		ein Flüchtling oder Vertriebener existiert im näheren Verwandtschaftskreis	192	10.4

246

		Total	Prozent
	habe Kontakt zu ehemaligen Flüchtlingen/Vertriebenen im näheren Bekanntenkreis	494	26.7
	kenne persönlich keine Flüchtlinge/Vertriebene	690	37.2
	keine Angabe	3	0.2
	DDR-Flüchtling	118	6.4

XVIIa	(Wenn Flüchtling/ Heimatvertriebener:) Haben Sie selbst in Polen wertvolle materielle Dinge zurücklassen müssen?		Total	Prozent
		ja	111	6.0
		nein	190	10.3
		keine Angabe/ nicht Flüchtling/Heimat- vertriebener	1.552	83.8

Wenn ja:		1853	110 =
		110 100⁰/o	100⁰/o

		Total	Prozent	
Wie hoch würden Sie deren Wert insgesamt nach heutiger Währung schätzen?	bis unter DM 2.000,–	1	0.1	0.9
	DM 1.000 b. u. DM 5.000	8	0.4	7.3
	DM 5.000 b. u. DM 10.000	13	0.7	11.8
	DM 10.000 b. u. DM 15.000	6	0.3	5.5
	DM 15.000 b, u. DM 20.000	11	0.6	10.0
	DM 20.000 b. u. DM 30.000	12	0.6	10.9
	DM 30.000 b. u. DM 50.000	17	0.9	15.5
	DM 50.000 b. u. DM 75.000	14	0.8	12.7
	DM 75.000 b. u. DM 100.000	8	0.4	7.3
	DM 100.000 und mehr	20	1.1	18.2
nein		1.743	94.1	

XIII	Land		Total	Prozent
		Schleswig-Holstein	74	4.0
		Hamburg	63	3.4
		Bremen	19	1.0
		Niedersachsen	217	11.7
		Nordrhein-Westfalen	533	28.8
		Rheinland-Pfalz	102	5.5
		Hessen	165	8.9
		Saarland	41	2.2
		Baden-Württemberg	259	14.0
		Bayern	319	17.2
		West-Berlin	60	3.2
		keine Angabe	1	0.1

XIX	Wohnortgröße		Total	Prozent
		Stadt über 1 Mill. Einwohner	159	8.6
		Stadt zw. 100.000 und 1 Mill. Einwohner	565	30.5
		Ort zw. 2.000 u. 100.000 E.	854	46.1
		verstreute ländliche Siedlung (unter 2.000 Einw.)	274	14.8
		keine Angabe	1	0.1

3. EINSTELLUNGEN GEGENÜBER POLEN UND EINSTELLUNG ZUR OSTPOLITIK; ANALYSE DER URTEILSDIFFERENZIERBARKEIT MITHILFE DEMOGRAFISCHER MERKMALE

von B. Schäfer

Die im vorherigen Beitrag wiedergegebenen Ergebnisse der Grundauszählung enthalten in Form von Merkmalen der Verteilungen oder Häufigkeitsdaten Informationen über die Reaktionen unserer Befragungsstichprobe hinsichtlich der operationalisierten Variablen. Sie lassen – bei einer gewissen Fehlertoleranz – unmittelbare Rückschlüsse auf Einstellungen und Meinungen in der Population, der Bevölkerung der Bundesrepublik Deutschland zu.

Die angegebenen Streuungsmaße und die Wahlhäufigkeiten unterschiedlicher Antwortalternativen geben Aufschluß über das Ausmaß der Gesamtvariation dieser Einstellungen und Meinungen. Die Grundauszählung läßt nicht erkennen, welche Einflüsse beim Zustandekommen dieser Variabilität wirksam gewesen sind, ob und in welcher Weise unterschiedlich reagierende Befragte mithilfe anderer Beschreibungsmerkmale identifizierbar sind und welche Interdependenzen zwischen den Variablen bestehen.

Der vorliegende Differenzierungsversuch für die Variablen ‚Einstellung zu Polen‘, ‚Konfliktbereitschaft gegenüber Polen‘ und ‚Einstellung zur Ostpolitik‘ soll zeigen, welche Zusammenhänge zwischen diesen und ‚demografischen‘ Merkmalen beobachtbar sind[1]. Die Interpretation muß dabei zum einen der Art dieser Zusammenhänge und zum anderen der Auswahl der zur Varianzaufklärung herangezogenen Merkmale Rechnung tragen.

Bei der Charakterisierung der Art der untersuchten Zusammenhänge muß zentral herausgestellt werden, daß feststellbare Einflüsse eines Merkmals auf Ausprägungsgrad bzw. Qualität des Urteilsverhaltens nicht im Sinne einer Kausalrelation interpretiert werden können. Die Rückführung der Art des Urteilsverhaltens auf einen oder mehrere Bedingungsfaktoren, die ursächlich verantwortlich gemacht werden können, setzt für den Untersuchungsmodus die Applizierbarkeit der Kriterien des sozialwissenschaftlichen Experiments (vgl. Bredenkamp 1969; Zimmermann 1972) im Rahmen eines theoretischen Bezugssystems voraus.

---

[1] Die Rechenarbeiten wurden von Herrn Dipl.-Psych. K. H. Steffens unter Verwendung des Datenanalysensystems DATATEXT auf der IBM 370 der Gesellschaft für Mathematik und Datenverarbeitung in Bonn durchgeführt.

Für die Fragestellungen der vorliegenden Untersuchung, die Aspekte des westdeutsch-polnischen Verhältnisses zu bilanzieren sucht, war eine experimentelle Versuchsplanung nicht angemessen. Für die Analyse (kausaler) Variablen-Abhängigkeiten stehen daher nur unzureichende, nachträglich anzuwendende Kontrolltechniken zur Verfügung; Variablenkonfundierungen können keinesfalls ausgeschlossen werden. Wir verzichten deshalb vollständig auf den Versuch ‚kausaler‘ Bedingungsanalysen und beschränken uns auf die Deskription der Urteilsdifferenziertheit, die zwischen Personen unterschiedlicher, demografisch definierter Gruppenzugehörigkeit beobachtbar ist.

Für die Bewertung des Ausmaßes der Differenziertheit konkreter Ergebnisse kann ihre Signifikanz als Minimalkriterium gelten; damit ist gemeint, daß Unterschiede des Urteilsverhaltens nicht als zufallsbedingt gelten, sondern auf systematisch wirkende Einflüsse zurückgeführt werden können. (Zu diesem Zweck wird eine – geringe – (Höchst)-Wahrscheinlichkeitsgrenze festgelegt – in der Regel 5 % oder 1 % (p = .05; .01) –, für die die zufallsbedingte Erklärbarkeit der beobachteten Unterschiede in Kauf genommen wird; bleibt die Wahrscheinlichkeit für das Auftreten konkreter Unterschiede im Urteilsverhalten unterhalb dieser Grenze der Erklärbarkeit durch Zufallsvariation oder erreicht sie höchstens, so gehen wir das durch sie definierte Risiko ein, das Ergebnis fälschlich jenseits der Wirkung nur zufälliger Einflüsse zu interpretieren. Zur Logik der Signifikanzprüfung sei auf die einschlägigen Lehrbücher der Statistik verwiesen, z. B. Fröhlich u. Becker 1971; Hays u. Winkler 1971.)

Nun sagt diese Absicherung von Differenzen gegen bloße Zufallsbedingtheit nichts konkretes über die Ausgeprägtheit dieser Differenzen aus: Je größer die zugrunde liegende Stichprobe, desto geringer ist die Wahrscheinlichkeit, daß eine bestimmte Differenz (bei konstanter Urteilsstreuung) als zufallsbedingt gelten wird. Da unsere Datenanalysen auf einer relativ großen Stichprobe basieren, können wir erwarten, daß relativ häufig bereits kleine Differenzen signifikant werden. Für die Interpretation von Unterschieden im Urteilsverhalten ist das Ausmaß dieser Unterschiedlichkeit jedoch sehr bedeutsam. Als ein Maß ‚praktischer Signifikanz‘ (Bredenkamp 1970; 1972) werden wir für die folgenden varianzanalytischen Entscheidungsprozeduren jeweils den Anteil an der gesamten Varianz, der durch die jeweilige unabhängige (Klassifikations-) Variable erklärt wird, (durch ETA²) angeben.

Neben der Berücksichtigung der spezifischen, analytischen Qualität der Interdependenzen und ihrer statistischen Absicherung kann die Interpretation der Urteilsvariabilität sich nur in jenem Rahmen bewegen, der durch die Art bzw. die Auswahl der herangezogenen Variablen markiert wird. Es handelt sich bei diesen hier im wesentlichen um ‚demografische‘ Merkmale, die die Zugehörigkeit von Personen zu primär biologisch oder soziologisch definierten Gruppen beschreiben.

Die Relevanz sozialer Kategorien als Determinanten sozialer Einstellungen ist auch für den Bereich politischer Einstellungen nicht nur theoretisch begründet worden (vor allem Lipset 1959, 1960), sondern auch empirisch gut belegt (Rosenberg 1965, 303 ff.; Galtung 1967; Hero 1969; Hahn 1970; Modigliani 1972). Da die Stärke und Richtung dieser Einflußprozesse bei verschiedenen Einstellungs-Gegenständen variiert, erscheint es allerdings schwieriger, diese nach einem bestimmten Muster inhaltlich zu interpretieren als ihre Wirksamkeit formal festzustellen. Selbst die üblichen sozialen Schicht-Indizes sind als Basiskonzepte theoretischer Bezugssysteme *in dieser Hinsicht* in ihrem Erklärungswert fragwürdig, wie die Befunde von Hahn (1970) und Modigliani (1972) für die Einstellungen zum Korea- und Vietnam-Krieg zeigen. Erst recht ist für einzelne demografische Merkmale eine allgemeine theoretische Konzeption, aus der sich Gewicht und Richtung ihrer Wirksamkeit ableiten ließe, nicht verfügbar.

Galtung (1964) hat ein gesellschaftliches Strukturmodell ('center-periphery-model') zur Erklärung außenpolitischer Einstellungen entwickelt und seine Brauchbarkeit demonstriert (Galtung 1967): Träger unterschiedlicher gesellschaftlicher (zentraler – peripherer) Positionen (die dieses Modell definieren) unterscheiden sich hinsichtlich des Stils ihrer Konzeptualisierung und Bewertung (neuer) politischer Ideen ('gradualistisch' versus 'absolutistisch'). Ergebnisse von Datenanalysen auf der Basis dieses 'Index sozialer Position' sind bei Kutsch (in diesem Band) wiedergegeben und diskutiert.

Aus den angeführten Gründen erschien es uns wenig sinnvoll, für die einzelnen sozio-demografischen Indikatoren über die Annahme ihrer Relevanz für Einstellungen (zur Politik) gegenüber Polen und zur Ostpolitik hinaus inhaltlich spezifizierte, gerichtete Hypothesen zu entwickeln. Es wurden jene Merkmale ausgewählt, die im Zusammenhang spezieller Fragestellungen wichtig oder denen im Kontext der generellen Fragestellung am ehesten indikative Funktion zugesprochen werden konnte.

Der Verzicht auf die Formulierung theoretisch begründeter Hypothesen an dieser Stelle bedeutet nicht nur einen Verzicht auf die Analysierbarkeit richtungsbestimmter Abhängigkeiten zwischen den untersuchten Variablen, sondern auch ein gewisses Maß an Unsicherheit bei der Bestimmung der indikativen Relevanz dieser Merkmale. Die Interpretation der untersuchten Interdependenzen muß deshalb auch die Möglichkeit von Einflüssen durch andere, nicht beobachtete Merkmale offen lassen.

1.   EINSTELLUNGEN GEGENÜBER POLEN UND EINSTELLUNG ZUR OST-
      POLITIK

Einstellungen im sozialpsychologischen Sprachgebrauch bezeichnen (als wichtigste Variante) das Ausmaß affektiver Zu- oder Abwendung (Bewertung) einem Einstellungsobjekt gegenüber. Einstellungen gegenüber Polen wurden in diesem Sinne bei der hier vorliegenden Untersuchung durch den ersten Faktor des Eindrucksdifferentials ‚Beurteilung von Völkern' operationalisiert (vgl. Kap. 3.1. des Beitrags: Klassifikation vorurteilsvoller versus xenophiler Personen, S. 328 f.; in diesem Band).

Neben der ‚affektiven Komponente' von Einstellung gewinnt in der sozial-psychologischen Forschung seit einigen Jahren die Berücksichtigung der verhaltensintentionalen (conativen) Komponente (action tendency) zunehmend an Bedeutung. Obwohl sie als Einstellung symbolisches, verbales Verhalten beschreibt, wird ihr höhere Voraussagekraft für offenes Verhalten zugeschrieben (Ostrom 1969; Kothandapani 1971; Six 1974).

Wie die ‚Konstruktion des Instrumentariums' erkennen läßt, operiert die Einstellungs-Skala ‚Konfliktbereitschaft gegenüber Polen' auf der Ebene von Verhaltensintentionen. Diese Verhaltensintentionen werden in ein durch Konfliktsteigerung versus Konfliktminderung definiertes Bezugssystem projiziert und dort quantifiziert. Konfliktsteigerung und -minderung beschreiben – vom konkreten Inhalt abstrahiert – mögliche Pole unterschiedlicher Verhaltensintentionen gegenüber Polen. Das als inhaltliches Vehikel verwendete Verhaltensrepertoire ist weniger an ‚privatem' als vielmehr an realem oder potientiellem, konkretem (außen)politischen Verhalten politischer Entscheidungsträger orientiert.

Politisches Verhalten gegenüber Polen war zum Zeitpunkt der Untersuchung wesentlicher Bestandteil der ‚neuen deutschen Ostpolitik'. Die Erfassung der ‚Einstellung zur Ostpolitik' unterscheidet sich von der der ‚Konfliktbereitschaft gegenüber Polen' aber nicht nur durch die Verallgemeinerung des Bezugsgegenstandes, sondern vor allem auch dadurch, daß die beobachteten Urteilsprozesse nicht innerhalb eines theoretischen Bezugssystems, sondern ‚unmittelbar', auf der Ebene affektiver Bewertung registriert werden.

Tabelle 1 gibt die Kovariationsverhältnisse zwischen diesen drei Variablen innerhalb der Gesamtstichprobe wieder.

Tab. 1: Produkt-Moment-Korrelationskoeffizienten zwischen Einstellung zu Polen, Konfliktbereitschaft gegenüber Polen und Einstellung zur Ostpolitik. Gesamtstichprobe (N = 1783 bzw. 1851 – Befragte mit 'missing data' eliminiert).

	Einstellung zur Ostpolitik	Konfliktbereitschaft gegenüber Polen
Einstellung zu Polen	.10	–.16
Einstellung zur Ostpolitik		–.83

Die relativ geringe Höhe des Korrelationskoeffizienten für die Beziehung zwischen der Bewertung (Einstellung) gegenüber Polen und Konfliktbereitschaft zeigt an, daß diese beiden Einstellungsindikatoren nur sehr geringe gemeinsame (lineare) Varianz aufweisen und ganz überwiegend unterschiedliche Einstellungsaspekte erfassen. Die Vermutung, daß mit zunehmend negativer Einstellung zu Polen die Bereitschaft, konflikthaftes Verhalten gegenüber Polen zu befürworten und umgekehrt mit zunehmend geringerer negativen oder positiveren Einstellung[2] eher kooperativ-integrative Verhaltensintentionen vorzuziehen wächst, kann zwar tendenziell, keineswegs jedoch deutlich bestätigt werden. Ähnlich läßt sich die Beziehung zwischen der ‚Einstellung zur Ostpolitik' und der Bewertung der Polen charakterisieren: die Beurteilungen dieser beiden Einstellungskonzepte erfolgen nicht unabhängig voneinander, es besteht aber nur eine leichte Tendenz bei weniger negativer bis positiver Einstellung zu Polen, die Ostpolitik der Regierungskoalition entsprechend positiver zu bewerten.

Ein beträchtliches Ausmaß gemeinsamer Varianz (68,7 %) weisen dagegen die Variablen ‚Konfliktbereitschaft gegenüber Polen' und ‚Einstellung zur Ostpolitik' auf. Die Befragten unserer, für die Bevölkerung der Bundesrepublik Deutschland repräsentativen Stichprobe, befürworteten umso eher die Ostpolitik je stärker sie kooperativem, konfliktminderndem (politischen) Verhalten gegenüber Polen zustimmten; umgekehrt korrespondiert das Ausmaß der Bereitschaft zu konfliktinduzierendem Verhalten weitgehend jenem einer Ablehnung der Ostpolitik. Die begrifflich unterschiedlichen Konzeptualisierungen sind empirisch weitgehend überlappt.

Die Interpretation dieses Befundes muß sich eng am Inhalt des verwendeten Konfliktbegriffs orientieren; sie kann keine gültige Bewertung der politischen Effektivität der konkreten ostpolitischen Aktivitäten enthalten. Es kann präzisiert werden, daß die Ostpolitik weitgehend umso negativer bewertet wurde, je mehr die Befragten geneigt waren, polnische Standpunkte und Interessen abgelehnt zu sehen, den eigenen Standpunkt durchzusetzen wünschten und u. U. sogar daran interessiert waren, Polen zu schädigen, während eine sehr starke Tendenz bestand, daß Personen umso eher die Ostpolitik positiv bewerteten, je mehr sie Zusammenarbeit wünschten, bei der auch polnische Standpunkte berücksichtigt werden, bestehende Spannungen vermindern, Ziele von gemeinsamem Interesse und Nutzen verwirklichen und auch Polen, wo dies möglich sei, hilfreich unterstützen wollten.

Auf Ergänzungen des hier nochmals wiedergegebenen Bezugssystems für die empirisch vollzogene Charakterisierung der zur Messung verwendeten statements im Sinne der Konfliktsteigerung und -minderung muß verzichtet werden. Die genannten Elemente des (bipolaren) Konfliktbegriffs, und nur sie, sind zur Interpretation verwendbare Bestimmungsstücke.

---

[2] Mittelwert und Streuung – Tab. 3 a, S. 235 der Grundauszählung lassen erkennen, daß 'absolut' positive Einstellungen nur selten beobachtet werden können.

2. ZUGEHÖRIGKEIT ZU DEMOGRAFISCH UND SOZIOLOGISCH DE-FINIERTEN GRUPPEN ALS DIFFERENZIERUNGSKRITERIEN

2.1. Geschlecht

Die Tabellen 2.1.1. bis 2.1.3. enthalten Mittelwerte (M) und Streuungen (SD) der Urteilsmaße von Männern und Frauen unserer Stichprobe getrennt hinsichtlich der ‚Einstellung zu Polen‘, der ‚Konfliktbereitschaft gegenüber Polen‘ und der ‚Einstellung zur Ostpolitik‘, sowie die Ergebnisse der varianzanalytischen Prüfung auf Unterschiede zwischen diesen Gruppen.

Tab. 2.1.1.: Einstellung zu Polen – differenziert nach Geschlecht.

Geschlecht	M	SD	N	Varianz	MQS	df	F	ETA²
Männer	4.65	1.00	818	Zwischen	1.56	1	1.54	.001
Frauen	4.71	1.00	964	Innerhalb	1.01	1780	$p > .05$	

Tab. 2.1.2.: Konfliktbereitschaft gegenüber Polen – differenziert nach Geschlecht.

Geschlecht	M	SD	N	Varianz	MQS	df	F	ETA²
Männer	3.49	0.70	846	Zwischen	9.92	1	20.11	.011
Frauen	3.35	0.70	1004	Innerhalb	0.49	1848	$p < .01$	

Tab. 2.1.3.: Einstellung zur Ostpolitik – differenziert nach Geschlecht.

Geschlecht	M	SD	N	Varianz	MQS	df	F	ETA²
Männer	2.40	0.70	846	Zwischen	10.62	1	21.84	.012
Frauen	2.55	0.69	1004	Innerhalb	0.49	1848	$p < .01$	

Während die ‚Einstellung zu Polen‘ von geschlechtsspezifischen Differenzen nicht systematisch beeinflußt wird, sind die Unterschiede im Ausmaß der ‚Konfliktbereitschaft gegenüber Polen‘ und in der ‚Einstellung zur Ostpolitik‘ hochsignifikant: Frauen tendieren dazu, stärker konfliktbetonten Verhaltensweisen zuzustimmen als Männer und die Ostpolitik der Regierungskoalition negativer zu bewerten. Allerdings sind diese Differenzen nur gering ausgeprägt; die Unterscheidung nach der Geschlechtszugehörigkeit erklärt nur einen kaum beachtenswerten Teil der Variabilität dieser Einstellungsvariablen.

2.2.   Alter

Auf die ‚Einstellung zu Polen' lassen sich altersgruppenspezifische Einflüsse nicht feststellen; für die in Tabelle 2.2.1. wiedergegebenen Mittelwerte kann die Nullpyothese nur zufälliger Unterschiedlichkeit nicht zurückgewiesen werden.

Tab. 2.2.1.:   Einstellung zu Polen – differenziert nach Alter.

Alter	M	SD	N	Varianz	MQS	df	F	ETA²
18–20	4.76	0.93	66	Zwischen	0.30	6	0.29	.001
21–30	4.65	1.01	288	Innerhalb	1.01	1775	p>.05	
31–40	4.65	0.99	378					
41–50	4.70	1.00	335					
51–60	4.72	1.02	250					
61–70	4.71	0.99	305					
71– –	4.70	1.05	160					

Tab. 2.2.2.:   Konfliktbereitschaft gegenüber Polen – differenziert nach Alter.

Alter	M	SD	N	Varianz	MQS	df	F	ETA²
18–20	3.58	0.75	69	Zwischen	9.07	6	19.28	.059
21–30	3.69	0.67	299	Innerhalb	0.47	1843	p<.01	
31–40	3.54	0.69	391					
41–50	3.35	0.70	344					
51–60	3.32	0.66	260					
61–70	3.22	0.69	316					
71– –	3.20	0.66	171					

Tab. 2.2.3.:   Einstellung zur Ostpolitik – differenziert nach Alter.

Alter	M	SD	N	Varianz	MQS	df	F	ETA²
18–20	2.40	0.70	69	Zwischen	6.09	6	12.85	.040
21–30	2.26	0.62	299	Innerhalb	0.47	1843	p<.01	
31–40	2.36	0.65	391					
41–50	2.52	0.73	344					
51–60	2.64	0.72	260					
61–70	2.59	0.69	316					
71– –	2.65	0.71	171					

Tabellen 2.2.2. und 2.2.3. lassen dagegen erkennen, daß sowohl die ‚Konfliktbereitschaft gegenüber Polen' mit steigendem Alter zunimmt, als auch die ‚Einstellung zur Ostpolitik' negativer wird. Wenngleich der durch Alterseinflüsse aufklärbare Anteil an der Varianz dieser Einstellungsvariablen nur mäßig hoch ist, ist der altersgruppen-spezifische Trend interpretierbar deutlich.

Nicht in diesen monotonen Trend passen die Ergebnisse für die Gruppe der 18–20jährigen, deren Urteilverhalten dem wesentlich älterer Personengruppen entspricht. Wegen des geringen Umfangs dieser Teilstichprobe sollten diese Abweichungen vermerkt, nicht jedoch spekulativ interpretiert werden.

2.3. Schulbildung

Für die Klassifikation der Befragten nach ihrer Schulbildung stehen zwei Kriterien zur Verfügung: das Niveau im Sinne des höchsten erreichten Schulabschlusses und die Dauer des Schulbesuches in Jahren. Die Unterschiedlichkeit zwischen den beiden (voneinander abhängigen) Kriterien wird formal durch die proportional verschiedene Größe der durch sie gebildeten Gruppen verdeutlicht. Inhaltlich erfassen jedoch beide ähnliche Aspekte der Dauer und Intensität der Vermittlung sogenannter Kulturgüter.

Tab. 2.3.1.: Einstellung zu Polen – differenziert nach Schulbildung (Niveau).

Schulbildung (Niveau)	M	SD	N	Varianz	MQS	df	F	ETA²
Volksschule	4.73	1.01	1175	Zwischen	4.71	4	4.69	.010
Realschule (Mittelsch.)	4.76	0.93	205	Innerhalb	1.00	1770	p<.01	
berufsbild. (Handels)sch.	4.50	1.01	216					
Gymnasium	4.70	1.08	99					
Universität Hochschule	4.37	0.97	80					

Tab. 2.3.2.: Einstellung zu Polen – differenziert nach Schulbildung (Länge).

Schulbildung (Länge)	M	SD	N	Varianz	MQS	df	F	ETA²
7– 8	4.72	0.98	873	Zwischen	3.53	3	3.52	.006
9–10	4.66	1.05	353	Innerhalb	1.00	1737	p<.05	
11–12	4.76	1.00	314					
13– –	4.49	0.98	201					

Tab. 2.3.3.: Konfliktbereitschaft gegenüber Polen – differenziert nach Schulbildung (Niveau).

Schulbildung (Niveau)	M	SD	N	Varianz	MQS	df	F	ETA²
Volksschule	3.33	0.67	1218	Zwischen	9.89	4	20.67	.043
Realschule (Mittelsch.)	3.45	0.77	215	Innerhalb	0.48	1838	p<.01	
berufsbild. (Handels)sch.	3.52	0.67	223					
Gymnasium	3.60	0.83	102					
Universität (Hochsch.)	3.96	0.64	85					

Tab. 2.3.4.: Konfliktbereitschaft gegenüber Polen – differenziert nach Schulbildung (Länge).

Schulbildung (Länge)	M	SD	N	Varianz	MQS	df	F	ETA²
7– 8	3.32	0.66	905	Zwischen	13.03	3	27.74	.044
9–10	3.41	0.70	365	Innerhalb	0.47	1804	p<.01	
11–12	3.45	0.68	327					
13– –	3.80	0.76	211					

Tab. 2.3.5.: Einstellung zur Ostpolitik – differenziert nach Schulbildung (Niveau).

Schulbildung (Niveau)	M	SD	N	Varianz	MQS	df	F	ETA²
Volksschule	2.52	0.68	1218	Zwischen	3.41	4	7.01	.015
Realschule (Mittelsch.)	2.52	0.73	215	Innerhalb	0.49	1838	p<.01	
berufsbild. (Handels)sch.	2.38	0.68	223					
Gymnasium	2.45	0.85	102					
Universität (Hochsch.)	2.14	0.67	85					

Tab. 2.3.6.: Einstellung zur Ostpolitik – differenziert nach Schulbildung (Länge).

Schulbildung (Länge)	M	SD	N	Varianz	MQS	df	F	ETA²
7– 8	2.52	0.68	905	Zwischen	3.74	3	7.72	.013
9–10	2.50	0.72	365	Innerhalb	0.48	1804	p<.01	
11–12	2.47	0.67	327					
13– –	2.27	0.75	211					

Tabellen 2.3.1. und 2.3.2. zeigen, daß für die auf dem 1 %- bzw. 5 %-Niveau signifikante Differenziertheit der ‚Einstellung zu Polen' zwischen den Gruppen wesentlich durch die weniger negative Bewertung von seiten der Beurteiler mit Hochschul/Universitätsausbildung bzw. mit einer 13- und längerjährigen Schulbildungslänge bedingt ist. Eine monotone positive Beziehung zwischen längerem Schulbesuch und positiverer (d. h. weniger negativen) Einstellung zu Polen kann nicht konstatiert werden.

Die ‚Konfliktbereitschaft gegenüber Polen' nimmt dagegen beachtenswert deutlich mit ‚höherem' Schulabschluß und steigender Dauer des Schulbesuches ab.

Relativ bedeutsame Unterschiede bei der ‚Einstellung zur Ostpolitik' können erst auf die positivere Bewertung durch die Personen mit der längsten Schulbildung zurückgeführt werden. Der weit überwiegende Rest der Stichprobe unterscheidet sich kaum bei der Bewertung der Ostpolitik. Insgesamt lassen die Koeffizienten für die durch das Klassifikationskriterium aufgeklärte Varianz (ETA^2) erkennen, daß Niveau und Länge der Schulbildung nur zu einem geringen Anteil dazu beitragen, die Variabilität der ‚Einstellung zur Ostpolitik' zu erklären.

2.4.   Einkommen

Für die Einkommensverhältnisse der befragten Personen liegen ebenfalls zwei verschiedene, voneinander abhängige Datenreihen vor. Zum einen wurde das persönliche (Netto-) Monatseinkommen, zum anderen ergänzend das monatliche (Netto-) Einkommen aller zum Haushalt gehöriger Personen erhoben.

Der Klassifizierungsaspekt ‚Einkommen', der von den Merkmalen Alter und besonders Schulbildung nicht unabhängig ist, ist nicht besser geeignet als diese, für die Erklärung der Urteilsvariabilität der drei Einstellungsvariablen herangezogen zu werden.

Tab. 2.4.1.:   Einstellung zu Polen – differenziert nach der Höhe des persönlichen Monatseinkommens (netto)

Persönliches Monats-einkommen	M	SD	N	Varianz	MQS	df	F	ETA²
bis DM 600	4.79	0.99	370	Zwischen	1.36	6	1.35	.005
600 – 800	4.69	1.01	230	Innerhalb	1.01	1489	p>.05	
800 – 1000	4.68	0.97	266					
1000 – 1250	4.65	1.05	257					
1250 – 1500	4.66	1.00	163					
1500 – 2000	4.57	1.00	133					
2000 – –	4.54	0.98	77					

Tab. 2.4.2.: Einstellung zu Polen – differenziert nach der Höhe des monatlichen
             Haushaltseinkommens (netto)

Haushalts-Monats-Einkommen	M	SD	N	Varianz	MQS	df	F	ETA²
bis DM 600	4.72	1.05	122	Zwischen	0.38	7	0.37	.002
600 – 800	4.63	1.02	155	Innerhalb	1.02	1628	p>.05	
800 – 1000	4.74	0.97	213					
1000 – 1250	4.69	1.04	295					
1250 – 1500	4.71	0.98	275					
1500 – 2000	4.63	0.97	312					
2000 – 2500	4.72	1.05	149					
2500 – –	4.67	1.07	115					

Die ,Einstellung zu Polen' kann als völlig unabhängig von den Einkommens-
verhältnissen der Befragten angesehen werden (Tabellen 2.4.1. und 2.4.2.).

Tab. 2.4.3.: Konfliktbereitschaft gegenüber Polen – differenziert nach der Höhe
             des persönlichen Monatseinkommens (netto)

Persönliches Monats-einkommen	M	SD	N	Varianz	MQS	df	F	ETA²
bis DM 600	3.36	0.70	384	Zwischen	3.62	6	7.42	.028
600 – 800	3.23	0.63	240	Innerhalb	0.49	1543	p<.01	
800 – 1000	3.32	0.75	280					
1000 – 1250	3.49	0.69	263					
1250 – 1500	3.58	0.65	169					
1500 – 2000	3.55	0.69	134					
2000 – –	3.55	0.81	80					

Tab. 2.4.4.: Konfliktbereitschaft gegenüber Polen – differenziert nach der Höhe
             des monatlichen Haushaltseinkommens (netto).

Haushalts-Monats-Einkommen	M	SD	N	Varianz	MQS	df	F	ETA²
bis DM 600	3.28	0.69	127	Zwischen	3.54	7	7.37	.030
600 – 800	3.23	0.62	158	Innerhalb	0.48	1680	p<.01	
800 – 1000	3.24	0.69	223					
1000 – 1250	3.47	0.66	303					
1250 – 1500	3.45	0.68	284					
1500 – 2000	3.53	0.68	321					
2000 – 2500	3.52	0.75	154					
2500 – –	3.56	0.82	118					

Tab. 2.4.5.: Einstellung zur Ostpolitik – differenziert nach der Höhe des persönlichen Monatseinkommens (netto).

Persönliches Monats- einkommen	M	SD	N	Varianz	MQS	df	F	ETA²
bis DM 600	2.50	0.67	384	Zwischen	1.93	6	3.99	.015
600 – 800	2.63	0.66	240	Innerhalb	0.48	1543	p<.01	
800 – 1000	2.52	0.72	280					
1000 – 1250	2.39	0.70	263					
1250 – 1500	2.35	0.67	169					
1500 – 2000	2.43	0.71	134					
2000 – –	2.53	0.84	80					

Tab. 2.4.6.: Einstellung zur Ostpolitik – differenziert nach der Höhe des monatlichen Haushaltseinkommens (netto).

Haushalts- Monats- Einkommen	M	SD	N	Varianz	MQS	df	F	ETA²
bis DM 600	2.60	0.68	127	Zwischen	2.50	7	5.18	.021
600 – 800	2.68	0.66	158	Innerhalb	0.48	1680	p<.01	
800 – 1000	2.58	0.68	223					
1000 – 1250	2.36	0.64	303					
1250 – 1500	2.45	0.69	284					
1500 – 2000	2.40	0.71	321					
2000 – 2500	2.44	0.78	154					
2500 – –	2.43	0.75	118					

Die Bereitschaft, mehr kooperatives, integratives politisches Verhalten gegenüber Polen zu befürworten ist bei höherem finanziellen Einkommen (im Rahmen sogenannter geringer und mittlerer Einkommen; vgl. Tabellen 2.4.3. und 2.4.4.) gesteigert.

Bemerkenswerterweise findet sich ein paralleler Trend nicht bei der ‚Einstellung zur Ostpolitik' (von der wir wissen, daß sie hoch mit der ‚Konfliktbereitschaft gegenüber Polen' kovariiert). Für die signifikanten Unterschiede zwischen den Einkommensgruppen (Tabellen 2.4.5. und 2.4.6.) sind die Differenzen der Urteilsmaße für die Personen der mittleren Kategorien (zwischen 1000 DM und 1500 DM) gegenüber den übrigen, besonders den niedrigeren Einkommensgruppen verantwortlich. ‚Hohes' Einkommen geht also einher mit eher ‚konfliktmindernden' Verhaltensintentionen, nicht jedoch mit positiverer ‚Einstellung zur Ostpolitik' gegenüber niedrigerem Einkommen.

2.5. Wohnortgröße

Die soziologisch bedeutsame Differenzierung städtischer versus ländlicher Wohngebiete findet eine sozial-psychologische Entsprechung in der Differenzierbarkeit der hier betrachteten Einstellungsvariablen. Tabellen 2.5.1. bis 2.5.3. geben die mittleren Urteilsmaße und Streuungen der nach der Größe ihres Wohnortes unterschiedlichen Gruppen von Befragten wieder.

Tab. 2.5.1.: Einstellung zu Polen – differenziert nach der (Einwohner)-Größe des Wohnortes.

Wohnortgröße	M	SD	N	Varianz	MQS	df	F	ETA²
üb. 1 Mill.	4.45	1.10	158	Zwischen	8.01	3	8.02	.013
100.000 bis				Innerhalb	1.00	1778	p<.01	
1 Mill.	4.60	0.94	533					
2.000 bis								
100.000	4.73	1.02	831					
unter 2.000	4.88	0.98	260					

Tab. 2.5.2.: Konfliktbereitschaft gegenüber Polen – differenziert nach der (Einwohner)-Größe des Wohnortes.

Wohnortgröße	M	SD	N	Varianz	MQS	df	F	ETA²
üb. 1 Mill.	3.68	0.72	159	Zwischen	8.83	3	18.21	.029
100.000 bis				Innerhalb	0.48	1846	p<.01	
1 Mill.	3.46	0.73	564					
2.000 bis								
100.000	3.40	0.69	853					
unter 2.000	3.19	0.64	274					

Tab. 2.5.3.: Einstellung zur Ostpolitik – differenziert nach der (Einwohner)-Größe des Wohnortes.

Wohnortgröße	M	SD	N	Varianz	MQS	df	F	ETA²
üb. 1 Mill.	2.34	0.64	159	Zwischen	5.75	3	11.89	.019
100.000 bis				Innerhalb	0.48	1846	p<.01	
1 Mill.	2.40	0.70	564					
2.000 bis								
100.000	2.49	0.71	853					
unter 2.000	2.68	0.64	274					

Bewohner kleinerer oder kleinstädtischer Wohnorte, vor allem aber verstreuter ländlicher Siedlungen sind negativer und konfliktbereiter gegenüber Polen eingestellt als die Bewohner von Großstädten. Für die ‚Einstellung zur Ostpolitik' gilt, daß sie in kleineren Gemeinden negativer bewertet wird als in größeren Städten.

2.6.   Konfession und Mitgliedschaft in einer religiösen Vereinigung

Angehörige protestantischer oder katholischer Konfession unterscheiden sich nicht bei der ‚Einstellung zu Polen'. Positivere Bewertungen des Konzepts ‚Polen' hingegen gaben jene Befragten ab, die sich als konfessionslos bezeichneten (Tabelle 2.6.1.).

Tab. 2.6.1.: Einstellung zu Polen – differenziert nach Konfessionszugehörigkeit.

Konfession	M	SD	N	Varianz	MQS	df	F	ETA²
evangelisch	4.69	1.01	871	Zwischen	1.07	2	1.06	.001
katholisch	4.74	1.00	797	Innerhalb	1.00	1695	p>.05	
keine	4.50	0.88	30					

Tab. 2.6.2.: Konfliktbereitschaft gegenüber Polen – differenziert nach Konfessionszugehörigkeit.

Konfession	M	SD	N	Varianz	MQS	df	F	ETA²
evangelisch	3.48	0.69	903	Zwischen	8.37	2	17.64	.020
katholisch	3.30	0.69	826	Innerhalb	0.47	1759	p<.01	
keine	3.68	0.65	33					

Tab. 2.6.3.: Einstellung zur Ostpolitik – differenziert nach Konfessionszugehörigkeit.

Konfession	M	SD	N	Varianz	MQS	df	F	ETA²
evangelisch	2.37	0.65	903	Zwischen	16.44	2	35.14	.038
katholisch	2.64	0.72	826	Innerhalb	0.47	1759	p<.01	
keine	2.25	0.64	33					

Katholiken sind jedoch sowohl ‚konfliktbereiter' gegenüber Polen, wie auch negativer zur Ostpolitik eingestellt als Protestanten. Die größten Differenzen bestehen aber zu den konfessionslosen Befragten, die am stärksten konfliktsteigernde zugunsten konfliktmindernder Verhaltensweise ablehnten und die Ostpolitik am positivsten bewerteten (Tabellen 2.6.2. und 2.6.3.).

Daß diese Ergebnisse nicht durch religiöse Aktivität im Sinne der Mitgliedschaft zu einer religiösen Vereinigung (außer der Konfession) erklärbar ist, zeigen die in den Tabellen 2.6.4. bis 2.6.6. wiedergegebenen Ergebnisse.

Tab. 2.6.4.: Einstellung zu Polen – differenziert nach der Mitgliedschaft in einer religiösen Vereinigung (außer Konfession).

Mitgliedschaft in religiöser Vereinigung	M	SD	N	Varianz	MQS	df	F	ETA²
aktiv	4.61	0.96	59	Zwischen	1.02	2	1.01	.002
nur Beitrags-zahler	4.54	0.95	123	Innerhalb	1.01	1766	$p > .05$	
nein	4.70	1.01	1588					

Tab. 2.6.5.: Konfliktbereitschaft gegenüber Polen – differenziert nach der Mitgliedschaft in einer religiösen Vereinigung (außer Konfession).

Mitgliedschaft in religiöser Vereinigung	M	SD	N	Varianz	MQS	df	F	ETA²
aktiv	3.43	0.78	63	Zwischen	0.09	2	0.18	.000
nur Beitrags-zahler	3.46	0.60	125	Innerhalb	0.50	1833	$p > .05$	
nein	3.41	0.71	1649					

Tab. 2.6.6.: Einstellung zur Ostpolitik – differenziert nach der Mitgliedschaft in einer religiösen Vereinigung (außer Konfession).

Mitgliedschaft in religiöser Vereinigung	M	SD	N	Varianz	MQS	df	F	ETA²
aktiv	2.63	0.85	63	Zwischen	0.52	2	1.06	.002
nur Beitrags-zahler	2.48	0.63	125	Innerhalb	0.49	1833	$p > .05$	
nein	2.47	0.70	1649					

Die unterschiedlichen Urteilsmaße der (aktiven oder passiven) Mitglieder religiöser Vereinigungen und derjenigen, die keiner solchen Organisation angehören sind insignifikant und müssen als Zufallvariation angesehen werden.

2.7. Mitgliedschaft in einer Gewerkschaft

Das Engagement der Gewerkschaften für die Ostpolitik der Regierung ließ vermuten, in der aktiven Mitgliedschaft zu einer Gewerkschaft einen wesentlichen Faktor gemeinsamer Varianz mit der ‚Einstellung zur Ostpolitik' identifizieren zu können.

Tab. 2.7.2. zeigt, daß Gewerkschaftsmitglieder die Ostpolitik zwar signifikant positiver bewerten – zwischen aktiven Mitgliedern und solchen, die nur ihren Beitrag zahlen besteht dabei kein Unterschied –, daß der durch die Mitgliedschaft aufgeklärte Varianzanteil jedoch kaum nennenswert ist. Allerdings erscheint die Möglichkeit eines deutlicheren Ergebnisses stark durch die sehr ungleichen Gruppenzahlen (d. h. die geringe Zahl befragter Gewerkschaftsmitglieder) beeinträchtigt.

Tab. 2.7.1.: Konfliktbereitschaft gegenüber Polen – differenziert nach der Mitgliedschaft in einer Gewerkschaft.

Mitgliedschaft in Gewerkschaft	M	SD	N	Varianz	MQS	df	F	ETA²
aktiv	3.53	0.76	74	Zwischen	5.26	2	10.66	.011
nur Beitrags-				Innerhalb	0.49	1843	$p < .01$	
zahler	3.59	0.65	255					
nein	3.38	0.71	1517					

Tab. 2.7.2.: Einstellung zur Ostpolitik – differenziert nach der Mitgliedschaft in einer Gewerkschaft.

Mitgliedschaft in Gewerkschaft	M	SD	N	Varianz	MQS	df	F	ETA²
aktiv	2.25	0.69	74	Zwischen	6.86	2	14.17	.015
nur Beitrags-				Innerhalb	0.48	1843	$p < .01$	
zahler	2.31	0.65	255					
nein	2.52	0.70	1517					

Das Ergebnis hinsichtlich der ‚Konfliktbereitschaft gegenüber Polen' ist analog. Gewerkschaftsmitglieder (aktive und passive) sind weniger geneigt, konfliktbetontem politischen Verhalten gegenüber Polen zuzustimmen (Tabelle 2.7.1.).

2.8. Parteipräferenz

Parteipräferenz als Kriterium der Klassifikation der Befragten bezieht sich auf die Reaktion bei der Frage nach der Partei, die der Befragte wählen würde, ,wenn am nächsten Sonntag Bundestagswahl wäre'. (Wegen der sehr geringen Gruppengrößen wurden Präferenzen für andere als die aufgenommenen Parteien nicht in die Tabellierung und Varianzanalyse einbezogen.) Die Präferenzenverteilung zeigt für den Erhebungszeitpunkt einen noch stärkeren Vorsprung der SPD, als diese ihn bei den Wahlen wenige Monate später erreichte.

Tab. 2.8.1.: Einstellung zu Polen – differenziert nach der Parteipräferenz.

Partei-präferenz	M	SD	N	Varianz	MQS	df	F	ETA²
CDU/CSU	4.80	0.98	605	Zwischen	3.45	2	3.50	.005
SPD	4.68	1.00	804	Innerhalb	0.98	1476	p<.05	
FDP	4.56	0.97	70					

Tabelle 2.8.1. zeigt, daß Personen mit unterschiedlicher Parteipräferenz sich signifikant in der ,Einstellung zu Polen' unterscheiden. Anhänger der CDU/CSU bewerten ,Polen' negativer als Anhänger von SPD und FDP, wobei diejenigen der FDP am wenigsten negativ eingestellt sind. (Signifikante Unterschiede bei den Einstellungsmaßen für die übrigen Völker-Konzepte in Zusammenhang mit unterschiedlicher Parteipräferenz finden sich lediglich noch bei ,Ostdeutschen' und ,Russen', wo SPD-Anhänger jeweils die weniger negative und CDU/CSU-Sympathisanten die stärker negative Position einnehmen; FDP-,Wähler' liegen jeweils dazwischen.)
Während die Parteipräferenz bei der ,Einstellung zu Polen' nur äußerst geringfügig zur Varianzaufklärung beiträgt, ist sie bei weitem der beste Indikator für die ,Konfliktbereitschaft gegenüber Polen' und die ,Einstellung zur Ostpolitik' (Tabellen 2.8.2. und 2.8.3.).

Tab. 2.8.2.: Konfliktbereitschaft gegenüber Polen – differenziert nach der Parteipräferenz.

Partei-präferenz	M	SD	N	Varianz	MQS	df	F	ETA²
CDU/CSU	2.99	0.59	620	Zwischen	109.90	2	302.73	.285
SPD	3.77	0.61	828	Innerhalb	0.36	1518	p<.01	
FDP	3.72	0.65	73					

Tab. 2.8.3.: Einstellung zur Ostpolitik – differenziert nach der Parteipräferenz.

Partei-präferenz	M	SD	N	Varianz	MQS	df	F	ETA²
CDU/CSU	3.00	0.60	620	Zwischen	159.61	2	525.78	.409
SPD	2.06	0.51	828	Innerhalb	0.30	1518	p<.01	
FDP	2.16	0.55	73					

Deutlich stärker als Anhänger der SPD und FDP sind die der CDU bzw. CSU bereit, konfliktförderndes Verhalten gegenüber Polen zu befürworten; am weitesten gehen die Sympathisanten der SPD, demgegenüber entschieden politisches Verhalten gegenüber Polen im Sinne von Kooperation und Geltenlassen polnischer Standpunkte zu wünschen. Insgesamt mehr als 28 % der Variabilität der Urteile auf der Skala der ‚Konfliktbereitschaft gegenüber Polen' wird durch die Parteipräferenz aufgeklärt.

Noch größer ist der Anteil der durch sie erklärten Varianz bei der ‚Einstellung zur Ostpolitik' (41 %). Die Ostpolitik der Regierungskoalition trennt weitgehend die Anhänger ihrer Parteien von jenen der CDU/CSU-Opposition durch das Ausmaß der Befürwortung oder Ablehnung; die Sympathisanten der FDP, obwohl in dieser Frage denen der SPD näher als jenen der CDU/CSU, nehmen eine dazwischenliegende Position ein.

3. ZUSAMMENFASSUNG

Nach einer Klärung der Art von Variablen-Interdependenzen im Rahmen der vorliegenden Analysen als Deskription nicht-kausaler Zusammenhänge wurden folgende ‚demografische' Merkmale zur Erklärung der Variabilität der ‚Einstellung zu Polen', ‚Konfliktbereitschaft gegenüber Polen' und ‚Einstellung zur Ostpolitik' herangezogen: Geschlecht, Alter, Schulbildung, Einkommen, Wohnortgröße, Konfession (und Mitgliedschaft in einer religiösen Vereinigung), Mitgliedschaft in einer Gewerkschaft und Parteipräferenz.

Diese Merkmale erwiesen sich insgesamt als wenig geeignet, die Variabilität der ‚Einstellung zu Polen' effektiv zu erklären, obwohl bei einigen von ihnen hochsignifikante Differenzen festgestellt werden konnten.

Für die ‚Konfliktbereitschaft gegenüber Polen' und die ‚Einstellung zur Ostpolitik' (die hoch miteinander korreliert sind), war die Varianzaufklärung durch die herangezogenen demografischen Merkmale zwar weitgehend nur mäßig, jedoch jeweils etwas höher. Nur der Parteipräferenz kam außergewöhnliche Differenzierungskraft für diese Einstellungsvariablen zu.

LITERATUR

Bredenkamp, J. 1969. Experiment und Feldexperiment. In: Graumann, C. F. (Hrsg.): Handbuch der Psychologie, Bd. 7 Sozialpsychologie, 1. Halbband. Göttingen, 332–374.

Bredenkamp, J. 1970. Über Maße der praktischen Signifikanz. Zeitschrift für Psychologie 177, 310–318.

Bredenkamp, J. 1972. Der Signifikanztest in der psychologischen Forschung. Frankfurt am Main.

Fröhlich, W. D. u. Becker, J. 1971. Forschungsstatistik. Bonn.

Galtung, J. 1964. Foreign policy opinion as a function of social position. Journal of Peace Research 1, 206–231.

Galtung, J. 1967. Social position, party identification and foreign policy orientation: A Norwegian case study. In: Rosenau, J. N. (ed.): Domestic sources of foreign policy. New York: Free Press, 161–193.

Hahn, H. 1970. Correlates of public sentiment about war: Local referenda on the Vietnam-issue. American Political Science Review 64, 1186–1198.

Hays, W. L. u. Winkler, R. L. 1971. Statistics: probability, inference, and decision. New York: Holt, Rinehart and Winston.

Hero, A. 1969. Public reaction to government policy. In: Robinson, J. P., Rusk, J. G. u. Head, K. B.: Measures of political attitudes. Ann Arbor (Mich.): Survey Research Center, Institute for Social Research, Chap. 2, 23–78.

Kothandapani, V. 1971. Validation of feeling, belief, and intention to act as three components of attitude and their contribution to prediction of contraceptive behavior. Journal of Personality and Social Psychology 19, 321–333.

Lipset, S. M. 1959. Democracy and working-class authoritarianism. American Political Science Review 24, 482–501.

Lipset, S. M. 1960. Political man. The social bases of politics. Garden City (N.Y.): Doubleday.

Modigliani, A. 1972. Hawks and doves, isolationism and political distrust: An analysis of public opinion on military policy. American Political Science Review 66, 960–978.

Ostrom, T. M. 1969. The relationship between the affective, behavioral, and cognitive components of attitude. Journal of Experimental Social Psychology 5, 12–30.

Rosenberg, M. J. 1965. Images in relation to the policy process. American public opinion on cold war issues. In: Kelman, H. C. (ed.): International behavior. New York: Holt, Rinehart and Winston, 278–334.

Six, B. 1974 Norm und Verhalten. In: Bergler, R.: Sauberkeit. Bern: Huber, 140–169.

Zimmermann, E. 1972. Das Experiment in den Sozialwissenschaften. Stuttgart.

4. KONFLIKT- UND KOOPERATIONSTENDENZEN GEGENÜBER POLEN AUS SOZIOLOGISCHER SICHT

von Th. Kutsch

1. ZUM ZIEL UNSERER UNTERSUCHUNG

Diese Untersuchung wurde angeregt durch die große Diskussion in der Öffentlichkeit, welche die „neue Ostpolitik" der Bundesregierung zu Beginn der siebziger Jahre auslöste. Hierbei gab und gibt es drei Meinungs-Gruppen von Personen, die mehr oder minder „professional" ihre Meinungen darüber abgaben, wie die bisherigen Beziehungen zu den Ländern des Ostblocks einzuschätzen seien und wie sie sich verbessern ließen: einmal die Gruppe der „Professionellen", der Politiker; dann die Gruppe derjenigen, die es sich zum Ziel gesetzt haben, die politischen Ereignisse dem Bürger verständlich zu machen, nämlich die Journalisten bei Presse, Funk und Fernsehen; und nicht zuletzt die „Öffentlichkeit" – die Gruppe der Bürger selbst. Diese zuletzt genannte Gruppe wird häufig im Zusammenhang mit politischen Ereignissen als „schweigende" Öffentlichkeit apostrophiert; – zumindest ist es eine Gruppe, die ihre Meinung zu den aktuellen Ereignissen nicht so „automatisch" artikuliert, wie dies bei den beiden anderen Gruppen der Fall ist. Dies reizte uns, in dieser Untersuchung einmal die Meinung der „schweigenden Mehrheit" zur Ostpolitik zu untersuchen.

Sicher ist es so, daß die einzelnen, eben erwähnten Gruppen nicht uninteressiert sind an der Meinung der jeweils anderen Gruppen zu den aktuellen Anlässen – im Gegenteil: häufig äußern Politiker Spektakuläres, um für sich die rechte „Öffentlichkeitsarbeit" der Journalisten zu inszenieren, – und häufig schieben Journalisten Politikern Meinungen unter, die sie dann als „Knüller" wieder verkaufen können. Doch beide Gruppen tun dies alles letztendlich mit einem Auge auf die dritte Gruppe – die gesamte Bevölkerung.

Die Politiker hatten bei ihren ersten Vorstößen in Sachen Ostpolitik Vermutungen über die bisherige Stimmungslage, und auch darüber, wie ihre Politik „ankommen" würde. Dies traf auch speziell bezüglich der neuen Politik gegenüber Polen zu, die dann in dem Warschauer Vertrag fixiert wurde. Unter Politikern und in den Medien war die Vermutung verbreitet, die Politik der Bundesregierung gegenüber Polen könnte durch tiefverwurzelte Vorurteile gegenüber Polen auf weitgehende Ablehnung stoßen. Immer-

hin war ja auch die Einstellung des nicht unbeträchtlichen Teils an Flüchtlingen, Heimatvertriebenen und Aussiedlern in Rechnung zu stellen, die ja
immer wieder ihren Anspruch auf eine „gerechte Lösung" angemeldet hatten.
Wir wollten nun prüfen, ob die aktuelle Meinung in der Bevölkerung tatsächlich solche unveränderlichen Tendenzen aufwies, oder ob sie nicht stärker
von der spezifisch politischen Einstellung „Aussöhnung mit dem Osten" und
der Beurteilung des Vorgehens der Politiker hierbei beeinflußt wurde, als
durch Grundeinstellungen.
Anhand unserer Ergebnisse werden wir zeigen, daß den Grundeinstellungen
nicht die Bedeutung zukam, welche die Politiker vermuteten!

2. DER INDEX DER SOZIALEN POSITION: „CENTER – PERIPHERY" –
   INDEX

In einer Vielzahl von Analysen werden die wesentlichsten Kriterien zur Beschreibung der sozialen Position von Personen selektiv, in unterschiedlichem
Umfang und mit unterschiedlichem Erfolg eingesetzt. Wie verschiedene Analysen ergeben haben, steigt die Erklärungskraft des eingesetzten Instrumentariums, wenn die Variablen nicht mehr vereinzelt, sondern als logisch konsistent konstruierte „geballte Ladung" eingesetzt werden.
Dieser gesteigerte Anspruch an die heranzuziehenden Instrumente reduziert
natürlich auf drastische Weise deren Anzahl und Verfügbarkeit. Hier stehen
nur wenige Konzepte zur Verfügung, mit deren Hilfe sich die „soziale Position" von Personen eindeutig und zufriedenstellend identifizieren läßt. Ein
Instrument dieser Art ist etwa der Schicht-Index, wie er von E. K. Scheuch[1]
vorgeschlagen und standardisiert wurde. Zum anderen wurde insbesondere
von Johan Galtung[2] als Instrument zur Beschreibung der sozialen Position
der „Center-Periphery-Index" vorgeschlagen. Hierbei handelt es sich um
einen additiven Index, in dem möglichst viele der relevanten demographischen Variablen dichotomisiert berücksichtigt werden. Galtung schlägt eine
simple Dichotomisierung der einbezogenen Variablen vor, wobei in jedem
Falle überlegt werden muß, welche „Hälfte" nach dem Kriterium der politi-

---

[1] Vgl. E. K. Scheuch, An Instrument to Measure Social Stratification in Western
Germany, in: Transactions of the Third World Congress of Sociology, Vol. VIII,
Amsterdam 1957, S. 185–189.
und:
E. K. Scheuch, Sozialprestige und soziale Schichtung, in: Kölner Zeitschrift für
Soziologie und Sozialpsychologie, Bd. 13, Sonderheft 5, „Schichtung und Mobili-
tät", Köln und Opladen 1965.
[2] Johan Galtung, Foreign Policy Opinion as a Function of Social Position, in:
The Journal of Peace Research, Nr. 3–4, 1964, S. 206–231.
Der Gedanke der center-periphery-Differenzierung der Gesellschaft geht auf
Stein Rokkan, Norwegen, zurück.

schen Einflußmöglichkeit und Perspektive im weitesten Sinne eher der „Pheripherie", und welche eher dem „Zentrum" zuzuordnen ist. Bei der Konstruktion des Index folgten wir weitestgehend Galtung's Vorschlägen. In dem Index berücksichtigten wir die folgenden Variablen: Geschlecht, Schulbildung, Alter, Größe des Wohnorts („wo aufgewachsen"), persönliches Monatseinkommen, Berufskategorie, Berufsbereich. Insgesamt soll durch jeweils spezifische Addition der empirisch vorfindbaren Charakteristika im umfassenden Sinne die soziale Position der Person beschrieben werden.

Galtung formuliert nun in seiner „Center-Periphery-Theory" einige Hypothesen, die sich folgendermaßen generalisieren lassen: Personen im „Zentrum" der Gesellschaft haben mit größerer Wahrscheinlichkeit ein präziseres Wissen darüber, was die Gesellschaft ist und was die möglichen und verfügbaren Mittel sind, und zwar instrumental, nach technischer Eignung, und sozial akzeptabel – während Personen der „Peripherie" diese Eigenschaften und Kenntnisse in weitaus geringerem Maße aufweisen.

Weiterhin: Politisch bedeutsame Meinungen und Entscheidungen werden durchweg erst im „Zentrum" gebildet und gehen später erst von hier aus auf die „Peripherie" über. Neben dem zuerst benannten statistisch-qualitativen Aspekt ist hier somit auch ein dynamischer Aspekt im Sinne der Abfolge von Meinungen und Entscheidungen impliziert. Diese generelle „dynamische" Hypothese wollen wir nun im folgenden testen.

3.   DIE SOZIALE POSITION DER BEFRAGTEN – UND IHRE EINSTELLUNG ZU POLEN UND ZUR NEUEN OST-POLITIK IN BEZUG AUF KONFLIKTHAFTIGKEIT BZW. KOOPERATIONSBEREITSCHAFT

Den Befragten wurden unter anderem dreißig Behauptungen zur Beurteilung vorgelegt, die auf das Verhältnis zwischen Ost und West im allgemeinen abstellen und zum Teil speziell auf die Beziehung zwischen der Bundesrepublik Deutschland und Polen hin formuliert waren. Die Ergebnisse der repräsentativen Befragung in der Bundesrepublik lassen sich nun in mehrfacher Hinsicht ordnen und analysieren. Im folgenden wollen wir hierbei zwei Aspekte kombinieren: Wir wollen die Behauptungen einmal danach ordnen, zu welchem Grad ihnen generell von den Befragten zugestimmt wird, wie hoch also die Akzeptierungsquote ist („stimme völlig bzw. überwiegend zu"), und wollen zum anderen innerhalb dieser Rangordnung analysieren, in welchem Ausmaß sich hier Differenzen zwischen der Zentrum-Population und der Peripherie-Population ergeben.

Die Ergebnisse stellen wir in der Weise dar, daß wir die Statements in der durch die obige Überlegung festgelegten Reihenfolge anführen und inhaltlich auch verbal zu einem Einstellungssyndrom verbinden. Damit bezwecken wir, insgesamt ein aktuelles „Stimmungsbild" der deutschen Bevölkerung gegenüber Polen darzustellen, und dabei intern noch einmal zu differenzieren, wie hier Abweichungen nach Zentrum- bzw. Peripherie-Position der Befragten zu verzeichnen sind. So wollen wir mit dem am stärksten akzeptierten Statement beginnen und von hier aus fortfahrend die nachfolgenden Statements anschließen:

Nebenordnung der Ergebnisse in Prozent	Zustimmung im Sample (insgesamt)	Vergleich: Peripherie/ Zentrum	Überhang: + = Zentrum − = Peripherie
Es ist nur zu begrüßen, daß man in den Verhandlungen mit Polen die alten, ungelösten Probleme lösbar zu machen versucht	80	77/87	+ 10
Durch die Verhandlungen mit dem Ostblock hat die jetzige Regierung gezeigt, daß sie an einer echten Entspannung in Europa interessiert ist	78	76/85	+ 9
Die Gespräche und Verträge mit Polen schaffen Bindungen und Verbindungen, was nur zu begrüßen ist	74	72/78	+ 6
Durch die Ostpolitik der Regierung Brandt/Scheel hat sich unser Verhältnis zum Ostblock erheblich entspannt	71	69/76	+ 7
Die neue Ostpolitik ist eine Politik des Friedens, der Verständigung und des Ausgleichs	69	67/74	+ 7
Durch die neue Ostpolitik hat sich die Stellung der BRD im internationalen Kräftespiel verbessert	68	66/73	+ 7
Der Moskauer Vertrag bietet eine Möglichkeit, auf friedlichem Wege die Verhältnisse in Europa zu ordnen	66	63/72	+ 9
Die Ostpolitik der jetzigen Regierung legt den Grundstein zu einer umfassenden Sicherheit und Zusammenarbeit in Europa	63	61/68	+ 7
Man sollte eine Verstärkung der Handelsbeziehungen mit Polen anstreben, um die polnische Wirtschaft zu stützen	60	58/65	+ 7
Einen Frieden zu sichern ist nur möglich, wenn wir die in Polen bestehenden Verhältnisse anerkennen	55	51/65	+ 14
Eine Anerkennung der polnischen Westgrenze ist zu befürworten, da dadurch der Grundstein zu einer Aussöhnung mit Polen gelegt wird	55	52/62	+ 10
Die bisherigen Ergebnisse der Ostpolitik können nicht ganz befriedigen	53	52/55	+ 3
Die gegenwärtige Ostpolitik mag zwar ihre Fehler haben, gegenüber der Programmlosigkeit der CDU/CSU in diesen Fragen steht sie aber immer noch gut da	52	49/59	+ 10

Nebenordnung der Ergebnisse in Prozent	Zustimmung im Sample (insgesamt)	Vergleich: Peripherie/Zentrum	Überhang: + = Zentrum — = Peripherie
Da der Verlierer eines Krieges schon immer mit Gebietsabtretungen zu zahlen hatte, ist es gar nichts besonderes, wenn deutsches Territorium an Polen fällt	47	45/51	+ 6
Wenn die gegenwärtige Ostpolitik weniger forsch und besser abgesichert wäre, könnte man sie leichter gutheißen	46	46/46	+ — 0
In den Verträgen von Moskau und Warschau sind einfach zu viele Zugeständnisse von unserer Seite enthalten	46	48/42	— 6
Die Ostpolitik der derzeitigen Bundesregierung ist ein bißchen zuviel auf schnelle Erfolge und ein bißchen zu wenig auf dauerhafte Sicherung des Friedens ausgerichtet	45	45/44	— 1
Nach dem Unrecht, das im Namen des deutschen Volkes Polen gegenüber geschehen ist, müssen wir zu Opfern bereit sein	44	41/51	+ 10
Durch den deutsch/polnischen Vertrag werden deutsche Rechtspositionen unnötigerweise aufgegeben	39	40/37	— 3
Die großen Zugeständnisse, die von der BRD an Polen gemacht worden sind, wiegen die dadurch erzielten geringfügigen Verbesserungen nicht auf	36	37/33	— 4
Man darf niemals auf deutsches Land in Polen verzichten, denn die Wahrung des Rechts auf Heimat hat unbedingten Vorrang	35	39/27	— 12
Schon durch die völlig verschiedene Mentalität der Polen und der Deutschen ist ein Verständnis zwischen beiden Ländern sehr erschwert	33	35/28	— 7
Eine Kapitulationsgrenze wie die heutige zwischen Deutschland und Polen darf niemals eine Versöhnungsgrenze sein	32	33/30	— 3
Wenn wir so weitermachen, haben wir ohne Gegenleistung alles verschenkt, was uns in Polen von Rechts wegen zusteht	30	32/25	— 7
Brandt's Ostpolitik ist eine schleichende Kapitulation vor den Forderungen des Ostens	26	28/23	— 5
Die Verhandlungen mit dem Osten führen letzten Endes in eine Sackgasse	22	23/19	— 4
Die derzeitige Bundesregierung begeht mit ihrer Ostpolitik Verrat an der deutschen Sache	16	18/12	— 6

Nebenordnung der Ergebnisse in Prozent	Zustimmung im Sample (insgesamt)	Vergleich: Peripherie/ Zentrum	Überhang: + = Zentrum — = Peripherie
Die Polen haben es wirklich nicht verdient, daß wir ihnen in irgendeiner Form helfen	13	14/11	— 3
Die Greueltaten der Polen an der deutschen Bevölkerung müssen gesühnt werden	12	13/11	— 2
Die Verträge mit Moskau und Polen verstoßen gegen das Grundgesetz; Brandt und Genossen gehörten eigentlich vor ein Gericht	9	10/ 7	— 3

Bei dieser Häufigkeitsunterteilung lassen sich folgende Gruppen bilden bzw. Unterteilungen vornehmen:

1) Zwischen den Statements mit 63 % bzw. 60 % Zustimmung insgesamt. Alle Statements, die in der Zustimmungsquote über dieser Grenze liegen, sind wenig umstritten.

2) Zwischen den Statements mit 44 % bzw. 39 % Zustimmung insgesamt. Alle Statements, die in der Zustimmungsrate über dieser Schwelle liegen, finden wenigstens bei einer der beiden Gruppen (Peripherie/Zentrum) nahezu 50 % Zustimmung.

3) Zwischen den Statements mit 22 % bzw. 16 % Zustimmung. Alle unter dieser Schwelle liegenden Statements lassen sich eindeutig als Minoritätsmeinungen klassifizieren.

Anhand unserer Gesamt-Anordnung und bei Würdigung des dominierenden und typischen Charakters der jeweiligen Statements pro Gruppe läßt sich feststellen: Es lassen sich hauptsächlich zwei Typen von Ergebnissen formulieren. Einmal solche, die sich aufgrund der dargestellten Gruppierung nach der Häufigkeit der Zustimmung ergeben; zum zweiten solche, die eine deutlich unterschiedliche Stellungnahme der Peripherie- bzw. Zentrum-Population deutlich werden lassen.

3.1.   Erkenntnisse aufgrund der gruppierten Häufigkeitsverteilung

1) Für die wenig kontroversen (hoch akzeptierten) Statements wird unseres Erachtens deutlich, daß hier *Ziele* bejaht werden, die als Maximen politischen Handelns akzeptiert werden.

2) Bei den mittleren Statements (44 % – 60 % Zustimmung) findet sich konzentriert die *Verfahrenskritik* an der Vorgehensweise der Politiker.

Man könnte die Ergebnisse von 1) und 2) so auf einen gemeinsamen Sinn hin interpretieren: Über generelle Ziele kann Einigkeit bestehen, aber es führen sehr verschiedene Wege dahin, und eben über die Wahl des richtigen Weges werden die Meinungen kontrovers. Somit können wir als *Fazit* formulieren: Nicht die Ebene der Grundeinstellungen beinhaltet den meisten Konfliktstoff, sondern die Ebene der Ausführung!

3.2. Unterschiedliche Stellungnahmen nach Zentrum-Peripherie-Position

1) Das Kontinuum von der höchsten bis zur niedrigsten Akzeptierung weist eine klare und eindeutige Sortierung der befragten Populationen auf: In der „oberen Hälfte", wo insgesamt die hohen Akzeptierungsraten zu verzeichnen sind, überwiegt ausnahmslos noch einmal intern die Zentrum-Population; umgekehrt ist demgegenüber in der zweiten Hälfte der zu einem geringeren Anteil akzeptierten Statements (bis auf eine Ausnahme) regelmäßig ein Überhang der Peripherie-Population zu verzeichnen.

Die These von Galtung kann somit aufgrund unserer Ergebnisse gestützt werden: Personen des Zentrums sind die Befürworter neuer politischer Initiativen, sie adaptieren zuerst die Vorstellungen der neuen Politik.

2) Wenn wir eine Prozentpunktdifferenz von .10 als Relevanz-Kriterium definieren, dann zeigt sich, daß häufiger ein relevanter „positiver Vorsprung" der Zentrum-Population zu verzeichnen ist, nämlich insgesamt fünfmal. Dem steht nur ein einziger relevanter „negativer Überhang" der Peripherie-Population gegenüber. Eine Saldierung der jeweiligen Überhänge bringt folgerichtig ein ähnliches Ergebnis: Überhang des „Zentrums" insgesamt $= + 122$; Überhang der „Peripherie" insgesamt $= - 66$. Mit anderen Worten: Die Peripherie-Population lehnt im Durchschnitt nur halb so stark eher ab, wie die Zentrum-Population stärker zunimmt.

Dies kann in zwei Richtungen gedeutet werden: Einmal so, daß die Ablehnung nicht so gravierend gemeint ist; zum anderen könnte der Grund aber auch darin zu sehen sein, daß Ablehnung und Nein-Sagen gegenüber der „offiziellen" Politik immer schwieriger zu äußern sein dürfte als die entsprechende Zustimmung.

Fazit: Die je unterschiedlich zentrale Position der Personen im Galtung'schen Sinne läßt sich als Indikator für einen unterschiedlich hohen Grad der Akzeptierung der neuen Ostpolitik verwerten. Insgesamt jedoch zeigt sich, daß die Ostpolitik in ihren *Zielen* in der öffentlichen Meinung weniger kontrovers ist, als in der *Verfahrensweise.* Eben die Auseinandersetzung über unterschiedliche Verfahrensweisen ist die dominante Form der Argumentation zwischen den Parteien des Bundestags gewesen. Mithin steht zu erwarten, daß die Einstellung zur Ostpolitik auch stärker durch Parteipräferenzen als durch Einstellungen zum Objekt Polen beeinflußt wird. Auch die Tatsache, daß die Unterschiede nach Zentrum – Peripherie – Position eigentlich erstaunlich wenig ausgeprägt sind, läßt unseres Erachtens vermuten, daß sich hinter diesen – geringeren – Unterschieden noch ein Drittfaktor verbirgt. Die zuletzt vorgestellten Ergebnisse der gruppierten Häufigkeiten legen die Vermutung nahe, daß dieser Drittfaktor die Parteipräferenz der Befragten ist. Dieser Frage wollen wir nachgehen.

4. PARTEIPRÄFERENZ, ORT DES AUFWACHSENS UND GRAD DER ZUSTIMMUNG ZUR OSTPOLITIK[3]

Generell gehen wir davon aus, daß die längerfristig erlebte regional/politisch fixierte Atmosphäre auch die Meinungen prägt. Unsere Daten stützen diese Vermutung: In den Bundesländern, die überwiegend SPD-Regierungen aufweisen, finden sich die erststelligen Rangpositionen der Zustimmung zur Ostpolitik, während die letzten Rangpositionen der Zustimmung vorwiegend in den CDU/CSU-regierten Ländern vorzufinden sind[4]. Ein Test dieses Aspekts läßt sich in der Weise vornehmen, daß die Rangpositionen der SPD-regierten Länder addiert werden – wobei wir insgesamt auf 25.5 Punkte kommen, während eine Addition der Rangpositionen in den CDU-regierten Ländern eine Summe von 62.5 ergibt. Dieses Ergebnis stützt unsere Vermutung (eine Addition erststelliger Rangpositionen ergibt insgesamt eine geringere Gesamtsumme). (Vgl. Tab. 1, 2, 3.)

Schließlich: Personen, die in der heutigen DDR bzw. in den anderen deutschen Ostgebieten aufgewachsen sind, weisen hohe nachstellige Rangziffern auf, sind also tendenziell eher gegen die Statements bzw. nicht so stark dafür eingestellt wie den übrigen Befragten (vgl. Tab. 1). Dieses Detailergebnis ließe

---

[3] Im Vorstehenden hatten wir die Statements nach der Höhe ihrer generellen Akzeptierung geordnet vorgelegt. Wir hatten feststellen können, daß die auf generelle Ziele hin formulierten Statements den höchsten Grad an Konsensus und Akzeptierung auf sich vereinigen konnten. Diese hoch akzeptierten Statements interessieren nun besonders. Wir werden im folgenden diejenigen aufgreifen, bei denen mehr als zwei Drittel der Befragten (66 % und mehr – die „obersten" sieben Statements) sich zustimmend äußern. Bei diesen ersten sieben Statements können wir sicher sein, daß sie – für die Verhältnisse einer heterogenen Öffentlichkeit – ein beachtliches Maß an Übereinstimmung auf sich vereinigen.

Wir wollen diese Gruppe der hoch zustimmenden Personen daraufhin untersuchen, aus welchem „Lager" sie kommen, bzw. wie sie sich detaillierter beschreiben und bestimmten sozialen Gruppierungen zuordnen lassen.

[4] Dem widerspricht z. T. ein etwas anders gelagertes Ergebnis, das von Marlies Stoffels vorgelegt wurde, die feststellt: „Bei beiden Gruppen (SPD/FDP-Wählern und CDU/CSU-Wählern, der Verf.) ist das Bild des Polen im großen und ganzen ungefähr gleich negativ." Gleichzeitig stellt sie aber auch fest: „Das Polaritätenprofil des Polen und des Deutschen ähnelt sich bei den SPD/FDP-Wählern mehr als bei den CDU-Wählern."

Vgl. Marlies Stoffels, „Die Einstellung der Bevölkerung zu einer Politik der Entspannung – untersucht am Beispiel der Ost- und Deutschlandpolitik der Regierung Brandt/Scheel." Unveröff. Diplomarbeit, Köln 1972, S. 73.

sich u. U. in dem Sinne deuten, daß Personen, die unmittelbar in der Nachbarschaft zu dem anderen Land aufgewachsen sind und somit unmittelbar im „Kulturkonflikt" standen, tendenziell reservierter sind. Als „Gegenbeweis" ließe sich das Ergebnis heranziehen, daß Personen, die am Ausland aufgewachsen sind, tendenziell eher bereit sind, vorbehaltlos dieser neuen Ostpolitik zuzustimmen. Dies wären dann umgekehrt Personen, die nicht unmittelbar persönlich von diesem „Kulturkonflikt" betroffen waren (vgl. Tab. 1).

Diese hauptsächlichen Differenzierungen der Meinungen aufgrund der Parteipräferenz wollen wir nun noch einmal direkt prüfen: In der Tabelle 4 ordnen wir wie bisher schon die zustimmenden Antworten der sieben ausgewählten Statements den Parteipräferenzen zu und errechnen wieder unser Durchschnittsmaß. Hier wird unsere Vermutung sehr deutlich bestätigt: Mit einer Prozentpunktdifferenz von annähernd 35 % liegt die Akzeptierungsquote der SPD/FDP-Sympatisanten über der durchschnittlichen Akzeptierungsquote der CDU/CSU-Sympatisanten[5].

5.   DIE DIFFERENZIELLE BEDEUTUNG DER „HARTEN" DEMOGRAPHISCHEN DATEN: GESCHLECHT, ALTER UND SCHULBILDUNG

Weiter oben hatten wir schon im „Center-Periphery-Index" einige demographische Variablen gemeinsam als „Einflußprodukt" auf unsere Statements hin bezogen. Wir wollen hier noch einmal differenziert den Einfluß von drei Variablen überprüfen, nämlich von Geschlecht, Alter und Schulbildung, da aus der „kombinierten Analyse" noch nicht ohne weiteres hervorgeht, wo bei den einzelnen Variablen die relevanten Schwellenwerte zu lokalisieren sind. Wie wir schon an anderer Stelle nachweisen konnten[6], ist es anscheinend insbesondere in bezug auf solche makrosoziologischen und politischen Orientierungen ein typisches Muster, daß männliche Befragte gegenüber politischen Neuerungen aufgeschlossener und allgemein mit dieser Perspektive und Ab-

---

[5] Wie wir weiter oben schon vermuteten, überdeckt die Variable „Parteipräferenz" weitere Einstellungsdifferenzierungen. So vermuten wir, daß bei einer Tabellenanalyse, in der die Variable „Parteipräferenz" konstant gehalten wird (also pro Präferenzgruppe getrennt die Analyse durchgeführt wird), sich die angenommene „regionale Differenzierung der Meinungen" deutlicher abzeichnet. Leider war es uns aufgrund von Begrenzungen des Computer-Zugangs nicht möglich, eine solche Detailanalyse noch durchzuführen. So sind wir über den zusätzlich noch möglichen Grad des Nachweises unserer These auf Vermutungen angewiesen. Auch war es uns nicht mehr möglich, eine „tree-analysis" mit allen von uns als relevant angesehenen, unabhängigen Variablen durchzuführen, wodurch wir evtl. noch zusätzlich in die Lage versetzt worden wären, den differentiellen Einfluß der einzelnen Variablen in gegenseitiger Abhängigkeit darzustellen.

[6] Vgl. Thomas Kutsch, Die Welt im Jahr 2000 – Analyse einer internationalen Umfrage über die Einstellung zur Zukunft, Kronberg/Taunus 1974.

straktionsebene vertrauter sind als weibliche Befragte, bei denen anhand unserer Daten generell ein geringeres Interesse an politischen Fragen festzustellen war. Wenn wir nun die uns hier vorliegenden Daten ansehen, so sehen wir unsere Vermutung tendenziell bestätigt: Bei allen sieben Statements findet sich ein leichter Überhang der Akzeptierung bei den männlichen Befragten, der zwar nicht übermäßig groß, aber immerhin doch deutlich sichtbar ist. Auch bei der international vergleichenden Erhebung im „Jahr-2000-Projekt" konnten wir eine frappierend ähnlich dimensionierte Tendenz feststellen: der Unterschied zwischen den Einstellungen der Männer und Frauen war nicht überwältigend, aber auf dieser großen empirischen Basis zeigt sich durchgängig ein Vorsprung der Männer bezüglich der Aufgeschlossenheit gegenüber politischen Problemstellungen bzw. Fragen von „allgemeinem Interesse".

Wie ist es nun bei einer Differenzierung nach der Jugend bzw. dem Alter der Befragten? Ist es so, daß die Jugend dem Neueren gegenüber aufgeschlossener ist und vorbehaltloser die neue Ostpolitik als gut akzeptiert? Die Daten geben uns die Möglichkeit zu einer differenzierten Antwort in dieser Hinsicht (vgl. Tab. 6): Es sind insbesondere die 21–40jährigen, welche die neue Politik besonders deutlich und stark akzeptieren. Diese Altersgruppe wird mit einer gewissen Abstufung von den Jüngeren (den 18–20jährigen) und den etwas Älteren (den 41–50jährigen) „eingerahmt", die mit einem gewissen Abstand dieser Politik zustimmen, während die Befragten ab dem Alter von 51 Jahren noch einmal deutlich darunter liegen.

Was bedeutet diese U-Form nun inhaltlich? Liegen die Motive der ganz Jungen (von 18–20 Jahren) und der Älteren (von 41–50 Jahren) auf einer Linie? Ist dies ein Ergebnis, das die These von der post-figurativen Phase der Jugend stützt, nach der eben überwiegend Perspektive und Interpretationsraster der Eltern-Generation übernommen werden? Wir glauben, daß diese These in dem Maße weniger zutrifft, wie die Bildung (der Jugend) zunimmt. So wollen wir zuerst einmal den Einfluß der Bildung prüfen (vgl. Tabelle 7): Unser Test zeigt hier bei der Berechnung unseres Durchschnittsmaßes, daß die Höhe der Akzeptierung auch bei aufsteigender Bildung zuerst ungefähr gleich bleibt, bis dann bei der höchsten Bildungsstufe, bei den Personen mit akademischer Bildung, ein starker Zuwachs der Akzeptierung und Zustimmung zur neuen Ostpolitik zu verzeichnen ist.

Dieses Ergebnis beantwortet nun noch nicht direkt unsere Frage. So wollen wir unsere drei Variablen kombinieren und direkt prüfen, wie stark die Zustimmung der 18–20jährigen zu den sieben „populärsten" Statements ist, differenziert nach Bildungsgruppen. Und hier zeigt sich deutlich, was wir vermuteten: Auch in dieser „jungen" Altersgruppe ist Bildung ein bedeutsamer Faktor. Mit steigender Bildung werden auch hier Durchschnittswerte der Akzeptierung erreicht, die dem „hohen Niveau" der 21–40jährigen bei dem Alters-Test entsprechen (vgl. Tabelle 8).

Auch die Gegenprobe mit den sieben am schwächsten akzeptierten Statements erbringt ein ähnliches Ergebnis (vgl. Tabelle 9).

6. DIE BEDEUTUNG LANGFRISTIG BEWUSSTER INFORMATIONSAUFNAHME ÜBER POLEN FÜR DIE WAHL DER STATEMENTS

Die Ergebnisse bisher zeigen schon, daß die Bewertungen vermutlich zum einen viel flexibler sind als die Kenntnisse, und daß die Bewertungen zum anderen viel mehr durch unmittelbare politische Ereignisse beeinflußt werden. So wird unseres Erachtens aus den bisher vorgestellten Daten deutlich, daß aktuelle politische Tagesdiskussionen und dementsprechende Parteipräferenzen das Bild bestimmen.

Zweifellos nahm die Diskussion über die neue Ostpolitik zum Befragungszeitpunkt (Sommer 1972) einen breiteren Raum ein also sonst. Aus dieser Überlegung heraus erschien es uns wichtig, einen weiteren, diesbezüglich stabileren Indikator zu gewinnen, der längerfristig über eine größere Zeitdistanz hinweg auf Kenntnisse und politische Informationen abstellt. Wir versuchten, eine entsprechende Spezifikation durch folgende Frage zu erzielen: „Wie stark waren Sie bisher am Thema Polen interessiert – sehr stark, weniger stark, kaum, oder gar nicht?" Diese Frage also wollen wir nun den beiden ausgewählten Gruppen der Statements gegenüberstellen (vgl. die Tabellen 10 und 11).

Ein Indikator dafür, daß hier „Interesse" als längerfristiges Informationsbedürfnis interpretiert werden kann, ist darin zu sehen, daß mit der Abnahme des angeführten „bisherigen Interesses" bei den Stellungnahmen die Wahl der Kategorie „unentschieden" zunimmt. Wenn wir nun prüfen, in welcher Weise Personen, die so oder so schon über längere Zeit vor dem Befragungszeitpunkt ein größeres Interesse (und somit mehr Information!) über Polen hatten, die vorgelegten Statements beurteilen, so finden wir: Bei hohem, auch bisher schon existierendem Interesse (und Informationsgrad) wird sowohl den generell hoch akzeptierten (stark kooperationsbereiten) *wie auch* den generell kaum akzeptierten (konflikttendierenden) Statements *vermehrt* zugestimmt. Mit anderen Worten: Mehr Interesse/Information kann sowohl *positive* wie auch *negative* Verstärkung bedeuten. Erst die Kenntnis der sozialen Konditionierungen, die *hinter* dem „Interesse" stehen und dieses auslösen, kann Aufschluß über die Wahl der „friedfertigen" bzw. „konfliktgeladenen" Statements geben. Und das leuchtet ein: „Interesse" ist ambivalent. Das Interesse kann aus Sympathie wie aus Ablehnung groß sein. So kann hinter der Attitüde „starkes Interesse" sowohl die Motivation eines Pazifisten wie auch die eines Heimatvertriebenen und Flüchtlings stehen. Eine Überprüfung der Daten in dieser Richtung dürfte weiteren Aufschluß geben[7].

Unser Fazit hier lautet: Höherer Informationsstand bedeutet zunächst nichts hinsichtlich der Bewertungen. Auch im Rahmen unserer „Jahr 2000-Unter-

---

[7] Diesen Aufschluß konnte H. Hapke – zumindest für die Gruppe der Heimatvertriebenen und Flüchtlinge – geben; vgl. Hans H. Hapke, Einheimische und Vertriebene: Soziologische Aspekte ihrer Einstellungen zum deutsch-polnischen Verhältnis, unveröff. Diplomarbeit, Köln 1973.

suchung"[8] wird deutlich, daß höherer Informationsstand und höhere Bildung vor allem einen anderen Stil (!) der Teilnahme an Politik nahelegen: Sehr viel stärker im Sinne von Wertungen und darüber hinaus Ideologien. Und für die neu in das politische System eintretenden Gruppen gilt tendenziell auch, daß sie Politik eher als Gewissensfrage verstehen, sie also im Sinne von Erklärungen über Ziele und nicht als Urteil über Verhalten beurteilen. Auch hieraus mag sich erklären lassen, warum bei den von uns befragten „Laien" des politischen Geschäfts, bei der normalen Durchschnittsbevölkerung, sehr viel leichter ein hoher Konsens über die großen Ziele zustandekommt als Konsensus über den konkret zum Erfolg führenden Weg bzw. das zu wählende Verfahren.

7.   TABELLENTEIL:

Tab. 1: „Wo sind Sie aufgewachsen?" (Bundesländer)
        (in Klammer: Die Landesregierungen zum Befragungszeitpunkt)
        (C) = CDU/CSU   (S) = SPD   Legende der Bundesländer s. u.

Die sieben am stärksten akzeptierten Statements	SH (C)	HH (S)	BR (S)	NS (S)	NW (S)	RP (C)	HE (S)	SA (C)	BW (C)	BY (C)	WB (S)	DD —	OG —	AL —
1	89	91	87	88	85	72	77	68	78	73	75	73	78	82
2	75	95	75	86	87	64	79	68	75	72	79	75	74	78
3	76	93	69	82	83	65	67	47	71	68	75	71	69	72
4	76	86	81	81	78	57	75	45	67	65	60	69	70	67
5	67	86	75	76	76	59	68	61	67	62	69	68	62	78
6	64	77	81	78	74	55	69	58	66	62	67	61	65	76
7	56	70	47	75	72	63	69	63	66	59	67	67	58	65
Summe:	503	598	515	566	555	435	504	410	490	461	492	484	476	518
∅ (Summe / 7):	72	85	74	81	79	62	72	59	70	66	70	69	68	74
Rangposition:	6.5	1	4.5	2	3	13	6.5	14	8.5	12	8.5	10	11	4.5

Anm.: Pro Feld wurden die beiden zustimmenden Kategorien addiert:
      „Stimme völlig zu" und „stimme überwiegend zu".

Abkürzungen der Bundesländer: SH = Schleswig-Holstein; HH = Hamburg;
      BR = Bremen; NS = Niedersachsen; NW = Nordrhein-Westfalen; RP =
      Rheinland-Pfalz; HE = Hessen; SA = Saarland; BW = Baden-Württemberg; BY = Bayern; WB = West-Berlin; DD = DDR; OG = Ostgebiete;
      AL = Ausland.

[8] Th. Kutsch, „Die Welt im Jahr 2000", a.a.O.

Tab. 2: Bundesländer zum Befragungszeitpunkt (Wohnort heute)

Die sieben am stärksten akzeptierten Statements	SH	HH	BR	NS	NW	RP	HE	SA	BW	BY	WB
1	84	91	78	86	85	74	77	64	79	72	77
2	74	92	79	84	84	65	81	68	43	72	78
3	73	89	74	81	80	65	69	44	69	69	73
4	78	84	90	79	77	58	72	42	67	64	61
5	64	87	79	71	75	61	66	56	67	63	65
6	55	76	74	74	73	60	70	59	66	62	58
7	58	63	61	70	71	62	68	59	65	60	58
Summe:	486	582	535	545	545	445	503	392	456	462	470
∅ (Summe / 7):	69	83	76	78	78	64	72	56	65	66	67
Rangposition:	6	1	4	2.5	2.5	10	5	11	9	8	7

Anm. und Abkürzungen: Wie bei Tab. 1.

Tab. 3: Vergleich: „Wo aufgewachsen?" und „heute wohnhaft"
(aus Vergleichsgründen ohne DD, OG, AL)

	HE	SA	BW	BY	WB	SH	HH	BR	NS	NW	RP
wo aufgewachsen ∅ (Summe / 7):	72	85	74	81	79	62	72	59	70	66	70
heute wohnhaft: ∅ (Summe / 7):	69	83	76	78	78	64	72	56	65	66	67
Summe: „heute" und „aufgewachsen"	141	168	150	159	157	126	144	115	135	132	137
Rangposition „aufgewachsen"	5.5	1	4	2	3	10	5.5	11	7.5	9	7.5
Rangposition „heute"	6	1	4	2.5	2.5	10	5	11	9	8	7
Rangposition „heute" und „aufgewachsen"	6	1	4	2	3	10	5	11	8	9	7

Tab. 4: Hypothetischer Wahlentscheid Bundestagswahl

Die sieben am stärksten akzeptierten Statements	CDU/CSU	SDP	FDP
1	70	89	89
2	60	92	93
3	58	88	89
4	51	87	85
5	44	88	88
6	45	85	85
7	44	86	81
Summe:	372	615	610
⌀ (Summe / 7):	53	88	87

Tab. 5: Geschlecht x Wahl der Statements

Die sieben am stärksten akzeptierten Statements	männlich	weiblich
1	83	78
2	82	76
3	76	72
4	76	67
5	71	67
6	72	65
7	69	63
Summe:	529	488
⌀ (Summe / 7):	76	70

Tab. 6: Alter x Wahl der Statements

Die sieben am stärksten akzepierten Statements	18–20	21–30	31–40	41–50	51–60	61–70	71 und älter
1	80	87	84	80	73	77	71
2	80	86	85	79	68	75	72
3	77	83	81	72	66	66	69
4	68	79	77	71	66	68	59
5	70	77	73	69	64	65	59
6	67	79	72	68	58	64	62
7	65	78	72	66	56	62	54
Summe:	507	569	544	505	451	477	446
$\emptyset$ (Summe / 7):	72	81	78	72	64	68	64
Rangposition:	3.5	1	2	3.5	6.5	5	6.5

Tab. 7: Höchste abgeschlossene Bildungsstufe x Wahl der Statements

Die sieben am stärksten akzepierten Statements	Volks-schule	(Mittel-) Realschule	(Handels-) Berufs-schule	Gymna-sium	Universität
1	77	82	86	82	98
2	77	81	81	80	81
3	72	74	78	78	87
4	71	69	74	68	80
5	68	69	71	67	82
6	66	72	69	69	77
7	65	67	67	68	80
Summe:	496	514	526	512	585
$\emptyset$ (Summe / 7):	71	73	75	73	84

Tab. 8: Die Zustimmung der 18–20jährigen, nach Schulbildung

Die sieben am stärksten akzepierten Statements	Volks- schule	Realschule	(Handels-) Berufs- schule	(Spaltenprozente) (Die beiden restl. Gruppen, „Gymn." und „Uni", waren wegen der eingeschränkten Altersgruppe zu schwach besetzt und wurden daher hier nicht angeführt)
1	81	84	92	
2	79	87	84	
3	74	80	85	
4	73	76	77	
5	70	72	78	
6	69	72	77	
7	68	69	79	
Summe:	514	540	572	
$\emptyset$ (Summe / 7):	73	77	82	
Rangposition:	3	2	1	

Tab. 9: Die Zustimmung (relative Ablehnung) der 18–20jährigen, nach Schulbildung (Spaltenprozente)

Die acht*) am schwächsten akzeptierten Statements	Volks- schule	Realschule	(Handels-) Berufs- schule
1	71	78	79
2	57	65	72
3	59	67	78
4	64	67	75
5	51	51	60
6	51	57	60
7	45	53	64
8	37	38	55
Summe:	435	476	543
$\emptyset$ (Summe / 8):	54	60	68
Rangposition:	3	2	1

*) acht Statements = „unteres" Drittel (weniger als 33 %). Hier wurden die acht letzten Statements gewählt, weil sie alle zumindest von $^2/_3$ der Befragten abgelehnt wurden, und um eine gewisse Kumulation von Minoritätspositionen zu erzielen.

Tab. 10: „Wie stark bisher schon an Polen interessiert" x Wahl der Statements

Die sieben am stärksten akzeptierten Statements	sehr stark	weniger	kaum	gar nicht
1	84	85	81	66
2	83	84	79	67
3	75	79	76	60
4	77	78	78	56
5	74	74	67	53
6	78	74	66	53
7	72	72	64	57
Summe:	543	546	511	412
∅ (Summe / 7):	78	78	73	59
Rangposition:	1.5	1.5	3	4

Tab. 11: „Wie stark bisher schon an Polen interessiert?"

Die acht am schwächsten akzeptierten Statements	sehr stark	weniger	kaum	gar nicht
1	44	42	34	21
2	58	56	44	30
3	61	58	49	33
4	57	58	48	36
5	70	70	61	48
6	68	72	55	36
7	69	65	59	54
8	77	78	67	52
Summe:	504	500	417	310
∅ (Summe / 8):	63	63	52	39
Rangposition:	1.5	1.5	3	4

8. LITERATUR

Adorno, Th. W., et al., The Autoritarian Personality, New York 1950.

Aschenbrenner, Viktor (u. a. Hg.), Die Deutschen und ihre östlichen Nachbarn, Frankfurt/Main 1967.

Birnbaum, Immanuel, Entzweite Nachbarn, München 1968.

Bluhm, Georg, Die Oder-Neiße-Frage, Hannover 1967.

Bluhm, Georg, Die Oder-Neiße-Linie in der deutschen Außenpolitik, Freiburg/Brsg. 1963.

Borgholte, Monika, Margit Fromme, Wolfgang Schellkes, Michael Wunder, Die Behandlung der neuen deutschen Ostpolitik in Presseveröffentlichungen der Bundesrepublik Deutschland, unveröff. Seminararbeit, Köln 1972.

Broszat, Martin, 200 Jahre deutsche Polenpolitik, München 1963.

Bundeszentrale für politische Bildung, 53 Bonn, Berliner Freiheit 7 (Hg.): Informationen zur politischen Bildung, Nr. 142 (Deutsche und Polen 1) „Von der Entstehung des polnischen Staates bis zum Beginn des zweiten Weltkrieges", und: Informationen zur politischen Bildung Nr. 143 (Deutsche und Polen 2) „Vom zweiten Weltkrieg bis zum deutsch-polnischen Vertrag".

Galtung, Johan, Foreign Policy Opinion as a Function of Social Position. In: The Journal of Peace Research, Nr. 3–4, 1964, S. 206–231.

Gatter, Peter, Technologien der Informationsvermittlung, Aspekte der Darstellung ausgewählter Personen und Sachverhalte in dem deutschen Nachrichtenmagazin DER SPIEGEL, unveröff. Diplomarbeit, Köln 1970.

Günzel, Walter, Polen, Hannover 1963.

Habel, Fritz Peter, Helmut Kistler, Kontrovers. Die Grenze zwischen Deutschen und Polen. Hg. v. d. Bundeszentrale für politische Bildung, Bonn, 1970.

Halecki, Oskar, Geschichte Polens, Frankfurt/Main 1970.

Hapke, Hans H., Einheimische und Vertriebene: Soziologische Aspekte ihrer Einstellungen zum deutsch-polnischen Verhältnis, unveröff. Diplomarbeit, Köln 1973.

Handbuch der Presse, Westdeutscher Verlag, Opladen 1970.

Heintz, Peter, Soziale Vorurteile, Köln 1957.

Jacobsen, Hans Ad., Mieczyslaw Tomala, Wie Polen und Deutsche einander sehen, Droste Vlg., Düsseldorf 1972.

Jernsson, Teo, Polen – Gesellschaft, Wirtschaft und Staat im Wandel, Günter Olzog Verlag, München 1972.

Kellermann, Volkmar, Polen heute, Hamburg 1967.

Kellermann, Volkmar, Brücken nach Polen, Verlag Bonn Aktuell, Stuttgart 1972.

Kutsch, Thomas, Die Welt im Jahr 2000 – Analyse einer internationalen Umfrage über die Einstellung zur Zukunft, Kronberg/Taunus 1974.

Manz, Wolfgang, Das Stereotyp, Zur Operationalisierung eines sozialwissenschaftlichen Begriffs, in der Reihe: Kölner Beiträge zur Sozialforschung und angewandten Soziologie, Hg. von R. König und E. K. Scheuch, Band 8, Meisenheim am Glan, 1968.

Meissner, Boris, Die deutsche Ostpolitik 1961–1970, Köln 1970.

Mentzel, Jörg-Peter, Wolfgang Pfeiler, Deutschlandbilder. Die Bundesrepublik aus der Sicht der DDR und der Sowjetunion, Düsseldorf 1972.

Neumann, Rudolf J., Polens Westarbeit, Bremen 1966.

Plat, Wolfgang, Polnische Gegenwart, Frankfurt/Main, 1973, S. Fischer Vlg.

Probleme des Friedens (info) 6. Jahrgang, Heft 7–10, Freiburg 1971: Polen und Deutsche; Heft 11–12 Fortsetzung: Polen und Deutsche, Freiburg 1971.

Rokeach, M., The Open and Closed Mind, New York 1960.

Sarrach, Alfons, Das polnische Experiment. Im Land der schwarzen Königin, Augsburg 1964.

Scheuch, E. K., Sozialprestige und soziale Schichtung, in: Kölner Zeitschrift für Soziologie und Sozialpsychologie, Bd. 13, Sonderheft 5, „Schichtung und Mobilität", Köln und Opladen 1965.

Schimiczek, Stanislawa, Vertreibungsverluste? Westdeutsche Zahlenbeispiele, Warschau 1966.

Society and Sociology in Poland: Views from Polish Intellectuals currently outside Poland; International Journal of Contemporary Sociology, Vol. 10, Jan. 1973, Nr. 1.

Stehle, Hansjakob, Deutschlands Osten – Polens Westen?, Frankfurt/Main 1965.

Stehle, Hansjakob, Nachbar Polen, erw. Neuausgabe S. Fischer, Frankfurt/Main 1968.

Stehle, Hansjakob, Nachbarn im Osten, Herausforderung zu einer neuen Politik. S. Fischer, Frankfurt/Main 1971.

Stoffels, Marlies, Die Einstellung der Bevölkerung zu einer Politik der Entspannung – untersucht am Beispiel der Ost- und Deutschlandpolitik der Regierung Brandt/Scheel, unveröff. Diplomarbeit, Köln 1972.

Strobel, Georg W., Deutsche und Polen (Dokumentation zur Zeit nach 1945), Bonn 1969.

Szaz, Zoltan M., Die deutsche Ostgrenze. Geschichte und Gegenwart, München 1961.

Tomala, Mieczyslaw, Polen nach 1945, Reihe Kohlhammer, Stuttgart, Berlin, Köln, Mainz 1971.

Treinen, Heiner, Symbolische Ortsbezogenheit. Eine soziologische Untersuchung zum Heimatproblem, in Kölner Zeitschrift für Soziologie und Sozialpsychologie, Bd. 17, 1965, S. 73–97 und 254–297.

Treinen, Heiner, Soziologische Aspekte der Integration der Vertriebenen, in Loccumer Protokolle 1967, Die Vertriebenen in der Bundesrepublik, hg. von der Pressestelle der Evangelischen Akademie Loccum.

Wilpert, Friedrich v., Das Oder-Neiße-Problem, 3. Aufl., Leer 1969.

Wirpsza, Withold, Pole, wer bist du?, aus dem Polnischen von Christa Vogel, Frankfurt/Main, 1972.

Zettl, Ludwig, Deutsche und Polen – Dokumente zur Versöhnung, München 1969.

5. DIE EINSTELLUNG DER WESTDEUTSCHEN BEVÖLKERUNG ZU POLEN NACH SOZIODEMOGRAFISCHEN DATEN

von Th. Kutsch und W. Dötsch

1. ENGAGEMENT UND INTERESSE AM THEMA „POLEN"

In einer Untersuchung der „Beziehung zu Polen", die auf Befragungsdaten vom Sommer 1972 basiert, muß sicher berücksichtigt werden, daß dieses Thema zu dieser Zeit emotional und politisch-ideologisch besonders stark „aufgeladen" war. Dies gilt insbesondere für die Schlagworte, welche die politische Diskussion bestimmten und noch bestimmen. So nahm etwa die Kennzeichnung „Vertrag mit Polen" nach den intensiven politischen Diskussionen dieser Zeit zwischen den Parteien in der Bundesrepublik eine stark symbolische Bedeutung an.

Wir versuchten daher, die ideologisch-symbolische Bedeutung der in den Diskussionen häufig benutzten Schlüsselbegriffe so weit wie möglich zu „hinterfragen", bzw. durch die Benutzung möglichst wenig polarisierender Fragestellungen zu ersetzen. Dabei gingen wir von der Annahme aus, daß bei einer Verwendung von eher ‚unbelasteten' Begriffen und bei einer differenzierten Abfrage der Meinungen und Einstellungen deutlich würde, daß in der Bevölkerung ein stärker differenziertes Meinungsbild speziell gegenüber „Polen" besteht, als man aufgrund der polarisierten politischen Diskussion annehmen konnte.

Wir sehen es in einem gewissen Sinn schon als Bestätigung dieser These an, daß etwa 75 % der angegangenen Personen auf unsere Frage: „Wie würden Sie den Deutsch-Polnischen Vertrag bezeichnen, als vorläufige Grenzregelung oder als endgültigen Friedensvertrag?", den Vorläufigkeitscharakter dieser Regelung unterstreichen. Die Befragten halten sich hier anscheinend an die offiziell-formelle „deutsche" Version, daß es sich bei dem Vertrag mit Polen eben noch nicht um einen „endgültigen" Friedensvertrag mit Polen handelt (der ja – „formaljuristisch" – erst zusammen mit allen Siegermächten des zweiten Weltkrieges möglich ist). Hier hätte aber immerhin die Möglichkeit bestanden davon auszugehen, daß die Normalisierung gegenüber Polen, wie sie ja durch diesen Vertrag eingeleitet wurde, solchermaßen schon als Friedensvertrag interpretiert worden wäre. Gibt es nun klassifikatorische Merkmale, nach denen die Meinungen deutlich stärker zu der einen oder anderen

Interpretation tendieren? Eine Analyse der Abhängigkeit der untersuchten Frage vom Alter und Geschlecht zeigt keine relevanten Unterschiede in der Beantwortung dieser Frage:

Tab. 1: Einstellung zum Deutsch-Polnischen-Vertrag

Bezeichnung des Vertrages	ins-gesamt	Geschlecht		Alter						
		Mann	Frau	18–20	21–30	31–40	41–50	51–60	61–70	älter
vorläufige Grenz-regelung	74.5	77.0	72.4	73.1	69.1	72.2	79.2	74.1	77.3	76.4
endgültiger Friedens-vertrag	25.5	23.0	27.6	26.9	30.9	27.8	20.8	25.9	22.7	23.6
Gesamt	100.0	100.0	100.0	100.0	100.0	100.0	100.0	100.0	100.0	100.0
Basis	(1804)	(832)	(979)	(67)	(298)	(381)	(336)	(255)	(309)	(165)

Bei einer Differenzierung nach der Bildung der Befragten sind die Personen mit der höchsten Bildung (mit Universitätsabschluß) noch am ehesten bereit, den Abschluß des Vertrages als „fait accompli" im Sinne eines endgültigen Friedensvertrags zu interpretieren:

Tab. 2: Einstellung zum Deutsch-Polnischen Vertrag

Bezeichnung des Vertrages	Bildung				
	Volksschule	Realschule	Handels-schule	Gymnasium	Universität
vorläufige Grenzregelung	73.7	78.2	78.3	79.2	61.2
endgültiger Friedensvertrag	26.3	21.8	21.7	20.8	38.8
Gesamt	100.0	100.0	100.0	100.0	100.0
Basis	(1191)	(206)	(221)	(101)	(85)

Doch innerhalb der verschiedenen Ausprägungen von Schulbildung sind sonst keine bedeutsamen Unterschiede zu verzeichnen. Somit liefert die Differenzierung nach demographischen Merkmalen wie Alter und Bildung für die

Deutung von Einstellungsunterschieden im Rahmen unserer Themenstellung keine weiteren Erklärungsmöglichkeiten. Wenn wir allerdings die Daten nach der politischen Präferenz der Befragten organisieren, dann erhalten wir wieder deutlichere Unterschiede (vgl. auch den Abschnitt: „Konflikt- und Kooperationstendenzen gegenüber Polen in der Westdeutschen Bevölkerung": CDU-Wähler betonten immerhin zu 81 % den Vorläufigkeitscharakter des deutsch-polnischen Vertrages. Umgekehrt bezeichneten sowohl bei den SPD- wie auch bei den FDP-Wählern über 25 % den Vertrag als „endgültigen" Friedensvertrag:

Tab. 3: Einstellung zum Deutsch-Polnischen Vertrag

Wie würden Sie den deutsch-polnischen Vertrag bezeichnen?	Parteipräferenz					
	CDU/ CSU	SPD	FDP	NDP	DKP	Nicht-wähler
als vorläufige Grenzregelung	81.4	69.8	74.0	66.7	37.5	72.0
als endgültigen Friedensvertrag	18.6	30.2	26.0	33.3	62.5	28.0
Gesamt	100.0	100.0	100.0	100.0	100.0	100.0
Basis	(609)	(820)	(73)	(3)	(8)	(157)

Diese Daten lassen sich unseres Erachtens im Sinne einer generellen „politischen Heimat" deuten: Wie es scheint, votieren die jeweiligen „Wähler" hier im Sinne der „grundsätzlichen Auslegung der Dinge" durch ihre Partei. Im Sinne der Bezugsgruppentheorie spiegelt sich die partei-offizielle Auslegung auch in der Meinung des jeweiligen Wählervolks. Und dies erscheint ja auch verständlich: Amateure der politischen Szene, wie es die Durchschnittsbefragten zweifellos sind, bleiben bei stets wechselnden Anlässen auf die Auslegung der „Professionellen" angewiesen. Bei konkreten Anlässen wird dann zur Deutung und Meinungsbildung auf das Reservoir von Auslegungen der „politischen Heimat" zurückgegriffen. –
Politische Nachrichten und Meinungen werden der Bevölkerung über die Massenmedien angeboten. Hier wäre zu prüfen, in welchem Maße diese Informationen aufgegriffen werden – oder ob ein nennenswerter Teil von Personen sich eine Meinung ohne konkrete tagespolitische Informationen „bildet" bzw. sie nur vermittelt durch Primärkontakte und Gespräche oder nur auf der Basis langfristiger Stereotype ableitet. Auf unser Thema bezogen wäre hier die Frage zu stellen: Sind diejenigen, die generell stark am politischen Geschehen interessiert sind, überdurchschnittlich, durchschnittlich – oder nur unterproportional speziell an den Beziehungen zu Polen interessiert?

Wir wollen prüfen, welchen Anteil das Thema Polen bei politisch interessierten Menschen am Gesamtbudget des politischen Interesses einnimmt.
Auf unsere Frage hin erklärten 17 % der Personen, daß sie sich schon *vor* Vertragsabschluß für das Thema Polen interessiert hätten. Veränderungen im Interesse am Thema Polen in Bezug auf Geschlecht und Schulbildung gegenüber dem allgemein-politischen Interesse werden dabei nicht sichtbar.

Tab. 4: Interesse am Thema „Polen" *vor* dem Warschauer Vertrag

Interesse *vor* Abschluß des Vertrages	Insge- samt	Geschlecht		Bildung				
		Mann	Frau	Volks- schule	Real- schule	Han- dels- schule	Gym- nasium	Univer- sität
stark	17.4	22.6	12.8	15.3	12.6	22.1	24.8	28.8
weniger stark	44.7	49.8	40.5	40.6	55.6	54.2	48.5	47.1
kaum	24.9	20.3	29.0	28.0	24.3	16.6	20.8	19.4
gar nicht	13.0	7.3	17.7	16.1	7.5	7.1	5.9	4.7
Gesamt	100.0	100.0	100.0	100.0	100.0	100.0	100.0	100.0
Basis	(1842)	(844)	(1005)	(1219)	(214)	(223)	(101)	(85)

Untersucht man das Meinungsbild *nach* dem Vertragsabschluß auf das Interesse am Thema „Polen" hin, so zeigt sich eine relative Steigerung. Dies mag damit zusammenhängen, daß das Thema „Polen" zum Zeitpunkt der Befragung ein „Issue" der Massenmedien und der Tagespolitik war. Auf die Frage: „Haben Sie sich seit dem Vertragsabschluß stärker, weniger stark oder genauso stark wie bisher für das Thema Deutschland-Polen interessiert?", antworteten 21 %, daß sie sich stärker als vorher für das Thema „Polen-Deutschland" interessierten.
Diese Anteile von 17 % bzw. 21 % scheinen allerdings insgesamt zu indizieren, daß das Thema „Warschauer Vertrag" letztlich im politischen Gesamtinteresse peripher geblieben ist. Und dies interpretieren wir als weiteren Hinweis auf unsere Vermutung im Sinne einer politischen Bezugsgruppentheorie": Bei einem Thema, das peripher ist und das innerhalb verschiedener Bevölkerungsgruppen ähnlich beurteilt wird, werden die Meinungen viel stärker durch unmittelbar politische Variable – wie Auslegungen durch die „eigene" Partei – beeinflußt. Ein stärkeres Interesse am Thema „Polen" als vor Vertragsschluß wird nur unwesentlich von den übrigen, benutzten demographischen Variablen beeinflußt, wie aus der folgenden Tabelle hervorgeht.

290

Tab. 5: Interesse am Thema „Polen" *nach* dem Warschauer Vertrag

Interesse *nach* Abschluß des Vertrages	Insgesamt	Geschlecht		Schulbildung				
		Mann	Frau	Volksschule	Realschule	Handelsschule	Gymnasium	Universität
stärker als vorher	20.7	24.8	17.5	19.7	20.6	20.2	29.0	27.4
weniger stark als vorher	11.5	10.4	12.3	12.8	11.2	8.1	7.0	8.3
gleich	67.8	64.8	70.2	67.5	68.2	71.7	64.0	64.3
Gesamt	100.0	100.0	100.0	100.0	100.0	100.0	100.0	100.0
Basis	(1842)	(844)	(1005)	(1219)	(214)	(223)	(101)	(85)

Alle unsere bisherigen Überlegungen deuten darauf hin, daß die Variable Parteipräferenz besonders deutliche Unterschiede ergibt. Im folgenden soll daher untersucht werden, inwieweit Parteimitgliedschaft und Parteipräferenz das Interesse am Thema „Polen" beeinflussen:
Die Tabelle 6 zeigt, daß Wähler der SPD und der FDP – zumindest ihren Angaben nach – in stärkerem Maße politische Nachrichten verfolgen als Wähler der CDU/CSU. Dies rührt vermutlich daher, daß die Wähler der Regierungsparteien eben auch stärker an den Fortschritten „ihrer" Politik interessiert sind. Beachtlich bleibt hier innerhalb der Regierungsparteien das Gefälle von der FDP zur SPD. Dies dürfte – wie auch aus anderen Untersuchungen belegbar ist – sicher eine Funktion des Faktors Bildung sein.

Tab. 6: Interesse an politischen Nachrichten in Abhängigkeit von der Parteipräferenz

Verfolgen Sie politische Nachrichten	Parteipräferenz				
	CDU/CSU	SPD	FDP	Sonstige	Nichtwähler
täglich	49.8	55.7	69.9	65.7	34.1
nicht so regelmäßig	33.3	29.8	17.8	20.0	37.2
selten	16.9	14.5	12.3	14.3	28.7
Gesamt	100.0	100.0	100.0	100.0	100.0
Basis	(620)	(828)	(73)	(35)	(164)

Eine ähnliche Tendenz zeichnet sich auch in der nächsten Tabelle ab. Hier geben die Wähler der SPD und der FDP an, daß sie sich schon *vor* Abschluß des Vertrags mit Polen stärker für die politische Entwicklung dieses Landes interessierten.

Tab. 7: Interesse am Thema „Polen" *vor* und *nach* dem Warschauer Vertrag

Interesse *vor* Abschluß des Vertrages	Parteipräferenz				
	CDU/CSU	SPD	FDP	Sonstige	Nichtwähler
stark	14.4	20.5	19.4	28.5	11.0
weniger stark	45.8	47.5	47.3	22.8	35.3
kaum	25.0	22.9	23.6	22.8	31.7
gar nicht	14.8	9.1	9.7	25.9	22.0
Gesamt	100.0	100.0	100.0	100.0	100.0
Basis	620	828	72	35	164

Interesse *nach* Abschluß des Vertrages	Parteipräferenz				
	CDU/CSU	SPD	FDP	Sonstige	Nichtwähler
stärker als vorher	18.3	24.9	35.2	22.8	11.0
weniger stark	10.1	10.3	4.2	20.0	13.6
gleich	71.6	64.8	60.6	57.2	75.4
Gesamt	100.0	100.0	100.0	100.0	100.0
Basis	616	822	71	35	162

Auch nach dem Abschluß des Vertrages zeigt sich bei Anhängern der Parteien SPD und FDP eine deutliche Steigerung des Interesses gegenüber den Wählern der CDU/CSU, wobei die Steigerung bei der FDP wiederum besonders ins Auge fällt.

Wenn unsere „politische Bezugsgruppentheorie" somit allem Anschein nach durch die bisherigen Ergebnisse gestützt wird, dann müßte vielleicht gerade auch bei Parteimitgliedern deutlich werden, daß bei aktuellen Themen, wie der Bewertung des Warschauer Vertrages die generelle Definition der Situation aus dem Lager der „politischen Heimat" – der eigenen Partei – übernommen wird. Diese These wollen wir zuerst generell und dann themenspezifisch überprüfen:

Mit der Frage: „Sind Sie Mitglied einer politischen Partei oder einer sonstigen politischen Vereinigung?", wollten wir untersuchen, inwieweit sich Parteimitglieder in bezug auf politisches Interesse und Engagement von Nichtmitgliedern unterscheiden. Obwohl nur ein geringer Prozentsatz der Befragten einer Partei angehört, wird deutlich, daß Parteimitglieder stärker an allgemein politischen Fragen interessiert sind als Nichtmitglieder (Größte Differenz = 31 %!).

Tab. 8: Interesse an politischen Nachrichten in Abhängigkeit von der Mitgliedschaft in einer politischen Partei

Verfolgen Sie politische Nachrichten	Parteimitgliedschaft		
	ja, aktiv	ja, Zahler	Nicht-mitglied
täglich	82.5	66.7	51,1
nicht regelmäßig	12.3	26.2	31,5
selten	5.2	7.1	17.4
Gesamt	100.0	100.0	100.0
Basis	(57)	(42)	(1744)

Auch bei Einzelproblemen ist das Interesse der Parteimitglieder stärker: Tabelle 9 zeigt, daß sowohl aktive als auch inaktive Parteimitglieder schon vor Abschluß des Vertrages mit Polen am Thema Polen stark interessiert waren. Die Nichtmitglieder zeigten erst nach Unterzeichnung des Vertrages mit Polen ein stärkeres Interesse. Dies läßt sich in dem Sinne deuten, daß Parteimitglieder sich stärker verpflichtet fühlen, permanent bei allen politischen Themen „Interesse" zu äußern, und daß demgegenüber Nicht-Parteimitglieder erst durch Aktualität und vermehrte Kommentare in den Massenmedien auf Themen aufmerksam werden.

Tab. 9: Interesse am Thema „Polen" *vor* und *nach* dem Abschluß des Warschauer Vertrages, in Abhängigkeit von der Mitgliedschaft in einer Partei

Interesse *vor* Abschluß des Vertrages	Parteimitgliedschaft		
	ja, aktiv	ja, Zahler	Nicht-mitglied
stark	42.1	42.9	15.9
weniger stark	47.4	40.5	44.7
kaum	5.3	14.2	25.9
gar nicht	5.2	2.4	13.5
Gesamt	100.0	100.0	100.0
Basis	(57)	(42)	(1744)

Interesse nach Abschluß	Parteimitgliedschaft		
des Vertrages	ja, aktiv	ja, Zahler	Nicht-mitglied
stärker als vorher	35.1	23.8	20.3
weniger stark als vorher	14.0	14.3	11.3
gleich	50.9	61.9	68.4
Gesamt	100.0	100.0	100.0
Basis	(57)	(42)	(1726)

Parteimitglieder, die qua Selbstdefinition politisch aktiv sind, müssen sich ex definitione bei wichtigen politischen Ereignissen stärker angesprochen und „zuständig" fühlen, als dies normalerweise zu erwarten ist. Schon von der Selbstdefinition her müssen sie also bei einer politisch einschlägigen Fragestellung Interesse bekunden.

2.   DIE BEWERTUNG DER NEUEN OST-POLITIK

Mit der Frage: „Wie bewerten Sie den deutsch-polnischen Vertrag?", wollten wir die Einstellungen der Befragten gegenüber der „neuen" Polen-Politik stärker aufschlüsseln. Es wurden den Befragten eine Reihe von zustimmenden und ablehnenden Statements zum Vertrag vorgelegt.

Die harte Bewertung des Vertrages als „Verrat an den Flüchtlingen und Heimatvertriebenen" wurde – wie zu erwarten war – nur von einer kleineren Zahl der Befragten gewählt (10 %); wie in dem Beitrag von Hapke (siehe S. 416 in diesem Buch) deutlich wird, ist diese Gruppe weitgehend mit den Flüchtlingen und Heimatvertriebenen identisch. Untersucht man die die Abhängigkeit dieses Statements von Geschlecht, Alter und Schulbildung, so wird deutlich, daß die Befragten diesem Statement speziell mit höherem Alter eher zustimmen.

Die Befragten hatten eine Ausweichmöglichkeit der Stellungnahme auf ein ähnliches Statement, das inhaltlich zwar denselben Tatbestand bezeichnet, das aber der Formulierung nach noch die Möglichkeit zu einer Änderung und Neuregelung implizieren könnte, nämlich das Statement „Anerkennung der Realität". Dieses Statement wurde insgesamt von 34 % der Befragten gewählt, die sich somit deutlich für die flexiblere und weniger verbindliche Formulierung entschieden (vgl. Tab. 10).

Eine positiv-zukunftsorientierte Version wird von einem guten Drittel der Befragten gewählt: 38 % der Befragten sind bereit, die neu begonnenen Beziehungen zu Polen als „Chance für die Zukunft" zu interpretieren. Dieses

Statement wurde besonders von der jüngeren Generation gewählt, also vorwiegend von den Befragten, die am stärksten unbelastet sind, und die am geringsten emotional oder materiell Barrieren zu überwinden haben.

Die Antworten auf dieses Statement sind sicher auch als Indiz für die Stellungnahme zur Politik im Hinblick auf erklärte Ziele zu deuten. Wie in unserem anderen Beitrag („Konflikt- und Kooperationstendenzen ...", S. 268 ff.) herausgestellt wird, gilt tendenziell für neu in das politische System eintretende Gruppen – und das trifft ja bei dem Kriterium „junge Befragte" zu – daß sie Politik eher als Gewissensfrage verstehen, also im Sinne von Erklärungen über Ziele, und nicht als Verfahrensfrage, und daß sie daher eher auch programmatische und als (positive) Zielvorstellung formulierte Konzepte anzunehmen bereit sind.

Schließlich zeigt sich auch, daß Männer eher als Frauen dem zukunftsorientierten Statement zustimmen, ein Ergebnis, das sich (wenngleich auch bezogen auf andere Inhalte), auch in unserer „Jahr 2000-Untersuchung" wieder finden läßt.

Tab. 10: Abhängigkeit der Bewertung des Warschauer Vertrages von Geschlecht, Schulbildung, Alter

Bewertung des Vertrages	Insgesamt	Geschlecht		Alter						
		Mann	Frau	18–20	21–30	31–40	41–50	51–60	61–70	älter
Chance für Zukunft	38.1	42.0	34.9	47.8	43.8	42.0	37.4	34.4	36.9	24.5
Anerkennung Realität	33.7	36.3	31.5	34.3	38.3	37.9	31.8	30.8	28.1	34.4
Verrat	9.9	14.2	21.6	6.0	5.4	6.0	10.7	11.9	13.3	17.8
endgültiger Verlust	18.3	14.2	21.6	11.9	12.5	14.1	20.1	22.9	21.7	23.3
Gesamt	100.0	100.0	100.0	100.0	100.0	100.0	100.0	100.0	100.0	100.0
Basis	1807	829	978	67	295	383	337	253	309	163

Bewertung des Vertrages	Schulbildung				
	Volksschule	Realschule	Handelsschule	Gymnasium	Universität
Chance für Zukunft	37.5	39.6	37.1	42.0	39.3
Anerkennung / Realität	29.6	42.0	40.7	37.0	40.0
Verrat	10.6	10.8	9.0	9.0	2.4
endgültiger Verlust	22.3	7.6	13.2	12.0	18.3
Gesamt	100.0	100.0	100.0	100.0	100.0

Im folgenden wollen wir untersuchen, welchen Einfluß die politische Orientierung der Befragten auf die Beantwortung der Frage hat:

Tab. 11: Abhängigkeit der Bewertung des Warschauer Vertrages von der Parteipräferenz

Bewertung des Vertrages	Parteipräferenz				
	CDU/CSU	SPD	FDP	Sonstige	Nichtwähler
Chance für die Zukunft	25.7	48.9	50.7	33.3	34.4
Anerkennung der Realität	26.8	38.6	34.3	33.3	29.2
Verrat an den Flüchtlingen und Vertriebenen	20.2	2.4	2.7	12.1	12.3
endgültiger Verlust	27.3	10.1	12.3	21.3	24.1
Gesamt	100.0	100.0	100.0	100.0	100.0
Basis	608	818	73	33	145

Die Tabelle zeigt, daß die Wähler der Oppositionsparteien CDU/CSU besonders heterogen reagieren: Ein Teil der Wähler stimmt der zukunftsorientierten und der „Anerkennungs"-Version zu, während ein jeweils ähnlich großer Teil den Vertrag entweder als „Verrat an den Interessen der Heimatvertriebenen und Flüchtlinge" oder als „endgültigen Verlust der ehemaligen Ostgebiete" bezeichnet. Wähler der beiden anderen Parteien zeigen demgegenüber eine homogenere Einstellung. Über die Hälfte der Wähler der SPD und der FDP stimmen der Version „Vertrag als Chance für die Zukunft" zu.

Die heterogene Zusammensetzung der Einstellungen bei den Oppositionsparteien ist u. E. noch weitergehend interpretierbar: Hierin dürften sich die „cross-pressures" widerspiegeln, denen diese Parteien gerade bei diesem Thema ausgesetzt sind: Einmal haben diese Parteien auch junge Anhänger, also ein Quantum solcher Personen, die, wie wir gesehen haben, gerne zukunftsorientierte Ziele wählen. Zum anderen haben sich diese Parteien als Sprachrohr der Flüchtlinge und Vertriebenen profiliert - woraus eine Tendenz zu enttäuschten Einschätzungen ableitbar wird. Zum dritten bedeutet das Merkmal „Opposition" natürlich auch generell ohne Bezug zu einem konkreten Thema, daß man grundsätzlich kritisch gegenüber den Vorschlägen der Regierungsparteien zu sein hat. Und zum vierten schließlich gibt es auch hier einen Anteil von Personen, welche - unter den gegebenen Umständen - für eine „Anerkennung der Realitäten" plädieren.

Aus der Summe der bisher analysierten Antworten läßt sich aber unseres Erachtens zusätzlich noch herausfiltern, daß da „noch etwas ist", was die Befragten hindert, in Zusammenhang mit der Bewertung des deutsch-polnischen Vertrages vorbehaltlos eine optimistisch-zufriedene Meinung anzugeben. Vielleicht ist der Begriff „Vertrag" als solcher dem Durchschnitt der Bevölkerung am ehesten im Sinne einer Abmachung nach dem Bürgerlichen Gesetzbuch und von wirtschaftlichen Beziehungen her geläufig. Wenn man an einen „guten" Vertrag denkt, so bezieht man gleichzeitig den Gedanken ein, daß ein Ausgleich der Interessen vollzogen worden ist, daß also jeder Vertragspartner beim Vertragsabschluß das Gefühl haben kann, daß ein Ausgleich und Gleichgewicht der jeweiligen Vorteile besteht, und die eigenen Interessen zur Zufriedenheit gewahrt werden konnten. Dies scheint nach Meinung der Befragten im vorliegenden Falle nicht so ohne weiteres gelten zu können:

Auf die Frage: „Welche Seite hat Ihrer Meinung nach bei diesem Vertragsabschluß den größeren politischen Gewinn gemacht, die Bundesrepublik Deutschland oder die Volksrepublik Polen?", überwiegt die Meinung, daß dies die Volksrepublik Polen sei (51 %). Alter und Schulbildung beeinflussen zum Teil diese Antworten: Mit zunehmendem Alter sehen die Befragten für die Volksrepublik Polen einen stärkeren politischen Gewinn in diesem Vertrag. Mit höherer Bildung wird der „politische Gewinn" anscheinend differenzierter interpretiert; neben dem Land-Gewinn gibt es bei ihnen auch noch den politischen good-will (Tabelle 12). Auch die Parteipräferenz hat wiederum auf die Beantwortung der Frage einen signifikanten Einfluß. Die Wähler der CDU/CSU sehen zu 72 % den „politischen Gewinn" auf der Seite der Volksrepublik Polen, während die Wähler der SPD/FDP den politischen Gewinn des Vertrages für beide Seiten gleichgewichtiger interpretieren.

Tab. 12: Abhängigkeit des größeren politischen Gewinns von Geschlecht, Alter, Schulbildung, Parteipräferenz

Größerer politischer Gewinn	Insge- samt	Geschlecht		Alter						
		Mann	Frau	18–20	21–30	31–40	41–50	51–60	61–70	älter
BRD	12.4	12.5	12.3	16.2	15.3	12.2	14.3	9.2	11.3	9.6
Polen	50.6	50.6	50.7	41.2	44.6	44.4	53.7	58.7	54.4	54.2
keiner von beiden	37.0	36.9	37.0	42.6	40.1	43.4	32.0	32.3	34.3	36.1
Gesamt	100.0	100.0	10.00	100.0	100.0	100.0	100.0	100.0	100.0	100.0

Größerer politischer Gewinn	Schulbildung				
	Volks-schule	Real-schule	Handels-schule	Gym-nasium	Uni-versität
BRD	12.7	13.0	8.1	16.0	13.2
Polen	51.2	51.4	49.1	49.0	45.8
keiner von beiden	36.1	35.6	42.8	35.0	41.0
Gesamt	100.0	100.0	100.0	100.0	100.0

Größerer politischer Gewinn	Parteipräferenz				
	CDU/CSU	SPD	FDP	Sonstige	Nicht-wähler
BRD	7.8	16.4	12.4	14.7	15.3
Polen	72.1	35.4	39.7	41.1	45.2
keiner von beiden	20.1	48.2	47.9	44.2	39.5
Gesamt	100.0	100.0	100.0	100.0	100.0

Insgesamt scheinen die Daten zu indizieren, daß eine echte Polarisierung der Meinungen in dem Sinne, daß der gleiche Gegenstand widersprüchlich bewertet wird, nur für eine (wenngleich auch beachtliche) Minderheit zutrifft. Die Mehrheit der Befragten sieht den Vertrag unter jeweils anderen Aspekten: einerseits als Symbolik für neue Zielvorstellungen, und andererseits als ein – mehr oder weniger gutes – politisches Geschäft.

Besonders in diesem zweiten Sinne dürfte die Wahl des Statements „Anerkennung der Realität" zu verstehen sein. Mit diesem Ergebnis läßt sich auch die Meinungsabgabe bei der folgenden Fragestellung verbinden: „Welche der beiden Seiten hat sich durch den Vertrag nun stärker festgelegt?" Beim deutsch-polnischen Vertrag wird hier zu einem erstaunlich großen Anteil ein Ungleichgewicht zu ungunsten der Bundesrepublik Deutschland angeführt: Nach der Meinung von 86 % aller Befragten hat sich die Bundesrepublik durch diesen Vertrag stärker festgelegt als etwa Polen. Diesen Antworten liegt wohl der Gedanke zugrunde, daß Deutschland als „Wiedergutmachung" „good-will"-Leistungen erbracht hat, die diesen Abschluß eben ungleichgewichtig machen. Tabelle 13 zeigt, daß diese Tendenz immer dieselbe Höhe aufweist, gleichgültig, ob wir nach Geschlecht, Alter oder Schulbildung durchprüfen – daß hier also eine relativ universelle Interpretation der Gegebenheiten vorzuliegen scheint.

Tab. 13: Welche der beiden Vertragspartner hat sich stärker festgelegt

stärker festgelegt	Insgesamt	Geschlecht		Alter						
		Mann	Frau	18–20	21–30	31–40	41–50	51–60	61–70	älter
BRD	85.6	85.2	85.9	83.6	83.5	86.7	86.7	83.2	86.9	86.6
Polen	14.4	14.8	14.1	16.4	16.5	13.3	13.3	16.8	13.1	13.4
Gesamt	100.0	100.0	100.0	100.0	100.0	100.0	100.0	100.0	100.0	100.0

stärker festgelegt	Schulbildung				
	Volks-schule	Real-schule	Handels-schule	Gym-nasium	Uni-versität
BRD	84.8	86.4	84.4	90.1	92.1
Polen	15.2	13.6	15.6	9.9	7.9
Gesamt	100.0	100.0	100.0	100.0	100.0

Wie „deutsch" sind nun die Gebiete, um die es geht, nach Meinung der Befragten?
Bei der Diskussion um das „Recht auf Heimat" läßt sich die generelle Antworttendenz aus deutscher Sicht aus der offiziellen Definition der „Heimatvertriebenen" inferieren. Bei der Auswertung der Ergebnisse wird diese Vermutung bestätigt: 75 % der Befragten betrachten die Gebiete östlich von Oder und Neiße grundsätzlich als „ehemals" deutsche Gebiete. Ein signifikanter Unterschied bei der Beantwortung dieser Frage zeigt sich nur in bezug auf die Parteipräferenz (Tab. 14). Nur etwa 35 % der Wähler der SPD/FDP betrachten die Gebiete östlich der Oder und Neiße grundsätzlich als polnische Gebiete.

Tab. 14: „Recht auf Heimat" „grundsätzlich" betrachtet in Abhängigkeit von Geschlecht, Schulbildung, Alter u. Parteipräferenz

Grundsätzlich	Insgesamt	Geschlecht		Alter						
		Mann	Frau	18–20	21–30	31–40	41–50	51–60	61–70	älter
eigentl. poln. Gebiete	25.1	28.1	22.6	47.8	36.4	27.8	20.2	23.6	18.7	14.3
eigentl. deutsche Gebiete	74.9	71.9	77.4	52.2	63.6	72.2	79.8	76.4	81.3	85.7
Gesamt	100.00	100.00	100.0	100.0	100.0	100.0	100.0	100.0	100.0	100.0

Grundsätzlich	Schulbildung				
	Volks-schule	Real-schule	Handels-schule	Gym-nasium	Uni-versität
eigentl. deutsche Gebiete	22.6	34.0	25.0	29.0	35.9
eigentl. poln. Gebiete	77.4	66.0	75.0	71.0	64.1
Gesamt	100.0	100.0	100.0	100.0	100.0

Grundsätzlich	Parteipräferenz				
	CDU/CSU	SPD	FDP	Sonstige	Nicht-wähler
eigentl. poln. Gebiete	11.0	35.2	35.7	25.6	26.9
eigentl. deutsche Gebiete	89.0	64.8	64.3	74.4	73.1
Gesamt	100.0	100.0	100.0	100.0	100.0

Insgesamt wird das Bild jedoch etwas ausgeglichener unter Berücksichtigung der „Realität": In Anbetracht der heutigen Situation wird das „Recht auf Heimat" bezüglich dieser Gebiete nur noch – oder immerhin – von 56 % der Befragten der deutschen Seite zugesprochen (und nur zu 44 % der polnischen Seite). Bei diesen Antworten zeigen sich im übrigen zum Teil deutliche Unterschiede bei der Tabellenanalyse. Die jüngere Generation, ohne emotionale Beziehungen zu den ehemaligen deutschen Gebieten, betrachtet sowohl grundsätzlich (Tab. 14) als auch im Lichte der heutigen Realität (Tab. 15) diese Gebiete als polnische Gebiete. Mit zunehmender Bildung zeigt sich bei dieser Frage ein Kontinuum. Man könnte hieraus die These ableiten, daß mit höherer Bildung der Pragmatismus und der Realismus steigt. Insgesamt scheint also die allgemeine Meinung der Befragten dahin zu gehen, daß es sich bei der aktuellen Entwicklung um etwas handelt, was man dulden muß, was aber zum Teil von der Sache her letztendlich von einem Teil der Befragten – (nämlich der älteren Generation) – nicht akzeptiert werden kann.

Tab. 15: „Recht auf Heimat" in der heutigen Sicht in Abhängigkeit von Geschlecht, Alter, Schulbildung u. Parteipräferenz

Welche Seite hat eher „Recht auf Heimat"	Insge-samt	Geschlecht		Alter						
		Mann	Frau	18–20	21–30	31–40	41–50	51–60	61–70	älter
polnische Seite	43.7	48.7	39.4	66.2	60.0	51.8	41.3	33.1	30.9	31.9
deutsche Seite	56.3	51.3	60.6	33.8	40.0	48.2	58.7	66.9	69.1	68.1
Gesamt	100.0	100.0	100.0	100.0	100.0	100.0	100.0	100.0	100.0	100.0

Welche Seite hat eher „Recht auf Heimat"	Schulbildung				
	Volks-schule	Real-schule	Handels-schule	Gym-nasium	Uni-versität
polnische Seite	37.8	49.0	57.3	54.5	65.4
deutsche Seite	62.2	51.0	42.7	45.5	34.6
Gesamt	100.0	100.0	100.0	100.0	100.0

Welche Seite hat eher „Recht auf Heimat"	Parteipräferenz				
	CDU/CSU	SPD	FDP	Sonstige	Nicht-wähler
polnische Seite	24.6	58.8	52.1	37.1	45.0
deutsche Seite	75.4	41.2	47.9	62.9	55.0
Gesamt	100.0	100.0	100.0	100.0	100.0

Insgesamt bedürfen hier u. E. zwei Ergebnisse einer Deutung: Zum einen ist die junge Generation sehr viel stärker bereit, den Polen das fragliche Territorium im Sinne des Rechts auf Heimat zuzusprechen. Dies könnte so verstanden werden, daß diese Nachkriegsgeneration einmal keine direkten persönlichen Bindungen an dieses Gebiet mehr hat, sei es als Flüchtling oder Heimatvertriebener, oder durch schlichtes „Kennen" der Gegend nach einem Besuch etc. dort. Zum anderen hat sie kaum die Zeit bewußt erlebt, wo diese Gebiete nach als deutsche Gebiete „funktionierten". Und zum dritten dürfte besonders dieser Generation klar sein, daß eine polnische Nachkriegs-generation mittlerweile in diesen Gebieten aufgewachsen ist, so wie sie selbst im Westen. Dies alles mag zu dieser Bewertung der Dinge beigetragen haben.

Als weiteres Ergebnis ist der Unterschied nach Parteien beachtlich. Hier wird unseres Erachtens ein Mechanismus der Art deutlich: „Wer A sagt, muß auch B sagen" – oder mit anderen Worten: Wenn die Anhänger der Re-gierungsparteien die neue Politik ihrer Parteien grundsätzlich als gut emp-finden, müssen sie dementsprechend auch stärker die bevölkerungspolitischen Konsequenzen und Einstellungen akzeptieren, die aus einer solchen Politik folgen. Und eine „Anerkennung der Realitäten" bedeutet in diesem Sinne eben, der anderen Seite das Recht auf Heimat in den fraglichen Gebieten zuzugestehen.

INTERNATIONALE VORAUSSETZUNGEN UND KONSEQUENZEN

Wir glauben, daß es ausreichend Indizien dafür gibt, daß die Idee einer rein nationalen Politik heutzutage im allgemeinen und in der Ost-West-Richtung im besonderen unrealistisch und nicht durchzuhalten ist, und daß für eine adäquate Bewertung politischer Vorkommnisse nicht unwesentlich ist, wie diese Ereignisse in das internationale Beziehungsgeflecht eingebettet sind.

Um diesem Aspekt nachzugehen und die Meinung der Bevölkerung dazu zu prüfen, fragten wir:

„Glauben Sie, daß der Vertragsabschluß zwischen Deutschland und Polen auch die Politik zwischen dem östlichen und dem westlichen Block insgesamt verbessern kann, oder halten Sie ihn für ein Ereignis von vorrangig nur lokaler Bedeutung?"

Die Befragten vertreten überwiegend die Meinung, daß sich dieser Vertragsabschluß als Initialzündung für die Beziehung zwischen den Blöcken insgesamt auswirken könnte, und daß ihm somit eine überregionale Bedeutung zukomme.

Die Tabellenanalyse zeigt folgende Ergebnisse:

Männer glauben hier eher an größere politische Zusammenhänge. Mit höherer Bildung nimmt die politische Übersicht zu, und damit erhält der Vertrag mit Polen eine überregionale Bedeutung auch für diese Personengruppen.

Tab. 16: Einschätzung der außenpolitischen Wirkung des deutsch-polnischen Vertrages in Abhängigkeit von Geschlecht, Schulbildung, Alter

Außenpolit. Wirkung der Verträge	Insgesamt	Geschlecht		Alter						
		Mann	Frau	18–20	21–30	31–40	41–50	51–60	61–70	älter
überregional	67.1	73.1	62.1	75.0	74.9	70.9	65.5	62.8	63.7	57.5
regional	32.9	26.9	37.9	25.0	25.1	29.1	34.5	37.2	36.3	42.5
Gesamt	100.0	100.0	100.0	100.0	100.0	100.0	100.0	100.0	100.0	100.0

Außenpolit. Wirkung der Verträge	Schulbildung				
	Volksschule	Realschule	Handelsschule	Gymnasium	Universität
überregional	65.5	66.4	69.2	70.0	82.1
regional	34.5	33.6	30.8	30.0	17.9
Gesamt	100.0	100.0	100.0	100.0	100.0

Nach den Eingangsfragen und Fragen zu den bisher erfolgten Abschlüssen interessierte uns nun, was der Durchschnittsbürger für die sinnvollste, zu-

künftige Bündnispolitik der Bundesrepublik Deutschland hält, und zwar insbesondere in Hinblick auf Polen:
Wir stellten die Frage: „Sollte sich die Bundesrepublik Ihrer Meinung nach bei Ihrer Außenpolitik gegenüber Polen stärker an der Vorstellung der westlichen Verbündeten orientieren, oder sollte sie ihre Außenpolitik gegenüber Polen unabhängig davon gestalten?".
45 % der befragten Personen entschieden sich für eine stärker unabhängige Außenpolitik gegenüber dem Osten, dagegen sahen 55 % eine Ostpolitik gemeinsam mit den westlichen Verbündeten als notwendig an.
Betrachtet man das Alter der Befragten, so zeigt sich, daß die jüngere Generation zu über 50 % eine stärker unabhängige Außenpolitik der Bundesrepublik Deutschland befürworten würde.

Tab. 17: Orientierung der Außenpolitik in Abhängigkeit vom Alter

Richtung der Orientierung	Insgesamt	Alter						
		18–20	21–30	31–40	41–50	51–60	61–70	älter
Orientierung an westl. Verbündeten	55.2	44.1	45.6	48.6	56.6	61.5	59.9	71.2
stärker unabhängige Orientierung	44.8	55.9	54.4	51.4	43.4	38.5	40.1	28.8
Gesamt	100.0	100.0	100.0	100.0	100.0	100.0	100.0	100.0

Da insgesamt der größere Teil der Befragten für eine Außenpolitik gegenüber Polen plädiert, die mit den westlichen Verbündeten abgestimmt ist, war zu erwarten, daß die Befragten auch überwiegend die Meinung vertreten, daß der Vertragsabschluß von diesen Partnern befürwortet wurde. So wurden sie gefragt, ob sie den Eindruck hätten, daß diese Politik der Annäherung zwischen Deutschland und Polen mit den Vorstellungen der Bündnispartner des eigenen Lagers harmonierte und sich in diese globalere Politik integrieren ließ:

Tab. 18: Vermutete Einstellung der westlichen Verbündeten zur Politik gegenüber Polen

	Frankreich	England	USA
zustimmend	67.0	63.2	66.8
gleichgültig	27.3	31.0	27.2
ablehnend	5.7	5.8	6.0
Gesamt	100.0	100.0	100.0

Die Tabelle zeigt, daß die nationale Entwicklung von immerhin zwei Dritteln der Befragten als mit der Politik der Bündnispartner konform angesehen wird. Dies erscheint als Stimmungsbild bezüglich einer politischen Fragestellung als relativ hoch. Immerhin wird durch diese Frage aber noch nicht klar, wodurch diese Meinung genährt wird: durch „sachdienliche Informationen", die im Großen und Ganzen nur vermittelt durch entsprechende Kommentare und Berichte in den Massenmedien zum einzelnen Bürger gelangen – oder durch Wunschdenken bzw. subjektive Auslegung bzw. gruppenspezifische Erwartungshaltungen. Diesen zweiten Aspekt wollen wir einmal für die verschiedenen Altersgruppen überprüfen, nachdem in der vorhergehenden Tabelle deutlich wurde, daß die jüngere Generation eher als die ältere Generation eine von den westlichen Verbündeten stärker unabhängige Außenpolitik von der Bundesregierung erwartet.

Tab. 19: Einstellung zu den Verbündeten in Abhängigkeit vom Alter der Befragten

Perzipierte Einstellung der westl. Verbündeten zur Politik der BRD	Alter						
	18–20	21–30	31–40	41–50	51–60	61–70	älter
1. Frankreich							
zustimmend	72.5	71.5	71.8	70.1	60.1	61.5	59.8
gleichgültig	20.3	22.7	24.0	24.6	32.6	32.4	34.8
ablehnend	7.2	3.7	4.1	4.6	7.4	6.1	5.5
2. England							
zustimmend	65.2	68.1	67.7	65.8	57.2	56.8	59.1
gleichgültig	26.1	27.5	27.4	27.2	37.7	36.4	35.4
ablehnend	8.7	4.4	4.9	7.0	5.1	6.8	5.5
3. USA							
zustimmend	69.1	75.3	71.5	64.6	62.5	61.7	60.4
gleichgültig	25.0	20.7	22.5	26.3	29.7	33.8	36.0
ablehnend	5.9	4.1	6.0	9.1	7.7	4.5	3.7

(Anm.: Auf 100 % bereits fehlende Prozentpunkte sind: „Keine Angaben".)

Die junge Generation sieht also in *stärkerem* Maße als die ältere Generation die Politik gegenüber Polen eingebettet in einer gemeinsamen Politik des westlichen Bündnissystems! Dieses Ergebnis zeigt einmal, daß unsere Vermutung der Existenz einer „gruppenspezifisch" unterschiedlichen Perzeption der Einstellung der Bündnispartner zur deutschen Politik begründet ist.
Inhaltlich ist dieses Ergebnis nicht einfach zu interpretieren: Wenn die Jugend einerseits mehr Unabhängigkeit von den Bündnispartnern wünscht, andererseits aber besonders nachdrücklich angibt, daß die Partner der deut-

schen Ostpolitik zustimmend gegenüberstünden, so bieten sich hier mehrere Interpretationsmöglichkeiten an:

1) Diese Gruppe hat mehr Informationen als die anderen – ein sicherlich unrealistisches Argument bei der normal repräsentativen Auswahl aller Personen.

2) Die Jugendlichen meinen mit dieser Angabe, daß die Bundesrepublik auch bei ihrer Ostpolitik besonders stark von ihren Bündnispartnern „gegängelt" wurde.

3) Die Maxime der Unabhängigkeit ist nur eine altersgruppenspezifisch besonders ausgeprägte Zielvorstellung der Jugend, die bei konkreten Themen wie der Ostpolitik keine Anwendung findet.

4) Unabhängigkeit von Bündnispartnern ist bezüglich anderer Dimensionen gemeint.

5) Die Ostpolitik wurde als selbständige Initiative im Sinne der eigenen, freien Entscheidung gewertet, und die Zustimmung der Bündnispartner kam unabhängig davon nachher. (Dies erklärt allerdings noch nicht die besondere Höhe der perzipierten Zustimmung.)

6) Zusammen mit den weiter oben (Tab. 17) referierten Ergebnissen können die Daten aber auch folgendermaßen ausgelegt werden: Die jüngere Generation befürwortet tendenziell eine stärker unabhängige Außenpolitik der Bundesregierung; dies ist aber vermutlich weniger so zu verstehen, daß inhaltlich *konträre* Initiativen zu denen der Partnerländer ergriffen werden, sondern daß überhaupt eigenständig Initiativen ergriffen werden, die inhaltlich allerdings dann wiederum in Hinblick auf die westlichen Bündnispartner „ins Bild" passen.

Trotz der Unsicherheitsmarge bei der Interpretation ist eines sicher: Bei fehlender exakter Information über den Grad der Zustimmung und bei ungefähr gleich verteiltem Stand der Information durch die entsprechenden Medien ist diese Frage unterschiedlicher Anlaß der Projektion: Wie es scheint, sieht die Jugend die Außenbezüge in besonders starkem Ausmaß, wobei das „Vorzeichen" dieser Berücksichtigung nicht ganz klar wird – zumindest aber innerhalb unserer Interpretationsalternativen einen Spielraum offen läßt.

Dies ist die eine Seite der Entwicklungsmöglichkeiten, daß die bilaterale Beziehung zwischen zwei Nationen wie Deutschland und Polen im konstruktiv-optimistischen und vorbildlichen Sinne „Wellen schlägt" und Vorbild ist für die „große" Politik. Es ist dann aber zu fragen: Gilt dieselbe Beziehung auch für eine negative Entwicklung, oder existiert hier eine „Sperrklinkenwirkung" in der logischen Beziehung solcher Entwicklungen? Sollte es also umgekehrt in der Zukunft zu einem ernsthaften Konflikt zwischen Bundesrepublik und Polen kommen: Glauben die Befragten dann umgekehrt, daß dieser Konflikt wahrscheinlich zwischen den beiden Ländern ‚intern' beigelegt werden kann, oder daß auch dies internationale Reaktionen hervorrufen wird, daß es zu einem ernsthaften Konflikt zwischen den Blöcken kommen wird?

Im Vergleich dieser beiden Richtungen ist eine deutliche Gewichtsverlagerung der Antworten zu verzeichnen: Während im oben dargestellten konstruktiv-positiven Sinne 67 % der Befragten der Beziehung zu Polen eine überregionale Bedeutung beimaßen, tun dies im destruktiv-negativen Sinne nur 46 %. Dieser Anteil der Befragten glaubt also, daß ein Konflikt zwischen Bundesrepublik und Polen auch zu einem großen internationalen Konflikt führen wird, während 54 % der Befragten meinen, daß dieser Konflikt wahrscheinlich lokal beigelegt werden kann.

Dieses Ergebnis ist unseres Erachtens von der gegenwärtigen internationalen Situation her in doppelter Weise interpretierbar: Die Tatsache, daß die Blöcke in ihrer Gegenüberstellung bis zum „overkill" gerüstet sind, hat zweifellos dazu geführt, daß der tatsächliche Einsatz dieser Rüstung keine realistische Möglichkeit mehr ist, die noch politisch „sinnvoll" ist. Wenn Atombomben des einen Blocks auf den anderen fallen, so liegt es in der Automatik der weiteren Entwicklung, daß auch in umgekehrter Richtung unmittelbar der total vernichtende Vergeltungsschlag erfolgen wird. Somit spricht alles dafür, daß die großen Blöcke daran interessiert sind, ihre „Satelliten" und Partner „im Zaum zu halten" und bei lokalen Konflikten, die noch regional überschaubar sind, auf solche Satellitenstaaten und kleinere Bündnispartner im Sinne der Befriedung und des Ausgleichs einzuwirken, und dies vermutlich so lange, wie nicht der direkte Nerv der Supermächte selbst getroffen wird. Dies haben die Befragten, wie es scheint, auch instinktiv gespürt.

Eine weitergehende Tabellenanalyse zeigt, daß die postulierte Sperrklinkenwirkung (d. h. Konstruktiv-Positives hat überregionale Wirkung, dagegen Destruktiv-Negatives kann regional irgendwie beigelegt werden) bei Befragten mit höherer Bildung und bei der jungen Generation aufgehoben wird: Dieser Teil der Befragten mißt der Beziehung zwischen Polen und Bundesrepublik eine überregionale Bedeutung zu, sowohl bei einer konstruktiv-positiven als auch bei einer destruktiv-negativen Entwicklung.

Tab. 20: Auswirkungen eines Konflikts zwischen Deutschland und Polen in Abhängigkeit von Alter, Geschlecht, Schulbildung

Art des Konflikts	Ins-gesamt	Geschlecht		Alter						
		Mann	Frau	18–20	21–30	31–40	41–50	51–60	61–70	älter
lokal beigelegt	54.0	52.3	55.5	42.4	47.6	57.1	53.7	52.8	58.2	58.3
größerer Konflikt	46.0	47.1	44.5	57.6	52.4	42.9	46.3	47.2	41.8	41.7
Gesamt	100.0	100.0	100.0	100.0	100.0	100.0	100.0	100.0	100.0	100.0

Art des Konflikts	Schulbildung				
	Volksschule	Realschule	Handelsschule	Gymnasium	Universität
lokal beigelegt	56.2	50.7	55.3	43.0	38.8
größerer Konflikt	43.8	49.3	44.7	57.0	61.2
Gesamt	100.0	100.0	100.0	100.0	100.0

Dieses Ergebnis würde unseres Erachtens bedeuten, daß zumindest die Jungen und die höher Gebildeten weniger einem Wunschdenken erliegen, und die möglichen ernsten Konsequenzen deutlicher sehen, die entstehen können, wenn es zu einer großen internationalen Krise käme. Daraus könnte gefolgert werden, daß auf dem Hintergrund einer möglichen bedrohlichen Entwicklung den Jungen und den Gebildeten das Bemühen um positive deutsch-polnische Beziehungen sehr viel notwendiger erscheint, als dies beim Durchschnitt der Bevölkerung der Fall ist.

4.   ZUR GENERELLEN WAHRNEHMUNG DES „OBJEKTS POLEN"

Bisher zielten unsere Fragen hauptsächlich auf Einstellungen zu einer konkreten Politik gegenüber Polen ab. Zur Abrundung des Bildes wollen wir nun einmal danach fragen, wie, abgelöst von tagespolitischen Fragen wie der nach der neuen Ostpolitik, die generelle Sicht des „Objektes Polen" in der Bevölkerung ist – wie das Land und wie seine Bevölkerung im Sinne eines nationalen Stereotyps eingeschätzt werden.
Wir baten die Befragten, Einschätzungen für die folgenden vier Sektoren vorzunehmen:
1) Für den wirtschaftlichen, 2) für den kulturellen, 3) für den innenpolitischen, und 4) für den außenpolitischen Bereich.
Zur Einschätzung dieser Aspekte konstruierten wir ein besonderes Schema, das wir in die folgende Frage kleideten:
„Nehmen wir einmal an, daß Sie dem polnischen Volk für seine Leistungen auf verschiedenen Gebieten in den letzten fünf Jahren Noten erteilen können, und daß Ihnen dafür die Noten 1 („sehr gut") bis 5 („mangelhaft") zur Verfügung stünden. Welche Noten würden Sie dann jeweils für die folgenden Bereiche erteilen . . .".
Wenn wir die Ergebnisse für jeden der vier Bereiche getrennt lesen, so ist als erstes festzustellen, daß sich hier, wie im statistischen Sinne zu erwarten war, in groben Zügen eine „Normalverteilung" mit jeweils leicht unterschied-

lichen Schwerpunkten vorfinden läßt; es ist ja auch nicht zu erwarten, daß der Durchschnittsbürger eine genaue inhaltliche Kenntnis über den wirtschaftlichen, kulturellen, ... etc. Sektor Polens hat. Entlang dem Kontinuum von 1 bis 5 steigen die Nennungen zahlenmäßig bis zur mittleren Position an („Note drei"), und fallen dann wieder zu den „schlechten Noten" hin ab. Wenn wir die Verteilung der Plazierungen jedoch in Richtung der Noten lesen, dann ergibt sich ein aufschlußreicheres Bild: Die Note 1 und die Note 5 können wir im großen und ganzen deswegen außer Betracht lassen, da sie den Charakter der Extremplazierungen im guten oder schlechten Sinne haben. Hier sind die Unterschiede nach abgefragten Bereichen auch statistisch nicht signifikant.

Die Note 3 hat mit den Noten 1 und 5 eine gewisse Gemeinsamkeit: auch sie ist relativ uninteressant für die Interpretation, da sie als Mittelposition zwischen „extrem gut" und „extrem schlecht" gewissermaßen eine „lauwarme" Position bezeichnet, wo man sich weder eindeutig positiv noch eindeutig negativ zu äußern braucht. Absolut gesehen wählen die meisten der Befragten diese „bequeme Position": Die Meinungen liegen für alle vier Bereiche relativ eng beieinander. Die Bandbreite der Antworten liegt zwischen 39 % und 44 %.

Soweit die „statistischen Relativierungen". Immerhin zeigen sich in den Ergebnissen aber auch unterschiedliche Bewertungen der Dimensionen im Vergleich: So können wir feststellen, daß die Note 1 am stärksten für den kulturellen Bereich vergeben wird, und am schwächsten für den innenpolitischen Bereich. Wenn wir die „mittleren" Noten betrachten, so wird die Tendenz, die sich bei den Extremnoten schon abzeichnete, noch deutlicher: Am stärksten wird den Polen für ihre kulturellen Leistungen die Note „gut" gegeben (35 % der Befragten); an zweiter Stelle wird diese Note „gut" mit einem gewissen Abstand für den wirtschaftlichen und den außenpolitischen Bereich vergeben (in beiden Fällen 28 %); wie schon im Vergleich der Plazierungen bei der Note „sehr gut" schneidet die Bewertung des innenpolitischen Bereichs hier am schwächsten ab: Für diesen Bereich wird nur von 17 % der Befragten die Note 2 gegeben.

Ab Note 4 sind die tendenziell ablehnenden Einschätzungen vorzufinden. Hier wird konsequenterweise die spiegelbildliche Einschätzung im Vergleich mit den „guten" Noten sichtbar: Am deutlichsten wird die innenpolitische Situation in Polen abgelehnt (22 %); an zweiter Stelle wird tendenziell die wirtschaftliche Entwicklung abgelehnt sowie die außenpolitische Orientierung (in beiden Fällen zu 16 %), und am geringsten wird der kulturelle Bereich mit „schlechten Noten" versehen (zu 12 %).

Somit können wir als Fazit ziehen: Die Leistungen der Polen auf kulturellem Gebiet scheinen am stärksten akzeptiert zu werden und positiv bekannt geworden zu sein. Hier wird vermutlich an Beiträge im Bereich der Kunst, der Dichtung, des Film- und Musikschaffens gedacht. Relativ werden auch die Entwicklungen bezüglich der Bereiche akzeptiert, bei denen sich – wenn auch in bescheidenen Dimensionen – in den letzten 5 Jahren ein Austausch und eine gewisse Kooperation mit der Bundesrepublik angebahnt hat. Dementsprechend werden relativ die wirtschaftliche Entwicklung Polens ebenso anerkannt wie die außenpolitischen Bemühungen. Soweit es sich aber um das politische System Polens „als solches" handelt, wird dieses System relativ deutlich abgelehnt.

Zum Verständnis dieser Einschätzungen ist selbstverständlich zu berücksichtigen, daß gerade bei der Bewertung von Eigenschaften eines Partners, der in politischer Hinsicht „im anderen Lager" steht, bevorzugt und vorbehaltsloser *die* Aspekte akzeptiert und hervorgehoben werden können, die nicht kontrovers und die unpolitisch sind. Der „Wettkampf der Systeme" spielte und spielt sich ja vorrangig im Gegeneinander der politischen Grundpositionen ab, und die ideologischen und regionalen Grenzen wurden versuchsweise und dann auch erfolgreich zuerst von Delegationen überschritten, die einen friedlichen Wettstreit im Sinne von Kulturabkommen und dann auch im Sinne des wirtschaftlichen Austauschs durchsetzten.

Tab. 21: Einschätzung der Faktoren

Note	wirtschaftlicher Bereich	Kultur. Bereich	Innenpolit. Bereich	Außenpolit. Bereich
1	7.1	8.7	4.1	7.0
2	28.9	36.1	17.8	28.6
3	43.9	40.7	47.2	44.7
4	16.3	12.4	23.6	16.3
5	3.8	2.1	7.3	3.4
	100.0 %	100.0 %	100.0 %	100.0 %

5. VORSCHLÄGE ZUR AUSSENPOLITIK UND VERSUCHE EINER LANGFRISTIGEN PERSPEKTIVE

Im Rahmen der Konflikttheorien und der Friedensforschung werden immer wieder verschiedene Strategien der Friedenssicherung vorgeschlagen: Da ist einmal die „gradualistische" Strategie, deren Verfechter davon ausgehen, daß Entspannung nur „Zug um Zug" erreicht werden kann, daß in überschaubaren Schritten vorzugehen ist, und daß ausgehandelt werden muß, daß auf eine eigene Leistung eine äquivalente Leistung der Gegenseite unmittelbar folgt. Dem steht der Vorschlag der „absolutistischen" Strategie gegenüber, der beinhaltet, daß nur durch eine entscheidende Vorleistung die Atmosphäre des kalten Krieges so aufgelockert werden kann, daß auch die andere Seite „gezwungen" ist, nachzuziehen.

Die Randauszählung zeigt, daß nur 12 % der Befragten den Vorschlag stützen, durch eigene Vorleistungen eine Entspannung zu erreichen und dementsprechend der größte Teil der Befragten diese Strategie wohl für unrealistisch hält. 68 % der Befragten befürworten dagegen die „gradualistische" Strategie, und 21 % sind sogar der Meinung, daß zuerst die Gegenseite Vorleistungen erbringen sollte – und man selbst dann im Anschluß „nachziehen" sollte.

In den Daten wird sichtbar, daß besonders die ältere Generation zuerst einmal Vorleistungen von der anderen Seite erwartet, und erst dann zu eigenen Entspannungsschritten bereit ist. Ein ähnlicher Zusammenhang zeigt sich bei Personen geringerer Schulbildung:

Tab. 22: Entspannungs- (Abrüstungs-) Alternativen in Abhängigkeit von Geschlecht, Alter, Schulbildung und Parteipräferenz

Alternativen	Insgesamt	Geschlecht		Alter						
		Mann	Frau	18–20	21–30	31–40	41–50	51–60	61–70	älter
absolutistisch *selbst*	11.9	11.1	12.5	15.9	19.7	9.0	9.6	10.5	11.3	11.0
gradualistisch	67.5	70.7	64.9	75.4	64.3	73.2	71.1	63.0	61.3	68.1
absolutistisch *Polen*	20.6	18.2	22.6	8.7	16.0	17.8	19.3	26.5	27.4	20.9
Gesamt	100.0	100.0	100.0	100.0	100.0	100.0	100.0	100.0	100.0	100.0

Alternativen	Schulbildung				
	Volksschule	Realschule	Handelsschule	Gymnasium	Universität
absolutistisch *selbst*	12.4	10.8	7.2	11.0	17.6
gradualistisch	63.7	73.6	75.6	77.0	76.5
absolutistisch *Polen*	23.9	15.6	17.2	12.0	5.9
Gesamt	100.0	100.0	100.0	100.0	100.0

Alternativen	Parteipräferenz				
	CDU/CSU	SPD	FDP	Sonstige	Nichtwähler
absolutistisch *selbst*	6.0	16.8	9.9	25.8	11.2
gradualistisch	63.0	71.8	70.4	57.1	62.7
absolutistisch *Polen*	31.0	11.4	19.7	17.1	26.1
Gesamt	100.0	100.0	100.0	100.0	100.0

Insgesamt kann man jedoch feststellen, daß die Mehrheit der Befragten einer schrittweisen und abgesicherten Strategie zustimmt.

Die Einstellung eines Großteils der Befragten zum jetzigen Zeitpunkt gegenüber Polen wird zweifellos noch durch die gefühlsmäßige Bindung an Vergangenheit und Gegenwart bestimmt. Die Polarisierung der Meinungen bei der Bewertung des aktuellen Zustandes wird noch durch das Ausmaß des Engagements und der „Kosten" bestimmt, welche die Beteiligten und Betroffenen bei dieser Problematik haben und hatten. Hier ergeben sich dementsprechend Spaltungen zwischen der jüngeren und älteren Generation, sowie zwischen Flüchtlingen, Vertriebenen und solchen, die in diesem Sinne keine Verluste zu verkraften und evtl. zu vergessen haben[1].

Wenn aber die deutsch-polnischen Beziehungen langfristig international und zukunftsbezogen betrachtet werden, und die Befragten hierzu eine Prognose abgeben sollen, dann ist zu vermuten, daß hier die Unterschiede zwischen den verschiedenen Meinungsgruppen stärker ausgeglichen werden. Die Generation der Flüchtlinge und der Vertriebenen selbst wird langfristig bis dahin keine realen materiellen Interessen mehr haben und zahlenmäßig geschrumpft sein. Die Nachkriegsgeneration der Jugend hat sich mit dem aktuellen Zustand arrangiert, hat keine emotionalen Handicaps wie die „symbolische Ortsbezogenheit"[2] zu bewältigen, und ist, wie andere empirische Untersuchungen

---

[1] Auf die Einstellungen der Vertriebenen zu dieser Thematik geht besonders die Arbeit von Hapke ein: Vgl. Hans H. Hapke, „Einheimische und Vertriebene: Soziologische Aspekte ihrer Einstellungen zum deutsch-polnischen Verhältnis, unveröff. Diplomarbeit, Köln 1973; siehe auch unten S. 416 ff.

[2] Vgl. Heiner Treinen, Symbolische Ortsbezogenheit. Eine soziologische Untersuchung zum Heimatproblem, in: Kölner Zeitschrift für Soziologie und Sozialpsychologie, Bd. 17, 1965, S. 73–97 und 254–297.

zeigen[3], stärker international orientiert und sozialisiert worden. Umgekehrt vermuten übrigens auch unsere Befragten, daß die polnische Jugend weniger Vorurteile hat. Wir legten der Bevölkerung die Frage vor: „Glauben Sie, daß die jüngere Generation der Polen, die nach 1945 geboren ist, stärker an einem friedlichen Ausgleich mit der Bundesrepublik Deutschland interessiert ist als die ältere Generation, weniger stark als diese oder genau so wie diese?" Die Antwort entspricht hier unseren Erwartungen: 63 % der Befragten vertreten die Meinung, daß die jüngere Generation der Polen stärker am friedlichen Ausgleich interessiert ist, als die ältere polnische Generation.

Unsere Vermutung der langfristig zunehmenden Verständigung läßt sich anhand der Meinung der Befragten bestätigen: Nach Meinung von 48 % aller Befragten wird die Entwicklung zwischen Deutschland und Polen bis zum Jahr 2000 von einer zunehmenden Verständigung geprägt sein, und immerhin 35 % vertreten die Ansicht, daß sich Unterschiede und Gegensätze zwar nie ganz ausräumen lassen werden, aber man sich doch gegenseitig toleriert (Tabelle 23).

Tab. 23: Entwicklung der Beziehungen zwischen Deutschland und Polen bis zum Jahr 2000

Entwicklung der Beziehungen	Ins- gesamt	Alter						
		18–20	21–30	31–40	41–50	51–60	61–70	älter
zunehmende Verständigung	49.2	52.2	57.8	54.8	47.8	44.2	42.3	43.9
Gegensatz aber toleriert	34.5	34.8	30.1	30.5	36.4	37.6	37.7	36.6
gleichbleibend wie heute	13.0	11.6	9.5	11.3	12.9	16.3	14.5	15.2
zunehmender Konflikt	3.3	1.4	2.6	3.4	2.9	1.9	5.5	4.3
Gesamt	100.0	100.0	100.0	100.0	100.0	100.0	100.0	100.0

Obwohl das Zukunftssymbol „Jahr 2000" in der Fragestellung von der Realität ablöst und einen gewissen Friedens-Symbolwert[4] hat, überrascht der vergleichsweise hohe Prozentsatz von Wählern der Oppositionsparteien CDU/CSU, die meinen, daß sich die Beziehungen zwischen Deutschland und Polen

---

[3] Vgl. Hans H. Hapke, a.a.O.

[4] Vgl. Thomas Kutsch, Die Welt im Jahr 2000 – Analyse einer internationalen Umfrage über die Einstellung zur Zukunft, Kronberg/Taunus 1974.

zwischen heute und dem Jahr 2000 gleich bleiben werden. Wähler der FDP und besonders der SPD dagegen interpretieren die Ostpolitik als „Chance" für die Zukunft; über 50 % dieser Wähler meinen, daß die Entwicklung der Beziehung zwischen Deutschland und Polen durch zunehmende Verständigung gekennzeichnet sein wird. Somit scheint es, daß die parteipolitische Entscheidung zur aktuellen Entwicklung der „neuen Ostpolitik" auch auf die Beantwortung unserer Frage nach der langfristigen Entwicklung „abfärbt".

Tab. 24: Einschätzung der Entwicklung der Beziehungen zwischen Deutschland und Polen bis zum Jahr 2000 in Abhängigkeit von der Parteipräferenz

Entwicklung der Beziehungen	CDU/CSU	SPD	FDP	Sonstige	Nichtwähler
zunehmende Verständigung	35.7	63.2	50.7	47.0	39.1
Gegensatz doch toleriert	39.3	29.0	42.5	20.5	37.3
gleichbleibend wie heute	20.3	6.2	6.8	20.5	19.9
zunehmender Konflikt	4.7	1.6	0.0	12.0	3.7
Gesamt	100.0	100.0	100.0	100.0	100.0

6. KLASSIFIKATION VORURTEILSVOLLER VERSUS XENOPHILER PERSONEN

von B. Schäfer

Die Analyse des Einflusses vorurteilsvoller Einstellungen gegenüber Völkern bei Stellungnahmen zu politischen Themen, wie sie durch die hier durchgeführten Erhebungen untersucht werden, setzt voraus, daß diese Variable begrifflich präzisiert und geeignet operationalisiert worden ist. Empirische Evidenz kann nur relativ zur begrifflichen und operationalen Bestimmung der verwendeten Variablen gelten.

Im vorliegenden Beitrag wird der Versuch einer Klassifikation einstellungsspezifischer Orientierung gegenüber Völkern unter dem Aspekt der Operationalisierung von Vorurteil beschrieben. Dabei soll den Voraussetzungen dieser Operationalisierung und der Prozedur selber die notwendige Aufmerksamkeit gewidmet werden, um unangemessene Interpretationen späterer Befunde, die auf ihr basieren, zu vermeiden[1].

1.   VORURTEIL UND XENOPHILIE. BEGRIFFSBESTIMMUNGEN

Die Vorurteilsforschung bietet keine verbindliche Begriffsbestimmung des Terminus ‚Vorurteil‘ an. Es ist deshalb notwendig, für die weitere Diskussion eine bestimmte Sprachregelung zu konventionieren.

Orientiert man sich an der üblichen Operationalisierung von Vorurteilen, so kann man als eine Art Minimaldefinition festhalten:

Vorurteile sind negative Einstellungen gegenüber Angehörigen einer bestimmten (fremden) Gruppe von Personen.

(Die Kennzeichnung dieser Einstellungen als ‚negativ‘ rekurriert dabei auf das Bezugssystem der untersuchten Personen.)

Diese Definition schließt Spezifizierungen nicht aus, beispielsweise die Akzentuierung der den Einstellungen zugrunde liegenden Urteilsprozesse als

---

[1] Die Datenanalysen dieses und der folgenden Beiträge des Verf. wurden von Herrn Dipl.-Psych. K. H. Steffens auf der IBM 370 der Gesellschaft für Mathematik und Datenverarbeitung (GMD) in Bonn durchgeführt.

‚emotional' („we shall define prejudice as an emotional, rigid attitude (...)
toward a group of people" Simpson u. Yinger 1965, 10) oder die Ableitung
aus kulturellen oder Gruppennormen („negative attitudes of group members
derived from their established norms, toward another group and its members" Sherif u. Sherif 1956, 648; vgl. auch Young u. Mack 1962; Westie 1964).
Andererseits läßt unsere Definition ein Verständnis von Vorurteilen auch
als positiven Einstellungen, wie es in Begriffsbestimmungen nicht selten zu
finden ist, nicht zu („an attitude that predisposes a person to think, feel,
and act in favorable or unfavorable ways toward a group or its individual
members" Secord u. Backman 1964, 412).
Abgesehen davon, daß die ‚positive' Variante außerhalb von Definitionen
kaum Bedeutung aufweist – Ashmore (1970) kennzeichnet ihre Einbeziehung
als vorwissenschaftlich – dürfte es schwierig sein, die Affinität der beiden
per definitionem gegensätzlichen Formen von Einstellung unter den Begriff
‚Vorurteil' begrifflich zu subsumieren oder aber vom Einstellungsbegriff zu
unterscheiden. Es sei denn, man sicht in beiden Varianten primär Abweichungen vom ‚adäquaten' Prozeß der Urteilsbildung: „Prejudices are social
attitudes which are developed before, in lieu of, or despite objective evidence
(Cooper u. McGaugh 1963); „Literally, prejudice means prejudgment,
a judgment before knowledge..." (Peterson 1958, 342). Es dürfte unmittelbar einsichtig sein, daß die Einbeziehung des Prozesses der Erkenntnisgewin-
nung in die Begriffsbestimmung den empirischen Forscher vor schwierige,
wenn nicht unlösbare Probleme stellt.
Schließlich soll noch festgehalten werden, daß mit der Kennzeichnung von
Vorurteilen als Einstellungen die Definition auf der Ebene verbalen, symbolischen Verhaltens operiert und nicht auf die Beobachtung offenen Verhaltens abzielt. In diesem Sinne mißverständlich und deshalb problematisch
erscheinen Definitionen wie die von Buss: „Prejudice is defined as hostility
or aggression toward individuals on the basis of their group membership
(Buss 1961, 245). Die Beziehung zwischen Einstellung und Verhalten – auch
in der Spezifikation von Vorurteil zu diskriminierendem Verhalten – läßt sich
keinesfalls im Sinne einer unmittelbaren Korrespondenz interpretieren (vgl.
Ehrlich 1969; Six 1974).
Wenn man positive Einstellungen gegenüber Angehörigen fremder sozialer
Gruppen in den Vorurteilsbegriff nicht aufnehmen will, so bedeutet das
keineswegs, daß aus dieser begrifflichen Exklusivität eine Inkompetenz der
Vorurteilsforschung für jene Formen von Einstellungen gefolgert werden
sollte. Wenn Vorurteile als soziale Einstellungen verstanden werden, die auf
einem Kontinuum von positiver bis negativer Ausprägungsrichtung lokalisier-
bar sind, dann muß ihnen in terminis dieser Einstellungen eine Gegenvariante
zugeordnet werden können.
Die Vorurteilsforschung hat dieser Frage verhältnismäßig geringes begriff-
liches und empirisches Interesse zuteil werden lassen. Soziale Relevanz –
und dieses Kriterium ist zweifellos ein Motor der Vorurteilsforschung ge-

wesen – wie sie dem Potential sozial obstruktiven (etwa in der Form diskriminierenden) Verhaltens in Vorurteilen zugesprochen wird, wurde hier offenbar nicht in vergleichbarer Weise vermutet.

Murphy u. Likert (1938), Hartley (1946) und viele andere haben bis heute den Gegenpol von Vorurteil mit dem Terminus Toleranz etikettiert. Es wird häufig nur durch Inspektion der verwendeten Meßinstrumente (subjektiv) erkennbar, ob mit diesem Begriff die schlichte Abwesenheit ausgeprägter negativer Einstellungen oder (auch) Formen positiver Zuwendung den untersuchten sozialen Gruppen gegenüber abgedeckt werden.

Der Begriffsbestimmung von Martin: „Tolerance may simply be defined as the absence of prejudice, either positive or negative" (Martin 1964, 11) steht etwa der Befund von Prentice gegenüber „that tolerant individuals biased their reasoning significantly in favor of ethnic groups" (Prentice 1957, 270). Es ist nicht nur als Folge der Verwendung unterschiedlicher Bezugssysteme, sondern auch unterschiedlicher Konzeptualisierung (auch in terminis der Persönlichkeitsbeschreibung und/oder sozialer Gruppenzugehörigkeit) anzusehen, wenn Vergleiche von ‚toleranten' und ‚intoleranten' Personen einmal Affinität indizieren (z. B. Dowling 1955; Taft 1958) und zum anderen Merkmale der Verschiedenheit zutage gefördert werden (z. B. Evans 1952; Allport 1958).

Wegen seiner Vieldeutigkeit, auch in Hinblick auf seine Verwendung außerhalb des Bereiches von Einstellungen gegenüber sozialen Gruppen, werden wir, soweit möglich, auf den Toleranz-Begriff verzichten.

Wenn wir uns enger an den hier betrachteten Urteilsprozessen orientieren, so kann die Gegenvariante vorurteilsvoller, negativer Einstellungen, nämlich positive Einstellung zu fremden Gruppen im Bereich ethnischer Einstellungen als Xenophilie bezeichnet werden. Entsprechend hatte Campbell (vgl. Campbell u. McCandless 1951) den Terminus Xenophobie anderen, theoretisch begründeten Charakterisierungen vorurteilsvoller Einstellungen gegenüber fremden Gruppen (z. B. Ethnozentrismus) vorgezogen.

Die Xenophilie – (Xenophobie) Vorurteils-Dimension, wie sie hier verstanden wird, reflektiert die Ausprägungsrichtungen (positive versus negative Variante) ethnischer Einstellungen. Sie ist in terminis sozialer Einstellungen konzipiert und ihre Polarität impliziert keine solche persönlichkeitsspezifischer Korrelate oder Bedingungsfaktoren. (Perlmutter (1954, 1956) etwa hat zu belegen versucht, daß Xenophile – allerdings nur teilweise – via Autoritarismus Affinität mit den Xenophoben aufweisen.)

Nicht erst die Suche nach differenzierenden oder gemeinsamen Merkmalen der Persönlichkeitsbeschreibung oder der sozialen Gruppenzugehörigkeit, sondern bereits die Klassifikation von Personen hinsichtlich der Art ihrer Einstellungen zu fremden Personengruppen impliziert für die begriffliche Generalität eine empirische Korrespondenz, die Annahme einer Generalität der Bewertung fremder Gruppen, einer Unabhängigkeit der Bewertung von der Spezifität dieser Gruppen. Die Berechtigung dieser Annahme soll hier eingehend erörtert werden.

GENERALITÄT VON VORURTEILEN RESP. DER VORURTEILS-
XENOPHILIE (VORURTEILS-TOLERANZ) – DIMENSION

Wenngleich nahezu alle Definitionen von Vorurteil einen Bezug auf Mitglieder bestimmter, d. h. einzelner Gruppen beinhalten, hat sich in der Vorurteilsforschung eine typologische Kategorisierung durchgesetzt, die die Generalität von Vorurteilen, ihren Geltungsbereich über große Klassen von
Gruppen explizit, begründetermaßen, oder implizit voraussetzt. Individuen
als Träger von Vorurteilen (meist auch als Begründungsinstanz von Vorurteilen) äußern nach diesen Typologien negative Einstellungen nicht nur
gegenüber den Angehörigen einzelner Gruppen, sondern gegenüber den Angehörigen einer großen Zahl sozialer Gruppen oder sogar gegenüber den Mitgliedern aller fremden Gruppen.
‚Vorurteilvolle‘ Personen werden gekennzeichnet als ethnozentrisch (z. B.
Adorno et al. 1950), misanthropisch (z. B. Sullivan u. Adelson 1954), autistisch
(Newcomb 1947), closed-minded, dogmatisch (Rokeach 1960), (ethnisch) in-
tolerant (z. B. Bettelheim u. Janowitz 1964). Diese Konzeptualisierungen unterscheiden sich hinsichtlich der Art und des Ausmaßes theoretischer Bestimmungsstücke. (Auch dieser Umstand belegt die begriffliche Unschärfe des den
meisten gemeinsamen ‚Gegentyps‘ der sogenannten toleranten Persönlichkeit.)
Alle diese theoretischen Konstrukte der ‚vorurteilsvollen Persönlichkeit‘ basieren auf der Beobachtung, daß Vorurteile gegenüber Angehörigen fremder
Gruppen nicht als singuläre Ereignisse, gebunden an die Zugehörigkeit dieser
Personen zu einer bestimmten Gruppe auftreten, sondern daß sich Vorurteile
generell, weitgehend unabhängig von der Spezifität der jeweiligen ‚out-group‘
manifestieren. Die Annahme der Generalität von Vorurteilen ist eine wichtige Voraussetzungen für die Bestimmung (genereller) Determinanten von
‚Vorurteil‘ (vgl. Harding et al. 1969; Bergler u. Six 1972). Zumindest soweit
die Qualität der motivationalen (Adorno et al. 1950) oder der cognitiven
(Rokeach 1960) Persönlichkeitsstruktur als Erklärungsprinzip dient, ist die
Generalität von Vorurteilen eine unmittelbare Voraussetzung der Interpretation. Analoges gilt für den Fall der ‚toleranten‘ Persönlichkeit (vgl. Stouffer
1955; Martin u. Westie 1959; Bettelheim u. Janowitz 1964).
Bevor wir daran gehen, mithilfe der erhobenen Daten der Beurteilung von
Völkern die Personen unserer Stichprobe nach dem Ausmaß ihrer ‚Vorurteilshaftigkeit‘ zu klassifizieren, soll die Berechtigung der Generalitätsannahme
anhand vorliegender empirischer Befunde diskutiert werden.

2.1.   Kovariation von Einstellungsmaßen zwischen realen und fiktiven ethni-
        schen Gruppen

Als ein entscheidender Beleg, daß Einstellungen – zumindest zu ethnischen
Gruppen – genereller, nicht objekt-spezifischer Art sind, wird regelmäßig ein
Befund Hartleys (1946) zitiert. Hartley (1946) hatte Studenten von acht

Colleges auf einer Skala sozialer Distanz u. a. 32 ethnische Gruppen sowie die Namen von drei weiteren, fiktiven Gruppen (Daniräer, Pirenäer und Wallonäer) beurteilen lassen und zwischen den gemittelten Maßen sozialer Distanz für die 32 realen Gruppen einerseits und für die drei fiktiven Gruppen andererseits bei fünf Colleges Produkt-Moment Korrelationskoeffizienten zwischen .78 und .85 gefunden. Diese Koeffizienten indizieren eine beträchtliche Korrespondenz der Bereitschaft, realen ethnischen Gruppen gegenüber soziale Distanz zu fordern („as visitors only to my country", „would exclude from my country") oder aber enge Kontakte zu akzeptieren (bis hin zu „to my club as personal chums", „to close kinship by marriage") mit der gleichen Bereitschaft gegenüber Gruppen, die gar nicht existieren, zu denen also keine relevanten Informationen oder Erfahrungen gesammelt werden konnten. Dieser inzwischen mehrfach belegte Befund (z. B. Epstein u. Komorita 1966; Hall u. Patterson 1969) trifft die Generalitätsfragestellung nicht unmittelbar, weil aus ihr keine Hypothesen bezüglich der Beurteilung fiktiver Gruppen ableitbar sind. Zum anderen ist seine Interpretierbarkeit erheblich durch den Umstand beeinträchtigt, daß ein Großteil der Befragten die fiktiven Gruppen überhaupt nicht beurteilte. Damit begründete Bedenken werden durch eine Nachuntersuchung von Prothro u. Melikan (1953a) bekräftigt, die bei arabischen Studenten für die Beurteilung zweier fiktiver Gruppen eine extreme Antwortverweigerungsquote berichten; nur sieben von 102 Personen beurteilten *eine* Gruppe, kein einziger Befragter alle beide.

Fink (1971) hat eine instrumentenspezifische Relativität der Kovariation der Beurteilungen von fiktiven Gruppen mit denen realer Gruppen zu belegen versucht. Bei Verwendung zweier Skalentypen, einer 6-stufigen (ohne ‚neutrale' Mittelkategorie) und einer 7-stufigen (mit ‚neutraler' Mittelkategorie) zur Beurteilung von 16 realen ethnischen oder ideologischen sowie zwei fiktiven Gruppen (Sidean, Meblus) fand er eine Reduktion der Höhe der Korrelationskoeffizienten bei jener Beurteilerstichprobe, die Gelegenheit hatte, bei der Beurteilung eine Mittelkategorie (7-Punkte-Skala) zu verwenden. (Hartley (1946) hatte eine 8-stufige Skala verwendet.) Fink (1971) war davon ausgegangen, daß gegenüber fiktiven Gruppen eine neutrale der dominanten Reaktion der Befragten entspreche, unabhängig vom Ausmaß ihrer Vorurteilshaftigkeit. Er schließt: „The previously reported generality of prejudice-tolerance to non-existent groups seems to bee an artifact of use of attitude scales without neutral categories" (Fink 1971, 364).

Ohne auf die Problematik der Verwendung des Signifikanzniveaus als Kriterium der unter den beiden Bedingungen beachteten (ausgezählten) Korrelationskoeffizienten bei Fink (1971) einzugehen, soll festgehalten werden, daß diese selbst für die Gruppe jener Beurteiler, die auf der Skala ohne Neutral-Position markierten, lediglich zwischen .00 und .32 (schwerpunktmäßig um .20 variierten. (Diese Daten sind in anderem Zusammenhang, Tab. 4, S. 324 wiedergegeben.)

2.2. Kovariation von Einstellungsmaßen innerhalb und zwischen Klassen sozialer Gruppen

Hartleys (1946) Scores sozialer Distanz, die einerseits über die 32 realen und andererseits die drei fiktiven Gruppen gemittelt worden waren, implizieren bereits die Geltung der Generalitätsannahme für die jeweiligen Klassen von Gruppen. Wenn nämlich diese Maße auf nicht kovariierenden, durch die Spezifität der Konzepte determinierten Urteilswerten basieren, wären die mittleren Soziale-Distanz-Scores Artefakte. Die Höhe der Koeffizienten zwischen den Scores für die realen und die fiktiven Gruppen wäre unter solchen Bedingungen zwar sehr unwahrscheinlich; Belege für die Interpretation dieser Scores als charakteristische Einstellungs- oder Vorurteilsmaße können jedoch angemessener aus der Betrachtung der Kovariationsverhältnisse zwischen den einzelnen Gruppen gesucht werden.

Hartley (1946) selbst gibt eine Reihe von grafischen Darstellungen der Regressionen und von Korrelationskoeffizienten auch zwischen einzelnen der beurteilten Gruppen wieder; letztere schwanken zwischen .21 und .68 (in der Regel über .50), schließen aber nicht nur ethnische, sondern auch untersuchte religiöse und politische Gruppen ein. Die Auswahl der zur Verfügung gestellten Informationen erscheint dabei leider so willkürlich, daß eine kritische Würdigung dieser Befunde nicht möglich ist.

Koeffizienten der Kovariation zwischen Einstellungsmaßen für einzelne Gruppen werden zuweilen falsch interpretiert. Ein nicht selten anzutreffendes Mißverständnis wird durch Formulierungen wie der von Heintz nahegelegt, wenn er feststellt: „Es gehört zu den bemerkenswertesten, erstmals von Eugene L. Hartley empirisch erhärteten Ergebnissen der Vorurteilsforschung, daß jene Personen, die starke Vorurteile gegen eine bestimmte outgroup haben, zum Beispiel Antisemiten sind, regelmäßig auch starke Vorurteile gegen eine Reihe von anderen outgroups haben, etwa gegen die Neger, die Italiener und die Ostasiaten" (Heintz 1957, 99). Hohe positive Korrelation von Vorurteilsmaßen über verschiedene ethnische Gruppen hinweg darf nicht zu der Folgerung verleiten, daß dieses Ergebnis gleich ausgeprägte Vorurteile gegenüber all diesen ethnischen Gruppen impliziere. Diese Folgerung widerspricht nicht nur der alltäglichen Erfahrung, sondern auch einigen spätestens von Hartley berichteten, belegten Fakten:

- „students are differentiating on the basis of nationality"

- „students in different schools seem to be responding differently" (Hartley 1946, 17)

Ursache eines entsprechenden Mißverständnisses scheint eine inadäquate Auffassung dessen zu sein, was ein Korrelationskoeffizient aussagen kann. Insofern nämlich sowohl Produkt-Moment- als auch Rangreihenkoeffizienten die jeweiligen Meßskalen standardisieren, werden Unterschiede in den absoluten Ausprägungsgraden bzw. den Mittelwerten der Vorurteilsmaße nicht erfaßt. Somit müssen durch Korrelationskoeffizienten belegte Aussagen über die Generalität von Vorurteilen nicht der Tatsache widersprechen, daß die Ausprägungsgrade der Einstellungen zu den verschiedenen out-groups untereinander verschieden sind.

Wenn die entscheidenden Belege zur Geltung der Generalitätsannahme nun dort gesucht werden, wo die Kovariation des einstellungsspezifischen Urteilsverhaltens zu realen Objekten, d. h. ethnischen, nationalen oder anderen Gruppen beobachtet wurde, so interessiert dafür nur sekundär, ob und in welchem Ausmaß diese Gruppen von der Beurteilerstichprobe im Durchschnitt unterschiedlich bewertet werden, also in welcher Rangordnung diese Gruppen für die Beurteiler zueinander stehen. Es geht vielmehr darum, zu erfahren, ob die Beurteiler der untersuchten Stichproben die Einstellungsobjekte *konsistent* mehr oder weniger negativ (oder auch positiv) bewerten; es geht um die Entsprechung der relativen Position aller Beurteiler bei den je einzelnen Gruppen hinsichtlich ihrer Bewertung.

Die Befunde, die hier herangezogen werden können, betreffen zum einen die Korrelation der Bewertung von nur zwei oder drei ethnischen Gruppenvariablen, meist Negern, Weißen und/oder Juden, gelegentlich auch zusammen mit einer Minoritätenskala (die aber natürlich die untersuchte Generalität für die behandelten Minoritäten bereits voraussetzt); dann jene Untersuchungen, die eine größere Stichprobe von sozialen Gruppenkonzepten in der Kovariation ihrer Bewertung umfassen und zum dritten solche, die neben ethnischen oder nationalen Gruppen auch die Beurteilungen von Angehörigen anderer Gruppen einbeziehen, älteren Mitmenschen, Körpergeschädigten z. B. bis hin zu ‚den Anderen‘ generell, wobei teilweise auch Bewertungen des eigenen ‚Selbst‘ berücksichtigt werden. Die Befunde dieser dritten Kategorie von Untersuchungen sind vor allem relevant hinsichtlich (a) einer Generalisierbarkeit der Generalitätsannahme und/oder (b) einer Integration der Interpretation von Vorurteilen in ein komplexes Syndrom (z. B. Misanthropie, Autismus, Ethnozentrismus (vgl. die Syndrom-Merkmale bei Levine u. Campbell 1972, 12), Dogmatismus).

Die Variabilität der Höhe der in verschiedensten Untersuchungen berichteten Korrelationskoeffizienten ist beträchtlich: sogar innerhalb der Bewertungen nur ethnischer Gruppen werden Koeffizienten von .00 bis +1. angegeben. Dies sei an einigen Beispielen illustriert.

Koeffizienten in der Größenordnung von .74 bis .83 werden von Adorno et al. (1950) für die Subskalen der Ethnozentrismus-Skala (Beziehungen zwischen Negern und Weißen, Minoritäten (außer Negern und Juden) und Nationalismus) berichtet. Die Korrelation der Ethnozentrismus- mit der Antisemitismus-Skala betrug .80.

Frenkel-Brunswik u. Sanford (1945) berichten eine Korrelation von .75 zwischen Antisemitismus und der Rückweisung anderer Minoritätengruppen.

Murphy u. Likert (1938) fanden zwischen Vorurteils-Summenscores über 21 ethnische Gruppen und Einstellungen gegenüber Negern an zwei amerikanischen Universitäten Korrelationskoeffizienten von .68 und .33.

Proenza u. Strickland (1965) geben für die Korrelation der Beurteilungen von Negern und Weißen Koeffizienten von .25 bis .49 an, je nachdem, ob die Beurteiler Weiße (Männer .25; Frauen .38) oder Neger (Männer .43; Frauen .49) waren.

Prothro (1952) fand zwischen einem Vorurteilsmaß (Anzahl der Nationalitäten, die man nicht in der Nachbarschaft dulden wollte) und der Einstellung gegenüber Negern im Süden der USA eine Korrelation von .25; Einstellungsmaße zu Negern und Juden korrelierten .49 – ein ähnliches Ergebnis wird auch von Prothro u. Jensen (1950) berichtet.

Hofstaetter (1952) schließlich stellt als Ergebnis faktorenanalytischer Datenreduktion von 19 items betreffend Anti-Semitismus, Anti-Negroismus und politisch-ökonomische Einstellung fest: „Anti-Negroism and Anti-Semitism are two distinct forms of prejudice" (Hofstaetter 1952, 238). (Allerdings schwächt der Autor die Interpretation beider Aspekte als unabhängige Faktoren ein: „... the two factors reported here are not strictly independent" p. 235.)

Eine breitere, eher verallgemeinerbare Beobachtungsbasis liegt den Arbeiten von Murphy u. Likert (1938) und Prothro u. Melikan (1953a) zugrunde, denen Koeffizienten zwischen Summenscores über je zwei Gruppen von insgesamt 21 bzw. 20 ethnischen Konzepten in Höhe von .88 und .90 (Murphy u. Likert) und .03 (Punkt null drei; Prothro u. Melikan) zu entnehmen sind.

Scott (1965) berichtet von den Ergebnissen dreier Meinungsumfragen in Kanada (1956), Großbritannien (1946) und Australien (1949), deren Sekundäranalysen durch Scott diesem offenbar befriedigende Evidenz für die Annahme der Generalität von Einstellungen zu verschiedenen Nationen vermittelten. Er kommentiert das Ergebnis der Kanada-Studie: „A favorable attitude toward any one of these countries (Deutschland, Frankreich, Italien und Japan, Einfügung durch den Verf.) was associated with a favorable attitude toward all others" (Scott 1965, 72). Lediglich im Falle der australischen Erhebung gibt Scott (1965) ein quantitatives Ergebnis wieder: Maße der Bereitschaft, sieben verschiedene nationale Gruppen als Immigranten zu akzeptieren korrelierten „positiv" (im Durchschnitt: .23).

Einen systematischeren Eindruck vermitteln die Interkorrelationsmatrices von vier Untersuchungen, die jeweils Daten zu einer größeren Anzahl ethnischer bzw. nationaler oder auch ‚ideologischer' Gruppen verarbeitet haben.

Die erste stammt von Adinarayan (1957). Daten aus einer postalischen Befragung von 485 ‚durchschnittlich' erzogenen Indern erbrachten für die Beurteilung von zehn Gruppen auf einer Skala Sozialer Distanz folgende Interkorrelationen:

Tab. 1: Interkorrelationsmatrix der Beurteilungen von zehn nationalen bzw. ethnischen Gruppen auf einer Soziale-Distanz-Skala; N = 485. Aus: Adinarayan (1957, 213).

	2	3	4	5	6	7	8	9	10	∅
1 Kanadier	.82	.89	.78	.89	.79	.92	.69	.85	.72	.82
2 Türken		.84	.69	.79	.71	.82	.63	.75	.78	.76
3 Belgier			.79	.89	.86	.93	.69	.85	.78	.83
4 Chinesen				.91	.78	.82	.84	.75	.76	.79
5 Amerikaner					.77	.93	.72	.74	.76	.82
6 Japaner						.82	.74	.80	.75	.78
7 Franzosen							.72	.84	.77	.84
8 Burmesen								.76	.71	.72
9 Briten									.75	.79
10 Neger										.76

Etwas niedriger, bei einem Mittel von r_{xy} = .64 sind die Korrelations-Koeffizienten für die Beurteilung von sieben nationalen oder ethnischen Gruppen, die Roczek (1973) berichtet. Roczek (1973) verwendete eine Skala sozialer Distanz, die 34 items umfaßte und speziell für seine Stichprobe, Schüler und Schülerinnen berufsbildender Schulen konstruiert worden war. Der Umfang der Stichprobe war N = 109.

Tab. 2: Interkorrelationsmatrix der Beurteilungen von sieben nationalen oder ethnischen Gruppen auf einer Soziale-Distanz-Skala; N = 109. Aus: Roczek (1973, 52).

	2	3	4	5	6	7
1 Amerikaner	.37	.71	.71	.66	.43	.55
2 Araber		.64	.60	.57	.52	.54
3 Brasilianer			.85	.77	.70	.73
4 Chinesen				.75	.59	.70
5 Inder					.57	.72
6 Italiener						.47
7 Russen						

Campbell u. McCandless (1951) fanden zwischen Vorurteilsmaßen zu fünf ethnischen Gruppen die in Tabelle 3 wiedergegebenen Koeffizienten.
Die auffallend relativ niedrigen Koeffizienten zu Lasten des Konzepts ‚Engländer' werden von den Autoren mit der geringeren Angemessenheit der Skalen-Items (für Minoritäten konzipiert) erklärt.

Tab. 3: Interkorrelationsmatrix von Einstellungsmaßen zu fünf ethnischen Gruppen; Verwendung von Campbell's Skala zur Erfassung von Einstellungen zu Minoritäten; N = 159 (Studenten, non-minority group members). Aus: Campbell u. McCandless (1951, 191).

	Japaner	Juden	Mexikaner	Engländer
Neger	.72	.73	.75	.32
Japaner		.74	.70	.43
Juden			.66	.47
Mexikaner				.42

„The ... values indicating relationships among attitudes toward minority groups give ample evidence, were more needed, of the general factor lying behind the attitude toward any one group. Even attitude toward the English (...) shares to some extent this common factor" (Campbell u. McCandless 1951, 189).

Wesentlich niedrigere Koeffizienten enthält eine Interkorrelationsmatrix der Bewertungen von 16 nationalen, ethnischen oder ideologischen, sowie zwei fiktiven Gruppen, die die bereits zitierte Arbeit von Fink (1971) enthält. Im Unterschied zu den Untersuchungen von Adinarayan (1957) und Roczek (1973), die Einstellungen mithilfe von Varianten der Bogardus Soziale-Distanz-Skala erfaßten, ließ Fink (1971) seine 133 und 101 Personen umfassenden Stichproben die Beurteilungskonzepte auf drei Skalen eines Eindrucksdifferentials, die den Bewertungsfaktor repräsentieren (vgl. S. 328 f.) einstufen. Wie bereits vorher ausgeführt, urteilten die beiden Stichproben, auf zwei verschiedenen Skalentypen (‚mit' und ‚ohne' Neutralkategorie). Während bei Verwendung einer Skala mit Mittelkategorie die Höhe der Korrelationen für die fiktiven Gruppen reduziert war, stiegen die Koeffizienten für die realen Gruppen unter dieser Bedingung an.

Tabelle 4 enthält die Korrelationskoeffizienten (r_{xy}) für beide Bedingungen. Die Abfolge der Konzepte (Zeilen und Spalten) ist gegenüber dem Original modifiziert; sie ist nach nationalen, ethnischen, ideologischen und fiktiven Gruppen geordnet.

Vor einer Würdigung dieser Befunde soll noch kurz auf jene Untersuchungen hingewiesen werden, die eine Ausdehnung der Generalitätsannahme auf andere soziale Kategorien von Personen als nur ethnische oder nationale thematisieren.

Der Interkorrelationsmatrix von Fink (1971) sind in der in Tabelle 4 gewählten Anordnung dazu eher negative Belege zu entnehmen (vgl. jene Ausschnitte der Matrix, die die Interkorrelationen zwischen ‚ideologischen' Gruppen einerseits und ethnischen und nationalen Gruppen andererseits wiedergeben).

Tab. 4: Interkorrelationsmatrix der Beurteilungen von 18 ethnischen, nationalen, ideologischen oder fiktiven Gruppen; Eindrucks-differential-Urteile. Nach: Fink (1971, 362).

Oberhalb der Diagonalen: Korr.-koeff. der Urteile auf einer Skala mit Mittelkategorie N = 138.
Unterhalb der Diagonalen: Korr.-koeff. der Urteile auf einer Skala ohne Mittelkategorie N = 101.

(1 = Amerikaner, 2 = Kanadier, 3 = Skandinavier, 4 = Neger, 5 = Juden, 6 = Puerto Ricaner, 7 = Araber, 8 = Politisch Liberale, 9 = Politisch Gemäßigte, 10 = Politisch Konservative, 11 = Hippies, 12 = Studentische Aktivisten, 13 = Black Muslims, 14 = Mitglieder der John Birch Gesellschaft, 15 = Peace Corps Freiwillige, 16 = Weiße angelsächsische Protestanten, 17 und 18 = fiktive Gruppen).

Gruppen	Ame 1	Kan 2	Ska 3	Neg 4	Jud 5	Pue 6	Ara 7	Lib 8	Gem 9	Kon 10	Hip 11	Stu 12	Bla 13	J.B 14	Pea 15	W.P 16	Sid 17	Meb 18
1. Amerikaner		.59	.41	.47	.37	.24	.20	.15	.27	.36	-.19	-.04	-.01	.26	.12	.50	-.03	-.07
2. Kanadier	.33		.58	.48	.52	.31	.18	.24	.32	.28	.00	.01	-.08	.06	.12	.37	.10	.09
3. Skandinav.	.11	.32		.39	.46	.36	.26	.31	.24	.12	.13	.26	.05	-.07	.19	.48	.13	.05
4. Neger	.11	.38	.16		.55	.42	.29	.23	.17	.16	.14	.11	.17	.11	.07	.30	.12	.02
5. Juden	.12	.34	.13	.38		.45	.14	.37	.13	.03	.26	.23	.11	.05	.12	.33	.10	.11
6. Puerto Rico.	.00	.32	.27	.67	.32		.48	.22	.21	.14	.23	.23	.18	-.01	.21	.29	.22	.15
7. Araber	.12	.14	.08	.19	.04	.39		.13	.19	.11	.13	.17	.23	-.09	.09	.32	.05	.07
8. P. Liberale	.17	.18	.34	.29	.32	.27	.19		.11	-.14	.30	.30	.18	-.03	.03	.12	.14	.12
9. P. Gemäßigte	.38	.12	.14	.13	.22	.19	.33	.39		.44	-.17	-.08	-.14	.01	.13	.30	.04	-.03
10. P. Konserv.	.56	.34	-.05	.19	.16	.15	.39	.10	.41		-.25	-.15	.00	.18	.18	.39	.03	.01
11. Hippies	-.25	-.03	-.07	.25	.36	.26	.09	.19	.08	.08		.50	.32	-.07	.03	-.11	.05	-.01
12. Stud. Aktiv.	-.18	.05	.05	.06	.19	.12	-.07	-.01	.03	-.05	.44		.26	.10	.16	.04	.02	.10
13. Black Musl.	-.29	.08	.08	.43	.21	.48	.32	.39	.13	.15	.30	.01		.03	-.02	.03	.06	-.01
14. J. Birch Ges.	.08	-.02	.04	.06	-.17	.11	.36	.07	.22	.17	-.01	-.01	.25		.13	.15	.01	.10
15. Peace Corps	.05	.34	.01	.18	.17	.09	.07	.03	.10	.08	.00	.03	-.11	-.15		.18	.08	.09
16. Weiße Prot.	.46	.15	.19	.20	.12	.16	.27	.32	.28	.42	-.11	-.32	.10	.19	.12		-.03	.04
17. Sideans	.03	.12	.01	.16	.25	.21	.13	.16	.15	-.02	.17	.21	.16	.04	.07	-.21		.23
18. Meblus	.07	.12	.00	.28	.16	.26	.29	.23	.17	.32	.15	.11	.17	.10	.22	.27	.17	

Korrelationskoeffizienten zwischen + .94 und − .52 fanden Wilson u. Wadsworth (1972) für Einstellungsmaße gegenüber 15 verschiedenen Gruppen von Personen; diese Variation wird von den Autoren auf eine ingroup-outgroup Differenziertheit dieser Gruppen für die befragten Studenten zurückgeführt und als Beleg für die Annahme interpretiert, daß Ablehnung von outgroups mit einer besonderen Wertschätzung von ingroups (und umgekehrt) einhergeht.

Die Untersuchungen von Sullivan u. Adelson (1954) und Chesler enthalten dagegen Daten, die als Stütze einer generalisierten Generalitätsannahme (Misanthropie) interpretiert werden. „The results also support those authors who suggest that ethnocentrism, or prejudice, is a general phenomenon expressed toward a wide variety of outgroups and is not narrowly focused on one or another particular minority group" (Chesler 1965, 881). Während Sullivan u. Adelson (1954) Misanthropie noch als Interpretationsalternative zum Ethnozentrismus-Konzept durch Korrelation von Maßen beider Variablen (der Unterschied bestand in einer Verallgemeinerung der Minoritätennamen der Ethnozentrismus-Skala auf ,Menschen im allgemeinen') verstehen, sieht Rokeach (1960) in seinen Belegen für die Misanthropie-Interpretation die fundamentale Annahme einer Glorifizierung der in-group bei gleichzeitiger Abwertung der out-groups entscheidend verletzt. „It seems, that we are finding here evidence for misanthropy rather than discrimination, with the rejection of the Negro but as a special case of a wider rejection of all people, ,regardless of race, creed, or color'" (Rokeach, Smith u. Evans 1960, 145). Auch Sullivan u. Adelson hatten bereits eine Revision des in-group-Konzeptes für notwendig gehalten: „. . . for many of the antidemocratic there may be no in-group other than the self" (Sullivan u. Adelson 1954, 247). Diese Spekulation, die offenbar der Verträglichkeit von Ethnozentrismus- und Misanthropie-Konzept dienen soll, wird durch die neuere Forschung nicht belegt. Ehrlich (1973) faßt diese in einer entgegengesetzten Position zusammen. „The more favorable are a person's self-attitudes, the greater the number of acceptable ethnic targets and the more positive the person's attitudes toward them; the more negative the self-attitudes, the greater the number of unacceptable targets and the more negative are the attitudes toward them" (Ehrlich 1973, 163; vgl. auch die Darstellung der Einzelbefunde dort pp. 130–136).

2.3.   Kritik der Befunde zum Generalitätsproblem

Die dargestellten, für die Generalitätsannahme relevanten Befunde, Koeffizienten der Kovariation für Einstellungs- bzw. Vorurteilsmaße zwischen realen ethnischen und fiktiven Gruppen sowie innerhalb und zwischen Klassen ethnischer, nationaler und anderer Kategorien von Personengruppen, weisen beträchtliche Variabilität auf. Die Annahme einer allgemeinen eindeutigen Generalität von sozialen Vorurteilen bzw. einer Vorurteils-Xenophilie Dimension bei der Bewertung sozialer Gruppen ist kaum begründbar. Ihre Tradierung muß zumindest vorläufig noch mit jenem Attribut einer unkritischen Verallgemeinerung belegt werden, das von manchen Vorurteilsforschern als konstitutives Merkmal von Vorurteil genannt wird.

Eine Verwerfung des uneingeschränkten Generalitätskonzeptes kann jedoch nicht bedeuten, daß – umgekehrt – die Annahme einer völligen Unabhängigkeit der Bewertung sozialer Gruppen gerechtfertigt werden könnte. Zumindest für den Bereich nationaler und ethnischer Gruppen können durchgängig positive Korrelationskoeffizienten beobachtet werden. Das nicht seltene Auftreten von mittelhohen bis hohen Koeffizienten der Kovariation läßt die Möglichkeit offen, daß die Generalitätsannahme unter bestimmten Bedingungen gilt und Abweichungen durch den Einfluß unkontrollierter Bedingungen verursacht werden.

Dazu können, zum Beispiel, Merkmale der untersuchten *Stichprobe* gehören. Ehrlich (1973, 123) weist darauf hin, daß in der amerikanischen Gesellschaft Ethnizität eine der wichtigsten Kategorien interpersoneller Kodierung ist. Prothro u. Melikan (1953a) interpretieren ihre (negativen) Befunde in Beirut explizit als Korrelat kultureller Bedingungen: generelles Vorurteil oder Ethnozentrismus (nicht: konzeptspezifisches Vorurteil; vgl. Prothro u. Melikan 1953b) werden als Besonderheit der amerikanischen und ähnlicher Kulturen gesehen.

Neben der Annahme kultureller Rahmenbedingungen können auch Hypothesen hinsichtlich des Einflusses durch die Beurteilergruppen-Zusammensetzung formuliert werden. Die Zugehörigkeit der Beurteiler zu unterschiedlichen Subkulturen mit gruppenspezifischen Einstellungsdeterminanten (beispielsweise hinsichtlich von Konzept-Merkmalen wie Rasse, Religion, sozialer Status: Triandis u. Triandis 1960; Triandis u. Davis 1965; Allen 1971 – vgl. Triandis u. Triandis 1965 zur Frage interindividueller Unterschiede – oder Überzeugungs (belief)-Kongruenz: Rokeach, Smith u. Evans 1960; Rokeach u. Rothman 1965. Vgl. auch die Kontroverse Triandis 1961 – Rokeach 1961) dürfte nicht unwesentliche Präzisionsmängel jener Untersuchungsdesigns verursachen, deren Beurteilerstichproben hinsichtlich solcher Gruppen-Merkmale heterogen sind. Interaktionseffekte zwischen diesen und den Einstellungs (Vorurteils)-Variablen bewirken eine u. U. beträchtliche Reduktion der Höhe der Korrelationskoeffizienten.

Als eine weitere Quelle kurvilinearer Urteilsvarianz, mithin von Beeinträchtigungen der Höhe der Korrelationskoeffizienten kann die *unzureichend soziale statt ,wissenschaftliche' Definiertheit* der untersuchten ,sozialen' Gruppen vermutet werden. Konzepte wie ethnische, rassische, nationale, politische, ideologische Gruppe, Minorität, out-group, ,others' sind mithilfe von Kriterien konzipierte Klassen von Gruppen, deren Relevanz für die soziale Kategorisierung der urteilenden Personen insofern schlicht vorausgesetz wird, als die Frage der Generalität unter der Prämisse der Geltung dieser Klassifikationen geprüft wird. Außerdem herrscht unübersehbare Sprachverwirrung, auch in der ,wissenschaftlichen' Kategorisierung; eine Reihe dieser Gruppenkonzepte ist offenbar nur schwer differenzierbar und wird bisweilen synonym verwendet.

Als letzte Quelle zur Erklärung der Variabilität der angeführten Befunde soll die Art der *Operationalisierung der Vorurteilsvariablen* genannt werden. Zunächst kann die Generalitätsannahme präzisiert werden, wenn zwischen der Generalität von Vorurteilen und der Generalität von Einstellungen (bei bestimmten sozialen Kategorien von Personen) sorgfältiger differenziert wird. Ashmore (1970, 252) beispielsweise setzt gleich: intergroup attitude = ethnic attitude = prejudice. Nach unserer eingangs gewählten Begriffsbestimmung von Vorurteil bezeichnet dieses nur die negative Variante der Einstellung. Werden Instrumente verwendet, die das gesamte Einstellungskontinuum vom Pol positiver bis zum Pol negativer Bewertung abdecken (z. B. in allerdings unterschiedlicher Qualität: Eindrucksdifferential, Thurstone- und Likert Einstellungsskalen; Skala Sozialer Distanz) und die so gewonnenen Maße der Beurteiler korreliert, so wird aus der Generalitätsfragestellung bezüglich Vorurteilen eine solche hinsichtlich ethnischer, nationaler etc. Einstellungen.

Die Interpretation von Befunden zur Generalitätsannahme sollte weitaus stärker als bisher die Spezifität des verwendeten Instrumentariums und damit die Spezifität des jeweils operationalisierten Einstellungs- bzw. Vorurteilskonzeptes berücksichtigen.

Von den in diesem Beitrag wiedergegebenen vier Interkorrelationsmatrices von Einstellungsmaßen liegen zweien (Adinarayan 1957 und Roczek 1973) Skalen der sozialen Distanz zugrunde. Die berichteten Korrelationskoeffizienten sind in beiden Fällen mittelhoch bis sehr hoch. Die vierte (Fink 1971) basiert auf Bewertungen mithilfe eines Eindrucksdifferentials (Skalen des Bewertungs-Faktors): die Koeffizienten sind hier erheblich niedriger.

Der Untersuchung von Proenza u. Strickland (1965) können Daten entnommen werden, die nur sehr geringe (z. B. negative) Kovariation von Eindrucksdifferential- und Soziale-Distanz-Maßen bei der Beurteilung der Konzepte ‚Neger' und ‚Weiße' erkennen lassen (Tab. 5).

Tab. 5: Interkorrelationen von Maßen Sozialer Distanz und eines Eindrucksdifferentials. Aus: Proenza u. Strickland (1965, 278).

Beurteiler (Geschlecht)	N	Konzepte	
		Weiße	Neger
Neger			
Männer	61	.38	.17
Frauen	18	.30	.31
Weiße (Südstaaten)			
Männer	59	.32	−.23
Frauen	60	.06	−.22
Weiße (Nordstaaten)			
Männer	35	.09	−.10
Frauen	24	.51	−.52

Es kann hier nicht der Ort sein, die den beiden Instrumenten zugrunde liegenden Einstellungskonzepte auf ihre Unterschiedlichkeit genauer zu untersuchen. Aus der Tatsache, daß verschiedene Aspekte von Einstellungen (affektive Komponente beim Eindrucksdifferential, Handlungsintentionen bei der Soziale-Distanz-Skala) tangiert sind, deren Maße in einem kritischen Fall nicht korrespondieren, lassen sich Argumente für eine stärkere Beachtung einstellungskonzept- bzw. instrumentenspezifischer Bedingungen der Generalitätsannahme herleiten[2].

Die Spezifität der Meßinstrumente nicht nur im Sinne der Repräsentativität für verschiedene Einstellungsaspekte, sondern auch im Sinne von Eigenarten der Meßskala ist durch die bereits zitierte Arbeit von Fink (1971) belegt. Ehrlichs (1964) Beobachtung, daß das üblicherweise verwendete Antwortschema (ohne Mittelkategorie) zu einer Überschätzung von Vorurteilstendenzen führt, daß Vorurteile valider durch ein Antwortschema mit zwei qualifizierten Mittelkategorien (‚Have no opinion‘ – ‚Can't decide; für beide sind Begründungsalternativen vorgegeben) gemessen werden, hatte dies in ähnlicher Weise schon früher belegt (vgl. auch Ehrlich u. Rinehart 1965).

3.   KLASSIFIKATION VON PERSONEN NACH DEM AUSMASS VORURTEILSVOLLER VERSUS XENOPHILER EINSTELLUNGEN

Die Lokalisierung der Personen unserer Stichprobe nach dem Ausmaß vorurteilsvoller versus xenophiler Einstellungen setzt voraus, daß diese Personen durch ein geeignetes Einstellungskriterium charakterisiert werden können. Bevor wir die Geeignetheit eines solchen Kriteriums auch hinsichtlich der impliziten Generalitätsprämisse anhand unserer Daten zu beurteilen versuchen, ist festzustellen, in welcher Weise im Rahmen der vorliegenden Untersuchung *Einstellungen* zu nationalen Gruppen erfaßt werden.

3.1.   Einstellungen gemessen mithilfe des Eindrucksdifferentials

Die mithilfe des Eindrucksdifferentials ‚Beurteilung von Völkern‘ erhobenen Beurteilungsmaße bzw. die nach der empirisch begründeten Datenreduktion etablierten Faktor-Scores (vgl. die vorangegangenen Beiträge zur Konstruktion des Instrumentariums und zur Grundauszählung) reflektieren nach der zugrunde liegenden Theorie affektiver Bedeutung (Osgood et al. 1957; vgl. auch Fuchs 1975a, 1975b) quantitativ die ‚Bedeutung‘ (meaning in general) der beurteilten Konzepte für die befragten Personen. Dabei kann Bedeutung nicht unmittelbar mit Einstellung gleichgesetzt werden; von den charakteri-

---

[2] Vorurteilsindikatoren sind beispielsweise in unterschiedlichem Ausmaß für die Untersuchungsintention transparent. Geht man davon aus, daß Vorurteile sozial negativ sanktioniert werden, so ist u. U. (etwa bei der Sozialen-Distanz-Skala) mit gravierenden, ‚reaktiven‘ Effekten zu rechnen.

stischen Dimensionen von Bedeutung, ,evaluation', ,potency' und ,activity' (EPA-Struktur, vgl. Osgood et al. 1957; Heise 1970; Fuchs 1975b) wird vielmehr nur die Bewertungs-Dimension (,evaluation') mit Einstellung identifiziert. (Wenn einige Autoren diese Beschränkung für „irrig" [Heise 1970, 247; vgl. auch Diab 1965] halten, so fehlt für ihren Standpunkt allerdings jeder theoretisch-begründete empirische Beleg.)

Auf eine ausführliche Diskussion der Operationalisierung von Einstellungen durch Rating-Skalen der Bewertungs-Dimension von Bedeutung kann an dieser Stelle verzichtet werden; sie ist an anderem Ort geführt (Schäfer 1975). Es wird hier davon ausgegangen, daß Faktor-Scores für Merkmale der Bewertungs-Dimension als Indikatoren von Einstellungen angesehen werden können. Als ein (allerdings vager) Beleg für die Verwendbarkeit solcher Maße als Vorurteils-Kriterium kann ein von Osgood et al. (1957, 193) wiedergegebener Befund Sucis gewertet werden, der hoch- und gering-ethnozentrische Personen mit ihrer Hilfe trennen konnte. Es soll nochmals darauf hingewiesen werden, daß den vorher zitierten und diskutierten Befunden Finks (1971) ebenfalls Faktor-Scores der Bedeutungs-Dimension eines Eindrucksdifferentials zugrunde liegen.

Die Konstruktion des in dieser Untersuchung verwendeten Eindrucksdifferentials ,Beurteilung von Völkern' hatte zwei unabhängige Beurteilungsaspekte (Dimensionen) aufgedeckt: ,sozialer und ökonomischer Entwicklungsstand' und ,Temperament' der beurteilten Völker. Im Gegensatz zu der Annahme einer Generalität der EPA-Struktur, also des ubiquitären Auftretens dieser drei Bedeutungsdimensionen, ist die ,Bedeutung' von Völker-Konzepten nach unserem Befund nur durch zwei Faktoren beschrieben. Es kann hier nicht von Interesse sein, die Frage der Geltung der EPA Struktur für große, heterogene Klassen von Konzepten (wo sie belegt erscheint) oder für spezifische homogene Konzeptklassen (wo häufig Abweichungen berichtet werden; vgl. Fuchs u. Schäfer 1972) zu untersuchen. Von Interesse ist vielmehr die konkrete Identifikation des Bewertungsfaktors.

Da die Konstruktion unseres Instruments vom Postulat der Verwendung spezifisch-relevanter Merkmale ausgegangen ist, können wir nicht erwarten, diesen Faktor mithilfe jener Beschreibungsmerkmale zu identifizieren, die als generell repräsentativ für die Bewertungsdimension gelten (wie etwa die von Fink 1971 verwendeten Merkmale). Während die Skalen des Faktors 2 denen der ,activity'-Dimension Osgoods et al. (1957) sehr ähnlich sind, weisen die des ersten Faktors einen hohen Spezifitätsgrad auf; die Faktor-Benennung orientierte sich deshalb am Inhalt dieser Beschreibungsmerkmale. Abstrahiert man jedoch von der inhaltlichen Bestimmung der Merkmale dieses Faktors, betrachtet man diese lediglich als cognitive Vehikel, so läßt sich bei ihnen eine starke implizite Bewertung erkennen. Die Identifikation des Faktors 1 mit dem Bewertungs(= Einstellungs)-Faktor steht auch in Übereinstimmung mit der bereits von Osgood et al. (1957) gemachten Beobachtung, daß der Bewertungsfaktor in der Regel als der wichtigste (stärkste) Bedeutungsfaktor auftritt.

3.2. Kovariationen der Bewertungsmaße für die Völker-Konzepte

Unsere Daten erlauben eine eingehende Analyse der vorher diskutierten Generalitätsannahme für die Bewertung nationaler Gruppen.

Zunächst kann auch hier jene Interpretation, wonach Personen, die negative Einstellungen gegenüber einer Gruppe aufweisen, auch gegenüber anderen Gruppen ('absolut') negativ eingestellt sind, zurückgewiesen werden. Rangordnung und Metrik der (durchschnittlichen) Bewertungs-Maße der einzelnen Völker-Konzepte (vgl. Tab. 3a, S. 235) lassen für Feststellungen dieser Art keinen Raum. (Die Bewertungsmaße sind zwischen den Konzepten unmittelbar vergleichbar und erlauben eine klare Interpretation positiver oder negativer Ausprägung.)

Versteht man die Generalitätsannahme, wie sie hier diskutiert wurde, relativ, als Aussage über die Kovariation von Beurteilungsmaßen zwischen unterschiedlichen Völker-Konzepten, so ist zu ihrer Beurteilung die Matrix der Interkorrelationen heranzuziehen. Produkt-Moment-Korrelationskoeffizienten für die (Bewertungs-)Einstellungsmaße zwischen den Völker-Konzepten sind in Tabelle 6 wiedergegeben.

Tab. 6: Interkorrelationsmatrix der Eindrucksdifferential-Bewertung von 10 nationalen Gruppen. N = 1853

	2	3	4	5	6	7	8	9	10
1 Engländer	.34	.41	.43	.35	.22	.24	.24	.19	.19
2 Italiener		.33	.43	.27	.23	.30	.30	.30	.27
3 Amerikaner			.50	.53	.03	.12	.10	.04	.03
4 Franzosen				.41	.18	.26	.23	.23	.20
5 Westdeutsche					−.01	.09	.13	.05	.01
6 Chinesen						.53	.41	.53	.59
7 Tschechen							.53	.62	.54
8 Ostdeutsche								.58	.48
9 Polen									.63
10 Russen									

Die Korrelationskoeffizienten für die Gesamtstichprobe von Befragten, denen Maße auf Einstellungskontinua zwischen den Polen (extrem) positiver und (extrem) negativer Bewertung der Völker-Konzepte zugrunde liegen, bestätigen im wesentlichen die von Fink (1971) berichteten Ergebnisse. Sie sind (bis auf eine, nicht nennenswerte Ausnahme) positiv und variieren zwischen .0 und .63. Auf die besonderen Kovariationsverhältnisse zwischen zwei Gruppen von Völker-Konzepten wird später noch ausführlicher einzugehen sein. Die Betrachtung der gesamten Matrix läßt eine Interpretation uneingeschränkter, für alle untersuchten Personen gleichsinniger Generalität xenophiler vs. vorurteilsvoller Bewertung von Völkern nicht zu.

Die Generalitätsannahme wird häufig auch so formuliert, daß Einstellungsmaße zu einer konkreten Gruppe als ein ‚pars pro toto‘ relativ zuverlässige
Vorhersagen für solche zu anderen Gruppen gestatten; Einstellungsmaße zu
bestimmten Gruppen werden als geeignete Prädiktoren für andere aufgefaßt.
Diese spezifizierende Fragestellung ist mithilfe multipler Regressionsanalysen
einer direkten Überprüfung zugänglich. Tabelle 7 gibt die Ergebnisse dieser
Analysen wieder. Jedes der zehn Völker-Konzepte fungiert dabei als abhän-
gige Variable, die jeweils neun anderen als Prädiktor-Variablen.
Abweichungen vom Modell linearer Regression (das auch dem bivariaten
Fall der Korrelation zugrunde liegt) wurden durch Vergleich (F-Test) der
Regressions- und Residualvarianz überprüft. Sie können in jedem Fall als
mit dem Modell verträglich angesehen werden. Wir beschränken uns bei der
Darstellung der Ergebnisse auf die Wiedergabe der jeweils abhängigen Va-
riablen (Spalte 1), der multiplen Korrelation mit den Prädiktorvariablen (R)
sowie ihres Quadrats (R^2 = Prozentanteile gemeinsamer linearer Varianz;
Spalte 2), der sehr signifikanten Prädiktoren (p .001; Spalte 3) und der F-
Werte der Tests auf Regressionslinearität (Spalte 4).

Tab. 7: Ergebnisse multipler Regressionsanalysen für alle zehn Völker-Konzepte
als abhängige Variablen mit den jeweils neun restlichen Konzepten als
Prädiktor-Variablen; N = je 1853.

Abkürzungen: AM: Amerikaner; CH: Chinesen; ENG: Engländer; FR: Franzosen;
IT: Italiener; OD: Ostdeutsche; PO: Polen; RUS: Russen; TSH: Tschechen; WD:
Westdeutsche.

1	2		3	4	
Abhängige Variable	R	R^2	sehr signifikante Prädiktoren (alle pos.)	F-Wert df 1 = 9 df 2 = 184	
Engländer	.54	.29	AM, FR, WD, CH, IT	85.0	<.001
Italiener	.53	.28	FR, AM, ENG	79.9	<.001
Amerikaner	.65	.42	WD, FR, ENG, IT	145.8	<.001
Franzosen	.63	.40	AM, IT, ENG, WD	133.5	<.001
Westdeutsche	.58	.33	AM, FR, ENG	101.8	<.001
Chinesen	.66	.44	RUS, PO, TSH, ENG	157.6	<.001
Tschechen	.70	.49	PO, CH, OD, RUS	196.6	<.001
Ostdeutsche	.64	.41	PO, TSH, RUS	143.4	<.001
Polen	.75	.56	RUS, TSH, OD, CH	246.5	<.001
Russen	.71	.51	PO, CH, TSH, OD	212.4	<.001

Die quadrierten multiplen Korrelationskoeffizienten lassen sehr unterschiedlich hohe, z. T. nicht unbeträchtlich hohe Anteile gemeinsamer Varianz bei
der Bewertung von Völker-Konzepten erkennen. Es kann also keinesfalls von

einer Unabhängigkeit der Urteilsmaße bei den einzelnen Völker-Konzepten gesprochen werden. Auf die Art der beachtenswerten Prädiktoren soll im Zusammenhang mit der impliziten Kategorisierung der Völker-Konzepte später noch eingegangen werden.

An dieser Stelle sei noch auf die Kovariation der Beurteilungen des Konzepts ‚Westdeutsche' mit den übrigen Völker-Konzepten hingewiesen: geht man davon aus, daß mit diesem Konzept die in-group repräsentiert ist, so wäre nach dem Ethnozentrismus-Syndrom eine deutliche Abweichung der Kovariationsverhältnisse für dieses Konzept gegenüber allen anderen zu erwarten. Dies ist nicht der Fall; zwar gehört das Konzept ‚Westdeutsche' zu jenen mit den geringsten Anteilen gemeinsamer Varianz mit allen übrigen Konzepten, eine Sonderstellung in der Form, daß diese als negative Prädiktoren aufträten, wie zu erwarten wäre, kommt ihm nicht zu. Diese Beobachtung widerspricht dem Ethnozentrismus-Konzept nur insoweit, als ‚Westdeutsche' eine angemessene Repräsentation von in-group und die übrigen Völker-Konzepte von out-groups (bzw. Minoritäten) darstellen.

Infolge der Präzisionsmängel der Begriffe Vorurteil und Toleranz werden diese begrifflich und operational auch so verwendet, daß die Variante positiver Einstellungen gegenüber sozialen Kategorien von Personen ausgeschlossen ist. Die Geltung der Generalitätsannahme muß dann auf den Bereich negativer bzw. jenen der Abwesenheit negativer Einstellungen beschränkt postuliert werden.

Wenn zur Überprüfung dieser Problemstellung das in Kap. 4 dieses Beitrags als praktikabel gefundene Xenophilie-Vorurteils Klassifikationskriterium (Quartile der Verteilung der mittleren Einstellungsmaße über alle spezifischen Konzeptbeurteilungen) herangezogen wird, so können für die größere Angemessenheit dieser eingeschränkten gegenüber der auf das bipolare Gesamtkontinuum bezogenen Generalitätsannahme keine Hinweise gefunden werden: die Interkorrelationsmatrices für die xenophile, die vorurteilsvolle und die beiden dazwischen lokalisierten Gruppen zeigen keine beachtenswerten Unterschiede untereinander. Soweit die Generalitätsannahme bei der hier gewählten Konzeptualisierung und Operationalisierung von Vorurteil interpretierbar ist, muß sie als Generalität eines Xenophilie versus Vorurteilsfaktors angesehen werden.

Der Einfluß einer ‚Störvariablen' der Generalität von Einstellungen gegenüber nationalen Gruppen wird im folgenden Abschnitt diskutiert werden.

3.3   Bewertung von Völkern und Anti-Kommunismus

Die Anordnung der Völker-Konzeption in Tabelle 6 ist so gewählt, daß sich leicht die Kovariationsverhältnisse innerhalb und zwischen zwei Blöcken erkennen lassen: den Einstellungen zu Völkern, die hinsichtlich der Gesellschaftsordnung ihrer Staaten als ‚kapitalistisch' oder ‚sozialistisch' klassifizierbar sind. Dabei lassen sich deutlich relativ höhere Korrelationskoeffizienten innerhalb dieser Völker-Gruppen als zwischen ihnen konstatieren.

Die Regressionsanalysen (Tabelle 7) reflektieren diesen Tatbestand entsprechend: verläßliche Prädiktoren sind für alle Konzeptbeurteilungen nahezu perfekt in- bzw. exklusiv die Einstellungsmaße für jene Völker-Konzepte, die zum gleichen ‚Block' gehören.

Da die Ergebnisse von Regressionsanalysen nur relativ, für die Prädiktoren nur in Hinblick auf alle übrigen jeweils einbezogenen unabhängigen Variablen interpretierbar sind, wurden entsprechende Analysen auch für die Konzepte der beiden Gruppen getrennt durchgeführt (Tabelle 8).

Tab. 8: Regressionsanalysen für alle Völker-Konzepte als abhängige Variablen und den Einstellungsscores für Völker mit ähnlicher (‚kapitalistischer'– ‚sozialistischer') Gesellschaftsordnung jeweils als Prädiktor-Variablen; Quadrate der multiplen Korrelationskoeffizienten (R^2); standardisierte Regressionskoeffizienten (Vorhersage-Gewichte) einschließlich Signifikanz; F-Tests für Verträglichkeit der Daten mit dem linearen Regressionsmodell (Freiheitsgrade: df 1 = 4; df 2 = 1848) N = 1853.

Abhängige Variable	R^2	Prädiktoren	stand. Regr.-Koeff.	Sign.N. t-Test	F-Test Regr./ Resid.	Signif. Niveau
Engländer	.26	Italiener	.15	<.001	162.7	<.001
		Amerikaner	.15	<.001		
		Franzosen	.25	<.001		
		Westdeutsche	.13	<.001		
Italiener	.23	Engländer	.15	<.001	135.3	<.001
		Amerikaner	.11	<.001		
		Franzosen	.30	<.001		
		Westdeutsche	.04	>.05		
Amerikaner	.35	Engländer	.13	<.001	251.5	<.001
		Italiener	.09	<.001		
		Franzosen	.20	<.001		
		Westdeutsche	.36	<.001		
Franzosen	.36	Engländer	.22	<.001	258.6	<.001
		Italiener	.25	<.001		
		Amerikaner	.20	<.001		
		Westdeutsche	.17	<.001		
Westdeutsche	.32	Engländer	.12	<.001	214.3	<.001
		Italiener	.03	>.05		
		Amerikaner	.38	<.001		
		Franzosen	.18	<.001		

Abhängige Variable	R²	Prädiktoren	stand. Regr.-Koeff.	Sign.N. t-Test	F-Test Regr./ Resid.	Signif. Niveau
Chinesen	.43	Tschechen	.23	<.001	343.1	<.001
		Ostdeutsche	.02	> .05		
		Polen	.14	<.001		
		Russen	.37	<.001		
Tschechen	.48	Chinesen	.21	<.001	426.3	<.001
		Ostdeutsche	.21	<.001		
		Polen	.31	<.001		
		Russen	.12	<.001		
Ostdeutsche	40	Chinesen	.02	> .05	303.7	<.001
		Tschechen	.24	<.001		
		Polen	.35	<.001		
		Russen	.12	<.001		
Polen	.59	Chinesen	.11	<.001	582.52	<.001
		Tschechen	.27	<.001		
		Ostdeutsche	.26	<.001		
		Russen	.30	<.001		
Russen	.51	Chinesen	.32	<.001	473.1	<.001
		Tschechen	.11	<.001		
		Ostdeutsche	.10	<.001		
		Polen	.33	<.001		

Die getrennt durchgeführten Regressionsanalysen bestätigen die allgemeine Geltung der Prädiktoren für Konzepte der gleichen Gruppe; sie zeigen für Einstellungsurteile innerhalb beider Gruppen von Völker-Konzepten, insbesondere für die Gruppe der Völker mit ‚sozialistischer‘ Gesellschaftsordnung erhebliche Anteile gemeinsamer Varianz. Wenngleich auch innerhalb dieser Gruppen die Vorhersagequalität der einzelnen Prädiktor-Variablen nicht nur allenfalls mittelhoch, sondern auch sehr unterschiedlich ist, belegt der Vergleich der Koeffizienten gemeinsamer (linearer) Varianz R² (Quadrate der multiplen Korrelationskoeffizienten) aus Tab. 7 mit denen aus Tab. 8, daß die Prozentanteile gemeinsamer Varianz für die Bewertungen der zehn Völker-Konzepte sehr weitgehend durch die Kovariation innerhalb dieser Gruppen ausgeschöpft wird. Die Hinzunahme von Einstellungsurteilen zu Völkern der jeweils anderen Gruppe bringt nur einen unwesentlichen Zuwachs gemeinsamer Varianz. Nennenswerte Prädiktoren für die Einstellungen zu Völkern sind nach diesen Ergebnissen nur Einstellungsmaße für jeweils diejenigen Völker, die von uns in einer der beiden Gruppen zusammengefaßt worden sind.

Das Klassifikationskriterium für die Unterscheidung und Zuordnung der Völker-Konzepte in die beiden Gruppen ist die Charakterisierung der betreffenden Völker nach ihrer Gesellschaftsordnung auf der Ebene der Unterscheidung ‚kapitalistischer‘ versus ‚sozialistischer‘ Produktionsverhältnisse gewesen. Es erscheint nun naheliegend, die beobachteten unterschiedlichen Kovariationen innerhalb und zwischen den Gruppen als Folge des Einflusses eines entsprechenden (pro-vs.) anti-Kommunismus-Faktors zu interpretieren. Eine solche Interpretation wird plausibel, wenn die durchgängig positive Bewertung der ‚kapitalistischen‘ und entsprechend negative Bewertung der ‚sozialistischen‘ Völker (vgl. Abb. 1 im Beitrag zur Durchführung und Grundauszählung der Erhebung, S. 236) mitberücksichtigt wird[3]. (Vgl. auch die Befunde von Robinson u. Hefner (1967), die bei einer regionalen Zufallsstichprobe fanden, daß die Wahrnehmung von Staaten zum Erhebungszeitpunkt (1964) und -ort (Detroit) am stärksten durch ihre Feststellung als ‚kommunistisch‘ (bzw. ‚nicht-kommunistisch‘ – neben der ihrer ‚ökonomischen Entwicklung‘) geprägt war.)

Diese Belege sind jedoch mehr impressionistischer Art; belegt ist zunächst lediglich eine einstellungsmäßige Affinität relativ positiv bewerteter Völker auf der einen und (noch deutlicher) eine Affinität relativ negativ bewerteter Völker auf der anderen Seite, sowie die Feststellung unterschiedlicher Kovariationsverhältnisse der Bewertungsmaße zwischen den beiden Gruppen von Völkerkonzepten. Die Charakterisierung dieser beiden Völker-Gruppen in terminis der gesellschaftlich-ökonomischen Ordnungsprinzipien ihrer Staaten, darüberhinaus die auf ihr basierende Interpretation der Einstellungsdifferenziertheit im Sinne (pro-vs.) anti-kommunistischer Werthaltung, kann zunächst keine Verbindlichkeit beanspruchen. In Hinblick auf die (inhaltlich) spezifische Operationalisierung der Einstellungsvariablen (‚sozialer und ökonomischer Entwicklungsstand‘) können auch Interpretationen, die sich näher am Inhalt des Einstellungskonzeptes orientieren, nicht ausgeschlossen werden.

Unsere Daten erlauben, eine Präzisierung dieses Problems zu versuchen. Mithilfe des Eindrucksdifferentials ‚Bewertung politischer Schlüsselwörter‘ waren Bewertungsurteile auch zum Begriff ‚Kommunismus‘ erhoben und für alle Befragten Bewertungsmaße ermittelt worden. Wenn die unterschiedliche Bewertung der beiden Völker-Gruppen einerseits und die unterschiedlichen Kovariationsverhältnisse innerhalb der Gruppen verglichen mit denen zwischen den Gruppen (die die Annahme einer generellen Xenophilie-Vorurteils-

---

[3] Auf der Basis unterschiedlicher (absoluter) Ausprägungsgrade diskutiert Becker (1970) das entsprechende ‚Ost-West-Gefälle‘ von Vorurteilen in der Bundesrepublik Deutschland (vgl. auch Wolf 1966). Es ist zu beachten, daß unsere Argumentation sich vor allem auf die Kovariationen der Bewertungsmaße stützt.

Dimension beeinträchtigen) andererseits als Korrelat (pro vs.) anti-kommunistischer Einstellung interpretierbar sein sollen, müssen Kovariationen zwischen Maßen der Einstellung(en) und der Bewertung des Begriffs ‚Kommunismus' beobachtbar sein.

Tab. 9 enthält Korrelationskoeffizienten für die völkerspezifischen Einstellungsmaße mit den Faktor Scores der Bewertung von ‚Kommunismus'.

Tab. 9: Korrelationskoeffizienten für die Bewertung der zehn nationalen Gruppen mit der des Begriffs ‚Kommunismus'; N = 1853.

	Kommunismus		Kommunismus
Engländer	–.03	Chinesen	.24
Italiener	.05	Tschechen	.25
Amerikaner	–.12	Ostdeutsche	.23
Franzosen	.01	Polen	.30
Westdeutsche	–.13	Russen	.29

Während die Einstellungen gegenüber den als ‚kapitalistisch' klassifizierten Völkern weitgehend unabhängig von der Bewertung des ‚Kommunismus'-Begriffs sind, korrelieren die Einstellungsscores für die ‚sozialistischen' Völker zwar mäßig aber konsistent positiv mit jenen der ‚Kommunismus'-Bewertung. Dieses Ergebnis wird bestätigt, wenn generalisierte Einstellungsmaße zu den beiden Völker-Gruppen (Mittelwerte der Einstellungsscores über die Konzepte der jeweiligen Gruppe) in ihrer Kovariation zur ‚Kommunismus'-Bewertung betrachtet werden (Tabelle 10).

Tab. 10: Korrelationskoeffizienten gemittelter, ‚generalisierter' Einstellungsmaße für die beiden Völker-Gruppen und ‚Kommunismus' sowie von Scores der Bewertungsdifferenz der ‚sozialistischen' Völker einerseits und der ‚kapitalistischen' Völker andererseits; N = 1853.

	Kommunismus
Generalisierte Einstellungsmaße für	
‚kapitalistische' Völker	–.06
‚sozialistische' Völker	.33
Größe der Differenz der Bewertung ‚kapitalistischer' und ‚sozialistischer' Völker	.36

Tabelle 10 enthält auch einen Korrelationskoeffizienten, der die Beziehung der Einstellungsdifferenziertheit der beiden Völker-Gruppen mit der ‚Kommunismus'-Bewertung reflektiert. Für alle Befragten waren Maße der Differenz der Einstellungen zu den Völkern der beiden Gruppen errechnet worden. (Die Annahme konstanter Metrik und Nullpunktlage der verwendeten Beurteilungsskalen erlaubt diese arithmetische Manipulation.) Wie zu sehen ist, korreliert das Ausmaß der einstellungsmäßigen Differenziertheit positiv (.36) mit negativer ‚Kommunismus'-Bewertung: je unterschiedlicher die Völker (d. h. negativer die ‚sozialistischen' und gleichzeitig positiver die ‚kapitalistischen' Völker) bewertet werden, umso größer die Tendenz, ‚antikommunistisch' zu markieren.

Die kaum von Null verschiedene Höhe der berichteten Korrelationen zwischen den Maßen der Einstellung gegenüber den ‚kapitalistischen' Völkern und der ‚Kommunismus-Bewertung zeigt Unabhängigkeit dieser Variablen an; die Koeffizienten der Kovariation zwischen Einstellungen zu den ‚sozialistischen' Völkern und dem Außenkriterium der Bewertung des Begriffs ‚Kommunismus' sind zwar von nur mäßiger Höhe, liegen aber durchweg in der erwarteten Richtung. Die sehr negative Bewertung von ‚Kommunismus' in unserer Stichprobe und die damit verbundene eingeschränkte Variabilität der Urteilsmaße mag ein deutlicheres Ergebnis verhindert haben.

Die quantitativ negative und qualitativ abweichende Bewertung der ‚sozialistischen' Völker kann als durch Anti-Kommunismus-Einstellungen beeinflußt interpretiert werden. Allerdings reicht die Verwendung dieser Interpretationshinsicht allein nicht aus, um die Unterschiede in der Bewertung beider Völker-Gruppen völlig zu erklären.

Die Würdigung der gefundenen Ergebnisse darf im übrigen nicht unberücksichtigt lassen, daß die Kovariationen zwischen den Einstellungsmaßen für die Völkergruppen keine Unabhängigkeit der Bewertung indizierten. Generalisierte Einstellungsmaße für beide Völker-Gruppen korrelieren immerhin .29.

3.4. Identifikation vorurteilsvoller versus xenophiler Personen

Die Charakterisierung von Personen hinsichtlich vorurteilsvoller vs. xenophiler Einstellung im hier benutzten Begriffsverständnis, d. h. ihre (metrische) Lokalisierung auf einer entsprechenden (bipolaren) Dimension setzt voraus, daß die zugrunde liegenden Einstellungsmaße auf einem eindimensionalen Kontinuum abgebildet werden können. Die Annahme der Generalität dieser Dimension entspricht dieser Voraussetzung insofern, als sie eine unmittelbare Kovariations-Korrespondenz konzept-spezifischer Einstellungsmaße impliziert.

Die angeführten empirischen Befunde haben deutlich gemacht, daß die Generalitätsannahme, mithin die Wirksamkeit der Vorurteils-Xenophilie-Dimension nicht uneingeschränkt gelten kann. Unsere eigenen Daten zeigen überdies, daß völkergruppen-spezifische Einflüsse wirksam werden, die wir (teilweise) als Anti-Kommunismus Korrelat identifizieren konnten. Andererseits erweisen die durchgängig positiven Korrelation zwischen den Maßen der Einstellung gegenüber allen berücksichtigten Völkern die Annahme einer Unabhängigkeit dieser Einstellungsmaße als unangemessen.

Es erscheint in dieser Situation nicht vertretbar, die untersuchten Personen hinsichtlich einer unzureichend eindimensionalen Variablen metrisch charakterisieren zu wollen. Es ist angemerkt worden, daß Abweichungen von der Generalitätsannahme durch die Heterogenität der Stichprobe verursacht sein können, bzw. diese Annahme nur für Teile der Stichprobe gilt. Angemessen wäre deshalb ein Verfahren, das zum einen nur auf solche Personen innerhalb der Befragungsstichprobe rekurriert, deren Einstellungsmaße gewisse Korrespondenz über die Völker-Konzepte aufweisen; zum anderen sollte dieses Verfahren dabei auf eine kontinuierliche Zuordnung von Maßzahlen zugunsten einer diskontinuierlichen, gröberen Klassifikation verzichten.

Das zunächst gewählte Verfahren ging von einer Reduktion der Daten (kontinuierliche Einstellungsmaße zu den einzelnen Völker-Konzepten) auf eine dichotome Kategorisierung aus. Um den Einfluß konzeptspezifischer Determinanten der Ausprägungsgrade der Einstellungsmaße (vgl. Rangordnung) zu eliminieren, wurden dabei alle Maße mittelwertszentriert, d. h. die Dichotomisierung der konzeptspezifischen Einstellungsscores erfolgte über den Median der Verteilungen. Sodann konnten jene Personen ausgezählt werden, deren Einstellungskennwerte konsistent, bei allen Völker-Konzepten unterhalb des Medians (Xenophile) bzw. oberhalb des Medians (Vorurteilsvolle) lagen.

Das Ergebnis ist in Tabelle 11 wiedergegeben.

Tab. 11: Anzahlen jener Personen, deren Einstellungsmaße für die einzelnen Völker-Konzepte konsistent jeweils unterhalb bzw. oberhalb des Medians liegen bzw. als inkonsistent klassifiziert wurden.

$> Md$ Xenophile	$\gtrless Md$	$> Md$ Vorurteilsvolle
102	1751	–

Nach dem hier gewählten Kriterium enthält unsere Stichprobe keinen einzigen Befragten, der konsistent relativ negativ (bezogen auf den Median der Verteilungen der Einstellungsscores) die Völker-Konzepte beurteilt hat. Dies ist ein gravierender Beleg gegen die Generalitätsannahme von Vorurteilen. Dem Gegenpol, xenophiler Orientierung, konnten immerhin 102 der insgesamt 1853 Personen zugeordnet werden.

Wird das Kriterium der Dichotomisierung ‚weicher‘ definiert, für die Gruppe der ‚Xenophilen‘ Konsistenz noch dann gesehen, wenn alle Einstellungsscores unterhalb des 3. Quartils (75. Prozentrang), für die ‚Vorurteilsvollen‘ oberhalb des 1. Quartils (25. Prozentrang) festgestellt werden können (zur

Vermeidung nicht-exklusiver Zuordnungen muß mindestens ein Einstellungsmaß im jeweiligen Extremquartil liegen), enthält unsere Stichprobe 377 Xenophile und 360 Vorurteilsvolle. Da dieser Festlegung des Kriteriums auch eine relative Entsprechung mit den eingangs gewählten Begriffsbestimmungen von Vorurteil und Xenophilie nicht zugebilligt werden kann, ist es wenig sinnvoll, mit dieser Klassifikation weiter zu operieren.

Die Zuordnung auch von Teilen der Stichprobe hinsichtlich einer Variable, die in einem deterministischen Verständnis eindeutig im Sinne des hier benutzten Begriffsverständnisses von Vorurteil vs. Xenophilie interpretierbar wäre, ist für unsere Daten nicht angemessen erreichbar.

Vor der Alternative, auf die Identifikation von Personen im Sinne dieses Begriffspaars ganz zu verzichten, oder die Klassifikation auf einem Kriterium zu begründen, das neben der ‚reinen‘ (möglicherweise nur in begrifflicher Abstraktion existenten) Vorurteils-Xenophilie-Komponenten durch andere Variablen, etwa Anti-Kommunismus-Werthaltung, beeinflußt wird, haben wir uns für den Versuch einer solchen Klassifikation entschieden. Wir sind allerdings davon ausgegangen, daß das Ergebnis dieses Versuches nur dann als brauchbar anzusehen sei, wenn der Nachweis erbracht werden könnte, daß die Vorurteils-Xenophilie-Komponente einen entscheidenden Anteil an der Zuordnung der Personen zu den einzelnen klassifikatorischen Gruppen hat.

Die nun durchgeführte Klassifikation basiert auf der Voraussetzung, daß Personen umso eher als vorurteilsvoll oder xenophil angesehen werden können, je häufiger und intensiver sie einzelnen Völkern gegenüber negativ bzw. positiv eingestellt sind. Wenn dies, durch die Summe oder besser (zur Berücksichtigung von ‚missing data‘) durch den Mittelwert aller konzeptspezifischen Einstellungsmaße für jeden Befragten ausgedrückt wird (vgl. Hartley 1946; Campbell u. McCandless 1951; Epstein u. Komorita 1966 u. a.), so erhalten wir eine scheinbar metrische Kennzeichnung der befragten Personen. Wir haben vorher gesehen, daß diese Charakteristik artifiziell ist, insofern diese gemittelten Maße neben der Vorurteils-Xenophilie Variablen durch weitere, nur mäßig kovariierende Einflüsse determiniert werden. Im Unterschied zum Vorgehen der klassischen Vorurteilsforschung werden wir deshalb auf die Annahme der Intervallskaliertheit dieser Vorurteils-Xenophilie Maße so weit wie möglich verzichten und uns auf eine gröbere Klassifikation beschränken. Wenngleich eine Klassifikation der Befragten durch eine Reduktion der Anzahl charakteristischer Indizes und der Zuordnung aller Personen in entsprechend grobe Klassen im Prinzip ebenfalls an die Voraussetzung eines eindimensionalen Kontinuums gebunden ist, können auf diese Weise leichtere Abweichungen von dieser Voraussetzung aufgefangen werden.

Andererseits können Zuordnungsartefakte nicht ausgeschlossen werden, z. B. wenn Personen extrem inkonsistente, unähnliche Einstellungsmaße aufweisen: sie erhalten uncharakteristische mittlere Mittelwerte. Die Auswirkungen von Effekten dieser Art werden zu überprüfen sein.

Obwohl unsere bisherigen Datenanalysen keine Hinweise für ein besonderes, abweichendes Beurteilungsverhalten beim Konzept ‚Westdeutsche‘ haben erkennen lassen, kann daraus nicht schlüssig gefolgert werden, es gäbe eine solche Sonderstellung der eigenen Gruppe nicht; eine entsprechende, sehr wohl begründbare Hypothese ist durch unsere Befunde nicht systematisch zurückgewiesen worden. Bei der Bildung der Index-Mittelwerte wurde deshalb auf eine Berücksichtigung der Bewertungs-Scores für ‚Westdeutsche‘ verzichtet; die generalisierten Völker-Einstellungsmaße basieren auf den Einstellungs-Scores für die restlichen neun nationalen Gruppen (Xenophilie-Xenophobie).

Die Verteilung der generalisierten Einstellungs-Indizes für alle Befragten (N = 1826; 27 wurden wegen fehlender Daten eliminiert) weist einen Median von 3.7 auf, der etwa dem ‚Nullpunkt‘ der spezifischen Urteilskontinua entspricht. Die Personen der Stichprobe wurden nach den Quartilen der Verteilung in vier Gruppen der unterschiedlich positiven bis negativen (durchschnittlichen) Bewertung der Völker-Konzepte klassifiziert; diese vier Gruppen enthalten also jeweils 456 oder 457 Personen.

Die entscheidende Frage nach der Gültigkeit dieses Klassifikationsmodus hinsichtlich der Vorurteils-Xenophile-Interpretation lautet nun: Unterscheiden sich die Personen dieser Gruppen bei der Bewertung der einzelnen Völker-Konzepte derart, daß von der ersten Gruppe (Xenophilie-Pol) bis zur vierten Gruppe (Vorurteils-Pol) eine bemerkenswert zunehmend negative Einstellung festgestellt werden kann?

Tabelle 12 gibt die Mittelwerte der vier Gruppen für die Bewertung der neun (fremden) Völker-Konzepte wieder.

Tab. 12: Mittelwerte der generalisierten Einstellungs-Indizes (über neun Völker-Konzepte) für die vier Personen-Gruppen (Xenophile versus Vorurteilsvolle) nach den Quartilen der Verteilung.

Völker-Konzepte	Xenophile		Vorurteilsvolle	
	1. Gruppe N = 456	2. Gruppe N = 457	3. Gruppe N = 457	4. Gruppe N = 456
Engländer	2.14	2.71	2.99	3.19
Italiener	2.49	3.03	3.33	3.66
Amerikaner	1.48	1.72	1.98	1.95
Franzosen	1.91	2.33	2.65	2.89
Chinesen	3.99	4.64	5.12	5.61
Tschechen	3.36	4.03	4.47	5.03
Ostdeutsche	3.41	4.01	4.36	4.92
Polen	3.71	4.41	4.77	5.42
Russen	3.85	4.59	4.90	5.57

Der geforderte monotone Trend der Einstellungsmaße über die Personen-gruppen mit unterschiedlich generell mehr oder weniger positiver bzw. nega-tiver Einstellung zu fremden Völkern kann für die spezifischen Völker-Kon-zepte eindeutig in der postulierten Richtung festgestellt werden.

Ob die Veränderung der Mittelwerte zwischen den Gruppen beträchtlich ist, kann nur in Hinblick auf die Streuung der Mittelwerte innerhalb der Grup-pen beurteilt werden. Zur Entscheidung dieser Frage und der Abschätzung der Präzision der Trennung der Gruppen mithilfe des Kriteriums der Quartile der Index-Verteilung wurde eine (multiple) Diskriminanzanalyse durchge-führt. Die Unterschiede zwischen den Gruppen werden bei diesem Verfahren – bei gleichzeitiger Beobachtung der Variation aller Merkmale – u. a. darauf-hin geprüft, ob sie mit definierbarer Wahrscheinlichkeit als zufallsbedingt oder als statistisch gesichert gelten können.

Der F-Wert der Prüfung auf Unterschiede zwischen den Gruppen war mit 65.75 bei 27 und 5298.5 Freiheitsgraden hoch signifikant. Es erscheint in diesem Falle überflüssig, die Voraussetzung homogener und uniformer Va-rianz-Kovarianz-Matrices für die Urteilsmaße der einzelnen Gruppen zu überprüfen, da eine bei etwaigen Abweichungen mögliche (erforderliche) kon-servative Prüfung des F-Wertes (vgl. Greenhouse u. Geisser 1959) auch bei drastisch reduzierten Anzahlen der Freiheitsgrade das gefundene Ergebnis bestätigen würde.

Auch die Unterschiede zwischen je zwei Gruppen sind statistisch hochsignifi-kant. Tabelle 13 zeigt die Maße des verallgemeinerten Abstands zwischen den Gruppen (oberhalb der Diagonalen) und die entsprechenden F-Werte (unterhalb der Diagonalen).

Tab. 13: T^2-Test auf Unterschiede zwischen je zwei Gruppen: D^2-Werte oberhalb der Diagonalen und F-Werte unterhalb der Diagonalen (df1 = 3; df2 = 1820).

	1. Gruppe	2. Gruppe	3. Gruppe	4. Gruppe
1. Gruppe	–	1.88	4.60	9.66
2. Gruppe	143.1	–	0.64	3.07
3. Gruppe	349.3	48.7	–	1.02
4. Gruppe	733.4	233.3	77.2	–

Zur Beurteilung der Angemessenheit der Trennung aufgrund der generellen Einstellungs-Index-Verteilung der vier Personengruppen ist es bedeutsam zu wissen, wie genau die Gruppeneinteilung mithilfe der Einstellungsmaße für die einzelnen Völker-Konzepte reproduziert werden kann. Die Ergebnisse der Reproduktion der Gruppeneinteilung sind in Tabelle 14 wiedergegeben.

Tab. 14: Zuordnungsverfahren für vier Gruppen aufgrund der Trennung der spezifischen Einstellungsmaße relativ zur Gruppeneinteilung nach den Quartilen der generalisierten Einstellungs-Index Verteilung.

		Gruppenzugehörigkeit nach den Quartilen der Einstellungs-Index Verteilung				
		1	2	3	4	Σ
Reproduzierte Gruppen-	1	334	31	11	9	385
zugehörigkeit nach den Ein-	2	121	320	27	7	475
stellungsmaßen für die	3	1	103	344	54	502
einzelnen Völker-Konzepte	4	0	3	75	386	464
	Σ	456	457	457	456	1826

Die gefundene Klassifikationsmatrix zeigt eine gegenüber anderen Zellen deutlich stärkere Besetzung der Diagonalen, die die Übereinstimmung der Klassifikation nach dem generalisierten und dem spezifischen Kriterium reflektiert. Abweichungen von dieser Übereinstimmung indizieren Abweichungen von der Generalitätsannahme, wie sie in die Datenreduktion im Sinne der Mittelwertbildung eingegangen sind (wenn die Angemessenheit des Klassifikations- und des linearen Analyse-Modells vorausgesetzt wird).

Bei der Bewertung dieses Ergebnisses, die unmittelbar die Verwendbarkeit der Vier-Gruppen-Klassifikation betrifft, ist zunächst zu berücksichtigen, daß gravierende ‚Fehlzuordnungen' relativ selten sind. Ungenaue Reproduktionen der Gruppenzugehörigkeit betreffen weitgehend benachbarte Kategorien. Wesentlich erscheint, daß die Extremgruppen (erste und vierte Gruppe) fast vollständig getrennt voneinander klassifiziert werden können, also nur eine sehr unwesentliche Überlappung stattfindet.

Soweit im Auge behalten wird, daß die Klassifikation der untersuchten Personen nach dem hier verwendeten Kriterium nicht ausschließlich (‚rein') im Sinne der Vorurteils-Xenophilie Dimension interpretierbar ist, soweit die Wirksamkeit von konzept- und konzeptgruppenspezifischen Einflüssen (vgl. Anti-Kommunismus) bei der Bewertung von Völkern in Rechnung gestellt wird, erscheint diese Klassifikation zur Homogenisierung von Personen unterschiedlicher Bewertungsorientierung gegenüber fremden Völkern brauchbar.

4.   ZUSAMMENFASSUNG

Ausgehend von einem Begriffsverständnis von Vorurteilen als negativen Einstellungen gegenüber Angehörigen fremder Gruppen von Personen, abgehoben von xenophiler Orientierung als entsprechend positiven Einstellungen, wurde versucht, die Personen unserer Stichprobe nach dem Ausmaß xenophiler versus vorurteilsvoller Orientierung gegenüber fremden Völkern zu klassifizieren.

Diese Problemstellung geht von der Voraussetzung aus, daß Art bzw. Ausmaß dieser Einstellungsvarianten vom spezifischen Einstellungsobjekt unabhängig sind, daß also ,ethnische Toleranz' oder ,Intoleranz' nicht nur an bestimmte, einzelne Völker gebunden ist, sondern eine generelle Urteilstendenz repräsentiert.

Die Generalitätsannahme, die zentrale Bedeutung für die Vorurteilsforschung besitzt, deren Gültigkeit jedoch weitgehend schlicht unterstellt wird, wurde vor dem Hintergrund sehr unterschiedlicher Belege ausführlich diskutiert.

Die hier durchgeführte Klassifikation der Personen auf der Vorurteils-Xenophilie-Dimension nach den Quartilen der Verteilung gemittelter Einstellungsmaße (über eine Gruppe von neun Völker-Konzepten) konnte durch eine Validierungsstudie (Diskriminanzanalyse der klassifikatorischen Gruppen hinsichtlich der Bewertung der einzelnen Völker-Konzepte mit anschließender Reproduktion der Gruppenzugehörigkeit) als hinreichend brauchbar belegt werden.

Differenzierende Datenanalysen ließen jedoch spezifische Urteilstendenzen bei einzelnen Völker-Konzepten bzw. Gruppen von Völker-Konzepten erkennen; identifizierbar waren Einflüsse auf das Urteilsverhalten, die als Korrelat eines Anti-Kommunismus-Faktors interpretierbar erschienen.

LITERATUR

Adinarayan, S. P. 1957. A study of racial attitudes in India. Journal of Social Psychology 45, 211–216.

Adorno, T. W., Frenkel-Brunswik, E., Levinson, D. J. u. Sanford, R. N. 1950. The authoritarian personality. New York: Harper.

Allen, B. P. 1971. Social distance reactions to black and white communicators: A replication of an investigation in support of belief congruence theory. Psychonomic Science 22, 344.

Allport, G. W. 1958. The nature of prejudice. New York: Anchor Books.

Ashmore, R. D. 1970. The problem of intergroup prejudice. In: Collins, B. E. (ed.): Social psychology. Reading (Mass.): Addison-Wesley, 245–296.

Becker, K. C. 1970. Einstellungen deutscher Schüler gegenüber Franzosen, Polen und Russen. Kölner Zeitschrift für Soziologie und Sozialpsychologie 22, 737–755.

Bergler, R. u. Six, B. 1972. Stereotype und Vorurteile. In: Graumann, C. F. (Hrsg.): Handbuch der Psychologie, Bd. 7, Sozialpsychologie, 2. Halbband. Göttingen, 1371–1432.

Bettelheim, B. u. Janowitz, M. 1964. Social change and prejudice. Including: Dynamics of prejudice. London: The Free Press of Glencoe.

Buss, A. H. 1961. The psychology of aggression. New York: Wiley.

Campbell, D. T. u. McCandless, B. R. 1951. Ethnozentrism, xenophobia and personality. Human Relations 4, 185–192.

Chesler, M. A. 1965. Ethnocentrism and attitudes toward the physically disabled. Journal of Personality and Social Psychology 2, 877–881.

Cooper, J. B. u. McGaugh, J. L. 1963. Integrative principles of social psychology. Cambridge (Mass.): Schenkman.

Diab, L. N. 1965. Studies in social attitudes: III. Attitude assessment through the semantic-differential technique. Journal of Social Psychology 67, 303–314.

Dowling, B. 1955. Some personality factors involved in intolerance and tolerance. Journal of Social Psychology 41, 325–327.

Ehrlich, H. J. 1964. Instrument error and the study of prejudice. Social Forces 43, 197–206.

Ehrlich, H. J. 1969. Attitudes, behavior and the intervening variables. American Sociologist 4, 29–34.

Ehrlich, H. J. 1973. The social psychology of prejudice. New York: Wiley.

Ehrlich, H. J. u. Rinehart, J. W. 1965. A brief report on the methodology of stereotype research. Social Forces 43, 564–575.

Epstein, R. u. Komorita, S. S. 1966. Prejudice among negro children as related to parental ethnocentrism and punitiveness. Journal of Personality and Social Psychology 4, 643–647.

Evans, R. I. 1952. Personal values as factors in anti-semitism. Journal of Abnormal and Social Psychology 47, 749–756.

Fink, H. C. 1971. Fictitious groups and the generality of prejudice: An artifact of scales without neutral categories. Psychological Reports 29, 359–365.

Fuchs, A. 1975a. Grundzüge einer Verhaltenstheorie der Bedeutung: In: Bergler, R. (Hrsg.): Das Eindrucksdifferential. Theorie und Technik. Bern: Huber, 33–68.

Fuchs, A. 1975b. Das Eindrucksdifferential als Instrument zur Erforschung emotionaler Bedeutungsprozesse. In: Bergler, R. (Hrsg.): Das Eindrucksdifferential. Theorie und Technik. Bern: Huber, 69–100.

Fuchs, A. u. Schäfer, B. 1972. Kriterien und Techniken der Merkmalsselektion bei der Konstruktion eines Eindrucksdifferentials. Archiv für Psychologie 124, 282–302.

Frenkel-Brunswik, E. u. Sanford, R. N. 1945. Some personality factors in anti-semitism. Journal of Psychology 20, 272–291.

Greenhouse, S. W. u. Geisser, S. 1959. On methods in the analysis of profile data. Psychometrika 24, 95–112.

Hall, R. A. u. Patterson, T. W. 1969. The scapegoat theory of prejudice. Paper presented at the meeting of the Rocky Mountain Psychological Association, Albuquerque (zitiert nach Fink, H. C. 1971).

Harding, J., Proshansky, H., Kutner, B. u. Chein, I. 1969. Prejude and ethnic relations. In: Lindzey, G. u. Aronson, E. (eds.): The Handbook of Social Psychology, Vol. 5. Reading (Mass.): Addison-Wesley, 1–76.

Hartley, E. L. 1946. Problems in prejudice. New York: King's Crown Press (zitiert nach 1969. New York: Octagon Books).

Heintz, P. 1957. Soziale Vorurteile. Köln.

Heise, D. R. 1970. The semantic differential and attitude research. In: Summers, G. (ed.): Attitude measurement. Chicago: Rand McNally, 235–253.

Hofstaetter, P. R. 1952. A factorial study of prejudice. Journal of Personality 21, 228–239.

Levine, R. A. u. Campbell, D. T. 1972. Ethnocentrism: Theories of conflict, ethnic attitudes and group behavior. New York: Wiley.

Martin, J. G. 1964. The tolerant personality. Detroit: Wayne State University Press.

Martin, J. G. u. Westie, F. R. 1959. The tolerant personality. American Sociological Review 59, 521–528.

Murphy, G. u. Likert, R. 1938. Public opinion and the individual. New York: Harper.

Newcomb, T. M. 1947. Autistic hostility and social reality. Human Relations 1, 69–86. (Nachdruck (dtsch.) in Irle, M. (Hrsg.) Texte aus der experimentellen Sozialpsychologie. Neuwied 1969).

Osgood, C. E., Suci, G. J. u. Tannenbaum, P. H. 1957. The measurement of meaning. Urbana: University of Illinois Press.

Perlmutter, H. V. 1954. Some characteristics of the xenophilic personality. Journal of Psychology 38, 291–300.

Perlmutter, H. V. 1956. Two types of xenophilic orientation. Journal of Abnormal and Social Psychology 52, 130–135.

Peterson, W. 1958. Prejudice in american society: A critique of some recent formulations. Commentary 26, 342–348.

Prentice, N. M. 1957. The influence of ethnic attitudes on reasoning about ethnic groups. Journal of Abnormal and Social Psychology 55, 270–272.

Proenza, L. u. Strickland, B. R. 1965. A study of prejudice in negro and white college students. Journal of Social Psychology 67, 273–281.

Prothro, E. T. 1952. Ethnocentrism and anti-negro attitudes in the deep south. Journal of Abnormal and Social Psychology 47, 105–108.

Prothro, E. T. u. Jensen, J. A. 1950. Interrelations of religious and ethnic attitudes in selected southern populations. Journal of Social Psychology 34, 252–258.

Prothro, E. T. u. Melikan, L. H. 1953a. Generalized ethnic attitudes in the Arab Near East. Sociology and Social Research 37, 375–379.

Prothro, E. T. u. Melikan, L. H. 1953b. The California public opinion scale in an authoritarian culture. Public Opinion Quarterly 3, 353–362.

Robinson, J. P. u. Hefner, R. 1967. Multidimensional differences in public and academic perceptions of nations. Journal of Personality and Social Psychology 7, 251–259.

Roczek, J. 1973. Generalität von ethnischen Einstellungen. Unveröffentlichte Diplom-Vorprüfungsarbeit. Psychologisches Institut der Universität Bonn.

Rokeach, M. 1960. The open and the closed mind. New York: Basic Books.

Rokeach, M. 1961. Belief versus race as determinants of social distance: Comments on Triandis' paper. Journal of Abnormal and Social Psychology 62, 187–188.

Rokeach, M., Smith, R. W. u. Evans, R. I. 1960. Two kinds of prejudice or one? In: Rokeach, M.: The open and the closed mind. New York: Basic Books.

Rokeach, M. u. Rothman, G. 1965. The principle of belief congruence and the congruity principle as models of cognitive interaction. Psychological Review 72, 128–142.

Schäfer, B. 1975. Das Eindrucksdifferential als Instrument zur Einstellungsmessung. In: Bergler, R. (Hrsg.): Das Eindrucksdifferential. Theorie und Technik. Bern: Huber, 101–118.

Scott, W. A. 1965. Psychological and social correlates of international images. In: Kelman, H. C. (ed.): International behavior. New York: Holt, Rinehart and Winston, 71–103.

Secord, P. F. u. Backman, C. W. 1964. Social psychology. New York: Mc Graw-Hill.

Sherif, M. u. Sherif, C. W. 1956. An outline of social psychology. New York: Harper.

Simpson, B. E. u. Yinger, J. M. 1965. Racial and cultural minorities. New York: Harper and Row (3rd ed.).

Six, B. 1974. Norm und Verhalten. In: Bergler, R.: Sauberkeit. Norm–Verhalten–Persönlichkeit. Bern: Huber, 140–169.

Stouffer, S. A. 1955. Communism, conformity, and civil liberties. New York: Wiley (Science Edition 1966).

Sullivan, P. L. u. Adelson, J. 1954. Ethnocentrism and misanthropy. Journal of Abnormal and Social Psychology 49, 246–250.

Taft, R. 1958. Is the tolerant personality type the opposite of the intolerants? Journal of Social Psychology 47, 397–405.

Triandis, H. C. 1961. A note on Rokeach's theory of prejudice. Journal of Abnormal and Social Psychology 62, 184–186.

Triandis, H. C. u. Davis, E. E. 1966. Race and belief as determinants of behavioral intentions. Journal of Personality and Social Psychology 3, 468–472.

Triandis, H. C. u. Triandis, M. L. 1960. Race, social class, religion, and nationality as determinants of social distance. Journal of Abnormal and Social Psychology 61, 110–118.

Triandis, H. C. u. Triandis, M. L. 1965. Some studies of social distance. In: Steiner, I. D. u. Fishbein, M. (eds.): Current studies in Social Psychology. New York: Holt, Rinehart and Winston, 207–217.

Westie, F. R. 1964. Race and ethnic relations. In: Faris, R.E.L. (ed.): Handbook of modern Sociology. Chicago: Rand Mc Nally.

Wilson, W. u. Wadsworth, A. P. Jr. 1972. Attitudes of liberal and conservative students toward ingroups and outgroups. Psychological Reports 31, 463–470.

Wolf, H. E. 1966. Stellungnahmen deutscher Jugendlicher zu westlichen und anderen Gruppen. Kölner Zeitschrift für Soziologie und Sozialpsychologie 18, 300–328.

Young, K. u. Mack, R. W. 1962. Systematic Sociology. Ney York: American Book.

7. VORURTEILSVOLLE UND XENOPHILE PERSONEN: STELLUNG-NAHMEN ZU FRAGEN DES DEUTSCH-POLNISCHEN VERHÄLTNISSES

von B. Schäfer

1. FRAGESTELLUNG

Im vorangegangenen Beitrag sind Prämissen und Prozedur einer Klassifikation der befragten Personen nach der Richtung ihrer Bewertungsorientierung gegenüber Völkern (Xenophilie versus Vorurteil) beschrieben worden. Nach der Analyse der Brauchbarkeit sozialer Kategorien als Bedingungsfaktoren von Einstellungen zu Polen und zu Alternativen politischen Verhaltens gegenüber Polen (vgl. die Beiträge II, 3 bis 5 in diesem Band) kann mithilfe dieser Klassifikation nun die Bedeutung der Xenophilie-Vorurteils Dimension als Strukturmerkmal dieses außenpolitischen Einstellungssystems empirisch geprüft werden.

Zunächst soll jedoch festgestellt werden, in welcher Weise die durch das Vorurteilskriterium unterschiedlich xenophil bzw. vorurteilsvoll definierten Gruppen unserer Stichprobe durch Merkmale relevanter demografischer und sozialer Gruppenzugehörigkeit charakterisierbar sind.

2. SOZIO-DEMOGRAFISCHE CHARAKTERISTIKA XENOPHILER UND VORURTEILSVOLLER PERSONEN

Vorurteil ist durch unsere Klassifikation in terminis von Einstellungen gegenüber Völkern operationalisiert worden: nach mittleren Scores über neun der zehn Einstellungsmaße gegenüber fremden Völker-Gruppen (also ohne Berücksichtigung des in-group Konzepts ‚Westdeutsche') wurden alle Personen der Befragungsstichprobe entsprechend den Quartilen der Verteilung dieser Maße vier Gruppen zugeteilt. Mit den diskutierten Einschränkungen können diese Gruppen als Repräsentanten unterschiedlicher Grade xenophiler bzw. vorurteilsvoller Orientierung aufgefaßt werden.

Wir wollen nun zunächst fragen, ob diese Personengruppen in terminis sozialer Kategorien voneinander differenzierbar sind. Für die dieser Fragestellung zugrunde liegende Annahme können eine Reihe empirischer Befunde angeführt werden. Grundsätzlich läßt sich aus der Wirksamkeit sozialer

Gruppennormen auf Prozesse der Einstellungsgenese die Berechtigung der generellen Annahme begründen, daß Merkmale sozialer Gruppenzugehörigkeit als einstellungsdifferenzierende Kriterien verwendbar sind.

In bezug auf den speziellen Fall vorurteilsvoller, ‚intoleranter‘ Einstellungen konnte entgegen dem Ansatz von Adorno et al. (1950), teilweise in der kritischen Auseinandersetzung mit der Auffassung dieser Forschergruppe, daß nämlich die Persönlichkeit als zentrale Agentur der Determinierung vorurteilsvoller Einstellungen fungiere, die Brauchbarkeit sozialer Kategorien für die Differenzierung unterschiedlicher Ausprägungsgrade dieser Form sozialer Einstellungen belegt werden (Pettigrew 1958, 1959; Roghmann 1966; Selznick u. Steinberg 1969; vgl. auch die Übersichten bei Harding et al. 1969 und Bergler u. Six 1972). Pettigrew (1959) sowie Schäfer (1972) haben darauf hingewiesen, daß die Unterschiedlichkeit dieser Variablenarten, die verschiedene Analyseebenen betrifft, der Begründung der Vorurteilsdeterminiertheit nicht notwendig kontradiktorisch, sondern komplementär interpretierbar ist.

Wenn im folgenden die Differenzierungsfähigkeit einiger als relevant belegter sozialer Merkmale für die Ausprägungsgrade xenophiler vs. vorurteilsvoller Einstellung in unserer Stichprobe betrachtet wird, so ist bei der Interpretation der Befunde auch hier zu beachten, daß diese sozialen Merkmale als Korrelate vorurteilsvoller Einstellungen keinesfalls als ursächliche Bedingungsfaktoren angesehen werden können. Die Wirksamkeit anderer, intervenierender oder konfundierender Merkmale kann bei der Anlage der Untersuchung nur völlig unzureichend kontrolliert werden. Die Interpretierbarkeit der Ergebnisse beschränkt sich damit auf die Charakterisierung von Angehörigen bestimmter sozial- oder demografisch-definierter Gruppen hinsichtlich der Ausgeprägtheit von Vorurteilen in der Population, aus der die Stichprobe stammt, nämlich der Bevölkerung der Bundesrepublik Deutschland.

2.1. Geschlecht und xenophile vs. vorurteilsvolle Einstellung

Tabelle 1 enthält die Häufigkeiten, mit denen Männer und Frauen der Stichprobe in den vier Stufen des Vorurteilskriteriums vertreten sind.

Tab. 1: Kreuztabellierung von Geschlechtszugehörigkeit mit dem Vorurteilskriterium N = 1825.

Geschlecht	xenophil 1. Quart.	2. Quart.	3. Quart.	xenophob 4. Quart.	total abs.	%
Männer	207	196	212	220	835	45.8
Frauen	249	261	245	235	990	54.2
total	456	457	457	455	1825	100.0

CHI² = 2.85   p>.05   df = 3

Männer und Frauen in der Bundesrepublik Deutschland unterscheiden sich nach diesem Ergebnis nicht bei der generellen (positiven oder negativen) Bewertung fremder Völker.

2.2. Alter und xenophile vs. vorurteilsvolle Einstellung

Die Häufigkeiten, mit denen Personen verschiedener Altersgruppen den Graden des Vorurteilskriteriums zugeordnet werden können, sind in Tabelle 2 wiedergegeben. Die – allerdings nicht einheitlichen – Befunde, die in der Literatur berichtet sind, lassen eine höhere Vorurteilsbereitschaft bei älteren Befragten erwarten.

Tab. 2: Kreuztabellierung von Alter mit dem Vorurteilskriterium N = 1825.

Alter	xenophil 1. Quartil	2. Quartil	3. Quartil	xenophob 4. Quartil	total abs.	%
18 – 20	13	17	14	24	68	3.7
21 – 30	73	63	83	76	295	16.2
31 – 40	104	101	90	89	384	21.0
41 – 50	82	80	81	98	341	18.7
51 – 60	61	62	75	58	256	14.0
61 – 70	78	97	67	72	314	17.2
über 70	45	37	47	38	167	9.2
	456	457	457	455	1825	100.0

$CHI^2 = 22,56$ $p > .05$ $df = 18$

Es lassen sich – global – keine systematischen altersspezifischen Trends hinsichtlich der Bewertung fremder Völker feststellen.

2.3. Schulbildung und xenophile vs. vorurteilsvolle Einstellung

Das Niveau des erreichten Schulabschlusses bzw. die Länge der Schulausbildung haben sich in einer Fülle von Untersuchungen als relativ konsistent das Ausmaß der Vorurteilsbereitschaft differenzierend erwiesen: je extensiver die Schulbildung, umso geringer ausgeprägt die Bereitschaft, Vorurteile gegenüber fremden Gruppen zu äußern.

Tabellen 3a und 3b lassen die Häufigkeitsverteilungen von Personen nach Schulbildungskriterien (Niveau und Länge) definierten Gruppen betrachten.

Tab. 3a: Kreuztabellierung des Schulbildungskriteriums ‚Schulabschluß' (Niveau) mit dem Vorurteilskriterium N = 1818.

Schulbildung (Abschluß) Niveau	xenophil 1. Quart.	2. Quart.	3. Quart.	xenophob 4. Quart.	total	
					abs.	%
Volksschule	291	301	307	305	1204	66.2
Realschule	45	60	52	53	210	11.6
Berufsb. Schulen	74	43	53	49	219	12.0
Gymnasien	19	29	24	29	101	5.6
Hochschule/Univ.	25	21	21	17	84	4.6
total	454	454	457	453	1818	100.0

CHI^2 = 16.85   p > .05   df = 12

Tab. 3b: Kreuztabellierung des Schulbildungskriteriums ‚Länge' mit dem Vorteilskriterium N = 1782.

Schulbildung Länge	xenophil 1. Quart.	2. Quart.	3. Quart.	xenophob 4. Quart.	total	
					abs.	%
7– 8 Jahre	216	243	222	212	893	50.1
9–10 Jahre	100	81	93	88	362	20.3
11–12 Jahre	79	72	78	90	319	17.9
über 12 Jahre	50	50	56	52	208	11.7
total	445	446	449	442	1782	100.0

CHI^2 = 7.22   p > .05   df = 9

Keiner der beiden (allerdings nicht voneinander unabhängigen) Schulbildungskriterien läßt einen überzufälligen Zusammenhang mit dem Vorurteilskriterium erkennen. Die erwähnten, andersartigen Befunde sind allerdings möglicherweise auch als ein Artefakt der traditionellen Techniken der Vorurteilsmessung aufzufassen; Stember (1961, zit. nach Harding et al. 1969, 29 und Bettelheim u. Janowitz 1964, 18 f.) fand unterschiedliche Formen der Manifestation vorurteilsvollen und diskriminierenden Verhaltens bei Personen mit verschieden extensiver Schulbildung.

2.4.   Konfession und xenophile vs. vorurteilsvolle Einstellung

Die in der Literatur berichteten Befunde hinsichtlich des Zusammenhangs von Konfessionszugehörigkeit und Vorurteilsneigung sind uneinheitlich, zumindest soweit sie sich auf unterschiedliches Ausmaß von Vorurteil bei Protestanten und Katholiken beziehen. Es scheint, daß auffindbare Unterschiede weitgehend auf die ‚Abhängigkeit' der Konfessionszugehörigkeit von anderen relevanten Sozial-Indikatoren zurückgeführt werden können.
Die entsprechende Kreuztabellierung für die Daten unserer Stichprobe ist in Tabelle 4 wiedergegeben.

Tab. 4: Kreuztabellierung von Konfessionszugehörigkeit mit dem Vorurteilskriterium N = 1784.

Konfession	xenophil 1. Quart.	2. Quart.	3. Quart.	xenophob 4. Quart.	total abs.	%
Protestanten	219	214	246	210	889	49.9
Katholiken	193	216	186	221	816	45.7
Konfessionslose	30	14	17	18	79	4.4
total	442	444	449	449	1784	100.0

CHI^2 = 15.34   p < .05   df = 6

Die signifikanten Unterschiede beziehen sich augenscheinlich auf Abweichungen von der zufällig zu erwartenden Verteilung der einzelnen Häufigkeitswerte, die für die Arten der Konfessionszugehörigkeit nicht monoton verlaufen. Katholiken und Protestanten in der Bundesrepublik Deutschland sind hinsichtlich ihrer Vorurteilsbereitschaft nicht klar unterscheidbar.

2.5.   Regionale Differenzen und xenophile vs. vorurteilsvolle Einstellung

Auf die Bedeutung regionaler Differenzen für die Manifestation ethnischer Vorurteile hat insbesondere Pettigrew (1958) hingewiesen. Diese Variable kann im Sinne der Wirksamkeit unterschiedlicher kultureller Einflüsse interpretiert werden.

Die Häufigkeiten, mit denen Personen der vier Vorurteilsgruppen jeweils den Bundesländern zugeordnet sind, können der Tabelle 5 entnommen werden.

Tab. 5: Kreuztabellierung Wohnortregion mit dem Vorurteilskriterium N = 1765.

Bundesland	xenophil 1. Quart.	2. Quart.	3. Quart.	xenophob 4. Quart.	total abs.	%
Schleswig-Holstein und Hamburg	46	25	27	39	137	7.8
Niedersachsen und Bremen	55	62	68	50	235	13.3
Nordrhein-Westfalen	156	153	102	110	521	29.5
Rheinland-Pfalz und Saarland	43	23	32	43	141	8.0
Hessen	21	30	66	44	161	9.1
Baden-Württemberg	69	72	68	43	252	14.3
Bayern	50	74	81	113	318	18.0
total	440	439	444	442	1765	100.0

$CHI^2 > 100.84$ $p < .01$ $df = 18$

Die signifikant von den Erwartungswerten abweichenden Zellhäufigkeiten können im wesentlichen auf eine Nord-Süd Verschiedenheit der von uns befragten Personen hinsichtlich ihrer Einstellung zu fremden Völkern zurückgeführt werden. Während diese von den Befragten in Schleswig-Holstein, Hamburg und Nordrhein-Westfalen überwiegend positiver bewertet werden, äußern die Bewohner von Hessen und insbesondere Bayerns wesentlich negativere Einstellungen zu den untersuchten Völker-Konzepten.

2.6.   Wohnortgröße und xenophile vs. vorurteilsvolle Einstellung

Abschließend sind die Häufigkeiten, mit denen Personen unterschiedlicher (positiver vs. negativer) Einstellung zu fremden Völkern in Wohnorten unterschiedlicher Größe leben (Stadt-Land-Gefälle) in Tabelle 6 wiedergegeben.

Tab. 6: Kreuztabellierung von Wohnortgröße (nach der Zahl der Einwohner) mit dem Vorurteilskriterium N = 1825.

Wohnortgröße (Einwohnerzahl)	xenophil 1. Quart.	2. Quart.	3. Quart.	xenophob 4. Quart.	total	
					abs.	%
über 1 Mill.	47	39	31	42	159	8.7
100 000 bis 1 Mill.	156	171	136	94	507	30.5
2000 bis 200 000	198	192	209	243	842	46.1
unter 2000	55	55	81	76	267	14.6
total	456	457	457	455	1825	100.0

$CHI^2 = 43.31$ $p < .01$ $df = 9$

Als Ergebnis läßt sich ein nicht zufallsbedingter Trend konstatieren, derart, daß Großstadt-Bewohner der Bundesrepublik Deutschland fremde Völker weniger vorurteilsvoll als Bewohner kleiner Städte und Gemeinden bewerten.

3.   VORURTEIL UND REAKTIONEN AUF AUSSENPOLITISCHE PROBLEME

Betrachtet man die Stellungnahmen zu Fragen, die das aktuelle deutsch-polnische Verhältnis betreffen als konkrete Formen von Reaktionen auf ein außenpolitisches Problem, bietet die Literatur reichlich Hinweise, bestimmte persönlichkeitsspezifische, affektive intrapsychische Prozesse als mit-bestimmende, Antecedenz-Bedingungen, zumindest Korrelate aufzufassen (vgl. Rosenberg 1965, 322 ff.; Janis u. Smith 1965, 208 ff.; McClosky 1967).
Die Erklärungsansätze hierfür, die abgehoben werden können von solchen, die sich auf die Art der außenpolitischen Probleme beziehen oder den sozio-kulturellen Kontext, innerhalb dessen die Personen reagieren (vgl. Scott 1960a) sind ähnlich zahlreich; vielbeachtet waren beispielsweise Christiansens (1959) Befunde, die u. a. persönlichkeitsspezifische Formen der Auseinandersetzung mit Konfliktsituationen und Einstellungen zur eigenen Nation als Determinanten der Bewertung außenpolitischer Probleme belegen sollten (vgl. dazu allerdings Scott 1960b). Ähnlich, unter Verwendung eines psychoanalytisch begründeten Projektions-Mechanismus, interpretieren Gladstone u. Taylor (1958; vgl. auch Gladstone 1955) Untersuchungsergebnisse über einen Zusammenhang zwischen der Tendenz, sich bedroht zu fühlen und der Reaktion auf internationale Ereignisse. Scott (1960a) fand die Annahme bestätigt, favorisierte Ziele der amerikanischen Außenpolitik aus persönlichen Werthaltungen vorhersagen zu können. Er interpretiert dieses

Ergebnis im Sinne einer Tendenz, internationale Beziehungen in persönlichkeitsspezifischen Termini zu konzeptualisieren. Seine Befunde konnte der Autor auch bei Kontrolle des Informiertheitsgrades der befragten Studenten replizieren (Scott 1965, 91). In einer neueren Untersuchung haben Granberg u. May (1972) geprüft, inwieweit die Persönlichkeitsdimension ‚internal vs. external control' die Einstellung zu einem außenpolitischen Problem (Vietnamkrieg) beeinflußt. (Bei diesem Merkmal handelt es sich um eine generalisierte Erwartung, inwieweit eigene Aktivitäten in bestimmten Bereichen sozialer und politischer Art ‚belohnt' werden; solche Aktivitäten werden von Personen, die als ‚external controlled' charakterisiert werden in geringerem Ausmaß bevorzugt als von jenen, die als ‚internal controlled' gelten.) Entgegen der Erwartung fanden die Autoren eine (allerdings nur sehr schwache) Korrelation von ‚externality' mit friedliebenden, negativen Einstellungen zum Vietnam-Krieg.

Als Evidenzquelle für die Bewertung des Zusammenhangs vorurteilsvoller Einstellungen mit Stellungnahmen zu Problemen der Außenpolitik scheinen jene Befunde herangezogen werden zu können, die die Variabilität von Einstellungen zu außen- bzw. international-politischen Fragen mithilfe des Autoritarismus-Konzepts von Adorno et al. (1950) erklären (MacKinnon u. Centers 1957, 1959; Levinson 1957; Sampson u. Smith 1957; Fensterwald 1958; Smith u. Rosen 1958; Farris 1960; McClosky 1967 u. a.).

Die Gültigkeit dieser Interpretation impliziert jedoch folgende Voraussetzungen: Zunächst muß unterstellt werden können, daß die in der überwiegenden Mehrzahl dieser Untersuchungen verwendete Nationalismus-Internationalismus Variable repräsentativ für außenpolitische Orientierung ist, zumindest eine wichtige Dimension derselben darstellt. Levinsons (1957, 38) Charakterisierung: „Nationalismus may be seen as a facet of a broader ethnocentric orientation. It is, so to speak, ethnocentric thinking in the sphere of international relations" kann durch Kovariation von Nationalismus- mit Autoritarismus (F)-Maßen darüberhinaus nur insoweit belegt werden, als gesichert gelten kann, daß mit der F-Skala (als Operationalisierung des Autoritarismuskonzepts) tatsächlich vorurteilsvolle Einstellung gemessen wird. Einige in dieser Hinsicht negative Befunde (Prothro u. Melikan 1953; Pettigrew 1959; Orpen 1971; Orpen u. van der Schyff 1972) deuten jedoch auf eine kulturspezifische (In)Sensitivität der F-Skala hin. Dennoch erscheint es nicht angemessen, die Annahme einer Kovariation von Ethnozentrismus- und F-Skala-Scores generell zu verwerfen. Für breite Teile der amerikanischen und ähnlicher Kulturen ist das ‚nationalistisch-ethnozentrisch-autoritäre' Einstellungssyndrom (vgl. Fensterwald 1958) gut belegt.

Für die Präferenz von Alternativen konkreten außenpolitischen Verhaltens liegen Befunde von Karabenick u. Wilson (1969), Larsen (1969), Bailes u. Guller (1970), Izzett (1971) sowie Granberg u. Corrigan (1972) vor, die das Ausmaß der Befürwortung bzw. Ablehnung des Vietnam-Krieges mit Maßen der Dogmatismus- und Autoritarismus-Konzepte korreliert fanden.

Konsistent unterschiedliche Reaktionstendenzen, und zwar sowohl im Sinne einer abstrakten ‚isolationistischen' Orientierung, als auch gegenüber einer größeren Anzahl konkreter Gegenstände der Außenpolitik fand McClosky (1967) in einer breit angelegten Untersuchung bei US-Amerikanern, die hinsichtlich ihrer Ethnozentrismus-Maße Extremgruppen bildeten.

Chesler u. Schmuck (1964) haben den Einfluß einer ‚vorurteilsvollen' Einstellungsstruktur auf Stellungnahmen zur amerikanischen Politik in der Kuba-Krise (1962) untersucht. Die verwendeten Einstellungsmerkmale erlaubten die Bildung von zwei Clustern: eines wurde gebildet von Studenten, die auf den Skalen ‚Aufrüstung', ‚Ethnozentrismus', ‚Patriotismus', ‚Konservatismus', ‚Dogmatismus' hohe und einer ‚Intellektualismus'-Skala niedrige Maße erhielten und ein zweites durch jene Studenten, die auf diesen Skalen (außer ‚Intellektualismus') jeweils niedrige Maße aufwiesen. Diese Gruppen unterschieden sich hinsichtlich ihrer Stellungnahmen zur Kuba-Politik: „Those in the first cluster urged more aggressive U.S. sanctions or earlier actions concerning Cuba ... Those in the second cluster urged more conciliatory actions toward Cuba ..." (Chesler u. Schmuck 1964, 481).

Vorurteilsvolle Einstellung im Sinne von Misanthropie determiniert nach Rosenbergs (1957) Interpretation seiner Befunde weitgehend die grundsätzliche Einschätzung der internationalen Lage. Sie geht einher mit der Überzeugung „that the only way to handle international affairs is through coercion, force, power" (Rosenberg 1957, 343). Die als misanthropisch gekennzeichneten, untersuchten Studenten erwarteten darüberhinaus ‚periodische Kriege' sehr viel häufiger als jene mit ‚Vertrauen in die Mitmenschen', während diese Kooperation und gegenseitiges Verstehen für effektive Mittel zur Bewältigung internationaler Streitigkeiten hielten.

Ähnliche Ergebnisse berichtet Worchel (1967). Empirisch begründete, unterschiedliche Konzeptionen in Bezug auf Mitmenschen (good-strong-‚human' versus bad-weak-‚object'), deren ‚negative' Variante sich von der ‚positiven' durch ethnozentrische Einstellungen unterscheidet, gehen einher mit gegensätzlichen Reaktionstendenzen auf internationale Ereignisse. Sozial ‚positiv' orientierte Personen sind nach Worchels Befunden stärker bereit, in internationalen Krisen Bemühen um Verhandlungen zu unterstützen und die Verantwortlichkeit der eigenen Nation zuzugeben, während die Tendenz, Aggression zu befürworten und Fehler der eigenen Nation abzustreiten zunimmt, je stärker ‚negativ' die soziale Orientierung ist. Hilfe wird einem potentiellen Feind sogar dann verweigert, wenn dieser in eine Katastrophe geraten ist.

Die angeführten Befunde, die die Bedeutung des Merkmals ‚Vorurteil' für die Art der Stellungnahme zu Problemen auswärtiger Politik belegen, zeigen, daß eine Charakterisierung der Determinanten außenpolitischer Reaktionen – dies gilt auch für die politischen decision-makers (vgl. Robinson u. Snyder 1965; D'Amato 1967) – als im Bezugssystem ‚rationaler' Erklärungsmodelle angemessen analysierbar unzureichend ist. Scott (1958) hat die Rationalitäts-Charakteristik von Einstellungen kritisch diskutiert und die nichtrationalen Aspekte internationaler Einstellungen begründet.

Die vorliegenden intrapsychischen Erklärungsansätze sind wegen ihrer Herleitung aus unterschiedlichen theoretischen Modellen verschieden; gemeinsam scheint allen zu sein, daß für Vorurteile und Stellungnahmen zu Gegenständen der Außenpolitik ähnliche funktionale Beschreibungskategorien brauchbar sind (vgl. dazu Katz 1960; Smith 1968).

3.1. Xenophile vs. vorurteilsvolle Orientierung und Einstellung zur Ostpolitik sowie Konfliktbereitschaft gegenüber Polen

Entsprechend den angeführten Befunden erscheint die Annahme begründet, daß Personen unterschiedlich xenophiler bzw. vorurteilsvoller Orientierung sich hinsichtlich ihrer ,Einstellung zur Ostpolitik' sowie ihrer ,Konfliktbereitschaft gegenüber Polen' voneinander unterscheiden lassen. Wir können dabei eine monotone Beziehung erwarten, derart, daß Personengruppen mit geringerer xenophiler und stärker vorurteilsvoller Einstellung konfliktbereiter und negativer zur Ostpolitik eingestellt sind.
Tabellen 7 und 8 enthalten varianzanalytische Vergleiche der Vorurteilsgruppen hinsichtlich dieser beiden Einstellungsmerkmale.

Tab. 7: Einstellung zur Ostpolitik, differenziert nach dem Vorurteilskriterium.

Vorurteils-kriterium	Einstell. zur Ostpol.			Varianz	MQS	df	F	ETA²
	M	SD	N					
xenophil				Zwischen	4.65	3	9.60	.02
1. Quart.	2.34	0.67	455	Innerhalb	0.48	1821	p<.01	
2. Quart.	2.46	0.65	457					
3. Quart.	2.54	0.71	457					
4. Quart.	2.57	0.74	456					
xenophob								

Tab. 8: Konfliktbereitschaft gegenüber Polen, differenziert nach dem Vorurteilskriterium.

Vorurteils-kriterium	Konfliktb. geg. Polen			Varianz	MQS	df	F	ETA²
	M	SD	N					
xenophil				Zwischen	5.68	3	11.62	.02
1. Quart.	3.55	0.68	455	Innerhalb	0.49	1821	p<.01	
2. Quart.	3.45	0.63	457					
3. Quart.	3.35	0.74	457					
4. Quart.	3.30	0.73	456					
xenophob								

Die Ergebnisse bestätigen unsere Erwartungen: je negativer die von uns befragten Personen fremde Völker einschätzten, umso eher waren sie geneigt, ‚konfliktbereit gegenüber Polen' und negativ zur Ostpolitik Stellung zu nehmen, je positiver sie fremde Völker bewerteten, umso weniger ‚konfliktbereit gegenüber Polen' und positiver zur Ostpolitik waren sie eingestellt. Diese Bewertungsunterschiede sind hochsignifikant, wenngleich einschränkend vermerkt werden muß, daß das Vorurteilskriterium nur sehr geringe Anteile an der Varianz der beiden Einstellungsmaße aufklärt. Teilweise dürfte dies allerdings auf die relative Inhomogenität der vier Vorurteilsgruppen, insbesondere der beiden Extremgruppen zurückzuführen sein.

3.2. Xenophile vs. vorurteilsvolle Orientierung und konkrete Meinungsgegenstände der deutsch-polnischen Beziehung

3.2.1. Interesse am Thema Polen

Zur Selbstattribuierung von Interesse am Thema ‚Polen' bzw. der deutsch-polnischen Beziehungen wurden zwei Fragen vorgelegt. Während auf die Frage 9 „Wie stark waren Sie bisher am Thema Polen interessiert – sehr stark, weniger stark, kaum oder gar nicht", (trotz der signifikanten Unterschiede zwischen den beobachteten und nach dem Zufall erwarteten Häufigkeiten innerhalb der Zellen) keine systematischen, monoton verlaufenden Unterschiede zwischen den unterschiedlich xenophil bzw. vorurteilsvoll orientierten Gruppen erkennbar sind (vgl. Tabelle 9), äußern die Vorurteilsvollen gegenüber den Xenophilen ein verstärktes Interesse für die deutsch-polnischen Beziehungen nach Vertragsabschluß (Frage 10a, vgl. Tabelle 10).

‚Wie stark waren Sie bisher am Thema Polen interessiert – sehr stark, weniger stark, kaum oder gar nicht?'

Tab. 9: Kreuztabellierung Frage 9 mit dem Vorurteilskriterium N = 1824.

	xenophil 1. Quart.	2. Quart.	3. Quart.	xenophob 4. Quart.	total abs.	%
sehr stark	88	61	73	96	318	17.4
weniger stark	220	203	206	191	820	45.0
kaum	99	118	123	114	454	24.9
gar nicht	45	73	55	55	232	12.7
total	456	455	457	456	1824	100.0

CHI² = 19.67   p<.05   df = 9

,Haben Sie sich seit dem Vertragsabschluß stärker, weniger stark oder genauso stark wie bisher für das Thema Deutschland/Polen interessiert?'

Tab. 10: Kreuztabellierung Frage 10a mit dem Vorurteilskriterium N = 1807.

	xenophil 1. Quart.	2. Quart.	3. Quart.	xenophob 4. Quart.	total abs.	%
stärker	84	79	87	128	378	20.9
weniger stark	56	62	46	41	205	11.3
genauso	312	311	318	283	1224	67.7
total	452	452	451	452	1807	100.0

CHI² = 23.85   p<.01   df = 6

Es ist nicht klar entscheidbar, ob diese unterschiedliche Bekundung von Interesse auf die verschiedene Beschreibung des Gegenstandes (Frage 9: ,Polen'; Frage 10a: ,Deutschland/Polen') zurückgeführt werden soll, oder mehr auf die verschiedenen Zeitabschnitte (Frage 9: ,bisher'; Frage 10a: ,seit dem Vertragsabschluß'). Für letzteren Aspekt spricht nicht zuletzt die unterschiedliche Qualität der Bewertung des deutsch-polnischen Vertrags.

3.2.2.   Bewertung des deutsch-polnischen Vertrages

Zur Beurteilung der Frage, ob der deutsch-polnische Vertrag von Personen unterschiedlich xenophiler vs. xenophober Orientierung verschieden bewertet wird, können die Fragen 10, 11, 12 und 16 herangezogen werden. Sie sind zusammen mit den Ergebnissen der Kreuztabellierung in Tabelle 11 bis 14 wiedergegeben.

,Wie Sie ja wissen, wurde im November 1970 der deutsch-polnische Vertrag geschlossen; wie würden Sie diesen Vertrag bezeichnen?'

Tab. 11: Kreuztabellierung Frage 10 mit dem Vorurteilskriterium N = 1790.

	xenophil 1. Quart.	2. Quart.	3. Quart.	xenophob 4. Quart.	total abs.	%
als vorläufige Grenzregelung	333	318	354	331	1336	74.6
als endgültigen Friedensvertrag	114	128	95	117	454	25.4
total	447	446	449	448	1790	100.0

CHI² = 6.96   p<.05   df = 3

Die Majorität der Befragten, bei allen Stufen der Bewertungsorientierung gegenüber fremden Völkern, sieht im Vertrag eine ‚vorläufige Grenzregelung'; die leichte Tendenz einer verstärkten Geltung dieser Auffassung für die eher vorurteilsvoll orientierten Personen erreicht nicht das Signifikanzniveau. Statistisch bedeutsame Unterschiede der Reaktionstendenzen ergaben sich bei Frage 11:

‚Wie bewerten Sie diesen Vertrag?'

Tab. 12: Kreuztabellierung Frage 11 mit dem Vorurteilskriterium N = 1785.

	xenophil 1. Quart.	2. Quart.	3. Quart.	xenophob 4. Quart.	total abs.	%
als Chance für die Zukunft	186	176	154	163	679	38.0
als „Anerkennung der Realitäten"	155	159	150	140	604	33.8
als Verrat an den Flüchtlingen u. Heimatvertriebenen	29	38	54	54	175	9.8
als endgültigen Verlust	73	76	88	90	327	18.3
total	443	449	446	447	1785	100.0

CHI² = 18.03   p<.05

Der Vertrag hat für die nach dem Vorurteilskriterium definierten Gruppen unterschiedliche Bedeutung: Xenophile bewerten ihn häufiger als ‚Chance für die Zukunft' und ‚Anerkennung der Realitäten' als Vorurteilsvolle, während diese darin stärker ‚Verrat' und ‚Verlust' sehen. Dieses Ergebnis kann im Lichte jener Befunde gesehen werden, wonach dem ethnozentrischen bzw. dem misanthropischen Denken bei der Bewertung internationaler Probleme Nationalismus, Mißtrauen, Bedürfnis nach Machtausübung (als in der westdeutschen Vertragspolitik nicht enthalten) entspricht.
Es erscheint plausibel anzunehmen, daß bei diesen Personen eine Dissonanz zwischen der eigenen Position und der Wahrnehmung der Politik des eigenen Landes besteht, die durch Abwertung der internationalen Bedeutung des Vertragswerkes zu mindern versucht wird (vgl. Tabelle 12).

,Glauben Sie, daß der Vertragsabschluß zwischen Deutschland und Polen auch die Politik zwischen dem östlichen und westlichen Block insgesamt verbessern kann, oder halten Sie ihn für ein Ereignis mit eher nur lokaler Bedeutung?'

Tab. 13: Kreuztabellierung Frage 16 mit dem Vorurteilskriterium N = 1797.

	xenophil 1. Quart.	2. Quart.	3. Quart.	xenophob 4. Quart.	total abs.	%
überregionale Bedeutung	330	296	281	301	1208	67.2
nur regionale Bedeutung	121	155	162	151	589	32.8
total	451	451	443	452	1797	100.0

CHI^2 = 10.73   p<.05

Xenophobe halten den Vertrag mit größerer Häufigkeit für ein nur lokal bedeutsames Ereignis, während Xenophile stärker einen Einfluß auf die internationale Politik vermuten.
Eine Bewertung des Vertrages ist auch in der Ansicht über den Gewinn der Parteien aus dem Vertrag feststellbar (vgl. Tabelle 14).

,Welche Seite hat Ihrer Meinung nach bei diesem Vertragsabschluß den größeren politischen Gewinn gemacht, die Bundesrepublik Deutschland oder die Volksrepublik Polen?'

Tab. 14: Kreuztabellierung Frage 12 mit dem Vorurteilskriterium N = 1793.

	xenophil 1. Quart.	2. Quart.	3. Quart.	xenophob 4. Quart.	total abs.	%
Bundesrepublik Deutschland	71	56	50	47	224	12.5
Volksrepublik Polen	199	217	245	248	909	50.7
keiner von beiden	181	175	150	154	660	36.8
total	451	448	445	449	1793	100.0

CHI^2 = 17.54   p<.01

Während die als stärker vorurteilsvoll klassifizierten Personengruppen als Gewinner stärker die Volksrepublik Polen sehen, ist bei den xenophilen Gruppen der Anteil derjenigen Personen stärker, die eine ausgeglichene Bilanz oder sogar die Bundesrepublik Deutschland als Hauptnutznießer feststellen.

3.2.3. Vermutete Bewertung des Vertrags durch England, Frankreich und die USA

In ein gewisses Dilemma geraten die als vorurteilsvoll klassifizierten Befragten, wenn sie die Bewertung des Vertrages durch andere Länder beurteilen sollen: einerseits bewerten sie per definitionem die Völker dieser Länder selbst relativ negativ (konsistent wäre also in Anbetracht ihrer eigenen, eher negativen Vertragsbewertung eine Tendenz, positive Bewertung durch diese Länder zu vermuten), andererseits werden ihnen potentielle Bündnisgenossen zur Rechtfertigung ihrer eher negativen Bewertung des Vertrages angeboten (Frage 16; vgl. Tabellen 15a bis 15c).

‚Wie beurteilen Sie die Reaktion der Länder England, Frankreich und USA auf den Vertragsabschluß?'

Tab. 15a, 15b, 15c: Kreuztabellierung der vermuteten Bewertung des Vertrags durch England, Frankreich und den USA mit dem Vorurteilskriterium.

England	xenophil 1. Quart.	2. Quart.	3. Quart.	xenophob 4. Quart.	total abs.	%
eher zustimmend	307	296	266	272	1141	63.4
gleichgültig	124	135	147	151	557	30.9
eher ablehnend	23	18	35	27	103	5.7
total	454	449	448	450	1801	100.0

$CHI^2 = 13.17$ $\quad$ p$<$.05 $\quad$ df = 6 $\hfill$ (Tab. 15a)

Frankreich	xenophil 1. Quart.	2. Quart.	3. Quart.	xenophob 4. Quart.	total abs.	%
eher zustimmend	314	302	294	298	1208	67.0
gleichgültig	125	126	123	117	491	17.2
eher ablehnend	15	23	31	34	103	5.7
total	454	451	448	449	1802	100.0

$CHI^2 = 9.56$ $\quad$ p$>$.05 $\quad$ df = 6 $\hfill$ (Tab. 15b)

USA	xenophil 1. Quart.	2. Quart.	3. Quart.	xenophob 4. Quart.	total abs.	%
eher zustimmend	325	312	281	286	1204	66.9
gleichgültig	114	120	129	123	484	27.0
eher ablehnend	14	18	38	40	110	6.1
total	453	450	448	449	1800	100.0

$CHI^2 = 24.9$ $p < .01$ $df = 6$ (Tab. 15c)

Für die vermutete Bewertung des Vertrages durch England und die USA findet sich eine relativ größere Häufigkeit von Personen der xenophilen Gruppen, die die Reaktionen dieser Länder eher als zustimmend annehmen, während die vorurteilsvollen Befragten relativ häufiger eine gleichgültige oder ablehnende Position zu erkennen glauben. Die Reaktion Frankreichs wird tendenziell ähnlich unterschiedlich eingeschätzt.

3.2.4. Unabhängigkeit der Polen-Politik

Möglicherweise das Mißtrauen gegenüber fremden Völkern ist jedoch Grund für die vorurteilsvoll orientierten Personen, relativ häufiger eine von den westlichen Verbündeten unabhängige Polen-Politik zu wünschen. Tabelle 16 gibt die Kreuztabellierung der entsprechenden Frage 15 mit dem Vorurteilskriterium wieder.

‚Die Bundesrepublik hat in der Außenpolitik verschiedene Möglichkeiten. Sollte sie sich Ihrer Meinung nach gegenüber Polen stärker an den Vorstellungen der westlichen Verbündeten orientieren – oder sollte sie ihre Außenpolitik gegenüber Polen unabhängiger davon gestalten?'

Tab. 16: Kreuztabellierung Frage 15 mit dem Vorurteilskriterium N = 1787.

	xenophil 1. Quart.	2. Quart.	3. Quart.	xenophob 4. Quart.	total abs.	%
Orientierung an westl. Verbündeten	254	268	237	225	984	55.1
stärker unabhängig orientieren	190	180	208	225	803	44.9
total	444	448	445	450	1787	100.0

$CHI^2 = 10.17$ $p < .05$ $df = 3$

3.2.5. Entwicklung der deutsch-polnischen Beziehungen

Frage 18 befaßt sich mit Möglichkeiten der Verbesserung der deutsch-polnischen Beziehungen.

,Welche der drei Meinungen scheint Ihnen zur Verbesserung der Beziehungen Deutschland–Polen richtiger?'

Meinung A: „Wenn wir eine entscheidende Entspannung wünschen, müssen wir von uns aus allein abrüsten und dadurch ein Vorbild geben."

Meinung B: „Entspannung kann nur in kleinen Schritten vorgenommen werden und auch nur soweit, wie die Gegenseite mitzieht."

Meinung C: „Die Gegenseite soll erst einmal beweisen, daß sie es ehrlich meint und mit der Abrüstung beginnen. Erst dann können auch wir abrüsten."

Tab. 17: Kreuztabellierung Frage 18 mit dem Vorurteilskriterium N = 1800.

	xenophil 1. Quart.	2. Quart.	3. Quart.	xenophob 4. Quart.	total abs.	%
Meinung A	66	45	54	52	217	12.1
Meinung B	315	320	289	293	1217	67.6
Meinung C	72	85	106	103	366	20.3
total	453	450	449	448	1800	100.0

$CHI^2 = 14.89$ $p < .05$ $df = 6$

Die signifikanten Abweichungen von nach dem Zufall zu erwartenden Zellhäufigkeiten dürften wesentlich von der erhöhten Neigung der vorurteilsvollen Urteilergruppen ausgehen, konkrete Abrüstungsmaßnahmen erst einmal von der Gegenseite zu erwarten.

Eine offenbar von Angst und Furcht gekennzeichnete politische Zukunftsperspektive veranlaßt die vorurteilsvollen Befragten auch wesentlich häufiger einen eventuell auftretenden ernsthaften Konflikt zwischen der Bundesrepublik Deutschland und Polen in einen großen Ost-West-Konflikt einmünden zu sehen (Frage 9; vergl. Tabelle 18).

,Sollte es in der Zukunft zu einem ernsthaften Konflikt zwischen Deutschland und Polen kommen: Glauben Sie, daß dieser wahrscheinlich zwischen diesen beiden Ländern beigelegt werden kann oder daß er auch zu einem ernsthaften Konflikt zwischen den Blöcken führt?'

Tab. 18: Kreuztabellierung Frage 19 mit den Vorurteilskriterien N = 1783.

	xenophil 1. Quart.	2. Quart.	3. Quart.	xenophob 4. Quart.	total abs.	%
kann wahrscheinlich lokal beigelegt werden	280	269	220	194	963	54.0
führt wahrscheinlich zu einem großen Konflikt	164	178	226	252	820	46.0
total	444	447	446	446	1783	100.0

CHI² = 45.28   p<.01   df = 3

Die Tendenz zu einer relativ weniger optimistischen Zukunftsperspektive der Vorurteilsvollen wird auch durch die Ergebnisse für Frage 20 belegt.

,Wie wird Ihrer Meinung nach die Entwicklung zwischen Deutschland und Polen bis zum Jahr 2000 aussehen?'

Tab. 19: Kreuztabellierung Frage 20 mit dem Vorurteilskriterium N = 1800.

	xenophil 1. Quart.	2. Quart.	3. Quart.	xenophob 4. Quart.	total abs.	%
als zunehmende Verständigung	244	212	202	231	889	49.4
der Unterschied/Gegensatz bleibt, doch man toleriert sich gegenseitig	152	172	170	128	622	34.6
gleichbleibend wie heute	47	45	59	79	230	12.8
als zunehmender Konflikt	5	22	18	14	59	3.3
total	448	451	449	452	1800	100.0

CHI² = 36.27   p<.01   df = 9

Bei einer grundsätzlich recht optimistischen Erwartung für die Zukunft, sind die vorurteilsvollen Personen weniger häufig geneigt, Verständigung und Toleranz zu erwarten, sondern stattdessen relativ häufiger eine Stagnation oder gar einen zunehmenden Konflikt zu prognostizieren.

3.2.6. Bewertung polnischer Leistung auf wirtschaftlichem, kulturellem, innenpolitischem und außenpolitischem Gebiet

Abschließend soll untersucht werden, wie sich die nach dem Vorurteilskriterium klassifizierten Gruppen von Befragten hinsichtlich der Bewertung polnischer Leistungen auf verschiedenen Gebieten unterscheiden. Deutliche Unterschiede müssen erwartet werden und zwar erheblich negativere Bewertungen durch die eher vorurteilsvollen und positivere durch die xenophilen Urteilergruppen. Diese Unterschiedlichkeit kann geradezu als Validitätskriterium der Operationalisierung des allgemeinen Vorurteilsindex bei der Bewertung fremder Völker herangezogen werden. Die Ergebnisse sind aus Tabelle 20a–d zu entnehmen.

,Nehmen wir einmal an, daß Sie dem polnischen Volk für seine Leistungen auf verschiedenen Gebieten in den letzten fünf Jahren Noten erteilen können und daß Ihnen dafür die Noten Eins (sehr gut) bis Fünf (mangelhaft) zur Verfügung stünden. Welche Note würden Sie dann jeweils für die folgenden Bereiche erteilen:'

Tab. 20a–20d: Kreuztabellierungen Frage 21 mit dem Vorurteilskriterium.

Noten für Wirtschaft	xenophil 1. Quart.	2. Quart.	3. Quart.	xenophob 4. Quart.	total abs.	%
1 und 2	183	148	155	144	630	35.9
3	189	202	188	174	753	42.9
4 und 5	62	84	98	128	372	21.2
total	434	434	441	446	1755	100.0

CHI² = 32.33   p<.01   df = 6   (Tab. 20a)

Noten für Kultur	xenophil 1. Quart.	2. Quart.	3. Quart.	xenophob 4. Quart.	total abs.	%
1 und 2	228	199	182	173	782	44.9
3	161	178	191	179	709	40.7
4 und 5	40	55	64	93	252	14.5
total	429	432	437	445	1743	100.0

CHI² = 34.84   p<.01   df = 6   (Tab. 20b)

Noten für Innenpolitik	xenophil 1. Quart.	2. Quart.	3. Quart.	xenophob 4. Quart.	total abs.	%
1 und 2	131	87	75	88	381	22.0
3	210	208	209	189	816	47.0
4 und 5	89	136	148	165	538	31.0
total	430	431	432	442	1735	100.0

$CHI^2 = 44.06$ $p < .01$ $df = 6$ (Tab. 20c)

Noten für Außen- politik	xenophil 1. Quart.	2. Quart.	3. Quart.	xenophob 4. Quart.	total abs.	%
1 und 2	182	140	141	163	626	35.8
3	190	201	201	188	780	44.6
4 und 5	63	91	97	93	344	19.7
total	435	432	439	444	1750	100.0

$CHI^2 = 16.74$ $p < .05$ $df = 6$ (Tab. 20d)

Mit Ausnahme der Ergebnisse für den Bereich der Außenpolitik entsprechen die klaren, nahezu perfekt monotonen Trends den geäußerten Erwartungen. Die polnische Außenpolitk ist offenbar von einer größeren Anzahl vorurteilsvoller Personen gegen diese Erwartung positiv eingeschätzt worden; möglicherweise haben diese Befragten die vermeintliche Tatsache honorieren wollen, daß die Bundesrepublik Deutschland einer geschickteren polnischen Deutschland-Politik unterlegen war.

4.   ZUSAMMENFASSUNG

Vorurteil, insbesondere als (generalisierte) negative Einstellung zu fremden Völkern (meist eingebettet in breitere Konzepte wie Ethnozentrismus, Autoritarismus, Misanthropie, nationalistisch-ethnozentrisch-autoritäre Einstellungsstruktur) wird in der Literatur als determiniert durch Kategorien sozialer Gruppenzugehörigkeit wie auch als Differenzierungskriterium von Einstellungen zu Problemen auswärtiger Politik belegt.
Das in dieser Untersuchung verwendete Vorurteilskriterium (gebildet nach den Quartilen gemittelter Einstellungsmaße zu fremden Völkern) zeigte für die Bevölkerung der Bundesrepublik Deutschland keine geschlechts-, alters- und auch keine schulbildungsspezifischen Unterschiede. Dagegen erwiesen sich Wohnortgröße und -region (Nord-Süd-Differenzierung) als vorurteilsrelevant.

Hinsichtlich von Stellungnahmen zu Fragen, die die Bewertung des deutschpolnischen Vertrages (1970) und die Entwicklung der deutsch-polnischen Beziehungen betreffen, konnten für die Gruppen verschiedener, vorurteilsrelevanter Orientierung gegenüber fremden Völkern unterschiedliche Urteilstendenzen festgestellt werden. Diese – vorurteilsaffine – Differenziertheit, die weniger durch ihre absolute Ausgeprägtheit, als durch ihr konsistentes Auftreten bemerkenswert erschien, ist integrierbar in jenes Bezugssystem, das die Bedeutung affektiver, persönlichkeitsspezifischer Merkmale als Dispositionen für die Art der Reaktionen auf außenpolitische Probleme betont.

Die Validität des Vorurteilskriteriums konnte abschließend mithilfe eines (mehrstufigen) Außenkriteriums (Bewertung polnischer Leistungen) belegt werden.

LITERATUR

Adorno, T. W., Frenkel-Brunswik, E., Levinson, D. J. u. Sanford, R. N. 1950. The authoritarian personality. New York: Harper and Row.

Bailes, D. W. u. Guller, I. B. 1970. Dogmatism and attitudes towards the Vietnam war. Sociometry 33, 140–146.

Bergler, R. u. Six, B. 1972. Stereotype und Vorurteile. In: Graumann, C. F. (Hrsg.): Handbuch der Psychologie, Band 7, 2 Sozialpsychologie. Göttingen, 1371–1432.

Bettelheim, B. u. Janowitz, M. 1964. Social change and prejudice. Including: Dynamics of prejudice. New York: Free Press.

Chesler, M. u. Schmuck, R. 1964. Student reactions to the Cuban crisis and public dissent. Public Opinion Quarterly 28, 467–482.

Christiansen, B. 1959. Attitudes toward foreign affairs as a function of personality. Oslo: Oslo University Press.

D'Amato, A. A. 1967. Psychological constructs in foreign policy prediction. Journal of Conflict Resolution 11, 294–311.

Farris, C. D. 1960. Selected attitudes of foreign affairs as correlates of authoritarianism and political anomie. Journal Politics 22, 50–67.

Fensterwald, B. 1958. The anatomy of american isolationism and expansionism II. Journal of Conflict Resolution 2, 280–309.

Gladstone, A. I. 1955. The possibility of predicting reactions to international events. Journal of Social Issues 11, 21–28.

Gladstone, A. I. u. Taylor, M. A. 1958. Threat-related attitudes and reactions to communications about international events. Journal of Conflict Resolution 2, 17–28.

Granberg, D. u. Corrigan, G. 1972. Authoritarianism, dogmatism and orientations toward the Vietnam war. Sociometry 35, 468–476.

Granberg, D. u. May, W. 1972. I–E and orientation toward the Vietnam war. Journal of Social Psychology 88, 157–158.

Harding, J., Proshansky, H., Kutner, B. u. Chein, I. 1969. Prejudice and ethnic relations. In: Lindzey, G. u. Aronson, E. (eds.): The Handbook of Social Psychology. Reading (Mass.): Addison Wesley. Vol. V, 1–76.

Hyman, H. H. u. Sheatsley, P. B. 1954. ,The authoritarian personality. A methodological critique. In: Christie, R. u. Jahoda, M. (eds.) Studies in the scope and method of „The authoritarian personality". Glencoe (Ill.): The Free Press, 50–122.

Izzett, R. R. 1971. Authoritarianism and attitudes toward the Vietnam war as reflected in behavioral and self-report measures. Journal of Personality and Social Psychology 17, 145–148.

Janis, I. L. u. Smith, M. B. 1965. Effects of education and persuasion on national and international images. In: Kelman, H. C. (ed.): International behavior. New York: Holt, Rinehart and Winston, 190–235.

Karabenick, S. A. u. Wilson, W. 1969. Dogmatism among war hawks and peace doves. Psychological Reports 25, 419–422.

Katz, D. 1960. The functional approach to the study of attitudes. Public Opinion Quarterly 24, 163–204.

Larsen, K. S. 1969. Authoritarianism, hawkishness and attitude change as related to high- and low-status communication. Perceptual and Motor Skills 28, 114.

Levinson, D. J. 1957. Authoritarian personality and foreign policy. Journal of Conflict Resolution 1, 37–47.

McClosky, H. 1967. Personality and attitude correlates of foreign policy orientation. In: Rosenau, J. N. (ed.): Domestic sources of foreign policy. New York: Free Press, 51–109.

MacKinnon, W. J. u. Centers, R. 1957. Authoritarianism and internationalism. Public Opinion Quarterly 20, 621–630.

MacKinnon, W. J. u. Centers, R. 1959. Socio-psychological factors in public orientation toward an out-group. American Journal of Sociology 63, 415–419.

Orpen, C. 1971. Authoritarianism and racial attitudes among English-speaking South Africans. Journal of Social Psychology 84, 301–302.

Orpen, C. u. van der Schyff, L. 1972. Prejudice and personality in white South-Africa: A 'differential learning' alternative to the authoritarian personality. Journal of Social Psychology 87, 313–314.

Pettigrew, T. F. 1958. Personality and socio-cultural factors in intergroup attitudes: A cross national comparison. Journal of Conflict Resolution 2, 29–42.

Pettigrew, T. F. 1959. Regional differences in anti-negro prejudice. Journal of Abnormal and Social Psychology 59, 28–36.

Prothro, E. T. u. Melikan, L. H. 1953. Generalized ethnic attitudes in the Arab Near East. Sociology and Social Research 37, 375–379.

Robinson, J. A. u. Snyder, R. C. 1965. Decision making in international politics. In: Kelman, H. C. (ed.): International behavior. New York: Holt, Rinehart and Winston, 435–463.

Roghmann, K. 1966. Dogmatismus und Autoritarismus. Meisenheim.

Rokeach, M. 1960. The open and the closed mind. New York: Basic Books.

Rosenberg, M. 1957. Misanthropy and attitudes toward international affairs. Journal of Conflict Resolution 1, 340–345.

Rosenberg, M. 1965. Images in relation to the policy process. American public opinion on cold war issues. In: Kelman, H. C. (ed.): International behavior. New York: Holt, Rinehart and Winston, 278–334.

Sampson, D. L. u. Smith, H. P. 1957. A scale to measure world-minded attitudes. Journal of Social Psychology 45, 99–106.

Schäfer, B. 1972. Ethnische Einstellung und Persönlichkeit. Zeitschrift für Sozial-psychologie 3, 79–95.

Scott, W. A. 1958. Rationality and non-rationality of international attitudes. Journal of Conflict Resolution 2, 8–16.

Scott, W. A. 1960a. International ideology and interpersonal ideology. Public Opinion Quarterly 24, 419–435.

Scott, W. A. 1960b. A broad orientation to research on international attitudes: A review and discussion. Journal of Conflict Resolution 4, 458–467.

Scott, W. A. 1965. Psychological and social correlates of international images. In: Kelman, H. C. (ed.): International behavior. New York: Holt, Rinehart and Winston, 71–103.

Selznick, G. J. u. Steinberg, S. 1969. The tenacity of prejudice: Anti-Semitism in contemporary America. New York: Harper.

Smith, H. P. u. Rosen, E. W. 1958. Some psychological correlates of world-mindedness and authoritarianism. Journal of Personality 26, 170–183.

Smith, M. B. 1968. A map for the analysis of personality and politics. Journal of Social Issues 24, 3, 15–28.

Worchel, P. 1967. Social ideology and reactions to international events. Journal of Conflict Resolution 11, 414–430.

8. TYPEN POLITISCH-IDEOLOGISCHER ORIENTIERUNG

von K.-H. Steffens und B. Schäfer

1. PROBLEMSTELLUNG

Anläßlich der Konstruktion des Eindrucksdifferentials ‚Bewertung politischer Schlüsselwörter' ist politisch-ideologische Orientierung als die Struktur der Bewertung abstrakter Symbole der politischen Sprache konzipiert worden. Solche Bewertungsstrukturen sind nicht erfaßbar durch die sukzessive Betrachtung je einzelner politischer Schlüsselwörter, sondern sie manifestieren sich in der relativen Ordnung einer größeren Anzahl relevanter politischer Wertbegriffe (vgl. auch Converse 1964, 207: „We define a *belief system* [synonym Ideologie, Anm. d. Verf.] as a configuration of ideas and attitudes in which the elements are bound together by some form of constraint or functional interdependence").

Potentiell entspricht die Anzahl der Bewertungsstrukturen der Anzahl jener Personen, die alle verwendeten politischen Schlüsselwörter bewertet haben. Abgesehen davon, daß diese Zahl durch identische Bewertungsmuster verschiedener Personen zu verkürzen ist, ergibt sich aus inhaltlich-theoretischen wie meßtheoretischen Erwägungen die Notwendigkeit, die Aufmerksamkeit bei der Analyse politisch-ideologisch relevanter Orientierungen auf die Differenzierung einer geringeren Anzahl solcher Strukturen zu wenden.

Zum einen waren wir davon ausgegangen, daß (politische) Ideologie sozial vermittelt, also als ein Merkmal von Gruppen aufzufassen ist. Zum anderen können geringe Unterschiede zwischen den Bewertungsmustern nicht verläßlich als ‚echte' Bewertungsdifferenzen interpretiert werden; diese können vielmehr bereits das Resultat ungenauer, d. h. mit einer Fehlerkomponenten behafteter Messungen sein, so daß wir unter Umständen nur die Fehlervarianz interpretieren würden. Dieses Risiko kann vermindert werden, wenn wir ‚ähnliche' Bewertungsmuster zusammenfassen und gegen andere, ebenfalls homogene Bewertungsmuster abheben. Insofern diese Zusammenfassung über Personen vollzogen wird, die damit Gruppen konstituieren, können wir von gruppenspezifisch politisch-ideologischen Orientierungen sprechen. (Es handelt sich also um einen sozialpsychologischen Ansatz in dem Sinne, daß die Gruppenmerkmale auf der Analyse individueller Reaktionstendenzen basieren und nicht unmittelbar an Gruppen beobachtbar sind.)

Es wird nun unsere Aufgabe sein, die angemessene Anzahl jener Muster der Bewertung politischer Schlüsselwörter zu bestimmen, die einerseits in sich als möglichst homogen (d. h. mit relativ geringen Bewertungsdifferenzen über alle Wertbegriffe hinweg) und untereinander als möglichst heterogen (d. h. mit relativ großen Bewertungsdifferenzen zwischen den Mustern) angesehen werden können.

Die zur Lösung dieses Problems verfügbaren Modelle und Techniken der Datenanalyse sind im folgenden Exkurs angesprochen; er dient einer Skizzierung des gewählten Verfahrens und seiner Relativierung im Kontext der aktuell-verfügbaren Lösungsstrategien.

Zuvor seien jedoch noch zwei Prämissen der Interpretation der so bestimmten Klassen politischer Ideologie ausdrücklich hervorgehoben.

Der Operationalisierung politisch-ideologischer Orientierung liegt die zentrale Annahme zugrunde, daß der Bewertung abstrakter Begriffe der politischen Sprache ideologierelevante Indikatorfunktion zukommt. Man kann dies auch so formulieren, daß politische Ideologie nur in diesem Sinne der Wert-Bewertung politischer Schlüsselwörter erfaßt wird. Die Applikation dieser Annahme auf die Gesamtstichprobe impliziert dabei, daß sie für alle Teile der Bevölkerung der Bundesrepublik Deutschland, also über Unterscheidungen etwa von ,general public' und ,attentive public' (vgl. Kap. 3 des folgenden Beitrags) hinweg gültig ist.

Die Angemessenheit der Differenzierung von Haupttypen politisch-ideologischer Orientierung hängt unter anderem entscheidend davon ab, ob die zur Bewertung vorgelegten politischen Schlüsselwörter[1] eine repräsentative Auswahl ideologisch relevanter Wertbegriffe darstellen. Es scheinen weder mit systematisch begrifflicher noch mit empirischer Analyse begründete Zusammenstellungen von Wertsymbolen der politischen Sprache vorzuliegen, die geeignet wären, diese Voraussetzung zu erfüllen. Wir sind der Auffassung, daß eine Weiterführung und begriffliche Erweiterung unseres oder ähnlicher Ansätze durch eine Forschungsstrategie sukzessiver Approximation zu Bezugssystemen führen kann, deren Brauchbarkeit der Kritik im Detail zugänglich ist.

2. EXKURS ÜBER GRUPPIERUNGSANALYSE

Eine der Hauptaufgaben bei der Auswertung empirischer Daten besteht in der Regel darin, die Struktur der erhobenen Daten zu bestimmen – etwa durch Ermittlung deskriptiver Größen höherer Ordnung, durch Anordnung der Variablen in einem mehrdimensionalen Raum oder durch Zusammen-

---

[1] Verwendet wurden folgende Begriffe: Abrüstung, Demokratie, Diktatur, Fortschritt, Kirche, Kommunismus, Mitbestimmung, Nation, Nationalsozialismus, Sozialdemokratie, Toleranz, Wohlstand.

fassung einzelner Variablen zu Gruppen. Zur Lösung dieser Aufgabe stehen eine Reihe gängiger Verfahren zur Verfügung: Faktorenanalyse, Multidimensionale Skalierung, Clusteranalyse u. ä.

Ausgangspunkt solcher Analysen ist in der Regel eine Matrix von Ähnlichkeits- bzw. Distanzmaßen zwischen den *Variablen*. Bei der Erstellung dieser Matrix werden die *Personen* nur als Replikationen angesehen; man geht also davon aus, daß die Unterschiede zwischen den Personen *zufällig* sind. Daraus folgt, daß die oben genannten Verfahren zunächst nicht angewendet werden sollten, wenn sinnvoll hypostasiert werden kann, daß sich die Personen *systematisch* unterscheiden (Wainer 1969; Tucker 1971). In diesem Fall kann man entweder jede einzelne Person oder möglichst homogene Gruppierungen von Personen gesondert betrachten. Für ersteres Vorgehen wurde eine Reihe von Verfahren entwickelt, die individuellen Differenzen explizit Rechnung tragen (Tucker u. Messick 1963; McGee 1968; Carroll u. Chang 1970; Übersicht bei Delbeke 1968; Bechtel, Tucker u. Chang 1971; Carroll 1973). Unter dem Aspekt der ‚Sparsamkeit' bei der Datenbeschreibung erscheint es aber angebracht, sich für letzteres Vorgehen zu entscheiden, d. h. die Stichprobe so in Unterstichproben aufzuteilen, daß die Unterschiede zwischen den Personen derselben Unterstichprobe möglichst gering und nur noch zufällig und folglich die Unterschiede zwischen verschiedenen Unterstichproben möglichst groß sind. Verfahren, die das leisten, sind als taxometrische Verfahren bekannt (Frank u. Green 1968; Baumann 1971[2]). Sie sollen im folgenden unter den Begriff Gruppierungsanalyse subsumiert werden.

Offensichtlich lassen sich aber auch die Verfahren, die zur Strukturierung der Zusammenhänge zwischen den Variablen herangezogen werden können, zur Strukturierung und damit zur Gruppierung der Personen verwenden (vgl. den Zusammenhang zwischen R- und Q-Analyse bei der Faktorenanalyse). Der Unterschied liegt dabei in der Skalierung der Datenmatrix: während sich die Ähnlichkeitskoeffizienten (in diesem Fall die Korrelationskoeffizienten) zwischen den Variablen als Skalarprodukte der Spalten der *spaltenweise* standardisierten Rohwertmatrix ergeben, stellen die Skalarprodukte der Zeilen der *zeilenweise* standardisierten Rohwertematrix die Ähnlichkeitsmaße zwischen den Personen dar.

Verfahren, die sich zur Durchführung einer Gruppierungsanalyse eignen, lassen sich grob gesprochen in zwei Gruppen aufteilen: zum einen in die Gruppe der Verfahren mit metrischer Lösung, zum anderen in die Gruppe der Verfahren mit nicht-metrischer Lösung.

---

[2] Das Buch von Bock (1974) zur automatischen Klassifikation erschien erst nach Fertigstellung des Manuskripts und konnte daher für diesen Exkurs nicht mehr berücksichtigt werden.

Als bekanntestes und am häufigsten verwendetes Verfahren aus der ersten Gruppe dürfte die Hauptachsenanalyse anzusehen sein (vgl. dazu auch Kaiser 1970). Hauptachsenanalyse wird hier als Oberbegriff für Hauptkomponenten- und die Faktorenanalyse verwendet, die die Faktoren so extrahiert, daß der erste Faktor ein Maximum an Varianz ‚erklärt‘, der zweite ein Maximum der Restvarianz usw. Ausführliche Darstellungen dieser und anderer faktorenanalytischer Ansätze finden sich in Horst (1965), Harman (1970), Lawley u. Maxwell (1971), Pawlik (1971), Überla (1971) und van de Geer (1971); zur metrischen nicht-linearen Faktorenanalyse hat McDonald Arbeiten vorgelegt (McDonald 1962, 1967a, b, c). Die Lösung der Hauptachsenanalyse (Hauptkomponenten- bzw. Faktormatrix) gestattet es nun, die Variablen als Punkte bzw. Vektoren in einem mehrdimensionalen Raum darzustellen, deren Abstand voneinander sich auf der Basis einer Metrik (in diesem Fall der Euklidischen) bestimmen läßt.

Eine metrische Lösung haben auch die Verfahren, die zunächst von nicht-metrischen Daten ausgehen: so die Verfahren aus dem Bereich der nicht-metrischen Multidimensionalen Skalierung und der nicht-metrischen Faktorenanalyse (eine Übersicht geben Green u. Carmone 1972; Green u. Rao 1972; Cliff 1973; Lingoes 1973a, 1973b; Lingoes u. Roskam 1973; Shepard 1973; zur nicht-metrischen Faktorenanalyse siehe auch Shepard u. Kruskal 1964; Lingoes u. Guttman 1967; Roskam 1968, 1971). Auch hier ergibt sich die metrische Lösung als Konfiguration der Variablen in einem mehrdimensionalen Raum, wobei die einzelnen Dimensionen dann Skalen bzw. Faktoren genannt werden.

Die bislang erwähnten Verfahren lassen sich dadurch zur Gruppenfindung verwenden, daß man Ähnlichkeits- oder Distanzmaße nicht zwischen den Variablen, sondern zwischen den Personen berechnet und diese Maße analysiert. Die Personen lassen sich dann als Punkte in einem mehrdimensionalen Raum lokalisieren, wobei die Anzahl der Gruppen mit der Anzahl der Dimensionen gleichgesetzt und jede Person der Dimension zugeordnet wird, auf die die Projektion ihres Punktes den größten Wert erreicht

Zu den Verfahren mit nicht-metrischer Lösung sind vor allem die clusteranalytischen Ansätze zu rechnen (Überblick in Bijnen 1973; ein Vergleich verschiedener Clusteranalysen unter Berücksichtigung bestimmter Kriterien findet sich in Fisher u. van Ness 1971; van Ness 1973; zu einzelnen Verfahren siehe Ward 1963; Johnson 1967; McQuitty 1968; Cureton et al. 1970; Hartigan 1971). Die Ergebnisse der Clusteranalyse lassen sich dann als diskrete Strukturen darstellen, so etwa als Baum-Struktur bei der hierarchischen Clusteranalyse. Ansätze zur Metrisierung der clusteranalytischen Ergebnisse bestehen, so zum Beispiel durch Entwicklung einer Metrik für Baumstrukturen (Boorman u. Olivier 1973) oder durch Einbettung der Lösung in einen metrischen Raum (Degerman 1973; Kruskal 1973).

Graphentheoretische Ansätze, mit deren Hilfe Gruppenstrukturen numerisch bestimmt werden sollen, weisen große Ähnlichkeit zu clusteranalytischen

Verfahren auf und sind ebenfalls zu den Verfahren mit nicht-metrischer Lösung zu zählen (zu diesen Verfahren siehe auch Harary u. Ross 1957; Luce u. Perry 1968; Lingoes u. Cooper 1971; Alba 1972; Rattinger 1973). Zu den Verfahren mit nicht-metrischer Lösung dürften auch die zu rechnen sein, die von bestimmten dominanten Mustern (pattern) oder Konfigurationen ausgehen und die Personen dann über diese in Gruppen zusammenfassen (McQuitty 1954; Christensen 1968; Krauth 1973; Lienert 1973). Verfahren, die von einer multinormalen Verteilung in einem metrischen Raum ausgehen und darin Dichtezentren bzw. Modalwerte der Verteilung zu bestimmen suchen (Cattell u. Coulter 1966; Wolfe 1970; Cattell et al. 1971) sind ebenfalls zu den Verfahren mit nicht-metrischer Lösung zu zählen; weiterhin Verfahren, die die Ermittlung von Gruppen mithilfe Bayes'scher Verfahren bei verschiedenen Verlustfunktionen und a-priori Verteilungen durchführen (Bock 1971) oder die die Maxima einer ‚Belegungsfunktion' bestimmen und die Personen, für die sich dasselbe Maximum ergibt, zu jeweils einer Gruppe zusammenfassen (Faber u. Nollau 1969b). Schließlich sind hier noch die Verfahren zu erwähnen, die aufgrund eines probabilistischen Ansatzes latente Klassen bestimmen (Lazarsfeld 1959; Gibson 1962; Lazarsfeld u. Henry 1968).

Es zeigt sich, daß die Unterscheidung zwischen Verfahren mit metrischer und mit nicht-metrischer Lösung weitgehend deckungsgleich ist mit der Unterscheidung zwischen unvollständigen und vollständigen Gruppierungsverfahren. Bei den Verfahren mit metrischer Löung werden die Personen zunächst nur in einem mehrdimensionalen Raum dargestellt; erst in einem zweiten, dem jeweiligen Verfahren nicht inhärenten Schritt können dann die Personen aufgrund bestimmter Kriterien diskreten Gruppen zugeordnet werden. Bei den Verfahren mit nicht-metrischer Lösung ergibt sich dagegen die Einteilung der Stichprobe (oder des größten Teils der Stichprobe), ohne daß weitere zusätzliche Rechenschritte erforderlich sind.

Die Auswahl der Verfahren zur Gruppierungsanalyse mußte sich in unserem Fall vor allem an der Anwendbarkeit dieser Verfahren auf Stichproben unserer Größe (1853 Personen, 1715 nach Eliminierung der Personen mit missing data) orientieren. Unter diesem Aspekt boten sich in erster Linie zwei Verfahren an:

(1) als vollständiges Gruppierungsverfahren ein automatisches Klassifikationsverfahren (Aukl) von Faber u. Nollau (1969; zur Anwendung siehe auch Hartmann u. Wakenhut 1972) und

(2) als unvollständiges Gruppierungsverfahren eine Q-Analyse für große Stichproben, die einem Vorschlag von Johnson (1970) folgend über eine Eckart-Young-Zerlegung der standardisierten Datenmatrix die Hauptkomponenten der Korrelationsmatrix zwischen den Personen bestimmt, ohne diese explizit zu berechnen.

374

2.1. Automatische Klassifikation

Die Zerlegung der Stichprobe in Unterstichproben geschieht bei der Automatischen Klassifikation nach Faber u. Nollau mithilfe eines Trennungsalgorithmus, dem eine Funktion der Form

$$F(x; x, t) = \sum_{j=1}^{N} \psi(x; x_j, t) = \sum_{j=1}^{N} \frac{1}{1 + t^2 \|x - x_j\|_E^2}$$

zugrunde liegt. Dabei ist

N die Anzahl der Personen,

x_j und x Zeilenvektoren der Rohwertematrix (als Personenvektoren im Variablenraum R^n),

t ein skalarer Parameter und

$$\|x - x_j\|_E = \sqrt{(x_1 - x_{1j})^2 + (x_2 - x_{2j})^2 + \ldots + (x_n - x_{nj})^2},$$

d. h. $\|x - x_j\|$ ist die Euklidische Norm des Differenzenvektors $(x - x_j)$.

Diese ‚Belegungsfunktion' ist im wesentlichen ein Ausdruck des Abstandes eines bestimmten Personenvektors x von allen übrigen Personenvektoren x_j. Die Funktion hat an den Stellen ein Maximum, an denen eine Reihe von Personenpunkten relativ dicht beieinander liegen. Die Bestimmung der Gruppen läuft also auf die Berechnung der Maxima der Belegungsfunktion hinaus. Dabei wird jede Person einzeln als Ausgangspunkt der Maximum-Bestimmung gewählt; Personen, deren Werte zu demselben Maximum führen, werden in einer Gruppe zusammengefaßt.

Die Anzahl der Maxima hängt aber nicht nur von der Struktur der Daten, sondern auch von dem frei variierbaren Parameter t ab: je kleiner t, desto flacher verläuft die die Belegungsfunktion darstellende Kurve und desto weniger Maxima treten auf. Bei vorgegebenen Werten für die maximale und minimale Anzahl der zu ermittelnden Gruppen läßt sich t so einschachteln, daß die endgültige Anzahl der Gruppen die Grenzwerte nicht über- bzw. unterschreitet.

Bleibt die Gruppenteilung über einen gewissen Bereich von t konstant, dann werden die Daten im Rahmen einer Diskriminanzanalyse über die entsprechende Diskriminanzfunktion transformiert. Auf der Basis dieser transformierten Daten wird mithilfe des Trennungsalgorithmus erneut eine Gruppeneinteilung vorgenommen. Bleibt die Diskrepanz zwischen Gruppenzugehörigkeit aufgrund der alten und aufgrund der neuen Gruppeneinteilung unter einem bestimmten Wert, dann gilt die Gruppeneinteilung als stabil.

Im Gegensatz zur normalen R-(Hauptkomponenten- bzw. Faktoren)analyse wird bei der Q-Analyse nicht die Korrelationsmatrix zwischen den Variablen, sondern zwischen den Personen faktorisiert, d. h.

$$R_Q = ZZ',$$

wobei Z die zeilenweise standardisierte Datenmatrix ist. Die Hauptkomponenten dieser Matrix sind dann die auf ihre Eigenwerte normierten Eigenvektoren P_l, d. h.

$$A = P\Lambda^{1/2}$$

wobei A die Hauptkomponentenmatrix, P eine Matrix mit den Eigenvektoren von R_Q in ihren Spalten und Λ die Diagonalmatrix der Eigenwerte von R_Q ist. Eine Q-Analyse, die die Berechnung der Korrelationsmatrix zwischen fast 2000 Personen voraussetzt, dürfte zur Zeit aus technischen Gründen noch undurchführbar sein. Johnson (1970) hat daher ein Verfahren vorgeschlagen, das die Berechnung der Hauptkomponenten von R_Q erlaubt, ohne dabei tatsächlich auf die Korrelationsmatrix zwischen den Personen zurückgreifen zu müssen.

Das Verfahren basiert auf einem Theorem von Eckart u. Young (1936), wonach jede reelle (n × m) - Matrix Z (wobei m < n) dadurch in eine Diagonalmatrix überführt werden kann, daß man sie von links mit einer Matrix P' und von rechts mit einer Matrix Q multipliziert:

$$P'ZQ = L. \tag{1}$$

Es läßt sich nun zeigen, daß die Spalten von P die Eigenvektoren von ZZ' und die Spalten von Q die Eigenvektoren Z'Z enthalten, während sich in der Diagonale der Matrix L die Quadratwurzeln der m ersten Eigenwerte von ZZ' bzw. Z'Z befinden (die ersten m Eigenwerte sind identisch; vgl. auch Johnson 1963). Die Matrizen P und Q sind orthogonal, d. h. es gilt

$$P' = P^{-1} \text{ und}$$
$$Q' = Q^{-1}$$

und damit

$$P'P = PP' = I \text{ und}$$
$$Q'Q = QQ' = I,$$

wobei I die Einheitsmatrix ist.

Multipliziert man (1) von links mit P und von rechts mit Q', so erhält man für die Matrix Z die kanonische Darstellung

$$Z = PLQ'. \tag{2}$$

Diese Zerlegung der Matrix Z in das Produkt dreier Matrizen nennt Horst (1963) auch die ‚basic structure' der Matrix Z.

Multipliziert man (2) von rechts mit Q, so erhält man

$$ZQ = PL. \tag{3}$$

376

Da die Hauptkomponenten einer Korrelationsmatrix deren auf die entsprechenden Eigenwerte normierten Eigenvektoren sind, gilt

$$A = PL \qquad (4)$$

und damit auch

$$A = ZQ, \qquad (5)$$

d. h. die Hauptkomponentenmatrix ergibt sich aus dem Produkt der Standardwertematrix Z und der Matrix der Eigenvektoren von Z'Z.

3.   GRUPPIERUNGSANALYSE POLITISCH-IDEOLOGISCHER
      ORIENTIERUNG

Das Problem der Differenzierung politisch-ideologischer Orientierungen anhand der Bewertungsmaße für die politischen Schlüsselwörter wurde zunächst mittels ‚automatischer Klassifikation' zu lösen versucht. Die erfolgreiche Durchführung einer automatischen Klassifikation scheiterte bei uns jedoch am erforderlichen Rechenaufwand.
Wir entschieden uns deshalb, in Anlehnung an Johnson (1970) eine Q-Analyse für große Stichproben durchzuführen. Praktisch wurde bei der Durchführung der Gruppierungsanalyse so vorgegangen, daß zunächst die Eigenwerte der Matrix Z'Z berechnet wurden, die – wie bereits dargestellt – mit den ersten m Eigenwerten der Korrelationsmatrix zwischen den Personen identisch sind. Die Eigenwerte sind in Tabelle 1 wiedergegeben, ebenso der einfache (Var. Proz.) und der kummulative (Var. Proz. Kum.) Anteil des jeweiligen Eigenwertes an der Gesamtvarianz. Bei 11 von Null verschiedenen Eigenwerten lassen sich maximal 11 Gruppen bilden. Es wurden also nacheinander 10 Gruppierungsanalysen gerechnet, wobei die vorher anzugebende Anzahl der Gruppen von 2 bis 11 variiert wurde.

Tab. 1: Eigenwerte.

	Eigenwert	Var. Proz.	Var. Proz. Kum
1	1252.656	73.05	73.05
2	115.656	6.74	79.80
3	59.060	3.44	83.24
4	49.502	2.89	86.13
5	43.768	2.55	88.68
6	41.119	2.40	91.08
7	35.569	2.07	93.15
8	34.833	2.03	95.18
9	32.705	1.91	97.09
10	25.810	1.51	98.60
11	24.058	1.40	100.00

Bei jeder Gruppierungsanalyse wurden eine entsprechende Anzahl von Hauptkomponenten berechnet, diese varimax-rotiert und jede Person dann der Hauptkomponente, d h. der Gruppe zugeordnet, auf der sie den größten Wert für a^2_{ik}/h^2_k (Verhältnis von Ladungsquadrat zur Kommunalität) erreichte. Im Rahmen einer nachfolgenden Diskriminanzanalyse wurde dann die Trennung zwischen den Gruppen statistisch überprüft (Programm DISK von Faber u. Nollau 1969a, leicht modifiziert). Außerdem konnten die Personen auf der Basis der Ergebnisse der Diskriminanzanalyse anhand eines Zuordnungsverfahrens neu gruppiert werden.

Die Entscheidung, wieviele Gruppen als optimal anzusehen sind, bleibt allerdings immer problematisch und nicht frei von subjektiven Momenten. Um bei dieser Entscheidung ein bestimmtes Maß an Objektivität sicherzustellen, entschlossen wir uns, folgende vier Kriterien zu berücksichtigen:

(1) die Größe der Eigenwertdifferenzen,

(2) die Anzahl der Personen in jeder Untergruppe,

(3) die Anzahl der Fehlzuordnungen und

(4) die F-Werte für die verschiedenen Lösungen.

(1) Die Größe der Eigenwertdifferenzen

Fürntratt (1969) hat zur Frage der Anzahl der zu extrahierenden Faktoren bei der Faktorenanalyse vorgeschlagen, die Differenzen zwischen jeweils zwei aufeinander folgenden Eigenwerten zu bilden und die letzte größere Differenz als Abbruchkriterium zu verwenden. Die Eigenwertdifferenzen sind in Tabelle 2 dargestellt.

Tab. 2: Eigenwertdifferenzen.

1137.0 (1,2) –	56.596 (2,3) –	9.558 (3,4) –	5.734 (4,5) –
2.649 (5,6) –	5.550 (6,7) –	0.736 (7,8) –	2.128 (8,9) –
6.895 (9,10) –	1.752 (10,11)		

Wir betrachten die 3. Differenz als die letzte größere Eigenwertdifferenz, gestehen aber zu, daß auch die 2. oder die 9. als solche angesehen werden könnte.

(2) Die Anzahl der Personen in den Untergruppen

Es erschien uns sinnvoll, bei der Entscheidung über die Anzahl der Gruppen nur die Lösungen zu berücksichtigen, bei der keine Untergruppe wesentlich weniger als 10 % der der Analyse zugrunde liegenden Stichprobe (1715) umfaßte. Die Gruppengrößen der verschiedenen Lösungen sind in Tabelle 3 wiedergegeben (n_i alt), ebenso die, die sich aufgrund der im Rahmen der Diskriminanzanalyse erfolgten Neuzuordnung ergaben (n_i neu). Uns erschien unter dem Aspekt der Gruppengröße sowohl die Lösung mit 2 als auch die mit 3 Gruppen akzeptabel (die 152 Personen der dritten Gruppe stellen etwa 9 % der Stichprobe dar).

(3) Die Anzahl der Fehlzuordnungen

Werden Personen aufgrund des sich an die Diskriminanzanalyse anschließenden Zuordnungsverfahrens einer anderen als ihrer ursprünglichen Gruppe zugeordnet, dann kann man die ursprüngliche Zuordnung als Fehlzuordnung ansehen; die Zahl der Fehlzuordnungen gilt dann als Gütekriterium für die erste Gruppierung der Stichprobe.

Wir haben die beiden Schritte Diskriminanzanalyse – Zuordnungsverfahren mehrfach iteriert und sind dabei zu folgenden Ergebnissen gekommen:

(a) Die durch das Zuordnungsverfahren erzielte Neugruppierung ist nicht ‚besser‘ (im Sinne des Verhältnisses der Varianz zwischen den Gruppen zur Gesamtvarianz) als die ursprüngliche Gruppierung.

(b) Wird die durch das Zuordnungsverfahren gewonnene Neugruppierung wiederum einer Diskriminanzanalyse unterzogen und daran anschließend über das Zuordnungsverfahren neu gruppiert, dann wird die Anzahl der Fehlzuordnungen in der Regel nicht kleiner.

(c) Vielmehr neigt das Zuordnungsverfahren dazu, die einzelnen Gruppengrößen einander anzugleichen (dazu auch Tabelle 3).

Tab. 3: Gruppengrößen.

	1	2	3	4	5	6	7	8	9	10	11
n_i alt	981	734									
n_i neu	947	768									
n_i alt	985	578	152								
n_i neu	727	518	470								
n_i alt	985	560	135	35							
n_i neu	633	420	344	318							
n_i alt	950	569	96	60	40						
n_i neu	505	368	315	295	232						
n_i alt	987	549	61	42	51	20					
n_i neu	493	358	211	231	207	215					
n_i alt	1002	530	114	21	11	22	15				
n_i neu	481	292	207	272	168	134	161				
n_i alt	1011	534	75	26	27	17	10	15			
n_i neu	434	196	193	195	197	152	185	163			
n_i alt	1021	517	102	17	11	14	9	9	15		
n_i neu	475	266	169	202	133	123	115	98	134		
n_i alt	1008	526	99	18	16	8	15	10	7	8	
n_i neu	410	262	181	191	125	84	92	90	183	97	
n_i alt	1018	516	94	20	14	16	9	9	8	9	2
n_i neu	433	276	166	150	97	95	110	82	110	70	126

Wir nahmen daher von unserem Vorhaben Abstand, die Zahl der Fehlzuordnungen pro Lösung als Kriterium für die Anzahl der zu ermittelnden Gruppen zu verwenden.

(4) Die F-Werte für die verschiedenen Lösungen
Eine multiple Testgröße für den Grad der Trennung zwischen mehreren Gruppen stellt Wilks Lambda dar (Wilks 1932). Rao (1952) hat einen F-Test entwickelt, der Lambda approximiert. In Tabelle 4 ist für jede Lösung die Anzahl der Gruppen (NGR), Lambda, der F-Wert und die entsprechenden Freiheitsgrade (DF1 und DF2) sowie die dazugehörige Irrtumswahrscheinlichkeit wiedergegeben.

Tab. 4: Lambda- und F-Werte

NGR	Lambda	F	DF1	DF2	Irrtumswahrscheinlichkeit
2	0.9457	8.1470	12	1 702	0.453E–14
3	0.9070	7.0930	24	3 402	0.252E–22
4	0.8876	5.7440	36	5 100	0.308E–24
5	0.8695	5.0410	48	6 799	0.433E–26
6	0.8597	4.3490	60	8 496	0.231E–25
7	0.8597	3.6150	72	10 192	0.967E–22
8	0.8443	3.4670	84	11 887	0.290E–23
9	0.8378	3.1690	96	13 581	0.392E–22
10	0.8169	3.2200	108	15 274	0.142E–25
11	0.8036	3.1320	120	16 966	0.897E–27

Die Irrtumswahrscheinlichkeiten sind in halblogarithmischer Schreibweise dargestellt, d. h.

$$0.453E\text{–}14 \quad \text{bedeutet} \quad 0.453 \times 10^{-14}$$

oder anders: erst die 15. Stelle hinter dem Komma ist von Null verschieden. Die Unterschiede zwischen den Gruppen sind also in jeder Lösung hochsignifikant. Es erschien uns aber nicht sinnvoll, zwischen F-Werten mit derart minimalen Irrtumswahrscheinlichkeiten weiter zu differenzieren, so daß auch die F-Werte nicht als Kriterium zur Bestimmung der Anzahl der zu ermittelnden Gruppen herangezogen wurden.

Da Kriterien 3 und 4 nicht weiter berücksichtigt werden konnten, entschieden wir uns entsprechend Kriterien 1 und 2 für eine Lösung mit 3 Gruppen. Um eine zusätzliche Homogenisierung zu erreichen, wurden nur die Personen berücksichtigt, für die galt

$$a^2_{ik}/h^2_k \geq 0.50.$$

Tabelle 5 gibt für diese Lösung die Gruppenhäufigkeiten sowie die entsprechenden Testgrößen wieder.

Tab. 5: Gruppenhäufigkeiten und Testgrößen

Gruppengrößen			Lambda	F	DF1	DF2	Irrtumswahrscheinlichkeit
1	2	3					
798	433	104	0.8757	7.5560	24	2642	0.401E–24

Die Unterschiede zwischen je zwei Gruppen (ausgedrückt durch das Maß des verallgemeinerten Abstands D^2) sind in Tabelle 6 (unterhalb der Diagonalen) wiedergegeben. Die den D^2-Werten entsprechenden F-Werte (oberhalb der Diagonalen) sind alle hochsignifikant.

Tab. 6: Matrix der D^2- und der zugehörigen F-Werte für die Unterschiede zwischen je zwei Gruppen.

	1	2	3
1	–	59.9804	34.3021
2	0.4277	–	32.7854
3	0.7462	0.7525	–

4. TYPEN POLITISCH-IDEOLOGISCHER ORIENTIERUNG

Die Feststellung der Anzahl von Gruppen voneinander unterscheidbarer politisch-ideologischer Orientierung basierte auf der Bewertung der politischen Schlüsselwörter durch alle Personen unserer Stichprobe (von denen entsprechende Daten vorlagen). 1335 (von 1715) Personen konnten nach den genannten Kriterien einer der drei Gruppen zugeordnet werden, wobei die erste Gruppe, zahlenmäßig die weitaus stärkste, 798, die zweite 433 und die dritte Gruppe 104 Personen umfaßt.

Diese Gruppen können in terminis der für sie charakteristischen Bewertungsmaße der einzelnen politischen Schlüsselwörter beschrieben werden. Tabelle 7 gibt Mittelwerte und Standardabweichungen dieser Maße für die drei Gruppen politisch-ideologischer Orientierung wieder, sowie die Ergebnisse varianzanalytischer Gruppenvergleiche und ETA^2 als Maß der durch unsere Gruppierung (insgesamt und für paarweise Gruppenvergleiche) erreichten Aufklärung der Varianz der Bewertungsmaße für die einzelnen politischen Schlüsselwörter.

Tab. 7: Mittelwerte (M) und Standardabweichungen (SD) der Bewertungsmaße politischer Schlüsselwörter für die Gruppen politisch-ideologischer Orientierung; F-Tests; ETA² (global und paarweise Gruppenvergleiche). N = 1335.
(Bei den Mittelwerten repräsentiert 1 den Pol positiver, 7 den Pol negativer Bewertung).

Politische Schlüsselwörter	Gruppen politischer Ideologie			Gruppenvergleiche				
				Varianzanalyse	Varianzaufklärung			
	1. Gruppe M SD	2. Gruppe M SD	3. Gruppe M SD	F	ETA²	ETA² 1–2	ETA² 1–3	ETA² 2–3
Diktatur	5.85 1.11	6.11 1.04	4.73 1.55	62.58	.09	.01	.09	.18
Kirche	1.62 0.64	3.40 1.30	3.89 1.56	640.69	.49	.46	.50	.02
Mitbestimmung	2.26 1.04	1.76 0.82	2.47 1.20	41.96	.06	.06	.00	.09
Sozialdemokratie	2.86 1.11	2.02 0.97	3.01 1.10	96.77	.13	.13	.00	.13
Demokratie	1.97 0.90	1.80 0.87	2.60 1.10	32.34	.05	.01	.05	.11
Wohlstand	2.27 0.92	2.77 1.13	2.55 1.10	34.97	.05	.05	.01	.01
Nationalsozialismus	5.70 1.21	6.23 1.07	3.39 1.06	254.30	.28	.05	.28	.52
Toleranz	2.00 0.90	1.77 0.86	2.38 1.17	21.12	.03	.02	.02	.06
Fortschritt	2.15 0.92	2.27 0.96	2.34 1.18	3.17*)	.01	.00	.00	.00
Nation	2.55 0.99	3.30 1.15	2.49 1.06	77.47	.10	.11	.00	.08
Abrüstung	1.94 1.02	1.78 1.01	2.87 1.36	45.84	.06	.01	.07	.14
Kommunismus	6.05 0.96	4.08 1.22	5.55 1.24	469.86	.41	.44	.03	.18

N = 798   N = 433   N = 104

---

*) p<.05; für alle anderen gilt: p<.01.

Die in Tabelle 7 wiedergegebenen Werte von ETA^2 für die Dreier-Gruppierung lassen abschätzen, welche der verwendeten politischen Schlüsselwörter für unsere Klassifikation – und unter der Annahme der Angemessenheit dieser Lösung für politisch-ideologische Orientierungen in der Population, also der Bundesrepublik Deutschland – politisch-ideologisch relevant sind.
Während die Begriffe ‚Toleranz‘ und ‚Fortschritt‘ unabhängig von der politisch-ideologischen Orientierung stereotyp ein hohes Maß an positiver Bewertung aufweisen, tragen ganz entschieden die Bewertungen der Begriffe ‚Kirche‘, ‚Kommunismus‘ und ‚Nationalsozialismus‘ zur Beschreibung der Unterschiedlichkeit dieser Orientierungen bei. Nennenswerte Anteile zur Varianzaufklärung leisten auch noch die Begriffe ‚Sozialdemokratie‘, ‚Nation‘, ‚Diktatur‘, sowie schließlich in eingeschränktem Ausmaß ‚Abrüstung‘, ‚Mitbestimmung‘, ‚Demokratie‘ und ‚Wohlstand‘.
Gruppen 1 und 2 als jene Gruppierungen, die durch den weitaus größten Teil der Stichprobe konstituiert werden, sind vor allem charakterisiert durch Unterschiede in der Bewertung der Begriffe ‚Kirche‘ und ‚Kommunismus‘, sowie (in geringem Maße) von ‚Sozialdemokratie‘ und ‚Nation‘: die Personen der Gruppe 1 sind gegenüber denen der Gruppe 2 positiver zum Begriff ‚Kirche‘ und ‚Nation‘, sowie negativer zu ‚Kommunismus‘ und ‚Sozialdemokratie‘ eingestellt. Die Beschreibung der Bewertungsunterschiede zwischen diesen Gruppen kann ergänzt werden durch die stärker positive Position der Gruppe 2 zum Begriff ‚Mitbestimmung‘, sowie die stärker negative zu den Begriffen ‚Wohlstand‘ und ‚Nationalsozialismus‘.
Die charakteristischen Maße für die zur Bewertung herangezogenen politischen Schlüsselwörter erscheinen nicht ausreichend, diese Gruppen inhaltlich definitiv zu kennzeichnen. Am ehesten erscheint noch eine Etikettierung der Unterschiedlichkeit dieser Gruppen mit Hilfe der Liberalismus-Konservatismus-Dimension plausibel.
Von den beiden ersten Gruppierungen unterscheiden sich die Personen der Gruppe 3 vor allem durch eine entschieden positivere Bewertung des Begriffs ‚Nationalsozialismus‘, sowie einer weniger negativen von ‚Diktatur‘. Weniger positiv werden von ihnen auch die Begriffe ‚Abrüstung‘ und ‚Demokratie‘ bewertet. Wie die der Gruppe 2 sind sie zum Begriff ‚Kirche‘ (im Verhältnis zur ersten Gruppe) weniger positiv eingestellt, während sie zu ‚Kommunismus‘ ähnlich negativ Stellung beziehen wie die Personen der Gruppe 1.
Die Unterschiedlichkeit der Gruppe 3 zu den beiden anderen Gruppierungen scheint sich auf einer Dimension niederzuschlagen, die am ehesten noch als die Rechts-Links-Dimension politisch-ideologischer Orientierung gekennzeichnet werden kann, wobei diese dritte Gruppe deutlich ‚rechts‘ zu lokalisieren wäre.
Es mag durch die begrenzte Auswahl der zur Bewertung vorgelegten politischen Schlüsselwörter bedingt sein, daß eine inhaltliche Identifikation der drei Gruppen in den Kategorien einer begrifflich konzipierten Typologie

nicht überzeugend gelingt. Dabei muß allerdings berücksichtigt werden, daß begriffliche Analysen häufig in die Nähe der Etablierung von Idealtypen geraten, die für die empirische Analyse der in einer Population insgesamt auftretenden Orientierungen nicht unbedingt ein angemessenes Raster bilden. Unser Ziel war es, Haupttypen politisch-ideologischer Orientierungen voneinander zu trennen und die Unterschiedlichkeit solcher Orientierungen ökonomisch, d. h. in möglichst wenigen Typen zu erfassen, wobei möglichst viele Beobachtungselemente in die Klassifikation einbezogen werden sollten (also nicht nur ein kleiner Teil der Stichprobe). Gruppierungen dieser Art sind, schon wegen des andersartigen (und auch unterschiedlichen) Bezugssystems theoretisch relevanter Idealtypen, wenig geeignet, diese zu reflektieren.

Auf eine weitergehende inhaltliche Bestimmung der Gruppen durch die charakteristischen Bewertungsmaße der politisch-ideologischen Schlüsselwörter, die nur impressionistischen Charakter haben kann, soll an dieser Stelle verzichtet werden. Im folgenden Beitrag soll geprüft werden, inwieweit sich die Personen dieser Gruppen in terminis demografisch und sozial definierter Gruppenzugehörigkeit unterscheiden lassen und in welcher Weise die Zugehörigkeit zu einer dieser drei Gruppen politisch-ideologischer Orientierung Reaktionen auf ein außenpolitisches Problem, das deutsch-polnische Verhältnis, beeinflußt.

Die Aufmerksamkeit bei diesen weiteren Analysen gilt dabei den beiden ersten Gruppen nicht vor allem deshalb, weil ihre Repräsentanz im Sinne der Anzahl der sie konstituierenden Personen für die Bevölkerung der Bundesrepublik Deutschland ungleich gewichtiger ist als die der dritten Gruppe; die Stabilität dieser Konfigurationen über verschiedene Lösungen des Gruppierungsproblems (i. S. verschiedener Anzahlen der Gruppen) ist auch entschieden klarer gewährleistet als die der dritten Gruppe.

5.   ZUSAMMENFASSUNG

Politisch-ideologische Orientierung wird verstanden als gruppenspezifische Bewertungsstruktur relevanter Symbole der politischen Sprache; sie wird faßbar an Gruppen von Personen, die durch ähnliche Bewertungsmuster politische Ideologie konstituieren.

In einem Exkurs wurden die verfügbaren Techniken der Identifikation ähnlicher und voneinander abhebbarer (Urteils-) Strukturen für Personengruppen skizziert und das gewählte Datenanalyseverfahren (Q-Analyse für große Stichproben) vorgestellt.

Insgesamt 1335 der 1715 Personen unserer Stichprobe, von denen die Bewertungsmaße für 12 politische Schlüsselwörter vorlagen, konnten drei Gruppen politisch-ideologischer Orientierung zugeordnet werden. Die zahlenmäßig weitaus stärker repräsentierten beiden ersten Gruppen können (im

Unterschied zur dritten) als sehr stabil (über verschiedene Lösungen hinweg) angesehen werden. Für die nicht zugeordneten Personen war keine der gefundenen und auch keine andere feststellbare Gruppierung charakteristisch. Die drei Gruppen wurden in terminis der Bewertungsdifferenzen zwischen ihnen beschrieben; die vorgelegte empirisch begründete Konzeption von Typen politischer Ideologie scheint mit begrifflich konstruierten Typen nicht kongruent zu sein.

LITERATUR

Alba, R. D. 1972. COMPLT – A program for analyzing sociometric data and clustering similarity matrices. Behavioral Science 17, 566–567.

Baumann, U. 1971. Psychologische Taxometrie. Bern: Huber.

Bechtel, G. G., Tucker, L. R. und Chang, W. 1971. A scalar product model for the multidimensional scaling of choice. Psychometrika 36, 369–388.

Bijnen, E. J. 1973. Cluster analysis. Tilburg: Tilburg University Press.

Bock, II. II. 1971. Statistische Modelle und Bayessche Verfahren zur Bestimmung einer unbekannten Klassifikation normalverteilter zufälliger Vektoren. Metrika 18, 120–132.

Bock, H. H. 1974. Automatische Klassifikation. Göttingen.

Boorman, S. A. und Olivier, D. C. 1973. Metrics on spaces of finite trees. Journal of Mathematical Psychology 10, 26–59.

Carroll, D. J. 1973. Individual differences and multidimensional scaling. In: Shepard, R. N., Romney, A. K. und Nerlove, S. B. (Hrsg.). Multidimensional scaling. New York: Seminar Press (2nd. impr.), Vol. 1, 105–155.

Carroll, D. J. und Chang, J. J. 1970. Analysis of individual differences in multidimensional scaling via an N-way generalization of „Eckart-Young" decomposition. Psychometrika 35, 283–319.

Cattell, R. B. und Coulter, M. A. 1966. Principles of behavioral taxonomy and the mathematical basis of the taxonome computer program. British Journal of Mathematical Statistical Psychology 19, 237–269.

Cattell, R. B., Coulter, M. A. und Tsujioka, B. 1971. The taxonometric recognition of types and functional emergents. In: Cattell, R. B. (Hrsg.) Handbook of Multivariate Experimental Psychology. Chicago: Rand McNally (2nd. impr.), 288–329.

Christensen, R. A. 1968. A pattern discovery program for analyzing qualitative and quantitative data. Behavioral Science 13, 423.

Cliff, N. 1973. Scaling. Annual Review 24, 437–506.

Converse, P. E. 1964. The nature of belief systems in mass publics. In: Apter, D. E. (ed.): Ideology and discontent. New York: Free Press, 206–261.

Cureton, E. E., Cureton, L. W. und Durfee, R. C. 1970. A method of cluster analysis. Multivariate Behavioral Research 5, 101–116.

Eckart, C. und Young, G. 1936. The approximation of one matrix by another of lower rank. Psychometrika 1, 211–218.

Degerman, R. 1973. The geometric representations of some simple structures. In: Shepard, R. N., Romney, A. K. und Nerlove, S. B. (Hrsg.): Multidimensional scaling. New York: Seminar Press (2nd. impr.), Vol. 1, 193–211.

Delbeke, L. 1968. Construction of preference spaces. Leuven: Publications of the University of Louvain.

Faber, E. und Nollau, W. 1969a. Über einen Algorithmus zur mehrdimensionalen Diskriminanzanalyse. Schriftenreihe des Deutschen Rechenzentrums, Heft S–5.

Faber, E. und Nollau, W. 1969b. Über ein Verfahren zur automatischen Klassifikation. Schriftenreihe des Deutschen Rechenzentrums, Heft S–6.

Fisher, L. und van Ness, J. W. 1971. Admissable clustering procedures. Biometrika 58, 91–104.

Frank, R. E. und Green, P. E. 1968. Numerical taxonomy in marketing analysis: A review article. Journal of Marketing Research 5, 83–98.

Fürntratt, E. 1969. Zur Bestimmung der Anzahl interpretierbarer Faktoren in Faktorenanalysen psychologischer Daten. Diagnostica 15, 62–75.

Gibson, W. A. 1959. Three multivariate models: Factor analysis, latent structure analysis, and latent profile analysis. Psychometrika 24, 229–252.

Green, P. und Carmone, F. J. 1972. Multidimensional scaling and related techniques in marketing analysis. Boston: Allyn u. Bacon (2nd. impr.).

Green, P. und Rao, V. R. 1972. Applied multidimensional scaling. New York: Holt, Rinehart u. Winston.

Harary, R. und Ross, I. 1957. A procedure for group detection using a group matrix. Sociometry 20, 205–215.

Harman, H. H. 1970. Modern factor analysis. Chicago: University of Chicago Press (3rd. impr.).

Hartigan, J. A. 1972. Direct clustering of a data matrix. Journal of the American Statistical Assiciation 67, 123–129.

Hartmann, H. und Wakenhut, R. 1972. Automatische Klassifikation nach gesellschaftlich-politischen Attitüden. Zeitschrift für Sozialpsychologie 3, 305–312.

Horst, P. 1963. Matrix algebra for social scientists. New York: Holt, Rinehart u. Winston.

Horst, P. 1965. Factor analysis of data matrices. New York: Holt, Rinehart u. Winston.

Johnson, R. M. 1963. On a theorem stated by Eckart and Young. Psychometrika 28, 259–263.

Johnson, R. M. 1970. Q analysis of large samples. Journal of Marketing Research 7, 104–105.

Johnson, S. C. 1967. Hierarchical clustering schemes. Psychometrika 32, 241–254.

Kaiser, H. F. 1970. A second generation little jiffy. Psychometrika 35, 401–415.

Krauth, J. 1973. Inferenzstatistischer Nachweis von Typen und Syndromen. In: Krauth, J. und Lienert, G. A. (Hrsg.): Die Konfigurationsfrequenzanalyse (KFA) und ihre Anwendung in Psychologie und Medizin. Freiburg, 39–51.

Kruskal, J. B. 1973. Linear transformation of multivariate data to reveal clustering. In: Shepard, R. N., Romney, A. K. und Nerlove, S. B. (Hrsg.): Multidimensional scaling. New York: Seminar Press (2nd. impr.), Vol. 1, 179–191.

Lawley, D. N. und Maxwell, A. E. 1971. Factor analysis as a statistical method. London: Butterworths (2nd. ed.).

Lazarsfeld, P. F. 1959. Latent structure analysis. In: Koch, S. (Hrsg.): Psychology: A study of a science. New York: McGraw-Hill, Vol. 3, 476–543.

Lazarsfeld, P. F. und Henry, N. W. 1968. Latent structure analysis. Boston: Houghton Mifflin.

Lienert, G. A. 1973. Auffinden von Typen und Syndromen. In: Krauth, J. und Lienert, G. A. (Hrsg.): Die Konfigurationsfrequenzanalyse (KFA) und ihre Anwendung in Psychologie und Medizin. Freiburg, 15–37.

Lingoes, J. C. 1973a. A general survey of the Guttman-Lingoes nonmetric program series. In: Shepard, R. G., Romney, K. A. und Nerlove, S. B. (Hrsg.): Multidimensional scaling. New York: Seminar Press (2nd. impr.), Vol. 1, 49–68.

Lingoes, J. C. 1973b. The Guttman-Lingoes nonmetric program series. Ann Arbor: Mathesis Press.

Lingoes, J. C. und Cooper, T. 1971. PEP-I: A FORTRAN IV (G) program for Guttman-Lingoes nonmetric probability clustering. Behavioral Science 16, 259–261.

Lingoes, J. C. und Roskam, E. E. 1973. A mathematical and empirical analysis of two multidimensional scaling algorithms. Psychometrika Monograph Supplement.

Luce, R. D. und Perry, A. D. 1968. A method of matrix analysis of group structure. Wiederabdruck aus Psychometrika 1949, 14. In: Lazarsfeld, P. F. und Henry, N. W. (Hrsg.): Readings in mathematical social science. Cambridge, Mass.: The M. I. T. Press, 111–130.

McDonald, R. P. 1962. A general approach to nonlinear factor analysis. Psychometrika 27, 397–415.

McDonald, R. P. 1967a. Numerical methods for polynomial models in nonlinear factor analysis. Psychometrika 32, 77–112.

McDonald, R. P. 1967b. Some IBM 7090–94 programs for nonlinear factor analysis. Behavioral Science 12, 72–74.

McDonald, R. P. 1967c. Nonlinear factor analysis. Psychometric Monograph 15.

McGee, V. E. 1968. Multidimensional scaling of N sets of similarity measures: A nonmetric individual difference approach. Multivariate Behavioral Research 3, 233–248.

McQuitty, L. L. 1954. Pattern analysis illustrated in classifying patients and normals. Educational and Psychological Measurement 14, 598–604.

McQuitty, L. L. 1968. Multiple clusters, types, and dimensions from iterative intercolumnar correlation analysis. Multivariate Behavioral Research 3, 465–477.

Rao, C. R. 1952. Advanced statistical methods in biometric research. New York: Wiley.

Pawlik, K. 1971. Dimensionen des Verhaltens. Bern: Huber (2. Aufl.).

Rattinger, H. 1973. Eine einfache Methode und ein FORTRAN-Programm zur Ermittlung von Cliquen. Zeitschrift für Sozialpsychologie 4, 5–14.

Roskam, E. E. 1968. Metric analysis of ordinal data in psychology. Voorschoten, Holland.

Roskam, E. E. 1971. A general system for nonmetric data analysis. (Hektographiert). Katholische Universität von Nijmwegen, Abteilung für Psychologie.

Shepard, R. N. 1973. A taxonomy of some principal types of data and of multidimensional methods for their analysis. In: Shepard, R. N., Romney, A. K. und Nerlove, S. B. (Hrsg.): Multidimensional scaling. New York: Seminar Press (2nd. impr.), Vol. 1, 21–47.

Shepard, R. N. und Kruskal, J. B. 1964. Nonmetric methods for scaling and factor analysis. American Psychologist 19, 557–558.

Tucker, L. R. 1971. Learning theory and multivariate experiment: Illustration by determination of generalized learning curves. In: Cattell, R. B. (Hrsg.): Handbook of Multivariate Experimental Psychology. Chicago: Rand McNally (2nd. impr.).

Tucker, L. R. und Messick, S. 1963. An individual difference model for multidimensional scaling. Psychometrika 28, 333–367.

Überla, K. 1971, Faktorenanalyse. Berlin, 2. Aufl.

Van de Geer, J. P. 1971. Introduction to multivariate analysis for the social sciences. San Francisco: Freeman.

Van Ness, J. W. 1973. Admissable clustering procedures. Biometrika 60, 422–424.

Wainer, H. 1969. CACEYD: A computer program for the cluster analysis of coordinates from Eckart-Young decomposition. Research Memorandum RM-69-19. Princeton, N. J.: Educational Testing Service.

Ward, J. H. 1963. Hierarchical grouping to optimize an objective function. Journal of the American Statistical Association 58, 236–244.

Wilks, S. S. 1932. Certain generalizations in the analysis of variance. Biometrika 24, 471–494.

Wolfe, J. H. 1970. Pattern clustering by multivariate mixture analysis. Multivariate Behavioral Research 5, 329–350.

9. POLITISCH-IDEOLOGISCHE ORIENTIERUNGEN IN DER BUNDESREPUBLIK DEUTSCHLAND UND STELLUNGNAHMEN ZUM DEUTSCH-POLNISCHEN VERHÄLTNIS

von B. Schäfer

1.   FRAGESTELLUNGEN

Im vorangegangenen Beitrag ist beschrieben worden, wie und mit welchem Ergebnis versucht wurde, unterschiedliche Hauptrichtungen politisch-ideologischer Orientierung in der Bundesrepublik Deutschland zu identifizieren, genauer gesagt, voneinander zu trennen.

Hauptfragestellung ist hier, ob und ggf. in welchem Ausmaß Einstellungen (zur Politik) gegenüber Polen als in diesen allgemeinen politisch-ideologischen Orientierungen verankert gelten können. Zunächst soll jedoch untersucht werden, welche Bedeutung den von uns festgestellten sozialen Kategorien zukommt, die Personen unserer Stichprobe, die diesen Typen politischer Ideologie zugeordnet sind (d. h. sie konstituieren), differenziert zu beschreiben.

Zum Verständnis der herangezogenen Maße zur Beurteilung der Abhängigkeit der Variablen (politisch-ideologische Orientierung einerseits, demografisch/sozial definierte Gruppenzugehörigkeit bzw. Stellungnahmen zu Fragen des deutsch-polnischen Verhältnisses andererseits) scheinen einige Vorbemerkungen angebracht.

Für die in Kontingenztafeln zusammengestellten Häufigkeiten, mit denen Personen unserer Befragungsstichprobe jeweils einer Kategorienkombination der beiden betrachteten Variablen zugeordnet sind, wird zunächst jeweils ein CHI^2-Test auf Unabhängigkeit der beiden Variablen durchgeführt; wir sprechen von einer (statistischen) Abhängigkeit der Variablen, wenn die Wahrscheinlichkeit für die Geltung der Nullhypothese (d. h. der formal begründeten Annahme, daß die Variablen voneinander unabhängig sind) 1 % oder höchstens 5 % (Signifikanzniveau) nicht übersteigt ($p < .01$ bzw. $p < .05$).

Zur Charakterisierung der Stärke des Zusammenhangs verwenden wir sodann Cramer's PHI'. Dieser Index, der zwischen 0 (vollständige Unabhängigkeit) und 1 (vollständige Abhängigkeit der Variablen) variiert, ist jedoch in seiner absoluten Höhe und insbesondere bei größeren Kontingenztafeln nicht eindeutig interpretierbar.

Sofern der CHI²-Wert die Höhe des Signifikanzniveaus übersteigt, ist zur Präzisierung des Ausmaßes des Zusammenhangs zwischen den Merkmalen demografisch und sozial bestimmter Gruppenzugehörigkeit und dem Kriterium politisch-ideologischer Orientierung zusätzlich Lambda angegeben: dieser Index der Vorhersage-Beziehung gibt den (durchschnittlichen) Prozentanteil (.00 bis 1.) an, mit dem die Fehlerwahrscheinlichkeit bei der Zuordnung von Personen auf die Kategorien eines Merkmals aufgrund seiner Zugehörigkeit zu einer bestimmten Kategorie des anderen Merkmals reduziert, somit die Wahrscheinlichkeit richtiger Zuordnung verbessert wird. (Lambda$_A$ betrifft die Reduktion der Fehlerwahrscheinlichkeit für die Vorhersage demografisch und sozial definierter Gruppenzugehörigkeit aus Kenntnis der Zugehörigkeit der Personen zu einer der Gruppen politisch-ideologischer Orientierung; Lambda$_B$ betrifft umgekehrt die Verringerung der Fehlerwahrscheinlichkeit bei Vorhersage der Personen unserer Stichprobe zu einer der Gruppen politisch-ideologischer Orientierung aus dem jeweils anderen Merkmal (demografisch/sozial bestimmte Gruppenzugehörigkeit). Lambda$_{AB}$ ist das in diesem Sinne vorhersagerichtungs-unspezifische (symmetrische) Zusammenhangsmaß. – Zu den genannten Maßen vgl. Hays u. Winkler 1971, Lienert 1973). Für die Relation der Stellungnahmen zu Fragen des deutsch-polnischen Verhältnisses zur Art politisch-ideologischer Orientierung verzichten wir auf Maße der Stärke des Zusammenhangs, da wir von einer relativen Instabilität der Reaktionen (im Zeitlauf; vgl. Converse 1964, 240; Miller 1967, 222 f.) ausgehen; wir begnügen uns bei diesen mit der Entscheidung über ihre Unabhängigkeit von der politisch-ideologischen Orientierung der Respondenten. Es soll noch darauf hingewiesen werden, daß für einen Vergleich der Häufigkeitswerte über die Zellen der Tafel die jeweiligen Randsummen zu berücksichtigen sind; die Erwartungswerte (bei Unabhängigkeit der Variablen) errechnen sich aus dem Produkt der Häufigkeit in der Spalte mal der Häufigkeit in der Zeile, dividiert durch die Gesamtzahl der Beobachtungselemente. Die absoluten Häufigkeitswerte sind also nur relativ miteinander vergleichbar.

2. POLITISCH-IDEOLOGISCHE ORIENTIERUNG UND ZUGEHÖRIGKEIT ZU DEMOGRAFISCH UND SOZIAL DEFINIERTEN GRUPPEN

Es erscheint problematisch, die in der Literatur berichteten, in terminis demografisch oder sozial definierter Gruppenzugehörigkeit festgestellten Korrelate politisch-ideologischer Hauptströmungen auf die von uns gefundene Gruppierung zu übertragen oder sie gar als Validitätskriterium für diese anzusehen. Zum einen kann die Invarianz dieser Befunde über verschiedene Stichproben oder Populationen von Personen nicht ohne weiteres unterstellt werden; zum anderen – was besonders ins Gewicht fällt – sind die Operationalisierungen politisch-ideologischer Orientierung unserer Typologie mit denen anderer Konzeptualisierungen wohl kaum isomorph.

Generell kann davon ausgegangen werden, daß Merkmale wie Geschlecht, Alter, Länge der Ausbildung, sozialer Status, Religion und Region des Wohnortes für politisches Verhalten (im weiteren Sinne, also unter Einbeziehung auch symbolischen Verhaltens wie politischen Einstellungen und Überzeugungen) relevante Kategorien bei der Analyse der Differenziertheit dieses Verhaltens darstellen (Campbell et al 1960; Flacks 1967; ein Systematisierungsversuch der Determinanten politischen Verhaltens findet sich bei Smith 1968). Für verschiedene Ebenen politischen Verhaltens ist die Relevanz sozialer Kategorien allerdings in unterschiedlichem Ausmaß belegt; beispielsweise für das Wahlverhalten erscheinen Merkmale sozialer Gruppenzugehörigkeit konsistent (allerdings zu verschiedenen Zeitpunkten und bei verschiedenen Populationen unterschiedlich) als korreliert (vgl. Rossi 1966) – entsprechend die Indikatorfunktion des höchst simplen ‚Index of Political Predisposition' (Religion, soziale Schicht und Wohnortregion) für die Wahlentscheidung bei Lazarsfeld, Berelson u. Gaudet (1948) – nicht hingegen Merkmale der Persönlichkeitsbescheibung. Gerade diese werden für politische Wertorientierungen jedoch als indikativ angesehen. Adorno et al. (1950) haben ökonomisch-konservative Einstellung als Struktur-Element des autoritären ‚Persönlichkeits'-Syndroms interpretiert; McCloskys (1958) Untersuchung wies den Zusammenhang von Konservatismus mit zahlreichen Maßen psychischer Deprivation nach. Weitere Befunde, die die Persönlichkeits-Relevanz politischer Ideologie belegen, liegen zu folgenden Konstrukten vor: Dogmatismus (DiRenzo 1967), ‚internal-external control' (Erwartungshaltungen, ob Bekräftigungen (‚Belohnungen') eigener sozio-politischer Aktivitäten als deren Folge oder unabhängig von diesen auftreten; Thomas 1970; Fink u. Hjelle 1973), Bewertung des eigenen Selbst (Boshier 1969) und motivational bestimmte Werthaltungen im Bereich interpersonellen Verhaltens (Rosenberg 1956; Gordon 1972). Eckhardt u. Alcock (1970) erklären die Beziehung zwischen Ideologie und Persönlichkeit im Sinne der Wirksamkeit eines allgemeinen ‚ideo-persönlichkeitsspezifischen' Faktors, der als kulturell determiniert angesehen wird.

Für ideologische Orientierungen, die auf der Abstraktionsebene Konservatismus-Liberalismus konzipiert werden, sind neben persönlichkeitsspezifischen Determinanten auch Merkmale sozialer Gruppenzugehörigkeit (vor allem Status und Ausbildung) als relevante Differenzierungskriterien gefunden worden (z. B. Campbell et al. 1960; Lipset 1960).

Die Unterschiedlichkeit der sozialen oder persönlichkeitsspezifischen Verankerung dieser verschiedenen Aspekte politischen Verhaltens geht einher mit einer nur vagen Beziehung dieser Aspekte untereinander. So gilt die Wahlentscheidung bzw. die Parteipräferenz als weitgehend unabhängig von der politischen Ideologie (vgl. McClosky 1958; Campbell et al. 1960; Rossi 1966). Für bestimmte, homogene Gruppen von Personen (hier Studenten) liegen jedoch abweichende Befunde vor (z. B. Leventhal, Jakobs u. Kudirka 1964; Kerpelman 1968) – wir werden im nächsten Kapitel auf diese Unterschiedlichkeit zurückkommen –, so daß Etzioni (1969) feststellen kann: „we suggest that ideological contexts affect party affiliation and perhaps also preferences for varying personalities of candidates" (p. 575).

Es wird bei der von uns gewählten, primär empirisch begründeten Unterscheidung von Hauptrichtungen politisch-ideologischer Orientierung zu zeigen sein, ob bei der Zugehörigkeit zu einer dieser Gruppen Abhängigkeiten von der Zugehörigkeit zu demografisch und sozial definierten Gruppen der Bevölkerung der Bundesrepublik Deutschland beobachtbar sind und wie die Stärke dieser Zusammenhänge zu bewerten ist. Wir werden über dies die Beziehung zwischen Parteipräferenz und unserer Konzeption politischer Ideologie zu präzisieren versuchen.

2.1.   Politisch-ideologische Orientierung und Geschlecht

Die in Tabelle 1 wiedergegebene Kreuztabellierung von politisch-ideologischer Orientierung mit Geschlechtszugehörigkeit läßt erkennen, daß die Rückweisung der (Null)Hypothese der Unabhängigkeit dieser Variablen durch den überproportionalen Anteil von Frauen in der Gruppe 1 politisch-ideologischer Orientierung und den ebenfalls weit über der (Zufalls)Erwartung liegenden Anteil von Männern in der Gruppe 2 unserer Typologie politisch-ideologischer Orientierung begründet ist. Die Kenntnis der Zugehörigkeit von Männern und Frauen zu den politisch-ideologischen Gruppen erlaubt eine um 10 % verringerte Fehlerwahrscheinlichkeit der Vorhersage, ob eine (zufällig der Stichprobe entnommene) Person männlichen oder weiblichen Geschlechts ist.

Tab. 1: Kreuztabellierung Politische Ideologie mit Geschlecht
N = 1334.

Geschlecht	Gruppen politischer Ideologie			total	
	1. Gruppe	2. Gruppe	3. Gruppe	absol.	proz.
männlich	290	243	53	586	43.9
weiblich	508	189	51	748	56.1
total	798	432	104	1334	100.0

CHI^2 = 47.37   p<.01   df = 2   PHI' = .19
LAMBDA$_{AB}$ = .05   (LAMBDA$_A$ = .10; LAMBDA$_B$ = .00)

Zieht man die (hier im einzelnen nicht wiedergegebenen) Datenanalysen hinsichtlich der Bewertungsmaße für die einzelnen politischen Wertbegriffe zur Spezifizierung der Interpretation heran, ist festzustellen, daß Männer und Frauen die Konzepte ‚Kirche‘ und ‚Sozialdemokratie‘ signifikant unterschiedlich beurteilen: Frauen bewerten den Begriff ‚Kirche‘ positiver und ‚Sozialdemokratie‘ weniger positiv als Männer.

2.2.   Politisch-ideologische Orientierung und Alter

Die in Tabelle 2 wiedergegebenen Kontingenzen lassen den Zusammenhang zwischen Alter und politisch-ideologischer Orientierung insoweit umschreiben, als die Altersgruppe der bis zu 40jährigen (besonders der bis zu 30jährigen) in der Gruppe 1 unverhältnismäßig schwach vertreten ist, während Personen dieses Alters in der Gruppe 2 politisch-ideologischer Orientierung besonders häufig sind.

Tab. 2:   Kreuztabellierung Politische Ideologie mit Alter
N = 1334.

Alter	Gruppen politischer Ideologie			total	
	1. Gruppe	2. Gruppe	3. Gruppe	absol.	proz.
18 – 20	15	32	1	48	3.6
21 – 30	78	110	23	211	15.8
31 – 40	137	116	24	277	20.8
41 – 50	155	66	24	245	18.4
51 – 60	144	37	12	193	14.5
61 – 70	172	53	13	238	17.8
über 70	97	18	7	122	9.1
total	798	432	104	1334	100.0

$CHI^2 = 143.06$ $p < .01$ $df = 12$ PHI' = .23
$LAMBDA_{AB} = .05$ ($LAMBDA_A = 0.3$; $LAMBDA_B = .09$)

Altersspezifische Bewertungsunterschiede der einzelnen Wertbegriffe, die weitgehend auf einen Schnittpunkt bei 30 bis 40 Jahren zurückgeführt werden können, betreffen ‚Kirche‘, ‚Nation‘ und ‚Wohlstand‘, die von jüngeren Personen negativer, und ‚Kommunismus‘ sowie ‚Mitbestimmung‘, die von älteren Befragten negativer bewertet werden.

2.3.   Politisch-ideologische Orientierung und Schulbildung

Für die beiden, in unserer Untersuchung erfaßten Schulbildungskriterien (‚Niveau‘ des Abschlusses und Länge des Schulbesuchs in Jahren) ergeben sich jeweils (die beiden Kriterien sind voneinander nicht unabhängig) statistisch gesicherte Zusammenhänge mit der Art der politisch-ideologischen Orientierung (vgl. Tabellen 3a und 3b). Das Ausmaß des Zusammenhangs muß allerdings als gering eingeschätzt werden.

Tab. 3a: Kreuztabellierung politische Ideologie mit Schulbildung (Niveau)
N = 1328.

Schulbildung (Abschluß) Niveau	Gruppen politischer Ideologie			total	
	1. Gruppe	2. Gruppe	3. Gruppe	absol.	proz.
Volksschule	591	215	60	866	65.2
Realschule	67	68	13	148	11.1
berufsbildende Schule	74	72	24	170	12.8
Gymnasium	41	35	4	80	6.0
Hochschule/Universität	21	40	3	64	4.8
total	794	430	104	1328	100.0

$CHI^2 = 93.15$ p<.01 df = 8 PHI' = .19
$$LAMBDA_{AB} = .02 \quad (LAMBDA_A = .00; LAMBDA_B = .04)$$

Tab. 3b: Kreuztabellierung Politische Ideologie mit Schulbildung (Länge)
N = 1303.

Schulbildung (Länge)	Gruppen politischer Ideologie			total	
	1. Gruppe	2. Gruppe	3. Gruppe	absol.	proz.
7 – 8	455	155	47	657	50.4
9 – 10	144	96	23	263	20.2
11 – 12	117	82	23	222	17.0
über 13	59	93	9	161	12.4
total	775	426	102	1303	100.0

$CHI^2 = 80.87$ p<.01 df = 6 PHI' =.18
$$LAMBDA_{AB} = .03 \quad (LAMBDA_A = .00; LAMBDA_B = .06)$$

Insgesamt läßt sich die Art des Zusammenhangs als eine leichte Tendenz beschreiben, derart, daß Personen mit relativ kurzer Dauer des Schulbesuches (Volksschulabschluß) relativ häufiger zur Gruppe 1 politischer Ideologie zu zählen sind, während die Personen der 2. Gruppe relativ häufiger eine längere Schulbildung erfahren haben. Diejenigen Personen, die den dritten Typus politisch-ideologischer Orientierung konstituieren, unterscheiden sich hinsichtlich ihrer Schulbildung nicht von der Verteilung in der Gesamtstichprobe.
Die bei der Bewertung der einzelnen politischen Wertkonzepte auftretenden Differenzen sind nach beiden Schulbildungskriterien nicht im Sinne eines monotonen Trends sinnvoll zu ordnen. Es kann aber festgestellt werden, daß Personen mit der längsten Schulbildung (13 Jahre und mehr, N = 211) vor allem gegenüber jenen mit der geringsten Länge der Schulbildung (7 bis 8

Jahre, N = 906) die Begriffe ,Kirche', ,Nationalsozialismus' und ,Nation' negativer und ,Toleranz' und ,Kommunismus' positiver bewerten. Ein ähnlicher Befund ergibt sich nach dem Kriterium ,Niveau' der Schulbildung.

2.4. Politisch-ideologische Orientierung und Einkommen

Abhängigkeiten, aber ebenfalls nur sehr geringe Zusammenhänge i. S. der Vorhersageverbesserung ergeben sich für die Beziehung zwischen persönlichem- bzw. Haushaltsnetto-Einkommen und politisch-ideologischer Orientierung (vgl. Tabellen 4a und 4b).

Tab. 4a: Kreuztabellierung Politische Ideologie mit persönlichem Netto-Monatseinkommen N = 1108.

Persönliches Monatseinkommen	Gruppen politischer Ideologie			total	
	1. Gruppe	2. Gruppe	3. Gruppe	absol.	proz.
unter 600	183	76	18	277	25.0
600 – 800	129	42	11	182	16.4
800 – 1000	119	59	15	193	17.4
1000 – 1250	88	68	21	177	16.0
1250 – 1500	50	60	13	123	11.1
1500 – 2000	46	39	11	96	8.7
über 2000	32	26	2	60	5.4
total	647	370	91	1108	100.0

$CHI^2 = 50.28$ $p < .01$ $df = 12$ $PHI' = .15$
$$LAMBDA_{AB} = .01 \quad (LAMBDA_A = .00; LAMBDA_B = .02)$$

Tab. 4b: Kreuztabellierung Politische Ideologie mit monatlichem Haushaltsnettoeinkommen N = 1220.

Netto Haushaltseinkommen	Gruppen politischer Ideologie			total	
	1. Gruppe	2. Gruppe	3. Gruppe	absol.	proz.
unter 600	77	16	1	94	7.7
600 – 800	99	24	5	128	10.5
800 – 1000	121	32	6	159	13.0
1000 – 1250	131	73	15	219	18.0
1250 – 1500	107	74	21	202	16.6
1500 – 2000	113	85	25	223	18.3
2000 – 2500	47	51	6	104	8.5
über 2500	43	44	4	91	7.5
total	738	399	83	1220	100.0

$CHI^2 = 91.73$ $p < .01$ $df = 14$ $PHI' = .19$
$$LAMBDA_{AB} = .02 \quad (LAMBDA_A = .02; LAMBDA_B = .01)$$

Soweit der Zusammenhang überhaupt als interpretierbar angesehen werden kann, sind Personen mit unterdurchschnittlichem Einkommen relativ eher der 1. Gruppe politischer Ideologie zuzuordnen, solche mit überdurchschnittlichem Einkommen eher der 2. Gruppe. Personen des dritten Typus politisch-ideologischer Orientierung verteilen sich nach dem Schlüssel der Gesamtstichprobe, soweit sie hier betrachtet werden kann, auf die verschiedenen Einkommensgruppen.

2.5.   Politisch-ideologische Orientierung und Wohnortregion (Bundesland)

Die in Tabelle 5 wiedergegebene Aufschlüsselung der Häufigkeiten, mit der die Personen unserer Stichprobe nach den Bundesländern ihres Wohnortes in den Gruppen politischer Ideologie vertreten sind, enthält nur solche Abweichungen von einer relativ gleichmäßigen Verteilung, die nach unserer Konvention als zufällig erklärt werden müssen. Zwischen politisch-ideologischer Orientierung und der Wohnortregion (im Sinne des Bundeslandes) ist ein systematischer Zusammenhang nicht feststellbar.

Tab. 5: Kreuztabellierung Politische Ideologie mit Wohnortregion (Bundesland) N = 1288.

Bundesland	Gruppen politischer Ideologie			total	
	1. Gruppe	2. Gruppe	3. Gruppe	absol.	proz.
Schleswig-Holstein u. Hamburg	50	47	7	104	8.1
Niedersachsen und Bremen	103	50	16	169	13.1
Nordrhein-Westfalen	237	122	31	390	30.3
Rheinland-Pfalz und Saarland	70	22	8	100	7.8
Hessen	66	34	8	108	8.4
Baden-Württemberg	116	58	14	188	14.6
Bayern	145	69	15	229	17.8
total	787	402	99	1288	100.0

$CHI^2 = 15.13$ $p > .05$ $df = 6$ $PHI' = 0.8$

2.6.   Politisch-ideologische Orientierung und Wohnortgröße

Nicht die geografische Region des Wohnortes innerhalb der Bundesrepublik Deutschland, sondern (in gewissem Ausmaß) die Größe des Wohnortes ist mit der politisch-ideologischen Orientierung verbunden: die vier Stufen der Wohnortgröße im Sinne der Anzahl der Einwohner erlauben eine Reduktion der Fehlerwahrscheinlichkeit bei der Vorhersage der Zugehörigkeit zu den Gruppen politischer Ideologie um 5 %. Großstadtbewohner finden sich relativ häufiger in der Gruppe 2 politisch-ideologischer Orientierung, Bewohner kleinerer Städte und ländlicher Gemeinden häufiger in der ersten Gruppe. Mitglieder der Gruppe 3 sind in keiner der Kategorien der Wohnortgröße mit relativ größerer Häufigkeit zu finden.

Tab. 6: Kreuztabellierung Politische Ideologie mit Wohnortgröße (Einwohnerzahl) N = 1334.

Wohnortgröße Anzahl der Einwohner)	Gruppen politischer Ideologie			total	
	1. Gruppe	2. Gruppe	3. Gruppe	absol.	proz.
über 1 Million	44	72	9	125	9.4
100 000 bis 1 Million	234	121	30	385	28.9
2000 bis 100 000	373	194	53	620	46.5
unter 2000	147	45	12	204	15.3
	798	432	104	1334	100.0

$CHI^2 = 50.91$ $p < .01$ $df = 6$ $PHI' = .14$
$LAMBDA_{AB} = .02$ ($LAMBDA_A = .00$; $LAMBDA_B = .05$)

Betrachtet man die Bewertungen der einzelnen politischen Schlüsselwörter, fällt auf, daß der steigenden Wohnortgröße, wie sie durch die vier Kategorien dieses Merkmals repräsentiert ist, keine monoton verlaufenden Trends der Bewertungsmaße gegenüberstehen. Bewohner von Städten mit über 100 000 Einwohnern bewerten die Begriffe ‚Mitbestimmung' und ‚Sozialdemokratie' positiver (‚Sozialdemokratie' besonders jene in Städten mit 100 000 bis 1 Million Einwohner), während speziell von Bewohnern der Städte mit mehr als 1 Million Einwohnern die Begriffe ‚Kirche' weniger positiv, ‚Kommunismus' weniger negativ und ‚Nationalsozialismus' negativer bewertet werden. Bewohner kleiner Gemeinden stehen dem Begriff ‚Toleranz' (im Vergleich zu allen anderen Gruppen) weniger positiv gegenüber und beim Begriff ‚Wohlstand' stimmen Bewohner von Millionen-Städten mit jenen kleineren Gemeinden (zumindest formal) in einer weniger positiven Bewertung überein.

2.7. Politisch-ideologische Orientierung und Konfession

Für den Zusammenhang zwischen politischer Ideologie und Konfessionszugehörigkeit weisen unsere Daten eine durchschnittliche Vorhersage-Verbesserungsrate von nahezu zehn Prozent aus. Aus Tabelle 7 ist zu erkennen,

Tab. 7: Kreuztabellierung Politische Ideologie mit Konfessionszugehörigkeit
N = 1304.

Konfession	Gruppen politischer Ideologie			total	
	1. Gruppe	2. Gruppe	3. Gruppe	absol.	proz.
evangelisch	353	219	54	626	48.0
katholisch	426	150	41	617	47.3
keine	6	46	9	61	4.7
total	785	415	104	1304	100.0

$CHI^2 = 89.76$ $p < .01$ $df = 2$ $PHI' = .19$
$$LAMBDA_{AB} = .09 \quad (LAMBDA_A = .11; \; LAMBDA_B = .08)$$

daß in Gruppe 1 unserer Typenreihe politisch-ideologischer Orientierung Katholiken relativ (und auch absolut) überwiegen und Konfessionslose stark unterrepräsentiert sind, während Gruppe 2 durch ein Überwiegen von Protestanten und relativ starken Anteilen der Konfessionslosen gekennzeichnet ist. Die Häufigkeitsverteilung hinsichtlich der Konfessionszugehörigkeit innerhalb der dritten Gruppe politisch-ideologischer Orientierung entspricht etwa der in der Gesamtstichprobe.

Bei Berücksichtigung der relativ sehr kleinen Unter-Stichprobe der Konfessionslosen (N = 80) kann für diese Gruppe bei der Bewertung der einzelnen politischen Schlüsselwörter eine negativere Bewertung der Konzepte ‚Kirche‘, ‚Wohlstand‘ und ‚Nation‘, sowie eine positivere von ‚Mitbestimmung‘ konstatiert werden, während Katholiken die Begriffe ‚Sozialdemokratie‘ und ‚Kommunismus‘ negativer bewerten als Protestanten und Konfessionslose.

2.8. Politisch-ideologische Orientierung und Parteipräferenz

Nach den einleitend erwähnten Befunden, die in der Literatur berichtet werden, ist – zumindest für unsere große, hinsichtlich aller möglichen Beschreibungsmerkmale sehr heterogenen Befragungsstichprobe (vgl. auch nächstes Kapitel) – kein bemerkenswerter Zusammenhang zwischen politisch-ideolo-

398

gischer Orientierung und Parteipräferenz zu erwarten. Die in Tabelle 8 wiedergegebenen Kontingenzen belegen die Unangemessenheit dieser Annahme.

Tab. 8: Kreuztabellierung Politische Ideologie mit Parteipräferenz N = 1119.

Parteipräferenz	Gruppen politischer Ideologie			total	
	1. Gruppe	2. Gruppe	3. Gruppe	absol.	proz.
CDU/CSU	404	57	32	493	44.1
SPD	223	307	46	576	51.5
FDP	26	19	5	50	4.5
total	653	383	83	1119	100.0

$CHI^2 = 222.12$ $p < .01$ $df = 4$ $PHI' = .32$

$LAMBDA_{AB} = .26$ $(LAMBDA_A = .33; LAMBDA_B = .18)$

Die Fehlerwahrscheinlichkeit bei der Vorhersage der Parteipräferenz unserer Befragungspersonen wird durch die Information über deren Zugehörigkeit zu den Haupttypen politisch-ideologischer Orientierung um 33 % reduziert; die Vorhersageverbesserung in umgekehrter Richtung beträgt immerhin noch 18 %.

Angehörige der ersten Gruppe politischer Ideologie präferieren mit hoher Wahrscheinlichkeit die CDU/CSU, noch klarer favorisieren die in der Gruppe 2 zusammengefaßten Personen die SPD. Mitglieder der Gruppe 3 lassen gegenüber der Verteilung in der Gesamtstichprobe keine abweichende Bevorzugung einer der drei Parteien erkennen.

Während Sympathisanten der FDP sich etwa gleichanteilig aus allen drei politisch-ideologischen Lagern rekrutieren, entweder unserer Typenreihe gegenüber der FDP insensitiv (etwa durch die mangelnde Auswahl relevanter politischer Schlüsselwörter) oder die FDP ideologisch vieldeutig ist, werden die Parteigänger der Unionsparteien relativ scharf unter jenen identifiziert, die die 1. Gruppe politisch-ideologischer Orientierung konstituieren. Diejenigen, die eine SPD-Wahl in Aussicht stellten, sind zwar relativ und absolut am stärksten durch Personen der zweiten Gruppe charakterisiert, bei einem insgesamt überhöhten Anteil der SPD-Befürworter (in unserer Stichprobe) finden sich unter ihnen jedoch auch nicht unerhebliche Anteile von Personen der beiden übrigen politisch-ideologischen Orientierungen.

Zur näheren Beschreibung der Bewertungsmuster politischer Schlüsselwörter der Sympathisanten der drei Parteien sind in Tabelle 9 die jeweiligen Mittelwerte für alle Begriffe des Werteinventars einschließlich der varianzanalytischen Gruppenvergleiche (mit ETA^2, das den Prozentanteil der Varianzaufklärung anzeigt) wiedergegeben.

Tab. 9: Mittelwerte der Wertkonzepte-Beurteilungen durch Personengruppen, die nach der Parteipräferenz der Befragten gebildet wurden; varianzanalytische Prüfung auf Unterschiede zwischen den Gruppen bezüglich der einzelnen Wertkonzepte N = 1521 (total) (1 = Pol positiver Bewertung, 7 = Pol negativer Bewertung).

Wert-Konzept	Mittelwerte der Wertkonzepte Beurteilungen nach Parteipräferenz			F	p	ETA^2
	CDU/ CSU	SPD	FDP			
Abrüstung	2.00	1.84	1.95	3.77	$<$.05	.01
Demokratie	1.90	1.81	1.86	1.92	$>$.05	.00
Diktatur	5.77	5.94	5.81	2.96	$>$.05	.00
Fortschritt	2.16	2.07	2.18	1.64	$>$.05	.00
Kirche	2.02	2.70	2.57	54.98	$<$.01	.07
Kommunismus	5.78	5.03	5.36	46.89	$<$.01	.06
Mitbestimmung	2.21	1.83	2.13	25.07	$<$.01	.03
Nation	2.52	2.73	2.49	6.80	$<$.01	.01
National- sozialismus	5.53	5.65	5.82	1.83	$>$.05	.00
Sozialdemokr.	3.06	1.96	2.30	201.28	$<$.01	.21
Toleranz	1.91	1.78	1.73	3.51	$<$.05	.01
Wohlstand	2.27	2.42	2.41	3.81	$<$.05	.01
N (1521)	620	828	73			

Wenngleich die durch die Parteipräferenz aufgeklärten Anteile an der Varianz der Bewertungsmaße für die politischen Schlüsselwörter (ETA^2) mit Ausnahme (naheliegenderweise) der Bewertung des Begriffs ‚Sozialdemokratie' nicht sonderlich hoch erscheinen, sollen dennoch die Hauptdifferenzen bei den Begriffen ‚Kirche', ‚Kommunismus' und noch ‚Mitbestimmung' lokalisiert werden. CDU/CSU-‚Wähler' bewerten den Begriff ‚Kirche' positiver als die Sympathisanten der beiden anderen Parteien, sowie ‚Kommunismus' negativer als diese, insbesondere gegenüber den Anhängern der SPD. Beim Begriff ‚Mitbestimmung' findet sich eine positivere Bewertung auf Seiten der potentiellen SPD-Wähler, wobei aber auch hier, wie bei den vorhergenannten und allen anderen ‚politischen Schlüsselwörtern' ein grundsätzlicher Unterschied in der Bewertung*richtung* nicht feststellbar ist.
Die Abweichung des Ergebnisses über den Zusammenhang von Parteipräferenz und politisch-ideologischer Orientierung von der Annahme der Unab-

hängigkeit, die mit den in der Literatur berichteten Befunden begründet war, kann durch unsere Daten nicht hinreichend erklärt werden. Es erscheint jedoch sinnvoll, die Ursache in der (abweichenden) Form der Konzeptualisierung und Operationalisierung von ‚politisch-ideologischer Orientierung‘ zu suchen.

3. POLITISCHE IDEOLOGIE UND STELLUNGNAHMEN ZU THEMEN DER AUSSENPOLITIK

In naiver Betrachtungsweise mag es trivial erscheinen, Null-Hypothesen über den Zusammenhang von Reaktionen auf ein (außen)politisches Problem mit der politischen Ideologie dazu befragter Personen zu prüfen. Es erscheint eher sinnvoll, aus der Qualität solcher Reaktionen politische Ideologie (in der breiten Begriffsfassung, an der wir uns orientieren) zu (re)konstruieren.
Bei genauerer Beobachtung scheint dieser Zusammenhang für Eliten einer Nation auch feststellbar (Angell 1964 – Dunham 1964 – Singer 1964; Angell u. Singer 1964). Angell u. Singer (1964) glauben sogar konstatieren zu können, daß diese Beziehung von sozialen Wertvorstellungen nicht nur mit Einstellungen, sondern auch mit der Außenpolitik eines Landes (demonstriert am Beispiel der USA und USSR) selbst gilt.
Für den weitaus größten Teil der Bevölkerungen (westlicher Staaten) allerdings dürfte Sears' (1969) Feststellung zutreffen: „In broad terms, there can be little dispute about the generalization that few citizens organize their political ideas in an abstract ideological framework recognizable to sophisticated political thinkers“ (p. 332). Bei einem (für die US-amerikanische Gesellschaft) häufig festgestellten äußerst geringen Informiertheitsgrad hinsichtlich politischer Phänomene (vgl. Sears 1969, 324 ff.), betreffen politische Probleme breite Teile der Bevölkerung nicht zentral; für ein und denselben Gegenstand werden eine ganze Palette von Meinungen bereitgehalten (Bogart 1967; vgl. das Merkmal der ‚Irrationalität internationaler Einstellungen‘, diskutiert bei Scott 1958); die Wahrnehmung der Position der präferierten politischen Partei wirkt als Strukturierungselement der eigenen Meinung (Literaturübersicht bei Sears 1969, 333 ff.) – was in besonderem Maße, im Sinne einer Selbstverpflichtung, für die ‚Repräsentanten‘ der politischen Parteien gilt (Archibald, Ekman u. Stone 1963, nach Rosenberg 1965).
Es entspricht der Trennung von ‚general public‘ und ‚attentive public‘ bei der Analyse der Beziehung zwischen politischer Ideologie und Reaktionen auf außenpolitische Probleme, wenn den Befunden von Campbell et al. (1960), die bei nationalen Zufallsstichproben keine Beziehungen zwischen Konservatismus (McClosky 1958) und Autoritarismus (F-Skala, Adorno et al. 1950) mit Meinungen zu speziellen Problemen internationaler Beziehungen fanden, die von Putney u. Middleton (1962) und Chesler u. Schmuck (1964) gegenübergestellt werden können. Putney u. Middleton (1962) fanden bei liberal

versus konservativ orientierten *studentischen Extremgruppen* unterschiedliche Bewertungen verschiedener Aspekte des (kalten) Krieges. Ebenfalls bei Studenten, bei sehr konkreten Reaktionsalternativen bezüglich der amerikanischen Außenpolitik in der Kuba-Krise, stellten Chesler u. Schmuck (1964) für Personen mit unterschiedlichen Reaktionstendenzen („we should have invaded long ago" oder „we and the OAS should invade now" – „we should drop the blockade and turn the problem over to the UN" oder „we should establish friendly relations with Castro") erhebliche Unterschiede bei der Messung liberaler versus konservativer Ideologie (PEC-Skala, Adorno et al. 1950) fest.

Politisch-ideologische Orientierung i. S. der klassischen amerikanischen Konservatismus-Liberalismus-Dichotomie (vgl. Campbell et al. 1960; Converse 1964) weist nach Hero (1969) für Bürger der Vereinigten Staaten stärkere Bezüge zu innenpolitischen als zu außenpolitischen Problemen auf. Die Selbstidentifikation der Befragten bei nationalen Surveys zwischen 1937 und 1967 als konservativ oder liberal ging (im Zeitverlauf) in verschieden starkem Ausmaß, insgesamt aber nur gering ausgeprägt mit bestimmten Mustern außenpolitischer Einstellungen einher. (Zur zeitlichen Inkonstanz der ideologiespezifischen Konzeptualisierung von Politik vgl. auch Field u. Anderson 1969.) Liberale bzw. konservative Einstellungen zu innerstaatlichen Problemen waren meist nur sehr schwach mit entsprechenden Einstellungen im Bereich von Außen- und internationaler Politik verbunden, mit der Ausnahme jener Einstellungen, die Fiskalpolitik, das Erziehungswesen und die Rassenbeziehungen betrafen. Insbesondere liberale versus konservative Einstellungen zu Problemen der ethnischen Gruppen erwiesen sich für die Beurteilung der Außenpolitik als Prädiktoren, denen höhere Vorhersagekraft zukam als sozialen und demografischen Indikatoren.

Im Hinblick auf gemeinsame, zugrundeliegende Persönlichkeitsdispositionen hat McClosky (1967) die Kovariation politischer Ideologie mit einem speziellen Aspekt außenpolitischer Orientierung, dem amerikanischen Isolationismus untersucht. Er fand z. T. bemerkenswert unterschiedliche Reaktionstendenzen auf dieser Einstellungsdimension bei liberal oder konservativ orientierten Personen, solchen mit unterschiedlicher Bewertung demokratischer Ideale (Gleichheit, Freiheit, Toleranz) und jenen, die extreme, rechts- oder linksradikale politische Positionen einnahmen. Diese ideologisch-außenpolitischen Einstellungssysteme waren bei einer Stichprobe politischer Funktionäre deutlicher erkennbar als bei einer für die Bevölkerungspopulation repräsentativen Befragten-Stichprobe.

Wir werden im folgenden prüfen, ob für die von uns gewählte, primär empirisch begründete Differenzierung von Haupttypen ideologischer Orientierung die Annahme einer Unabhängigkeit dieser von konkreten Stellungnahmen zum deutsch-polnischen Verhältnis in der Gesamtstichprobe (d. h. für alle jene Personen, die dieser Typenreihe zugeordnet werden konnten), aufrechtzuerhalten ist.

3.1. Politisch-ideologische Orientierung und Einstellung zur Ostpolitik sowie Konfliktbereitschaft gegenüber Polen

Die in Tabellen 9 und 10 wiedergegebenen Maße der ‚Einstellung zur Ostpolitik' und der ‚Konfliktbereitschaft gegenüber Polen' lassen zwei Hauptergebnisse erkennen: die Gruppen 1 und 3 politisch-ideologischer Orientierung unterscheiden sich nicht hinsichtlich der hier gemessenen Einstellungen.

Tab. 9: Mittelwerte (M) und Streuungen (SD) der Einstellungsmaße zur Ostpolitik für die 3 Gruppen politischer Ideologie; varianzanalytischer Vergleich.

Gruppen politischer Ideologie	,Einstellung zur Ostpolitik'			Varianz	MSQ	df	F	ETA^2
	M	SD	N					
1. Gruppe	2.73	0.68	798	Zwischen	63.57	2	151.98	0.186
2. Gruppe	2.06	0.57	433	Innerhalb	0.42	1332	$p<.01$	
3. Gruppe	2.63	0.66	104					

Tab. 10: Mittelwerte (M) und Streuungen (SD) der Maße der ‚Konfliktbereitschaft gegenüber Polen' für die 3 Gruppen politischer Ideologie; varianzanalytischer Vergleich.

Gruppen politischer Ideologie	,Konfliktbereitschaft gegenüber Polen'			Varianz	MSQ	df	F	ETA^2
	M	SD	N					
1. Gruppe	3.17	0.63	798	Zwischen	74.15	2	184.12	0.217
2. Gruppe	3.89	0.65	433	Innerhalb	0.40	1332	$p<.01$	
3. Gruppe	3.18	0.63	104					

Die Gruppe 2 allerdings weicht erheblich von den beiden anderen ab: ihre ‚Mitglieder' beurteilen die Ostpolitik entschieden positiver und sind erheblich weniger konfliktbereit gegenüber Polen. Die Differenzierung der Personen unserer Stichprobe nach den Typen politisch-ideologischer Orientierung klärt 17 bzw. 21 Prozent der Varianz der Einstellungsmaße, beträchtliche Anteile also, auf.

3.2. Politisch-ideologische Orientierung und Stellungnahmen zu konkreten Meinungsgegenständen der deutsch-polnischen Beziehungen

3.2.1. Bewertung des Vertrages

Verschiedene Aspekte der Bewertung des Vertrages zwischen der Bundesrepublik Deutschland und der Volksrepublik Polen vom 7. 12. 1970 werden in den Fragen 10, 11, 12 und 16 thematisiert. Die Häufigkeiten, mit denen die Personen der drei Gruppen politisch-ideologischer Orientierung jeweils die verschiedenen Antwortalternativen gewählt haben, sind in Tabellen 11 bis 14 wiedergegeben.

‚Wie Sie ja wissen, wurde im November 1970 der deutsch-polnische Vertrag geschlossen; wie würden Sie diesen Vertrag bezeichnen?'

Tab. 11: Kreuztabellierung Politische Ideologie mit der Kennzeichnung des Vertrages entsprechend Frage 10. N = 1316.

	Gruppen politischer Ideologie			total	
	1. Gruppe	2. Gruppe	3. Gruppe	absol.	proz.
vorläufige Grenzregelung	611	293	76	980	74.5
endgültiger Friedensvertrag	174	136	26	336	25.5
total	785	429	102	1316	100.0

$CHI^2 = 13.27$ $p < .01$ $df = 2$

Unter Berücksichtigung der weit überwiegenden Einschätzung des Charakters der Grenzregelung durch den Vertrag als ‚vorläufige Grenzregelung' bei der Bevölkerung der Bundesrepublik Deutschland, ist feststellbar, daß in Gruppe 1 die Tendenz verstärkt ausgeprägt erscheint, aus der Information über den Vertrag den Vorläufigkeitscharakter der Grenzregelung herzuleiten, während Gruppe 2 relativ häufiger die Endgültigkeit der Grenzziehung durch den Vertrag betont. Die dritte Gruppe politisch-ideologischer Orientierung unterscheidet sich bei der Beurteilung der zeitlichen Fixierung der Verbindlichkeit der Grenzregelung nicht von der Gesamtstichprobe.

‚Wie bewerten Sie diesen Vertrag?'

Tab. 12: Kreuztabellierung Politische Ideologie mit der Vertragsbewertung entsprechend Frage 11. N = 1313.

	Gruppen politischer Ideologie			total	
	1. Gruppe	2. Gruppe	3. Gruppe	absol.	proz.
als Chance für die Zukunft	254	198	34	486	37.0
als ‚Anerkennung der Realitäten'	223	186	33	442	33.7
als Verrat an den Flüchtlingen und Heimatvertriebenen	118	10	9	137	10.4
als endgültigen Verlust	187	36	25	248	18.9
total	782	430	101	1313	100.0

$CHI^2 = 113.01$ $p < .01$ $df = 6$

Die stärker emotionale Tönung der Vertragsbewertung ist für die Personen der 2. Gruppe politisch-ideologischer Orientierung in einer Akzentuierung der Aspekte ‚Chance für die Zukunft' und ‚Anerkennung der Realitäten' erkennbar, während die Gruppe 1 relativ häufiger den ‚Verrat an den Flüchtlingen und Heimatvertriebenen' und den ‚endgültigen Verlust' feststellt. Gruppe 3 ist auch in dieser Hinsicht der Vertragsbewertung nicht von der Gesamtstichprobe verschieden. Es verdient festgehalten zu werden, daß die Vorgaben ‚Chance für die Zukunft' und ‚Anerkennung der Realitäten' in allen drei Gruppen politischer Ideologie eine Mehrheit finden.

Nicht eindeutig für alle Befragten festlegbar ist die Reaktion auf die Frage nach dem politischen Gewinner der durch den Vertrag abgeschlossenen Verhandlungen zwischen den beiden Staaten.

‚Welche Seite hat nach Ihrer Meinung bei diesem Vertragsabschluß den größeren politischen Gewinn gemacht, die Bundesrepublik Deutschland oder die Volksrepublik Polen?'

Tab. 13: Kreuztabellierung Politische Ideologie mit der Einschätzung des politischen Gewinns entsprechend Frage 12. N = 1317.

	Gruppen politischer Ideologie			total	
	1. Gruppe	2. Gruppe	3. Gruppe	absol.	proz.
Bundesrepublik Deutschland	96	61	8	165	12.5
Volksrepublik Polen	472	153	58	683	51.9
keine von beiden	221	212	36	469	35.6
total	789	426	102	1317	100.0

CHI² = 70.75   p<.01   df = 6

Die Bundesrepublik Deutschland wird in keiner der politisch-ideologischen Gruppierungen mit bemerkenswerter Häufigkeit als Gewinner gesehen. Während dieser von der Gruppe 1 überwiegend in der Volksrepublik Polen geortet wird, entscheidet sich in der 2. Gruppe die Hälfte der Befragten, keine der Vertragsparteien als Gewinner festzustellen.

Die Mehrheit der befragten Personen äußert die Überzeugung, daß der Vertrag nicht nur regional, sondern darüberhinaus für eine Verbesserung der Politik zwischen den Blöcken bedeutsam ist. Soweit die Unterschiedlichkeit der Häufigkeitsverteilungen eine solche Intensitäts-Interpretation zuläßt, wird diese Meinung mit großer Entschiedenheit von der Gruppe 2 politisch-ideologischer Orientierung vertreten, während starke Minoritäten der beiden

405

politisch-ideologisch anders orientierten Personengruppen die nur regionale Bedeutung des Vertrages feststellen.

.Glauben Sie, daß der Vertragsabschluß zwischen Deutschland und Polen auch die Politik zwischen dem östlichen und westlichen Block insgesamt verbessern kann oder halten Sie ihn für ein Ereignis mit eher nur lokaler Bedeutung?'

Tab. 14: Kreuztabellierung Politische Ideologie mit der Einschätzung der regionalen versus lokalen Bedeutung des Vertrages entsprechend Frage 16. N = 1315.

	Gruppen politischer Ideologie			total	
	1. Gruppe	2. Gruppe	3. Gruppe	absol.	proz.
überregionale Bedeutung	458	350	57	865	65.8
nur regionale Bedeutung	326	80	44	450	34.2
total	784	430	101	1315	100.0

CHI^2 = 69.37   p<.01   df = 2

Bei der vermuteten Bewertung des Vertrages durch England, Frankreich und die USA (Frage 14) ergeben sich in jedem Falle Abweichungen von den im Sinne der Nullhypothese der Unabhängigkeit der Variablen erwarteten Häufigkeiten auf dem 1 %-Niveau. Die Majorität der Befragten vermutet jeweils zustimmende Reaktionen auf den Vertragsabschluß. Gruppe 1 ist jeweils überproportional mit der Meinung vertreten, daß diese Länder gleichgültig reagieren, während Gruppe 2 bei dieser Meinungsalternative unterrepräsentiert ist und eine Tendenz erkennen läßt, häufiger zustimmende Reaktion von England, Frankreich und den USA konstatieren zu können. (Wir verzichten hier auf eine Wiedergabe der einzelnen Kontingenztafeln.)
Global betrachtet, können die Beurteilungsdifferenzen zwischen den Gruppen 1 und 2 bei der Bewertung des Vertrages als konsistent im Sinne einer Abwertungstendenz bei der ersten und einer stärker positiv würdigenden Bewertungstendenz bei der zweiten Gruppe politischer Ideologie gewertet werden. Die Gruppe 3 unterscheidet sich nicht in der Verteilung der Wahlhäufigkeiten der einzelnen Antwortalternativen von der Gesamtstichprobe, ist also zwischen den beiden anderen Orientierungen zu lokalisieren; wegen des größeren Anteils von Vertretern der Gruppe 1 an der Gesamtstichprobe dürfte Gruppe 3 allerdings dieser näherstehen (vgl. auch die Befunde bei der ‚Einstellung zur Ostpolitik‘ und der ‚Konfliktbereitschaft gegenüber Polen‘, Kap. 3.1.).

3.2.2. Angestrebte „Unabhängigkeit" der Polen-Politik der Bundesrepublik Deutschland.

Als für politisch-ideologische Orientierungen relevant kann die Empfehlung vermutet werden, die Außenpolitik stärker unabhängig oder stärker an den westlichen Verbündeten zu orientieren (Tabelle 15).

‚Die Bundesrepublik hat in der Außenpolitik verschiedene Möglichkeiten. Sollte sie sich Ihrer Meinung nach bei ihrer Außenpolitik gegenüber Polen stärker an den Vorstellungen der westlichen Verbündeten orientieren – oder sollte sie ihre Außenpolitik gegenüber Polen unabhängiger davon gestalten?'

Tab. 15: Kreuztabellierung Politische Ideologie mit der außenpolitischen Orientierung der deutschen Polen-Politik entsprechend Frage 15. N = 1311.

	Gruppen politischer Ideologie			total	
	1. Gruppe	2. Gruppe	3. Gruppe	absol.	proz.
Orientierung an westlichen Verbündeten	470	185	53	708	54.0
unabhängige Orientierung	311	243	49	603	46.0
total	781	428	102	1311	100.0

$CHI^2 = 32.18$ $p < .01$ $df = 2$

Personen des Typs 1 politisch-ideologischer Orientierung empfehlen relativ und absolut häufiger die Anlehnung an die Verbündeten bei der Polen-Politik, die der Gruppe 2 wünschen mit relativ größerer Häufigkeit und absoluter Mehrheit eine unabhängig von den Verbündeten durchgeführte Politik gegenüber Polen.

3.2.3. Entwicklung der deutsch-polnischen Beziehungen

Einseitige Abrüstungsmaßnahmen (im Kontext der Verbesserung der deutsch-polnischen Beziehungen) werden nur von einer Minderheit der für die Bundesrepublik Deutschland repräsentativen Befragungsstichprobe für richtig gehalten. Unter diesen sind jene, die einseitige Abrüstung ‚erst einmal' von der Gegenseite verlangen beinahe doppelt so häufig wie jene, die die Initiative von ‚uns' befürworten. Wie Tabelle 16 zeigt sind Personen der Gruppe 2 sehr viel weniger häufig geneigt, die ‚Ehrlichkeit der Gegenseite' an deren Abrüstungsmaßnahmen zu prüfen als die Angehörigen der Gruppe 1. Umgekehrt sind sie eher geneigt, mit diesen Maßnahmen auf der eigenen Seite zu beginnen.

‚Welche der drei Meinungen scheint Ihnen zu Verbesserung der Beziehungen Deutschland–Polen richtiger?'

Tab. 16: Kreuztabellierung Politische Ideologie mit Meinungen zur Abrüstung/ Entspannung entsprechend Frage 18. N = 1319.

	Gruppen politischer Ideologie			total	
	1. Gruppe	2. Gruppe	3. Gruppe	absol.	proz.
(A) Wenn wir eine entscheidende Entspannung wünschen, müssen wir von uns aus allein abrüsten und dadurch ein Vorbild geben	75	77	11	163	12.4
(B) Entspannung kann nur in kleinen Schritten vorgenommen werden und auch nur insoweit, wie die Gegenseite mitzieht	493	322	66	881	66.8
(C) Die Gegenseite soll erst einmal beweisen, daß sie es ehrlich meint und mit der Abrüstung beginnen. Erst dann können auch wir abrüsten	219	30	26	275	20.8
total	787	429	103	1319	100.0

$CHI^2 = 81.55$ $p < .01$ df = 4

Für den Fall eines ernsthaften Konfliktes zwischen der Bundesrepublik Deutschland und Polen glaubt eine knappe Mehrheit der Befragten an die bilaterale Begrenzbarkeit dieses Konflikts; fast die Hälfte der befragten Personen hält allerdings in einem solchen Fall die Ausweitung des Konflikts zu einem ernsthaften Konflikt zwischen den Blöcken für wahrscheinlich. Dieses Ergebnis wird nicht beeinflußt von der Art politisch-ideologischer Orientierung der Befragten; es gilt für alle Gruppen politischer Ideologie gleichermaßen (vgl. Tabelle 17).

‚Sollte es in Zukunft zu einem ernsthaften Konflikt zwischen Deutschland und Polen kommen: Glauben Sie, daß dieser wahrscheinlich zwischen beiden Ländern beigelegt werden kann oder daß er auch zu einem ernsthaften Konflikt zwischen den Blöcken führt?'

Tab. 17 Kreuztabellierung Politische Ideologie mit der Einschätzung seiner Begrenzungsmöglichkeit entsprechend Frage 19. N = 1308.

| | Gruppen politischer Ideologie | | | total | |
	1. Gruppe	2. Gruppe	3. Gruppe	absol.	proz.
kann wahrscheinlich lokal beigelegt werden	428	224	60	712	54.4
führt wahrscheinlich zu großem Konflikt	354	201	41	596	45.6
total	782	425	101	1308	100.0

CHI^2 = 1.55   p>.05   df = 2

Bei der konkreten Frage nach der Entwicklung zwischen Deutschland und Polen bis zum Jahr 2000 geht die überwältigende Mehrheit der Befragten davon aus, daß diese im Sinne zunehmender Verständigung oder Toleranz verlaufen wird (Tabelle 18).
Personen der Gruppe 2 politisch-ideologischer Orientierung vertreten diese Auffassung relativ häufiger (vor allem den Aspekt der ‚Verständigung') als jene der Gruppe 1, die relativ häufiger die immobile und konfliktbetonte Alternative betonen.

‚Wie wird Ihrer Meinung nach die Entwicklung zwischen Deutschland und Polen bis zum Jahr 2000 aussehen?'

Tab. 18: Kreuztabellierung Politische Ideologie mit der Perspektive der Entwicklung der Beziehungen entsprechend Frage 20. N = 1318.

| | Gruppen politischer Ideologie | | | total | |
	1. Gruppe	2. Gruppe	3. Gruppe	absol.	proz.
als zunehmende Verständigung	323	260	46	629	47.7
der Unterschied/Gegensatz bleibt, doch man toleriert sich gegenseitig	292	139	35	466	35.4
gleichbleibend wie heute	146	22	13	181	13.7
als zunehmender Konflikt	28	6	8	42	3.2
total	789	427	102	1318	100.0

CHI^2 = 72.42   p<.01   df = 6

3.2.4. Territoriale Ansprüche

Die überwiegende Mehrheit der Bevölkerung der Bundesrepublik Deutschland ist der Meinung, daß die Gebiete östlich von Oder und Neiße ,eigentlich deutsche Gebiete' sind. Unter dem Aspekt der politisch-ideologischen Orientierung kann dieses Ergebnis für unsere Stichprobe differenziert betrachtet werden (vgl. Tabelle 19).

,In der Vergangenheit gab es zwischen Deutschland und Polen immer wieder Gebietsansprüche unter dem Motto „Recht auf Heimat". Wenn Sie es einmal grundsätzlich betrachten: Sind die fraglichen Gebiete östlich von Oder und Neiße eigentlich polnische oder deutsche Gebiete?'

Tab. 19: Kreuztabellierung Politische Ideologie mit der Kennzeichnung der Gebiete östlich von Oder und Neiße als deutsch oder polnisch (entsprechend Frage 22) N = 1292.

	Gruppen politischer Ideologie			total	
	1. Gruppe	2. Gruppe	3. Gruppe	absol.	proz.
eigentlich polnische Gebiete	122	183	30	335	25.9
eigentlich deutsche Gebiete	652	232	73	957	74.1
total	774	415	103	1292	100.0

$CHI^2 = 113.52 \quad p < .01 \quad df = 2$

Zwar überwiegen die Vertreter dieser Mehrheits-Auffassung in allen drei Gruppierungen politischer Ideologie, sie ist jedoch für die Gruppe 1 in beträchtlich verstärktem Ausmaß charakteristisch, während eine starke Minderheit in der Gruppe 2 der Auffassung ist, jene Gebiete seien ,eigentlich polnisch'.

Wird die Frage so formuliert, daß sich die Befragten entscheiden sollen, der einen oder der anderen Seite das ,Recht auf Heimat' zuzusprechen, so ist ein nicht unbeträchtlich größerer Teil der Personen in allen politisch-ideologischen Gruppen bereit, dieses ,Recht' der polnischen Seite zu attribuieren (vgl. Tabelle 20).

‚Wenn Sie von der heutigen Situation ausgehen, welcher Seite würden Sie heute bezüglich der fraglichen Gebiete östlich von Oder und Neiße eher das „Recht auf Heimat" zusprechen, der polnischen Seite oder der deutschen Seite?'

Tab. 20: Kreuztabellierung Politische Ideologie mit der Zuordnung des ‚Rechts auf Heimat' entsprechend Frage 22a. N = 1311.

	Gruppen politischer Ideologie			total	
	1. Gruppe	2. Gruppe	3. Gruppe	absol.	proz.
der polnischen Seite	236	288	47	571	43.6
der deutschen Seite	545	139	56	740	56.4
total	781	427	103	1311	100.0

$CHI^2 = 155.84$ $p < .01$ $df = 2$

Es sind vor allem die der Gruppe 2 zugehörigen Personen, die weit überwiegend der polnischen Seite das ‚Recht auf Heimat' zusprechen. Vertreter der Gruppe 1 plädieren mit relativ gleicher Häufigkeitsverteilung für die alternative Auffassung, daß das ‚Recht auf Heimat' der deutschen Seite zuzusprechen sei. Ihr zahlenmäßiges Überwiegen in der Bevölkerung der Bundesrepublik Deutschland bewirkt das Übergewicht der Repräsentanz dieser Meinung in der Population.

4.   VORURTEIL UND POLITISCH-IDEOLOGISCHE ORIENTIERUNG

Ohne hier die berichteten Befunde zur Differenziertheit der Art der Stellungnahmen zu Problemen des deutsch-polnischen Verhältnisses zu einer weitergehenden Präzisierung der Charakterisierungen unserer Haupttypen politisch-ideologischer Orientierung heranziehen zu wollen, liegt es nahe, die den Typ 1 der Klassifikation konstituierenden Personen (im Verhältnis zu denen der 2. Gruppe) in ihrer Mehrheit als Vertreter stärker konservativ-nationalbetonter Einstellungen und Werthaltungen anzusehen.
Die im Beitrag über die Urteilsdifferenziertheit xenophil vs. vorurteilsvoll klassifizierter Personen diskutierten Befunde zum nationalistisch-ethnozentrisch-autoritären Einstellungssyndrom (S. 354 f.) legen es nahe, einen Zusammenhang zwischen Vorurteil (gegenüber fremden Völkern) und politisch-ideologischer Orientierung zu vermuten (vgl. auch Rosenberg 1956; Worchel 1967; Lemberg 1971) – zumal die Stellungnahmen zu Problemen des deutsch-polnischen Verhältnisses für die nach der Vorurteils-Dimension klassifizier-

ten Personen in ähnlicher Richtung variierten wie die der Gruppen politischer Ideologie. Tabelle 21 enthält die Kontingenzen für die Kategorien dieser beiden Variablen.

Tab. 21: Kreuztabellierung Politische Ideologie mit dem Vorurteilskriterium (generalisierte Einstellung zu fremden Völkern) N = 1329.

	Gruppen politischer Ideologie			total	
	1. Gruppe	2. Gruppe	3. Gruppe	absol.	proz.
xenophil					
1. Quartil	197	106	26	329	24.8
2. Quartil	193	111	28	332	25.0
3. Quartil	205	115	27	347	26.1
4. Quartil	199	99	23	321	24.1
xenophob					
total	794	431	104	1329	100.0

$CHI^2 = 1.19$ $p > .05$ $PHI' = .02$

Die Abweichungen von den auf der Annahme der Unabhängigkeit der Variablen basierenden Erwartungswerten sind so gering, daß Annahmen über einen Zusammenhang zwischen politisch-ideologischer Orientierung und xenophiler vs. vorurteilsvolle Einstellung keinerlei empirische Stütze finden. Soweit dieses Ergebnis nicht durch die Art der Operationalisierung der beiden Variablen zu relativieren ist, kann festgestellt werden, daß die von uns beobachteten, ähnlich gerichteten Reaktionstendenzen für politisch-ideologische Orientierung und Vorurteil (gegenüber fremden Völkern) durch verschiedene psychische und/oder soziale Prozesse vermittelt werden.

5.   ZUSAMMENFASSUNG

Die Relevanz von Kriterien demografisch und sozial definierter Gruppenzugehörigkeit für die politisch-ideologischen Orientierungen einer Stichprobe von Personen, die für die Bundesrepublik Deutschland als repräsentativ gelten kann, ist durch unsere Daten für die einzelnen verwendeten Kriterien in unterschiedlichem Ausmaß belegt.
Während die Zusammenhänge zwischen den beiden ersten Gruppen politischer Ideologie mit Geschlecht, Alter und Konfession der Befragten als schwach aber relativ problemlos interpretierbar erschienen, und die festgestellte Abhängigkeit mit Merkmalen sozialer Schicht (Schulbildung und Einkommen) und Wohnortgröße zwar tendenziell bestimmbar, jedoch nur

von sehr geringem Ausmaß ist, läßt sich kein Zusammenhang mit der Region des Wohnortes (im Sinne eines Bundeslandes, in dem der Wohnort liegt) erkennen.

Die Parteipräferenzen der in den Gruppen 1 und 2 zusammengefaßten Personen sind entgegen der begründeten Erwartung deutlich voneinander verschieden; ebenso erklärt die Gruppierung der politisch-ideologischen Orientierungen beträchtliche Anteile an der Varianz der Maße für die ‚Einstellung zur Ostpolitik' und der ‚Konfliktbereitschaft gegenüber Polen'.

Bei den Stellungnahmen zu Fragen des deutsch-polnischen Verhältnisses läßt sich zeigen, daß sie nicht als unabhängig von der politisch-ideologischen Orientierung der befragten Personen angesehen werden können: Personen der ersten Gruppe bevorzugen konsistent häufiger Alternativen, die als durch konservativ-nationalbetonte Vorbehalte implizierend gekennzeichnet werden können.

Alle Differenzierungen beziehen sich primär auf die Gruppen 1 und 2 der politisch-ideologischen Orientierungen. Gruppe 3 weicht selten von der Verteilung innerhalb der Gesamtstichprobe ab. Da diese (wegen ihrer größeren zahlenmäßigen Repräsentanz) stärker von der die Gruppe 1 konstituierenden Personen bestimmt ist, kann eine gewisse Affinität der Gruppen 1 und 3 konstatiert werden.

Die naheliegende Annahme eines Zusammenhangs der so spezifiziert charakterisierten politisch-ideologischen Orientierungen mit xenophil versus vorurteilsvoll klassifizierten Einstellungen findet in unseren Daten keine Bestätigung.

LITERATUR

Adorno, T. W., Frenkel-Brunswik, E., Levinson, D. J. u. Sanford, R. N. 1950. The authoritarian personality. New York: Harper and Row.
Angell, R. C. 1964. Social values and foreign policy attitudes of Soviet and American elites; I. Social values of Soviet and American elites: Content analysis of elite media. Journal of Conflict Resolution 8, 330–385.
Angell, R. C. u. Singer, J. D. 1964. Social values and foreign policy attitudes of Soviet and American elites; III. Comparison of the two studies. Journal of Conflict Resolution 8, 486–491.
Bogart, L. 1967. No opinion, don't know, and maybe no answer. Public Opinion Quarterly 31, 331–345.
Boshier, R. W. 1969. A study of the relationship between selfconcept and conservatism. Journal of Social Psychology 77, 139–140.
Campbell, A., Converse, P. E., Miller, W. E. u. Stokes, D. E. 1960. The american voter. New York: Wiley.
Chesler, M. u. Schmuck, R. 1964. Student reactions to the cuban crisis and public dissent. Public Opinion Quarterly 28, 467–482.
Converse, P. E. 1964. The nature of belief systems in mass publics. In: Apter, D. E. (ed.): Ideology and discontent. New York: Free Press, 206–261.

DiRenzo, G. J. 1967. Personality, power and politics: A social psychological analysis of the Italian deputy and his parliamentary system. Notre Dame (Ind.): University of Notre Dame Press.

Dunham, V. S. 1964. Social values and foreign policy attitudes of Soviet and American elites; I. Insights from Soviet literature. Journal of Conflict Resolution 8, 386–410.

Eckhardt, W. u. Alcock, N.Z. 1970. Ideology and personality in war/peace attitudes. Journal of Social Psychology 81, 105–116.

Etzioni, A. 1969. Social-psychological aspects of international relations. In: Lindzey, G. u. Aronson, E. (eds.): The Handbook of Social Psychology. Reading (Mass.): Addison-Wesley, Vol. V, 538–601.

Field, J. O. u. Anderson, R. E. 1969. Ideology in the public's conceptualization of the 1964 election. Public Opinion Quarterly 33, 380–398.

Fink, H. C. u. Hjelle, L. A. 1973. Internal-external control and ideology. Psychological Reports 33, 967–974.

Flacks, R. 1967. The liberated generation: An exploration of the roots of student protest. Journal of Social Issues 23, 52–75.

Gordon, L. V. 1972. Value correlates of student attitudes on social issues: A multination study. Journal of Applied Psychology 56, 305–311.

Hays, W. L. u. Winkler, R. L. 1971. Statistics: Probability, inference, and decision. New York: Holt, Rinehart and Winston.

Hero, A. O. Jr. 1969. Liberalism – conservatism revisited: Foreign vs. domestic federal policies, 1937–1967. Public Opinion Quarterly 33, 399–408.

Kerpelman, L. C. 1968. Personality and attitude correlates of political candidate preference. Journal of Social Psychology 76, 219–226.

Lazarsfeld, P. F., Berelson, B. u. Gaudet, H. 1948. The people's choice. New York (2nd ed.) (dtsch: Wahlen und Wähler. Neuwied 1969).

Lemberg, E. 1971. Ideologie und Gesellschaft. Stuttgart.

Leventhal, H., Jacobs, R. u. Kudirka, N. 1964. Authoritarianism, ideology, and political candidate choice. Journal of Abnormal and Social Psychology 69, 539–549.

Lienert, G. A. 1973. Verteilungsfreie Methoden in der Biostatistik, Band I. Meisenheim am Glan.

Lipset, S. M. 1960. Political man. Garden City (N. Y.): Doubleday.

McClosky, H. 1958. Conservatism and personality. American Political Science Review 52, 27–45.

McClosky, H. 1967. Personality and attitude correlates of foreign policy orientation. In: Rosenau, J. N. (ed.): Domestic sources of foreign policy. New York: Free Press, 51–109

Miller, W. E. 1967. Voting and foreign policy. In: Rosenau, J. N. (ed.): Domestic sources of foreign policy. New York: Free Press, 213–230.

Putney, S. u. Middleton, R. 1962. Some factors associated with student acceptance or rejection of war. American Sociological Review 27, 655–667.

Rosenberg, M. 1956. Misanthropy and political ideology. American Sociological Review 21, 690–695.

Rosenberg, M. J. 1965. Images in relation to the policy process. American public opinion on cold war issues. In: Kelman, H. C. (ed.): International behavior. New York: Holt, Rinehart and Winston. 278–334.

Rossi, P. H. 1966. Trends in voting behavior research: 1933–1963. In: Dreyer, E. C. u. Rosenbaum, W. A. (eds.): Political opinion and electoral behavior. Belmont (Calif.): Wadsworth, 67–78.

Scott, W. 1958. Rationality and non rationality of international attitudes. Journal of Conflict Resolution 2, 8–16.

Sears, D. O. 1969. Political behavior. In: Lindzey, G. u. Aronson, E. (eds.): The Handbook of Social Psychology. Reading (Mass.): Addison Wesley, Vol. V. 315–458.

Singer, J. D. 1964. Social values and foreign policy attitudes of Soviet and American elites; II. Soviet and American foreign policy attitudes: Content analysis of elite articulations. Journal of Conflict Resolution 8, 424–485.

Smith, M. B. 1968. A map for the analysis of personality and politics. Journal of Social Issues 24, 3, 15–28.

Thomas, L. E. 1970. The I-E-scale, ideological bias, and political participation. Journal of Personality 38, 273–286.

Worchel, P. 1967. Social ideology and reactions to international events. Journal of Conflict Resolution 11, 414–430.

10. AUSSENPOLITISCHE EINSTELLUNG
DER VERTRIEBENEN ALS FUNKTION VON DISKRIMINIERUNG

von H. H. Hapke

1.   PROBLEMSTELLUNG

Die Ergebnisse sozialwissenschaftlicher Beschäftigung mit der Vertriebenenproblematik in der Bundesrepublik können nicht befriedigen. Mit mehr oder weniger differenzierten Antworten auf die Frage, ob sich Vertriebene eigentlich (noch) von den Einheimischen unterscheiden, schien die Neugier der Sozialwissenschaften ziemlich regelmäßig erschöpft. Gleichwohl hätten die Resultate der immer wieder durchgeführten Meinungsumfragen etwa zur Frage der Oder-Neiße-Linie durchaus stutzig machen können. Wie beispielsweise war der stets sichtbar gewordene „harte" außenpolitische Kurs der Vertriebenen in der Oder-Neiße-Frage, nämlich die Forderung, die Ostgebiete nicht aufzugeben, mit ihrer schon frühzeitig ausgesprochen geringen Rückkehrbereitschaft im Falle einer Wiedereingliederung der Ostgebiete zu vereinbaren?

Die populäre Erklärung dieses Phänomens verwies auf die *emotionale Bindung* der Vertriebenen an ihre ehemalige *Heimat,* die auch bei vermeintlich fortschreitender *sozialer Integration* in der Bundesrepublik andauerte. Im Rückblick hat man fast den Eindruck, als sei diese Erklärung für beide Seiten tabu gewesen; den Einheimischen erlaubte sie den sorglosen Glauben an ein schnelles Fortschreiten der sozialen Integration der Vertriebenen; den Vertriebenen, die sich stillschweigend auf die Legitimität emotionaler Heimatbindungen berufen durften, gestattete sie die Beibehaltung ihrer Forderungen nach einem harten Kurs.

Wenn diese einleitenden Vermutungen zutreffen, dann müssen sich die Sozialwissenschaften den Vorwurf gefallen lassen, sich gegenüber direkten und indirekten Interesseneinflüssen nicht ausreichend emanzipiert zu haben. Sozialwissenschaftliche Studien über Vertriebene waren in der Regel solche über deren soziale Integration. Zumindest im Hintergrund war dabei die Frage erkennbar: Wie weit ist die Integration der Vertriebenen fortgeschritten? Auch wenn ein bekannter ausländischer Politiker gesagt haben soll, die größte Leistung der jungen Bundesrepublik sei nicht das sogenannte Wirtschaftswunder, sondern das Aufsaugen von Millionen von Vertriebenen gewesen, konnte der Stand der Integration durchaus unterschiedlich beurteilt werden.

So sehr die Auffassungen darüber auch divergierten, so wenig wurde die Frage der *Diskriminierung* von Vertriebenen seitens der einheimischen Bevölkerung losgelöst vom Problem der Integration gestellt. Diskriminierung schließt Integration aus; insofern ist die Frage der Diskriminierung der Vertriebenen tatsächlich mit der nach ihrer Integration verknüpft. Wenn in sozialwissenschaftlichen Studien die Frage der Diskriminierung von Vertriebenen angeschnitten wurde, dann unter dem Aspekt des Widerspruches von Diskriminierung und Integration; das heißt: dann nur, um aus der Intensität von Diskriminierung auf den Grad der Integriertheit zu schließen.

Diskriminierung umschreibt aber mehr als lediglich einen Widerspruch zur Integration. Als gedanklichen Gegenpol zum Konzept der Diskriminierung kann man sich dasjenige der *Privilegierung* vorstellen: beide Konzepte beziehen sich nicht nur auf die soziale Ungleichheit der Verteilung von Belohnungen (all das, was man irgendwie gern hätte), sondern darüber hinaus auf die *Kriterien* dafür. Unter *sozialer Gleichheit der Verteilungskriterien* wäre eine Situation zu verstehen, in der die Erlangung von Belohnungen ausschließlich an prinzipiell von jedem erfüllbare Voraussetzungen gebunden ist. Diskriminierung äußert sich gerade darin, daß bestimmte Voraussetzungen für die Erlangung von Belohnungen von bestimmten Personen auch prinzipiell nicht mehr erfüllt werden können, z. B. weil ein *zugeschriebenes* Merkmal (etwa: Beruf des Vaters, Hautfarbe – also ein nichterwerbbares und damit für den einzelnen unabänderliches Merkmal) Verteilungskriterium wird.

Löst man das Diskriminierungskonzept zumindest vorläufig auf diese Weise ab vom Konzept der Integration, erschließt sich ein ganz anderer – und mir scheint: sozialwissenschaftlich ergiebigerer – Problemhorizont; man wird fragen beispielsweise nach den Ursachen von Diskriminierung und der Reaktion der Betroffenen darauf. Wenn es stimmt, daß im Verlauf von Diskriminierungsprozessen typischerweise zugeschriebene, also unabänderliche Merkmale Kriterien für die (ungleiche) Verteilung von Belohnungen werden, dann dürfte gerade die Frage nach der Reaktion der Betroffenen auf Diskriminierung besonders interessant sein: ist es den Betroffenen doch unmöglich, den Besitz des betreffenden Merkmals und somit die zumindest unmittelbare Ursache der Diskriminierung aus dem Weg zu räumen.

Eine prinzipiell denkbare Reaktion auf Diskriminierung ist in einem solchen Fall der Abbruch der sozialen Beziehungen zum Diskriminierenden durch den Diskriminierten. Dieser Weg ist Vertriebenen, sollten sie als solche diskriminiert werden, verschlossen: sie sind auf ihre Integration in die Gesellschaft der Bundesrepublik angewiesen. Welche Reaktionsmöglichkeiten bleiben ihnen dann?

Die folgenden Überlegungen versuchen nun, die Forderungen der Vertriebenen an die Adresse der außenpolitischen Akteure der Bundesrepublik sowie ihre Einstellungen zum deutsch-polnischen Verhältnis als Reaktion der Vertriebenen auf Diskriminierung seitens der Einheimischen zu deuten. Als „erklärender" Faktor werden folglich nicht emotionale Heimatbindungen, sondern die gesellschaftliche Lage der Vertriebenen angenommen; angestrebt wird letztlich eine im engen Sinne soziologische Erklärung. Belegt werden die behaupteten Zusammenhänge mit Hilfe einer repräsentativen Meinungsumfrage zum „Warschauer Vertrag" (deutsch-polnischer Vertrag vom 7. Dezember 1970)[1].

2. GESELLSCHAFTLICHE LAGE UND POLITISCHE FORDERUNGEN DER VERTRIEBENEN: THESEN UND TESTS

2.1 Die gesellschaftliche Lage der Vertriebenen

Die nationale Zugehörigkeit von Interaktionspartnern (von Leuten, mit denen man irgendwie Kontakt hat) muß als Determinante für deren soziale Beziehungen zueinander verstanden werden; daran läßt schon die Alltagserfahrung keinen Zweifel. Die Kenntnis der Nationalität des Interaktionspartners oder auch die bloße Vermutung darüber löst Erwartungen über die Eigenschaften und damit das Verhalten des andern aus. In Verbindung mit dem Bild, das sich jemand nicht zuletzt aufgrund der eigenen Nationalität von sich selbst macht, resultieren aus diesen Erwartungen spezifische Verhaltensweisen. Nationale *Auto- und Heterostereotype* (von solchen spricht die So-

---

[1] Der Artikel kann als Quintessenz einer *anderen* Arbeit des Verfassers gelten und stützt sich auf die Auswertung einer Meinungsumfrage zum deutsch-polnischen Verhältnis, die im Sommer 1972 im Rahmen eines durch die Deutsche Gesellschaft für Friedens- und Konfliktforschung ermöglichten Forschungsprojektes durchgeführt wurde. Es soll nicht verheimlicht werden, daß sich die Konzeption des verwendeten Fragebogens keineswegs von der Problemstellung diese Beitrages leiten ließ, was zu einer Reihe methodischer Schwierigkeiten führte, die, so darf man wohl sagen, risikomindernd in dem Sinne gelöst wurden, daß die Gefahr des Verwerfens einer Nullhypothese so klein wie möglich blieb. (Die vorgeschlagenen Hypothesen zur Erklärung der politischen Forderungen der Vertriebenen entstammen also dem Versuch, vorliegenden Daten Sinn abzugewinnen; nicht etwa wurde das Erhebungsinstrumentarium zum Zweck des Tests der hier aufgestellten Hypothesen entworfen.) Um der Argumentation dieses Artikels trotz dieser methodischen Schwierigkeiten ein Höchstmaß an Transparenz zu sichern, wird im folgenden auf die Erörterung dieser Probleme fast völlig verzichtet. Der interessierte Leser muß diesbezüglich ebenso wie hinsichtlich einer eingehenderen Darstellung der bisherigen sozialwissenschaftlichen Beschäftigung mit der Vertriebenenproblematik auf die diesem Artikel zugrundeliegende Arbeit des Verfassers verwiesen werden (Hans H. Hapke, Einheimische und Vertriebene: Soziologische Aspekte ihrer Einstellungen zum deutsch-polnischen Verhältnis, unveröffentlichte Diplomarbeit, Institut für vergleichende Sozialforschung der Universität zu Köln, Köln 1973). Über-

zialpsychologie hier), unter Umständen auch Autoheterostereotype (die Erwartungen, die ein Individuum hinsichtlich seiner eigenen Eigenschaften bei einem andern erwartet) helfen also zu erklären, warum sich Interaktionspartner verschiedener Nationalität auf ganz bestimmte Weise zueinander verhalten.

Die gemeinten Auto- und Heterostereotype knüpfen selbstverständlich zunächst an Nationalität im juristischen Sinne, also Staatsangehörigkeit an. Juristisch ist Nationalität ein qualitatives Merkmal: man hat die eine oder die andere Staatsangehörigkeit. Soziologisch gesehen muß es sich damit nicht ebenso verhalten; vielmehr scheint Nationalität als Bezugsrahmen für die Gestaltung sozialer Interaktion häufig als graduelle Eigenschaft interpretiert zu werden: das Kind einer spanischen mit einem Deutschen verheirateten „Gastarbeiterin" kann zweifelsfrei die deutsche Staatsangehörigkeit besitzen, ohne daß es von den Einheimischen als ihresgleichen behandelt wird; es ist eben „fast" ein Spanier, und an ihm erkennen die Einheimischen zumindest andeutungsweise all diejenigen Eigenschaften wieder, die sie bei Spaniern schlechthin entdecken.

Nicht nur in einem solch relativ krassen Fall erweist sich Nationalität als graduell gedeutetes soziales Merkmal. Die Mitglieder einer komplexen Gesellschaft wachsen stets nur in Subsystemen dieser Gesellschaft auf, in einer Region mit ganz bestimmter Wirtschaftsstruktur, in einer spezifischen sozioökonomischen Lage, in einer Familie mit einer von vielen vorfindbaren verschiedenen Einstellungen zu Kirche und Religion usw. Gesellschaften sind strukturiert; d. h.: die Mitglieder einer Gesellschaft besitzen soziale Merkmale typischerweise nicht in irgendeiner zufälligen Kombination. Vielmehr trifft man beispielsweise bestimmte religiöse Vorstellungen besonders häufig in Regionen mit ganz bestimmter Wirtschaftsstruktur und dort wiederum vor allem in Familien einer bestimmten sozioökonomischen Schicht an. So kann man im Rahmen einer einzelnen Gesellschaft sich voneinander mehr oder weniger unterscheidende regionale, soziale „Klimata" ausmachen: eben regionale *gesellschaftliche Subsysteme,* die jeweils spezifische Typen von soziokulturellen Persönlichkeiten hervorbringen.

Die Mitglieder dieser Subsysteme sind sich solcher Unterschiede bewußt; sie entwickeln entsprechend verschiedene Stereotype für die Bewohner der

haupt ist der Verfasser davon ausgegangen, daß der Leser dieses Artikels nicht unbedingt mit der sozialwissenschaftlichen Terminologie vertraut ist. Nicht zuletzt aus diesem Grunde wird in dieser Arbeit mit Literaturverweisen sehr sparsam umgegangen werden.

Da im Datensatz der analysierten Meinungsumfrage nur zwischen einheimischer Bevölkerung und Vertriebenen aus den heute polnischen Ostgebieten unterschieden werden konnte, wurden alle Thesen lediglich anhand von Vertriebenen aus diesen Gebieten getestet, auch wenn dies nicht immer hervorgehoben wurde.

einzelnen Regionen (man kennt die Eigenschaften, die zum Beispiel Ostfriesen, Bayern oder Berlinern zugeschrieben werden). Auch haben die Mitglieder der verschiedenen regionalen Subsysteme spezifische Vorstellungen ihrer eigenen Eigenschaften. Da sie sich aber als Mitglieder nicht nur des betreffenden Subsystems, sondern auch der Gesamtgesellschaft fühlen (Sozialpsychologen würden sagen: sie definieren sowohl Subsystem als auch Gesellschaft als Wir-Gruppe), und da sie die Eigenschaften, die sie sich als Bewohner einer bestimmten Region zuschreiben, in aller Regel positiver bewerten als die (vermuteten) Eigenschaften der Bewohner anderer Regionen – man könnte hier von einer Art *regionalem Ethnozentrismus* sprechen –, tendieren sie dazu, sich selbst für die typischen Repräsentanten der Gesamtgesellschaft zu halten. Das hat für die sozialen Beziehungen zwischen Personen unterschiedlicher regionaler Herkunft prinzipiell dieselben Konsequenzen wie für die Interaktion von Personen unterschiedlicher (juristischer) Nationalität. In dem Maße, wie Merkmale, die nach allgemeinem Dafürhalten den Vertreter einer bestimmten Nation charakterisieren, *graduell* besessen werden können, ist es daher sinnvoll, auch Personen gleicher juristischer Nationalität noch nach ihrer *sozialen Nationalität* zu differenzieren. Der Begriff der sozialen Nationalität soll daran erinnern, daß im Bewußtsein einer Gesellschaft deren einzelnen Mitgliedern von jeweils anderen Mitgliedern ein und dieselbe (juristische) Nationalität mit durchaus unterschiedlicher Eindeutigkeit zuerkannt wird. Deswegen wird im folgenden seltener von Nationalität als von nationaler Identität die Rede sein; der Gedanke des graduellen Charakters von Nationalität läßt sich nach meinem Empfinden leichter mit dem Begriff der nationalen Identität vereinbaren.
Wir wissen, daß die Nationalität von Interaktionspartnern eines derjenigen Merkmale darstellt, die in einer Gesellschaft mit besonders hoher Wahrscheinlichkeit zu Kriterien ungleicher Verteilung von Belohnungen werden. Mit anderen Worten: zumindest in komplexeren Gesellschaften werden Individuen je nach Nationalität diskriminiert oder privilegiert. Da wir den Nationalitätsbegriff nicht mehr rein juristisch begreifen wollen, kann man folgern: In dem Maße, wie ihre unterschiedliche nationale Identität erkennbar beziehungsweise die Konformität ihrer nationalen Identität nicht zweifelsfrei geklärt ist, müssen Individuen erwarten, diskriminiert zu werden[1a].

Solche Befürchtungen müßten auch Vertriebene haben, wenn unsere Argumentation stichhaltig ist. Denn die wirtschaftliche Struktur ihrer ehemaligen Heimat, ihre Sprache, ihre gesamte Kultur unterschied sich in vieler Hinsicht von derjenigen der Regionen ihrer neuen Heimat, so daß Einheimische sie kaum als typische Deutsche einstufen konnten. Aber mehr noch: zweifels-

---

[1a] Eine umfangreiche Übersicht diesbezüglicher Forschungsresultate liefern B. Berelson – G. A. Steiner, Human Behavior – An Inventory of Scientific Findings, New York 1964, Chapter 12 (S. 493–525).

frei hat ein großer Teil der Vertriebenen vor 1945 bestenfalls nur für eine kurze Zeit die deutsche Staatsangehörigkeit besessen[2]. Sie haben sich daher, so könnte man sagen, in den Augen vieler Einheimischer noch gar nicht richtig als Deutsche qualifiziert. Frühere Forschungsresultate ergaben, daß Einheimische kaum zwischen Vertriebenen und Flüchtlingen zu unterscheiden vermögen[3]; es ist danach nicht damit zu rechnen, daß sie zwischen Vertriebenen originär deutscher und anderer Staatsangehörigkeit differenzieren. Wenn zudem auch solche ursprünglich deutscher Staatsangehörigkeit noch als wenig typische Deutsche empfunden werden, kann man eher erwarten, daß Einheimische die nationale Identität der Vertriebenen als Deutsche schlechthin in Zweifel zogen bzw. sogar noch ziehen. Die Wahrscheinlichkeit, daß Individuen zweifelhafter nationaler Identität tatsächlich diskriminiert werden, scheint von einer Reihe im folgenden darzustellender Faktoren abzuhängen.

Völker neigen zum *Ethnozentrismus:* diejenigen Eigenschaften, die sie sich selbst zuschreiben, bewerten sie in aller Regel positiver als diejenigen, die sie anderen Völkern zuschreiben. Die Bevölkerung der Bundesrepublik macht da keine Ausnahme, wie Umfrageergebnisse und Alltagserfahrung immer wieder bestätigen. In dem Maße, wie Ethnozentrismus beobachtet werden kann, bedeuten Zweifel an der nationalen Identität einer Bevölkerungsgruppe auch Zweifel an deren positiven Qualitäten. Zweifellos steigt die Wahrscheinlichkeit der Diskriminierung anderer umso stärker, für je überlegener man sich selbst hält. Daraus ist zu folgern: Je ausgeprägter ethnozentrische Tendenzen bei Einheimischen, desto eher wird die zweifelhafte nationale Identität der Vertriebenen durch Diskriminierung negativ sanktioniert (bestraft).

Zweifel an der nationalen Identität der Vertriebenen bedeuten im Ausmaß ethnozentrischer Tendenzen bei Einheimischen eine Distanz zur nationalen Konformität. Eine solche Distanz kann, aber muß nicht eine Annäherung des Stereotyps der Vertriebenen an das anderer Völker bedeuten: Ob Einheimische eine solche Annäherung vornehmen, läßt die bisherige Umfrageforschung meiner Kenntnis nach (merkwürdigerweise!) offen. Sollte hier wieder ein Forschungsproblem tabuisiert worden sein? Unsere Alltagserfahrung sagt uns jedoch, daß Einheimische Vertriebene stereotyp osteuropäischen Völkern annähern.

Wenn Einheimische Vertriebene tatsächlich als Fast-Osteuropäer empfinden, wenn sie also Vertriebene stereotyp mit ähnlichen Eigenschaften belegen wie Osteuropäer, dann stellt sich die Frage nach deren vermeintlichen Merk-

---

[2] Über die Frage der Herkunft der Vertriebenen informiert Hans W. Schoenberg, Germans From the East, Den Haag 1970, Chapter 2.

[3] Vgl. H. Treinen, Soziologische Aspekte der Integration der Vertriebenen, in: Loccumer Protokolle 19/67, Die Vertriebenen in der Bundesrepublik, herausgegeben von der Pressestelle der Evangelischen Akademie Loccum.

malen. Denn in diesem Falle müssen die Vertriebenen umso eher Diskriminierung befürchten, je negativer das Stereotyp der Einheimischen hinsichtlich der Osteuropäer ist.

Das sogenannte *West-Ost-Gefälle* der nationalen Stereotype ist der Sozialpsychologie seit langem bekannt[4]. Deutsche bewerten ihre östlichen Nachbarn einheitlich negativer als andere Völker. Diese Erfahrung bestätigte auch das Forschungsprojekt, dem die vorliegende Arbeit entspringt. Man kann also davon ausgehen, daß die stereotype Annäherung der Vertriebenen an Osteuropäer seitens der Einheimischen den Vertriebenen weitere Diskriminierungssorgen bereitet hat bzw. noch bereitet.

Neben diesen allgemeineren Faktoren, die auf eine Diskriminierung der Vertriebenen hinwirken, muß ferner ein situationsspezifischer Faktor erwähnt werden, nämlich derjenige der wirtschaftlichen Konkurrenz zwischen Einheimischen und Vertriebenen in der Nachkriegsperiode. Die Vertriebenen reagierten auf die erzwungene Verlagerung ihres Wohnsitzes und den Verlust ihrer wirtschaftlichen Existenzgrundlage keineswegs mit Resignation. Im Gegenteil: sozialwissenschaftliche Analysen deuten an, daß „erzwungene räumliche Mobilität unter materiellen und symbolischen Verlusten und ihre staatliche Kompensation besonders starke „Motoren" des sozio-ökonomischen Aufstiegs[5]" werden können. Die wirtschaftliche Aktivität der Vertriebenen, die sich außerdem wesentlicher materieller staatlicher Unterstützung erfreuten, muß einer Situation des wirtschaftlichen Neubeginns wenig wohlwollende Blicke von Einheimischen auf sich gezogen haben.

Wir wollen nun im folgenden versuchen, die im Laufe der Jahre erhobenen außenpolitischen Forderungen der Vertriebenen aus ihrer gesellschaftlichen Lage zu erklären, und haben im Hinblick auf diese eine Argumentation aufgebaut, die zeigt, wie es zur Diskriminierung der Vertriebenen kommen konnte. Daß die Vertriebenen tatsächlich einmal diskriminiert wurden, kann nicht geleugnet werden[6]. Wir wollen aber politische Forderungen der Vertriebenen der Gegenwart (bzw. der jüngsten Vergangenheit) erklären und müssen daher fragen: Werden Vertriebene auch heute noch diskriminiert?

Diese Frage ist anhand der sozialwissenschaftlichen Literatur äußerst schwierig zu beantworten. Obwohl sich Einheimische und Vertriebene auch heute noch meßbar voneinander unterscheiden, neigen Sozialwissenschaftler dazu,

---

[4] Vgl. z. B., K. Singh Sodhi – R. Bergius, Nationale Vorurteile, Berlin 1953. K. C. Becker, Einstellungen deutscher Schüler gegenüber Franzosen, Polen und Russen, in: Kölner Zeitschrift für Soziologie und Sozialpsychologie, Band 22 (1970), S. 737 ff.

[5] B. Buchhofer – J. Friedrichs – H. Lüdtke, Junge Vertriebene: Abschied vom politischen Erbe, in: Aus Politik und Zeitgeschichte, Beilage zur Wochenzeitung „Das Parlament" vom 8. 4. 1972, herausgegeben von der Bundeszentrale für politische Bildung, Bonn, S. 35.

[6] Vgl. H. Treinen, a.a.O.; K. Hinst, Das Verhältnis zwischen Westdeutschen und Flüchtlingen, Bern 1968.

die Integration der Vertriebenen als abgeschlossen zu betrachten. Dies würde gegen die Vermutung andauernder Diskriminierung sprechen. Man darf jedoch nicht übersehen, daß die Feinheit des sozialwissenschaftlichen Instrumentariums, von dessen Anwendung man sich die Beantwortung der Frage der Integration erhoffte, dem äußerst subtilen Charakter möglicher Formen der Diskriminierung nach meinem Dafürhalten keineswegs entsprach.

Man sollte daher die Frage der Integration noch nicht zu den Akten legen. Es muß jedenfalls überraschen, daß 40 % aller Einheimischen von mindestens einem Bekannten oder Verwandten wissen, daß es sich dabei um einen Vertriebenen handelt. Ich schließe daraus, daß die Vertriebeneneigenschaft auch heute noch ein weithin beachtetes Kriterium zur sozialen Klassifikation von Individuen darstellt. Wo ein solches Kriterium im Bewußtsein der Bevölkerung anzutreffen ist, dürfte sich in der Regel auch soziales Verhalten nach wie vor daran orientieren.

Glücklicherweise verlangt die Lösung unseres Problems, politische – speziell außenpolitische – Forderungen der Vertriebenen heute aus ihrer gesellschaftlichen Lage zu erklären, nicht unbedingt eine Antwort auf die Frage, ob Vertriebene noch diskriminiert werden, so daß wir unsere weitere Argumentation nicht auf Spekulationen aufzubauen brauchen. Erinnern wir nochmals präziser an unser Analyseziel: Die politischen Forderungen der Vertriebenen sollen verstanden werden als Reaktion auf ihre gesellschaftliche Lage: Wenn Vertriebene im behaupteten Sinne darauf reagieren, dann reagieren sie zunächst auf ihre gesellschaftliche Lage, wie sie sich ihnen darstellt; sie reagieren also zunächst auf das Bild, das sie sich von ihrer gesellschaftlichen Lage machen. Die Sozialpsychologie weiß, daß zwischen einer solchen Wahrnehmung und der Realität lange Zeit beträchtliche Diskrepanzen bestehen können. In einem solchen Fall setzt sich ein Wirkungsmechanismus in Gang, den das oft so genannte Thomas-Theorem (nach seinem Autor W. J. Thomas) beschreibt: „If man define their situations as real, they are real in their consequences[7]." Für unser Problem heißt das: Wenn Vertriebene befürchten, diskriminiert zu werden, verhalten sie sich, als würden sie diskriminiert.

Aus drei Gründen kann man damit rechnen, bei Vertriebenen auch heute noch Diskriminierungsbefürchtungen anzutreffen:

Erstens sind sich Bevölkerungsgruppen zweifelhafter nationaler Identität schon aufgrund des gesunden Menschenverstandes der Gefahr der Diskriminierung bewußt;

zweitens sind Vertriebene erwiesenermaßen lange Zeit diskriminiert worden, das so geschaffene Mißtrauen dürfte die tatsächliche Diskriminierung lange überleben;

drittens unterscheiden so viele Einheimische auch heute noch zwischen Einheimischen und Vertriebenen, daß Grund für die Vermutung besteht, daß

---

[7] Zitiert nach L. Coser, The Functions of Social Conflict, New York 1956, S. 107.

Vertriebene immer noch – wenn auch eventuell in sehr subtiler Form – anders als Einheimische behandelt werden. Die dritte Überlegung führten wir bereits oben an; nachdem wir den Argumentationsweg über das Thomas-Theorem beschritten haben, bleibt unser Erklärungsansatz selbst dann sinnvoll, wenn sich die Vermutung des Andauerns der Diskriminierung von Vertriebenen als unhaltbar herausstellen sollte.

Wenn also die Vermutung fortdauernder Diskriminierung der Vertriebenen ruhig ein wenig spekulativ bleiben darf, fände unser Erklärungsansatz eine wesentliche Stütze, würde es gelingen, Diskriminierungsbefürchtungen bei Vertriebenen empirisch nachzuweisen. Ein solcher Nachweis erscheint mit Hilfe von Daten aus unserer Umfrage möglich, obwohl eine Erhebung diesbezüglicher Daten gar nicht beabsichtigt worden war.

In dem bei dieser Umfrage verwendeten Fragebogen wurden die Befragten in zwei voneinander unabhängigen Kontexten zu einer Selbsteinstufung auf zwei verschiedenen Skalen aufgefordert, die erkennen lassen konnten, ob es sich bei dem Befragten um einen Einheimischen oder Vertriebenen aus den früher deutschen, heute polnischen Ostgebieten handelte. Die erste diesbezügliche Selbsteinstufung erfolgte zu Beginn, die zweite erst gegen Ende des recht umfangreichen Interviews. War der Befragte Vertriebener, wurde weiter nach den Umständen der Vertreibung gefragt, beispielsweise danach, ob er in den Ostgebieten oder im „Westen" aufgewachsen sei. Ferner wurde auf einer der beiden Skalen festgehalten, wenn der Befragte zwar Einheimischer (d. h. hier geboren und aufgewachsen), jedoch direkter Nachkomme von Vertriebenen aus den heute polnischen Ostgebieten war.

Da außerdem die üblichen soziographischen Daten der Befragten registriert wurden, ergaben sich folgende drei Möglichkeiten, die Widerspruchsfreiheit der Selbsteinstufungen zu kontrollieren:

- bei allen Befragten durch einen Vergleich der Selbsteinstufung als Einheimischer bzw. Vertriebener aus den Ostgebieten auf den beiden diesbezüglichen Skalen;

- bei Personen, die sich als Vertriebene in diesem Sinne ausgaben, jedoch sagten, sie seien hier aufgewachsen, durch einen Vergleich mit dem Geburtsjahr;

- bei Personen, die sich als direkter hier geborener Nachkomme von Vertriebenen in diesem Sinne bezeichneten, ebenfalls durch einen Vergleich mit dem Geburtsjahr.

Eine ursprünglich eher zufällig angestellte Kontrolle der Widerspruchsfreiheit der Angaben der Befragten förderte erstaunliche Resultate zutage; so

- verweigerten zunächst von 1853 Befragten 118 Personen (= 7 %) die Antwort auf die Frage, ob sie selbst Vertriebener aus den heute polnischen Ostgebieten oder Sowjetzonen- bzw. DDR-Flüchtling seien, ob zu ihrem Verwandten- oder Bekanntenkreis Vertriebene zählten oder nicht;

- bestritten 104 Befragte einmal, in den Ostgebieten aufgewachsen zu sein, obwohl sie dies ein anderes Mal selbst angegeben hatten;

- behaupteten 33 Personen, die zum Zeitpunkt der Befragung über 50 Jahre alt waren, also spätestens 1921 geboren wurden und somit 1945, zum frühestmöglichen Vertreibungsdatum, 24 Jahre oder älter waren, im Westen aufgewachsene Vertriebene oder hier geborene Nachkommen von Vertriebenen zu sein;

- bezeichneten sich bei einer ersten Frage 70, bei einer zweiten Frage nur noch 3 Befragte als DDR-Flüchtlinge.

Daraus ergibt sich eine beachtenswerte Schlußfolgerung: In mindestens 255 Fällen (= 14 %) kann die Herkunft der Befragten nicht einwandfrei geklärt werden. Dieser Anteil ist enorm, wenn man ihn mit dem derjenigen vergleicht, die sich widerspruchsfrei als in den Ostgebieten aufgewachsene Vertriebene (155 Personen = 8 %) beziehungsweise als im Westen geboren und aufgewachsene Nachkommen von Vertriebenen aus den Ostgebieten (31 Personen = 2 %) einstufen. 137 Personen verstrickten sich nachweisbar in Widersprüche: teilweise geben sie einmal an, in den heute polnischen Ostgebieten aufgewachsen zu sein, bestreiten dies aber beim zweitenmal; teilweise geben sie konsequent an, im Westen aufgewachsene Vertriebene zu sein, waren aber 1945 mindestens 24 Jahre alt, so daß man auch bei großzügiger Auslegung des Begriffs des Aufwachsens diese Selbsteinstufung nicht mehr als angemessen akzeptieren kann; teilweise bezeichnen sie sich als im Westen geborene Nachkommen von Vertriebenen, waren aber 1945 ebenfalls mindestens 24 Jahre alt, so daß, falls das Geburtsjahr stimmt, entweder die Angabe, im Westen geboren zu sein, oder die Einstufung als Nachkomme von Vertriebenen nicht der Wirklichkeit entsprechen kann.
Wenn dermaßen hohe Quoten an Antwortverweigerungen und an widersprüchlichen Angaben auftreten, muß man zunächst fragen, ob die verwendeten Skalen der Selbsteinstufung für die Befragten nicht zu schwer verständlich waren. Tatsächlich mag man diesem Faktor vielleicht auch hier eine gewisse Bedeutung zusprechen; alleinige Ursache aber ist er gewiß nicht. Der Umfrageforscher weiß aus Erfahrung, daß er auf schwierige Fragen häufig überhaupt keine oder eine sehr allgemeine Antwort erhält, mit der der Befragte seiner Meinung nach einfach nicht „schief liegen" kann. Bei der Fülle der vorgegebenen Selbsteinstufungsmöglichkeiten ist die Selbsteinstufung als in den heute polnischen Ostgebieten geborener, jedoch im Westen aufgewachsener Vertriebener oder als im Westen geborener und aufgewachsener direkter Nachkomme von Vertriebenen aus den heute polnischen Ostgebieten viel zu differenziert, um bei Inkonsistenzen regelmäßig als Irrtum gedeutet werden zu können.
Wenn die Schwierigkeit der Selbsteinstufung dominante Ursache für das Auftreten von Widersprüchlichkeiten wäre, sollte man annehmen, daß sich irrtümliche Angaben mehr oder weniger zufällig verteilen, d. h. die Häufig-

keit aller denkbaren Kombinationen miteinander unvereinbarer Antworten müßte sich nach den Gesetzen der Wahrscheinlichkeit bestimmen. Dies trifft jedoch im vorliegenden Fall keineswegs zu. Beispielsweise gibt kein Befragter, der nach 1945 geboren wurde, an, in den heute polnischen Ostgebieten aufgewachsen zu sein. Die widersprüchlichen Selbsteinstufungen zeichnen sich offenbar durch asymmetrisches Auftreten aus.

Diese Asymmetrie bestätigt unsere Argumentation gleich auf zweifache Weise: Erstens verwehrt sie die Interpretation inkonsistenter Selbsteinstufungen als durch schwierige Frageformulierungen bedingte Irrtümer; wenn kein Irrtum vorliegt, können widersprüchliche Selbsteinstufungen nur durch bewußt falsche Angaben entstehen: das heißt, Vertriebene bemühen sich, ihre Vertriebeneneigenschaft zu verbergen. Man kann sich für ein solches Verhalten keinen anderen Grund als Diskriminierungsbefürchtungen vorstellen. Die Existenz eben solcher Erwartungen war ja nachzuweisen.

Wertet man den Grad der Offensichtlichkeit bewußt falscher Angaben als Grad der Inkonsistenz, so läßt sich dieser begrenzt als einfacher Indikator der Intensität von Diskriminierungserwartungen einsetzen. Mit anderen Worten: Man kann annehmen, daß mehr oder weniger alle Vertriebenen Diskriminierungsbefürchtungen haben; eine Reihe von ihnen hat dennoch den Mut, die eigene Herkunft offenzulegen. Andere leugnen ihre Herkunft zumindest partiell: vielen von ihnen kann man die Unwahrheit ihrer Angaben nicht ohne weiteres nachweisen; anderen dagegen kann man auf den ersten Blick (zum Beispiel anhand ihres Alters) nachweisen, daß ihre Angaben gar nicht stimmen können. Wenn diese letzteren ihre Herkunft leugnen, obwohl sie doch damit rechnen müssen, daß dies durchschaut wird, so darf man annehmen, daß bei diesen Personen ganz besonders starke Diskriminierungsbefürchtungen im Spiel sein müssen. Im folgenden ist diese Gruppe gemeint, wenn von Vertriebenen mit besonders ausgeprägten Diskriminierungsbefürchtungen die Rede sein wird.

Zweitens spricht die Asymmetrie inkonsistenter Selbsteinstufungen für die Vermutung, daß Vertriebene auch heute noch mit Diskriminierung rechnen müssen. Denn selbst wenn inkonsistente Selbsteinstufungen entgegen dem gerade Gesagtem doch lediglich auf einem Mißverständnis der vorgelegten Frage beruhen, bleibt die Tatsache, daß Personen, die unter Umständen Vertriebene sein könnten, diesen Irrtum sehr viel häufiger zu begehen scheinen als andere. Man kann daraus folgern: Einheimische widmen der Frage nach der Selbsteinstufung als Einheimischer oder Vertriebener größere Aufmerksamkeit; man kann fortfahren: weil sie auf keinen Fall als Vertriebene gelten wollen. Wenn dies zutrifft, kann der Grund für das Bestreben Einheimischer, nicht irrtümlich als Vertriebene zu gelten, nur im Wissen um die Diskriminierung letzterer gesucht werden.

Diskriminierung schafft soziale Distanz und Isolation. Wie sich die durch Diskriminierung geschaffene soziale Isolation äußert, sei anschließend vorgeführt. Je engagierter jemand in einer politischen Frage ist, desto offener und mit desto mehr Nachdruck wird er Partei nehmen[8]. Je weniger soziale Unterstützung jemand für seine politischen Ansichten erwarten kann, desto zurückhaltender wird er sich über Politik äußern[9]. Vertriebene aus den Ostgebieten zeigen sich an den Problemen des Warschauer Vertrages brennend interessiert; soziale Unterstützung für ihre Ansichten wird ihnen seitens der Einheimischen aus zwei Gründen nur wenig zuteil: erstens weil viele von ihnen einen für Einheimische nicht akzeptablen „harten" politischen Kurs gegenüber Polen fordern; zweitens weil sie ungeachtet des Inhalts ihrer politischen Ansichten weitaus stärker engagiert sind als Einheimische (vgl. Tabelle 1). Demzufolge sind Vertriebene hinsichtlich Offenheit und des Nachdrucks, mit denen sie ihre politischen Ansichten artikulieren wollen, gegenläufigen Kräften ausgesetzt: ihr Engagement in der Angelegenheit gebietet nachdrückliches Eintreten für die eigene Meinung, der Mangel an sozialer Unterstützung legt ihnen Zurückhaltung nahe.

Tab. 1: Interesse am Thema Polen.

Interesse am Thema Polen	Konfliktbereitschaft gegenüber Polen						insgesamt	
	niedrig		mittel		hoch			
	Einheimische %	Vertriebene %	Einheimische %	Vertriebene %	Einheimische %	Vertriebene %	Einheimische %	Vertriebene %
sehr stark	19	48	8	21	11	44	14	39
weniger stark	20	6	40	58	40	30	45	41
kaum	53	42	36	11	28	19	27	13
gar nicht	7	4	15	11	21	7	14	7
insgesamt	41	31	21	25	38	45	100	100
Basis (n)	603	48	311	38	553	69	1467	155

Anmerkung: Als Einheimische bzw. Vertriebene werden sich konsistent als solche einstufende Befragte definiert.
Der Einstufung hinsichtlich der Konfliktbereitschaft gegenüber Polen liegt ein Index zugrunde, der 30 Statements nach der Likert-Methode zusammenfaßt. Die Legitimität eines solchen Vorgehens wurde faktoranalytisch überprüft.

[8] E. K. Scheuch, Die Sichtbarkeit politischer Einstellungen im alltäglichen Verhalten, in: E. K. Scheuch – R. Wildenmann (Hrsg.), Zur Soziologie der Wahl, 2. Auflage, Köln – Opladen 1968, S. 199.
[9] E. K. Scheuch, a.a.O., S. 200.

Tab. 2: Vermeintliche Reaktion der Westmächte auf den „Warschauer Vertrag".

vermeintliche Reaktion	Konfliktbereitschaft gegenüber Polen						insgesamt	
	niedrig		mittel		hoch			
	Einhei-mische %	Vertrie-bene %	Einhei-mische %	Vertrie-bene %	Einhei-mische %	Vertrie-bene %	Einhei-mische %	Vertrie-bene %
England								
ist für Vertrag	82	88	67	63	42	36	64	59
ist gleichgültig	16	13	27	37	49	56	31	38
ist gegen Vertrag	2	–	7	–	9	8	6	3
Frankreich								
ist für Vertrag	84	92	66	53	52	36	68	58
ist gleichgültig	13	8	28	47	39	56	26	39
ist gegen Vertrag	3	–	6	–	9	8	6	3
USA								
sind für Vertrag	85	96	71	63	47	41	68	64
sind gleichgültig	12	4	24	32	45	49	27	30
sind gegen Vertrag	4	–	5	5	8	11	6	6
insgesamt	41	32	21	25	37	43	100	100
Basis (n)								
England	600	48	308	38	540	66	1448	152
Frankreich	600	48	307	38	541	66	1448	152
USA	600	48	308	38	540	66	1448	152

Anmerkung: siehe Anmerkung zu Tabelle 1.

Vertriebene – und zwar Befürworter wie Gegner eines „harten" Kurses gegenüber Polen – treten die Flucht nach vorn an; das heißt, sie artikulieren ihren Standpunkt mit Nachdruck – jedoch erst dann, wenn sie ebenso nachdrücklich betonen, der eigene Standpunkt decke sich mit dem der westlichen Bündnispartner der Bundesrepublik. Sie behaupten und unterstreichen diese Kongruenz auch dann, wenn objektiv von einer Ähnlichkeit des eigenen Standpunktes mit dem der westlichen Bündnispartner auch beim besten Willen nicht mehr die Rede sein kann (vgl. Tabelle 2).

Vertriebene werden ein Opfer verzerrter Wahrnehmung *(kognitiver Selektion)*; sie schreiben den westlichen Bündnispartnern dieselbe Haltung zum Warschauer Vertrag zu, die sie selbst beziehen. Freilich lassen sich Tendenzen kognitiver Selektion in dieser Frage auch bei Einheimischen beobachten, bei Vertriebenen treten sie aber sowohl häufiger als auch in krasseren Formen auf. Weil ihnen an einer nachdrücklichen Artikulierung ihres Standpunktes zum Warschauer Vertrag so viel liegt und weil sie seitens der Einheimischen kaum Unterstützung für ihre Ansichten erfahren, holen sie sich, so könnte man formulieren, die Unterstützung, deren sie für eine engagierte Verteidigung ihrer Ansichten bedürfen, bei den westlichen Bündnispartnern. Die erhöhte Wahrscheinlichkeit verzerrter Wahrnehmung dokumentiert das Gefühl, von Einheimischen im Stich gelassen zu werden, und spiegelt so die Isolation der Vertriebenen.

Angesichts der unzweifelhaft positiven politischen Haltung der Westmächte zum Warschauer Vertrag geben sich manche Vertriebene fast der Lächerlichkeit preis, wenn sie beispielsweise behaupten, die USA seien entschiedener Gegner der Ostpolitik der Regierung Brandt/Scheel (vgl. Tabelle 2). Man sollte dies nicht einfach als Folge eklatanter politischer Uninformiertheit abtun; man sollte vielmehr fragen: Was mag Vertriebene, gerade um sich Gehör zu verschaffen, dazu bewegen, in solchem Ausmaß das Risiko politischer Disqualifikation einzugehen?

2.2   Die politischen Forderungen der Vertriebenen: Folge ihrer gesellschaftlichen Lage

Die Vertriebenen waren lange Jahre Prügelknaben bundesrepublikanischer Publizistik. Aus der Tatsache, daß organisierte Vertriebene einer entspannungsorientierten Ostpolitik regelmäßig ablehnender gegenüberstanden als nichtorganisierte[10], schloß man vielerorts auf die „Scharfmacher"-Rolle der Vertriebenenverbände. Wenn Vertriebene ihr Heimatrecht geltend machten, warf man ihnen unrealistische und daher der Bundesrepublik schadende außenpolitische Ambitionen vor. Man hielt zwar ihre emotionalen Bindungen an die alte Heimat für verständlich, beschwor sie jedoch, ihren Erzkonservatismus aufzugeben. Hier soll nicht darüber diskutiert werden, wie weit Vertriebene sich tatsächlich der Idee hingaben, eines Tages in die alte Heimat zurückkehren zu können, oder wie weit Vertriebenenfunktionäre die organisierten Vertriebenen zum „harten" Kurs trieben oder wie sehr Vertriebene noch emotional an die alte Heimat gebunden sind; hier soll vielmehr belegt werden, daß eine Darstellung der politischen Forderungen der Vertriebenen

---

[10] Zuletzt dokumentiert durch eine Repräsentativbefragung von 563 Vertriebenen aus den ehemaligen Ostgebieten durch das Institut für Demoskopie, Allensbach, aus dem Jahre 1972 (unveröffentlicht) sowie eine Repräsentativbefragung unter Vertriebenen aus den Oder-Neiße-Gebieten durch Infas, Bonn–Bad Godesberg, März 1972 (Manuskript unveröffentlicht; Untersuchung im Auftrag des ZDF für dessen Magazin „Kennzeichen D").

mit Hilfe von Konzepten wie Konservatismus, emotionale Heimatbindungen, Realitätsferne usw. zumindest nicht die volle Wirklichkeit abbildet, wenn nicht sogar ausgesprochen unangemessen erscheint.

Darauf hätten die Sozialwissenschaften, wenn sie sich von den Problemstellungen der Nachfrager auf dem Markt für Meinungsforschung unter Vertriebenen stärker emanzipiert hätten, eigentlich sehr bald stoßen können. Bereits 1959 gaben nur noch 38 % aller Vertriebenen an, mit Gewißheit eines Tages in die alte Heimat zurückkehren zu wollen[11]. Bedenkt man, daß gerade ein Jahrzehnt nach der Vertreibung und angesichts der recht häufigen sozialen Konflikte zwischen Einheimischen und Vertriebenen im Alltag eine anderslautende Äußerung in Vertriebenenkreisen geradezu als Ketzerei aufgefaßt werden mußte, so verwundert die unter diesen Umständen als niedrig zu bezeichnende Quote der potentiellen Rückwanderer. Wenn so viele Vertriebene schon so früh nicht mehr in die alte Heimat zurückkehren wollten, muß hinter ihren Forderungen nach Erfüllung ihres Heimatrechtes etwas anderes stehen als eine unrealistische Einschätzung der außenpolitischen Möglichkeiten. Wenn in unserer Meinungsumfrage zwar 92 % der Einheimischen, aber immerhin 80 % der Vertriebenen den Warschauer Vertrag als Besiegelung eines endgültigen Verlustes, Anerkennung der Realitäten oder sogar Chance für die Zukunft deuten (die drei Auffassungen werden von Vertriebenen zu etwa gleichen Teilen vertreten), so spricht auch das keineswegs für einen so ausgeprägten Mangel an Realitätssinn, wie er Vertriebenen typischerweise nachgesagt wurde (vgl. Tabelle 3). Wenn Vertriebene zu 20 % in dem Warschauer Vertrag mehr als doppelt so häufig als Einheimische einen Verrat an Flüchtlingen und Heimatvertriebenen sehen, ist nicht einzusehen, warum sich hierin mangelnder Realitätssinn stärker ausdrücken soll als das schon erwähnte Gefühl, von den Einheimischen prinzipiell im Stich gelassen zu werden.

Tab. 3: Bewertung des Warschauer Vertrages"

„Bewertung des Warschauer Vertrags"	Einheimische %	Vertriebene %
Chance für die Zukunft	40	25
Anerkennung der Realitäten	35	29
Verrat an Flüchtlingen und Heimatvertriebenen	8	20
endgültiger Verlust	18	27
insgesamt	100	100
Basis (n)	1431	154

Anmerkung: siehe Anmerkung zu Tabelle 1.

---

[11] Institut für Demoskopie, Jahrbuch der Öffentlichen Meinung 1958–1964, Allensbach 1965, S. 505.

Zunächst soll hier von uns recht allgemein behauptet werden: Die politischen Forderungen der Vertriebenen sind als Reaktion auf deren gesellschaftliche Lage zu verstehen und nicht als Artikulation tatsächlicher außenpolitischer Ambitionen. Man könnte auch scheinbar paradox formulieren: Die politischen Forderungen der Vertriebenen hinsichtlich der Probleme der Oder-Neiße-Linie haben kein politisches Ziel insoweit, als sie sich nicht auf die Wiedererlangung der Ostgebiete richten.

Die These des unpolitischen Charakters der politischen Forderungen der Vertriebenen ist empirisch in mehreren Kontexten überprüfbar. Unsere Meinungsumfrage erhob unter anderem die Bewertung politisch-ideologischer Konzepte (Fortschritt, Toleranz, Kirche, Demokratie, Diktatur, Nationalsozialismus, Abrüstung, Kommunismus, Nation, Mitbestimmung, Sozialdemokratie) durch die Befragten. Als Bewertungsmaßstab dienten Polaritätenprofile. Zwar erwiesen sich die Zusammenhänge zwischen der Bewertung solcher Konzepte und der Einstellung zum deutsch-polnischen Verhältnis wegen der sehr geringen Variabilität der Meinungen zu den Konzepten (d. h. wegen deren ziemlich einheitlicher Beurteilung) als recht schwach; die Produkt-Moment-Korrelationen zeigten sehr selten eine Varianzreduktion von mehr als 10 % an. Trotzdem läßt sich über die Vereinbarkeit der Daten mit der These des unpolitischen Charakters der politischen Forderungen der Vertriebenen noch eine Entscheidung treffen: Wenn nämlich die Einstellung der Vertriebenen zum deutsch-polnischen Verhältnis zumindest primär keinen (außen)politischen Hintergrund hat, dann sollte bei Vertriebenen eine bestimmte politisch-ideologische Orientierung (gemessen anhand der Beurteilung der politisch-ideologischen Konzepte) noch seltener mit einer bestimmten Einstellung zum deutsch-polnischen Verhältnis einhergehen als bei Einheimischen. Das sollte vor allen Dingen für die politische Forderung der Vertriebenen gelten: für die der Verwirklichung ihrer Heimatrechtes und den daraus abgeleiteten Ansprüchen.

Zum Zeitpunkt unserer Meinungsumfrage zum deutsch-polnischen Verhältnis waren die Einstellungen dazu hochgradig um bestimmte Parteipräferenzen herum polarisiert. Nur 10 % der CDU/CSU-Anhänger fand man im Lager der Befürworter einer kooperationsbereiten Ostpolitik (wobei als kooperationsbereite Ostpolitik im wesentlichen die Ostpolitik der damaligen Regierung Brandt/Scheel definiert wurde), dagegen 65 % der SPD- und 68 % der FDP-Anhänger. (Jeweils ein Fünftel der Anhänger der drei Parteien vertraten wenig entschiedene Standpunkte; vgl. Tabelle 4).

Zu einer solch hochgradigen Polarisierung kann es auf zwei Wegen kommen. Zum einen wirken Parteien als Bezugsgruppen; das heißt: „Parteipräferenz (hat) für den Akteur die Funktion eines Bezugssystems, um neue politische Informationen interpretieren und bewerten zu können"[12]. Fungieren Parteien als Bezugsgruppen, bedeutet dies konkreter, daß sich Individuen bei Bildung

---

[12] E. K. Scheuch, a.a.O., S. 191.

ihrer Meinung zu neuen politischen Fragen sehr stark an die diesbezüglichen Stellungnahmen der von ihnen allgemein präferierten Partei anlehnen. Die Parteipräferenz geht sozusagen der spezifischen politischen Meinung voran.

Tab. 4: Konfliktbereitschaft gegenüber Polen nach Parteipräferenz

Konflikt-bereitschaft gegenüber Polen	Parteipräferenz							insge-samt
	CDU/ CSU %	SPD %	FDP %	NPD %	DKP %	son-stige %	Nicht-wähler %	%
sehr niedrig	3	37	32	–	63	26	7	21
niedrig	7	28	36	–	13	9	17	19
mittel	21	21	19	–	25	26	23	21
hoch	30	11	7	–	–	35	34	20
sehr hoch	39	3	7	100	–	4	19	18
insgesamt	36	48	4	0	1	1	10	100
Basis (n)	620	828	73	4	8	23	164	1720

Anmerkung: Siehe Anmerkung zu Tabelle 1.

Zum anderen kann die Art der Lösung eines neuen politischen Problems für ein Individuum von dermaßen zentraler Bedeutung sein, daß es sich für den Fall, daß seine allgemeine präferierte Partei der eigenen Ansicht widerspricht, zur „Sünde" (E. K. Scheuch) des Wechsels der Parteipräferenz entschließt. Hier, kann man sagen, geht die politische Meinung der Parteipräferenz voran. Beide Wege führen allmählich zur Konsonanz von Parteipräferenz und Standpunkt zu einem spezifischen politischen Problem und – handelt es sich um ein wichtiges Problem, beziehen die einzelnen Parteien hinreichend unterscheidbare Positionen und dauert der Prozeß der Meinungsbildung lange genug – zur Polarisierung gemäß Parteipräferenz.

Anders ausgedrückt: Je wichtiger eine politische Frage für mich ist, je ernster ich meinen Standpunkt nehme, desto eher werde ich versuchen, meine Meinung zum Tragen kommen zu lassen, desto leichter fällt der Wechsel der Parteipräferenz, falls sich meine Meinung nicht mit der meiner sonst präferierten Partei deckt. Die Positionen der Parteien der Bundesrepublik zum Warschauer Vertrag waren eindeutig erkennbar und sind, wie die Polarisierung belegt, auch erkannt worden. Vertriebene versichern häufiger überdurchschnittliches Interesse an den Fragen des deutsch-polnischen Verhältnisses als Einheimische. Nehmen wir entgegen unserer These einmal an, Vertriebene bezweckten mit ihren Forderungen einen bestimmten außenpolitischen Kurs: dann müßte eigentlich bei ihnen eine stärkere Polarisierung der Meinungen zum Warschauer Vertrag gemäß Parteipräferenz zu beobachten sein als bei Einheimischen. Insbesondere sollten sich Gegner des Vertrages bei Vertriebenen noch deutlicher als bei Einheimischen auf die Seite derjenigen Partei stellen, die das Abkommen ablehnte, also auf die der CDU/CSU. In dem Maße, wie der Grad der Polarisierung nach Parteipräferenz bei Vertriebenen hinter demjenigen bei Einheimischen zurückbleibt, muß daran gezweifelt werden, daß die politischen Forderungen der Vertriebenen zum deutsch-polnischen Verhältnis Politisches bezwecken sollen.

Tatsächlich kann beobachtet werden, daß im Vergleich zu Einheimischen eine bestimmte Einstellung zum deutsch-polnischen Verhältnis eher seltener als häufiger zur Präferenz der „angemessenen" Partei führt. Besonders ausgeprägt zeigt sich diese Tendenz ausgerechnet bei den Gegnern des Warschauer Vertrages (vgl. Tabelle 5). Eine Ursache dafür könnte in der konfessionellen Struktur der Vertriebenen begründet sein.

Tab. 5: Konfliktbereitschaft gegenüber Polen nach Parteipräferenz und nach Einheimischen und Vertriebenen.

Konflikt-bereitschaft gegenüber Polen	Parteipräferenz										insge-samt	
	CDU/ CSU		SPD		FDP		andere		Nicht-wähler			
	E %	V %	E %	V %	E %	V %	E %	V %	E %	V %	E %	V %
niedrig	10	8	67	51	66	33	45	–	24	23	41	31
mittel	21	24	19	31	22	–	24	–	50	64	21	25
hoch	69	69	13	18	13	67	31	100	26	14	38	45
insgesamt	36	35	49	46	5	2	1	3	9	15	100	100
Basis (n)	485	51	667	67	64	3	29	2	121	22	1366	145

Anmerkung: siehe Anmerkung zu Tabelle 1.
E = Einheimische   V = Vertriebene

Nur wenige Personen leben in komplexen Gesellschaften in sozialen Milieus, die hinsichtlich ihrer prädisponierenden Kräfte als homogen bezeichnet werden können. Typisch sind vielmehr „cross-pressures": als Träger der einen sozialen Rolle tendieren Individuen zu der einen Partei, als Träger der anderen zu einer anderen. Eine solche cross-pressure-Situation liegt beispielsweise dann vor, wenn Gegner des Warschauer Vertrages evangelischer Konfession sind; die ablehnende Haltung gegenüber dem Warschauer Vertrag nähert sie der CDU/CSU an, ihre Konfession führt sie eher in die Nähe von SPD/FDP. Genau diese cross-pressure-Situation trifft man bei Vertriebenen häufiger an als bei Einheimischen, weil Vertriebene im Vergleich zu den Einheimischen sowohl häufiger den Warschauer Vertrag ablehnen als auch sich häufiger zum Protestantismus bekennen. Da cross-pressures in aller Regel Radikalismus verhindern und offenes Engagement bremsen, könnte es sein, daß viele Gegner des Warschauer Vertrages unter den Vertriebenen durch ihr protestantisches Bekenntnis davon abgehalten werden, für die ihrer politischen Haltung entsprechende Partei einzutreten; dies würde die schwächeren Polarisierungstendenzen bei Vertriebenen erklären.

Ganz abgesehen davon, daß die darin implizierte Dominanz konfessioneller Bindungen nicht gerade für die politische Dringlichkeit der artikulierten Forderungen sprechen würde, findet diese Erklärung in den Daten der Meinungsumfrage zum Warschauer Vertrag keine Unterstützung. Im Gegenteil: auch bei Kontrolle des Faktors Konfession bleibt die eher schwächere Polarisierungstendenz bei Vertriebenen bestehen (vgl. Tabelle 6).

Tab. 6: Konfliktbereitschaft gegenüber Polen nach Konfession, Parteipräferenz sowie Einheimischen und Vertriebenen (Ausschnitt).

Konflikt- bereitschaft gegenüber Polen	Konfession							
	evangelisch				katholisch			
	CDU/CSU		SPD		CDU/CSU		SPD	
	Ein- hei- mische %	Ver- trie- bene %	Ein- hei- mische %	Ver- trie- bene %	Ein- hei- mische %	Ver- trie- bene %	Ein- hei- mische %	Ver- trie- bene %
niedrig	13	8	66	44	9	8	67	55
mittel	26	35	21	37	18	8	19	27
hoch	62	58	13	20	72	83	15	18
insgesamt	26	32	57	50	50	44	38	41
Basis (n)	168	26	369	41	309	24	234	22

Anmerkung: siehe Anmerkung zu Tabelle 1.

Die daraus ableitbaren Zweifel am politischen Charakter der politischen Ansprüche der Vertriebenen werden durch die Art ihrer Verankerung in der allgemeinen politisch-ideologischen Orientierung der Vertriebenen noch gestützt. War, wie erwähnt, die Beziehung zwischen der Bewertung politisch-ideologischer Konzepte und der Haltung zum deutsch-polnischen Verhältnis bei Einheimischen schon schwach, so erweist sich diese Verbindung bei Vertriebenen häufig als noch labiler. Gerade in der Dimension des Problems des Verzichtes auf die Ostgebiete, in der Frage, die die Vertriebenen eher als etwa der internationale Entspannungseffekt des Warschauer Vertrages politisch mobilisieren und die von daher die allgemeine politisch-ideologische

Orientierung der Vertriebenen entscheidend prägen sollte, gerade in dieser Dimension scheint sich die Beziehung zwischen der Einstellung zur Ostpolitik und der allgemeinen politisch-ideologischen Orientierung der Vertriebenen am weitesten zu lockern. Auch das entspricht nicht der Struktur von Einstellungen, die man erwarten müßte, wenn Vertriebene mit der Anmeldung ihrer Ansprüche auf Verwirklichung des Heimatrechtes ernsthaften außenpolitischen Ambitionen folgten.

Der *offenbar unpolitische Charakter dieser Ansprüche* wird betont, wenn man formuliert, daß Vertriebene das Recht auf Heimat nicht postulieren, sondern proklamieren. Erinnern wir uns noch einmal an unser Analyseziel: Die politischen Forderungen der Vertriebenen sollen als Reaktion auf deren gesellschaftliche Lage verstanden werden. Nachdem wir zunächst nach Belegen für eine Implikation unserer These gesucht haben, wonach den politischen Forderungen der Vertriebenen nämlich ein unpolitischer Charakter zukommt, müssen wir nun fragen, inwiefern diese Forderungen ihren Ursprung in der gesellschaftlichen Lage der Vertriebenen haben. Als deren Kennzeichen hatten wir Diskriminierung seitens der Einheimischen beziehungsweise Diskriminierungsbefürchtungen seitens der Vertriebenen unterstellt. Konkret lautet unser Problem jetzt folglich: Inwiefern stellen die *Proklamation des Heimatrechtes* durch Vertriebene und die daraus abgeleiteten Ansprüche auf die Ostgebiete Reaktionen auf die tatsächliche oder befürchtete Diskriminierung Vertriebener durch Einheimische dar?

Zur Beantwortung dieser Frage muß auf die Ursache der Diskriminierung Vertriebener zurückgegriffen werden: auf deren zweifelhafte nationale Identität. In dem Maße, wie Vertriebene Zweifel an ihrer nationalen Identität als Deutsche auszuräumen vermögen, kommen sie der (befürchteten) Diskriminierung durch Einheimische zuvor. Damit *sind wir bei der Kernthese unserer Argumentation angelangt, die behauptet:* Die politischen Forderungen der Vertriebenen, das heißt die Proklamation ihres Rechtes auf Heimat und die daraus abgeleiteten territorialen Ansprüche, werden zwar als politische Ziele formuliert und vorgetragen, bezwecken letztendlich aber nicht die Wiedereingliederung der Ostgebiete, sondern dienen gegenüber Einheimischen dem Nachweis der nationalen Identität der Vertriebenen als Deutsche, um so der befürchteten Diskriminierung durch Einheimische zu entgehen.

Diese These wird plausibel und empirisch prüfbar, wenn wir systematisch überlegen, welche Wege Vertriebenen offenstehen, um Zweifel an ihrer nationalen Identität auszuräumen. Die einfachste und auch naheliegendste Strategie haben wir schon kennengelernt: Vertriebene verheimlichen ihre Vertriebeneneigenschaft. Nun ist diese Strategie sicher nur einfach im Sinne von wenig aufwendig; wenn die emotionalen Heimatbindungen der Vertriebenen so ausgeprägt sind, wie diejenigen unterstellen, die sie als Determinante der außenpolitischen Ziele der Vertriebenen heranziehen, dann sollte gerade diese Strategie des Verleugnens der eigenen Herkunft mit beträchtlichen seelischen Kosten verbunden sein, Vertriebenen demzufolge ausgesprochen schwerfallen. Unter diesen Umständen würden Vertriebene sozusagen ihre

435

von ihnen selbst positiv bewertete regionale Identität (vgl. oben den Begriff des regionalen Ethnozentrismus) dem Nachweis der nationalen Identität opfern; die Strategie des Verheimlichens kann daher eigentlich nur als ultima ratio betrachtet werden. Vorzuziehen wäre eine Strategie, die den Nachweis der nationalen Identität unter Bewahrung der regionalen erlaubt.

Weil Werte immer als Wertungen interpretierbar sind (M. Greven), entwickeln soziale Gruppen spezifische Wertsysteme. Identische Werte zu befürworten, bedeutet, Mitglied derselben Gruppe zu sein; Unterschiedlichkeit der Gruppenzugehörigkeit wird an der Befürwortung unterschiedlicher Werte erkennbar. Dies gilt auf allen Ebenen sozialer Systeme von der Kleingruppe bis zur Gesamtgesellschaft. Identität der Wertsysteme bedeutet Identität der Kultur. Bestandteil jeder Kultur sind spezifische positive und negative *Bezugsgruppenorientierungen*. Identität der Bezugsgruppenorientierung bedeutet wiederum Identität der Gruppenzugehörigkeit, Identität der nationalen Bezugsgruppenorientierung folglich nationale Identität. Danach können Vertriebene ihre nationale Identität als Deutsche unter Beweis stellen, indem sie die Identität ihrer nationalen Bezugsgruppenorientierung mit derjenigen der Einheimischen erkennbar machen.

Wenn von drei Gruppen jede sich selbst positiv beurteilt, die beiden andern jedoch negativ, dann reicht die Information, daß eine bestimmte Person eine bestimmte Gruppe positiv beurteilt, zur Identifizierung ihrer Gruppenzugehörigkeit. Wenn Gruppe A und Gruppe B sich für einander ähnlich und befreundet halten, bei Gruppe C hingegen feindliche Gesinnung vermuten, reicht zur Identifizierung der Gruppenzugehörigkeit einer Person entsprechend die Information, welche Gruppe sie als Freund, welchen als Feind betrachtet.

Vertriebene können also ihre nationale Identität als Deutsche nachweisen, indem sie zu erkennen geben, daß ihre nationale Bezugsgruppenorientierung derjenigen der Einheimischen voll und ganz entspricht. Unter der Bevölkerung herrscht weitgehend Einmütigkeit darüber, wer als politischer Freund, wer als politischer Gegner zu gelten hat; Polen, so darf unterstellt werden, betrachten Einheimische eher als Gegner, und Nachgiebigkeit gegenüber einem politischen Gegner muß als Verrat betrachtet werden und somit Zweifel an der nationalen Identität des Nachgebenden hervorrufen. Je härter der geforderte außenpolitische Kurs gegenüber Polen, je deutlicher jemand Polen als politischen Gegner zeichnet, desto weniger Grund besteht in diesem Zusammenhang, seine nationale Identität zu bezweifeln. Wir stellen daher die These auf, daß Vertriebene einen harten außenpolitischen Kurs gegenüber Polen verfolgen weniger aus taktischen Überlegungen zur Wiedereingliederung der Ostgebiete als vielmehr, um auf diese Weise mit der Konformität ihrer außenpolitischen Bezugsgruppenorientierung auch ihre nationale Identität als Deutsche zu belegen.

Damit haben wir zwei Strategien zur Abwendung von Diskriminierung benannt; die der Verheimlichung der Vertriebeneneigenschaft sowie die eines harten außenpolitischen Kurses als Beleg identischer außenpolitischer Bezugsgruppenorientierung. Als Symptom für den Versuch, die Vertriebeneneigenschaft zu verbergen, haben wir widersprüchliche Selbsteinstufungen hinsichtlich der Vertriebeneneigenschaft interpretiert; als Indikator für die Härte des außenpolitischen Kurses gegenüber Polen können wir die Einstellung zum Warschauer Vertrag heranziehen. Wenn unsere bisherige Argumentation schlüssig ist, muß gelten: Je eher Vertriebene Diskriminierung seitens der Einheimischen befürchten, desto eher werden sie zu beiden Strategien zur Verhinderung von Diskriminierung greifen; je stärker Vertriebene zum Verschweigen ihrer Vertriebeneneigenschaft neigen, desto stärker ihre Ablehnung des Warschauer Vertrages.

Die Daten unserer Meinungsumfrage stützen diese These. Vertriebene, die angaben, im Westen aufgewachsen zu sein, die aber zumindest die ersten 24 Jahre ihres Lebens in den Ostgebieten verbracht haben müssen, denen wir angesichts der Widersprüchlichkeit ihrer Äußerungen besonders ausgeprägte Diskriminierungsbefürchtungen zugeschrieben haben, solche Vertriebene sprechen sich eindeutig für einen sehr viel härteren Kurs gegenüber Polen aus als andere Vertriebene (vgl. Tabelle 7). An dieser Tatsache ändert sich auch dann nichts, wenn man angesichts der mit zunehmendem Alter ohnehin steigenden Konfliktbereitschaft gegenüber Polen das überdurchschnittliche Alter dieser Vertriebenengruppe berücksichtigt (vgl. Tabelle 8).

Tab. 7: Konfliktbereitschaft gegenüber Polen nach (Konsistenz der) Selbsteinstufung als Einheimischer bzw. Vertriebener.

Konfliktbereitschaft gegenüber Polen	Selbsteinstufung		
	konsistent als Einheimischer	konsistent als in den Ostgebieten aufgewachsener Vertriebener	inkonsistent als „im Westen aufgewachsen", aber zum Zeitpunkt der Umfrage über 50 Jahre alt
	%	%	%
sehr niedrig	21	17	3
niedrig	20	14	9
mittel	21	25	18
hoch	22	14	27
sehr hoch	16	30	42
insgesamt	79	8	2
Basis (n)	1470	155	33

Anmerkung: siehe Anmerkung zu Tabelle 1.

Tab. 8: Konfliktbereitschaft gegenüber Polen nach Alter sowie nach Einheimischen und Vertriebenen.

Konflikt-bereitschaft gegenüber Polen	Alter						insgesamt	
	18–30 Jahre		31–50 Jahre		über 50 Jahre			
	Einhei-mische %	Vertrie-bene %	Einhei-mische %	Vertrie-bene %	Einhei-mische %	Vertrie-bene %	Einhei-mische %	Vertrie-bene %
niedrig	57	67	41	37	32	26	41	31
mittel	17	–	23	29	22	23	21	25
hoch	26	33	36	35	46	52	38	45
Basis (n)	21	2	40	40	40	58	100	100
insgesamt	300	3	586	63	583	89	1469	155

Anmerkung: siehe Anmerkung zu Tabelle 1.

Vertriebenen bietet sich zum Nachweis ihrer nationalen Identität zwecks Abbau von Diskriminierung eine dritte Strategie an. Grundlegende Überlegungen hierzu hat H. Treinen angestellt[13]. Territorialer Besitz ist eine der wenigen unübersehbaren Manifestationen von „Nation". Nationale Identität bindet sich daher wesentlich an territorialen Besitz[14]. Zugehörigkeit zu einer bestimmten Nation bedeutet, Anspruch auf ein bestimmtes Territorium zu haben, ein bestimmtes Territorium zu besitzen. Vertriebener zu sein heißt, den Besitz und Anspruch auf ein bestimmtes Territorium verloren zu haben; Vertriebene können ihre nationale Identität als Deutsche nicht durch kontinuierlichen Besitz deutschen Territoriums belegen. H. Treinen lokalisiert hier die besondere Funktion der Landsmannschaften: Mitglied einer Landsmannschaft zu sein, bedeutet danach für einen Vertriebenen, sich trotz Verlustes territorialer Ansprüche als Deutscher ausweisen zu können. Ähnlich wollen wir behaupten: Die Proklamation des Rechtes auf Heimat seitens der Vertriebenen und ihre daraus abgeleitete Forderung, die Ostgebiete nicht aufzugeben, kann nicht als ernsthafte außenpolitische Forderung gedeutet werden; ihre Funktion ist vielmehr, Einheimischen permanent die Bindung Vertriebener an ehemals deutsches Territorium vor Augen zu führen, um auf diese Weise deren Zweifel an der nationalen Identität der Vertriebenen als Deutsche zu zerstreuen.

Zum Test dieser These müssen wir etwas weiter ausholen. Stellt eine Meinungsumfrage das Problem deutscher Ansprüche auf die Ostgebiete, so darf dessen Vielschichtigkeit nicht übersehen werden. Wenn territorialer Besitz eine notwendige Bedingung für Nation darstellt, dann steht hinter der Frage

---

[13] Vgl. H. Treinen, a.a.O.
[14] Vgl. J. D. Frank, Muß Krieg sein? Darmstadt 1969, Kapitel 6.

nach deutschen Ansprüchen auf die Ostgebiete auch das Problem nationaler Identifikation. Wenn eine Nation ein Territorium nach eigener Meinung rechtmäßig beanspruchen kann und beansprucht, läßt sich daraus, daß ein einzelner Angehöriger dieser Nation diese Ansprüche unterstreicht oder nicht, auf den Grad der nationalen Identifikation des Betreffenden schließen. Fragen nach deutschen Ansprüchen auf die Ostgebiete müssen daher immer auch als Indikatoren nationaler Identifikation verstanden werden.

Nun ergeben sich aus der Beanspruchung eines bestimmten Territoriums dann, wenn man es zweifelsfrei nicht mehr besitzt, außenpolitische Konsequenzen. Sobald man dies einsieht, rückt ein neuer Problembereich in den Blickpunkt: derjenige der zu erwartenden außenpolitischen Konsequenzen aus der Beanspruchung nicht (mehr) besessenen Territoriums. Unter diesem Aspekt sind Fragen nach deutschen Ansprüchen auf die Ostgebiete Indikatoren des vermuteten Nutzen-Kosten-Verhältnisses beim Versuch der Wiedereingliederung der Ostgebiete.

Man kann annehmen: Je bedeutsamer der Nachweis der nationalen Identität als Deutscher für jemanden ist, desto eher wird er jede Gelegenheit nutzen, seine nationale Identität zu belegen, desto eher werden ihm Fragen nach deutschen Ansprüchen auf die Ostgebiete als Maßstab des Grades seiner nationalen Identifikation erscheinen. Damit ist die Brücke zur Operationalisierung der These von der nichtaußenpolitischen Funktion der Proklamation des Heimatrechtes durch die Vertriebenen geschlagen; wenn diese These zutrifft, müßte gelten: Wegen der Bedeutsamkeit des Nachweises ihrer nationalen Identität als Deutsche klammern Vertriebene bei Fragen nach deutschen Ansprüchen auf die Ostgebiete die Problematik des Nutzen-Kosten-Verhältnisses von Wiedereingliederungsversuchen eher aus als Einheimische; je größer die Diskriminierungsbefürchtungen bei Vertriebenen, je bedeutsamer also der Nachweis der nationalen Identität, desto deutlicher wird diese Tendenz sichtbar werden. Der Test unserer ursprünglichen These verlangt folglich einen Indikator für die Intensität, mit der Befragte spontan auf die Problematik der außenpolitischen Opportunität eines Versuchs der Wiedereingliederung der Ostgebiete eingehen.

Keine der in der Meinungsumfrage gestellten Fragen läßt sich für sich genommen als geeigneter Indikator verwerten; gefragt wurde:

– „Wenn Sie es einmal *grundsätzlich* betrachten: Sind die fraglichen Gebiete östlich von Oder und Neiße eigentlich polnische oder deutsche Gebiete?"

und:

– „Wenn Sie von der heutigen Situation ausgehen – welcher Seite würden Sie heute bezüglich der fraglichen Gebiete eher das Recht auf Heimat zusprechen – der polnischen Seite oder der deutschen Seite?"

Zweifellos rückt die zweite Frage die außenpolitischen Konsequenzen einer Beanspruchung der Ostgebiete stärker in den Vordergrund als die erste; letztere akzentuiert demzufolge den Aspekt der nationalen Identifikation stärker. Für diese Interpretation liefern die Umfragedaten selbst Anhaltspunkte: Daß die beiden Fragen nicht als identisch aufgefaßt werden, belegt die Häufigkeit unterschiedlicher Reaktionen; daß drei von vier Befragten die Ostgebiete für eigentlich deutsch halten, spricht in dieser Eindeutigkeit für sich bereits für die schwache außenpolitische Verbindlichkeit der ersten Frage (vgl. Tabelle 9); daß die Reaktionen auf die zweite Frage enger mit der Einstellung zum Warschauer Vertrag zusammenhängen, stützt die Vermutung, daß die zweite Frage stärkere außenpolitische Akzente setzt (vgl. Tabelle 10).

Tab. 9: Ostgebiete: eigentlich deutsch oder polnisch?

| bei grundsätzlicher Betrachtung sind die Ostgebiete ... | Konfliktbereitschaft gegenüber Polen | | | | | | insgesamt | | Basis (n) | |
| | niedrig | | mittel | | hoch | | | | | |
	Ein-hei-mische %	Ver-trie-bene %	Ein-hei-mische %	Ver-trie-bene %	Ein-hei-mische %	Ver-trie-bene %	Ein-hei-mische %	Ver-trie-bene %	Ein-hei-mische %	Ver-trie-bene %
... eigentlich polnisch	33	26	23	25	44	49	73	86	380	21
... eigentlich deutsch	61	62	18	24	21	14	27	14	1025	132
insgesamt	41	31	21	25	38	44	100	100	1405	153

Anmerkung: siehe Anmerkung zu Tabelle 1.

Tab. 10: Heimatrecht in den Ostgebieten heute.

| ausgehend von der heutigen Situation, muß man ein Heimatrecht in den Ostgebieten | Konfliktbereitschaft gegenüber Polen | | | | | | insgesamt | | Basis (n) | |
| | niedrig | | mittel | | hoch | | | | | |
	Ein-hei-mische %	Ver-trie-bene %	Ein-hei-mische %	Ver-trie-bene %	Ein-hei-mische %	Ver-trie-bene %	Ein-hei-mische %	Ver-trie-bene %	Ein-hei-mische %	Ver-trie-bene %
... der polnischen Seite zusprechen	63	66	19	27	18	7	46	27	655	41
... der deutschen Seite zusprechen	24	19	22	23	54	58	54	73	765	112
insgesamt	42	31	21	24	38	44	100	100	1420	153

Anmerkung: siehe Anmerkung zu Tabelle 1.

Wahrscheinlich wäre der Effekt der Akzentverschiebung zwischen den beiden Fragen noch deutlicher ausgefallen, hätte die zweite Frage den Terminus „Recht auf Heimat" vermieden.

Oben hatten wir behauptet: Je wichtiger der Nachweis der nationalen Identifikation für jemanden, desto eher wird er jede Gelegenheit nutzen, seine nationale Identifikation erkennbar zu machen. Zum Problem deutscher Ansprüche auf die Ostgebiete wurden zwei unterschiedliche Fragen gestellt; wie wir gesehen haben, wurde die eine mehr, die andere weniger als Prüfstein nationaler Identifikation aufgefaßt. Da Vertriebene des Nachweises ihrer nationalen Identifikation im unvergleichlich stärkerem Maße bedürfen als Einheimische, müßten sie unsere These zufolge „eigentliche" deutsche Ansprüche auf die Ostgebiete in noch stärkerem Maße bejahen als Einheimische. Innerhalb der Gruppe der Vertriebenen müßte die Häufigkeit der Bejahung „eigentlicher" Ansprüche ferner mit zunehmender Intensität von Diskriminierungsbefürchtungen ansteigen.

Wer seine nationale Identifikation erkennbar machen will, doch nicht ausreichend Gelegenheit dazu hat, muß die Gelegenheit eben selbst schaffen, und zwar umso eher, je stärker er ihrer bedarf. In der Meinungsumfrage bestand die Möglichkeit, eine solche Gelegenheit zu schaffen: indem man nämlich auch diejenige Frage nach deutschen Ansprüchen auf die Ostgebiete, die eher die Opportunität der Realisierung „eigentlicher" Ansprüche ins Licht rückte, einfach als Prüfstein der nationalen Identifikation verstand (vielleicht besser: verstehen wollte). Die Häufigkeit einer solchen Umfunktionierung müßte sich unserer These zufolge nach der Intensität des Bedürfnisses richten, seine nationale Identifikation unter Beweis zu stellen. Wenn Vertriebene eine Frage, die auf die Opportunität der Realisierung „eigentlicher" deutscher Ansprüche auf die Ostgebiete anspielt, zum Prüfstein ihrer nationalen Identifikation umfunktionieren, dann sollten sie sich in ihrem Antwortverhalten hinsichtlich der von ihnen umfunktionierten Frage deutlicher von den Einheimischen abheben als in ihrem Antwortverhalten hinsichtlich einer Frage nach deutschen Ansprüchen, die Einheimischen und Vertriebenen mit ähnlicher Ausschließlichkeit als Prüfstein nationaler Identifikation betrachten. Die Unterschiede zwischen Einheimischen und Vertriebenen hinsichtlich der „umfunktionierten" Frage sollten mit wachsendem Bedürfnis nach Umfunktionierung, also mit wachsender Intensität von Diskriminierungsbefürchtungen größer werden.

Die These, die wir belegen wollten, lautete: Die Proklamation des Rechtes auf Heimat seitens der Vertriebenen und ihre daraus abgeleitete Forderung, die Ostgebiete nicht aufzugeben, kann nicht als ernsthafte außenpolitische Forderung gedeutet werden; ihre Funktion ist vielmehr, Einheimischen permanent die Bindung Vertriebener an ehemals deutsches Territorium vor Augen zu führen, um auf diese Weise deren Zweifel an der nationalen Identität der Vertriebenen als Deutsche zu zerstreuen. Wir haben diese These operationalisiert und auf ihre anhand der uns vorliegenden Daten überprüfbaren Implikationen hin untersucht. Wir haben auf diesem Wege mehrere Bedingungen formuliert, die erfüllt sein müssen, damit unsere ursprüngliche These von der nichtaußenpolitischen Funktion der Proklamation des Heimatrechtes nicht als falsifiziert betrachtet werden muß. Tatsächlich erfüllen die Daten aus der Meinungsumfrage alle diese Bedingungen.

Noch ein Wort zur Gruppe der Vertriebenen mit besonders intensiven Diskriminierungsbefürchtungen. Es handelte sich dabei ja um Vertriebene, die offenbar versuchen, ihre Vertriebeneneigenschaft zu verbergen, obwohl dieser Versuch kaum Erfolgschancen haben kann. Diese Gruppe von Vertriebenen fordert am einhelligsten das Heimatrecht für Vertriebene und agitiert – nur so kann man ihr Verhalten nennen – am aggressivsten gegen den Warschauer Vertrag. Diese Tatsache weckt Zweifel an der Erklärungskraft emotionaler Heimatbindungen als Determinante des außenpolitischen Verhaltens der Vertriebenen: wäre in emotionalen Heimatbindungen tatsächlich der entscheidende Faktor zu sehen, müßte man konsequenterweise denjenigen Vertriebenen, die eben ihre Vertriebeneneigenschaften leugnen, die intensivste Heimatverbundenheit zuerkennen. Das wäre paradox.

Zwei weitere Beobachtungen in Parenthese können das bisher gewonnene Bild abrunden; sie betreffen die Einstellung Vertriebener zur Abrüstung und zu Toleranz. Vertriebene mußten sich wegen der fast militanten Hartnäckigkeit, mit der sie ihre außenpolitischen Standpunkte (eigentlich besser: außenpolitisch mißverständlichen Standpunkte) vortrugen, häufig den Vorwurf der Intoleranz gefallen lassen. Intoleranz ist, wie sich jetzt herausstellt, ein ebenso unangemessenes Konzept zur Beschreibung der Ursachen der Forderung, die Ostgebiete nicht aufzugeben, wie emotionale Heimatbindungen. Wäre Intoleranz ein adäquates Konzept (es läge dann auch nahe, Vertriebene als aus irgendwelchen Gründen autoritäre Persönlichkeiten zu analysieren), müßte nämlich, sofern man aus der Bewertung von Toleranz als politisch-ideologischem Konzept Schlüsse ziehen will, gelten: Je positiver die Bewertung von Toleranz, desto größer die Bereitschaft Vertriebener, auf die Ostgebiete zu verzichten.

Die Daten aus der Meinungsumfrage sprechen gegen diese These. Das deutsch-polnische Verhältnis kann zumindest unter zwei Aspekten beurteilt werden: zum einen unter dem Gesichtspunkt seiner Auswirkungen auf die weltpolitische Lage, zum anderen in seiner bilateralen Problematik. Das Problem des Verzichts auf die Ostgebiete (sofern es für Vertriebene ein *politisches* Problem darstellt!) bedeutet für Vertriebene zunächst eine bilaterale Frage. Daher müßte sich, falls der Begriff der Intoleranz das Verhalten Vertriebener angemessen kennzeichnet, der Zusammenhang zwischen der Bewertung von Toleranz und der Bereitschaft, auf die Ostgebiete zu verzichten, umso deutlicher zeigen, je weiter die weltpolitischen Auswirkungen des deutsch-polnischen Verhältnisses im Hintergrund und der bilaterale Aspekt im Vordergrund stehen. Genau das Gegenteil trifft zu: je weiter die weltpolitischen Auswirkungen des Warschauer Vertrages in den Vordergrund der Betrachtungen rücken, desto enger ist der Zusammenhang einer positiven

Bewertung von Toleranz und der Bereitschaft zur Aufgabe der Ostgebiete[15]. Anscheinend eignet sich das Konzept der Intoleranz in der oben dargestellten Form nicht zur Erklärung des Verhaltens der Vertriebenen.

Die Beobachtung einer sich verstärkenden Beziehung zwischen positiver Bewertung von Toleranz und Befürwortung eines Versöhnungskurses gegenüber Polen auf der Basis des Status quo kann sinnvoll interpretiert werden, wenn wir auf unsere Grundgedanken zurückkommen. Um Einheimische darauf aufmerksam machen zu können, daß sie aus ehemals deutschen Gebieten stammen, müssen Vertriebene das deutsch-polnische Verhältnis als bilaterales Problem behandeln. Dieses Verhältnis ausschließlich im Hinblick auf seinen weltpolitischen Stellenwert zu diskutieren, hieße für Vertriebene, sich einer Gelegenheit zum Nachweis ihrer nationalen Identität zu begeben. In der Meinungsumfrage wurde den Befragten die Beurteilung des deutsch-polnischen Verhältnisses in seiner weltpolitischen Dimension auferlegt. Wenn Vertriebene darauf mit einer besonders positiven Bewertung von Toleranz als politisch-ideologischem Konzept reagieren, hat man den Eindruck, als käme dies einem Appell zu toleranterem Verhalten an die Adresse der diskriminierenden Einheimischen gleich, wobei dieser Appell offenbar den Mangel an Gelegenheit, die deutsche Herkunft zu betonen, kompensieren soll. Man könnte sagen: der Appell zur Toleranz oder die Proklamation der Notwendigkeit toleranten Verhaltens ist der Proklamation des Rechtes auf Heimat funktional äquivalent.

Die zweite Beobachtung am Rande betrifft den Zusammenhang zwischen der Einstellung zum deutsch-polnischen Verhältnis und der zur Abrüstung. Erinnern wir an unsere Kernthese: Vertriebene verfolgen einen harten außenpolitischen Kurs gegenüber Polen weniger aus taktischen Überlegungen zur Wiedereingliederung der Ostgebiete als vielmehr, um auf diese Weise mit der Konformität ihrer außenpolitischen Bezugsgruppenorientierung auch ihre nationale Identität als Deutsche zu belegen. Wer uneingeschränkte Abrüstung befürwortet, möglicherweise auch Vorleistungen zu bringen bereit ist, muß auch heute noch mit dem Vorwurf rechnen, er spiele dem politischen Gegner in die Hände. Setzt sich ein Vertriebener für Abrüstung ein, kann dies die Zweifel an seiner nationalen Identität noch nähren. So gelangen wir zu der These: Wenn Vertriebene Diskriminierung seitens der Einheimischen befürchten und daher um den Nachweis ihrer nationalen Identität als Deutsche besorgt sind, werden sie sich einer positiven Bewertung von Abrüstung enthalten, um die Zweifel an ihrer nationalen Identität nicht zu verstärken.

Die Ablehnung von Abrüstung bedeutet Verteidigungsbereitschaft, Verteidigungsbereitschaft wieder dokumentiert die Gleichheit der außenpolitischen

---

[15]Die Frage, ob ein Indikator bei der Beurteilung des Warschauer Vertrages den bilateralen oder den weltpolitischen Aspekt stärker beleuchtete, wurde anhand der Resultate einer Faktorenanalyse entschieden.

Bezugsgruppenorientierung (sie dokumentiert sie sozusagen blanko: die Betonung der eigenen Verteidigungsbereitschaft, hier nicht auf bestimmte politische Gegner bezogen, meint Verteidigung gegen alle). Letztlich also hat die Ablehnung von Abrüstung für Vertriebene dieselbe Funktion wie die Proklamation des Rechtes auf Heimat und das Festhalten an einem harten Kurs gegenüber Polen: die nationale Identität als Deutsche zu belegen. Trifft diese These zu, müßte sich bei Vertriebenen eine engere Beziehung zwischen der Einstellung zum Warschauer Vertrag und zur Abrüstung beobachten lassen als bei Einheimischen; insbesondere müßte die Proklamation des Heimatrechtes in den Ostgebieten besonders häufig von einer negativen Haltung gegenüber Abrüstung begleitet werden. Tatsächlich entsprechen die Korrelationen zwischen den relevanten Indikatoren aus dem Datensatz der Meinungsumfrage diesen Bedingungen.

Bisher haben wir, sehen wir von den zuletzt angestellten Erörterungen der Einstellungen Vertriebener zur Toleranz und zur Abrüstung einmal ab, drei Strategien benannt, von denen Vertriebene Hilfe gegen die Diskriminierung durch Einheimische erwarten: die Strategie des Verbergens der Vertriebeneneigenschaft, die Strategie eines harten Kurses gegenüber Polen zum Nachweis identischer außenpolitischer Bezugsgruppenorientierung sowie die Strategie der Proklamation des Heimatrechtes in den Ostgebieten. Daß die drei Strategien dieselbe Funktion erfüllen, wurde regelmäßig aus der Interkorrelation von Indikatoren geschlossen, die Anhaltspunkte für das Ausmaß der Anwendung der einen oder andern Strategie liefern.

Eine vierte Strategie, die an das „Rezept" des Nachweises identischer außenpolitischer Bezugsgruppenorientierung anknüpft, soll abschließend dargestellt werden; diese vierte Strategie ist deswegen so interessant, weil sie sich relativ anschaulich in ihrer ganzen Differenziertheit beschreiben läßt und weil sie es uns ermöglicht, die These des Zusammenhangs von gesellschaftlicher Lage und politischem Verhalten der Vertriebenen aus einem neuen Winkel zu beleuchten.

In einer Untersuchung über die „Determinanten nationaler Stereotype"[16] betrachtet F. Böltken nationale Stereotype in ihrer „subjektbezogenen Funktionalität": er faßt nationale Stereotype weniger als Informationen über das stereotyp dargestellte Objekt als vielmehr als Informationen über das die Stereotype äußernde Subjekt auf. Mit anderen Worten: Die Problemstellung lautet nicht: „Welche Eigenschaften schreibt man Angehörigen einer bestimmten Nation zu und welche besitzen diese tatsächlich?", sondern: „Welche Unterschiede hinsichtlich eines nationalen Stereotyps findet man bei Angehörigen einer Nation vor und warum treten diese Unterschiede auf?" Böltken beobachtet, „daß das Heterostereotyp direkt verschränkt ist

---

[16] F. Böltken, Determinanten nationaler Stereotype, als Manuskript vervielfältigter Forschungsbericht des Instituts für vergleichende Sozialforschung der Universität zu Köln, Juni 1972.

mit dem Autostereotyp, dergestalt, daß die Abgrenzung von der anderen Nation das Selbstbild unterstreicht, sich also eine Stärkung des Wir-Gruppen-Zusammenhangs durch die akzentuierte Abgrenzung von der Die-Gruppe zeigt[17]."

Diese Zusammenhänge lassen sich auch so formulieren: Bei einem Vergleich derjenigen Eigenschaften, die Angehörige einer bestimmten Nation sich selbst zuschreiben, mit denjenigen, die sie Angehörigen einer anderen Nation zuschreiben, also bei einem Vergleich eines nationalen Autostereotyps mit einem Heterostereotyp, wird man im Bevölkerungsquerschnitt Unterschiede in der Ähnlichkeit beider Stereotype feststellen. Die Variabilität der Ähnlichkeit kann als Variabilität der Abgrenzung der eigenen Nation von einer anderen aufgefaßt werden. Diese Abgrenzung ist im Bevölkerungsquerschnitt umso deutlicher ausgeprägt, je stärker eine Bevölkerungsgruppe „zur Definition und Sicherung der eigenen Position des Rückgriffs auf die Wir-Gruppe „Nation" "[18] bedarf und je eher eine „vermutete Ähnlichkeit mit der Fremdgruppe die Bindung zur Wir-Gruppe hätte in Frage stellen können"[19].

Böltken stößt demnach wie wir auf die Problematik der nationalen Identität verschiedener Bevölkerungsgruppen. Wir haben behauptet, das Problem der nationalen Identität zweier verschiedener Bevölkerungsgruppen sei bedeutsam für die Art ihrer sozialen Beziehungen zueinander, und sind von hier aus bei Vertriebenen auf Strategien zur Verbesserung ihrer Beziehungen zu Einheimischen gestoßen, von denen zumindest die des Nachweises identischer außenpolitischer Bezugsgruppenorientierung als Versuch der Abgrenzung im obigen Sinne bezeichnet werden kann. Vertriebene demonstrieren ihre außenpolitische Bezugsgruppenorientierung durch einen harten Kurs gegenüber Polen.

Nach den Überlegungen von F. Böltken muß nun vermutet werden, daß sich auch die nationalen Auto- und Heterostereotype der Vertriebenen als Mechanismen der Abwehr von Diskriminierung verstehen lassen. Diese Eigenschaft müßte sogar besonders deutlich erkennbar sein, weil sich in diesem Zusammenhang nationale Stereotype gleich auf doppelte Weise zum Beleg der eigenen nationalen Identität eignen. Erstens vermögen Vertriebene anhand ihrer nationalen Stereotype erneut ihre außenpolitische Bezugsgruppenorientierung zu demonstrieren. Zweitens müßten sich nationale Stereotype gerade dann noch als gute Plattform zur Verbesserung der eigenen gesellschaftlichen Lage erweisen, wenn Vertriebene nicht mehr damit rechnen können, daß Einheimische ihre Meinung über sie ändern. Dieser zweite Punkt bedarf der Erläuterung.

Wenn Einheimische an der nationalen Identität Vertriebener zweifeln und diese Zweifel zur Diskriminierung führen, dann müssen Vertriebene in dem

---

[17] F. Böltken, a.a.O., S. 108.
[18] F. Böltken, a.a.O., S. 172.
[19] F. Böltken, a.a.O., S. 172.

Maße mit Diskriminierung rechnen, wie bei Einheimischen ethnozentrische Tendenzen anzutreffen sind und wie Einheimische die Vertriebenen stereotyp an durchweg negativ beurteilte osteuropäische Völker annähern, so haben wir einmal formuliert. Vertriebene können nun versuchen, auf eine Modifikation der Meinung Einheimischer über sie selbst hinzuwirken; darauf waren alle bisher erörterten Strategien angelegt, die jeweils die Gleichheit Einheimischer und Vertriebener als Deutsche unter Beweis stellen sollten. Falls sich aber die Meinung Einheimischer hinsichtlich der nationalen Identität Vertriebener nicht modifizieren läßt, können Vertriebene zumindest erreichen, daß ihnen die Vermutung einer Ähnlichkeit zwischen Vertriebenen und Osteuropäern auf Seiten der Einheimischen nicht zusätzlich zum Schaden gereicht, indem sie nämlich die Eigenschaften osteuropäischer Völker so stark überzeichnen, daß Einheimische bei gegebenen Stereotyp hinsichtlich der Vertriebenen deren Ähnlichkeit mit Osteuropäern bezweifeln müssen. Man könnte sagen: Wenn Vertriebene schon nicht die Distanz zwischen sich und Einheimischen abbauen können, so wollen sie die Distanz zwischen sich und Osteuropäern im Bewußtsein der Einheimischen wenigstens so sehr vergrößern, daß sie mit der Ausschaltung ihrer von Einheimischen vermuteten Ähnlichkeit mit Osteuropäern doch immerhin einen diskriminierungsfördernden Faktor in den Griff bekommen. In dem Maße, wie der Nachweis absoluter nationaler Identität mißlingt, bleibt Vertriebenen nur noch der Nachweis relativer nationaler Identität. Hier liegt die zweite Chance, nationale Stereotype als Mechanismen der Abwehr von Diskriminierung einzusetzen.

Gerade die zweite Chance kann auch eine Gefahr bedeuten. Denn falls Einheimische Vertriebene aus den heute polnischen Ostgebieten als Fast-Polen ansehen[19a], können sich Versuche der Vertriebenen, die Einheimischen von den gänzlich andersartigen (sprich: negativeren) Eigenschaften der Polen zu überzeugen, um auf diese Weise wenigstens die relative Distanz zu Einheimischen zu reduzieren, insofern als zweischneidig erweisen, daß Einheimische zwar gern diese noch negativere Meinung über Polen übernehmen; sie mögen aber doch so von der Ähnlichkeit zwischen Polen und Vertriebenen überzeugt sein, daß sie fortan auch Vertriebene noch negativer als bisher beurteilen. In diesem Fall erweisen sich Vertriebene mit einer Strategie der Abgrenzung gegenüber Polen einen Bärendienst. Da man vermuten kann, daß sich Vertriebene, die besonders ausgeprägte Diskriminierungsbefürchtungen hegen, dieses Risiko auch am ehesten bewußt sind, ergeben sich aus der Ambivalenz einer Abgrenzungsstrategie mittels nationaler Stereotype interessante Perspektiven für die spätere Formulierung von Hypothesen.

[19a] Es soll hier nochmals darauf hingewiesen werden, daß über das Phänomen der stereotypen Annäherung von Vertriebenen aus den heute polnischen Ostgebieten an Polen seitens der Einheimischen bisher keine Forschungsergebnisse vorzuliegen scheinen; jedoch läßt sich die Annahme einer solchen Annäherung mit vorliegenden Daten vereinbaren.

Nun ist kaum zu erwarten, daß Vertriebene aus den heute polnischen Ostgebieten das Stereotyp der Polen in allen denkbaren Dimensionen so weit
wie möglich negativ verzerren: hier spielt die Frage ihrer Glaubwürdigkeit
eine Rolle. Erstens ist eine Abgrenzung gegenüber den Polen wichtig hinsichtlich solcher Eigenschaften, mit denen Einheimische Vertriebene und
Polen (zumindest nach Befürchtung der Vertriebenen) gemeinsam belegen[20];
zweitens erfüllt die Abgrenzung nur bei solchen Eigenschaften ihren Zweck,
bei denen sie glaubwürdig vorgenommen werden kann. Eine Verzerrung
des Stereotyps der Polen (Verzerrung meint hier selbstverständlich immer
nur den Vergleich zweier Stereotype der Polen: desjenigen bei Einheimischen
und desjenigen bei Vertriebenen) muß auf Einheimische umso unglaubwürdi-
ger wirken, je leichter der Besitz oder Nichtbesitz einer Eigenschaft erkennbar ist, je häufiger oder seltener also diese Eigenschaft angetroffen wird
und je dauerhafter ihr Besitz oder Nichtbesitz ist. (Die Chance der Glaubwürdigkeit einer Verzerrung steigt mit wachsender Variabilität des Merkmals.)
Unglaubwürdig wäre eine Abgrenzungsstrategie hinsichtlich der Merkmale
der soziokulturellen Umwelt: die Ähnlichkeit der soziokulturellen Umwelt
der ehemaligen Heimat der Vertriebenen mit derjenigen weiter Teile Polens
dürfte für viele Einheimische außer Zweifel stehen. Eben deswegen würde
der Versuch, Einheimische von der „Rückständigkeit" Polens zu überzeugen,
– sollte er gelingen – auf die Vertriebenen selbst zurückfallen; sie hätten
dann ja auch ihre ehemalige Heimat als rückständig abqualifiziert. Eine Abgrenzung in der Dimension sozialstruktureller Merkmale erscheint demnach
wenig wahrscheinlich.
Wahrscheinlich wird sich die Abgrenzungsstrategie Vertriebener – sofern
es sie überhaupt gibt, was ja noch zu belegen ist – eher auf individuell zu-
schreibbare Merkmale beschränken: hier ist die Variabilität der anzutreffen-
den Merkmalsausprägungen groß, die Erkennbarkeit der „Wahrheit" demnach schlecht, die Chance der Glaubwürdigkeit einer Verzerrung daher groß.
Zudem lassen sich Gefahren daraus, daß eine negative Verzerrung des Polen-
Stereotyps auf Vertriebene zurückfällt, bei individuell zuschreibbaren Merkmalen am besten reduzieren: es bleibt immer noch die Chance nachzuweisen,
daß, wenn auch andere Vertriebene tatsächlich so sein mögen, man selbst
auf jeden Fall eine Ausnahme darstellt.
Wenn unsere Kernthese, nach der die politischen Forderungen der Vertriebenen insofern als Reaktion auf deren gesellschaftliche Lage aufgefaßt werden müssen, als sie auf eine Verbesserung dieser Lage zielen, zutrifft, dann
müßte auch das Stereotyp der Polen bei Vertriebenen als Mechanismus der
Abwehr von Diskriminierung interpretierbar sein. Wie eine solche Interpretation aussieht, wurde gerade vorgeführt. Eine solche Interpretation impliziert demnach folgende Thesen: Da Vertriebene zum Abbau der (vermuteten) Diskriminierung durch Einheimische des Nachweises ihrer natio-

---

[20] Vgl. dazu F. Böltken, a.a.O., S. 172.

nalen Identität bedürfen, da eine identische außenpolitische Bezugsgruppen-orientierung sowie der Beleg der Unähnlichkeit von Vertriebenen und Polen absolute oder relative nationale Identität dokumentiert, werden Vertriebene das Stereotyp der Polen im Vergleich zu Einheimischen negativ überzeichnen. Wenn dies geschieht und man daraus schließen kann, daß Vertriebene nationale Stereotype tatsächlich als Plattform zur Abwehr von Diskriminierung einsetzen, müßten jedoch gleichzeitig Symptome dafür sichtbar werden, daß Vertriebene sich des aus einer solchen Abgrenzungsstrategie resultierenden Dilemmas bewußt sind: es besteht nämlich die Gefahr, daß die negative Überzeichnung des Polen-Stereotyps auf die Vertriebenen selbst zurückfällt. In zwei Fällen müßte sich das Bewußtsein dieses Dilemmas besonders deutlich zeigen: bei Vertriebenen mit besonders ausgeprägten Diskriminierungserwartungen, weil diese wohl am ehesten befürchten, Einheimische würden zwischen Vertriebenen und Polen eine beträchtliche Ähnlichkeit konstatieren, und in den Fällen, wo das nationale Stereotyp der Polen Dimensionen der soziokulturellen Umwelt anspricht, weil hier vermutlich viele Einheimische von der Ähnlichkeit der ehemaligen Ostgebiete mit weiten Teilen Polens überzeugt sind und eine negative Bewertung Polens in dieser Hinsicht auf die ehemalige Heimat der Vertriebenen zurückfallen muß. Als Symptom für das Bewußtsein dieses Dilemmas kann gelten, daß zwar eine negative Überzeichnung des Polen-Stereotyps unterbleibt, aber andere Versuche zur Überwindung der Distanz zu den Einheimischen unternommen werden.

Die Meinungsumfrage erhob unter anderem auch eine Reihe nationaler Stereotype anhand von Polaritätenprofilen. Die diesbezüglichen Daten lassen die erste Voraussetzung für die Bewährung unserer These erfüllt erscheinen: Vertriebene beurteilen Polen vor allem hinsichtlich (affektiv besetzter) individuell zuschreibbarer Eigenschaften wie Fleiß, Verschlossenheit und Sauberkeit negativer als Einheimische. Demgegenüber zeigen sich dort, wo es um die Beurteilung der „Rückständigkeit" des sozialen Systems Polens geht, kaum Unterschiede zwischen Einheimischen und Vertriebenen. Daß die Beurteilung der Polen in dieser Dimension Vertriebene vor ein Dilemma stellt, zeigt ein Antwortverhalten, daß nur als Lösung dieses Dilemmas plausibel wird: Vertriebene prägen ein im Vergleich zu Einheimischen auffallend negatives Stereotyp der Tschechen. Diese Tendenz tritt gerade hinsichtlich der Merkmale „bäuerlich" und „altmodisch" zutage. Offenbar zielen Vertriebene aus den Ostgebieten hier auf eine Reduktion der relativen Distanz zu Einheimischen, indem sie die Unterschiede im gesellschaftlichen Entwicklungsstand zwischen Polen und anderen osteuropäischen Nationen über Gebühr betonen; eine Betonung der diesbezüglichen Unterschiede zwischen Polen und der Bundesrepublik würde ja, wie wir oben feststellen, auf die Vertriebenen zurückfallen. Eine andere Erklärung für die Beurteilung der Tschechen durch Vertriebene aus den heute polnischen Ostgebieten als diejenige, diese Beurteilung als Lösung des oben geschilderten Dilemmas zu deuten, scheint schwierig.

448

Nur als Lösung des Dilemmas, mit einer negativen Bewertung der Polen die eigene Position gegenüber Einheimischen zu schwächen, wird auch das Antwortverhalten der Vertriebenen mit den offenbar stärksten Diskriminierungsbefürchtungen verständlich: Sie bewerten Polen und Russen im Vergleich zu Einheimischen und selbst Vertriebenen mit weniger starken Diskriminierungsbefürchtungen erstaunlich positiv, manche westlichen Bündnispartner der Bundesrepublik dagegen erstaunlich negativ. Plausibel wäre diese Reaktion unter der Annahme, daß diese Vertriebenengruppe befürchtet, Einheimische würden zwischen den einzelnen osteuropäischen Nationen kaum differenzieren und entsprechend auch Vertriebene für Fast-Osteuropäer schlechthin erachten. Unter dieser Bedingung könnte jede negative Meinung über irgendein osteuropäisches Volk auf Vertriebene zurückfallen: daher die positive Bewertung von Polen und Russen. Die negative Einstellung zu westlichen Nationen bezweckt im dann noch möglichen Maße den Beleg der für Deutsche „richtigen" internationalen Bezugsgruppenorientierung. Diese Vertriebenengruppe neigt dazu, alle Nationen in erhöhtem Maße durch die Eigenschaften „still" und „verschlossen" zu charakterisieren; ich habe das Gefühl, als drückten sich hierin Bedrohungsvorstellungen aus (dafür gibt es Anhaltspunkte). Bedrohungsvorstellungen könnten wir in unserer Argumentation an zwei Stellen einordnen: erstens kann sich seiner eigenen Position so sicher nicht sein, wer sich bedroht fühlt – ein spätes Argument dafür, die Inkonsistenz von Selbsteinstufungen bei Vertriebenen als Indikator der Intensität von Diskriminierungserwartungen zu werten; zweitens dokumentiert derjenige, der in andern Nationen potentielle Feinde sieht, nochmals seine nationale Identität als Deutscher, worauf gerade diese Vertriebenengruppe Wert legt.

Unsere These lautete: Die politischen Forderungen der Vertriebenen sind als Reaktion auf deren gesellschaftliche Lage zu verstehen. Wir haben skizziert, wie sich auch die nationalen Stereotype der Vertriebenen als Mechanismus der Abwehr von Diskriminierung interpretieren lassen. Daß diese Interpretation sich mit den herangezogenen Daten vereinbaren ließ, spricht für unsere ursprüngliche These. Die Ausprägung defensiver nationaler Stereotype wurde als vierte Strategie des Nachweises der nationalen Identität diskutiert. Belege für die Vertretbarkeit unserer Thesen haben wir typischerweise gesammelt, indem wir Zusammenhänge zwischen Indikatoren, die Anhaltspunkte für das Ausmaß der tatsächlichen Anwendung der einen oder andern Strategie liefern, suchten. Wenn, wie behauptet, das Verbergen der Vertriebeneneigenschaft, die Befürchtung eines harten außenpolitischen Kurses gegenüber Polen, die Proklamation des Heimatrechtes in den Ostgebieten und die Verzerrung nationaler Stereotype dieselbe Funktion erfüllen, dann werden Vertriebene, die die eine Strategie zur Abwehr von Diskriminierung verfolgen, zumindest tendenziell auch die andere verfolgen – also lassen sich, wenn die vier Strategien durch funktionale Äquivalenz gekennzeichnet sind, bei Vertriebenen eher Korrelationen zwischen den entsprechenden Indikatoren beobachten als bei Einheimischen. Wir haben uns nicht nur bemüht, Belege für die erhöhte Häufigkeit bestimmter Einstellungen bei Vertriebenen zu suchen, sondern auch eine unserer Kernthese entsprechende Struktur von Einstellungen behauptet und wohl ansatzweise belegen können.

Wie schwer dieses Argument einer dem Nachweis nationaler Identität adäquaten Struktur von Einstellungen bei Vertriebenen für einen Test unserer Kernthese wiegt, macht die Gruppe der einheimischen Landbevölkerung deutlich: Einwandfrei benutzt auch die Landbevölkerung nationale Stereotype als Plattform zur Abwehr von Diskriminierung. Landbewohner bezeichnen einhelliger als alle andern überprüften Bevölkerungsgruppen Polen als recht faul, unsauber, verschlossen und altmodisch: etwa diejenigen Eigenschaften, mit deren Zuschreibung durch Städter die Landbewohner selbst rechnen müssen. Die negative Überzeichnung des Polen-Stereotyps dient offenbar wie bei Vertriebenen der Reduktion einer relativen Distanz: derjenigen zu Städtern nämlich.

Gleichzeitig fordern Landbewohner ähnlich wie Vertriebene einen (teilweise extrem) harten außenpolitischen Kurs gegenüber Polen. Doch gibt es keinen sinnvollen Grund für die Annahme, Landbewohner bedürften gerade der Demonstration identischer außenpolitischer Bezugsgruppenorientierung oder der Beanspruchung der ehemaligen Ostgebiete, um der ihnen durch Städter drohenden Diskriminierung zu entgehen. Die Gründe für die ablehnende Haltung gegenüber einer versöhnungs- und verzichtbereiten Ostpolitik scheinen eher darin zu liegen, daß „Privatheit" im Gegensatz zu „Öffentlichkeit"[21] das konstituierende Merkmal der sozialen Struktur des Landes darstellt und daß diese Besonderheit der sozialen Struktur prinzipiell zu Innovationsfeindlichkeit führt, da Innovationen stets die Gesamtheit der Lebensbereiche der Landbewohner aufzubrechen drohen.

Im Hinblick auf einzelne für sich betrachtete Symptome wie Ablehnung eines Versöhnungskurses gegenüber Polen und negativ verzerrtes Stereotyp der Polen stellt man also Ähnlichkeiten zwischen Vertriebenen und Landbewohnern fest; die Ähnlichkeit reicht sogar bis zur Motivation für die Verzerrung des Polen-Stereotyps. Jeweils für sich betrachtet können noch so viele Symptome der Analyse demselben Weg weisen, ohne daß die Argumentation dadurch zwingend werden muß. Sie gewinnt jedoch an Stringenz, wenn eine bestimmte Struktur der Symptome aufgezeigt werden kann.

In Anwendung auf unsere inhaltliche Argumentation heißt das: Wäre nachzuweisen, daß bei vielen Vertriebenen die Intensität der negativen Verzerrung des Polen-Stereotyps der Intensität der Ablehnung eines verzichtbereiten außenpolitischen Kurses gegenüber Polen entspricht, diese Entsprechung bei Landbewohnern aber nur als Ausnahme auftritt (obwohl Landbewohner in ihrer Gesamtheit das Polen-Stereotyp in mindestens demselben

---

[21] Diese Unterscheidung prägt die Problematik von H. P. Bahrdt, Die moderne Großstadt, Hamburg 1969.

Maße negativ verzerren und einer Verzichtpolitik gegenüber Polen mindestens ebenso ablehnend gegenüber stehen), hätte unsere Kernthese eine besonders harte Bewährungsprobe bestanden: die Behauptung der funktionalen Äquivalenz verschiedener Formen des für Vertriebene typischen Antwortverhaltens bei der Meinungsumfrage zum Warschauer Vertrag wäre kaum noch von der Hand zu weisen.

Die Beziehung: Je negativer die Verzerrung des Polen-Stereotyps, desto ablehnender auch die Haltung zu einer verzichtbereiten Außenpolitik gegenüber Polen, hat ausschließlich für Vertriebene Geltung. Korreliert man im Datensatz der Meinungsumfrage vier Indizes zur Erfassung des Polenstereotyps mit sechs Indizes der Einstellung zur Außenpolitik gegenüber Polen[22] jeweils getrennt für Vertriebene und Landbewohner, so zeigen sich nahezu in jedem der sich ergebenden 24 Fälle bei Landbewohnern keine statistisch signifikanten Korrelationen (höchste signifikante Korrelation: $r = 0.15$), während bei Vertriebenen ausschließlich signifikante Korrelationen auftreten (obwohl die Zahl der einbezogenen Vertriebenen mit 153 Personen deutlich hinter derjenigen der Landbevölkerung mit 229 Personen zurückbleibt) und eine Reihe von Korrelationskoeffizienten um 0.40 liegen.

Damit bestätigt sich nochmals unsere These, daß die politischen Forderungen der Vertriebenen als Reaktion auf ihre gesellschaftliche Lage zu deuten sind. Wenn man gängigen theoretischen Konzepten folgt und das Syndrom der Einstellungen von Landbewohnern als Konservatismus charakterisiert, wenn man – wie wir soeben – bei Vertriebenen jedoch eine andersartige Struktur von Einstellungen zum deutsch-polnischen Verhältnis feststellen kann, muß daraus auf die schon eingangs behauptete Unangemessenheit des Konservatismuskonzeptes zur Erklärung der spezifischen Einstellungs- und Verhaltensweisen von Vertriebenen geschlossen werden. Eher könnte man von Nationalismus reden: allerdings nicht im Sinne einer irgendwie definierten Mentalität, sondern im Sinne einer gesellschaftlich provozierten und auf die eigene Gesellschaft gerichteten Verhaltensstrategie.

3.   WEITERFÜHRENDE PROBLEMSTELLUNGEN

Abschließend soll noch auf zwei Probleme eingegangen werden, die an unsere Argumentation anschließen, die wir aber mit unserem Datenmaterial nicht definitiv lösen können. Das erste betrifft die Rolle der Vertriebenenverbände. Aus der Militanz des Auftretens der Vertriebenenfunktionäre und aus der noch härteren außenpolitischen Linie organisierter Vertriebener wurde in der Regel auf die Scharfmacherrolle der Verbände geschlossen. *Daß* organisierte Vertriebene in der Frage der Ostgebiete tatsächlich einen

---

[22] Die Indizes wurden jeweils nach Maßgabe der Resultate von Faktorenanalysen konstruiert.

härteren Kurs steuern, daß also Verbandsmitgliedschaft und Intensität einer ablehnenden Haltung zum Verzicht auf die Ostgebiete bivariat korrelieren, kann gar nicht bezweifelt werden. Das aus dieser Korrelation abgeleitete Ursache-Wirkungs-Verhältnis mag aber unzutreffend sein.

H. Treinen hat – wie dargestellt – auf die besondere Funktion der Landsmannschaft hingewiesen: als Mitglied in einer Landsmannschaft vermögen Vertriebene ihre territoriale Bindung zu dokumentieren. Wir haben die gesellschaftliche Funktion der Befürwortung eines harten Kurses gegenüber Polen beschrieben: die Funktion des Nachweises der nationalen Identität. Aus dieser Perspektive läßt sich die These formulieren: Je eher Vertriebene Diskriminierung durch Einheimische befürchten und je bedeutsamer daher für sie der Nachweis ihrer nationalen Identität, desto eher werden sie ihre territoriale Bindung durch Mitgliedschaft in einer Landsmannschaft oder einem anderen Verband dokumentieren wollen und desto eher werden sie gegenüber Polen einen harten außenpolitischen Kurs fordern. Statt in Vertriebenenfunktionären Scharfmacher zu sehen, würde man so den Zusammenhang zwischen Verbandsmitgliedschaft und Einstellung zum deutschpolnischen Verhältnis unter Rekurs auf eine beiden Variablen gemeinsame Ursache erklären. Obwohl unser Datenmaterial den Test dieser These nicht zuläßt, sprechen nicht zuletzt auch kommunikationstheoretische Gesichtspunkte (etwa das Phänomen der selektiven Wahrnehmung) für eine solche Interpretation.

Wir haben das Antwortverhalten von Vertriebenen in der Meinungsumfrage als Symptom für die Existenz von vier Verhaltensstrategien gewertet, die mit dem Nachweis der nationalen Identität den Abbau der Diskriminierung bezwecken. Ob und wie weit dieser Zweck tatsächlich erreicht wird, muß dahingestellt bleiben. Mit der Frage der Adäquanz der Verhaltensstrategien sei das letzte hier darzustellende Problem angeschnitten.

Wie Einheimische auf die politischen Forderungen der Vertriebenen reagieren, ist offensichtlich: sie werfen Vertriebenen eine unrealistische Einschätzung der Situation vor und machen sie damit häufig für ungünstige außenpolitische Positionen der Bundesrepublik verantwortlich. Das Verhalten Vertriebener mag Einheimischen auf diese Weise bestätigen, was sie allem Anschein nach schon immer vermuteten: daß Vertriebene eben „anders" sind. Demzufolge schaden sich Vertriebene scheinbar mit eben dem Verhalten, das ihre Position verbessern sollte. Hier greift aber möglicherweise ein anderer Mechanismus an: Nach der in der Regel verbreiteten Ansicht ist das als militant empfundene Auftreten Vertriebener in emotionalen Heimatbindungen begründet; solche Bindungen sind legitim, sich daraus erklärendes Verhalten ist verzeihbar. Vertriebene scheinen sich dies zunutze zu machen: wenn sie, ohne außenpolitische Konsequenzen ziehen zu wollen, ihr Recht auf Heimat proklamieren oder einen harten Kurs gegenüber Polen fordern, lassen sie sich lieber auf eine Diskussion über die Frage des Heimatrechtes in den Ostgebieten als auf eine Diskussion über diesbezügliche Grenzfragen ein (dafür gibt es Anhaltspunkte); fast hat man den Eindruck, als würden sie auf diese Weise damit rechnen, bei Einheimischen eher auf Verständnis zu stoßen. Vertriebene glauben einen harten Kurs gegenüber Polen steuern zu müssen; um damit ihre Position nicht noch zu verschlechtern, formulieren sie ihre Forderungen so, daß Einheimische noch am ehesten dafür Verständnis aufbringen – so lösen Vertriebene unter Umständen das Problem der Adäquanz ihrer Verhaltensstrategien. Es wäre interessant, umfassende Belege für eine solche Interpretation zu suchen.

Wenn sie sich bewähren sollte, könnte man sagen: Die von der öffentlichen Meinung vertretene Ansicht, emotionale Heimatbindungen seien für das abweichende politische Verhalten der Vertriebenen verantwortlich, kommt Vertriebenen nicht ungelegen. Sie erlaubt ihnen den Nachweis ihrer nationalen Identität, ohne daß sich das Bemühen darum selbst negativ auswirken muß. Möglicherweise kommt diese Erklärung des Vertriebenenverhaltens aber auch Einheimischen gelegen: Das Bewußtsein, für die emotionalen Heimatbindungen Vertriebener Verständnis aufgebracht zu haben, befreit sie vielleicht vom schlechten Gewissen desjenigen, der diskriminiert. Sicherlich sind dies Spekulationen, die allerdings nicht grundlos angestellt werden; mir erscheinen sie hinreichend begründet, um zu einer empirischen Überprüfung zu reizen. Nur so kann die sozialwissenschaftliche Vertriebenenforschung den Vorwurf zurückweisen, die Fragwürdigkeit eventuell tabuisierter Erklärungsschemata übersehen zu haben und auf diese Weise in den Sog der Interessen von Interessenten geraten zu sein.

11. DIE EINSTELLUNG ZU POLITISCH-IDEOLOGISCHEN LEITBEGRIFFEN, ZUR „NEUEN OSTPOLITIK" UND GEGENÜBER POLEN

von H. Feger und M.-L. Kluck

1.   FRAGESTELLUNG

Für die Herleitung unserer Fragestellungen gehen wir davon aus, daß in einer Person nicht nur zu einem sozialen Objekt eine Einstellung besteht, sondern gleichzeitig zu mehreren Objekten, und daß diese sozialen Einstellungen nicht unabhängig voneinander sind. Die vielleicht einfachste Annahme über die Art und Weise der Abhängigkeit zwischen den Einstellungen ist die, Einstellungen zu sozialen Objekten, die als ähnlich angesehen werden, seien in Richtung (für oder gegen das Einstellungsobjekt) und Stärke ebenfalls ähnlich. Wenn diese Annahme zutrifft, dann könnte man aus den subjektiven Ähnlichkeitsbeziehungen zwischen den sozialen Objekten Aufschluß über Richtung und Stärke von Einstellungen zu ihnen, möglicherweise auch über die Gründe für Bevorzugungen und Ablehnungen gewinnen.

Man könnte die Ähnlichkeitsbeziehungen zwischen Einstellungsobjekten direkt erfragen; zahlreiche Methoden sind hierzu bekannt (vgl. Green u. Carmone, 1970). Man könnte diese Beziehungen auch indirekt, aus den Zusammenhängen zwischen bewertenden Urteilen über mehrere Objekte, erschließen. Beide Vorgehensweisen haben Vor- und Nachteile. Die direkte Beurteilung von Ähnlichkeiten ist für viele Befragte in einer repräsentativen Stichprobe wahrscheinlich psychologisch ungewöhnlich und weniger geläufig, als Meinungen über soziale Objekte zu äußern. Ferner können die Ähnlichkeitsurteile auf Faktoren, Bedingungen oder Gesichtspunkten beruhen, die für die uns hier interessierende affektiv-bewertende Komponente von Einstellungen keine Rolle spielen. Diese beiden Überlegungen haben uns veranlaßt, die Ähnlichkeit zwischen Einstellungsobjekten indirekt zu erfassen.

Wir versuchen in dieser Arbeit, das kognitive Gefüge, die Ähnlichkeiten und Zusammenhänge zwischen Einstellungen zu politisch-ideologischen Leitbegriffen und den uns hier interessierenden speziellen Einstellungen, zur „neuen Ostpolitik" und der „Konfliktbereitschaft gegenüber Polen", zu erfassen und zu interpretieren. Wir werden dies für die Gesamtstichprobe aller 1853 Befragten mit hinreichenden Angaben tun und für Teilstichproben, die sich aus Personen mit gleicher Parteipräferenz zusammenstellen lassen. Die drei Teilstichproben umfassen (1) 829 Personen, die auf die Frage: „Wenn am nächsten Sonntag Bundeswahl wäre, welche Partei würden Sie dann wählen?" eine Präferenz für die SPD äußerten, (2) die CDU/CSU-Teilstichprobe von 620 Personen, (3) die 73 Befragten, welche die FDP bevorzugten. Es bleibt eine inhomogene Restgruppe, die nicht weiter analysiert wird. Wir haben die Gesamtstichprobe deshalb nach Parteipräferenzen aufgegliedert, weil wir davon ausgehen können, daß politische Parteien in ihren Äußerungen — Parteiprogrammen, Parteitagsbeschlüssen — divergierende ideologische Leitbegriffe ansprechen und unterschiedlich bewerten, und sozialen Institutionen sehr verschieden nahe stehen.

Vorgespräche mit Politologen, Soziologen und Historikern führten zu einer Vorauswahl von Leitbegriffen, deren Zahl nach methodischen Vorstudien eingeschränkt wurde. Es blieben die folgenden Leitbegriffe übrig, die wir als möglicherweise relevant für die Bewertung der Einstellung zur neuen Ostpolitik und der Konfliktbereitschaft gegenüber Polen — diese Variablen erhalten die Nummern (1) und (2) — ansehen:

(3) Diktatur,

(4) Kirche,

(5) Mitbestimmung,

(6) Sozialdemokratie,

(7) Demokratie,

(8) Wohlstand,

(9) Nationalsozialismus,

(10) Toleranz,

(11) Fortschritt,

(12) Nation,

(13) Abrüstung,

(14) Kommunismus.

2. METHODE

Einzelheiten der Datenerhebung, der Stichprobenziehung und der ersten Auswertung sind an anderer Stelle ausführlich beschrieben; hier erwähnen wir deshalb lediglich die Sachverhalte, die für unsere Fragestellung besonders wichtig sind. Wir analysieren die Zusammenhänge zwischen 14 Variablen, die als Indikatoren für Einstellungen gedeutet werden. Die Variablen (1) „Einstellung zur neuen Ostpolitik" und (2) „Konfliktbereitschaft gegenüber Polen" wurden mit Hilfe von eigens entwickelten Einstellungsskalen erhoben; für jeden Befragten lagen die Mittelwerte über die teilweise umgepolten und nicht gewichteten Items vor. Auch für die restlichen zwölf Variablen wurde jeweils der Mittelwert gebildet, und zwar über alle, ggf. umgepolte Skalen. Bevor der Mittelwert gebildet wurde, wurde jede Einstufung gewichtet, und zwar mit der normierten quadrierten Ladung des ersten (evaluativen) Faktors. Von jedem Untersuchungsteilnehmer liegen also 14 individuelle Kennwerte vor, die inhaltlich als Maße für die Ausgeprägtheit einer positiven oder negativen Haltung gegenüber dem entsprechenden Einstellungsgegenstand zu deuten sind.

Die Auswertung dieser Daten erfolgt in zwei Schritten. Zunächst wird die Ähnlichkeit der Einstellung zu je zwei Einstellungsobjekten bestimmt, bei 14 Einstellungsmaßen ergeben sich 91 Ähnlichkeitswerte. Im zweiten Schritt wird versucht, die Information, die in diesen 91 Werten enthalten ist, übersichtlich zusammenzufassen und zu deuten.

Die Ähnlichkeit zwischen den Einstellungen zu den verschiedenen Einstellungsobjekten beschreiben wir mit Hilfe des Produkt-Moment-Korrelationskoeffizienten nach Pearson, der Stärke und Richtung des linearen Zusammenhanges wiedergibt. Dieser Koeffizient nimmt bei unseren Daten den Wert +1 an, wenn alle Befragten, die positiv gegenüber dem einen Einstellungsobjekt orientiert sind, auch zum anderen sozialen Objekt günstig eingestellt sind, und alle Personen, die negativ zum einen auch ungünstig zum anderen Einstellungsobjekt eingestellt sind. Der Wert wird –1, wenn die Beurteilungstendenzen in der gesamten Stichprobe durchgängig gegenläufig sind: Wer günstig gegenüber x eingestellt ist, lehnt y ab, und umgekehrt. Besteht kein Zusammenhang zwischen den Bewertungen zweier sozialer Objekte, so wird die Korrelation Null. Die Matrix der Korrelationen zwischen allen Einstellungen beschreibt somit den Grad der Ähnlichkeit der Einstellungen: Je größer der Koeffizient, von –1 bis +1 ansteigend, desto ähnlicher die Einstellung zu den sozialen Gegebenheiten in der betrachteten Gruppe. Ob die einzelnen Einstellungsobjekte von der Stichprobe insgesamt eher positiv oder eher negativ bewertet werden, geht aus der Korrelation nicht hervor, lediglich der Grad der Ähnlichkeit bei der Bewertung.

In der Psychologie ist eine Vielzahl von Verfahren bekannt, die es gestatten, zahlreiche Maße der Zusammenhänge zwischen mehreren Variablen auf wenige und übersichtliche Informationen zu reduzieren. Diese Verfahren unterscheiden sich hinsichtlich der mathematisch-statistischen Anforderungen an die Daten und hinsichtlich der inhaltlich-theoretischen Annahmen, die der Forscher zu akzeptieren bereit ist. Wir haben uns für zwei Verfahren entschieden, die in beiden Hinsichten stark divergieren. Wir wählten eine Variante der Faktorenanalyse und eine Variante der nichtmetrischen multidimensionalen Skalierung.

Vereinfacht läßt sich als Ziel der Faktorenanalyse umschreiben, eine Vielzahl von Zusammenhängen zwischen Variablen auf Beziehungen zwischen diesen Variablen und einer möglichst geringen Zahl von „zugrundeliegenden" Faktoren zurückzuführen. Die mathematisch-statistischen Anforderungen, meist die des linearen Modelles, sind sehr hoch. Relativ dazu sind die Anforderungen der nichtmetrischen multidimensionalen Skalierung gering. Vereinfacht kann als Ziel beschrieben werden, die Information über die Rangordnung der Ähnlichkeitsmaße so in einer (geometrischen) Struktur abzubilden, daß möglichst wenig Dimensionen erforderlich sind; Annahme über „zugrundeliegende" Faktoren, die sich theoretisch bisweilen als Ursachen interpretieren lassen, werden nicht getroffen (weitere Informationen zu den Verfahren: Überla, 1971; Shepard et al., 1972).

3. ERGEBNISSE

3.1. Die Interkorrelationen

In Tab. 1 sind die Produkt-Moment-Korrelationen zwischen allen 14 Variablen wiedergegeben. Es fällt die starke negative Korrelation zwischen den Variablen (1) und (2) auf; wer der neuen Ostpolitik positiv gegenüber steht, zeigt – wie man erwarten durfte – geringe Konfliktbereitschaft gegenüber Polen, und umgekehrt. Erwähnenswert ist auch der weniger deutliche Zusammenhang zwischen den Variablen (1) und (6). Personen, die das Konzept „Sozialdemokratie" positiv bewerten, sind gegenüber der neuen Ostpolitik positiv eingestellt, und umgekehrt. Ein mittelstarker negativer Zusammenhang besteht zwischen den Variablen (1) und (12): Wer das Konzept „Nation" hoch bewertet, lehnt die neue Ostpolitik eher ab – auch dies ein plausibles Ergebnis, wenn auch mancher vielleicht einen stärkeren Zusammenhang als $r = -0,53$ vermutet hätte. Diktatur (3) und Nationalsozialismus (9) werden gleichsinnig bewertet, Mitbestimmung (5) und Sozialdemokratie (6) ebenfalls. Toleranz (10) und Demokratie (7) werden ähnlich beurteilt: Man schätzt beide eher positiv ein, oder beide eher negativ. Die Befragten stuften Wohlstand (8) und Fortschritt (11) ebenfalls ähnlich ein.

Tab. 1: Korrelationen zwischen allen 14 Variablen über alle befragten Personen.

		1	2	3	4	5	6	7	8	9	10	11	12	13	14
(1) Ostpolitik	1	0.00													
(2) Konflikt-bereitschaft	2	–.79	0.00												
(3) Diktatur	3	–.15	.18	0.00											
(4) Kirche	4	–.19	.24	–.09	0.00										
(5) Mitbestim-mung	5	.24	–.23	–.29	.05	0.00									
(6) Sozialdemo-kratie	6	.49	–.42	–.25	–.01	.41	0.00								
(7) Demokratie	7	.15	–.15	–.38	.20	.32	.39	0.00							
(8) Wohlstand	8	.03	.03	–.12	.27	.25	.19	.33	0.00						
(9) National-sozialismus	9	–.19	.22	.51	–.06	–.20	–.26	–.38	–.09	0.00					
(10) Toleranz	10	.18	–.22	–.30	.12	.36	.31	.44	.32	–.28	0.00				
(11) Fortschritt	11	.12	–.08	–.18	.15	.37	.24	.34	.46	–.15	.37	0.00			
(12) Nation	12	–.53	.12	–.01	.31	.17	.13	.21	.34	.05	.23	.37	0.00		
(13) Abrüstung	13	.18	–.18	–.26	.13	.23	.28	.30	.18	–.25	.33	.24	.08	0.00	
(14) Kommunismus	14	.25	–.30	.21	–.36	.03	.11	–.15	–.21	.11	–.10	–.15	–.26	–.01	0.00

3.2. Ergebnisse der Faktorenanalyse

Wenn wir davon ausgehen, die Einstellungen zu den politisch-ideologischen Leitbegriffen stellten gewissermaßen den Mutterboden dar, auf dem sich so spezifische Einstellungen wie die zur neuen Ostpolitik und gegenüber Polen entwickeln, dann erscheint es sinnvoll, bei der Suche nach „zugrundeliegenden" Faktoren nur von den Leitbegriffen, also den Variablen (3) bis (14) auszugehen. Die Korrelationen zwischen diesen zwölf Einstellungsvariablen (vgl. Tab. 1) wurden einer vollständigen Faktorenanalyse[1] (mit Eins in der Hauptdiagonale) unterworfen. Es ergaben sich drei Faktoren mit Eigenwerten größer Eins (vgl. Tab. 2).

Tab. 2: Ergebnisse der Faktorenanalyse: Eigenwerte und Varianzanteile.

Faktor	Eigenwert	Anteil an Gesamtvarianz
I	3,602	30,0 %
II	1,684	14,0 %
III	1,294	9,8 %

Mit dieser Lösung sind 53,8 % der Gesamtvarianz erfaßt. Die Faktorenladungen können Tab. 3 entnommen werden. Die drei Faktoren dieser Lösung wurden nach dem Varimax-Kriterium orthogonal rotiert. Auch die Faktorenladungen der rotierten Lösung finden sich in Tab. 3.

Die Faktoren stellen hier in der Gesamtstichprobe vorhandene Bewertungstendenzen dar, die sich bei der Beurteilung der politisch-ideologischen Konzepte ergeben. Um festzulegen, wie diese Bewertungstendenzen inhaltlich zu umschreiben sind, beziehen wir uns auf Faktorenladungen, die größer als ± 0,4 ausfielen.

Im ersten unrotierten und weitgehend auch im zweiten rotierten Faktor schlägt sich die mehrheitliche Bewertung der Leitbegriffe nieder. In der Gesamtstichprobe generell günstig ist die Einstellung zu Konzepten wie Demokratie, Toleranz, Fortschritt und Wohlstand; ungünstig zu Nationalsozialismus, Kommunismus und Diktatur. Diese beiden Faktoren können somit als eine Art Gruppennutzenskala gedeutet werden, zu deren Konstruktion jedoch Skalierverfahren i. e. S. wohl geeigneter wären. Aufschlußreich ist die Existenz weiterer Beurteilungstendenzen. So läßt sich aus dem zweiten unrotierten und dem dritten rotierten Faktor auf die Neigung schließen, entweder Kirche,

---

[1] Zur Berechnung am CDC-Computer der RWTH Aachen wurde das BMD-Programm GEFANA, Version März 1965, benutzt. Diese Faktoranalyse beruht also auf einer anderen Ausgangsmatrix als die bei Schäfer berichtete.

458

Nation (und Nationalsozialismus) positiv und Kommunismus negativ, oder umgekehrt zu werten. Die politische „links – rechts" oder „Konservatismus – Progressivismus"-Dimension deutet sich hier an. Die beiden verbleibenden Faktoren, der dritte unrotierte und der erste rotierte, entsprechen einander nicht vollständig. Während der dritte unrotierte fast unipolar ist und sich als Tendenz umschreiben läßt, gegenüber Kommunismus, Diktatur und Nationalsozialismus, also undemokratischen Regierungsformen und Weltanschauungen ungünstig oder wohlwollend eingestellt zu sein, ist der erste rotierte Faktor eher bipolar. Auch hier findet sich an einem Pol Nationalsozialismus und Diktatur, Kommunismus hingegen nur sehr schwach. Der andere Pol dieses Faktors wird durch die Konzepte Demokratie, Abrüstung, Toleranz und Sozialdemokratie bestimmt. Somit liegt der Schluß auf den Gesichtspunkt nahe, Faschismus von Demokratie abzuheben.

Tab. 3: Ergebnisse der Faktoranalysen: Faktorenladungen.

Faktor	Unrotierte Faktoren			Rotierte Faktoren			Kommu-nalität
	I	II	III	I	II	III	
(3) Diktatur	−.557	−.346	.473	−.798	.033	.125	.654
(4) Kirche	.942	−.568	−.320	.064	−.200	−.705	.542
(5) Mitbestim-mung	.592	.210	.354	.307	−.606	.241	.520
(6) Sozial-demokratie	.550	.379	.304	.402	−.501	.355	.539
(7) Demokratie	.719	.113	−.074	.559	−.460	−.111	.536
(8) Wohlstand	.581	−.389	.212	.036	−.662	−.308	.534
(9) National-sozialismus	−.504	−.427	.464	−.806	−.021	.045	.652
(10) Toleranz	.681	.081	.105	.421	−.550	−.023	.481
(11) Fortschritt	.639	−.230	.316	.108	−.729	−.136	.562
(12) Nation	.430	−.585	.224	−.177	−.608	−.422	.578
(13) Abrüstung	.519	.182	−.089	.479	−.285	−.021	.311
(14) Kommunismus	−.293	.522	.561	−.185	.002	.799	.673

Man kann festhalten, daß in der Gesamtstichprobe nicht nur ein durchgängig verwendeter Gesichtspunkt bei der Einschätzung der politischen Schlüsselwörter benutzt wurde, vielmehr außer der Mehrheitsmeinung noch zwei von dieser Meinung unabhängige Auffassungen. Konservative Wertauffassungen scheinen mit progressiven kontrastiert zu werden, außerdem scheint der Demokratiebegriff von eher faschistischen Konzepten abgehoben zu werden. Dieses Ergebnis dürfte sich auch mit anderen Varianten faktorenanalytischer Verfahren einigermaßen verläßlich reproduzieren zu lassen, wenn auch metrische Faktorenanalysen insgesamt (hier nur 53,8 % der Varianz erklärt) mit anderen Verfahren verglichen werden sollten.

3.3.   Ergebnisse der multidimensionalen Skalierung für die Gesamtstichprobe

Um die Ähnlichkeitsbeziehungen zwischen den vierzehn Variablen, die in Tab. 1 wiedergegeben sind, anschaulich darzustellen, wählten wir ein Verfahren der nichtmetrischen multidimensionalen Skalierung, und zwar das Programm Minissa[2], das von Roskam und Lingoes, 1973, Lingoes u. Roskam, 1971, entwickelt wurde und die Vorzüge der Ansätze von Kruskal und Guttman in sich vereinigt. Das Programm versucht, unter Berücksichtigung der Rangordnung der Distanzen zwischen den Ähnlichkeitsmaßen in einem Raum mit möglichst wenig Dimensionen eine Konfiguration der Variablen zu finden. Wie aus den Streß-Maßen in Tab. 4 hervorgeht, ist eine Lösung mit zwei Dimensionen für die Daten der Gesamtstichprobe akzeptabel (zum Vergleich der Streß-Wert von 0,254 bei Spence u. Ogilvie, 1973, für Zufallsdaten, 2 Dimensionen und 14 Variablen; die Arbeit von Spence u. Ogilvie bezieht sich auf eine Variante des Programmes Torsca und dürfte von den für das Programm Minissa geltenden, jedoch noch nicht bekannten Werten nicht weit entfernt sein). In Abb. 1 ist die zweidimensionale Konfiguration aller Einstellungsobjekte wiedergegeben.

Tab. 4: Ergebnisse der multidimensionalen Skalierung.

Gesamtstichprobe			SPD			CDU/CSU			FDP		
Anzahl Dimension		Streß	Anzahl Dimension		Streß	Anzahl Dimension		Streß	Anzahl Dimension		Streß
4		0,026	4		0,031	4		0,038	4		0,067
3		0.036	3		0,046	3		0,052	3		0,114
2		0,084	2		0,079	2		0,084	2		0,147
1		0,457	1		0,239	1		0,438	1		0,276

[2] hier: Guttman-Lingoes smalles space analysis mit semi-strong monotonicity; gerechnet am CDC-Computer der RWTH Aachen. Das Streß-Maß ist ein Indikator für die Übereinstimmung von Daten und Modell.

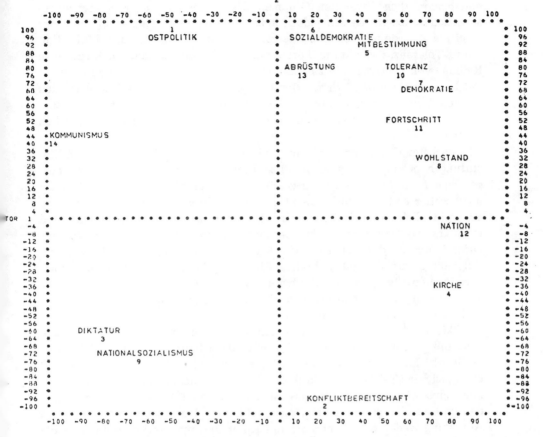

Abb. 1: Konfiguration für die Gesamtstichprobe.

Für die Interpretation aller hier berichteten mehrdimensionalen Skalierungen ist nicht die Lage der Variablen relativ zu den Achsen (ihre Koordinaten) wesentlich, sondern die Konfiguration, also die Lage der Punkte zueinander, welche die Variablen im Raum repräsentieren.

Zunächst fällt auf, daß sich zwei Gruppen von Variablen gegenüberstehen: Kommunismus, Diktatur und Nationalsozialismus auf der einen Seite als die Konzepte, denen gegenüber die Mehrheit der Befragten eher negativ eingestellt ist, und die übrigen Leitbegriffe außer den Variablen (1) und (2) auf der anderen Seite, die insgesamt eher positiv beurteilt werden. Die Einstellung zur neuen Ostpolitik und die Konfliktbereitschaft gegenüber Polen erscheinen als eher ambivalente Einstellungen an den Übergängen zwischen den beiden eben erwähnten Gruppen. Die durchgängig eher positiv eingeschätzten Konzepte weisen jedoch keine zufällige Anordnung auf, vielmehr zeigt die Anordnung von Sozialdemokratie über Abrüstung und Mitbestimmung, Toleranz, Demokratie, Fortschritt, Wohlstand, Nation und Kirche eine Reihung von Begriffen, die zunächst eher mit progressiven, dann zunehmend mit konservativen politischen Orientierungen in Verbindung gebracht werden können. Von einem undifferenzierten politischen Bewußtsein einer repräsentativen Stichprobe der Gesamtbevölkerung wird man wohl kaum sprechen dürfen.

Als stärkster Gegensatz wird eine (wie uns aus den Mittelwerten der Einstufungen bekannt ist) positive Einstellung zur neuen Ostpolitik und ausgeprägte Konfliktbereitschaft gegenüber Polen empfunden – was vielleicht nicht weiter erstaunt, doch scheint bemerkenswert, daß ein anderes, nahezu als gleich diskrepant empfundenes Gegensatzpaar – zwischen Diktatur und Demokratie – mit dem ersten Gegensatz kaum zusammenhängt. Positive Orientierung an der neuen Ostpolitik geht noch am stärksten mit günstiger Einstellung zur Sozialdemokratie, Abrüstung und Kommunismus einher, positive Bewertung von Konfliktbereitschaft gegenüber Polen noch am stärksten – wenn auch absolut gesehen nicht stark – mit einer günstigen Haltung zu Kirche und Nationalsozialismus.

Man könnte die Interpretation weiterführen, indem man jeweils ein Konzept auswählt und die Lage anderer Konzepte dazu betrachtet. So wäre für den Leitbegriff Sozialdemokratie festzustellen, daß seine positive Bewertung mit etwa gleicher Un-Wahrscheinlichkeit mit einer positiven Einstellung zu Kommunismus wie zur Kirche einhergeht. Nation und Nationalsozialismus werden im Einstellungsgefüge der Gesamtstichprobe kaum assoziiert. Auch wird Abrüstung weder mit Kirche noch mit Kommunismus stark verbunden – die einschlägigen Äußerungen der diesen Konzepten entsprechenden Institutionen werden also in der Bevölkerung entweder nicht recht wahrgenommen oder nicht ganz akzeptiert. Die Einstellung zur Diktatur korrespondiert weit eher der zu Nationalsozialismus als zu Kommunismus. – Aufschlußreich scheinen uns diese Zusammenhänge auch, wenn sie im später geschilderten Vergleich zwischen den nach Parteipräferenz gebildeten Teilstichproben deutlich werden.

3.4.   Die Korrelationsmatrizen für die Teilstichproben

In den Tab. 5–7 sind die Interkorrelationen für die SPD-, CDU/CSU- und FDP-Teilstichprobe wiedergegeben. Für die SPD- und die CDU/CSU-Teilstichprobe sind alle Korrelationen größer 0,08 auf dem 5 % Niveau, alle Korrelationen größer 0,11 auf dem 1 % Niveau signifikant von Null verschieden. Für die FDP-Stichprobe lauten die entsprechenden Werte 0,23 und 0,30. Somit sind für die SPD-Teilstichprobe 74, für die CDU/CSU-Teilstichprobe 65 und für die FDP-Teilstichprobe 36 Korrelationen von insgesamt 91 auf dem 5 % Niveau überzufällig von Null verschieden; dies bedeutet auch, daß zumindest bei den beiden großen Teilstichproben nicht rein zufällige, sondern gesicherte Zusammenhänge interpretiert werden. Uns interessiert jedoch der Vergleich zwischen Korrelationskoeffizienten aus zwei verschiedenen Teilstichproben, wobei sich die Korrelation auf die gleichen Variablen bezieht. Die statistische Absicherung nahmen wir nach McNemar (1962, S. 139 f.) vor. Wird die relativ kleine FDP-Teilstichprobe mit einer anderen Teilstichprobe verglichen, so muß der vorhandene Unterschied zwischen den Koeffizienten deutlich größer sein, um als signifikant zu gelten, als beim Vergleich der beiden großen Teilstichproben miteinander. Wir wählten für die Signifikanzprüfung der Koeffizientendifferenz das 5 % Niveau.

Tab. 5: Korrelationen zwischen allen 14 Variablen für Personen mit SPD-Präferenz.

		1	2	3	4	5	6	7	8	9	10	11	12	13	14
(1) Ostpolitik	1	00.0													
(2) Konflikt-bereitschaft	2	−.58	0.00												
(3) Diktatur	3	−.06	.21	0.00											
(4) Kirche	4	−.05	.15	.05	0.00										
(5) Mitbestim-mung	5	.23	−.17	−.17	.09	0.00									
(6) Sozialdemo-kratie	6	.31	−.22	−.12	.16	.34	0.00								
(7) Demokratie	7	.21	−.19	−.22	.24	.37	.48	0.00							
(8) Wohlstand	8	.11	.00	.03	.29	.29	.27	.34	0.00						
(9) National-sozialismus	9	−.14	.26	.56	.07	−.12	−.17	−.27	.03	0.00					
(10) Toleranz	10	.25	−.25	−.13	.14	.43	.36	.42	.31	−.13	0.00				
(11) Fortschritt	11	.17	−.08	−.04	.17	.44	.29	.37	.46	−.06	.42	0.00			
(12) Nation	12	.02	.09	.13	.34	.21	.25	.20	.35	.20	.26	.31	0.00		
(13) Abrüstung	13	.17	−.14	−.15	.19	.27	.31	.35	.25	−.15	.33	.31	.15	0.00	
(14) Kommunismus	14	.17	−.15	.36	−.18	.02	.07	−.03	−.09	.17	.05	−.03	−.07	−.01	0.00

Tab. 6: Korrelationen zwischen allen 14 Variablen für Personen mit CDU/CSU-Präferen

	1	2	3	4	5	6	7	8	9	10	11	12	13	14
(1) Ostpolitik	1 0.00													
(2) Konflikt-bereitschaft	2 −.71	0.00												
(3) Diktatur	3 −.11	.11	0.00											
(4) Kirche	4 −.10	.13	−.03	0.00										
(5) Mitbestim-mung	5 .10	−.10	−.09	.21	0.00									
(6) Sozialdemo-kratie	6 .22	−.20	.06	.14	.45	0.00								
(7) Demokratie	7 .03	−.04	−.20	.28	.32	.34	0.00							
(8) Wohlstand	8 .03	.01	.02	.31	.28	.26	.39	0.00						
(9) National-sozialismus	9 −.06	.09	.49	−.09	−.08	−.02	−.25	−.06	0.00					
(10) Toleranz	10 .01	.06	−.07	.27	.29	.30	.47	.38	.11	0.00				
(11) Fortschritt	11 .01	.01	−.01	.23	.35	.23	.39	.48	−.02	.42	0.00			
(12) Nation	12 .01	.06	.10	.31	.25	.23	.29	.42	.04	.39	.49	0.00		
(13) Abrüstung	13 .14	−.13	−.06	.20	.18	.24	.29	.22	−.11	.39	.26	.17	0.00	
(14) Kommunismus	14 .13	−.10	.40	−.11	.11	.22	−.10	−.03	.36	−.04	−.03	.01	−.03	0.00

Tab. 7: Korrelationen zwischen allen 14 Variablen für Personen mit FDP-Präferenz.

	1	2	3	4	5	6	7	8	9	10	11	12	13	14
(1) Ostpolitik	1 0.00													
(2) Konflikt-bereitschaft	2 −.78	0.00												
(3) Diktatur	3 −.10	.12	0.00											
(4) Kirche	4 −.18	.13	.12	0.00										
(5) Mitbestim-mung	5 .17	−.26	−.06	.19	0.00									
(6) Sozialdemo-kratie	6 .44	−.35	−.00	.06	.41	0.00								
(7) Demokratie	7 .22	−.14	−.17	.03	.23	.48	0.00							
(8) Wohlstand	8 .16	−.08	.11	.38	.29	.44	.36	0.00						
(9) National-sozialismus	9 −.29	.29	.60	.18	.03	−.04	−.21	.04	0.00					
(10) Toleranz	10 .22	−.13	−.06	.10	.23	.40	.30	.46	.07	0.00				
(11) Fortschritt	11 .12	−.17	.14	.08	.43	.31	.28	.54	.10	.10	0.00			
(12) Nation	12 .11	−.10	.17	.28	.38	.48	.87	.00	.00	.00	.00			
(13) Abrüstung	13 .18	−.20	−.12	.01	.46	.53	.44	.26	−.06	.20	.29	.29	0.00	
(14) Kommunismus	14 .30	−.25	.54	−.24	.20	.17	.19	.06	.19	.15	.16	.04	.04	0.00

3.5. Vergleich der Korrelationskoeffizienten der Teilstichproben

Schon ein Blick auf die Tab. 5–7 läßt unterschiedliche Zusammenhänge der Einstellungen in den Teilstichproben erwarten. Wir besprechen die besondres ausgeprägten und interessanten Zusammenhänge, wobei wir versuchen, schon eine Zuordnung der statistisch gesicherten Differenzen zueinander zu geben und so Interpretationen anzuregen. Allgemein bedeutet eine signifikante Koeffizientendifferenz, daß die Stärke des Zusammenhanges zwischen zwei Einstellungen in der einen Teilstichprobe gesichert schwächer oder stärker ausgeprägt ist als in der anderen Teilstichprobe.

So ist der Zusammenhang zwischen der *Einstellung zur neuen Ostpolitik* und der *Konfliktbereitschaft gegenüber Polen* in der Teilstichprobe der Befragten, die eine Neigung zur SPD angaben, weniger stark vorhanden als in den beiden anderen Teilstichproben. Innerhalb der Gruppe der SPD-Sympathisanten wird die innere Verwandtschaft beider Einstellungen also weniger gesehen. Dies kann daran liegen, daß sich die neue Ostpolitik auf alle Staaten des Warschauer Paktes bezieht, die zweite Variable jedoch nur auf Polen. Eine gewisse Stützung findet diese Interpretation in den Korrelationen zwischen der Variablen Konfliktbereitschaft und den Einstellungen zu Polen (hier nicht referiert), die in den CDU/CSU- und FDP-Teilstichproben signifikant ausgeprägter sind. Die Personen der SPD-Teilstichprobe scheinen die neue Ostpolitik etwas weniger speziell als Polen-Politik zu betrachten als die übrigen Befragten. Die neue Ostpolitik wird hingegen von den SPD-Sympathisanten stärker als von den Personen der CDU-Teilstichprobe mit den Konzepten „Sozialdemokratie", „Demokratie", „Toleranz" und „Fortschritt" in Verbindung gebracht. Diese fünf Konzepte bilden für die der SPD Nahestehenden eher eine Einheit, die man insgesamt mehr negativ oder positiv beurteilt. Insofern werden sie für die SPD-Wähler als stärker zusammengehörig aufgefaßt. Zwar sehen auch die Sympathisanten der CDU/CSU und der SPD einen schwachen positiven Zusammenhang zwischen Einstellungen zu „Kommunismus" und der neuen Ostpolitik, doch ist diese evaluative Beziehung für die der FDP Nahestehenden gesichert stärker ausgeprägt.

Im Vergleich zur CDU-Teilstichprobe ist bei den SPD-Wählern die *Konfliktbereitschaft gegenüber Polen* stärker positiv korreliert mit einer günstigen Einstellung zu Diktatur und Nationalsozialismus, signifikant stärker negativ mit der Einstellung zum Leitbegriff „Demokratie". In jeder Teilstichprobe, die einige hundert Befragte umfaßt, gibt es Meinungsunterschiede zwischen den Befragten, auch wenn die Teilstichproben etwas homogener sein dürften als die Gesamtstichprobe. Wenn nun der Zusammenhang in der SPD-Stichprobe ausgeprägter mit den erwähnten Konzepten vorhanden ist, mit Konzepten, die als besonders positiv oder negativ eingeschätzt werden, so bedeutet dies, daß für die SPD-Wähler die Konfliktbereitschaft gegenüber Polen stärker in einen allgemeinen evaluativen Zusammenhang eingebettet ist als bei den übrigen Befragten.

Wenn auch die Variablen Konfliktbereitschaft und Einstellung zur Ostpolitik im Vordergrund unseres Interesses stehen, so sollen doch Unterschiede in der Einstellungsstruktur angedeutet werden, die sich auf andere Variablen beziehen. Wenden wir uns zunächst zwei Konzepten zu, die für verschiedene Teilstichproben unterschiedlich zentral sein dürften, „Kirche" für die CDU-Sympathisanten und „Mitbestimmung" für die SPD-Wähler. Die Beziehung zwischen *Kirche* einerseits, Mitbestimmung oder Demokratie oder Toleranz andererseits ist für CDU-Wähler gesichert stärker ausgeprägt als für SPD-, teils auch FDP-Nahestehende. Die Korrelation zwischen Einstellung zur Kirche und Einstellung zu Nationalsozialismus ist bei der CDU negativ: tendenziell wird entweder die Kirche günstig und Nationalsozialismus ungünstig oder umgekehrt eingestuft – in den beiden anderen Teilstichproben ist der Zusammenhang positiv. Die Beurteilung des Konzeptes Kirche ist für die Personen mit CDU-Präferenz deutlich stärker an die allgemeine evaluative Dimension „gut–schlecht" angebunden als für die Befragten mit anderen Parteipräferenzen.

Die Bewertung der *Mitbestimmung* geht in der SPD-Gruppe mit der Einschätzung von Toleranz und Fortschritt gesichert eher konform als in der CDU-Gruppe; hingegen ist der Zusammenhang der Einstellungen zu Sozialdemokratie und Mitbestimmung bei den CDU-Sympathisanten stärker als bei den SPD-Sympathisanten. Man könnte zu der Interpretation kommen, für die Personen mit SPD-Präferenz sei Mitbestimmung weniger etwas typisch sozialdemokratisches als vielmehr etwas, das „an sich" gut (oder auch weniger gut) ist. Für die FDP-Gruppe steht das Konzept Mitbestimmung in einem etwas anderen Kontext; es korreliert stärker mit Abrüstung als bei den anderen Untersuchten. Vielleicht deutet sich hier an, daß Mitbestimmung und Abrüstung für die FDP-Anhänger eine andere Funktion haben als für die den großen Parteien Nahestehenden.

Fast hätte man es erwartet – und man könnte es vielleicht sogar als Stützung für die Richtigkeit unseres methodischen Vorgehens ansehen: Die Einstellung zu *Sozialdemokratie* korreliert für die CDU/CSU-Sympathisanten stärker als für Befragte, die die SPD wählen wollen, mit der Bewertung des Kommunismus. Nur bei den SPD-Wählern findet sich ein gesicherter negativer Zusammenhang zwischen den emotionalen Urteilen über Sozialdemokratie und Diktatur, und bei diesen Wählern zeigt sich auch eine stärkere negative Korrelation zwischen Einstellungen zum Nationalsozialismus und zum Konzept Demokratie. Im Selbstverständnis der SPD-Sympathisanten wird ein Begriff, der zentrale Aspekte ihrer politisch-ideologischen Orientierung beschreibt, stärker von Konzepten abgehoben, die durchgängig negativ bewertet werden. Wenn wir weiter feststellen, daß bei Personen, welche die FDP zu wählen geneigt sind, stärkere Bewertungszusammenhänge zwischen den Leitbegriffen Sozialdemokratie, Abrüstung und Mitbestimmung statistisch zu sichern sind, scheint sich hier für die SPD/FDP-Regierung ein Teil der emotionalen Absicherung der Koalition für die jeweiligen Sympathisanten anzudeuten, der nachzugeben jedoch den thematischen Rahmen dieses Beitrages sprengen würde.

Das Stichwort „Nationalsozialismus" ist offensichtlich auch heute noch in der Lage, parteigebunden unterschiedliche Bewertungsreaktionen hervorzurufen. Diktatur und Nationalsozialismus korrelieren gerade gesichert für die SPD-Anhänger stärker als für die CDU-Wähler. Für die Beziehung zwischen Nation und Nationalsozialismus gilt das gleiche. Die nationale Komponente und das Diktatorische des Regimes spielen für die SPD-Sympathisanten bei der Einstellung zum Nationalsozialismus möglicherweise als Beurteilungsgesichtspunkte eine stärkere Rolle. Hingegen läßt sich bei den CDU-Sympathisanten ein statistisch gesichert stärkerer positiver Zusammenhang der Einstellungen zu Kommunismus und Nationalsozialismus aufweisen als bei der SPD-Gruppe. Was für die CDU/CSU-Teilstichprobe das Konzept Kommunismus unattraktiv macht, macht zum Teil auch das Konzept Nationalsozialismus mehr oder weniger ablehnenswert. Hinweise für Momente, die eine, freilich nur relativ günstige Orientierung gegenüber dem Leitbegriff Nationalsozialismus anregen, finden sich in der Korrelation mit der Bewertung der Toleranz: Diese Beziehung ist für die SPD-Wähler schwach negativ, für die CDU/CSU-Wähler schwach positiv; die Signifikanz der Differenz ist gesichert.

Mit weiteren Korrelationen und der Deutung ihrer Differenzen ließe sich das skizzierte Bild weiter abrunden. Wir glauben jedoch, daß die erwähnten Relationen gezeigt haben, wie sich mit der gewählten Methodik Einblicke in Unterschiede von Einstellungsstrukturen gewinnen lassen.

3.6.   Ähnlichkeitskonfigurationen für die Teilstichproben

Im Abschnitt 3.3 schilderten wir die Ergebnisse der multidimensionalen Skalierung der Korrelationen für die Gesamtstichprobe. Vergleichbare Analysen haben wir für die Teilstichproben gerechnet; die Koeffizienten finden sich in den Tab. 5–7. Die Ergebnisse sind in Abb. 2–5c dargestellt. Wie aus Tab. 4 hervorgeht, ist sowohl für die SPD- als auch für die CDU/CSU-Teilstichprobe eine zweidimensionale Lösung adäquat, für die FDP-Teilstichprobe kann eine eindeutige Entscheidung zugunsten der zwei- oder dreidimensionalen Lösung nicht gefällt werden. Dies bedeutet inhaltlich, daß für diese Befragtengruppe eine größere *Komplexität der Einstellungsstruktur* vermutet werden darf, wenn – wie in der Psychologie nicht selten – eine größere Anzahl Dimensionen als Hinweis auf größere Komplexität gewertet wird. (Auch die Shepard-Koeffizienten, d. h. die Korrelationen zwischen den beobachteten, in Tab. 1, 5–7 wiedergegebenen Koeffizienten und den theoretischen, unter der Voraussetzung der Modellgültigkeit abgeleiteten Koeffizienten, ermöglichen keine Entscheidung zugunsten der zwei- oder dreidimensionale Lösung. Für die zweidimensionale Lösung beträgt r = –0,95; für die dreidimensionale r = –0,98; der Unterschied ist gering. Auch für die anderen Lösungen zeigt der Shepard-Koeffizient, daß die gewählten Lösun-

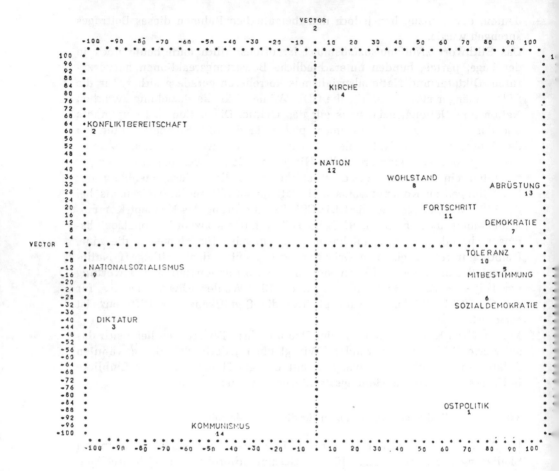

Abb. 2: Konfiguration für die Personen mit SPD-Präferenz.

gen sehr gut sind. Für die Gesamtstichprobe beträgt r = –0,97, für die Teilstichprobe der SPD-Sympathisanten r = –0.96 und für die CDU/CSU-Nahestehenden r = –0,96. In den Abb. 6–9 sind die zugehörigen Scatter-Diagramme wiedergegeben, die einen plastischen Eindruck von der Güte der Übereinstimmung von Skaliermodell und Daten vermitteln.)

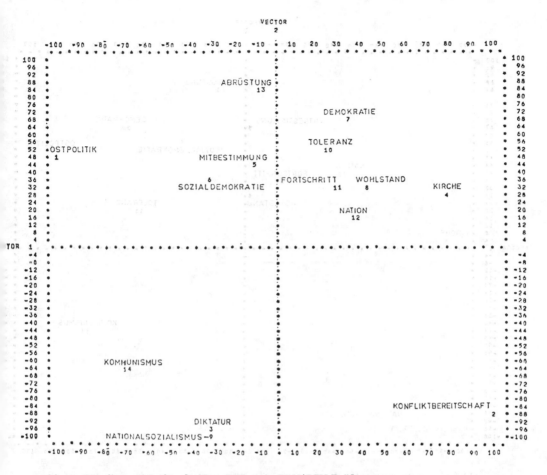

Abb. 3: Konfiguration für die Personen mit CDU/CSU-Präferenz.

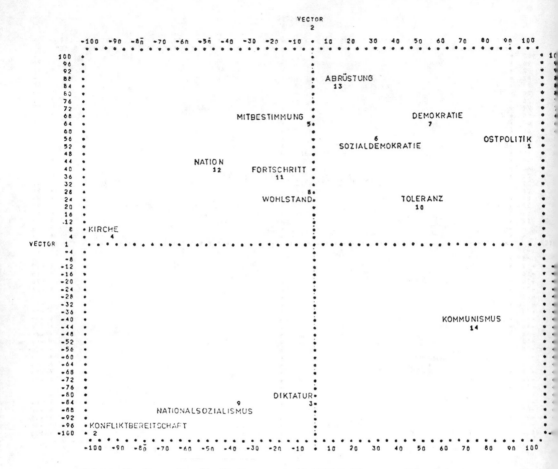

Abb. 4: Konfiguration für die Personen mit FDP-Präferenz, 2 Dimensionen.

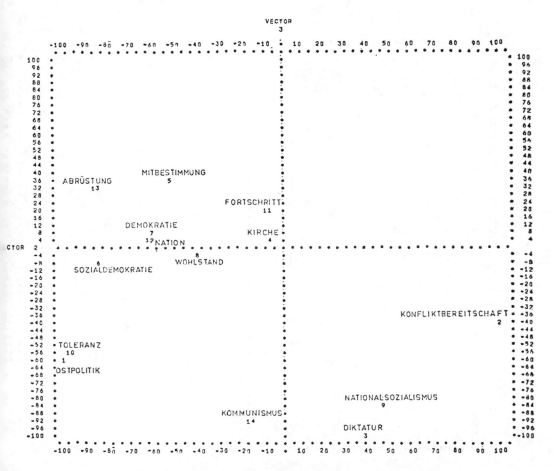

Abb. 5a: Konfiguration für die Personen mit FDP-Präferenz, 3 Dimensionen.

471

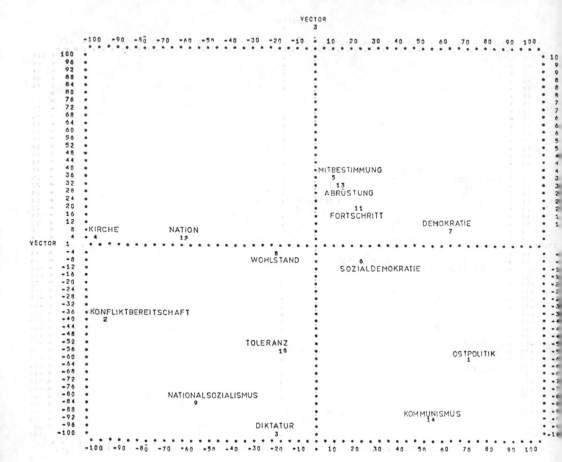

Abb. 5b: Konfiguration für die Personen mit FDP-Präferenz, 3 Dimensionen.

472

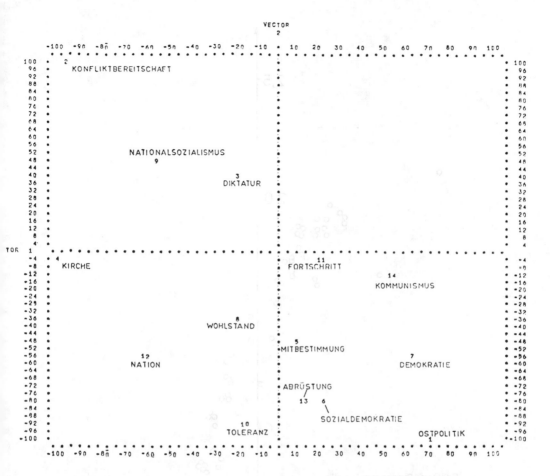

Abb. 5c: Konfiguration für die Personen mit FDP-Präferenz, 3 Dimensionen.

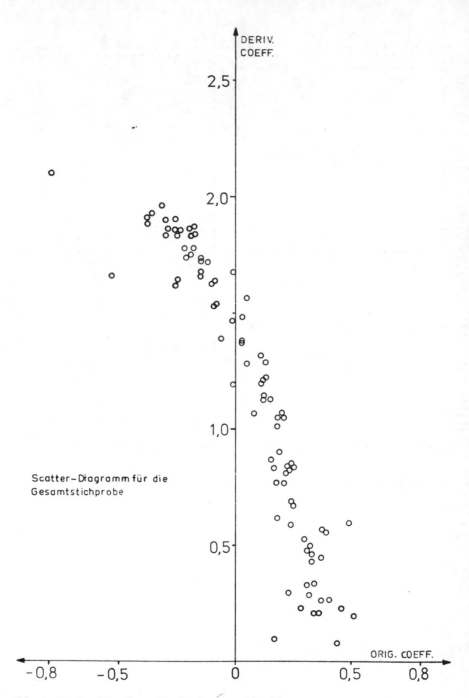

Abb. 6: Scatter-Diagramm für die Gesamtstichprobe.

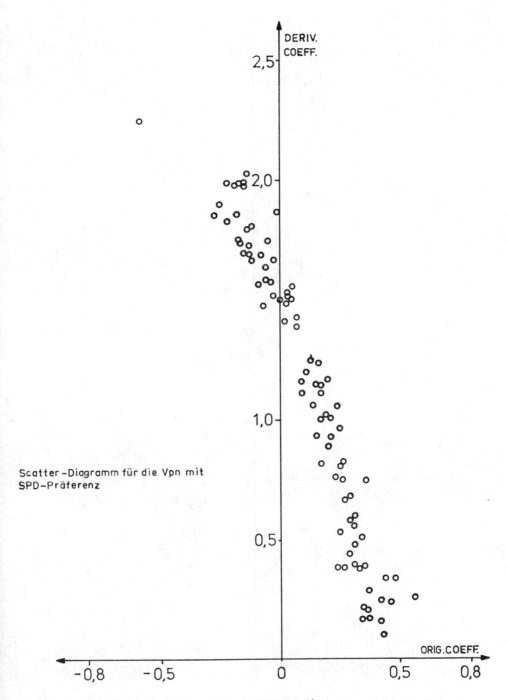

Scatter-Diagramm für die Vpn mit
SPD-Präferenz

Abb. 7: Scatter-Diagramm für die Vpn mit SPD-Präferenz.

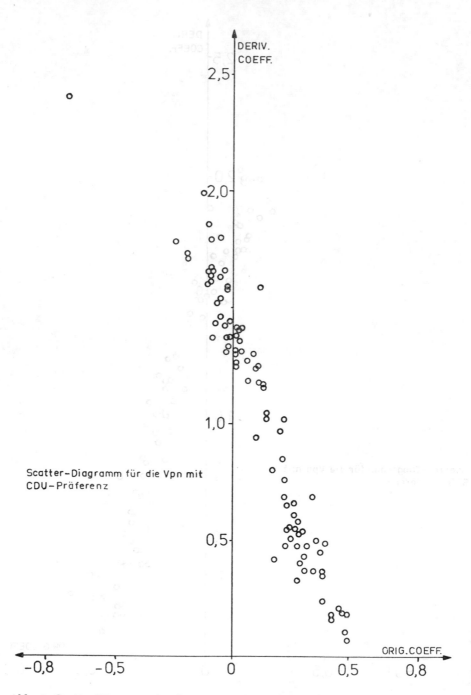

Abb. 8: Scatter-Diagramm für die Vpn mit CDU-Präferenz.

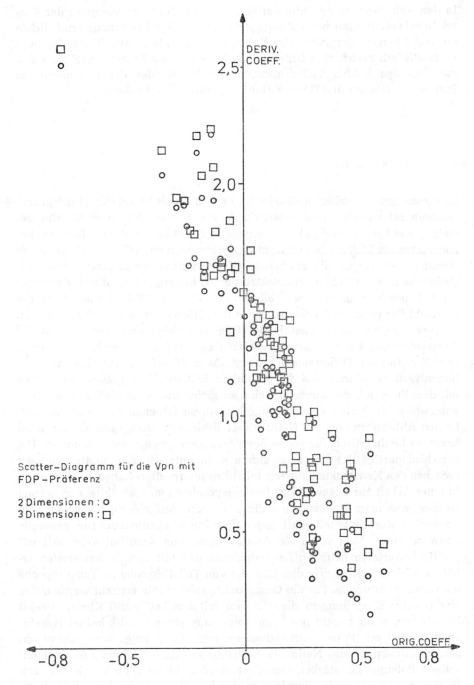

Abb. 9: Scatter-Diagramm für die Vpn mit FDP-Präferenz.

In den Abb. 2–5c ist die Information enthalten, die beim Vergleich der Korrelationskoeffizienten bereits dargestellt wurde. Darüber hinaus ermöglichen die Abbildungen Vergleiche der Konfigurationen als Ganze. Trotz der inferenzstatistisch gesicherten Unterschiede bei einzelnen Beziehungen zeigt sich zwischen den beiden Teilstichproben für die Wähler der beiden großen Parteien im Großen und Ganzen eine erstaunliche Ähnlichkeit.

4.   DISKUSSION

In dieser Arbeit stehen methodische Fragen ausdrücklich im Hintergrund. Dennoch sei auf eine problematische Voraussetzung hingewiesen: Die Befragten werden aufgefaßt als weitgehend vergleichbare Datenquellen, da ihre Antworten als Meßwiederholungen analysiert werden. Wie fragwürdig diese Annahme ist, zeigen die nachgewiesenen Unterschiede zwischen den Teilstichproben; zu welchen grundsätzlichen Schwierigkeiten diese Annahme führt, haben wir an anderer Stelle erörtert (Feger, 1974). Ferner kann die Auswahl der politisch-ideologischen Leitbegriffe Gegenstand der Kritik sein. Solange eine stringente Theorie des Gegenstandsbereiches fehlt, bleibt die Auswahl immer bis zu einem gewissen Grad willkürlich, auch wenn sie in interdisziplinären Diskussionen erfolgt. Man könnte weiter das Abstraktionsniveau kritisieren, das die gewählten Leitbegriffe repräsentiert – etwa mit dem Einwand, die Konzepte seien so global und vage, daß man sie sehr unterschiedlich deuten kann. Doch gehört diese fehlende Präzision im politischen Alltagsgebrauch zur Natur dieser Schlüsselwörter, ohne die sie wohl kaum zu Leitbegriffen für große Bevölkerungsgruppen werden könnten. Die verschiedenartige Deutung zeigt sich u. a. in unterschiedlichen Beziehungen zwischen den Konstrukten, die wir inhaltlich interpretiert haben.
In einer Arbeit zur angewandten Sozialpsychologie muß abschließend gefragt werden, was man tun kann, um die praktische Aufgabe zu lösen, um also aggressive Konfliktbereitschaft gegenüber Polen abzubauen. Die generelle Antwort lautet: Man sollte die Assoziationen von Konfliktbereitschaft mit positiv bewerteten Leitbegriffen reduzieren und mit negativ bewerteten erhöhen. Welche Leitbegriffe dies sind, ist von Teilstichprobe zu Teilstichprobe ein wenig verschieden. Für die Gesamtstichprobe müßte erreicht werden, daß eine positive Einstellung zu alle dem, was mit dem Leitbegriff Kirche gemeint ist, nicht zu einer relativ positiven Bewertung einer konflikthaften Auseinandersetzung mit Polen führt. Hingegen wäre es günstig, wenn die durchgängige Ablehnung des Nationalsozialismus mit der Ablehnung einer feindseligen Polenpolitik stärker assoziiert werden könnte. Es würde zu weit führen, das Vorgehen im einzelnen zu konkretisieren, sicherlich ist die Rolle der Massenmedien und der opinion leaders nicht zu vernachlässigen.

5.   ZUSAMMENFASSUNG

Wir gehen davon aus, daß den Bürgern eines Staates ein Minimum an Sozialisationserfahrung gemeinsam ist und es deshalb sinnvoll ist, für eine repräsentative Stichprobe der über 18jährigen zusammengefaßt die Struktur der Beziehungen zu beschreiben, in denen die Orientierung an politischen Schlüsselwörtern wie Kirche, Demokratie etc. ausgedrückt wird. Wie andere, in diesem Band veröffentlichte Arbeiten zeigen, steht die Parteipräferenz der Befragten mit Unterschieden in deren ideologischer Orientierung in deutlichem Zusammenhang. Deshalb scheint es uns geraten, neben der Gesamtstichprobe auch die Teilgruppen der potentiellen CDU/CSU-, SPD- und FDP-Wähler zu untersuchen und miteinander zu vergleichen. Dabei interessiert uns nicht primär die Struktur der Bewertungen von politischen Schlüsselwörtern, sondern deren Relation zur Bewertung der neuen Ostpolitik und der Konfliktbereitschaft gegenüber Polen.

Bei der Datenanalyse gehen wir von Korrelationskoeffizienten aus, die als Grade der Ähnlichkeit der Bewertung von zwei Leitbegriffen gedeutet werden, denn wir dürfen annehmen, daß beispielsweise zwischen der Einschätzung der Demokratie und der Diktatur ein (negativer) Zusammenhang besteht. Wir wissen jedoch nicht, wie groß der Zusammenhang ist, und bei einigen Schlüsselwörtern wissen wir nicht einmal, in welcher Richtung der Zusammenhang verläuft. Weiter darf man zwar generell erwarten, daß für die nach Parteipräferenz gebildeten Teilgruppen Unterschiede in den Bewertungsstrukturen bestehen; wie diese jedoch im einzelnen aussehen, ist eine empirische Frage.

Zu deren Beantwortung wählten wir zwei Methoden: Faktoranalyse und Multidimensionale Skalierung. Diese Methoden erlauben eine übersichtliche Beschreibung der Einstellungsstrukturen – vorausgesetzt, den erhobenen Daten liegen einfache und ökonomisch zu beschreibende Strukturen zugrunde. Dies ist tatsächlich der Fall. In der Gesamtstichprobe zeigt sich zunächst die allgemeine Bewertungstendenz, Schlüsselwörter wie Demokratie, Toleranz, Fortschritt und Wohlstand relativ günstig und solche wie Nationalsozialismus, Kommunismus und Diktatur relativ ungünstig zu beurteilen, oder auch umgekehrt. Die Tendenz, den für unsere politische Ordnung bestimmenden Konzepten zuzustimmen und Gegenvorstellungen abzulehnen muß also in der Gesamtstichprobe in deutlich unterschiedlichem Ausmaß vorhanden sein. Es bestehen darüber hinaus noch weitere Beurteilungstendenzen, eine, die der bekannten „Konservatismus – Progressivismus"-Dimension entsprechen könnte und eine „liberale" Tendenz, undemokratische Staat- oder Regierungsformen abzulehnen.

Die Multidimensionale Skalierung zeigt u. a., daß die Einstellung zur neuen Ostpolitik weder durchweg in der gleichen Weise wie die sonst überwiegend positiv bewerteten Schlüsselwörter (z. B. Demokratie) noch durchgängig gleichsinnig wie die sonst meist negativ bewerteten Konzepte (z. B. Kommunismus) beurteilt werden. Die Einstellung zur Ostpolitik und die Konfliktbereitschaft gegenüber Polen sind in unerwartetem Ausmaß unabhängig von der – sei es positiven, sei es negativen – Bewertung so zentraler Schlüsselwörter wie Diktatur und Demokratie. – Beim Vergleich der Teilstichproben zeigt sich, daß Befragte mit SPD-Präferenz die neue Ostpolitik weniger als Personen mit anderen Parteizuneigungen als eine Polenpolitik betrachten, und sie außerdem stärker mit den Schlüsselbegriffen Demokratie, Toleranz, Sozialdemokratie und Fortschritt in Verbindung bringen. Auch die Konfliktbereitschaft gegenüber Polen scheint für potentielle SPD-Wähler stärker in einem allgemeinen und durchgängigen Bewertungszusammenhang zu stehen; diese politischen Einstellungen sind für die SPD-Sympathisanten zentraler als für die der CDU- oder auch der FDP-Nahestehenden.

6. LITERATURVERZEICHNIS

Feger, H.: Die Erfassung individueller Einstellungsstrukturen. Zeitschrift für Sozialpsychologie, 1974, 5, 242–254.

Green, P. E. u. Carmone, F. J.: Multidimensional scaling and related techniques in marketing analysis. Boston: Allyn u. Bacon, 1970.

Lingoes, J. C.: The Guttman-Lingoes nonmetric program series. Ann Arbor: Mathesis Press, 1973.

Lingoes, J. S. u. Roskam, E.: A mathematical and empirical study of two multidimensional scaling algorithmus. Michigan Mathematical Psychology Program Report, 1971, 71–1.

McNemar, Q.: Psychological Statistics. New York: Wiley (3. Aufl.), 1962.

Shepard, R. N., Romney, A. K. u. Nerlove, S. B.: Multidimensional scaling. Vol. I: Theory. New York: Seminar Press, 1972.

Spence, I. u. Ogilvie, J. C.: A table of expected stress values for random rankings in nonmetric multidimensional scaling. Multivariate Behavioral Research, 1973, 8, 511–517.

Überla, K.: Faktorenanalyse. Berlin: Springer, 1971.

12. ÜBERSICHT ZUM EMPIRISCH-SOZIALWISSENSCHAFTLICHEN TEIL

von H. Feger

Für den Leser, der die detaillierten Darstellungen der voraufgegangenen Artikel verfolgt hat, sei hier ein Überblick versucht. Der Überblick kann nur eine skizzenhafte Zusammenfassung und Perspektiven einer möglichen Integration darstellen. Zunächst sei das allgemeine Schema der Datenerhebung aus dem Gesichtswinkel der Auswertung geschildert, dann eine wechselseitige Zuordnung einiger wesentlicher Befunde versucht und schließlich seien Spekulationen darüber gestattet, welche Maßnahmen aufgrund der Ergebnisse für die politische Praxis angeraten werden könnten.

Erklärt werden sollen in erster Linie interindividuelle Unterschiede (1) in den Einstellungen zur „neuen Ostpolitik" und in der Konfliktbereitschaft gegenüber Polen; diese Variablen werden mit Einstellungsskalen erhoben, konstruiert nach Methoden, die in der Sozialpsychologie entwickelt wurden, (2) Stellungnahmen zu Einzelfragen, die sich ebenfalls primär auf die Haltung gegenüber Polen beziehen, jedoch weiter ausholen und Hintergründe und Randbedingungen erfassen sollen. Diese beiden Gruppen sind für die meisten Studien die *abhängigen* Variablen, deren Variation erklärt und gedeutet werden soll.

Aus einem bestimmten Vorverständnis des Forschungsbereiches, das durch die Ergebnisse gerechtfertigt werden muß, wurden die *unabhängigen* Variablen ausgewählt. Nicht aus der Analysemethode, sondern vom Inhaltlichen her können sie als Bedingungen oder sogar Gründe für die Variation in den abhängigen Variablen interpretiert werden. Die unabhängigen Variablen lassen sich in drei Gruppen unterteilen: (1) demographische Merkmale im weitesten Sinn, wozu beispielsweise auch die Parteipräferenz gehört; (2) theoretische Konstrukte der Sozialwissenschaft in unterschiedlicher Operationalisierung, insbesondere „Vorurteilsneigung" und „Typen weltanschaulicher Orientierung"; (3) Einstellungen zu verschiedenen Völkern und politischen Schlüsselwörtern, die sowohl getrennt als auch in ihrer Gesamtheit zu den abhängigen Variablen in Beziehung gesetzt wurden. Analysiert werden in den einzelnen Arbeiten (1) die Gesamtstichprobe, (2) Teile dieser repräsentativen Stichprobe und (3) zusätzlich erhobene Daten aus Gruppen, die aus inhaltlichen Gründen besonders interessieren, und zwar Flüchtlinge als objektiv betroffene und sich auch subjektiv stark betroffen fühlende

481

Gruppen sowie Lehrer und Journalisten als Meinungsbildner (opinion leaders).

Man kann das hier zugrundegelegte Vorverständnis verdeutlichen, indem man einige Ansätze und Konzepte der Sozialwissenschaften nennt, die nicht oder kaum berücksichtigt wurden. Zum einen wurden Persönlichkeitszüge i. e. S. nicht erfaßt. Es gibt zu wenig Hinweise auf eine direkte, d. h. nicht vermittelte Beziehung zwischen diesen Variablen und den abhängigen Variablen unserer Untersuchung. Zum anderen wurde auf eine detaillierte Analyse der gegenwärtigen Situation einer Person und Biographie verzichtet, weil dies vom Erhebungsaufwand her den Rahmen einer repräsentativen Studie gesprengt hätte. Dennoch nehmen wir an, daß Prozesse etwa der familiären und beruflichen Sozialisation, der Rollenbestimmung und Normfindung in Kleingruppen, insbesondere Primärgruppen, und Einflüsse von Bezugspersonen für die Ausprägung der abhängigen Variablen wesentlich sind. Und wir fügen die Annahme hinzu, daß viele dieser und ähnlicher Prozesse sich direkt oder indirekt in den unabhängigen Variablen niederschlagen, die wir erheben konnten. Weiter haben wir auf einen – sozusagen letzten – Schritt in einer Analysenkette verzichtet, auf die Untersuchung des Zusammenhanges zwischen politischen Einstellungen und politischem Verhalten. Gemeint ist beispielsweise das tatsächliche Wahlverhalten, Teilnahme an Aktivitäten wie Bürgerinitiativen, Suche nach Information über politisches Geschehen – Verhalten, das konkret in Feldstudien hätte erhoben werden müssen (teilweise wurde es erfragt), und dann zu einer zu aufwendigen Studie geführt hätte. Wir schließen also unsere Arbeit ab mit der Analyse von Einstellungen als einer, nur einer unter vielen Bestimmungskomponenten politischen Verhaltens.

Es scheint für diese Übersicht günstig, drei Ebenen (Variablenbündel) zu unterscheiden, und zwar (1) die Ebene der konkreten, aktuellen *Einstellungen zu relativ spezifischen Einstellungsobjekten,* wie sie die Einstellung zur neuen Ostpolitik und die Konfliktbereitschaft gegenüber Polen darstellen; (2) die Ebene *globaler und fundamentaler Einstellungen* und Orientierungen und schließlich (3) die Variablen, die als *demographische und biographische* Merkmale erfaßt werden. Angesichts der berichteten Ergebnisse und aus Ökonomiegründen scheint es erlaubt, von der einfachen Modellvorstellung auszugehen, von der ersten zur zweiten und von der zweiten zur dritten Ebene bestünden gesicherte Beziehungen, während keine direkten, sondern nur über die zweite Ebene vermittelten Beziehungen zwischen den Variablen der ersten und der dritten Ebene existieren. Ein solches Modell ließe sich nach einigen Vorarbeiten pfadanalytisch prüfen.

Variablen der ersten Ebene sind neben gezielten Interviewfragen (s. die Arbeiten von Kutsch u. Dötsch sowie Kutsch) Skalen zur Einstellung zur Ostpolitik und Konfliktbereitschaft gegenüber Polen (hauptsächlich in den Artikeln von Schäfer). Für die Operationalisierung von Variablen, die auf der zweiten Ebene anzusiedelnde Konzepte erfassen sollen, wurden verschiedene Wege gewählt, wie auch schon die Konzepte auf dieser Ebene sich deutlich unterschieden. Als einfachster Indikator einer globalen Einstellung kann die vom Befragten berichtete Präferenz für politische Parteien betrachtet werden, zumindest in der Dichotomierung „eher konservativ – eher progressiv", wie sie sich für die hier berichteten Studien durchweg als nützlich erwies. Zu den bedeutsamen Ergebnissen dieser empirischen Studien gehört der Nachweis einer generellen, über verschiedene Völker oder Nationen hinweg reichenden Vorurteilsneigung (Schäfers Konzept der Xenophobie), die in der einschlägigen Literatur oft unterstellt, selten jedoch auch nur andeutungsweise mit geeigneten statistischen Methoden belegt wurde. Wie für die Parteipräferenz konnte auch für diese allgemeine Vorurteilsneigung zwar kein außerordentlich starker, jedoch sehr konsistenter – in unterschiedlichen Fragestellungen auftauchender – Zusammenhang mit den uns interessierenden abhängigen Variablen nachgewiesen werden. Schließlich gelang es, gestützt auf Bewertungen politischer Schlüsselwörter, Typen weltanschaulicher Orientierung zu identifizieren. Auch von dieser allgemeinpolitischen Ausrichtung her lassen sich Zusammenhänge mit der ostpolitischen Einstellung und der Konfliktbereitschaft empirisch sichern.

Wie sind diese Zusammenhänge zwischen den Variablen der ersten und der zweiten Ebene zu verstehen? Ein einfaches Modell wäre das kausale: Weil ein Befragter allgemein vorurteilhaft reagiert und generell antikommunistisch eingestellt ist, verursacht die Wirksamkeit psychologischer Prinzipien (wie das der kognitiven Konsistenz, der Dissonanzreduktion oder Generalisierungsprozesse) eine entsprechende Reaktion im konkreten Einzelfall.

Vorstellbar ist auch, daß die Orientierung gegenüber Polen als Aspekt oder Komponente globaler Haltungen aufgefaßt wird. In seinen kognitiven Prozessen subsumiert ein Befragter Polen unter seine allgemeine politische Orientierung und bewertet dann als ähnlich Aufgefaßtes in der gleichen Weise wie für ihn vergleichbare Komponenten. Gemeinsam ist diesen, in den einzelnen Artikeln angedeuteten Erklärungsansätzen, daß die zweite Ebene einen bereits vorhandenen, relativ stabilen Bezugsrahmen darstellt.

Für die Bezugsrahmen-Interpretation lassen sich in den Ergebnissen einige Belege finden. So stellten Kutsch u. Dötsch für die Zeit vor der Befragung insgesamt eine Steigerung des Interesses an ostpolitischen Themen fest. Die Aktualisierung dieser Fragen änderte jedoch nicht durchgängig bei allen stärker Interessierten die Einstellung in die gleiche Richtung, vielmehr lassen sich Hinweise auf eine Polarisierung finden, eine Polarisierung, die von den Parteipräferenzen auszugehen scheint. Hapke konnte weiter zeigen, daß zwar Einheimische auf das parteipolitische Bezugssystem relativ stark zurückgreifen, wenn sie ihre Haltung gegenüber Polen festigen, Flüchtlinge dieses Bezugssystem jedoch nicht so stark heranziehen. – Für die Frage nach Maßnahmen zum Abbau von Vorurteilen hat diese Interpretation Konsequenzen, wenn man sozialpsychologische Befunde verallgemeinert und globalere Einstellungen für fundamentaler und änderungsresistenter hält. Zwar wäre es dann leichter, spezielle Haltungen wie erhöhte Konfliktbereitschaft gegenüber Polen zu ändern, aber ein Erfolg könnte nur kurz dauern, wenn nicht das Bezugssystem insgesamt revidiert worden wäre.

Wenn wir diese Zusammenhänge zwischen der ersten und zweiten Ebene detaillierter betrachten, so fällt immer wieder, unabhängig von der gewählten Erhebungs- und auch Auswertungsmethode, die starke Rolle der Parteipräferenz auf. Dies zeigt sich auch in der Bewertung politischer Schlüsselwörter. Positive Einschätzung der neuen Ostpolitik korreliert relativ am stärksten mit günstiger Einstellung zu Sozialdemokratie, Abrüstung und Kommunismus, während relativ hohe Konfliktbereitschaft noch am deutlichsten, wenn auch absolut gesehen nicht stark, mit vergleichsweise wohlwollender Haltung zu Kirche und Nationalsozialismus einhergeht. Die Polarität „positive Bewertung der neuen Ostpolitik versus hohe Konfliktbereitschaft" ist nahezu unabhängig von der Polarität „Demokratie versus Diktatur" – Unterschiede in der Bewertung der einen Polarität hängen mit Unterschieden bei der Bewertung der anderen kaum zusammen. Man kann sich also auch bei hoher Konfliktbereitschaft gegenüber Polen für einen überzeugten Demokraten halten und polenfreundlich bei relativem Wohlwollen gegenüber Vorstellungen wie Diktatur als Regierungsform sein. Parteipräferenz und allgemeine politisch-weltanschauliche Orientierung sind wie zu erwarten nicht unabhängig, so ist z. B. die Bewertung der neuen Ostpolitik für SPD-Wähler zentraler, d. h. für sie stärker mit wichtigen politischen Schlüsselbegriffen verbunden (Feger u. Kluck).

Im Gegensatz zu der Mehrzahl früherer sozialwissenschaftlicher Untersuchungen wird in Schäfers Arbeiten nicht die Beziehung zwischen einer unspezifischen, globalen Einstellung zur Außenpolitik einerseits und auf Adorno oder Rokeach zurückgehenden, also aus umfassenden Persönlichkeitskonzeptionen abgeleiteten, methodisch sehr anfechtbaren „Skalen" zur Erfassung von Persönlichkeitsmerkmalen untersucht. Vielmehr werden mehrere Stellungnahmen zu konkreten, aktuellen und zumindest für einen Teil der Befragten auch persönlich sehr relevanten Fragen in Beziehung gesetzt zu einem methodisch anspruchsvollen Kennwert für Vorurteilshaftigkeit, dessen Gültigkeit ansatzweise überprüft wird. Dabei zeigt sich, daß diese allgemeine Vorurteilsneigung, je stärker sie ausgeprägt ist, zu umso deutlicherer Ablehnung der neuen Ostpolitik und zu umso größerer Konfliktbereitschaft gegenüber Polen führt. Weiter hängt sie mit dem Grad des Interesses am Thema Deutschland – Polen zusammen, mit der Bewertung des deutsch-polnischen Vertrages und der vermuteten Bedeutung dieses Vertragswerkes, d. h. dem eingeschätzten Stellenwert in der internationalen und nationalen Politik. Auch die Beurteilung der möglichen Entwicklung des deutsch-polnischen Verhältnisses wird durch die allgemeine Vorurteilsneigung tangiert. Politische und pädagogische Maßnahmen, die diese Vorurteilshaftigkeit abbauen helfen, dürften auch einem Abbau der Konfliktbereitschaft gegenüber Polen zugute kommen.

Während die soeben erwähnten Ergebnisse aus Bonner Arbeiten stammen, die man in die Tradition der Vorurteilsforschung stellen kann, lassen sich die weiteren Arbeiten der interdisziplinären Ideologiediskussion zuordnen. Steffens und Schäfer fragen, ob es Typen politisch-ideologischer Orientierung gibt und wenn ja, wie diese inhaltlich bestimmt sind, wobei ein Typus sich auf die „Struktur der Bewertung abstrakter Symbole der politischen Sprache" bezieht. Der innerhalb der Psychologie hohe Stand der theoretischen und methodologischen Reflexion darüber, wie Typen zu bestimmen seien, macht auch in diesem Anwendungsfall eine eingehendere Darstellung erforderlich. Während die Artikel von Biciste sowie Feger u. Kluck Ordnungsstrukturen zu bestimmen suchen, wenn die zu ordnenden Elemente Variablen sind (z. B. Bewertung des Schlüsselwortes „Fortschritt"), versuchen Steffens und Schäfer Ordnungsstrukturen zu ermitteln, wenn die zu ordnenden Elemente Personen (genauer: Einstellungsstrukturen von Personen) sind. Beide in erster Linie deskriptiven Ansätze sind theoretisch komplementär und sollten in einem relativ neuen Untersuchungsbereich auch beide eingesetzt werden.

Die Analyse trennt drei Befragten-Gruppen, zwischen denen möglichst große Unterschiede und innerhalb derer möglichst geringe Differenzen zwischen den Bewertungsstrukturen politischer Schlüsselwörter durch die Befragten bestehen. Die erste Gruppe kann als die der gemäßigt konservativ Orientierten (prokirchlich, antikommunistisch) bezeichnet werden, die zweite Gruppe als sozialdemokratisch-antinationalistisch und die dritte knapp als „rechts". Für die Trennung der Befragten in diese drei Gruppen sind deren Bewertungen der Begriffe Kirche, Kommunismus und Nationalismus besonders relevant. Wie sich aus Schäfers Artikel ergibt, läßt sich aus der Zugehörigkeit zu einer der drei Gruppen die Haltung eines Befragten gegenüber Polen überzufällig gut vorhersagen. Die Gruppierung ist auch relevant für Unterschiede in den Stellungnahmen zu konkreten, aktuellen Einzelaspekten der polnisch-deutschen Beziehungen, also zu allen Variablen der ersten Ebene. Interessant ist nun, daß die Vorhersagewirkung der Zugehörigkeit zu einem politisch-ideologischen Typus praktisch unabhängig ist von dem Zusammenhang zwischen allgemeiner Vorurteilsneigung und der Haltung gegenüber Polen. Vermutlich besteht zwischen beiden eine additive Wirkung. Treffen also generelle Vorurteilshaftigkeit und eher konservative Weltanschauung in einer Person zusammen, so summiert sich die Wirkung dieser Bedingungen in bezug auf unsere abhängigen Variablen, und wir dürfen mit einer relativ starken Antihaltung gegenüber Polen rechnen.

Wir betrachten nun den Zusammenhang zwischen den Variablen der zweiten und dritten Ebene, also zwischen biographischen und demographischen Merkmalen einerseits, einem Bezugsrahmen weniger spezifischer sozialen Einstellungen andererseits. Man kann sich die Art dieses Zusammenhanges vorstellen als das Ergebnis von Lern- und Sozialisationsprozessen, die mit der Geschlechtsrolle, mit Erfahrungsmöglichkeiten eines bestimmten Wohnortes, einer sozialen Schicht und Anpassung an deren Erwartungen etc. verbunden sind. Wenn wir die Resultate der Studien überblicken, die sich mit Zusammenhängen zwischen Variablen der zweiten und dritten Ebene befassen, so stellen wir in Schäfers Arbeit fest, daß die Zuordnung zu einem

Typus politisch-weltanschaulicher Orientierung nicht unabhängig ist vom Alter und Geschlecht eines Befragten und von der Größe seines Wohnortes. Relativ stark hängt sie mit seiner Konfession zusammen und sehr stark mit der Parteipräferenz; geringer mit Schulbildung und Einkommen und nicht mit der Lage seines Wohnortes in einem bestimmten Bundesland. Hingegen hängt die Ausgeprägtheit einer allgemein vorurteilsvollen Einstellung vom Bundesland und der Wohnortgröße ab und nicht von Alter, Geschlecht, Schulbildung und Konfession.

Wenn wir nun die Informationen zusammenfassen, die uns über die Beziehungen zwischen den Variablen der ersten und der dritten Ebene vorliegen, so vergegenwärtigen wir uns, daß zwischen diesen Variablen, den speziellen Einstellungen und den demographischen Charakteristika, keine direkten Zusammenhänge bestehen sollten. Wenn in den empirischen Befunden dennoch statistisch gesicherte Beziehungen auftauchen, dann sollten sie schwinden, wenn durch geeignete Analysen (partielle Korrelationen, Pfadanalysen) der Zusammenhang ausgeschaltet wird, der zwischen den Variablen der ersten und der dritten Ebene durch die Vermittlung der Variablen der zweiten Ebene besteht. – Schäfer konnte zeigen, daß aufgrund der demographischen Merkmale einschließlich der Variablen Einkommen und Parteipräferenz ein spezifisches Vorurteil gegenüber Polen kaum vorhergesagt werden kann. Hingegen bestehen zwar nur mäßige, jedoch gut gesicherte Zusammenhänge zwischen den demographischen Kennwerten und der Konfliktbereitschaft gegenüber Polen sowie der Einstellung zur Ostpolitik. Zweierlei ist an diesem Befund bemerkenswert: (1) Für die Orientierung in der Ostpolitik ist ein spezielles Polen-Vorurteil, eine emotionale Ablehnung und negative Bewertung der Polen als Volk und Nation weniger, wenn überhaupt relevant als eine allgemeine Vorurteilsneigung. (2) Es scheint in der Tat erfolgversprechender, nicht die Relation jeder einzelnen demographischen Variablen zu jeder abhängigen Variablen zu betrachten, sondern die Variablen der zweiten Ebene „zwischenzuschalten". Zu diesen gehört nach unserer Festlegung auch die Parteipräferenz, die recht stark mit den abhängigen Variablen kovariiert. Diesen Überlegungen widerspricht nicht der Befund, den Kutsch für den center-periphery-Index berichtet. Dieser Index stellt eine relativ einfache Kombination demographischer Merkmale dar und wird inhaltlich gedeutet als Maß der politischen Einflußmöglichkeiten eines Befragten. Je stärker die positionsbedingte Einflußmöglichkeit eines Befragten, desto positiver seine Haltung gegenüber Polen. Die Befunde stellen zunächst klar, daß die Variablen der dritten Ebene nicht vernachlässigt werden sollten. Sie weisen ferner darauf hin, daß auf der zweiten Ebene weitere, andere Konzepte eingesetzt werden könnten, etwa eine direkte Operationalisierung der politischen Einflußmöglichkeiten statt einer aus demographischen Informationen erschlossenen.

Wenn wir diese Übersicht auch als Vorarbeit für spätere pfadanalytische Versuche auffassen, so sollte geprüft werden, ob diese oben geschilderten Ergebnisse auch für die von uns gesondert untersuchten Gruppen der Flüchtlinge sowie der Lehrer und Journalisten gelten. Für die Gruppe potentieller Meinungsbildner gilt nach Biciste, daß sie im allgemeinen der Ostpolitik der gegenwärtigen Regierung günstiger gegenüberstehen und ihre Konfliktbereitschaft gegenüber Polen geringer ist als der durchschnittliche Befragte der repräsentativen Stichprobe. Hingegen ließen sich kaum Anhaltspunkte dafür finden, daß die Relationen zwischen den Variablen anders ausfallen als in der Bevölkerungsstichprobe. Demgegenüber gibt es in der Arbeit Hapkes Hinweise darauf, daß in der Flüchtlingsstichprobe zwischen einigen Variablen andere Beziehungen bestehen als in der repräsentativen Gesamtstichprobe. Diese Hinweise werden so gedeutet, daß die persönliche Betroffenheit der Vertriebenen zu einer „Verselbständigung" ihrer Einstellung zur Ostpolitik geführt habe, zu einer Verselbständigung insofern, als die Parteipräferenz und die übergreifende politisch-weltanschauliche Orientierung eine geringere Rolle für ihre Poleneinstellung spielt.

Abschließend sei auf *Maßnahmen* hingewiesen (einige wurden bereits erwähnt), die zur Verbesserung der einstellungsmäßigen Beziehungen zu Polen unternommen werden könnten. Während allgemeine pädagogische Maßnahmen zum Abbau der generellen Vorurteilsneigung kaum auf Widerstand stoßen dürften, wäre dieser zu erwarten, wenn man versuchen wollte, die parteipolitische Präferenz oder die allgemeine ideologische Orientierung zu ändern. Doch ist absolut gesehen der Zusammenhang zwischen den Variablen der ersten und zweiten Ebene so schwach, daß innerhalb jeder politisch-weltanschaulichen Haltung das ganze Spektrum von pro bis contra vertreten ist. Feger u. Kluck zeigten, wo innerhalb der parteipolitisch mehr oder minder gebundenen Gruppen Umakzentuierungen geschehen sollten. Die sozialpsychologische Erforschung der Einstellungsänderung bietet zahlreiche Modelle an, auf die hier nicht eingegangen werden kann.

Aus den Arbeiten von Kutsch könnte man schließen, daß es vor allem „innovationsbereite" Bürger waren, welche die neue Orientierung in der Ostpolitik begrüßten. Inzwischen hat sich eine skeptische Haltung verbreitet. Hinweise auf die Ansatzpunkte einer solchen Haltung finden sich schon in unserem Datenmaterial, das noch zur Zeit einer positiveren Bewertung der Polenpolitik insgesamt erhoben wurde. Wie Kutsch feststellte, wurde beispielsweise der Warschauer Vertrag nicht als wirklich fairer und gerechter Interessenausgleich gewertet, und – stimmt man ihm zu – so geschah dies des öfteren mit einer resignierenden Komponente. Unsere Erhebungen erlauben jedoch auch, Ansatzpunkte zu identifizieren, die zu einer langfristig günstigen Orientierung im untersuchten Fragenkomplex führen könnten. Es sind die Auffassung des Vertrages als Chance für die Zukunft, die vor allen bei jüngeren Befragten zu finden ist, die positive Bewertung, insbesondere der kulturellen Leistungen Polens und ein Befürworten einer gradualistischen Strategie (Abbau des Konfliktstoffes Schritt für Schritt statt deutlicher eigener Vorleistungen oder polnischer Vorleistungen).

Während etwaige Wirkungen potentieller Meinungsbildner zumindest zur Erhebungszeit sich auf eine Reduzierung der Konfliktbereitschaft ausgewirkt haben dürften, können wir keine globale Aussage über die Rolle der Massenmedien treffen. Aus der Inhaltsanalyse dreier deutscher Zeitungen von Wick-Kmoch und weiteren Auswertungen des Materials kann geschlossen werden: (1) In beiden Untersuchungsjahren (1957 und 1970) wird geschildert, daß von Polen deutlich mehr konflikthafte Aktionen ausgehen als von der Bundesrepublik. (2) 1970 wird mehr über die Beziehungen zwischen diesen beiden Ländern und ähnliche Fragen berichtet als 1957. (3) Eine Änderung der unter (1) geschilderten Tendenz war jedoch nicht erkennbar. Es wäre interessant, diese Analyse auf die Jahre nach 1970 auszudehnen, wie u. E. überhaupt eine längsschnittliche Studie die politischen Prozesse begleiten sollte. Für die Darstellung der Lage im hier analysierten außenpolitischen Bereich durch die zuständigen Instanzen böten sich indirekte Korrekturmöglichkeiten an. Da auch andere Einflußmöglichkeiten sehr aufwendig und nur schwierig zu handhaben sind, sollte die langfristige Wirksamkeit von Information und schließlich von Massenmedien nicht vernachlässigt werden.

III.
Theorie-Praxisbezogene politikwissenschaftliche Analysen

1. UNTERSUCHUNG DER BEIDEN SONDERGRUPPEN „JOURNALISTEN" UND „LEHRER"

von M. Biciste

„Die Außenpolitik eines jeden Landes beschäftigt sich erstens mit der Erhaltung seiner Unabhängigkeit und Sicherheit und zweitens mit der Verfolgung und dem Schutz seiner Wirtschaftsinteressen (insbesondere seiner einflußreichsten Interessengruppen)[1]."

Stimmt man mit K. W. Deutsch in dieser allgemeinen Begriffsbestimmung überein, so ergeben sich daraus Folgerungen für den Beteiligungsgrad verschiedener Bevölkerungsschichten an außenpolitischen Entscheidungen.

Ihren Funktionen entsprechend kommt Angehörigen der politischen Elite wie Regierungsmitgliedern, Parteiführern, Mandatsträgern u. a. ein eminenter Einfluß in der Formulierung und Durchsetzung außenpolitischer Ziele zu. So kann ein Regierungswechsel – wie das Beispiel der Bundesrepublik 1969 zeigt – eine vollständige Umorientierung der Außenpolitik mit sich bringen. Die parlamentarische Opposition, sowieso als Kontrollinstanz der Regierungspolitik von immer geringerer Bedeutung[2], ist im außenpolitischen Sektor zur praktischen Wirkungslosigkeit verurteilt. Die faktische Ohnmacht in diesem Bereich macht für die jeweilige Opposition schwere Anpassungsvorgänge notwendig, wie sie etwa für die SPD in den fünfziger Jahren bis 1960 stattgefunden haben und wie sie, teilweise noch vom 1973 zurückgetretenen Partei- und Fraktionsvorsitzenden der CDU Barzel eingeleitet, in der CDU der 70er Jahre vor sich gehen. Anders als für innenpolitische Streitfragen gibt es für die Regierungsseite kaum einen Zwang, oppositionelle Strömun-

---

[1] K. W. Deutsch, Analyse internationaler Beziehungen. Frankfurt a. M., 1968, S. 128.

[2] vgl. Abendroth/Lenk, Einführung in die politische Wissenschaft. München 1968, S. 200 ff.

gen zu berücksichtigen und zu antizipieren, selbst wenn größere Teile der Bevölkerung dahinterstehen. Tatsächlich sind Sanktionen für eine unpopuläre Außenpolitik in Form von Umorientierungen der Wählermeinungen kaum zu befürchten. Der große Teil der Bevölkerung ist über außenpolitische Probleme gar nicht oder kaum informiert, ist vielmehr im wesentlichen mit der Verfolgung seiner privaten Interessen beschäftigt und nimmt deswegen an der Politik nur insofern Anteil, als sein privates Wohlergehen davon berührt ist[3]. Almond schreibt von ungefähr 75 % der Bevölkerung[4], die auf Außenpolitik mit Stimmungen, also Haltungen ohne intellektuelle Struktur und faktischen Inhalt reagieren[5]. Bestenfalls die Übereinstimmung und Artikulation solcher Grundstimmungen vermag der parlamentarischen Opposition noch einige Resonanz und Wirkung zu verschaffen. Doch der EG-Beitritt Großbritanniens zeigt, daß auch dem Grenzen gesetzt sind. Aufgrund des Rückhalts ihrer Europa-Politik in der sozio-ökonomischen Elite, die vor allem ihre wirtschaftlichen Interessen durch diese Politik gewahrt sah, war es der konservativen Regierung möglich, ihre Europapolitik gegen die überwiegende Bevölkerungsmehrheit und den Widerstand der parlamentarischen Opposition durchzusetzen.

Offensichtlich kann man davon ausgehen, daß sich die Formulierung außenpolitischer Zielvorstellungen und die Wahl der Methoden vorrangig an den Interessen der ökonomisch herrschenden Schicht orientieren und von der politischen Exekutive ohne große Möglichkeiten einer Gegenkontrolle durchgesetzt werden. Demokratische Kontrolle besteht für Almond in der Diskussion der einkommens- und bildungsmäßig besser gestellten Bevölkerungsschicht, der „attentive public"[6]. Das sind jene 25 % der Bevölkerung, die aufgrund eines gehobenen sozialen Status über außenpolitische Problemstellungen informiert und mit Strukturen, Aufbau und Möglichkeiten der internationalen Politik einigermaßen vertraut sind[7].

K. W. Deutsch[8] räumt ihnen eine Position im Bereich der Massenmedien und der örtlichen Leitpersonen zwischen sozio-ökonomischer und politischer Elite auf der einen Seite und der Gesamtbevölkerung auf der anderen ein. Für die vorliegende Untersuchung wurden zwei Gruppen aus diesem Bereich aus-

---

[3] vgl. Almond, Gabriel A., The American People and Foreign Policy, New York, London, 1964₅, S. 48 ff.
[4] Almond, ebenda S. 82; vgl.
Beloff, Max, Foreign Policy and the Democratic Process, London, 1955, S. 56.
[5] vgl. Almond, ebenda, S. 69.
[6] vgl. Almond, ebenda, S. 82, S. 228;
Rosenau, James N., The attentive public and Foreign Policy, Princeton University, 1968; und
Holsti, K. J., International Politics, Prentice Hall, 1967₇, S. 177 f.
[7] siehe [6].
[8] K. W. Deutsch, 1968, ebenda, S. 147 ff., S. 151.

gesondert. Es sind dies Journalisten, insbesondere die Mitglieder der Bundespressekonferenz, und Lehrer verschiedener Schularten. Beide Gruppen nehmen im angesprochenen Bereich spezielle Funktionen wahr. So geht von den Massenmedien und damit auch gerade von den befragten Journalisten ein Einfluß auf Leitpersonen und die Bevölkerung direkt aus[9], ein Einfluß, der auf der Selektion und Weitergabe von Informationen und Interpretationsmustern, der Beimessung von Wichtigkeit und Aktualität beruht[10]. Lehrer sind hingegen – wie Journalisten außerhalb ihres Berufsfeldes im übrigen auch – in den Bereich örtlicher Leitpersonen einzuordnen. Ihre Haltung zu bestimmten Fragen kann die Wirkung von Massenmedien potenzieren, aber auch zunichtemachen[11]. Lehrer nehmen indes nicht nur in dieser Rolle am politischen Tagesgeschehen teil, sondern haben auch durch ihren Beruf Einfluß auf ihre Mitmenschen in einer frühen Sozialisationsphase, wo rationale Austragung von Konflikten erlernt werden könnte, wo Modelle interpersönlicher Beziehung und Kommunikation vorgestellt[12], wo politische, auch außenpolitische Wert-, Orientierungs- und Verhaltensmuster eingeübt werden.

Es erscheint sinnvoll, das Meinungs- und Einstellungsspektrum dieser Gruppen zu beschreiben und zu analysieren. Einmal gilt wohl, was K. W. Deutsch als Grund für die Erforschung von Elitemeinungen angibt, auch hier: „Elites play a crucial role in a state's policy process"[13] und „The values, beliefs and attitudes of the broad stratum of elites are indicative of those that go into the making of policy"[14]. Darüber hinaus erlaube die Stabilität der Elitemeinungen Vorhersagen für die langfristigen Tendenzen der Außenpolitik[15].

---

[9] K. W. Deutsch, 1968, ebenda, S. 151.

[10] Zur Bedeutung der Presse für die öffentliche Meinungsbildung vgl. Cohen, Bernhard C., Foreign Policy Makers and the Press in: Rosenau, James N. (Hg.) International Politics and Foreign Policy, New York 1961, S. 220 ff.
Hennessy, Bernhard C., Public Opinion, Belmont 1965, S. 294.

[11] vgl. Deutsch, K. W., 1968, ebenda, S. 150 und
E. Katz und P. F. Lazarsfeld, Persönlicher Einfluß und Meinungsbildung, Wien 1962, S. 19 ff.

[12] vgl. dazu bei Rivera, Joseph H. de, The psychological Dimension of Foreign Policy, Columbus 1968, S. 359 f. „If a person is only familiar with dominance-submission relations and has never experienced a free relationship governed by mutual love and respect, he will only be capable of thinking of international relations in terms of dominance submission".
vgl. auch Almond 1964, ebenda, S. 130. „Persons who tend to be objects of remote decision and manipulation in their private lives are unlike to approach problems of public policy with a sense of mastery and independence."

[13] Deutsch, K. W. u. a., France, Germany and the Western Alliance, New York 1967, S. 5.

[14] Deutsch, K. W., 1967, ebenda, S. 6.

[15] ebenda, S. 7.

Zum anderen spielen beide Gruppen eine wesentliche Rolle für den Meinungsbildungsprozeß der Gesamtbevölkerung. Soll eine Friedenspädagogik, die darauf abzielt „affektive und soziale Vorurteile zu überwinden und nationale und rassische sowie ideologische und klassenspezifische Gebundenheiten als geistiges Unvermögen schrittweise abzubauen, damit die Klischees und negativen Einstellungen, die sich von Generation zu Generation vererben, beseitigt werden"[16], soll solch eine Friedenspädagogik Erfolg haben, so muß zunächst der Bewußtseinsstand und das Meinungs- und Verhaltensspektrum ihrer möglichen Träger in Massenmedien und Erziehungssystem geklärt und der Analyse unterzogen werden.

Dieses Meinungsspektrum wird einerseits dadurch gekenzeichnet sein, daß in den wesentlichen Trends mit der Bevölkerungsmeinung eine durch einen wechselseitigen Kommunikationsprozeß verursachte Übereinstimmung besteht. Andererseits gehören die befragten Gruppen zu der erwähnten bildungsmäßig, sozial und ökonomisch bevorzugten Schicht, die die sogenannte „attentive public" stellt. So wird ganz generell eine differenziertere und komplexere Sicht der außenpolitischen Situation und Möglichkeiten zu verzeichnen sein. Der Blick für internationale Strukturen ist geschärft, die deutsche Ostpolitik wird stärker in den Gesamtzusammenhang westöstlicher Entspannungspolitik hineingestellt, deren Zukunft recht optimistisch beurteilt wird. Konfliktbereitschaft gegenüber Polen, die einer Entspannungsbereitschaft und der Zustimmung zur Ostpolitik der Bundesregierung entgegenstehen könnte, ist nur schwach ausgebildet. Demgemäß ist eine günstige Beurteilung der Ostpolitik zu erwarten, die von einer gegenüber der Gesamtbevölkerung freundlichen Einschätzung des politisch-sozialen Entwicklungsstandes auch der osteuropäischen Völker unterstützt wird[17].

Einleitend muß hier noch darauf hingewiesen werden, daß die Untersuchung als Panel geplant war, d. h., es sollte derselbe Personenkreis nach einer gewissen Zeit mit demselben Fragenkatalog konfrontiert werden, um die tatsächlichen Meinungs- und Einstellungsänderungen festhalten und analysieren zu können. Die dazu nötigen mehrfachen Erhebungen sind aus organisatorischen und finanziellen Gründen bisher unterblieben. Aufgrund dieses Untersuchungskonzeptes war eine Zufallsauswahl nicht nötig, ja sogar nicht erwünscht. Auch wenn also die Bundespressekonferenz fast vollständig vertreten ist, was Rückschlüsse auf Strukturen der ‚veröffentlichten Meinung' sicherlich zuläßt, so ist doch davor zu warnen, die Befragungsergebnisse als repräsentativ für „die" Lehrer und „die" Journalisten anzusehen.

---

[16] Kabel, R., Friedensforschung/Assel, H. H., Friedenspädagogik, Bonn 1971, S. 144.

[17] vgl. zu diesem Abschnitt Almond, ebenda, S. 116 ff., insbesondere zur Bedeutung der Ausbildung S. 126 ff., zur Rolle der Kommunikationselite S. 151 f., Erziehungselite S. 153.

1. BESCHREIBUNG DER UMFRAGEERGEBNISSE

1.1. Auswahl der Samples

Der Fragebogen wurde 159 Journalisten vorgelegt. Von diesen gehörten 129 der Bundespressekonferenz an – fast alle Mitglieder der Bundespressekonferenz wurden interviewt –, die restlichen 30 waren Angehörige von Lokalredaktionen im Köln-Bonner Raum. Die Auswahl der letzteren Gruppe war den Interviewern überlassen.

Die Beantwortung der Fragebögen stieß teilweise auf Schwierigkeiten und Widerstände, wie sich auch an einer recht hohen Verweigerungszahl bei den Nationenkonzepten erkennen läßt.

Solche Schwierigkeiten traten bei der Befragung der Lehrer nicht in diesem Maße auf. Von ihnen war rund zwei Drittel, nämlich 101, Lehrer an Hauptschulen im Köln-Bonner Raum. Der Rest, 61, unterrichtete an Gymnasien vor allem in Hattingen und Umgebung.

Der „Durchschnittsjournalist" unseres Samples ist männlich, verheiratet, evangelisch bzw. konfessionslos und 40–50 Jahre alt. Er besitzt eine qualifizierte Bildung und Ausbildung und verfügt über ein hohes Einkommen. Er wählt sozialliberal, ist wahrscheinlich Parteimitglied und möglicherweise Gewerkschaftsmitglied.

So sind 89,2 % der Befragten männlich, nur 22 % katholisch (44,8 % Gesamtsample). 48,4 % schlossen ihre Schulbildung mit dem Abitur, 45,3 % mit dem Universitätsexamen ab. Nur 19,5 % sind Anhänger der CDU, während 24,5 % die FDP als Partei ihrer Wahl angeben. Das Einkommen liegt bei fast allen über 2500 DM und entzieht sich damit einer weitergehenden Differenzierung durch den Fragebogen.

Das *Lehrer-Sample* stimmt bezgl. der Sozialstruktur im großen Maße mit dem Journalisten-Sample überein, abgesehen natürlich von dem spezifischen Berufs- und Arbeitsfeld und der dazugehörigen Berufsausbildung. Insbesondere haben selbstverständlich fast alle ein Universitätsstudium abgeschlossen. Das Einkommensniveau dieser Gruppe liegt zwar nicht ganz so hoch wie bei den Journalisten, aber doch erheblich über dem Durchschnitt. Auch Parteipräferenzen haben eine ganz ähnliche Verteilung, wobei allerdings die FDP nicht ganz so gut abschneidet. Unterschiede, die im Hinblick auf das Untersuchungsziel interessant sein mögen, sind Geschlecht (47 % männlich), Alter (Durchschnitt bei 35 Jahre) und Organisationsgrad. Nur 8,8 % sind Mitglied einer politischen Partei, aber 49 % gehören einer religiösen Vereinigung an.

Ist unsere Hypothese richtig, daß die Meinungen und Einstellungen zur Ostpolitik, zu Nationen und Ideologien im weitestgehenden Maße durch die Zugehörigkeit zu einer bestimmten sozialen Gruppe bestimmt sind, so ergibt sich aus der Gleichartigkeit beider Stichproben hinsichtlich der Sozialstruktur die Erwartung einer relativen Meinungshomogenität. Tatsächlich treten weder innerhalb der Stichproben (Lokaljournalisten – Bundespressekonferenz,

Hauptschullehrer – Gymnasiallehrer) noch zwischen den beiden Stichproben (Lehrer – Journalisten) bis auf wenige Ausnahmen signifikante Verteilungsunterschiede auf[18].

Tab. 1: Mittelwerte und Standardabweichungen

	Hauptsch.-Gymnasium		BPK	Lokalpr.	Lehrer-Journal	
Zustost	2.40	2.30	2.32	2.30	2.40	2.31
Konber	(0.40)	(0.43)	(0.45)	(0.30)	(0.40)	(0.42)
	3.81	3.85	3.87	3.99	3.86	3.90
	(0.54)	(0.52)	(0.58)	(0.29)	(0.53)	(0.54)

Ähnliche Werte ergeben sich auch bei den Nationenkonzepten, pol.-ideologischen Begriffen und den anderen Variablen. Dies läßt es gerechtfertigt erscheinen, von einer gesonderten Diskussion jeder einzelnen Untergruppe abzusehen.

1.2.   Zustimmung zur Ostpolitik (Zustost) und Konfliktbereitschaft gegenüber Polen (Konber)

Der Konstruktion des Fragebogens sind umfangreiche Pretests vorausgegangen, die nach eingehender u. a. faktoranalytischer Prüfung zu zwei Skalen für die Messung der Zustimmung zur Ostpolitik (Zustost) und Konfliktbereitschaft gegenüber Polen (Konber) führten.
Dies legt nahe, sich auch bei der Analyse der beiden Sondergruppen auf diese beiden Faktoren zu beschränken, zumal bei beiden Gruppen durch diese Faktoren ein hoher Anteil der Ausgangsvarianz erklärt ist[21].
Es ergaben sich dann dieselben Dimensionen wie beim Gesamtsample. Allerdings gibt es einige Abweichungen: So liegen die Items 12, 18, 16[20] bei den Journalisten auf der Dimension ,Ostpolitik', während 7, 24, 25, 36[20] stattdessen höhere Ladungen bei ,Konfliktbereitschaft' aufweisen. Ebenso findet man bei der Lehrerstichprobe höhere Ladungen für 10, 11, 12, 18[19] auf dem Faktor ,Ostpolitik'. Es zeigt sich aber, daß alle diese Items recht hohe, oft fast genauso hohe Nebenladungen auf dem jeweils anderen Faktor haben[21].

---

[18] Bei einem α-Niveau von 0.01 treten signifikante Unterschiede nur auf:
Hauptschule/Gymn. hinsichtlich der Beurteilung von ,Fortschritt'.
(Lehrer/Journalisten werden teilweise gesondert untersucht.
Lokalj/BPK' keine signifikanten Mittelwertunterschiede).
[19] siehe dazu Tab. 3, oben.
[20] siehe dazu Tab. 2, oben.

Somit erscheint es gerechtfertigt, zur weiteren Diskussion und Analyse die vorbereiteten Skalen Zustost und Konber zu benutzen. Dies wird überdies der besseren Übersichtlichkeit und Vergleichbarkeit dienen.

Diskussion der Einzelitems

Tab. 2: Zustost Varianzteil: 89,9 % bei Journalisten, 88,2 % bei Lehrern[21] (der gemeinsamen Varianz, 40,3 % bzw. 44,0 % der Ausgangsvarianz)

Die Fragen sind jeweils in der Reihenfolge der Faktorladungen beim Lehrer-sample aufgeführt. Ferner wird ein Mittelwertvergleich von Journalisten (J), Lehrern (L), Gesamtstichprobe (G) ermöglicht.

Nr. Frage		Ladungen		Mittelwerte bejaht von %		
		J	L	J	L	G
19	Die Ostpolitik der derzeitigen BR ist ein bißchen zuviel auf schnelle Erfolge und ein bißchen zu wenig auf dauerhafte Sicherung des Friedens ausgerichtet.	80	84	3,4 30,8	3,5 24,1	2,7 44,7
15	Brandt's Ostpolitik ist eine schleichende Kapitulation vor den Forderungen des Ostens.	66	77	4,5 6,3	4,1 11,0	3,3 26,2
21	Wenn die gegenwärtige Ostpolitik weniger forsch und besser abgesichert wäre, könnte man sie leichter gutheißen.	78	76	3,4 34,6	3,5 23,5	2,7 45,9
9	In den Verträgen von Moskau und Warschau sind einfach zu viele Zugeständnisse von unserer Seite enthalten.	70	68	4,0 15,9	3,7 19,9	2,7 46,2
20	Die Verhandlungen mit dem Osten führen letzten Endes in eine Sackgasse.	61	66	4,3 5,0	4,3 6,1	3,4 21,5
8	Die bisherigen Ergebnisse der Ostpolitik können nicht ganz befriedigen.	66	44	2,9 47,8	2,7 54,9	2,5 52,5

---

[21] An dieser Stelle kann allgemein zu den Faktorenanalysen festgestellt werden: Es wird jeweils eine PRINCIPAL FACTOR Lösung durch Iteration gesucht. Die Rotationsmethode ist VARIMAX. Die Iterationen werden so lange durchgeführt, bis zwei aufeinander folgende Kommunalitätenschätzungen sich um weniger als 0.001 unterscheiden. Höchstens jedoch 25 Iterationen werden ausgeführt. In die Lösung gelangen nur die Faktoren, die mit einem Eigenwert $\geq$ 1,0 assoziiert sind. Andere Abbruchkriterien sind im Text vermerkt. Auf Wiedergabe der Details der Faktoranalysen wird aus Raumgründen verzichtet.

Nr. Frage	Ladungen		Mittelwerte bejaht von %		
	J	L	J	L	G
24 Die derzeitige Bundesregierung begeht mit ihrer Ostpolitik Verrat an der deutschen Sache.	43	54	4,9 1,9	4,7 8,6	3,8
25 Die Verträge von Moskau und Warschau verstoßen gegen das Grundgesetz; Brandt und Genossen gehörten eigentlich vor ein Gericht.	10	39	4,9 1,3	4,7 3,7	4,1 16,1
34 Die neue Ostpolitik ist eine Politik des Friedens, der Verständigung und des Ausgleichs.	−58	−66	1,6 88,6	1,7 85,3	2,1 69,0
13 Durch die Ostpolitik der Regierung Brandt/Scheel hat sich unser Verhältnis zum Ostblock erheblich entspannt.	−44	−67	1,7 88,0	1,6 87,0	2,1
36 Durch die Verhandlungen mit dem Ostblock hat die Regierung gezeigt, daß sie an einer echten Entspannung in Europa interessiert ist.	−39	−68	1,2 97,5	1,4 96,3	1,8 71,1
7 Der Moskauer Vertrag bietet eine Möglichkeit, auf friedlichem Wege die Verhältnisse in Europa zu ordnen.	−51	−68	1,8 84,1	1,8 84,7	2,2 66,0
35 Durch die neue Ostpolitik hat sich die Stellung der BRD im internationalen Kräftespiel verbessert.	−59	−70	1,7 84,2	1,6 85,2	2,1 68,1
26 Die gegenwärtige Ostpolitik mag zwar ihre Fehler haben, gegenüber der Programmlosigkeit der CDU/CSU in diesen Fragen steht sie aber immer noch gut da.	−61	−72	2,0 75,9	2,0 74,8	2,5 52,0
14 Die Ostpolitik der jetzigen Regierung legt den Grundstein zu einer umfassenden Sicherheit in Europa.	−60	−75	2,0 71,1	1,9 76,1	2,2 63,3

Es zeigt sich, daß die befragten Journalisten und Lehrer der Ostpolitik der Bundesregierung freundlicher gegenüberstehen als der befragte Bevölkerungsquerschnitt. Augenfällige Unterschiede treten insbesondere bei den Items 9, 15, 24, 25 auf. So gibt es eine doch recht starke Minderheit der Bevölkerung, die die Brandt'sche Ostpolitik als Verrat und Kapitulation vor den Forderungen des Ostens ansieht und den Bundeskanzler am liebsten vor das Verfassungsgericht zitieren würde. Hier treten auch signifikante Meinungsunterschiede zwischen Journalisten und Lehrern auf, wo eine ähnliche Minderheitsmeinung festzustellen ist, während bei den Journalisten keine Anhänger dafür zu finden sind. Nur geringe Differenzen treten bei den einzelnen Gruppen in der grundsätzlich positiven Beurteilung der Absichten der damaligen Bundesregierung auf.

Dieses Bild ändert sich bei der Betrachtung der Konfliktbereitschaft gegenüber Polen.

Tab. 3: Konber Varianzteil: 10,1 % bei Lehrern, 11,8 % bei Journalisten[21] (der gemeinsamen Varianz, 7,4 % bzw. 6,2 % der Ausgangsvarianz)

Nr. Frage		Ladungen		Mittelwerte bejaht von %		
		J	L	J	L	G
23	Es ist nur zu begrüßen, daß man in Verhandlungen mit Polen die alten ungelösten Probleme lösbar zu machen versucht.	69	74	1,2 90,9	1,4 93,0	1,8 79,9
27	Eine Anerkennung der polnischen Westgrenze ist zu befürworten, da dadurch der Grundstein zu einer Aussöhnung mit Polen gelegt wird.	77	63	1,7 83,5	1,7 85,3	2,5 55,1
17	Die Gespräche und Verträge mit Polen schaffen Bindungen und Verbindungen, was nur zu begrüßen ist.	46	58	1,7 94,9	1,5 87,0	2,0 73,8
10	Einen Frieden zu sichern ist nur möglich, wenn wir die in Polen bestehenden Verhältnisse anerkennen.	51	36	1,6 89,8	1,6 86,2	2,5 55,3
32	Nach dem Unrecht, das im Namen des deutschen Volkes Polen gegenüber geschehen ist, müssen wir zu Opfern bereit sein.	26	23	1,8 83,5	1,9 74,8	2,7 44,4
11	Da der Verlierer eines Krieges schon immer mit Gebietsabtretungen zu zahlen hatte, ist es gar nichts Besonderes, wenn deutsches Territorium an Polen fällt.	28	23	2,9 49,0	2,4 61,7	2,7 47,0
31	Man sollte eine Verstärkung der Handelsbeziehungen mit Polen anstreben, um die polnische Wirtschaft zu stützen.	18	19	1,8 82,7	1,9 77,8	2,8 60,4
16	Schon durch die völlig verschiedene Mentalität der Polen und der Deutschen ist ein Verständnis zwischen beiden Ländern sehr erschwert.	−10	−35	4,5 2,5	4,3 8,0	3,1 32,8
30	Die großen Zugeständnisse, die von der BRD an Polen gemacht worden sind, wiegen die dadurch erzielten geringfügigen Verbesserungen nicht auf.	−62	−42	4,1 13,2	4,0 17,3	3,0 35,8

Nr. Frage	Ladungen		Mittelwerte bejaht von %		
	J	L	J	L	G
28 Die Greueltaten der Polen an der deutschen Bevölkerung müssen gesühnt werden.	−12	−46	4,1 8,2	4,3 8,6	3,8 12,2
12 Durch den deutsch-polnischen Vertrag werden deutsche Rechtspositionen unnötigerweise aufgegeben.	−43	−48	3,2 13,8	3,9	2,9 39,1
29 Man darf niemals auf deutsches Land in Polen verzichten, denn die Wahrung des Rechts auf Heimat hat unbedingten Vorrang.	−54	−48	4,5 3,2	4,3 14,1	3,0 35,2
22 Eine Kapitulationsgrenze wie die heutige zwischen Deutschland und Polen darf niemals eine Versöhnungsgrenze sein.	−58	−53	4,5 6,4	4,3 6,2	3,0 32,3
18 Wenn wir so weiter machen, haben wir ohne Gegenleistung alles verschenkt, was uns in Polen von Rechts wegen zusteht.	−46	−57	4,6 1,9	4,3 8,0	3,2 30,0
33 Die Polen haben es wirklich nicht verdient, daß wir ihnen in irgendeiner Form helfen.	−36	−65	4,8 2,5	4,6 4,3	3,7 12,9

Nur etwa jeder zweite Bundesbürger ist bereit, als Voraussetzung für eine ,Friedliche Koexistenz' die Anerkennung der inneren Verhältnisse Polens zu leisten (10). Dazu findet sich nahezu jeder Journalist und Lehrer bereit. Wo in der Grenzfrage nur 50 % der Bundesbürger die polnische Westgrenze anerkennen wollen (27), ein Drittel sogar jeden Verzicht auf die östlichen Gebiete ausschließen (29) und eine Grenzrevision (22) fordern, sehen Journalisten und Lehrer keine Probleme. Nur eine kleine Minderheit versteift sich auf eine ähnlich ablehnende Haltung und geringe Kompromißbereitschaft.

Signifikant unterschiedliche Beurteilung einzelner Items (11, 15, 17, 18, 24, 25) gibt es auch zwischen den beiden Sonderstichproben[22]. So halten 61 % der

---

[22] Bei einem α-Niveau von 0.01 ergeben die folgenden t-Werte Signifikanzbestätigung:

Item	11	15	17	18	24	25
FG	315	311	277	287	245	278
t-Wert	−2.78	−3.34	−2.49	−3.33	−3.36	−2.77

befragten Lehrer gegenüber 49 % der Journalisten Gebietsabtretungen für nichts Besonderes und zeigen sich damit einem Ausgleich mit Polen gegenüber scheinbar offener. Ein Widerspruch ergibt sich damit zur Tendenz der Lehrer, die Möglichkeiten zum Ausgleich mit Polen etwas weniger positiv zu betrachten.

Beim Vergleich der beiden Variablenkonstrukte Zustost und Konber heben sich solche gegensätzlichen Tendenzen auf und es bestätigt sich das gewonnene Bild:

Signifikant mehr Zustimmung zur Ostpolitik bei Lehrern und Journalisten, signifikant weniger Konfliktbereitschaft als beim befragten Bevölkerungsquerschnitt[23].

Tab. 4:

	Lehrer		Journal.		G. sample	
	MW	SD	MW	SD	MW	SD
	bejaht von ...		bejaht von ...		bejaht von ...	
Konber	3.85	0.53	3.89	0.54	3.25	0.54
	2.50 %		1.30 %		13.50 %	
Zustost	2.40	0.41	2.31	0.42	2.74	0.47
	74.20 %		78.00 %		42.90 %	

Allerdings bedarf dies, wie oben angekündigt, noch der weiteren Differenzierung. Journalisten und Lehrer gehören schon vom Beruf her zu den Bevölkerungsgruppen, die Einfluß auf die Meinungsbildung der Bevölkerung nehmen. Gerade die hier befragten Journalisten – zum großen Teil Mitglieder der Bundespressekonferenz – befinden sich in entscheidenden Positionen im System der Massenmedien, die die Bevölkerung über Basisinformationen hinaus auch mit deren Interpretation und Bewertung versorgen. Journalisten wie Lehrer befinden sich aber auch am anderen Ende des Informationskanals und wirken, von ihrer Umgebung als sachkundige Leitpersonen akzeptiert, an Meinungsbildung und -änderung mit.

Gemäß unserer Anfangshypothese können ,veröffentlichte Meinung' und

---

[23] Varianzanalysen der Variablen Zustost bzw. Konber bei den einzelnen Gruppen bestätigen bei einem α-Niveau von 0.01 und F-Werten von 140.7 bzw. 780.0 das Vorliegen von signifikanten Mittelwertunterschieden. Signifikant unterschiedlich sind jeweils die Mittelwertdifferenzen Journa./Gesamts. bzw. Lehrer/Gesamtsample, wie ein Duncan-Test, (vgl. Clauss-Ebner, Grundlagen der Statistik, Frankfurt 1970, S. 285), auf 0.01 Niveau ergibt.

‚öffentliche Meinung' in diesen Fragen nicht allzu stark differieren[24]. Dies auch besonders deswegen, weil in der Bevölkerung die Stimmung schon lange zugunsten einer kompromißbereiteren Haltung gegenüber dem Osten umgeschlagen war[25], wie sie sich im nicht sehr hohen Grad der Konfliktbereitschaft gegenüber Polen ausprägt. Läßt auch der Korrelationskoeffizient r = 0.79 den Schluß zu, daß hohe bzw. niedrige Werte in Zustost mit niedrigen bzw. hohen in Konber zusammenfallen, so geben doch die folgenden Zahlen zu erkennen, daß in der damaligen politisch zugespitzten und polarisierten Atmosphäre eine direkte, wirkungsvolle Einflußnahme eher auf die Zustimmung zur Außenpolitik der Regierung als auf die zugrundeliegende Einstellung möglich war.

Tab. 5: Zusätzlich zu den Werten in Tab. 4 sind in diesem Zusammenhang die entsprechenden Werte einiger Gruppen aus dem Gesamtsample interessant.

	SPD Gesamtsample		CDU Gesamtsample		Höh. Schulbil. Gesamts.*		Niedrige Schulbil. Gesamts.*	
	MW	SD	MW	SD	MW	SD	MW	SD
Konber	3.53	0.48	2.93	0.46	3.54	0.59	2.59	0.51
Zustost	2.47	0.38	3.06	0.42	2.59	0.51	2.76	0.48

* Grad der Schulbildung wurde hier an der Länge des Schulbesuchs gemessen. Höhere Schulbildung = 13 Jahre und länger, niedrige Schulbildung = 7–8 Jahre.

Die Volksmeinung ist hinsichtlich der Einschätzung der Ostpolitik von der Journalisten- und Lehrermeinung offensichtlich weniger weit entfernt als hinsichtlich der Konfliktbereitschaft gegenüber Polen.

---

[24] Die Bevölkerung reagiert auf Außenpolitik mit ‚Stimmungen', vgl. dazu Anm. 5. Diese Stimmungen sind veränderbar. So schreibt Almond (vgl. Almond, ebenda, S. 88) „... mood is permissive; it will follow the lead of the policy elites if they demonstrate unity and resolution" und weiter: „The problem of contemporary American foreign policy is not so much one of mass tradition and resistances as it is one of resolution, courage, and intelligence of the leadership." Dies gilt umso eher, je stärker – wie bei der Diskussion um die Ostverträge bei uns – der große Teil der Massenmedien und der örtlichen Leitpersonen (dies läßt sich jedenfalls nach der vorliegenden Untersuchung vermuten) die Regierungspositionen unterstützt.

[25] vgl. Jacobsen, H. A. u. a. (Hrg.), Wie Deutsche und Polen einander sehen, Düsseldorf 1973, insbesondere: Vom Polenbild in Deutschland/Einführung von H. A. Jacobsen, S. 199 ff., auch S. 201 f. Die dort zitierten Meinungsumfragen aus den Jahren 1951 bis 1972 geben Aufschluß darüber, daß ein immer mehr wachsender Teil der Bevölkerung eine Anerkennung der Oder-Neiße-Grenze bejahte.

Diese Tendenz ist nicht allgemein, dreht sich etwa bei SPD– wie CDU–
Sympathisanten im Gesamtsample genau um. Hier überwiegen die Unterschiede in der Zustimmung zur Ostpolitik, während man relativ gleich konfliktbereit ist oder nicht.

Zieht man nun noch zum Vergleich aus dem Gesamtsample die Gruppe derjenigen mit höherer Schulbildung heran, so läßt sich dieselbe, allerdings
abgeschwächte Tendenz wie bei Lehrern und Journalisten feststellen[26].

Deutlich wird dabei, daß bei den untersuchten Gruppen gehobener sozio-
ökonomischer Status mit einer niedrigen Konfliktbereitschaft zusammen-
fällt[27], die auch dann folgerichtig die Zustimmung zu einer auf Kompromiß
und Ausgleich bedachten Außenpolitik erleichtert.

Andererseits läßt sich ablesen, daß die Einleitung von Informationsprozessen,
die auf eine Meinungs- und Verhaltensänderung der Bevölkerung bezüglich
der Konfliktbereitschaft gegenüber bestimmten Staaten abzielen, langfristig
durchaus erfolgreich sein könnte. Kurzfristig erreichen sie aber vor allem
mehr durch Propaganda und Überredung als durch Überzeugung eine positivere Einstellung zu einer diese Meinungs- und Verhaltungsänderung vor-
wegnehmenden Politik.

1.3. Items zur weiteren politischen Entwicklung

Der nach der vorangegangenen Diskussion gewonnene Eindruck festigt sich
bei Betrachtung der Items zur neueren politischen Entwicklung. Wie im
übrigen auch die Befragten mit höherem Schulabschluß aus der Stichprobe,
sehen Journalisten und Lehrer die Entwicklung des deutsch-polnischen Verhältnisses relativ optimistisch. 52,2 % der Journalisten (38,2 % Gesamtsample) sehen im Warschauer Vertrag eine Chance für die Zukunft, 59,1 %
(49,3 %) erwarten eine zunehmende Verständigung zwischen der Bundesrepublik zu Polen. Wie der größte Teil ein positives Verhältnis zu einer
aktiven Entspannungspolitik hat – 98,2 % J (79,4 % G) befürworten eine
solche Politik –, so ist man auch für die deutsch-polnischen Beziehungen
bereit, Fakten zu akzeptieren und erkennt den in den ehemals deutschen
Ostgebieten lebenden Polen das Heimatrecht zu (78,6 % J – 43,7 % G).

Lehrer wie Journalisten gehören zu jener Minderheit der „attentive public",
die über ein ausreichendes Maß an Information über Politik im allgemeinen
und die deutsche Ostpolitik im besonderen verfügt[28]. Nahezu alle informieren
sich täglich über das aktuelle Geschehen (52,4 % G); 75,3 % der Journalisten,
immerhin noch 49,7 % der Lehrer, aber nur 17,4 % des Gesamtsample sind
am Thema Polen besonders stark interessiert. Höherer Informationsstand
fördert nicht nur ein differenzierteres Urteilsvermögen, sondern gestattet

---

[26] Beim α-Niveau von 0.01 ergeben sich signifikante Verteilungsunterschiede *nicht*
bei den Items 8, 11, 13, 14, 26, 35, 36.

[27] vgl. Almond, ebenda, S. 122, siehe auch Anmerkung 12.

[28] vgl. Anmerkung 6.

auch die Einordnung der ostpolitischen Aktivitäten in den Gesamtzusammenhang deutscher und internationaler Politik.

So ist 90 % (gegenüber 60 % G) der Journalisten die recht wohlwollende Einschätzung der deutschen Ostpolitik durch die Westmächte bekannt[29]. 95 %, 96 %, 89,9 % beurteilen die „Reaktion" von England, Frankreich und den USA als eher zustimmend. Wiederum 90,6 % (67,1 % G) erwarten eine Verbesserung des internationalen Klimas, wodurch dann auch eine Mehrheit von Journalisten und Lehrern größere außenpolitische Bewegungsfreiheit für die Bundesrepublik meint reklamieren zu können[30]).

Tab. 6: Durchschnittsnote und Prozentzahlen derjenigen, die den jeweiligen Bereich besser als 3 bewerten[31].

	Journalisten	Lehrer	Höh. Schulb. Gesamtsample	Gesamtsample
Wirtschaft	2.9	2.8	2.8	2.8
	31.2 %	32.1 %		35.9 %
Kultur	1.9	2.3	2.4	2.6
	81.9 %	64.1 %		44.8 %
Innenpolitik	3.6	3.2	3.2	3.2
	12.0 %	19.0 %		21.9 %
Außenpolitik	2.5	2.7	2.7	2.7
	53.1 %	44.7 %		35.7 %

[29] Die Westmächte, besonders Frankreich, unterstützten schon lange Jahre nicht mehr den Anspruch auf Revision der Oder-Neiße-Grenze. Während de Gaulle offen die Anerkennung der Grenze forderte, war die Frage der polnischen Westgrenze für die beiden anderen westlichen Regierungen nur noch ein Druckmittel in den jeweiligen bilateralen Beziehungen.
vgl. dazu: Roos, H. Grundzüge des außenpolitischen Verhältnisses zwischen Polen und der Bundesrepublik Deutschland, in: Jacobsen, H. A., ebenda, S. 277. Scheuner, U., Die Oder-Neiße-Grenze und die Normalisierung der Beziehungen zum Osten, ebenda, S. 226.

[30] Inhaber führender Positionen in Massenmedien und Intellektuelle plädierten schon vor Jahren für eine eigenständige Entspannungspolitik, vgl. dazu: Deutsch, K. W., 1967, ebenda, S. 178 ff.

[31] Augenfällig ist die Übereinstimmung der Mittelwerte bei Lehrern, Personen mit Höh. Schulbildung und ebenfalls Pers. mit niedrigerer Schulbildung. Signifikant und erheblich sind die Mittelwertunterschiede zu Journalisten. So ergibt sich beim Vergleich Lehrer/Journalisten:

	Wirtschaft	Kultur	Innenpolitik	Außenpolitik
[α-Wert] t-Wert	−0.82 [0.4]	3.68 [0.00]	−3.65 [0.00]	0.96 [0.33]
FG	298	291	293	292

Höherer Informationsgrad ermöglicht auch die im Gegensatz zum Gesamt-sample differenziertere Benotung polnischer Politik in den verschiedensten Bereichen. So ist wohl auch das wirtschaftliche und innenpolitische Debakel der Gomulka-Regierung nicht in Vergessenheit geraten, was sich in relativ schlechten Noten für den wirtschaftlichen und gerade den innenpolitischen Bereich ausdrückt. Noch bekannter und voll akzeptiert sind die Leistungen des polnischen Volkes auf dem kulturellen Sektor, die die Journalisten durch-schnittlich mit 1,9 beurteilen, eine Tendenz, die von Lehrern wie Personen mit höherer Schulbildung geteilt wird.

Es ist anzunehmen, daß selbst bei weit über dem Durchschnitt liegenden Informationsstand den meisten Befragten die Kategorien, Denkschemata und Ziele der polnischen Außenpolitik verhältnismäßig fremd sind. Insofern ist zu vermuten, daß eine mehr oder minder positive Einschätzung polnischer Außenpolitik im wesentlichen eine Reflexion dessen ist, wie erfolgreich oder nicht westdeutsche Außenpolitik gegenüber Polen angesehen wird. Wer die eigene Außenpolitik im großen und ganzen bejaht, wird eine ähnlich gute Beurteilung auch dem Vertrags- und Verhandlungspartner zugestehen. Dafür sprechen auch die recht unterschiedlichen Beurteilungen durch Sym-pathisanten verschiedener Parteien:

Tab. 7: Prozentzahlen der Sympathisanten verschiedener Parteien, die die polni-sche Außenpolitik gut und besser bzw. ausreichend und schlechter finden.

	SPD	FDP	CDU
ausreichend und schlechter	6.3 J	11.8 J	25.8 J
	15.0 G	21.5 G	27.3 G
gut und besser	65.1 J	47.0 J	38.7 J
	42.4 G	27.2 G	27.4 G

1.4. Politisch-ideologische Begriffe

Eine Faktorenanalyse der ‚Politisch-ideologischen Begriffe‘ ergibt bei Leh-rern wie Journalisten eine Einschränkung auf drei Dimensionen[32].

Der erste Faktor ist sicherlich richtig durch den Begriff ‚Fortschritt‘ gekenn-zeichnet, eine Dimension, auf der auch ‚Wohlstand‘ und ‚Toleranz‘ liegen. Faktoren 2 und 3 stimmen bei den beiden Stichproben nicht mehr überein[33]. Während bei den Journalisten ‚Diktatur‘ und ‚Nationalsozialismus‘ auf einer

---

[32] vgl. Anm. 21.

[33] Möglicherweise ist es gerechtfertigt, von den Grundwerten der „Freiheitlich-Demokratischen Grundordnung" zu sprechen.

Dimension mit ‚Abrüstung' und damit stärker unter einer kriegerischen Perspektive gesehen werden, tritt bei den Lehrern der formale Aspekt des Gegensatzes zur ‚Demokratie' stärker hervor. Dafür ist wohl u. a. die unterschiedliche Altersschichtung[34] verantwortlich zu machen. Unter den Journalisten ist die Zahl derjenigen bedeutend größer, die Diktatur, Naziherrschaft und den durch sie verursachten Krieg bewußt erlebt haben. Bei den Lehrern hingegen stammen Diktaturerfahrungen aus Sozialisationsprozessen, die vorwiegend in der Nachkriegszeit stattfanden. Sie sind geprägt durch Übereinstimmung der VR Polen mit dem Kommunismus und den Gegensatz zur Nachkriegsdemokratie in der Bundesrepublik.

Als dritte Dimension treten bei den Lehrern ‚Kirche–Nation' bei den Journalisten ‚Sozialdemokratie–Mitbestimmung' auf:

Tab. 8: Mittelwerte und Prozentzahl der positiven Einschätzungen bei den einzelnen Gruppen nach Faktoren geordnet (positiv = 1,2 von 1–7).

	Ladung	Mittelwerte / positiv gesehen von %		
	J	J	L	G
1. Faktor				
Fortschritt	65	2.3/42.8	2.5/29.4	2.2/51.8
Demokratie	63	1.6/82.6	1.7/71.9	1.9/65.0
Toleranz	53	1.4/90.5	1.4/87.4	1.9/58.9
Nation	53	3.4/14.3	3.5/ 9.4	2.7/30.1
Wohlstand	53	2.4/36.3	2.9/24.8	2.4/41.0
Kirche	41	3.4/22.3	3.1/25.5	2.4/46.5
Kommunismus	−52	4.9/ 2.7	4.2/ 8.3	5.4/ 2.0
2. Faktor				
Diktatur	76	6.4/ 0.0	6.3/ 0.0	5.9/ 1.1
Nationalsoz.	70	6.7/ 0.7	6.5/ 0.0	5.6/ 1.3
Abrüstung	−40	1.6/86.5	1.6/83.1	1.9/66.1
3. Faktor				
Mitbestimmung	66	1.8/71.8	1.7/75.2	2.0/59.9
Sozialdemokratie	56	2.1/59.7	2.3/48.4	2.5/38.7

Als politische Ordnung wird von den Journalisten allgemein die Demokratie akzeptiert. Eindeutige Ablehnung erfahren Kommunismus, Nationalsozialismus und Diktatur. Toleranz, Mitbestimmung und Abrüstung können sich allgemeiner Wertschätzung erfreuen, während nationale und religiöse Werte nur noch von einer Minderheit hochgehalten werden. In der Tendenz stimmen

---

[34] 38,9 % der Lehrer, nur 19,1 % der Journalisten sind nach 1943 geboren. Nur 32 % der Lehrer, aber 45,4 % der Journalisten sind älter als 40 Jahre.

Journalistenmeinung und Volksmeinung, soweit sie durch die Stichprobe repräsentiert wird, überein. Die gleiche Tendenz läßt sich aber auch bei der Lehrerstichprobe feststellen, wobei allerdings die recht skeptische Einschätzung von ‚Wohlstand‘ und ‚Fortschritt‘ überrascht. Der Tab. 8 bzw. der folgenden Graphik läßt sich entnehmen, daß Lehrer und Journalisten autoritäre politische Ordnungsvorstellungen stärker als der befragte Bevölkerungsquerschnitt ablehnen und demokratischen Ordnungsvorstellungen und Werten eher zustimmen.

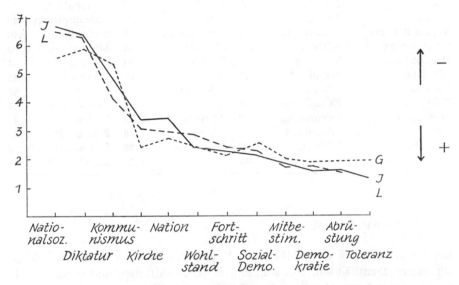

Abb. 1: Mittelwerte der einzelnen Gruppen für die politisch-ideologischen Ideen, geordnet nach der Höhe der Mittelwerte bei den Journalisten (siehe auch Tab. 8).

Interessant ist auch der Vergleich der Korrelationskoeffizienten, die anzeigen, in welchem Maße gleiche Beurteilung bei verschiedenen Variablen durch dasselbe Individuum vorkommt.

So bestätigt sich etwa die schon vorher angestellte Vermutung, daß bei den Journalisten – wie auch im Gesamtsample – Diktatur vor allem mit dem Nationalsozialismus assoziiert wird, während bei den jüngeren Lehrern der Gegensatz zur Demokratie in den Vordergrund gestellt wird. Auffällig sind auch die unterschiedlichen Zusammenhänge etwa bei ‚Wohlstand‘ und ‚Kommunismus‘. Korrelieren bei den Journalisten ‚Wohlstand‘ und ‚Nation‘ besonders stark, so wird dieser bei den Lehrern eher mit ‚Demokratie‘, beim Gesamtsample eher mit ‚Fortschritt‘ gleichsinnig beurteilt. Kommunismusgegner unter den Journalisten schätzen eher die ‚Demokratie‘, während bei den Lehrern und dem Bevölkerungsquerschnitt Abneigung gegen den Kommunismus vor allem mit einer positiven Einschätzung der Kirche zusammenhängt[35].

Tab. 9: Jeweils höchster Korrelationskoeffizient für die einzelnen Begriffe bei den verschiedenen Stichproben.

	Journalisten		Lehrer		Gesamts.	
Diktatur	Nationalsoz.	.60	Demokratie	−.40	Nationalsoz.	.57
Kirche	Nation	.44	Nation	+.28	Kommunismus	−.36
Mitbestimmung	Sozialdem.	.48	Demokratie	.45	Sozialdem.	.40
Sozialdemokratie	Mitbest.	.44	Mitbest.	.40	Mitbest.	.40
Demokratie	Toleranz	.55	Toleranz	.54	Toleranz	.44
Wohlstand	Nation	.37	Demokratie	.47	Fortschritt	.45
Nationalsoz.	Diktatur	.60	Diktatur	.32	Demokratie	−.37
Toleranz	Demokratie	.55	Demokratie	.54	Demokratie	.44
Fortschritt	Demokratie	.47	Abrüstung	.32	Wohlstand	.45
Nation	Wohlstand	.37	Kirche	.28	Fortschritt	.37
Abrüstung	Mitbest.	.46	Sozialdem.	.38	Demokratie	.30
Kommunismus	Demokratie	−.38	Kirche	−.25	Kirche	−.36

1.5.   Nationenkonzept

Bei der ‚Beurteilung von Völkern' sind zwei Dimensionen zu unterscheiden. Dimension 1 enthält den politischen, d. h. wirtschaftlichen und sozialen Entwicklungsstand von Gesellschaften. Ein hochentwickeltes Volk ist durch die Adjektive ‚frei', ‚reich', ‚städtisch', ‚aufgeschlossen', ‚offen', ‚modern' u. ä. gekennzeichnet. Faktor 2 beschreibt temperamentbezogene Eigenschaften. Er wird repräsentiert etwa durch ‚temperamentvoll', ‚unruhig', ‚laut', ‚ungenau', ‚unsauber' und ähnliche Merkmale[36].

1.5.1.   Politisch-Soziale-Entwicklung

Eine Faktorenzerlegung der Variablen ergibt eine eindeutige Lösung in die zwei zu erwartenden Faktoren ‚Westliche Völker' und ‚Östliche Völker'. Durch die Zweidimensionalität wird allerdings kein neuer Erklärungsansatz

---

[35] Für die angesprochenen Zusammenhänge differiert das Bestimmtheitsmaß r² (Clauss-Ebner, 1970, S. 112) um mindestens mehr als 10 Prozentpunkte.

[36] vgl. Schäfer, Bernd, Die Meinung der ‚Beurteilung von Völkern' mit Hilfe eines Eindrucksdifferentials. Archiv f. Psych. 1973.

geboten, so daß es sinnvoll erscheint, sich auf einen Faktor ‚Westen–Osten‘ zu beschränken. Für ‚westlich‘ stehen dann die Amerikaner, für ‚östlich‘ die Chinesen[37].

Tab. 10: Mittelwerte und positive Bewertungen in %, geordnet nach Ladung auf dem 1. Faktor bei J (pos = 1,2).

	Ladung		Mittelwerte / positiv bewertet von %		
	J	L	J	L	G
Amerikaner	78	76	2.6/32.2	2.5/33.1	1.8/69.0
Westdeutsche	77	83	2.9/19.0	2.8/22.9	2.1/53.8
Engländer	72	64	3.0/11.2	2.9/13.5	2.8/24.8
Italiener	72	58	3.1/14.0	3.3/ 3.9	3.1/10.6
Franzosen	70	69	2.9/13.3	2.7/18.6	2.4/33.8
Ostdeutsche	23	15	3.9/ 2.1	3.9/ 0.6	4.2/ 1.7
Polen	4	11	4.1/ 2.8	4.0/ 1.9	4.6/ 0.7
Tschechen	0	24	3.9/ 2.8	3.6/ 3.2	4.3/ 1.6
Russen	−16	−3	4.6/ 0.7	4.3/ 0.6	4.8/ 1.0
Chinesen	−32	−9	5.0/ 0.7	4.2/ 0.0	5.0/ 1.0
WESTEN			2.9	2.9	2.5
OSTEN			4.2	4.1	4.6

Zunächst fällt auf, wie sehr bei allen drei Gruppen ‚politisch-sozial fortgeschritten‘ mit ‚westlich‘, ‚politisch-sozial rückschrittlich‘ mit ‚östlich‘ identifiziert werden. Diese Tendenz, wie auch die Rangfolge der einzelnen Völker, haben alle Gruppen gemeinsam. Der Durchschnitt der Gesamtbevölkerung neigt allerdings dazu, die westlichen Völker für noch fortgeschrittener, die östlichen für noch rückschrittlicher zu halten.
Augenfällige Unterschiede treten besonders bei der Beurteilung der Amerikaner, der Westdeutschen, der Polen und der Tschechoslowaken auf.
Amerika und ihm am ähnlichsten die Bundesrepublik scheinen noch immer für die meisten der Wunderländer des technischen und ökonomischen Fortschritts zu sein. Fortschritt wird dabei von der Bevölkerung[38] mehr oder weniger als Synonym für Wohlstand gesehen, was wohl in den Augen der meisten die Versorgung mit einer ausreichenden Quantität und Qualität von Konsumgütern bedeutet. Andere Indikatoren für wirtschaftlichen und sozialen Fortschritt scheinen bei der Beurteilung der Tschechen durch die Journalisten und Lehrer eine Rolle zu spielen. Möglicherweise sind dort die Tatsachen des hohen Industrialisierungsstandes oder auch des ‚Prager Früh-

---

[37] vgl. Anm. 21.
[38] vgl. Tabelle 9, oben.

lings' noch mehr im Gedächtnis haften geblieben. Das ist vielleicht auch dafür entscheidend, daß die Tschechen, bei den Lehrern an erster Stelle, sonst nach den Ostdeutschen bezügl. des sozialen Fortschritts im Osten gesehen werden. Ostdeutsche und Tschechen sind – so gemessen – die westlichsten von den östlichen Völkern.

In diesem Zusammenhang gibt auch der Vergleich der Korrelationskoeffizienten einigen Aufschluß:

Tab. 11: Korrelationen der ‚Völker‘ mit den politischen Lagern WESTEN, OSTEN.

		Amerik.	Westdt.	Engl.	Italiener	Franz.	Westen
WESTEN	J	.79	.78	.72	.72	.73	1.00
	L	.84	.84	.79	.69	.82	1.00
OSTEN	J	−.35	−.09	.01	.06	.03	−.11
	L	.01	.03	.26	.32	.17	.19

		Ostdeut.	Polen	Tschech.	Russen	Chin.	Osten
WESTEN	J	.14	.04	−.07	−.17	−.30	.11
	L	.24	.15	.35	.03	−.14	.19
OSTEN	J	.72	.83	.82	.81	.69	1.00
	L	.77	.79	.77	.82	.41	1.00

In beiden Gruppen ist die Bewertung der westlichen Völker hinsichtlich ihrer politisch-sozialen Entwicklung ziemlich unabhängig von der Einschätzung des Entwicklungsstandes der östlichen Völker und umgekehrt. Es ist also im allgemeinen nicht so, daß jemand, der den westlichen Völkern eine fortgeschrittene Entwicklung zubilligt, den östlichen Völkern nun im erhöhten Maße Rückschrittlichkeit attestiert.

Vielmehr haben etwa bei den Lehrern Ostdeutsche, Polen und vor allem Tschechen noch ein durchaus westliches Image[39]. Auffallende Gegenpositionen gibt es nur bei OSTEN/‚Amerikaner‘ und WESTEN/‚Chinesen‘. Dabei bleibt es weiter richtig, die ‚Amerikaner‘ als Paradigma westlichen Entwicklungsstandes zu bezeichnen, während die Kennzeichnung der Chinesen als östliches Volk fragwürdig wird[40]: Die relativ niedrigen Korrelationskoeffi-

---

[39] vgl. Tabelle 10, oben.

[40] Hofstätter stellt für den Westen folgende Faktoren fest: das allgemeine westliche Autostereotyp, das westliche Kuli-Stereotyp, das romanische Stereotyp. Dies ist ein Hinweis darauf, daß ‚Chinesen‘ möglicherweise auf einer dritten Dimension liegen.

vgl. Hofstätter, Peter, Sozialpsychologie, Berlin 1970, S. 86 ff.

zienten OSTEN/‚Chinesen‘ wie auch die geringe Faktorladung auf dem Faktor 2 (OSTEN) deuten das Bestehen einer dritten Kategorie von Völkern an. Diese erklärt allerdings nicht mehr genügend Ausgangsvarianz, um bei der Faktorenanalyse als 3. Faktor zu erscheinen[37].

1.5.2. Temperament

Für den politisch-sozialen Entwicklungsstand eines Volkes gibt es Daten und Indikatoren in Hülle und Fülle, so z. B. das BSP, Handelsbilanzen, Preisindices, Versorgung mit Konsumgütern u. a. mehr. Schon das regelmäßige Studium der Tagespresse versorgt den Leser mit einem Teil dieser Informationen. Ist also für den obigen Bereich von Seiten der Journalisten und Lehrer eine Orientierung an diesen Daten zu erwarten, so verschwindet diese Orientierungsmöglichkeit nun bei der Bewertung der temperamentbezogenen Eigenschaften eines Volkes. Hier sind alle auf die gleichen subjektiven, kaum nachprüfbaren selbsterlebten oder auch andere Eindrücke angewiesen. Insofern, als alle drei Stichproben über die gleich geringen Informationsmöglichkeiten verfügen, kommt die Angleichung von Volks- und ‚Eliten‘meinung in diesem Bereich nicht überraschend. Ebenfalls zu erwarten, aber doch auffallend ist, daß die Verteilung der Mittelwerte nicht wie vorher einer Ost-West-Achse folgt.

Tab. 12: Mittelwerte und positive Bewertungen in %.

	J	L	G
Amerikaner	3.1/ 5.6	3.0/ 3.2	3.0/ 6.5
Westdeutsche	2.7/ 9.9	2.8/ 8.9	2.3/34.6
Engländer	2.5/23.1	2.6/20.0	2.4/31.4
Italiener	3.9/ 0.0	4.0/ 0.0	4.3/ 0.4
Franzosen	3.5/ 0.0	3.6/ 0.0	3.7/ 0.5
Ostdeutsche	2.3/34.5	2.4/35.9	2.0/54.9
Polen	3.1/ 3.5	3.1/ 2.6	3.0/ 9.5
Tschechen	2.9/ 5.7	2.9/ 3.9	3.0/ 9.7
Russen	2.9/14.0	2.9/ 6.4	2.8/17.3
Chinesen	2.2/43.3	2.5/19.9	2.5/27.9

Einige Besonderheiten, die ins Auge fallen, bedürfen der Erklärung.
Zunächst läßt sich, ähnlich wie beim 1. Faktor, eine deutliche Zurückhaltung der Journalisten und Lehrer gegenüber der Benutzung der Extremkategorien feststellen. Bei den Journalisten liegt gleichzeitig auch eine relativ große Zahl von Verweigerungen vor. Dies ist insofern nichts Neues, als es eine durchaus bekannte Tendenz aller Bevölkerungsschichten ist, bei nur vager

und unzureichender Information eindeutige Festlegungen zu vermeiden[41]. Interessant ist allerdings, daß sich diese Tendenz hier scheinbar genau umdreht. Anders als etwa bei Problemen der zukünftigen politischen Entwicklung fühlen sich Journalisten und Lehrer hier offenbar überfragt und reagieren mit Antwortverweigerung und der Benutzung der mittleren Antwortkategorien. Dagegen sieht wohl eine Mehrheit des Gesamtsamples, ihrerseits ebenfalls im Gegensatz zur Bewertung der politischen Zukunft, sich durchaus zu dezidierten Urteilen in der Lage[42].

Überraschend groß müssen die Differenzen in der Beurteilung der Nationalcharaktere von Ost- und Westdeutschen gerade für die „Deutschland-Politiker" sein. Geht man nämlich wie viele von ihnen[43] davon aus, daß zwar der politische Zusammenhalt des deutschen Volkes vorerst zerstört, aber immerhin der Fortbestand einer einheitlichen deutschen „Kulturnation" gesichert sei, so ist dies im Bewußtsein der Bevölkerung doch sehr in Frage gestellt. Gerade bei dieser unpolitischen Dimension hätte man nahezu gleiche Werteverteilung und Korrelationskoeffizienten nahe bei 1 erwarten können. Tatsächlich muß man aber wohl davon ausgehen, daß die Aufspaltung des deutschen Volkes in zwei gegensätzliche politische Lager auf Dauer auch das Bild von nicht direkt davon berührten ,National'–eigenschaften prägen wird. So können politische Fakten geschaffen werden.

Tab. 13: Korrelationen ‚Ostdeutsche'/‚Westdeutsche' 2. Faktor- Temperament.

	J	L	G
r	.50	.34	.40

---

[41] vgl. Almond, ebenda, S. 123 f.: „The lower-income groups appear to be poorly informed about foreign affairs. More of these elements fall consistently into the ,don't know' and ,no opinion' categories in the polling reports."
Dasselbe gilt für Frauen, die im allg. uninformierter sind in außenpolitischen Fragen, s. Almond, ebenda, S. 121.

[42] siehe oben.

[43] als eine von vielen Äußerungen:
„25 Jahre nach der bedingungslosen Kapitulation des Hitler-Reiches bildet der Begriff der Nation das Band um das gespaltene Deutschland. Im Begriff der Nation sind geschichtliche Wirklichkeit und politischer Wille vereint. Nation umfaßt und bedeutet mehr als eine gemeinsame Sprache und Kultur, als Staat und Gesellschaftsordnung. Die Nation gründet sich auf das fortdauernde Zusammengehörigkeitsgefühl der Menschen eines Volkes.
Niemand kann leugnen, daß es in diesem Sinne eine deutsche Nation gibt und geben wird, soweit wir vorauszudenken vermögen."
Bundeskanzler Brandt, Bericht zur Lage der Nation (14. 1. 70) aus: Texte zur Deutschlandpolitik, Bd. IV, S. 201.

Eine Faktorenanalyse für die beiden Sonderstichproben zeigt bei den Lehrern ein Festhalten an der Blockbetrachtungsweise, bei der allerdings die ,Ostdeutschen' auf der Dimension ,westlich' liegen, während ,Franzosen' und ,Italiener' ganz daraus fallen. Diese letzte Dimension sehen auch die Journalisten. Die ersten beiden Faktoren F1 (Ostdeutsche, Amerikaner, Westdeutsche, Chinesen) und F2 (Tschechen, Polen, Russen, Engländer) sind jedoch schwieriger zu interpretieren. Sicherlich nicht ganz an der Wirklichkeit vorbei – das zeigt ein Blick in die Rohdaten für die einzelnen Repräsentanten – geht eine Unterscheidung der beiden Dimensionen in ,fleißige Völker' und ,temperamentvolle Völker'[44].

2. ZUSAMMENHANG MIT ANDEREN VARIABLEN

2.1. Zusammenhang Zustost/Konber

Wer entschieden gegen eine Aussöhnung mit Polen durch Anerkennung der polnischen Westgrenze Stellung bezieht, wer gar gegen Verhandlungen überhaupt[45] ist, der wird ebenso entschieden eine Politik ablehnen, deren wesentliches Element gerade Verhandlungen sind und die als deutsche Leistung die Anerkennung der polnischen Westgrenze vorsieht. Kürzer: Das Maß der Zustimmung zur Ostpolitik der Bundesregierung Brandt hängt stark mit dem Grad der Konfliktbereitschaft gegenüber Polen zusammen. Dies wird auch durch die Höhe der Korrelationskoeffizienten bestätigt.

Tab. 14: Korrelationskoeffizienten r für Zustost/Konber.

	J	L	G
r	–.52	–.63	–.79

Die unterschiedliche Höhe von r macht allerdings deutlich, daß dieser Zusammenhang am stärksten in der Gesamtbevölkerung vorhanden ist und dann über Lehrer bis zu den Journalisten entscheidend abnimmt. Die soziale Homogenität der einzelnen Stichproben (hier Journalisten, da Lehrer) führt zu einer verhältnismäßig geringen Streuung. 85 % der Lehrer und Journalisten sind mehr oder weniger *gering* konfliktbereit, 75 % *befürworten* mehr oder weniger die Ostpolitik. Ausgesprochene Gegenmeinungen wie im Gesamtsample sind kaum vorhanden.

---

[44] vgl. Anmerkung 40.
[45] siehe S. 9, Tab. 3, Frage Nr. 23, Frage 27, Frage 22.

Andererseits ist aber klar: Unterschiedliche Ausprägungen sowieso schon geringer Konfliktbereitschaft haben auf die Einstellung zur Ostpolitik viel schwächere Auswirkungen als eindeutige Pro-Contra-Haltungen. Wer also Konfliktbereitschaft gegenüber Polen zeigt, wird die Ostpolitik ablehnen, wer dies nicht tut, wird sie befürworten. Wie sehr aber jemand , der die Aussöhnung mit Polen auch mit Opfern vorantreiben will, die Ostpolitik befürwortet, hängt dann nicht unbedingt von einer besonders geringen Konfliktbereitschaft allein, sondern von anderen Faktoren wie etwa Parteienpräferenz u. ä. ab.

Allerdings ist der Zusammenhang immer noch so groß, daß er auch nicht vollkommen durch andere Variable zu ersetzen ist. Eine relative Übereinstimmung zwischen Zustost und Konber bleibt auch dann erhalten, wenn man andere Variable, deren direkter Einfluß noch zu untersuchen ist, konstant hält. Das bedeutet im übrigen die Ausschaltung des Einflusses der betreffenden Variablen. Um den Restzusammenhang zu messen, wird der partielle Korrelationskoeffizient berechnet, der hier zwar sinkt, aber doch einen hohen Wert anzeigt.

Tab. 15: Partielle Korrelation bei Kontrolle der angegebenen Variablen(gruppen).

Konstanz von	J	L
r	−.48*)	−.63
temperamentbezogene Eigenschaften +	−.47	−.62
politisch-soziale Entwicklung +	−.54	−.57
Politische Ideen Sozialdem. +	−.43	−.50
andere	−.31	−.40

*) Die Veränderung von r (s. Tab. 14) ist auf die durch fehlende Werte verursachte geringere Zahl von Fällen zurückzuführen.

Ein Teil des Einflusses von Konber geht verloren. Es liegt also nicht nur ein direkter Einfluß vor, sondern auch ein indirekter, z. B. durch den Zusammenhang zwischen Konfliktbereitschaft und ihren möglichen ideologie-spezifischen Verankerungen. Allerdings sind auch die partiellen Korrelationskoeffizienten noch so hoch, daß auch bei homogener Anschauung und Einordnung politischer Begriffe mehr oder weniger Konfliktbereitschaft gegenüber Polen sich in mehr oder weniger Zustimmung zur Ostpolitik ausdrückt.

2.2. Politisch-ideologische Begriffe

Tab. 16: Korrelationen der ‚Politisch-ideologischen Begriffe‘ mit Zustost.

	J	L	G		J	L	G
Sozialdemokratie	.45	.47	.24	Kirche	−.32	−.29	−.19
Kommunismus	.42	.30	.25	Nation	−.25	−.24	−.05
Abrüstung	.32	.26	.18	Demokratie	−.15	.12	.15
Mitbestimmung	.18	.24	.46	Wohlstand	−.16	−.04	.02
Nationalsozial.	.00	−.12	−.19	Toleranz	−.13	.14	.18
				Fortschritt	−.06	.09	.11
				Diktatur	−.11	.01	−.15

Hohe Zustimmung zur Ostpolitik geht also regelhaft mit hoher Einschätzung sozialdemokratischer Ideen einher. Das ist insofern nicht überraschend, als diejenigen, die die ‚Sozialdemokratie‘ wertschätzen, vor allem unter den Wählern der SPD zu finden sind. Es wird also das schon bekannte Ergebnis bestätigt, daß Sympathisanten der Regierungskoalition die Ostpolitik stärker als CDU-Sympathisanten befürworten.

61,5 % der Bevölkerung, immerhin noch 49,3 % der befragten Journalisten halten den Kommunismus für kriegerisch. Solche Meinungen können nicht ohne Einfluß auf das Urteil über eine Politik sein, eine Politik gerade mit den Ländern, deren Bild in der Öffentlichkeit durch den Gegensatz von Kommunismus und ‚Freiheitlich-Demokratischer Grundordnung‘ geprägt ist:

Tab. 17: Korrelation Kommunismus/Östliche Völker bei Journalisten und Lehrern.

Tschechen		Ostdeutsche		Polen		Russen	
J	L	J	L	J	L	J	L
.35	.25	.27	.20	.32	.28	.43	.44

Die in Tabelle 16 angegebenen Korrelationskoeffizienten zeigen dann auch, daß tendenziell günstigere Beurteilung des Kommunismus und höherer Zustimmungsgrad zur Ostpolitik zusammenfallen.

Signifikante Zusammenhänge sind sonst nur noch für ‚Abrüstung‘, ‚Kirche‘ und ‚Nation‘ vorhanden, wobei verstärkter Abrüstungswillen stärkere Zustimmung zur Ostpolitik mit sich bringt. Wer allerdings an ‚nationalen‘ und ‚religiösen‘ Werten festhält, wer überhaupt höhere Werte auf diesem Faktor 1 (Fortschritt, Demokratie...)[46] hat, steht im allgemeinen der Ostpolitik der Bundesregierung skeptischer gegenüber. Auch hier verdient wieder festgehalten zu werden, wie sehr Ablehnung oder Zustimmung zu solchen politischen Grundüberzeugungen sich auf Sym- und Antipathie gegenüber politischen Parteien überträgt. So geben etwa bei den Lehrern die CDU-Anhänger der ‚Kirche‘ zu 45,7 % die beiden obersten Wertungen, während sich nur 16,1 % der SPD-Anhänger dazu bereitfinden.

Den weitaus stärksten Zusammenhang stellt man aber, wie oben schon gezeigt, zwischen Zustost und ‚Sozialdemokratie‘ fest. Diese Bindung bleibt auch bei Neutralisierung des Einflusses der anderen Variablen erhalten. Schließt man den indirekten Einfluß von ‚Mitbestimmung‘, ‚Kirche‘, ‚Nation‘ usw. aus, so ist auch dann noch ein Gegner der ‚Sozialdemokratie‘ Gegner der Ostpolitik und umgekehrt. Allerdings wird dabei deutlich, daß hier ein wechselseitiger Prozeß stattfindet. Einmal fördert eine günstige Einschätzung der Sozialdemokratie generell die Zustimmung zu der von deren politischen Repräsentanten getragenen Politik. Andererseits scheint aber ein Teil der Befragten wegen seiner Zustimmung zur Ostpolitik deren politischen Träger in einem anderen Licht zu sehen. Schlagwortartig ausgedrückt bedeutet das: Günstige Einschätzung der Ostpolitik aufgrund sozialdemokratischer Orientierung – Stärkere sozialdemokratische Orientierung aufgrund der Ostpolitik.

Mit der Wertschätzung der ‚Sozialdemokratie‘ stehen also außenpolitische Argumente im stärkeren Zusammenhang, als die Einschätzung innenpolitischer Reformvorhaben wie Mitbestimmung oder andere politische Grundhaltungen. Dafür spricht auch, daß sogar unter den SPD-Wählern ein Viertel die Forderung nach Mitbestimmung nicht voll unterstützen kann, 44,1 % ein nicht sehr positives Verhältnis zur Sozialdemokratie haben, während von den CDU-Wählern 20,6 % ‚Sozialdemokratie‘ ‚recht günstig‘ beurteilen[47] [48].

Insgesamt bleibt festzustellen, daß ‚politisch-ideologische‘ Einflüsse, soweit sie sich hier in Korrelationen der einzelnen diesbezüglichen Variablen mit der Zustimmung zur Ostpolitik ausdrücken, auf das Urteil zur Ostpolitik nur im geringen Maße vorliegen. Dort aber, wo sie vorhanden sind, lassen sie sich meistens auf parteipolitische Gegenpositionen zurückführen.

---

[46] vgl. Tab. 8, oben.

[47] Für einen Vorrang der Außenpolitik in der Leistungsbeurteilung der Bundesregierung spricht auch der Ausgang der Bundestagswahlen im November 1973, die man sicherlich als Plädoyer für die Ostpolitik bezeichnen kann. vgl. Jacobsen, ebenda, S. 201.

[48] Die überaus starke Unterstützung der Bundesregierung Brandt/Scheel durch den überwiegenden Teil der deutschen Presse wich zunehmend einer eher skeptischen Einschätzung. Möglicherweise spielten dabei auch zunehmend unterschiedliche Interessenlagen im innerpolitischen Bereich eine Rolle, die durch den außenpolitischen Konsens eine Zeit lang ausgeklammert waren: vgl. auch die diesbezügliche Kontroverse zwischen dem Kanzleramtschef Grabert und Spiegel-Herausgeber Augstein im Februar 1974 (Frankfurter Rundschau Nr. 42, 19. 2. 74, S. 3).

2.3. Nationenkonzepte

2.3.1. Politisch-Soziale Entwicklung

Zunächst gibt es keinen Grund, der dafür sprechen würde, einen Zusammenhang, gar einen ursächlichen, zwischen der Bewertung der Ostpolitik und der Einschätzung des Entwicklungsstandes verschiedener Gesellschaften zu vermuten. Ob man eine Politik der Koexistenz, die auf den zwischenstaatlichen Abbau von Spannungen und den Aufbau eines gutnachbarlichen Verhältnisses abzielt, für gut oder schlecht hält, müßte unabhängig von der Meinung über, ja erst recht unabhängig vom tatsächlichen politisch-sozialen Entwicklungsstand der Polen, der Ostdeutschen oder der anderen Völker sein.

Zwischen der Bewertung des Entwicklungsstandes der westlichen Länder oder des Westens überhaupt und der Einstellung zur Ostpolitik ist denn auch kein Zusammenhang zu finden. Für die östlichen Länder machen signifikante Korrelationskoeffizienten differenzierende Überlegungen notwendig.

Tab. 18: Korrelationen einiger ‚östlicher Völker' mit Zustost bei allen Gruppen.

	J	L	G
Polen	.31	.38	.12
Tschechen	.32	.18	.10
Ostdeutsche	.28	.26	.12
Russen	.19	.26	.12
OSTEN	.33	.32	
WESTEN	−.15	.05	

Die Korrelationskoeffizienten um 0.30 deuten auf einen interpretierbaren Zusammenhang der betreffenden Variablen hin. Dabei ist, wie vorher[49], darauf hinzuweisen, daß sich das ‚Image' einer Gesellschaft hinsichtlich seiner Wirtschafts- und Sozialordnung nur zum Teil an den tatsächlichen Verhältnissen orientieren kann. Selbst bei Bekanntsein diesbezüglicher Daten bedürfen und unterliegen diese der ideologischen Interpretation. Wer etwa von einer marxistisch-leninistischen Gesellschaftsanalyse ausgeht, wird die sozialistischen Gesellschaften für entwickelter als die kapitalistischen Gesellschaften halten. Andererseits wird derjenige die östlichen Völker wegen ihrer Zurückgebliebenheit bedauern, der gesellschaftlichen Fortschritt mit der Wahrung bürgerlicher Freiheiten und einer gleichmäßigen Konsumgüterversorgung identifiziert[50].

---

[49] siehe oben.
[50] vgl. Tab. 8, oben.

Insofern dürften durch die relativ hohen Korrelationskoeffizienten nur Scheinzusammenhänge wiedergegeben werden. Tatsächlich spiegeln sich hier ideologische Differenzen wieder, die indirekt über die Einschätzung gesellschaftlichen Fortschritts in bestimmten Staaten Einfluß auf die Einstellung zur Ostpolitik nehmen. Dem widersprechen auch die vorhandenen Daten und eine tiefergehende Regressionsanalyse nicht. Neutralisiert man nämlich den Einfluß der ‚politisch-ideologischen' Variablen, so sinkt der Einfluß der Bewertung des Entwicklungsstandes der östlichen Völker auf Zustost mit $\beta = 0.09$ auf eine nicht mehr bedeutsame Größe. Die im Gegensatz zur Lehrer- und Journalistenstichprobe beim Gesamtsample von vornherein niedrigen bzw. nicht signifikanten Korrelationskoeffizienten geben noch einmal Anlaß, darauf hinzuweisen, wie wenig offenbar die doch recht günstige Beurteilung der Ostpolitik noch Urteilsdifferenzierungen in der Bevölkerung mit Sym- oder Antipathie für spezielle Ideologien, Grundwerte oder auch Vorliebe und Abneigung gegen bestimmte Völker verbunden ist. Solche möglichen persönlichkeitsgebundenen Differenzierungen sind offensichtlich einer mit breitester Unterstützung der ‚veröffentlichten Meinung' erzeugten Grundstimmung zum Opfer gefallen.

Die oben angestellten Überlegungen treffen für die temperamentbezogenen Eigenschaften der Völker im verstärkten Maße zu. So lassen sich signifikante Zusammenhänge zwischen diesen Eigenschaften bzw. der Beurteilung von Völkern hinsichtlich dieser Eigenschaften und der Einstellung zur Ostpolitik auch nicht feststellen.

3.   ZUSAMMENFASSUNG

Es bestätigt sich das Konzept der Untersuchung, nach dem vor allen Dingen der sozio-ökonomische Status entscheidend für die Werteverteilung bei den untersuchten Variablen ist. Lehrer und Journalisten sind weitgehend durch ihre Zugehörigkeit zur „attentive public" gekennzeichnet. Die darauf hin zu erwartenden Meinungen und Einstellungen sind tatsächlich so gefunden worden. Aufgrund der sozialen Homogenität konnten Zusammenhänge auch da ermittelt werden, wo sie sonst wegen der Undifferenziertheit der Meinungen und der starken Orientierung an (parteipolitischen) Meinungsführern verschwinden. Besonderheiten sind ferner durch die jeweilige spezielle berufliche Situation gegeben.

2. KONFLIKTASPEKTE IM DEUTSCH-POLNISCHEN VERHÄLTNIS NACH ABSCHLUSS DES WARSCHAUER VERTRAGES

von C. C. Schweitzer

Der vorliegende Sammelband geht davon aus, daß sich im Interesse der Sicherung einer europäischen Friedensordnung eine multi- oder auch interdisziplinäre Friedens- und Konfliktforschung legitimer- und notwendigerweise mit dem deutsch-polnischen Verhältnis, genauer gesagt, mit dem Verhältnis zwischen der kapitalistisch orientierten und in das westliche Bündnissystem integrierten Bundesrepublik Deutschland auf der einen Seite und der sozialistisch-kommunistisch orientierten und in das östliche Bündnissystem integrierten Volksrepublik Polen auf der anderen Seite zu beschäftigen hat. Fraglos müssen die Beziehungen zwischen der Bundesrepublik Deutschland und der Volksrepublik Polen zumindest von 1949 bis zum Abschluß des Warschauer Vertrages als ein Konfliktverhältnis aufgefaßt werden, wobei wir von einem Konfliktbegriff ausgehen, wie er in der Einleitung sowie in den Beiträgen von Lehmann und Schäfer im Konsens mit allen Mitarbeitern definiert wurde. Auch seit dem in Warschau im Dezember 1970 proklamierten Beginn eines Normalisierungsprozesses ist das deutsch-polnische Verhältnis leider noch nicht als konfliktfrei anzusehen, weil in wichtigen Fragen sich scheinbar gegenseitig ausschließende Interessengegensätze nach wie vor konstatiert werden können. Der nachstehende Kurzbeitrag verfolgt daher das Ziel, den scheinbar eingeleiteten Normalisierungsprozeß, d. h. also die deutsch-polnischen Beziehungen seit Ende 1970, von einer doppelten Fragestellung der Friedens- und Konfliktforschung her zu untersuchen, indem einmal den Ursachen für noch vorhandene Konfliktaspekte und zum anderen den Möglichkeiten einer weiteren Konfliktregulierung, ja Konfliktlösung, nachgegangen wird.

Zu den wichtigsten, insbesondere von der Politikwissenschaft her analysierten *Ursachen* für die Entstehung und gegebenenfalls Verschärfung eines zwischenstaatlichen Konfliktes im Internationalen System unserer Zeit – wie mutatis mutandis auch in früheren – sind Kollisionen einzelstaatlicher, nationaler Interessen sowie das Vorhandensein von gegenseitigen *Bedrohungsvorstellungen* zu zählen. Beide Phänomene traten von Anfang an, d. h. seit 1949, in den Beziehungen zwischen der Bundesrepublik Deutschland und der Volksrepublik Polen in Erscheinung. Beide suchten fraglos die Verfasser des Warschauer Vertrages und seiner Begleitdokumente aller Art[1] in ihrem Bemühen zu minimieren, die Voraussetzungen für einen Prozeß der Normalisierung zu schaffen. Es ist daher zu fragen, ob diese implizit und explizit von den vertragschließenden Parteien beschworene doppelte Zielvorstellung einer Verwirklichung durch den Warschauer Vertrag als solchen, und damit durch die Entwicklung der deutsch-polnischen Beziehungen seit seinem Inkrafttreten näher gekommen ist.

Beginnen wir mit dem Problem kollidierender nationaler Interessen. Kollisionen ergaben sich von Anfang an aus den durch den Zweiten Weltkrieg herbeigeführten Besitzveränderungen in den Gebieten östlich der Oder und Neiße. Die Geschichte des deutsch-polnischen Konfliktverhältnisses nach 1945/49 ist in ihrem Kern eine Geschichte des Ringens von polnischer Seite um die völkerrechtliche Absicherung der in Besitz genommenen Gebiete und von deutscher um die Offenhaltung eben dieser Besitzstandsfrage. Dabei handelte es sich zunächst für beide Seiten um Fragen eines primären oder vitalen nationalen Interesses[2], weil das neue Polen von Anfang an unter volkswirtschaftlichen Gesichtspunkten auf eine solche Entschädigung für die verlorengegangenen Gebiete des Landes angewiesen war, was schon 1963 G. Bluhm mit eindrucksvollen Statistiken belegt hatte[3], während es auf deutscher Seite in den ersten Jahren nach Kriegsende um Lebensgrundlagen und Besitztitel von Millionen einzelner Deutscher und ebenfalls um ein wichtiges Agrar- und Industriegebiet des alten Reiches ging, dessen Verlust die Wirtschaftskraft Restdeutschlands schwächen mußte.

Mit dem Fortschreiten eines Prozesses der Eingliederung eben dieser Millionen von Flüchtlingen und Vertriebenen in der Bundesrepublik Deutschland (und der DDR) sowie mit dem wirtschaftlichen Aufschwung in den deutschen Westgebieten, d. h. der Bundesrepublik Deutschland, veränderten sich die Gewichte der nationalen Interessenlage auf der deutschen Seite in dem Sinne und Umfange, daß etwa von Mitte der fünfziger Jahre an für sie nicht länger vitale oder Primärinteressen, sondern Sekundärinteressen auf dem Spiele standen. So kam es in der Bundesrepublik dann auch zu ersten An-

---

[1] Siehe die Verträge der BRD mit der UDSSR und der VRP, hrsg. vom Presse- und Informationsamt der Bundesregierung, Bundesdruckerei Bonn 1972, S. 155 ff.: Der Vertrag ..., Note der Regierung der BRD an die 3 Westmächte, Antwortnote der 3 Westmächte an die Regierung der BRD, Information der Regierung der VRP und gemeinsames Kommuniquee über den Besuch des Bundeskanzlers in Warschau (im folgenden zit. „Die Verträge").

[2] Zur Lehre von den nationalen Interessen nach wie vor grundlegend: H. J. Morgenthau: Macht und Frieden – Grundlegung einer Theorie der Internationalen Politik, Gütersloh 1963; vgl. C. C. Schweitzer, Chaos oder Ordnung – Einführung in Probleme der Internationalen Politik, Verlag Wissenschaft und Politik, Köln 1973, S. 75/6.

[3] Siehe Georg Bluhm: Die Oder-Neiße in der deutschen Außenpolitik, Freiburg 1963.

zeichen einer deutschen Kompromißbereitschaft in der Frage der „Anerkennung" des neuen Status der Oder-Neiße-Gebiete[4]. Nunmehrige Sekundärinteressen betrafen vor allem das Recht auf Umsiedlung (die polnische Seite nimmt bis heute Anstoß am Gebrauch des Terminus Aussiedlung in diesem Zusammenhang!) der noch oder wieder zur Ausreise entschlossenen Menschen deutscher Volkszugehörigkeit in den nunmehr staatsrechtlich polnischen Westgebieten. Es bleibt bis heute dann nur ein Problem der terminologischen Präferenz, ob wir aufgrund der kontinuierlichen Verringerung des in Frage kommenden Personenkreises mittels der vor ebenso wie nach Abschluß des Warschauer Vertrages erfolgten Umsiedlungen von sekundären, ja vielleicht sogar nur noch von tertiären Interessen sprechen können, die hier für die Deutschen auf dem Spiele stehen. Umgekehrt stellt natürlich dieses Umsiedlerproblem auch für die polnische Seite immer noch unter gesamtvolkswirtschaftlichen Gesichtspunkten ein nationales (sekundäres?) Interesse dar, worauf später erneut einzugehen sein wird.

Im Hinblick auf dieses entscheidende Syndrom der Ursachen deutsch-polnischer Konfliktbeziehungen nach 1945/49 – d. h. also im Hinblick auf kollidierende nationale Interessen – sollte nun mit dem Warschauer Vertrag ebenso wie im Zusammenhang mit den anderen aus bundesrepublikanischer Sicht als Ostverträge bezeichneten Abkommen (Moskauer Vertrag und Verträge mit der DDR sowie mit der CSSR, vor allem aber natürlich das zugunsten der beiden deutschen Staaten abgeschlossene Vier-Mächte-Abkommen über Berlin) ein *klassischer diplomatischer Kompromiß* erreicht werden. Mit anderen Worten: Auch dieser zwischenstaatliche Konflikt sollte bereinigt werden, indem beide Seiten ein zwischen ihnen zustandegekommenes Vertragssystem als ein für sie jeweils tragfähiges do-ut-des Geschäft perzipieren konnten. Die konfliktregulierende, ja konfliktlösende Funktion auch des Warschauer Vertrages schien zumindest Ende 1970 gegeben zu sein. Für die Volksrepublik Polen – für seine Führung ebenso wie für die öffentliche Meinung im Lande – stellte sich die Unterzeichnung des Vertrages in Verbindung insbesondere mit den Gesten und Erklärungen des damaligen deutschen Bundeskanzlers als eine völkerrechtliche Anerkennung der Westgrenze des Landes durch die Bundesrepublik Deutschland dar, die jede Veränderung mit und ohne Gewalt künftig als Möglichkeit der Politik ausschloß. Eine solche polnische Einschätzung änderte sich zunächst auch nicht durch den ausdrücklich angemeldeten bundesrepublikanischen Vorbehalt, daß die Bundesregierung ebenso wie später der Bundestag eine solche friedenssichernde Grenzgarantie nur im Namen der Bundesrepublik Deutschland selber, nicht aber im Hinblick auf einen möglichen Nachfolger, – also einen gesamtdeutschen Nachfolgerstaat –, aussprechen könne. Sicherlich war sich

---

[4] Vgl. hier die Auswärtige Politik der BRD, hrsg. vom Auswärtigen Amt unter Mitwirkung eines wissenschaftlichen Beirates, Bonn 1972, S. 47 ff. und 69 ff. mit entsprechenden Dokumenten.

die polnische Seite in diesem Zusammenhang der engen grundgesetzlichen Grenzen bewußt, die jeder deutschen Bundesregierung in dieser Frage gezogen sein mußten. Erst die aus rein innenpolitisch-taktischen Gründen zustandegekommene sogenannte „Gemeinsame Resolution" aller Parteien im Deutschen Bundestag vom 17. Mai 1972 rief dann in Warschau Zweifel an dem Willen zur endgültigen Befriedigung polnischer Vitalinteressen durch die deutsche Seite hervor, zumal die Resolution auch in späteren Jahren wiederholt von der CDU/CSU-Opposition im Bundestag öffentlich bekräftigt wurde, um dadurch den Charakter der Vorläufigkeit einer Anerkennung der Oder-Neiße-Grenze herauszustellen[5].

Umgekehrt glaubte die deutsche Bundesregierung Ende 1970 davon ausgehen zu dürfen, daß Warschau das im obigen Sinne als national definierte deutsche Interesse an einer vom Umfang her möglichst befriedigenden Endlösung der Umsiedlerfrage durch die berühmte polnische „Information" abzudecken bereit war. Schon heute wird man in diesem Zusammenhang anmerken müssen, daß einerseits damals exakte Quantifizierungen und Qualifizierungen unterblieben, andererseits aber die polnische Regierung die tatsächliche Umsiedlungspolitik zwischen 1971 und 1974 nicht unbedingt als im Widerspruch zu den von ihr selber in der „Information" angegebenen Schätzungen stehend zu betrachten brauchte[6]. In diesem Zusammenhang ging es – und leider wird man eben sagen müssen geht es – letzten Endes nur noch um die Bewertung des Geistes eines solchen Vertrages. Damit sind wir bei einem entscheidenden Punkt dieser kurzen konflikttheoretischen und politikpraktischen Analyse:

Für die bundesrepublikanische Seite – von der staatlichen Führung bis in weiteste Kreise auch der Opposition, ja der erkennbaren und meßbaren öffentlichen Meinung in der Bundesrepublik Deutschland insgesamt – stellte sich dieser Warschauer Vertrag als ein annehmbarer Kompromiß[7] dar, als ein tragbares do-ut-des Geschäft, keineswegs nur in bezug auf die beiden Komplexe „Anerkennung der Grenzen" und „Restumsiedlung", sondern vielmehr auch aufgrund der weitgehend akzeptierten moralisch-ethischen Kategorie der Wiedergutmachung des nationalsozialistischen Völkermordes an Polen. Dieser Aspekt war denn ja auch durch die beabsichtigte oder spontane, die ganze Welt tief beeindruckende Geste eines deutschen Bundeskanzlers vor

---

[5] Zur gemeinsamen Resolution siehe Stenographische Berichte, Deutscher Bundestag, 6. Legislaturperiode, 187. Sitzung vom 17. 5. 1972, 10943 ff.; zum Verhalten der Opposition in der siebten Legislaturperiode siehe ebenda: 88. Sitzung, 21. 3. 1974 als Beispiel (Aktuelle Stunde im Anschluß an eine Fragestunde).

[6] Hier hieß es: „Nach den bisherigen Untersuchungen der polnischen Behörden können die Kriterien, die zu einer eventuellen Ausreise aus Polen in die Bundesrepublik Deutschland oder die DDR berechtigen, einige zehntausend Personen betreffen...", zitiert nach: Die Verträge a.a.O. S. 161.

[7] Zur Lehre vom Kompromiß in der Internationalen Politik vgl. u. a. W. Grewe: Der diplomatische Kompromiß, in: Europa-Archiv 19/1964.

dem Ehrenmal am Warschauer Getto von der öffentlichen Meinung in der Bundesrepublik Deutschland nach anfänglichem Zögern und bei anhaltender Ablehnung einer Minderheit so perzipiert worden. Zwar konnte auch aus deutscher Sicht nichts den Tod von über 6 Millionen ermordeter Polen[8] aufwiegen – ebensowenig wie sich das an den deutschen Vertriebenen begangene Unrecht und zum Teil auch Verbrechen aus der Welt schaffen ließ, worauf ja ebenfalls der deutsche Bundeskanzler mehrfach in jenen Dezembertagen des Jahres 1970 seine eigenen Landsleute und die Weltöffentlichkeit insgesamt hingewiesen hatte[9]. Im Kontext einer umfassenden Ostpolitik aber bedeutete der Warschauer Vertrag für die Deutschen in den Worten Willy Brandts damals „einen endgültigen Schlußstrich" unter die Vergangenheit der Schreckenszeit von 1939–1945 und damit einen Neubeginn speziell für die junge Generation von Polen und Deutschen, für eine Generation, die die künftigen deutsch-polnischen Beziehungen unbeschwert von dieser Vergangenheit gestalten sollte[10]. So ist es auch erklärlich, daß von Brandt ebenso wie von den meisten anderen deutschen Sprechern bis heute der Gedanke abgelehnt wird, daß wir Polen gegenüber noch irgendwelche zusätzlichen Entschädigungsansprüche aus der Zeit des Dritten Reiches befriedigen müßten[11].

Aber genau in dieser Bewertungsfrage haben, wie sich jetzt herausstellt, das amtliche Polen und die amtliche Bundesrepublik in den letzten drei Jahren ebenso aneinander vorbei geredet und vorbei gedacht wie die Öffentlichkeit in beiden Ländern[12] – mit der schwerwiegenden Konsequenz, daß trotz des

---

[8] Zu den Todesstatistiken vergleiche die Anmerkung Nr. 8 mit entsprechender Literaturangabe bei Hans Lehmann, S. 24 ff.

[9] Vgl. Fernsehansprache des Bundeskanzlers Willy Brandt aus Warschau über alle Rundfunk- und Fernsehsender der Bundesrepublik Deutschland am 7. 12. 1970: „Unsere polnischen Gesprächspartner wissen, was ich Ihnen zu Hause auch noch einmal mit aller Klarheit sagen möchte: Dieser Vertrag bedeutet nicht, daß wir Unrecht anerkennen oder Gewalttaten rechtfertigen. Er bedeutet nicht, daß wir Vertreibungen nachträglich legitimieren", zitiert nach: Die Verträge, a.a.O. S. 170.

[10] Ebenda S. 191.

[11] Siehe unten S. 527 f.

[12] Vgl. u. a. Interview C. C. Schweitzer mit dem Bonner Generalanzeiger vom 9. 4. 74 sowie dessen Erklärung im SPD-Pressedienst und den Mitteilungen der SPD-Bundestagsfraktion vom 11. 4. 74. Mit Quincy Wright ist auch in diesem Zusammenhang davon auszugehen, daß es in bilateralen Konfliktverhältnissen im internationalen Staatensystem eigentlich sechs „Parteien" gibt, und zwar: A und B, A in der Sicht von B und B in der Sicht von A sowie A's Deutung der Sicht, die B von ihm hat und B's Sicht, die A von ihm hat. In unserer Kurzstudie werden daher im Hinblick auf die vier letzten „Parteien" auch wiederholt bundesrepublikanische Perzeptionen der polnischen Einschätzung Bonns und seiner Polenpolitik sowie polnische Deutungen der deutschen Einschätzung der Warschauer „Bundesrepublik Deutschland-Politik" angedeutet werden. Alle in

großen Ausgleichsvertrages vom Dezember 1970 immer noch ernste Konflikt-
elemente das deutsch-polnische Verhältnis belasten. Denn für die polnische
Führung und die polnische öffentliche Meinung stellte und stellt sich der
Warschauer Vertrag ganz offensichtlich bis heute als die *entscheidende Voraussetzung* dafür dar, daß von polnischer Seite das Gespräch mit den Deutschen überhaupt im versöhnlichen Sinne wieder aufgenommen und noch
strittige Fragen einschließlich solcher, die die unselige Vergangenheit der
NS-Zeit betreffen, einvernehmlich geregelt werden können. Die Ursachen und
Auswirkungen der in den ersten sechs Monaten des Jahres 1974 immer wieder öffentlich erhobenen Warschauer Forderungen nach deutschen Zahlungen
für die Entschädigung von polnischen KZ-Opfern, auf die noch näher eingegangen werden muß, sind sicherlich primär unter solchen „volkspsychologischen" Gesichtspunkten und erst sekundär unter politisch-verhandlungs-
technischen Gesichtspunkten zu sehen und zu bewerten. Die Politiker auf
beiden Seiten werden nun sehen müssen, wie sie volkspsychologische Ver-
säumnisse, d. h. eben das Unterlassen einer Aufklärung über die jeweils zu
vermutende Perzeption der anderen Seite, wiedergutmachen können!
Damit ist in dieser Kurzanalyse der Übergang gegeben zur Betrachtung eines
zweiten Syndroms der Verursachung internationaler Konflikte auch im Hinblick auf das deutsch-polnische Verhältnis, d. h. des Phänomens sogenannter
Bedrohungsvorstellungen, die als Gegenstand der Konfliktforschung immer
wichtiger geworden sind.
Dieses Phänomen ist dann gegeben, wenn sich eine Gruppe, ein Staat oder
ein Volk A) von einer Absicht B) bedroht glaubt und bei B) zusätzlich das
Vorhandensein eines entsprechenden Bedrohungspotentials annimmt oder
unterstellt. Mit anderen Worten – und in einer Gleichung ausgedrückt:
Bedrohungsvorstellungen sind eine Kombination von angenommener Bedrohungsabsicht und vermutetem Potential zur Verwirklichung einer solchen
Absicht. Nun ist es auch in sozialpsychologischen Experimenten wiederholt
nachgewiesen worden, daß es in diesem ganzen Zusammenhang gar nicht so
sehr darauf ankommt, ob die Einschätzung von A) einer Bedrohungsabsicht
und eines Bedrohungspotentials von B) richtig oder falsch oder auch teilweise
richtig oder falsch ist. Entscheidend ist vielmehr das Vorhandensein von
Bedrohungsvorstellungen bei A) als solchen und die Tatsache, daß diese
dann bei B) entsprechende Vorstellungen hervorrufen oder auch schon vorhandene verstärken.
Auf jeden Fall kommt es immer wieder zu einer Eskalation gegenseitiger
Bedrohungsvorstellungen und Abwehrmaßnahmen, wie z. B. die Geschichte
des Kalten Krieges in Europa von 1947 bis ungefähr 1967 zur Genüge zeigt.

---

diesem Gesamtzusammenhang relevanten Fremdbilder(images) können oft von
der Realität weit entfernt sein, stellen aber dennoch die Grundlage dar, auf
der die Regierenden ihr Handeln aufbauen. Vgl. Q. Wright, Design for a
research project on international conflicts and the factors causing their aggravation or amelioration, in: Western Political Quarterly, Vol. X (1957), S. 265 ff.

Für die Friedens- und Konfliktforschung ist darüber hinaus von Bedeutung, daß Bedrohungsvorstellungen in einer bestimmten Gruppe, einem Volk oder einem Staat häufig, ja in der Regel einhergehen mit der Herausbildung und Verstärkung von Vorurteilen und Stereotypen – gegenüber „dem" Russen, „dem" Chinesen etc. Sie alle prägen nicht nur die öffentliche Meinung, die öffentlichen Meinungen, sondern auch häufig das Weltbild von wichtigen außenpolitischen Entscheidungsträgern[13].

Angewandt auf die deutsch-polnischen Beziehungen zwischen 1945/49 und 1970 wäre davon auszugehen, daß „die" Polen in diesem Zeitraum über alle durchaus denkbaren Differenzierungen ihrer politischen und anderen Anschauungen hinweg mittelfristige oder langfristige Befürchtungen in Richtung auf einen deutschen „Gegenstoß" zur Wiederinbesitznahme der neuen polnischen Westgebiete hegten, sich also in ihren vitalen Interessen bedroht fühlten und „den" Deutschen auch grundsätzlich das Machtpotential zur Verwirklichung solcher Absichten irgendwann in der Zukunft zurechneten. Bestärkt fühlten sich die Polen in entsprechenden Einschätzungen solcher langfristigen politischen Absichten durch die zumindest in den fünfziger Jahren ständig publizierten Bekundungen einer Entschlossenheit auf seiten der Vertriebenenverbände, eines Tages wieder in die angestammte Heimat zurückkehren zu wollen. Beteuerungen der Vertriebenen-Funktionäre, ja ganzer Vertriebenengruppen, daß man auf der Linie der Stuttgarter „Charta der Vertriebenen" von 1950 nur gewaltlos zurückkehren und im übrigen künftig mit den Polen in Freundschaft und Kooperation leben wolle, wurden demgegenüber – richtig oder falsch – als Ausdruck einer schizophrenen Grundhaltung oder einer bewußt doppelbödigen Argumentation perzipiert[14]. Umgekehrt werden wir der Bevölkerung in der Bundesrepublik Deutschland über einen langen Zeitraum nach 1949 hinweg das Gefühl des Bedrohtwerdens durch den kommunistischen Block in Europa ebenso unterstellen können wie die Annahme eines – in diesem Falle möglicherweise übertrieben groß eingeschätzten – sowjetischen Potentials zur gewaltsamen Verwirklichung des Zieles einer Weltrevolution. Unbeschadet der wiederholt geäußerten gegenteiligen Ansicht von Ostspezialisten in der Bundesrepublik Deutschland sah man in diesem Zusammenhang in den polnisch-sowjetischen Beziehungen eher eine unauflösliche, ideologische Bindung als eine Interessengegensätzlichkeit, die ja eigentlich aus der Geschichte näherlag.

---

[13] Vgl. grundlegend die Studie über J. F. Dulles von O. R. Holsti: The belief-system and national images – a case study, in: Journal of Conflict Resolution 1962, 6; ferner: Bedrohungsvorstellungen als Faktor der Internationalen Politik, Jahrbuch für Friedens- und Konfliktforschung, Bd. 1, Bertelsmann Universitätsverlag Düsseldorf 1971 sowie Ludwig Schulte: Abschreckung und Feindbild in der Phase der Entspannungspolitik, in: Beilage zur Wochenzeitung Das Parlament, Nr. 6, 1973.

[14] Siehe Angaben bei C. C. Schweitzer, Chaos oder Ordnung, a.a.O. S. 120 sowie den Beitrag in diesem Band S. 96 ff.

Auch unter solchen Gesichtspunkten hätte der Warschauer Vertrag eine neue Ära kontinuierlich besser werdender Beziehungen nach sich ziehen müssen. Mit der Anerkennung der polnischen Westgrenze durch die Bundesrepublik Deutschland wurde „den" Polen die Basis ihrer Bedrohungsvorstellungen entzogen. Umgekehrt trug dieser Vertrag mit dem dadurch und danach beginnenden Normalisierungsprozeß bei „den" Deutschen zu einer Reduzierung des Gefühls eines Bedrohtwerdens durch den kommunistischen Block insgesamt bei. In Korrelation dazu stieg die Zahl derer an, die die Bedeutung des Warschauer Vertrages unter Gesichtspunkten eines regionalen Ausgleiches zwischen Ost und West in Europa hoch einschätzten. Vergleiche bieten sich hier an zu dem nachmeßbaren Abbau von Bedrohungsvorstellungen in der westdeutschen Bevölkerung gegenüber der Sowjetunion zum Beispiel in dem Zeitraum von August 1969 bis Oktober 1970, d. h. also in den ersten 14 Monaten nach der Unterzeichnung des Moskauer Vertrages[15].

Der hohe Stellenwert des Warschauer Vertrages für eine Entspannung und Normalisierung gründete sich damit für beide Seiten letztlich darauf, daß mit ihm Mißtrauen abgebaut und ein Grundstein für neues Vertrauen zwischen den Regierungen und Völkern geschaffen wurde, wie denn überhaupt sogenannten vertrauensbildenden Maßnahmen im gesamten Ostwest-Konfliktverhältnis bzw. dessen Überwindung – denken wir hier nur an die KSZE – eine große Bedeutung zukommt. Von daher konnte der Vertrag auch der Beginn eines Prozesses sein, in dem in der öffentlichen Meinung beider Seiten bislang falsche Fremdbilder vom jeweils anderen Volk langsam „entzerrt" werden würden.

Trotz aller dieser fruchtbaren Ansätze hat nun aber der Warschauer Vertrag in den ersten vier Jahren nach seinem Inkrafttreten nicht die von vielen Deutschen und Polen sicherlich gleichermaßen erhofften positiven Wirkungen gezeitigt. Vielmehr geriet der durch diesen Vertrag zumindest aus der Sicht der öffentlichen Meinungen in beiden Ländern eingeleitete Normalisierungsprozeß um die Jahreswende 1973/74 ins Stocken. Der entscheidende Grund neben dem schon genannten einer unterschiedlichen volkspsychologischen Einschätzung des Vertrages dürfte die Tatsache gewesen sein, daß sowohl in der Volksrepublik Polen als auch in der Bundesrepublik Deutschland manche offensichtlich Ende 1970 zu hoch gespannten Erwartungen enttäuscht wurden und dadurch – wiederum in beiden Ländern – Kritiker, wenn nicht sogar heimliche Gegner der bundesrepublikanisch-polnischen Normalisierung neuen Auftrieb für alte Argumente erhielten. Bezeichnend für eine plötzlich wieder kritischere polnische Argumentationslinie war z. B. ein

---

[15] Siehe Infas 12/70, Teil 1 BPA 15. 2. 1971: Auf die Frage: „Ist die BRD heute mehr oder weniger als früher vom Osten bedroht?", antworteten im August 1969 9 % mit „mehr", 50 % mit „ebenso" und 33 % mit „weniger" – hingegen im Oktober 1970 7 % mit „mehr", 40 % mit „ebenso" und 42 % mit „weniger;. Unter letzteren die Zahlen für die „Einheimischen" 7, 38, 43 und für die Flüchtlinge: 5, 49 und 41 %.

Artikel des polnischen Seim-Abgeordneten E. Osmanczyk in der Trybuna Robotnicza. In einem Bericht zum Thema: „Eine westdeutsche Politik von der Position der Stärke gegenüber Polen ist absurd", wurde hier im April 1974 erklärt:

„Es ist kein Geheimnis, daß der Dialog zwischen Polen und dem westdeutschen Staat nicht reibungslos verläuft. Dies ist für jeden, der die von den Bundestagsparteien während der Verhandlungen vor der Unterzeichnung des Vertrages zwischen Polen und der Bundesrepublik und während der darauffolgenden vierzehn Monate bis zu seiner Ratifizierung angewandte Taktik verfolgt hat, kaum überraschend. Man brauchte nicht nur vierzehn Monate, um den Vertrag zu ratifizieren, sondern dies geschah in der denkbar schlechtesten Art und Weise unter gleichzeitiger Verwerfung des Vertrages durch die berüchtigte Bundestagsresolution, in der angekündigt wurde, daß in Zukunft – unter für Westdeutschland günstigeren Umständen – die mit der Sowjetunion und Polen abgeschlossenen Verträge nicht bindend sein würden. Mit anderen Worten, sie würden nur zu einem Fetzen Papier in der Geschichte der bourgeoisen deutschen Diplomatie werden. . . .
Im März 1974, fast zwei Jahre nach der Ratifizierungsdebatte, war im Bundestag ein anderer gut einstudierter anti-polnischer Refrain zu hören; es wurden Beschuldigungen laut, daß Polen es unterlassen hätte, ein sehr spezifisches humanitäres Problem zu lösen. . . .
Der Verfasser erinnert an das, was er einmal in Warschau während einer Diskussion mit Bundestagsabgeordneten gesagt hatte, nämlich, daß sie besser aufhören sollten, von Humanität zu sprechen, da es allein in Warschau Gräber von über 200 000 Menschen gebe, die niemals in der Lage sein würden, sich mit ihren Familien zu vereinigen. . . .
In dieser Lage müßten sich die Bundestagsparteien, und insbesondere die Parteien der Regierungskoalition, sagen lassen, daß es absurd ist, gegenüber Polen eine Politik von der Position der Stärke aus zu führen[16]."
Enttäuschte Erwartungen hatten sich allerdings bis zum Frühjahr 1974 wohl noch nicht umgesetzt in öffentliche Meinungsbilder, sondern waren vielmehr beschränkt geblieben auf politische Führungskräfte in Exekutive und Legislative sowie auf die verschiedenen, im Hinblick auf spezielle Fragen des deutsch-polnischen Verhältnisses als besonders interessiert einzustufende gesellschaftliche Gruppen – zum Beispiel in Industrie und Handel auf der polnischen, in Vertriebenenkreisen auf der bundesrepublikanischen Seite. Ganz sicherlich hatten sich etwa polnische Wirtschafts- und Regierungskreise sehr viel mehr von den finanziellen Möglichkeiten der Bundesrepublik Deutschland versprochen, der polnischen Wirtschaft mit zinsgünstigen Krediten in großem Umfange unter die Arme zu greifen. Ja es ist sogar wahrscheinlich, daß solche Kredite in die volkswirtschaftliche Perspektivplanung Polens der zweiten Hälfte der siebziger Jahre als mehr oder weniger feste

---

[16] Zitiert nach Ost-Informationen (BPA) vom 10. 4. 74: (aus PAP in englischer Sprache, 9. 4. 74).

Größen schon miteinbezogen worden waren. Umgekehrt hatte sich die deutsche Seite große Hoffnungen auf eine beschleunigte, großzügige und damit bald endgültige Abwicklung der Umsiedlerfrage gemacht – um in diesem Zusammenhang nur die jeweils wichtigsten, sehr bald als Passivposten perzipierten Faktoren ins Feld zu führen.

Auch eine solche Phase der beiderseitigen Enttäuschungen weist Aspekte auf, die vom Blickwinkel einer die Möglichkeiten der Deeskalation von internationalen Konflikten und der Förderung von internationaler Kooperation analysierenden Friedens- und Konfliktforschung von grundsätzlichem Interesse sind, spielt doch hier fraglos der immer wieder nachweisbare Umstand eine Rolle, daß es selbst für positiv gegenüber der jeweils anderen Seite eingestellte und im Hinblick auf diese Seite als Experten anzusehende Einzelakteure sehr schwierig ist, sich in das diametral entgegengesetzte Regierungs- und Gesellschaftssystem zumindest dann objektiv hineinzudenken, wenn eigene nationale Interessen auf dem Spiele zu stehen scheinen. So vermochte man auf der polnischen Seite lange Zeit einfach nicht einzusehen, daß in den Jahren 1973/74 sogar einem bundesrepublikanischen Kapitalmarkt und damit auch der Bundesregierung im Hinblick auf ihre finanzpolitischen Instrumentarien und Möglichkeiten angesichts insbesondere der gesamten „westlichen" Stabilitätskrise enge Grenzen bei der Kreditgewährung gesetzt sein mußten. Auch verwechselte man in Polen ständig die Möglichkeiten etwa unserer „kapitalistisch" operierenden Bundesbank, z. B. der ebenfalls sich im kapitalistischen Rahmen bewegenden französischen Staatsbank einen Staatskredit zu gewähren – wie er seinerzeit von dem Finanzminister Schmidt gegenüber seinem damaligen Kollegen Guiscard d'Estaing spontan offeriert worden war – und einer Gewährung von zinsgünstigen Krediten durch die im Rahmen einer freien Marktwirtschaft operierenden Bundesregierung zugunsten einer sozialistisch-kommunistisch gelenkten Planwirtschaft. Umgekehrt unterschätzten sogar bundesrepublikanische Fachleute im Bereich von Exekutive und Legislative die Schwierigkeit der polnischen Seite etwa in bestimmten Wirtschaftsregionen wie dem Kattowitzer Becken, zuviele deutsche Arbeitsfachkräfte auf einmal in die Bundesrepublik Deutschland ausreisen zu lassen[17].

Daß dann in beiden Ländern rein politisch kalkulierende und zum Teil „normalisierungsfeindliche" Kräfte das Tempo der öffentlich geäußerten Kritik am Verhalten des jeweils anderen Landes bzw. seiner Regierung forcierten, berührt eine ganz andere Konfliktdimension. So kam es, daß Gierek selber – vielleicht, um innenpolitischem Druck zu entgehen – schon in seiner be-

---

[17] Vgl. z. B. Staatssekretär Karl Moersch, Auswärtiges Amt, in DFS am 30. 3. 74: „Ich möchte aber gleich sagen, daß die Aussiedlung nicht, nach unserer festen Überzeugung, ein wirklich wirtschaftliches Problem in großem Umfange darstellt, vielleicht da und dort Probleme aufgetaucht sind...; Zit. nach Kommentarübersicht, BPA 1. 4. 74.

rühmten März-Rede 1973 für die bundesrepublikanische Seite sozusagen aus heiterem Himmel die Forderung nach einer Globalentschädigung für die noch lebenden rund 180 000 bis 200 000 polnischen KZ-Häftlinge als „Voraussetzung" für weitere Normalisierungsmaßnahmen erhob und damit eine Entwicklung in den darauffolgenden Monaten einleitete, die zu einem Abbruch der um die Jahreswende 1973/74 an sich noch sehr hoffnungsvoll stimmenden deutsch-polnischen Verhandlungen[18] führte. Auf der anderen Seite konnten in der Bundesrepublik Deutschland Oppositionspolitiker im Deutschen Bundestag Woche für Woche unter Berufung auf tatsächlich zurückgegangene Umsiedlerzahlen der eigenen wie der polnischen Regierung nicht eingehaltene Zusagen aus der Zeit der Unterzeichnung des Warschauer Vertrages zum Vorwurf machen.

Offensichtlich primär aus innenpolitischen Konstellationen in der Volksrepublik Polen – Konstellationen, die wir auch heute noch nicht im einzelnen zu übersehen vermögen – wurde dann im späteren Frühjahr 1974 von kompetenten polnischen Deutschlandkennern zumindest inoffiziell ein publizistisches Sperrfeuer gelegt. Wir denken hier vor allem an die aufsehenerregenden Aufsätze in der parteiamtlichen Zeitschrift „Polityka" aus der Feder des durchaus als Deutschland freundlich geltenden L. Rakowski sowie in der regierungsamtlichen Zeitung Zycie Warszawy vom 30. 3. 74. Insbesondere in der erstgenannten Veröffentlichung wurde die schon angedeutete unterschiedliche volkspsychologische Wertung des Warschauer Vertrages präzisiert und von da her – so muß man es nachträglich vermuten – die Frage der Entschädigung für die noch lebenden KZ-Häftlinge zu der entscheidenden Crux hochstilisiert. Diese Entschädigung sei für das polnische Volk im Jahre 1974 eine „Voraussetzung" für jede „volle (!) Normalisierung". Wörtlich hieß es: „In der erwähnten Rede erklärte Edward Gierek deutlich, daß der Abschluß des Vertrages (von Warschau) die Rechnung des am polnischen Volke von den verbrecherischen Nazismus verübten Unrechtes noch nicht beglichen hat und daß unsere Bevölkerung es noch lange fühlen wird. Dies sind Fragen von größtem politischen und moralischen Gewicht .... Eine wirkliche Normalisierung der Beziehungen zwischen der Volksrepublik Polen und der Bundesrepublik Deutschland ist ohne eine die Interessierten befriedigende Regelung dieser Frage schwer denkbar. Keine polnische Regierung kann in dieser Angelegenheit Entscheidungen fällen, die die Erwartungen der Polen enttäuschen würden."

---

[18] Die polnische Sicht dazu wurde dem Verf. in einem Gespräch mit dem Chef der Westabteilung im Polnischen Außenministerium in Warschau im Frühjahr 1974 vermittelt.

[19] Vom 30. 3. 74.

[20] Es dürfte heute feststehen, daß man damals die Zahl von rund 150 000 weiteren Umsiedlern (und zwar jeweils 50 000 1974/75/76) anvisiert hatte, der polnischen Seite hingegen ein bundesrepublikanischer Kredit zu günstigen Bedingungen in Höhe von rund 1 Milliarde DM in Aussicht gestellt worden war.

Solchen überraschenden Forderungen gegenüber mußte auf bundesrepublikanischer Seite im Frühjahr 1974 darauf verwiesen werden, daß erstens die sozial-liberale Bundesregierung ja bereits einen Betrag von 143 Millionen DM für die Entschädigung von medizinischen KZ-Opfern gezahlt hatte, und zweitens individuelle Entschädigungsansprüche von uns auch gegenüber westlichen und anderen Nachbarn gemäß den Richtlinien unserer Entschädigungsgesetzgebung gehandhabt wurden, d. h. sich mehr oder weniger ausschließlich auf den Kreis der rassisch, religiös und weltanschaulich Verfolgten beschränkten. Diese Kriterien lagen allen 12 sogenannten Globalabkommen mit westlichen Staaten zugrunde. Anders ausgedrückt: Eine Entschädigung für Verfolgungen auf nationaler Basis allein, also z. B. für niederländische, norwegische oder andere Widerstandskämpfer, wurde unter dem übergeordneten Stichwort Reparationen völkerrechtlich und politisch als abgegolten betrachtet, wie dies auch im Schlußbericht der „Interalliierten Reparationsagentur" klar zum Ausdruck gebracht worden war. An diesem Schlußbericht war als einziges östliches Land aufgrund der Entwicklung bis 1948 nur die CSSR beteiligt gewesen. Dennoch hatte sich auch Polen der Bundesrepublik gegenüber im Hinblick auf Reparationsleistungen 1953 als abgefunden erklärt[21].

Anzumerken ist allerdings, daß solche polnischen Forderungen nicht völlig aus der Luft gegriffen waren oder lediglich nachträglich (bezogen auf die früheren Vertragsverhandlungen) in Verletzung zumindest des Geistes des Warschauer Vertrages erhoben wurden. Vielmehr konnten auf entsprechende Vorwürfe von deutscher Seite die Polen immer wieder antworten, daß man von der Bundesrepublik Deutschland aus polnische Geschädigte schon vor 10 bis 15 Jahren beschieden habe, entsprechende Anträge könnten grundsätzlich erst bearbeitet werden, wenn diplomatische Beziehungen zwischen Warschau und Bonn hergestellt worden seien. Hier hatte es sich, wie wir jetzt wissen, um Antworten untergeordneter deutscher Verwaltungsinstanzen gehandelt, die man heute natürlich nicht als offizielle Äußerungen der Bundesregierungen (damals der CDU/CSU) werten dürfte.

Rakowski hatte in seinem Artikel auch das Umsiedlerproblem mit dem Hinweis angesprochen, daß in den letzten drei Jahren immerhin über 50 000 Personen Polen verlassen hätten, dabei aber interessanterweise hinzugefügt: „Haben wir auch nur einen Pfennig für all diejenigen erhalten, die Polen verließen? Dabei ist es ja bekannt, daß Personen anreisten, deren Ausbildung die Volkswirtschaft (gemeint ist die polnische, der V.) eine Menge Geld gekostet hat". Solche Ausbildungskosten sind von polnischer Seite verschiedentlich mit 20 000 DM pro Person beziffert worden, woraus sich dann ebenso hohe Milliardenbeträge errechnen lassen wie aus einem etwaigen „Richtwert" von 30 000 DM pro zu entschädigende KZ-Opfer[22].

---

[21] Vgl. „Die Auswärtige Politik der BRD...", a.a.O., S. 954 im Anhang und zum Fragenkomplex gehörende Texte.

[22] Vgl. Nr. 18 oben.

Offiziell wird von beiden Seiten ein Junktim zwischen Geldwünschen einerseits und Umsiedlerziffern andererseits geleugnet bzw. strikt abgelehnt. Tatsächlich besteht es natürlich zumindest in Form einer weiteren diplomatischen do-ut-des-Überlegung. Unmißverständlich mußte von der Bundesregierung in Verhandlungen – und keineswegs eben nur von der Opposition öffentlich im Bundestag – den Polen im neuen leichten „Krisenjahr" 1974 entgegengehalten werden, daß für die deutsche Seite eine befriedigende endgültige Lösung dieser Umsiedlerproblematik eine conditio sine qua non für alle weiteren Kooperationsmaßnahmen sein müsse. In diesem Zusammenhang geht – abgesehen von gewissen Vertriebenenverbänden – wohl kaum noch jemand in der Bundesrepublik Deutschland von den ursprünglichen Zahlen deutschstämmiger Aussiedlungswilliger in Höhe von rd. 283 000 aus. Die DRK-Listen, auf denen diese Zahlen basierten, sind heute schon über 10 Jahre alt und bedürfen auf jeden Fall einer kritischen Überprüfung.

Dabei ist noch gar nicht die in der Einleitung angesprochene Schwierigkeit in Rechnung gestellt, sich mit den Polen auf gemeinsame Kriterien zur Feststellung einer „Deutschstämmigkeit" (wie es im Warschauer Vertrag hieß: „unbestreitbarer deutscher Volkszugehörigkeit") zu einigen. Schließlich weist dieses Problem keineswegs nur politisch-verhandlungstaktische Aspekte auf, sondern auch solche von grundsätzlichem akademischem Interesse. Sollten – so ist zu fragen – im internationalen System heute noch an erster Stelle sogenannte objektive Kriterien (der gemeinsamen Sprache, Kultur usw.) für die Bestimmung einer Zugehörigkeit von X, Y zu einem Volk, einem Staat und einer Nation bzw. auch nur zu letzterer gelten oder vielmehr sogenannte subjektive – im Sinne von Ernest Renans berühmter Formel vor hundert Jahren von der Nation als einem „immerwährenden Volksentscheid"? Waren erstere Kriterien sehr stark in der deutschen geistesgeschichtlichen und politikgeschichtlichen Tradition mit ihrer Betonung von Kulturvölkern und Kulturnationen angesiedelt und damit in der Retrospektive von einer gewissen „VDA-Mentalität" (Verein für das Deutschtum im Ausland) her ein wenig in Verruf geraten, so heben es die subjektiven ab auf die stärker traditionell französische Vorstellung des jeweils individuellen Willens, zu einem bestimmten Staat, Volk oder einer bestimmten Nation gehören zu wollen, zu ihm zurückkehren oder in ein anderes Land ausreisen zu dürfen, wie das ja auch in neu kodifizierten Menschenrechten im Rahmen der Vereinten Nationen fixiert wird[23]. Hinzu kommt im Hinblick auf die deutsch-polnischen Probleme nach 1949 und bis heute natürlich die besondere Schwierigkeit, daß es sich bei der Mehrzahl der noch infrage kommenden deutschstämmigen Umsiedler um Personen handelt, die vom Staatsbürgerrecht her aufgrund ihrer

---

[23] Siehe C. C. Schweitzer, Chaos oder Ordnung a.a.O., S. 70 ff und „Internationaler Pakt über staatsbürgerliche und politische Rechte", Text in: Vereinte Nationen, 14. Jg., 1967, H. 6., S. 1966 ff.

eigenen – wenn auch sicher oft erzwungenen – Option seinerzeit Polen wurden und heute natürlich vom polnischen Staat als solche reklamiert werden können, während umgekehrt von unserem noch gültigen Staatsbürgerrecht her gesehen es sich hier um Deutsche im Sinne des Potsdamer Abkommens in einem Gebiet innerhalb der alten deutschen Grenzen von 1937 handeln könnte.

Dieses ganze Problem wird, soll es einer abschließenden Lösung zugeführt werden, so oder so entemotionalisiert werden müssen, idealiter durch eine gemeinsame deutsch-polnische Kommission von Wissenschaftlern, die unter Zugrundelegung einwandfreier Kriterien die entsprechenden deutschen und polnischen Karteien zu überprüfen hätten.

Möglicherweise zeigt die hier angedeutete Entwicklung im Jahre 1974 – und damit sind wir bei dem letzten Gesichtspunkt dieser konflikttheoretischen und politikpraktischen Kurzstudie – die Grenzen einer Kooperation zwischen Blocksystemen mit unterschiedlichen Gesellschaftsordnungen auf, die in letzter Zeit von Politologen als „antagonistische" Kooperation definiert worden ist. Eine solche Form der Kooperation unterliegt, so will es nach den bisher verfügbaren empirischen Befunden scheinen, im internationalen System von heute dem Primat einer fortbestehenden und übergeordneten ideologisch-politischen Auseinandersetzung, die vom kommunistischen Block (als Kollektiv gesehen) immer dann abgebrochen werden muß, wenn sich ein Zuviel an transnationalen Interaktionen als systemgefährdend auswirken und somit den jeweiligen Normalisierungszweck zunichtemachen könnte. Auf kommunistischer Seite treten dabei sicherlich unterschiedliche Bandbreiten in Erscheinung – etwa von dem einen Pol DDR, die bis auf weiteres angewiesen sein bleiben dürfte auf einer Einschränkung transnationaler Kooperation – bis hin zur Volksrepublik Polen, die ebenso wie Rumänien an einem Höchstmaß von Interaktionen interessiert sein muß, weil nur auf diese Weise sich der eigene Handlungsspielraum blockpolitisch erweitern läßt.

Dennoch sollten die Volksrepublik Polen und die Bundesrepublik Deutschland im bilateralen Bezugsrahmen mit Zähigkeit an weiteren vertrauensbildenden Maßnahmen arbeiten und die verbindenden Fäden der *Kooperation* auf vor- und außerpolitischen Ebenen, wie z. B. der Wissenschaft, noch enger zu knüpfen suchen. So sind z. B. die Steigerungsraten im Stipendienwesen von 1970 bis 1973 sehr beachtlich gewesen: Im Rahmen des DAAD waren 1970 insgesamt 176, 1973 aber bereits 439 Stipendien (davon an Polen jeweils 80 bzw. 255) vergeben worden, im Rahmen der DFG 1970 = 40 und 1973 = 104 und schließlich im Rahmen der Humboldt-Stiftung 1970 = 7 und 1973 = 25. Hinzu kommen hier 1973 7 Professoren aus Polen – und 1974 erstmalig 1 von der (unter Schirmherrschaft des früheren Bundespräsidenten Heinemann ins Leben gerufenen) Deutschen Gesellschaft für Friedens- und Konfliktforschung erstmals berufener polnischer Wissenschaftler als Inhaber der einsemestrigen Carl v. Ossietzky-Professur an den Bonner Hochschulen. Erst im Juni 1974 wurde zwischen der Deutschen Forschungsgemeinschaft und der Polnischen Akademie der Wissenschaften ein Programm von jährlich

„50-Mann-Wochen" zu Kontaktreisen von Wissenschaftlern vereinbart. Die praktische Verwirklichung dieser Übereinkunft sieht dann so aus, daß jede Seite 50 Wissenschaftler im Jahr für jeweils 1 Woche – oder eine noch größere Anzahl für kürzere Zeiträume – in das Land des Vertragspartners entsenden kann, um dort neue wissenschaftliche Anregungen etc. zu halten und Kontakte zu knüpfen. Was die Reisebegegnungen im Bereiche von Kultur und Sport betrifft, so kamen 1970 aus Polen 2143, im Jahre 1973 = 3641 (1972 = 6113) und aus der Bundesrepublik Deutschland nach Polen 1970 = 1871 gegenüber 3112 im Jahre 1973. Im Reiseverkehr ganz allgemein besuchten im Jahre 1970 insgesamt 17 395 Polen die Bundesrepublik – gegenüber 63 958 im Jahre 1973, während aus der Bundesrepublik nach Polen 1970 = 31 244 und im Jahr 1973 = 164 836 Personen zu Besuch fuhren. Auch für die mehr und mehr intensivierte wirtschaftliche Kooperationen seien in diesem Zusammenhang noch einige Zahlen angefügt: Nach polnischen Angaben gibt es z. Zt. über 140 (nach deutscher Zählung allerdings nur 44) Fälle einer deutsch-polnischen industriellen Kooperation u. a. auf den Gebieten der Elektrotechnik, des Werkzeugmaschinenbaues und der Bekleidung. Bekanntlich sind auch polnische Bau- und Montagetrupps in größerer Zahl in der Bundesrepublik Deutschland tätig. Die deutschen Einfuhren aus Polen konnten von 744,1 Mio im Jahre 1970 auf 1218,8 Mio im Jahre 1973 und die deutschen Ausfuhren nach Polen von 658,2 auf 2634,4 Millionen DM d. h. somit im Gesamtumsatz der Handel von 1402,3 auf 3853,2 Millionen DM gesteigert werden[24].

Hinter diesen Zahlen verbirgt sich zweifellos ein ständig anwachsendes Volumen im langwierigen Prozeß des gegenseitigen Verstehens, zu dem auch das verstärkte Jugendaustauschprogramm noch hinzuzurechnen wäre. Hierauf wurde ja s. Zt. ausdrücklich bei Unterzeichnung des Warschauer Vertrages Bezug genommen. Vielversprechend erscheinen endlich auch die Fortschritte, die in den bisher insgesamt 5 deutsch-polnischen Schulbuchkonferenzen gemacht worden sind. Auf derjenigen im April 1974 konnte erstmalig die besonders schwierige Epoche nach dem Zweiten Weltkrieg von deutschen und polnischen Historikern gemeinsam mit dem gleichbleibenden Ziel in Angriff genommen werden, zu einer beiderseitigen Entzerrung des jeweiligen Geschichtsbildes beizutragen. Man wird von deutscher Seite objektiv feststellen müssen, daß die polnische bei der Verwirklichung der bisherigen Empfehlungen der gemeinsamen Schulbuchkonferenzen größere Fortschritte gemacht hat als die bundesrepublikanische. Dies hängt nicht zuletzt zusammen mit den Schwierigkeiten unseres in 11 Bundesländer gegliederten Kulturföderalismus. So ist es leider bis heute nicht zu einer offiziellen, d. h.

---

[24] Zit. nach Mitteilung des Auswärtigen Amtes, Juli 1974 an Verf. Vgl. dazu auch: Rachocki, Janusz (Hrsg.), Volksrepublik Polen – Bundesrepublik Deutschland. Probleme der Normalisierung gegenseitiger Beziehungen. Texte und Dokumente, Poznan 1972 sowie Sasse, Christoph, Kooperationsabkommen und EG-Handelspolitik – Parallelität oder Konflikt, in: Europa-Archiv 20/1974, S. 695–706.

gemeinsam von allen Kultusministern der Ländern getragenen Revision des sogenannten Ostkundeerlasses aus dem Jahre 1956 gekommen. Hier scheinen im Interesse der deutsch-polnischen Verständigung rasche Maßnahmen vonnöten, wenn nicht wieder neue Zweifel in Polen geweckt werden sollen, wo man eben eine genauere Kenntnis der administrativen Schwierigkeiten in der Bundesrepublik nicht unbedingt voraussetzen kann[25].

Besonders erwähnenswert ist in diesem Gesamtzusammenhang auch noch der Umstand, daß sich nunmehr nach längeren Verhandlungen ein gemischtes deutsch-polnisches Herausgeberteam konstituiert hat, das zum fünfjährigen Jahrestag der Unterzeichnung des Warschauer Vertrages ein deutsch-polnisches Gemeinschaftswerk unter Beteiligung von jeweils 10 Wissenschaftlern herausbringen wird, die zu den verschiedenen Aspekten des deutsch-polnischen Verhältnisses in der Geschichte und Gegenwart Stellung nehmen sollen.

Bei aller gebotenen Nüchternheit hinsichtlich der Chancen einer weiteren Normalisierung der Beziehungen zwischen beiden Ländern sollten also die positiven Bilanzdaten ebensowenig übersehen werden wie die zweifellos schon jetzt sichtbar gewordenen Veränderungen im gegenseitigen Fremdbild, vor allem aber – und diese beiden Faktoren stehen in einem engen Zusammenhang – in den positiv veränderten Grundeinstellungen der beiden Völker zueinander. Hier sind durch die praktische Politik ganz zweifellos seit Inkrafttreten des Warschauer Vertrages Fakten geschaffen worden. Empirisch nachweisbar sind solche Fakten der Veränderung zum Positiven für die Wissenschaft bisher nur bezogen auf die Bundesrepublik Deutschland. Auf sie ist in anderen Beiträgen dieses Sammelbandes näher eingegangen worden. **Für die Zukunftsperspektiven des deutsch-polnischen Verhältnisses** unter dem Gesichtspunkt der Bereitschaft zur langfristigen Kooperation in der Bevölkerung der Bundesrepublik Deutschland scheint mir die Antwort auf die Frage einer in diesem Sammelband definierten Erhebung auf Bundesebene bezeichnend zu sein, die sich auf das „Jahr 2000" bezieht[26].

Insgesamt erwarten 49,3 % eine zunehmende Verständigung (am meisten, d. h. 54,8 %, unter den 31–40jährigen), 34,5 % das Fortbestehen von Gegensätzen bei gleichzeitiger Tolerierung des anderen Standpunktes, 12 % Beziehungen auf dem heutigen (1972–3) Stand und nur 3,3 % zunehmende Konflikte.

---

[25] Vgl. Beschluß KMK vom 13. 12. 56 und Erklärungen dazu aus dem Jahre 1973.

3. DIE DEUTSCH-POLNISCHEN BEZIEHUNGEN NACH 1945 IN GESCHICHTS- UND SOZIALKUNDEBÜCHERN AM BEISPIEL DES REGIERUNGSBEZIRKS KOBLENZ

von T. Monshausen

Ohne die generelle Problematik der Analyse von Schulgeschichtsbüchern zu verkennen[1] und im Bewußtsein der speziellen Schwierigkeiten, die sich bei der Untersuchung der Darstellung eines sehr eng eingegrenzten Teilbereichs der Geschichte ergeben[2], sei für die Zwecke dieses Sammelbandes eine kurze kritische Bestandsaufnahme gewagt[3].

Folgende zugelassene Materialien dienten als Grundlage:

1. für Hauptschulen: Geschichte, Bd. 3, Beltz-Verlag, 44.–55. überarbeitete Aufl. 1972

2. für Realschulen: Menschen in ihrer Zeit, Bd. 6, Klett-Verlag, 2. Aufl. 1972

3. für Gymnasien: 1. Grundzüge der Geschichte, Bd. 4, Mittelstufe, Diesterweg-Verlag, 2. Aufl. 1969

4. Sozialkunde – Lehr- und Arbeitsbuch zur Politischen Bildung für die Sekundarstufe (7.–10. Schuljahr), Klett-Verlag 1972

5. Der junge Staatsbürger – Gesellschaft und Wirtschaft – Diesterweg-Verlag 1969

---

[1] vgl. dazu insbes. P. Meyers, Zur Problematik der Analyse von Schulgeschichtsbüchern, GWU 12. 1973, 722–739 – hier vor allem III, 3, 739.

[2] vgl. für dieses Thema den umfassenden und von ausführlichen theoretischen Vorüberlegungen ausgehenden Aufsatz von Ch. Kleßmann, Polen in deutschen Geschichtsbüchern, GWU 12. 1972, 731–753; auch für die Sekundärliteratur kann weitgehend auf ihn verwiesen werden.

[3] Die nachstehenden „Anmerkungen" können dabei als eine Fortführung und Erweiterung der Arbeit Kleßmanns betrachtet werden – freilich mit dem Vorbehalt, daß auch hier keine Vollständigkeit erreicht wurde. Vgl. dazu Kleßmann a.a.O. 731 f. Insbesondere sind Grund-, Haupt- und Realschulbücher nicht genügend berücksichtigt worden; dies bleibt einer späteren Ergänzung der Arbeit vorbehalten, in der ich auch den Forderungen P. Meyers' (vgl. Anm. 1) stärker Rechnung zu tragen hoffe.

6. Der junge Staatsbürger – Politik und Recht – Diesterweg-Verlag, 6. Aufl. 1970

7. Zeiten und Menschen, Oberstufe, Ausgabe G, Bd. 2, Schöningh-Schrödel-Verlag 1970

8. Gemeinschaftskunde (Geschichte, Sozialkunde, Erdkunde), Vorentwurf zu einem Curriculum Geschichte, Lernziele und Stoffverteilungsvorschläge in den Klassen 12 und 13 des Gymnasiums (Anlage zum Runderlaß Kultusministerium vom 1. 2. 1972 – IV C Az.: B 1405 – 6)

9. Entwürfe der Curricula für die Mainzer Studienstufe – Stand vom 15. Jan. 1973, Mainz 1973

1. Der Band „Geschichte" des Beltz-Verlages geht in dem Kapitel „Deutschland nach dem Zusammenbruch" – Untertitel: „Die Sieger beraten über Deutschland" auf die Potsdamer Konferenz und die Entstehung der Oder-Neiße-Linie ein. Dabei werden die Standpunkte Trumans, Churchills und Stalins z. T. in wörtlicher Rede wiedergegeben und schließlich das Schlußprotokoll der Konferenz zitiert, in dem die endgültige Festlegung der Westgrenze Polens bis zum Friedensvertrag zurückgestellt wird[4]. Einer Karte mit der graphischen Darstellung der Ergebnisse dieser Konferenz[5] folgt unter dem Titel „Flucht und Vertreibung der Deutschen aus dem Osten" u. a. ein Auszug aus dem Tagebuch eines schlesischen Geistlichen[6], in dem das Erscheinen der polnischen Miliz in einem Dorf zunächst positiv beurteilt wird, da dadurch der Einfluß der russischen Besatzung zurückgedrängt zu werden scheint. Doch macht sich rasch Enttäuschung breit, da „jedes deutsche Wort" verboten wird und die Milizposten beim Requirieren nicht eben zimperlich verfahren.

Eine „Karte zur Vertreibung der Deutschen aus ihren Heimatgebieten" zeigt Anzahl und Herkunftsländer der Vertriebenen[7].

Das Buch stellt die in Potsdam getroffene Vereinbarung, „daß jede derartige Überführung, . . ., in ordnungsgemäßer und humaner Weise erfolgen" sollte, den tatsächlichen Folgen gegenüber[8].

Das Kapitel schließt mit der Angabe der Bevölkerungsveränderungen, die sich seit 1939 durch die Annexion der polnischen Ostgebiete durch die Sowjetunion ergeben hatten sowie mit dem Hinweis auf die Tatsache, daß 1970 im Oder-Neiße-Gebiet bereits 10 Millionen Polen lebten, „von denen fast die Hälfte hier geboren wurde" – der letzte Nebensatz erscheint in Kursivdruck[9].

---

[4] Geschichte 172 f.

[5] a.a.O. 174.

[6] a.a.O. 175 f.

[7] a.a.O. 176.

[8] a.a.O. 177.

[9] ebda.

Bei den „Arbeitsanregungen"[10] findet sich die sehr gezielte Frage nach den in Potsdam festgelegten Bestimmungen über die polnisch verwalteten deutschen Ostgebiete (Punkt 4) sowie der Auftrag, festzustellen, wessen Angehörige aus dem Bekanntenkreis Vertriebene seien und deren Heimatorte auf einer Umrißkarte durch farbige Punkte zu markieren (Punkt 5).

Wesentlich besser zu beurteilen ist die unter Punkt 6 gestellte Aufgabe, im Fernsehen und in der Tagespresse alle Nachrichten zu verfolgen, „die sich mit dem Problem der polnischen Grenzen beschäftigen"; dabei wird verwiesen auf die auf der nächsten Seite folgende Karte der „Westverschiebung der polnischen Grenze" seit 1772[11].

Das Kapitel „Vom Kriegsbündnis der Sieger zum Kalten Krieg" – Untertitel: „Die Sowjetunion erweitert ihren Herrschaftsbereich"[12] bringt eine recht eingehende Darstellung der innerpolnischen Verhältnisse von 1945 bis 1947. Der Gegensatz Lubliner-Komitee – Exilregierung und die Umwandlung Polens in eine „Volksdemokratie unter sowjetischer Aufsicht" dient den Verfassern des Bandes zur Illustration der „Taktik der Kommunisten" in den von der Roten Armee besetzten Ländern.

Der folgende Unterabschnitt „Die Kehrtwendung der amerikanischen Politik" wird eingeleitet mit der Feststellung, daß die Entfremdung zwischen den USA und der UdSSR in Potsdam begonnen habe. In einem Brief an seinen Außenminister, der auszugsweise wiedergegeben wird, beklagt sich Truman darüber, „durch die Umstände geradezu gezwungen" gewesen zu sein, die Besetzung Ostpolens durch die Russen und die Besetzung Schlesiens östlich der Oder durch Polen „gutzuheißen".

Als „Arbeitsanregung" werden folgende Punkte genannt: 1. die Zusammenstellung einer Übersicht der Gebiete in Osteuropa, die von 1939–1945 an die Sowjetunion fielen; 2. die Einzeichnung des Einflußbereichs der Sowjetunion in Europa auf einer Umrißkarte; 3. die Schilderung der Art und Weise, wie „die Kommunisten in Polen die Regierungsgewalt an sich rissen"[13].

Bis zur Darstellung der Vorgänge im Zusammenhang mit dem Aufstand des Jahres 1956 wird Polen nicht mehr erwähnt[14]. Ort des Beginns und Gründe der Unruhen werden genannt, das Schicksal Gomulkas kurz angedeutet und der „Vertrag zur Vertiefung der polnisch-russischen Freundschaft" als Endstation des „polnischen Weges zum Sozialismus" apostrophiert.

Die neueren Entwicklungen werden in dem 1972 in einer überarbeiteten Auflage erschienenen Buch nicht erwähnt.

2. Auf Kletts „Menschen in ihrer Zeit", Bd. 6 für Realschulen, das sich, was die hier behandelte Thematik angeht, völlig deckt mit Bd. 4 des gleichnami-

---

[10] Geschichte 184.

[11] a.a.O. 185.

[12] a.a.O. 185 ff.

[13] a.a.O. 190.

[14] a.a.O. 268.

gen Werkes für Gymnasien[15], braucht an dieser Stelle nicht mehr weiter ein-gegangen zu werden, da dies bei Kleßmann bereits geschehen ist[16]. Es sei allerdings noch festgehalten, daß der „Anhang" für dieses Thema unergiebig ist und auch in der 2. Auflage von 1972 die Veränderungen in den Beziehun-gen der Bundesrepublik zu den Staaten des sog. Ostblocks nicht behandelt werden.

3. Diesterwegs „Grundzüge der Geschichte", Bd. 4, geht bei der Behand-lung der territorialen Gewinne der Sowjetunion zunächst nicht auf Polen ein, auch bei der Behandlung der „Sowjetisierung Ostmitteleuropas" wird es nicht genannt[17]. Dafür wird in einem eigenen Abschnitt in recht abgewo-gener Weise die in Teheran und Jalta beschlossene „Westverschiebung Po-lens"[18] skizziert. Unter der Zeile „Die Vertreibung der Deutschen aus Ost-mitteleuropa" wird lediglich angegeben, daß davon auch „die 5 Millionen Deutschen" erfaßt wurden, „die sich noch in den polnisch verwalteten Gebie-ten befanden"[19].

Das deutsch-polnische Verhältnis tritt erst wieder in den Blickpunkt anläß-lich der „Sowjetischen Vorschläge zur Wiedervereinigung"; hier wird auf die russische Note von 1952 eingegangen, die u. a. die Oder-Neiße-Linie als Dauergrenze vorsah.

Der Aufstand von 1956 wird in ähnlicher Weise wie in „Geschichte" behan-delt[20]. Unklar bleibt jedoch, durch welchen „Vertrag" „die Stellung Polens gegenüber der Sowjetunion verbessert" wurde. Sollte es sich um den in „Geschichte" genannten und dort als entwicklungshemmend charakterisierten „Vertrag zur Vertiefung der polnisch-russischen Freundschaft" handeln[21]? Insgesamt gesehen wird das Resultat des „Polnischen Oktobers" im letzt-genannten Buch wesentlich pessimistischer beurteilt als in den „Grundzügen". Die polnisch-deutschen Beziehungen werden, wenn auch nur andeutungs-weise, wieder erwähnt im Zusammenhang mit „Außenpolitischen Macht-

---

[15] Seitenkonkordanz der für dieses Thema wichtigsten Passagen:

Menschen 6	Menschen 4
107 f.	129 f.
112	134
113	135
116	138
117	139
118	140
120	142

[16] Kleßmann a.a.O. 747.
[17] Grundzüge 244 f.
[18] a.a.O. 252.
[19] a.a.O. 253.
[20] a.a.O. 278.
[21] vgl. Anm. 14.

proben"[22]. Ähnlich der Note von 1952 sah der im Januar 1959 von der Sowjetunion veröffentlichte Entwurf eines Friedensvertrages für Deutschland u. a. die Oder-Neiße-Linie als Grenze vor.
In Abschnitt IV des Kapitels „Die Welt seit 1945" wird Polen nicht mehr erwähnt.

4. Kletts „Sozialkunde" ist im Hinblick auf das hier gestellte Thema wenig befriedigend, obwohl verschiedene Kapitelüberschriften Erwartungen in dieser Hinsicht auslösen. So wird unter 5.8.[23] „Leitbilder der Wirtschaft: Marktwirtschaft oder zentrale Verwaltungswirtschaft" im wesentlichen eine Gegenüberstellung BRD–DDR geboten unter Ausklammerung anderer, kapitalistischer wie sozialistischer, Länder. Im Kapitel 7: „Der Kommunismus"[24] wird unter Punkt 4: „Diktatur im Namen des Sozialismus : Stalin" nur Rußland behandelt[25]. Selbst bei der „Entstalinisierung" wird Polen nur am Rande erwähnt[26]. Das Kapitel 8: „Es gibt viele Sozialismen"[27] beschäftigt sich mit China (8.1.), Jugoslawien (8.2.) und Italien (8. 3.), nicht aber mit Polen. Auch 9: „Die Deutsche Demokratische Republik"[28] übergeht Polen und bringt nur Vergleiche mit der Bundesrepublik.

5. Der für die Oberstufe gedachte Band „Gesellschaft und Wirtschaft" läßt außer der DDR und der UdSSR alle sozialistischen Länder außer acht.

6. Der ebenfalls für die Oberstufe konzipierte Band „Politik und Recht" aus dem gleichen Verlag ist da schon wesentlich ertragreicher. Freilich wird der Leser erst fündig ab Kapitel V: „Die Vertreibung der Deutschen aus Ostmitteleuropa[29]". Der „Deutschen Völkerwanderung" wird breiter Raum gegeben und dabei besonderes Augenmerk gerichtet auf den Widerspruch zwischen der Bestimmung, daß die „Überführung" in korrekter Weise zu erfolgen habe und deren tatsächlichen Auswirkungen. Ferner wird auf die Leistungen der Deutschen in diesen Gebieten hingewiesen: „Ihre Vorfahren hatten schon Jahrhunderte in diesen Ländern gelebt und die von ihnen besiedelten Gebiete zu wirtschaftlicher und kultureller Blüte geführt[31]." Die Entstehung der Oder-Neiße-Linie wird als eine Art Verlegenheitslösung vorgestellt und mit zwei Auszügen aus den Vereinbarungen der Potsdamer

---

[22] Grundzüge 279.
[23] Sozialkunde 106.
[24] a.a.O. 138 ff.
[25] a.a.O. 146 f.
[26] a.a.O. 147.
[27] a.a.O. 150 ff.
[28] a.a.O. 158 ff.
[29] Politik 118 ff.
[30] vgl. Anm. 8.
[31] Politik 118.

Konferenz belegt[32]. Am Schluß dieses mit reichlichen Zahlenangaben versehenen Abschnitts werden folgende „Aufgaben zum Thema ‚Polen'" gestellt: „1. Die Verlagerung des Staatsraumes; 2. Der Wandel der wirtschafts- und sozialgeographischen Grundlagen; 3. Haupttatsachen der geschichtlichen Entwicklung: Das polnische Nationalbewußtsein im 19. Jahrhundert – Die Staatsbildungen nach dem 1. und 2. Weltkrieg; 4. Das politische System Gomulkas. Erweitertes Thema: Deutschland und seine östlichen Nachbarn . . .[33]" Diesen, einem aufgeschlossenen Unterricht mannigfache Möglichkeiten eröffnenden thematischen Anregungen folgt der Abschnitt „Was soll geschehen?" Hier wird der Gewaltverzicht der Vertriebenen in der „Charta" von 1950 erwähnt wie auch die Anerkennung der Oder-Neiße-Grenze durch die DDR im gleichen Jahr. Den Abschluß bilden drei Quellen: ein Auszug aus Artikel 5 des neuen sowjetisch-polnischen Freundschafts- und Beistandspaktes vom 8. April 1965, in dem die Oder-Neiße-Grenze als „einer der fundamentalen Faktoren der europäischen Sicherheit" bezeichnet wird; eine Gegenerklärung der Bundesregierung vom 14. April 1965, in der betont wird, daß „eine Lösung der deutsch-polnischen Grenzfrage nur mit friedlichen Mitteln" angestrebt werde und die „endgültige Festlegung der deutsch-polnischen Grenze . . . einer friedensvertraglichen Regelung vorbehalten" bleibe; ein Teil eines Leitartikels von N. Benckiser in der FAZ vom 21. Okt. 1960, in dem er das „Recht auf Heimat" als „humanes Prinzip" begründet.

„Die Volksdemokratien" werden nur summarisch behandelt[34], von Polen wird nur die Einwohnerzahl von 1962 (30,5 Millionen) erwähnt.

In das „sowjetische Paktsystem in Europa"[35] wird auch Polen integriert. Über die Phase der „Entstalinisierung" und den Aufstand in Polen erfährt der Leser nichts, lediglich, daß „nach dem Ungarnaufstand sowjetische Truppenstationierungsverträge mit Polen" und anderen Ostblockstaaten abgeschlossen wurden[36].

7. Der im wesentlichen positiven Beurteilung von „Zeiten und Menschen" durch Kleßmann[37], insbesondere was die Beurteilung des Komplexes „polnischer Oktober" anbetrifft, schließe ich mich an. Erwähnenswert scheint mir allerdings noch, daß hier, im Gegensatz zu den anderen besprochenen Büchern, der Rapacki-Plan von 1957/58 kurz umrissen wird[38].

---

[32] a.a.O. 121; hier findet sich auch wieder der Passus, daß die endgültige Festlegung der Westgrenze Polens bis zur Friedenskonferenz zurückgestellt werden solle.

[33] a.a.O. 122.

[34] a.a.O. 133 f.

[35] a.a.O. 163 ff.

[36] a.a.O. 165.

[37] Kleßmann a.a.O. 747 f.

[38] Zeiten und Menschen 405 f.

8. In dem hektographiert vorliegenden „Vorentwurf zu einem Curriculum Geschichte" innerhalb des Faches Gemeinschaftskunde (insgesamt 26 Seiten) ist hier nur der 5. Themenkreis „Weltpolitische Grundfragen der Gegenwart" von Interesse. Zeitgeschichtlich orientiert, umfaßt er die Periode von 1945 bis zur Gegenwart. Im 1. Unterthema „Die Spaltung der Welt in Machtblöcke nach Beendigung des 2. Weltkrieges" werden unter Punkt 2 folgende Lernziele angegeben, die sich z. T. mit „Zeiten und Menschen" decken: die Konferenzen von Teheran, Jalta und Potsdam[39]; die Schaffung von Satellitenräumen durch die Sowjetunion[40]; die Bolschewisierung dieser Räume; die westliche Politik der „Eindämmung" bzw. des „roll-back" und als Reaktion darauf der „Warschauer Pakt"; (beachtenswert dabei ist die Betonung der zeitlichen Reihenfolge bzw. der Kausalität[41]); die Entstalinisierung – hier wird dem Lehrer mit den Namen „Polen – Gomulka" die Möglichkeit und auch der Anreiz zu einer entsprechenden Behandlung dieses Gebietes gegeben. Bei der Unterdrückung der nationalkommunistischen Bewegungen vermißt man den Polen-Aufstand – sehr im Gegensatz etwa zu „Zeiten und Menschen"[42]. Der Vorschlag zur Stoffverteilung orientiert sich an diesen Zielen und bringt keine speziellen Hinweise auf Polen[43].

Das 2. Unterthema „Die Entwicklung in Deutschland seit 1945 unter bes. Berücksichtigung der Deutschen Frage" eröffnet Lehrern und Schülern die Möglichkeit der Arbeit an stärker gegenwartsbezogenen Fragenkomplexen. So wird unter den Lernzielen die neue Ostpolitik hervorgehoben, ihre Ursachen und ersten Resultate[44]; entsprechend lauten auch die Vorschläge zur Stoffverteilung[45].

9. Eine Weiterführung – und auch Verbesserung – des genannten „Vorentwurfs" stellen die „Entwürfe der Curricula für die Mainzer Studienstufe" dar. Freilich liegt bis jetzt erst der Entwurf für den Grundkurs vor[46]. Im Halbjahreskurs 13 – 1/2 wird im Themenkreis V „Die Regelung zwischenstaatlicher Probleme im Rahmen internationaler Beziehungen"[47] zur Bearbeitung angeboten. Im Fach Sozialkunde wird Polen zwar nicht ausdrücklich erwähnt, aber eine Behandlung wäre sehr wohl denkbar etwa im Rahmen folgender Lernziele bzw. Lerninhalte: „1. Abschreckung als Methode der Friedenssicherung? 2. Abrüstung – eine realistische Methode der Friedenssicherung? 3. Friedensstiftung und Friedenssicherung durch internationalen

---

[39] Gemeinschaftskunde 3, 5.
[40] a.a.O. 6.
[41] ebda.
[42] Gemeinschaftskunde 7.
[43] a.a.O. 8, 9.
[44] a.a.O. 11, 13, 14.
[45] a.a.O. 16.
[46] Entwürfe 267–353.
[47] a.a.O. 337.

Kompromiß?" Für das Fach Geschichte wurden relativ konkrete Lernziele formuliert: „Die Ostpolitik der SPD-FDP-Koalition seit 1969. Die Verträge von Moskau und Warschau im Streit der Meinungen[48]." „Die ideologische Polarisierung der Welt..." „Die Problematik militärpolitischer Friedenssicherung: NATO und Warschauer Pakt." „Geschichte der deutsch-polnischen Beziehungen[49]."

Im Entwurf für das Fach Erdkunde findet sich keinerlei Hinweis auf Polen[50]. Wie aus der vorliegenden Zusammenfassung ersichtlich, sind die untersuchten Bücher bzw. Texte von unterschiedlicher Qualität, vor allem hinsichtlich der Auswahl der Stoffe bzw. Themenkomplexe und dem Grad ihrer Aktualität – so wird in z. T. sogar überarbeiteten Neuauflagen von 1972 die neue Ostpolitik nicht einmal erwähnt. Manchen stark rückwärtsgewandten Betrachtungsweisen stehen, insbesondere in den neuen „Entwürfen", realistische und eher zukunftsorientierte Auffassungen und Ansätze gegenüber.

Eine kurze Gegenüberstellung mit dem Entwurf der Schoerken-Kommission in Nordrhein-Westfalen zeigt, daß hier, auch unter didaktischen Gesichtspunkten, die Möglichkeit, die Probleme der deutsch-polnischen Beziehungen in den neukonzipierten Politikunterricht einzubeziehen, in starkem Maße gegeben ist. Hier wird z. B. die Lernqualifikation (Qualifikation 10) folgendermaßen definiert[51]:

„Fähigkeit und Bereitschaft, Vorurteile gegenüber anderen Gesellschaften abzubauen, die Bedingungen ihrer Andersartigkeit zu erkennen, gegebenenfalls für die Interessen der Unterprivilegierten zu optieren sowie Strukturveränderungen in der eigenen Gesellschaft um einer gerechten Friedensordnung willen zu akzeptieren...". Diese Qualifikation bezieht sich auf das Situationsfeld Internationale Beziehungen. Ihre einzelnen Elemente zielen auf wichtige Einstellungen zu diesen Beziehungen: Abbau von Vorurteilen, Fähigkeit zur Einfühlung (Empathiebildung), Entwicklungsgesinnung und Friedensbereitschaft. Weiter heißt es:

---

[48] a.a.O. 345 f.

[49] a.a.O. 347.

[50] Weitergehende Ausarbeitungen der fachdidaktischen Kommissionen liegen bisher nicht vor. Entsprechend meiner eng gestellten Aufgabe möchte ich ihnen auch nicht vorgreifen.

[51] Richtlinien für den politischen Unterricht, Düsseldorf/Stuttgart 1973; insbes. Kap. 3: Was sind Qualifikationen und Lernziele, 9 ff.; eine weiterreichende Auseinandersetzung bzw. ein Vergleich, mit den rheinland-pfälzischen „Entwürfen" muß der in Anm. 3 genannten Erweiterung der Arbeit vobehalten bleiben. Zum übergeordneten Problem der deutsch-polnischen Schulbuchkonferenz und die noch ungelösten Fragen in Zusammenhang mit dem seinerzeitigen sog. „Ostbuch-Erlaß" der Länderkultusministerien sei hier auf Hinweise in anderen Beiträgen des Sammelbandes und insbes. auf die Bibliographie verwiesen, zum Teil I.

„Die Schwierigkeit, Vorurteile aufzudecken und abzubauen, ist dann besonders groß, wenn sie Gesellschaften betreffen, zu denen Konfliktbeziehungen bestehen. In einer weltpolitischen Situation, die durch die Suche nach dem militärischen Gleichgewicht einerseits und durch Entspannungsbemühungen andererseits gekennzeichnet ist, muß Politische Bildung für Friedensgewinnung optieren. Dazu ist der Abbau historischer (z. B. nationaler, systembedingter) Vorurteile notwendig. Politischer Unterricht darf weder übersehen, daß Verteidigungsbereitschaft auch in dem Bemühen um Friedenssicherung und Entspannung potentielle Gegner in Betracht zieht, noch, daß langfristige Friedenspolitik den Abbau von Feindbildern einschließt. Die Notwendigkeit, Vorurteile abzubauen, wächst mit dem Umfang der internationalen Verflechtung und übernationalen Zusammenarbeit (EWG, UNO usw.).

Die Fähigkeit zur Empathie (Einfühlung) soll der naiven Übertragung eigener Wertmaßstäbe auf das Denken und Fühlen von Mitgliedern anderer Gesellschaften entgegenwirken. Sie bedeutet aber nicht das kritiklose Respektieren fremder Zustände und Interessenlagen, sondern ein besseres Verstehen dieser Gesellschaften durch die Analyse der Bedingungsfaktoren (ethnische, geographische, historische und soziokulturelle).

Empathie bleibt folgenlos, wenn sie nicht strukturelle Gewalt berücksichtigt und die Parteinahme für Unterprivilegierte einschließt (Entwicklungsgesinnung)"[51].

Synopse der deutsch-polnischen Beziehungen, 1949–1970*)

von Patrik von zur Mühlen

BRD	Polen	DDR
20. 9. 1949 In seiner Regierungserklärung spricht sich BK Adenauer gegen die einseitige Abtrennung der Oder-Neiße-Gebiete aus.		
	5. 10. 1949 Polen protestiert bei den Westmächten gegen die Bildung der Bundesrepublik.	
		12. 10. 1949 DDR-MPr. Grotewohl erklärt in seiner Regierungserklärung die Oder-Neiße zur „Friedensgrenze".
	18. 10. 1949 Aufnahme diplomatischer Beziehungen zwischen Polen und der DDR.	

* Verwendete Abkürzungen: AMin = Außenminister, BK = Bundeskanzler, BPr. = Bundespräsident, MPr. = Ministerpräsident, OB = Oberbürgermeister, PZPR = Polnische Vereinigte Arbeiterpartei (= PVAP), StPr. = Staatspräsident, StRV = Staatsratsvorsitzende, StS = Staatssekretär.

BRD	Polen	DDR
	21. 2. 1950 Polen protestiert bei den USA, daß sie die Rückgabe polnischen Eigentums in Westdeutschland verhindere.	
	10. 3. 1950 Polen beantwortet eine amerikanisch-britische Protestnote über die weitere Ausweisung von Deutschen mit einem Hinweis über ein Abkommen mit der DDR.	
	2. 6. 1950 Polen gliedert die Westgebiete als Wojewodschaften ein.	
	5.–6. 6. 1950 SED-Chef und stellvertretender DDR-MinPr. Ulbricht führt in Warschau Verhandlungen über die Grenzmarkierung und schließt ein Abkommen über Warenaustausch und andere Formen der Zusammenarbeit ab.	
9. 6. 1950 Die Bundesregierung erklärt die Grenzregelungen zwischen der DDR und Polen für „null und nichtig". Eine endgültige Grenzregelung könne erst in einem Friedensvertrag erfolgen.		

BRD	Polen	DDR
		6. 7. 1950 Im „Görlitzer Abkommen" zwischen Polen und der DDR wird die Oder-Neiße als „unantastbare Friedens- und Freundschaftsgrenze" von beiden Seiten anerkannt.
	20. 7. 1950 Der Sejm billigt die Aufhebung aller Beschränkungen für die in Polen lebenden Volksdeutschen.	
5. 8. 1950 Die Heimatvertriebenen verkünden in Stuttgart die „Charta der Heimatvertriebenen", in der sie auf Gewalt und Rache verzichten und das „Recht auf Heimat" fordern.		
	27. 9. 1950 Vor der UN-Vollversammlung protestiert Polen gegen die „Remilitarisierung der BRD".	
	8. 1. 1951 Gesetz über den Erwerb der polnischen Staatsbürgerschaft in den neuen Westgebieten.	

BRD	Polen	DDR
	6. 3. 1951 Der polnische Staatspräsident Bierut bezeichnet die Gründung der DDR als „historischen Wendepunkt der deutsch-polnischen Beziehungen".	
6. 10. 1951 BK Adenauer wiederholt mehrfach, besonders anläßlich seines Berlin-Besuchs, daß die Oder-Neiße-Gebiete bis zu einer friedensvertraglichen Regelung zu Deutschland gehören.		
	4. 12. 1951 Polen fordert die Wiederherstellung Deutschlands als Voraussetzung seiner friedlichen und demokratischen Entwicklung.	
	21. 1. 1952 Cyrankiewicz bezeichnet Adenauer als „Vatikanisch-Washingtoner Bankert" und als Erben „Hitlers und Ribbentrops".	

BRD	Polen	DDR
		18. 4. 1952 DDR-MPr. Grothewohl bezeichnet die Anerkennung der Oder-Neiße als „Kriterium für den Willen zum Frieden".
	22. 7. 1952 Die neue polnische Verfassung bezeichnet die ON-Gebiete als „wiedergewonnene Lande, auf ewig zurückgekehrt".	
5. 12. 1952 Der Bundestag erklärt erneut, daß Vorgriffe auf den Friedensvertrag keine Rechtsgültigkeit haben.	24. 8. 1953 Polen gibt bekannt, daß es auf Reparationen von Deutschland verzichten werde. 19. 11. 1953 In gleichlautenden Noten fordert Polen Frankreich, Belgien, Luxemburg, die Niederlande, Dänemark und Norwegen auf, gemeinsam einen wiedererstehenden deutschen Imperialismus zu verhindern.	

BRD	Polen	DDR
	15. 11. 1954 In einer Regierungserklärung fordert Polen die Einberufung einer gesamteuropäischen Konferenz gegen die „Pariser Verträge".	
	2. 12. 1954 In Moskau erklärt Cyrankiewicz, daß die Wiedervereinigung unmöglich sein werde, sobald die „Pariser Verträge" ratifiziert sein werden.	
	31. 1. 1955 Polen schlägt eine Erklärung zur Beendigung des Kriegszustandes mit Deutschland vor. Es hält eine Normalisierung der Beziehungen zur Bundesrepublik auf der Grundlage der Anerkennung der bestehenden Grenzen für möglich.	
	6. 2. 1955 Tagung einer „Europäischen Konferenz zur friedlichen Lösung der deutschen Frage". Forderung des Rückzuges aller fremden Truppen, Wieder-	

BRD	Polen	DDR
	vereinigung durch freie Wahlen bei gleichzeitiger Unantastbarkeit der bestehenden Grenzen.	
	18. 2. 1955 Polen erklärt den Kriegszustand mit Deutschland für beendet.	
	3.–5. 3. 1955 Eine DDR-Delegation unter AMin Bolz besucht Warschau. In einem Kommuniqué äußern beide Seiten Interesse an einer deutschen Wiedervereinigung und sprechen sich gegen die Ratifikation der „Pariser Verträge" aus.	
	17. 3. 1955 In einer Regierungserklärung erklärt Cyrankiewicz Polens Bereitschaft, seine Beziehungen zur BRD zu normalisieren. Am 19. 5. nennt er den österreichischen Staatsvertrag als Vorbild für eine Regelung der deutschen Frage.	
	6.–12. 7. 1955 Anläßlich des Besuchs des CSSR-MPr. Siroky spricht sich die polnische Regierung für die Aufnahme diplomatischer Beziehungen zur BRD aus.	

BRD	Polen	DDR

22. 9. 1955

In seiner Regierungserklärung stellt BK Adenauer fest, daß die Aufnahme diplomatischer Beziehungen zur UdSSR keine Anerkennung der Oder-Neiße-Linie bedeute.

12. 10. 1955

Cyrankiewicz betont den polnischen Wunsch zu freundschaftlichen Beziehungen zu „ganz Deutschland" und spricht sich für die Anerkennung der Grenzen gemäß dem Potsdamer Abkommen aus.

3. 5. 1956

AMin v. Brentano konstatiert, daß die Lösung der Grenzfrage die Wiedervereinigung voraussetzt. – Am 28. 6. erklärt er, diplomatische Beziehungen zu den östlichen Nachbarn können augenblicklich nicht aufgenommen werden, aber Verständigungswille mit östlichen Völkern sei vorhanden.

BRD	Polen	DDR
8. 11. 1956 In einer Regierungserklärung gibt BK Adenauer seiner Hoffnung auf ein „freies Polen" Ausdruck, mit dem man dann zu geordneten Beziehungen und „zur Regelung aller Streitfragen" kommen könne.		
	12. 12. 1956 Eine SED-Delegation unter Ebert, Matern und Rau erörtern mit Vertrtern der PZPR unter Gomulka Fragen von beiderseitigem Interesse.	
16. 12. 1956 In einem Interview erklärt AMin v. Brentano, daß eine Aufnahme diplomatischer Beziehungen nicht aktuell sei.		
	14. 1. 1957 Gomulka äußert den Wunsch der polnischen Regierung nach normalen Beziehungen zur BRD. Polen könne aber auch warten.	

BRD	Polen	DDR
	8. 2. 1957 Polen begrüßt eine von der DDR am 6. 2. gegebene Erklärung, wonach sie keine Änderung ihrer Haltung in der Oder-Neiße-Frage vollzogen habe, und betont die beiderseitige Freundschaft.	
	5. 6. 1957 In Posen erklärt Gomulka seine Bereitschaft zu einen deutsch-polnischen Kultur- und Wirtschaftsaustausch mit der BRD.	
	20. 6. 1957 In einem Kommuniqué mit der DDR-Regierung gibt Polen weiterhin sein Interesse an einer Normalisierung der Beziehungen zur BRD Ausdruck.	
	4. 8. 1957 AMin Rapacki äußert Wunsch zur Normilisierung mit allen Staaten, die dies wünschten. Voraussetzung sei allerdings die Anerkennung der Grenzen. Durch die Verknüpfung der Abrüstungsfrage mit der deutschen Wiedervereinigung werde diese erschwert.	

BRD	Polen	DDR
17. 8. 1957 AMin v. Brentano wünscht eine Besserung des deutsch-polnischen Verhältnisses.	2. 9. 1957 MPr. Cyrankiewicz bestreitet der BRD die Absicht, daß sie die Beziehungen zu Polen normalisieren wolle. Sie wolle vielmehr Uneinigkeit zwischen Polen und der UdSSR säen. – Die Wiedervereinigung sei eine Frage, die die Deutschen unter sich lösen müßten. 22. 9. 1957 Gomulka erklärt erneut die polnische Bereitschaft zu normalen Beziehungen zur BRD unter der Voraussetzung, daß die Grenzen anerkannt würden. Ähnlich äußert er sich u. a. auch noch am 21. 10. 14. 12. 1957 AMin Rapacki erklärt seine Bereitschaft, mit der BRD über eine atomwaffenfreie Zone in Mitteleuropa (Rapacki-Plan) zu verhandeln (Plan selber am 2. 10. verkündet).	

BRD	Polen	DDR
23. 1. 1958 In einer Erklärung der Bundesregierung lehnt AMin v. Brentano den Rapacki-Plan ab. – BK Adenauer erklärt die Zurückdrängung des Kommunismus zum gemeinsamen Ziel Polens und der Bundesrepublik.	18. 2. 1958 Gomulka erklärt, die deutsche Teilung sei kein Unglück. Zwischen der Wiedervereinigung und dem Rapacki-Plan bestehe kein Zusammenhang. – Schon vorher am 5. 1. hatte Rapacki erklärt, der Rapacki-Plan könne zur Beseitigung der deutschen Spaltung beitra-	
11. 3. 1958 In der Warschauer Universität erklärt Carlo Schmid, daß jeder aufrechte Deutsche die Untaten der Vergangenheit zutiefst bedaure. – Am 16. 3. befürwortet er diplomatische Beziehungen zwischen der BRD und Polen.		
20. 3. 1958 In einer Regierungserklärung bezeichnet BK Adenauer eine Diskussion des Rapacki-Plans als nicht opportun.		

BRD	Polen	DDR
23. 5. 1958 Auf ihrem Stuttgarter Parteitag fordert die SPD diplomatische Beziehungen mit Polen und anderen östlichen Staaten.	11. 4. 1958 Polen äußert wiederholt seine Sorge vor einer atomaren Bewaffnung der BRD. – Cyrankiewicz erklärt am 6. 6., daß Sicherheit das Hauptkriterium der polnischen Politik sei.	
2. 7. 1958 AMin. v. Brentano fordert vor dem Bundestag in der Frage einer Aufnahme diplomatischer Beziehungen größte „Zurückhaltung".	11. 11. 1958 Gomulka attackiert in Moskau die „unehrliche Politik" der BRD in der Frage der Normalisierung der Beziehungen. Am 3. 12. bezeichnet er in einer Rede in Gleiwitz die Politik der BRD als kriegsgefährdend; sie mache die Wiedervereinigung fast unmöglich. Die Oder-Neiße-Grenze müsse an der Elbe geschützt werden.	

BRD	Polen	DDR

9.–14. 12. 1958

Eine DDR-Partei- und Regierungsdelegation unter W. Ulbricht besucht Warschau. In Reden betonen Ulbricht und Cyrankiewicz, daß die BRD die Vorherrschaft anstrebe und die Oder-Neiße-Grenze beseitigen wolle.

21. 1. 1959

Die polnische Regierung äußert den Wunsch, daß es bald zu einem deutschen Friedensvertrag kommen werde, der den Interessen des Friedens entspreche. Polen schlage als Verhandlungsort Warschau vor.

10.–19. 3. 1959

Auf dem 3. Parteikongreß der PZPR richtet Gomulka scharfe Attacken gegen die BRD. Sie wolle die von ihr geforderten gesamtdeutschen Wahlen in ein Plebiszit gegen die Oder-Neiße-Grenze umfunktionieren. – Rapacki erklärt, eine Wiedervereinigung könne nur auf der Basis der bestehenden Grenzen, der Respektierung der DDR und einer Rüstungsbeschränkung erfolgen. Cyrankiewicz fordert, Adenauer müsse als Büßer an der polni-

BRD	Polen	DDR
	schen Grenze um Vergebung bitten für die Untaten des deutschen Militarismus.	
2. 6. 1959 Botschafter Grewe betont auf der Genfer Außenministerkonferenz, daß die Grenzfrage zu Polen nur von einer gesamtdeutschen Regierung geklärt werden könne. Am 24. und 26. 6. äußern Adenauer und AA-StS van Scherpenberg, daß die Grenzfrage ein politisches, kein moralisches Problem sei. Deutschland – so auf dem Schlesiertreffen – wolle ein gutes Verhältnis zu Polen auf der Basis von Heimat, Friede, Freiheit und Gerechtigkeit.	4. 8. 1959 Cyrankiewicz erklärt der FAZ, ein deutsch-polnischer Nichtangriffspakt würde diplomatische Beziehungen voraussetzen und müßte in ein gesamteuropäisches System eingebettet werden.	
31. 8. 1959 In einer Rundfunkrede erklärt Adenauer die Bereitschaft der BRD, mit		

BRD	Polen	DDR

BRD

Polen in Verständnis, Achtung und Sympathie zusammenzuleben.

13. 9. 1959

Vertriebenenminister Oberländer erklärt, nicht die BRD, sondern Polen erhebe territoriale Ansprüche. Am 5. 11. erklärt AMin v. Brentano, die Voraussetzungen für diplomatische Beziehungen zu Polen seien nicht gegeben. In ähnlichem Sinne äußert sich Botschafter Grewe, befürwortet aber am 17. 11. wirtschaftliche und kulturelle Beziehungen zu Polen.

Polen

1. 9. 1959

MPr. Cyrankiewicz beschuldigt Adenauer des Versuchs, einen Keil zwischen Polen und die UdSSR zu treiben.

27. 2. 1960

Rapacki erklärt Adenauer zum Fahnenträger des Kalten Krieges. Eine Anerkennung der Oder-Neiße-Grenze würde der Entspannung dienen. Am 7. 5. meint Gomulka, der Versuch einer

BRD	Polen	DDR

Grenzrevision würde Krieg mit Polen und dem Warschauer Pakt bedeuten.

5. 7. 1960

In einem Schreiben versichert Ulbricht Gomulka der „unverbrüchlichen, brüderlichen Freundschaft" der DDR.

10. 7. 1960

Adenauer erklärt, eine europäische Friedensordnung könne nur auf Gerechtigkeit beruhen. Die Grenzfrage könne nur mit einer gesamtdeutschen Regierung geregelt werden.

17. 7. 1960

In einer Feier anläßlich des 550. Jahrestages der Schlacht bei Tannenberg beschuldigt Gomulka Adenauer, die imperialistische Politik des Ritterordens fortzusetzen.

4.–6. 8. 1960

AMin Rapacki führt in Ost-Berlin Gespräche mit AMin Bolz über Fragen eines deutschen Friedensvertrages und einer Berlin-Regelung.

7. 8. 1960

BPr. Lübke besucht die Gedenkstunde zum 10. Jahrestag der Charta der Heimatvertriebenen und weist Vorwürfe zurück, sie sei revanchistisch. – Die Oder-Neiße-Linie sei nicht endgültig.

BRD	Polen	DDR
	20. 1. 1961	
	Gomulka attackiert die Pläne, die Bundeswehr mit Atomwaffen auszurüsten. Voraussetzung von diplomatischen Beziehungen zur BRD sei die Anerkennung der Oder-Neiße-Linie.	
	5. 2. 1961	
	,Trybuna Ludu' erklärt, daß Polen eine Normalisierung der Beziehungen zur BRD befürworte, wenn diese auf „Revancheforderungen" verzichte und die Hallstein-Doktrin aufgebe. – Konsulate oder bloße Handelsvertretungen seien nur Ersatzlösungen zur Rettung der Hallstein-Doktrin.	
10. 3. 1961		
Adenauer unterstreicht auf einer Pressekonferenz den deutschen Wunsch nach einer Besserung der Beziehungen zu Polen, das für Deutschland ein „besonderer Fall" sei. Aber Polen lege keinen Wert auf diplomatische Beziehungen. Denkbar sei jedoch der Abschluß eines Nichtangriffspaktes ohne Beziehungen.		

BRD	Polen	DDR
	11. 3. 1961 AMin Rapacki geht in einer Pressekonferenz auf Adenauers Aussagen ein; er lehnt „Ersatzlösungen" für diplomatische Beziehungen ab und könne letzteren nur zustimmen, wenn die BRD auf „revisionistische Ansprüche" verzichte. Ein Nichtangriffspakt sei überflüssig, da ein Konflikt über die DDR bzw. CSSR gehen und damit den Warschauer Pakt treffen würde.	
	9. 4. 1961 Gomulka betont in Posen, daß Polen einen westdeutschen Botschafter nicht unbedingt brauche und warten könne, bis die BRD ihre Haltung geändert habe.	
	18. 5. 1961 MPr. Cyrankiewicz betont, daß die Beziehungen zwischen Polen und der BRD erst nach der Anerkennung der Oder-Neiße-Linie normalisiert werden könnten.	
14. 6. 1961 Der Bundestag fordert die Regierung auf, ohne Preisgabe von Interessen		

BRD	Polen	DDR

eine Normalisierung der Beziehungen zu Polen anzustreben und kulturelle, wirtschaftliche und humanitäre Beziehungen herzustellen, allein schon aus Rücksicht auf die Volksdeutschen; Vorsicht aber sei geboten bei offiziellen Kontakten.

10.9.1961
Gomulka spricht sich für die sowjetische Berlin- und Deutschland-Politik aus und kündigt den Abschluß eines Friedensvertrages mit der DDR an.

28.9.1961
Der Bund der Vertriebenen warnt vor einer Politik der Konzessionen, durch die das Vertrauen der Verbündeten gefährdet würde.

2.12.1961
Gomulka erörtert in einer Ansprache in Kattowitz die Haltung Polens zur Berlin-Frage. Er befürwortet ein Ende des Besatzungsstatus und einen freien Zugang nach Berlin.

BRD	Polen	DDR
10. 3. 1962 Adenauer meint in einem Interview, daß alle Versuche einer deutsch-polnischen Annäherung gescheitert seien. Aber Gomulka sei in der Hand Moskaus und könne keine andere Politik treiben.	**11. 3. 1962** Cyrankiewicz kommentiert Adenauers Interview mit der Feststellung, daß eine Normalisierung ohne vorherige Anerkennung der Oder-Neiße-Grenze unmöglich sei.	
	1. 6. 1962 DDR-AMin Bolz beendet einen zweitägigen Besuch in Polen, wo er mit Rapacki Gespräche über bilaterale Fragen führte.	
4. 6. 1962 AMin Schröder spricht sich für bessere menschliche und kulturelle Kontakte zu Osteuropa aus, evtl. auch für Wirtschaftsaustausch.	**21. 7. 1962** Gomulka warnt in einer Rede in Danzig vor einer atomaren Bewaffnung	

BRD	Polen	DDR

Polen:

der BRD und spricht sich für eine Verständigung aus. Aber wenn die BRD sie nicht wolle, könne Polen auch einen Separatfriedensvertrag mit der DDR schließen.

14.–19. 10. 1962
Gomulka besucht die DDR und führt Gespräche mit Ulbricht. In den Leuna-Werken bei Halle attackiert er heftig die BRD und erklärt die deutsch-französische Annäherung für ein Bündnis reaktionärer Kräfte. In einer gemeinsamen Erklärung befürworten beide Seiten eine atomwaffenfreie Zone in Mitteleuropa und einen Nichtangriffspakt zwischen den Militärblöcken sowie die Umwandlung West-Berlins in eine Freie Stadt.

BRD:

5. 10. 1962
AMin Schröder gibt bekannt, daß die Errichtung von beiderseitigen Handelsvertretungen in Polen und der BRD geprüft werde.

15. 11. 1962
Der Bund der Vertriebenen erklärt, daß eine Verletzung des Heimatrechts durch Bonn eine Flut von „Wiedergutmachungsansprüchen und Schadensersatzforderungen" nach sich zöge.

BRD	Polen	DDR
	7.3.1963 Unterzeichnung eines deutsch-polnischen dreijährigen Handelsabkommens (Handelsverkehr, Seeschiffahrt, Warenaustausch, Errichtung einer Handelsmission in Posen und Köln sowie einer gemischten Kommission für Streitfragen). – Schröder betont, daß damit ein Schritt zu verbesserten Beziehungen getan sei.	
	13.3.1963 Cyrankiewicz betont, daß eine Anerkennung der Oder-Neiße die Beziehungen vollends normalisieren könnte. Am 28.3. betont er, daß das Handelsabkommen nichts an Polens Standpunkt geändert habe.	
	25.–30.9.1963 Eine Partei- und Regierungsdelegation unter Ulbricht aus der DDR besucht Polen und führt Gespräche mit Gomulka und Cyrankiewicz. Am 30.9. unterzeichnen beide Seiten eine Erklärung, in der engere wirtschaftliche Zusammenarbeit vereinbart wird und ein Nichtangriffspakt zwischen den Militärblöcken empfohlen wird.	
18.10.1963 In seiner Regierungserklärung stellt BK Erhard fest, daß Deutschland bis zu einem Friedensvertrag in den Grenzen von 1937 fortbestehe.		

565

BRD	Polen	DDR
	18.–23. 11. 1963 Anläßlich eines Ungarn-Besuchs erklären Gomulka und Cyrankiewicz, Polen wolle freundschaftliche Beziehungen zum ganzen deutschen Volk, aber die BRD müsse erst von ihrer „revanchistischen Politik" abgehen.	
4. 3. 1964 StS Lahr vom AA distanziert sich offiziell von den Äußerungen Golo Manns über die Grenzfrage.		
22. 3. 1964 Der 1. ostelbische Landesvertretungskongreß verabschiedet Thesen über eine „Friedensordnung" und ihre Verwirklichung.		
	1. 4. 1964 Der polnische Vize-MPr. Szyr hält sich zu einem Besuch in der DDR auf und führt mit dem DDR-VizeMPr. Leuschner Gespräche über die gemeinsame Zusammenarbeit.	
3. 4. 1964 AMin Schröder spricht sich dafür aus, daß nach den Handelsvereinbarungen auch die kulturellen Beziehungen intensiviert werden sollten.		

BRD	Polen	DDR

16. 4. 1964

Polen übermittelt durch seine Botschaft in Delhi der BRD ein Memorandum, in dem es auf die bislang unveröffentlichte Antwort der BRD auf einen polnischen Vorschlag vom 29. 2. über das „Einfrieren" der nuklearen Rüstung in Europa eingeht. Es müßten wirksame Kontrollmaßnahmen in den Verhandlungen vereinbart werden.

21. 7. 1964

Anläßlich seines Prag-Aufenthaltes richtet Gomulka scharfe Angriffe gegen die „revanchistische" Politik der BRD.

22. 12. 1964

AMin Rapacki erörtert auf der Durchreise in Ost-Berlin mit AMin Bolz Probleme, die auf der UN-Vollversammlung erörtert wurden.

20. 1. 1965

CDU und BdV betonen erneut das Heimat- und Selbstbestimmungsrecht aller Deutschen; die deutsche Ostgrenze könne erst in einem Friedensvertrag festgelegt werden. Am 2. 2. bekundet StS v. Hase, Chef des BPA, den Wunsch der Bundesregierung nach einem Ausgleich mit allen Staaten Osteuropas.

BRD	Polen	DDR
15. 4. 1965 In einer Regierungserklärung verwahrt sich die Bundesregierung gegen den sowjetisch-polnischen Freundschafts- und Beistandspakt vom 8. 4., in dem die Oder-Neiße als polnische Westgrenze bezeichnet wird. – Am 2. 5. spricht sich BK Erhard gegen die Aufnahme diplomatischer Beziehungen zu den osteuropäischen Staaten aus.	17.–19. 3. 1965 DDR-AMin Bolz besucht Warschau und erörtert mit AMin Rapacki aktuelle internationale Probleme und Fragen der europäischen Sicherheit. 4.–5. 5. 1965 Der amtierende polnische AMin Marian Naszkowski besucht Ost-Berlin und erörtert mit seinem Kollegen Winzer Fragen der europäischen Sicherheit. 8. 5. 1965 Zum 20. Jahrestag des Ende des 2. Weltkrieges erklärt Gomulka, daß die polnischen Westgebiete vollständig integriert seien und Polen über die Grenze nicht verhandeln werde. Der Gedanke, mit ihrer Anerkennung die deutsche Wiedervereinigung einzuhandeln, sei widersinnig.	

BRD	Polen	DDR

17. 6. 1965

Vizekanzler Mende betont, daß die Grundlagen der Deutschlandpolitik der BRD die Atlantik-Charta 1941, die Deklaration der Siegermächte 1945, das Potsdamer Abkommen 1945, der Deutschlandvertrag 1955 und die Charta der UNO seien.

24. 6. 1965

Vor dem neuen Sejm äußert sich MPr. Cyrankiewicz befriedigt über die wirtschaftliche Normalisierung zwischen der BRD und Polen, kritisiert aber die „revanchistischen Bestrebungen" und erklärt die Anerkennung der Oder-Neiße-Grenze zur Voraussetzung einer politischen Normalisierung.

21. 9. 1965

AMin Schröder stellt eine neue politische Entwicklung in Osteuropa fest. Er befürwortet eine Annäherung in wirtschaftlichen und kulturellen Fragen. Man solle mit politischen Beziehungen aber nicht den Alleinvertretungsanspruch gefährden und zunächst über humanitäre Fragen verhandeln.

BRD	Polen	DDR

15. 10. 1965
Veröffentlichung der EKD-Denkschrift „Die Lage der Vertriebenen und das Verhältnis des deutschen Volkes zu seinen östlichen Nachbarn".

18. 11. 1965
Botschaft der in Rom versammelten polnischen Bischöfe an die deutschen katholischen Bischöfe, in der sie sie zur Milleniumsfeier einladen. Sie erkennen das Leiden der Millionen deutscher Vertriebener an, stellen jedoch fest, daß die Oder-Neiße-Grenze für Polen lebenswichtig sei. Sie bitten die deutschen katholischen Bischöfe um Verzeihung und bekunden ihre Bereitschaft zur Verzeihung. – Am 15. 12. nehmen die deutschen Bischöfe die Einladung an und bekunden ihre Bereitschaft zur Versöhnung.

31. 12. 1965
In seiner Sylvesteransprache bezeichnet Ulbricht eine Anerkennung der bestehenden Grenzen als Schritt zu einem europäischen Sicherheitssystem.

25. 2. 1966
BK Erhard erklärt die Bereitschaft der BRD, für die Wiedervereinigung auch Opfer zu bringen.

BRD	Polen	DDR

25. 3. 1966

In einer Friedensnote an alle Staaten, mit denen sie diplomatische Beziehungen unterhält, bekundet die Bundesregierung ihre Bereitschaft, eine Annäherung mit Polen anzustreben, bedauert aber, daß Polen nur an regem Handel, nicht aber an einer Verständigung interessiert sei.

28. 4. 1966

Polen beantwortet die Note der Bundesregierung und lehnt die „absurde" These vom Fortbestand der Grenzen von 1937 ab. Es bezweifelt die Friedensbereitschaft und verlangt, die BRD solle lieber die Oder-Neiße-Grenze und die DDR anerkennen.

7. 5. 1966

MPr. Cyrankiewicz erklärt in Krakau, daß drei Voraussetzungen für eine Normalisierung unerläßlich seien: 1) Anerkennung der DDR, 2) ... der Oder-Neiße-Grenze und 3) der Verzicht der BRD auf Kernwaffen.

BRD	Polen	DDR
1.–5. 6. 1966 Der SPD-Vorstand äußert in Dortmund seine Befriedigung über die Ostkontakte der Kirchen. 13. 12. 1966 Der neue BK Kiesinger bekennt sich in seiner Regierungserklärung zur Versöhnung mit Polen. Die Grenze könne jedoch nur von einer gesamtdeutschen Regierung in einem Friedensvertrag ausgehandelt werden.	31. 12. 1966 „Trybuna Ludu" meint, es komme bei der Bundesregierung nicht auf Worte, sondern auf Taten an. Die Politik der BRD sei in eine Sackgasse geraten. 11.–12. 1. 1967 DDR-AMin Winzer hält sich zu Gesprächen mit Cyrankiewicz und Rapacki in Warschau auf. Beide Seiten betonen ihre völlige Übereinstimmung in allen angeschnittenen Fragen, besonders in der Deutschlandfrage. 31. 1. 1967 St.Pr. Ochab bringt in einer Ansprache vor dem Sejm erneut den Rapacki-Plan zur Aussprache. Er bezeichnet es als schwierig, Kiesingers Beteuerungen	

BRD	Polen	DDR
	zu glauben, solange die BRD nicht die Oder-Neiße-Grenze und die DDR anerkennen wolle. – In ähnlichem Sinne äußern sich am 8. 2. Gomulka in Kattowitz, am 17. 2. Rapacki in Stettin, am 22. 2. Ochab in Lodz und am 25. 2. Cyrankiewicz in Breslau.	

27.–28. 2. 1967
BK Kiesinger bekennt sich in Ansprachen zum Heimatrecht und spricht sich gegen „Vorleistungen" in der Oder-Neiße-Frage aus, befürwortet aber eine Verbesserung des Verhältnisses zu Polen.

14.–15. 3. 1967
DDR-StRV Ulbricht hält sich zu einem offiziellen Staatsbesuch in Warschau auf und unterzeichnet am 15. 3. einen Beistandspakt gegen einen etwaigen „Angriff des westdeutschen Militarismus und Revanchismus". Beide Seiten betonen die Unantastbarkeit der bestehenden Grenzen.

20. 4. 1967
AMin Brandt hebt die Bedeutung einer deutsch-polnischen Aussöhnung hervor, die derjenigen mit Frankreich vergleichbar sei. Am 2. 5. bekundet er die Bereitschaft der BRD zu diplomatischen Beziehungen zum Osten.

BRD	Polen	DDR

19. 4. 1967

BK Kiesinger hebt hervor, daß nichts hinter dem Rücken der Vertriebenen geschehe und daß die Bundesregierung dem Erbe der Vergangenheit verpflichtet sei.

16.–17. 5. 1967

Auf der 8. Plenartagung des ZK der PZPR meint Gomulka, die „sog. neue Ostpolitik" der BRD wolle einen Keil zwischen Polen und die DDR treiben und habe von ihren alten Forderungen nicht abgelassen.

2. 7. 1967

AMin Brandt erklärt zum Ziel der europäischen Sicherheit: 1) einen Gewaltverzicht mit dem Osten, 2) Verzicht auf Atomwaffen und 3) den Abbau des Truppenniveaus in Ost und West.

16. 9. 1967

Der BdV übt scharfe Kritik an den Äußerungen de Gaulle's während seines Polen-Besuchs.

BRD	Polen	DDR
	28. 10. 1967 Gomulka betont, daß die Politik der BRD solange auf einen Krieg abziele, als sie die Oder-Neiße-Grenze nicht anerkennt und den Alleinvertretungs-anspruch nicht aufgibt.	
	17. 12. 1967 MPr. Cyrankiewicz kritisiert die sog. „neue Ostpolitik" der BRD, die nur eine Variante der alten sei und die DDR isolieren wolle.	
11. 1. 1968 AMin Brandt erklärt, daß es in Ra-packi's „Trybuna Ludu"-Interview vom 6. 1. Berührungspunkte mit den Überlegungen der Bundesregierung ge-be, die als Grundlage für gemeinsame Gespräche dienen könnten.	14.–15. 2. 1968 Rapacki trifft mit DDR-AMin Winzer zusammen, um mit ihm bilaterale Pro-bleme und Fragen der europäischen Sicherheit zu erörtern.	
2. 3. 1968 Der „Bensberger Kreis" prominenter katholischer Laien veröffentlicht ein		

BRD	Polen	DDR

Memorandum zur deutsch-polnischen Frage und stellt fest, daß die in den Oder-Neiße-Gebieten geborenen Polen auch ein Heimatrecht haben. Am 10. 3. meint dazu der Vertriebenenminister v. Hassel, daß nicht die Oder-Neiße-Grenze das Hindernis einer Verständigung sei, sondern das kommunistische Regime in Polen.

17.–21. 3. 1968

Auf dem Parteitag der SPD in Nürnberg fordert Brandt die „Anerkennung bzw. Respektierung der Oder-Neiße-Linie" bis zu einem Friedensvertrag. Diese Forderung nimmt der Parteitag in seinen Beschluß auf. – Am 22. 3. legt hiergegen der Ständige Rat der Ostdeutschen Landesvertretung massiven Protest ein.

10.–12. 6. 1968

Brandt bezeichnet in Wien die Aussöhnung mit Polen als Aufgabe von historischem Rang. Die BRD respektiere alle Grenzen in Europa.

BRD	Polen	DDR
		21. 6. 1968
		Der Staatsrat der DDR fordert von der BRD die Anerkennung aller bestehenden Grenzen in Europa. Am 13. 7. äußert sich Ulbricht in ähnlichem Sinne.
31. 8. 1968		
Der Vertriebenen-Chef Rehs warnt vor einer forcierten Ostpolitik. Vorrang sollte die Westpolitik haben.		
26. 9. 1968		
In einer Resolution bekundet der Bundestag seine Bereitschaft zum friedlichen Zusammenleben mit dem polnischen Volk.	11.–17. 11. 1968	
	Auf dem 5. Parteitag der PZPR wird die BRD aufgefordert, die Grenzen anzuerkennen, die DDR anzuerkennen, auf Atomwaffen zu verzichten, „revisionistische" Propaganda zu verbieten und das Münchener Abkommen ex tunc zu annullieren.	

BRD	Polen	DDR

10.–11. 4. 1969

Gomulka und Cyrankiewicz halten sich zu einem Freundschaftsbesuch in der DDR auf. Beide Seiten erklären die Anerkennung der bestehenden Grenzen durch die BRD und West-Berlins als selbst. Einheit, den Verzicht auf Kernwaffen und auf die Alleinvertretung zu Vorbedingungen einer politischen Entspannung in Europa.

17. 5. 1969

Auf einer Wahlversammlung in Warschau schlägt Gomulka der BRD einen Vertrag, ähnlich dem Görlitzer, vor. Er erkennt in Brandts Formeln auf dem SPD-Parteitag zwar Fortschritte, die aber noch die Möglichkeiten eines Grenzrevisionismus enthielten.

28. 5. 1969

BK Kiesinger erklärt seine Bereitschaft, mit Gomulka über die Möglichkeiten einer Konfliktlösung zu sprechen. Am 19. 5. bietet Brandt unter Berufung auf die Regierungserklärung vom 13. 12. 1966 Polen eine Gewaltverzichtserklärung unter Einschluß der Grenzfrage an.

BRD	Polen	DDR

27.6.1969
Der Berliner OB Schütz spricht sich in einem „Zeit"-Interview für die Anerkennung der bestehenden Grenzen aus.

22.7.1969
Die Bundesregierung beglückwünscht in einer Erklärung das polnische Volk zum 25. Jahrestag der Volksrepublik und bekundet ihre Bereitschaft zur Verständigung.

7.9.1969
Der Berliner OB Schütz ruft auf einer Vertriebenenkundgebung zur Bereitschaft auf, eigene Beiträge zur Entspannung zu liefern und keine neuen Grenzverträge zu fordern oder uralte Rechtsansprüche geltend zu machen.

21.7.1969
Am Vorabend des 25. Jahrestages der Gründung der VR Polen besuchen DDR-MPr. Stoph und Politbüro-Mitgl. Honecker eine Festsitzung des Sejm. Gomulka bietet der BRD erneut eine dem Görlitzer Vertrag entsprechende Regelung über die Endgültigkeit der Oder-Neiße-Grenze an.

16.10.1969
AMin Jędrychowski bekundet in einem Fernseh-Interview die Bereit-

579

BRD	Polen	DDR
	schaft Polens, mit der BRD gemäß dem Angebot Gomulkas einen Vertrag über die Endgültigkeit der Oder-Neiße-Grenze auszuhandeln sowie über alle ausstehenden bilateralen Fragen.	
17. 10. 1969 Die Bundesregierung begrüßt die Gesprächsbereitschaft Warschaus. **20. 10. 1969** Der Bensberger Kreis empfiehlt der BRD, Gomulka's Angebot mit einem eigenen Vorschlag zu beantworten, der folgende Punkte enthalten müßte: Gewaltverzicht, diplomatische Beziehungen, Anerkennung der Oder-Neiße, Auswanderungsrecht für Volksdeutsche, deutsche Wiedergutmachung für NS-Opfer und Verzicht Polens auf Reparationen. **27. 10. 1969** In einem „Spiegel"-Interview und in seiner Regierungserklärung am 28. 10. bekundet BK Brandt die Bereitschaft der BRD zur Aussöhnung mit Polen und zur Zusammenarbeit sowie einen		

BRD	Polen	DDR
	Gewaltverzicht. – In einem Interview am 23. 11. bietet Brandt Polen Verhandlungen auf der Basis der Gomulka-Vorschläge an.	
	25. 11. 1969	
	Der Leiter der deutschen Handelsmission in Warschau, Böx, überreicht eine Note, in der Polen Verhandlungen ohne Vorbedingungen über alle strittigen Fragen angeboten werden.	
	22. 12. 1969	
	Cyrankiewicz geht in einer Sejm-Rede positiv auf das BRD-Angebot zu Gesprächen ein. Der Leiter der polnischen Handelsmission in der BRD überreicht am selben Tag eine polnische Note, in der gleichfalls die polnische Gesprächsbereitschaft bekundet wird.	
	22.–24. 1. 1970	
	Der polnische Min für Außenhandel Burakiewicz besucht die BRD und führt Wirtschaftsgespräche.	
	5.–6. 2. 1970	
	AA-StS Duckwitz und Vize-AMin Winiewicz führen Vorgespräche über das politische Verhältnis Polen–BRD. – Am 8.–12. 3. Fortsetzung der Vorgespräche Duckwitz–Winiewicz.	
	15.–16. 3. 1970	
	Vertreter der Wirtschaftsministerien handeln in Warschau ein Wirtschaftsabkommen aus.	

BRD	Polen	DDR
22.–24. 4. 1970 Dritte Runde der Vorverhandlung Duckwitz – Winiewicz, in der Duckwitz Gomulka einen Brandt-Brief überreicht, in dem es u. a. heißt, daß die BRD die Nachkriegsgrenzen respektiere und die Unversehrtheit des polnischen Territoriums nicht in Frage stelle.		
	27.–29. 4. 1970 DDR-AMin informiert sich in Warschau über den Stand der Verhandlungen BRD–Polen.	
12. 5. 1970 Abschluß eines deutsch-polnischen Warenprotokolls mit Briefen über Warenaustausch.		
8.–10. 6. 1970 Vierte Gesprächsrunde zwischen Duckwitz und Winiewicz.		
	5. 7. 1970 In Görlitz bekunden DDR-MPr. Stoph und MPr. Cyrankiewicz auf einer Kundgebung die unverbrüchliche Freundschaft zwischen Polen und der DDR.	
23.–25. 7. 1970 Fünfte Gesprächsrunde Winiewicz–Duckwitz. Beginn konkreter Formulierungen in Warschau.		
12. 8. 1970 Im Moskauer Vertrag verzichtet die BRD auf Gebietsansprüche und bezeichnet die ONG und die DDR-Grenze als unverletzlich.		

BRD	Polen	DDR
	25.–27. 7. 1970 DDR-MPr. Stoph hält sich zu politischen Gesprächen in Warschau auf.	
5.–8. 10. 1970 Sechste Gesprächsrunde Duckwitz–Winiewicz in Bonn. Veröffentlichung einer „Grenzformel".		
2.–13. 11. 1970 AMin Scheel führt in Warschau die Schlußverhandlungen. Am 18. 11. paraphieren Scheel und Jędrychowski den Vertrag.		
6.–8. 12. 1970 BK Brandt besucht an der Spitze einer deutschen Delegation Warschau und legt an den dortigen Gedenkstätten Kränze nieder. Am 7. 12. unterzeichnen Brandt und Cyrankiewicz sowie die Außenminister Scheel und Jędrychowski den Warschauer Vertrag.		

Sach- und Personenregister

Autoren werden hier nur aufgeführt, sofern auf sie im Text direkt oder indirekt ausführlicher Bezug genommen wird. Ansonsten wird auf die sehr ausführlichen Bibliographien zu den einzelnen Teilen und Kapiteln verwiesen. Auch Stichworte wie „Polen" oder „Oder-Neiße" sind nicht gesondert aufgeführt mit Ausnahme einiger historischer Bezüge zur Genesis der Oder-Neiße-Frage in Teil I.

591

Autorenverzeichnis

F e g e r, Helmut
geboren 1938 in Kevelaer

1964 Dipl. Psychologe
1968 Dr. phil.
1971 nach der Habilitation Ordinarius für Psychologie und Direktor des Instituts für Psychologie der Rheinisch-Westfälischen Technischen Hochschule Aachen.
Verschiedene Publikationen im Bereich der Sozialpsychologie, der Allgemeinen Psychologie sowie der psychologischen Methodenlehre.

K u t s c h, Thomas
geboren 1943 in Karlsruhe

1968 Dipl. Volkswirt an der Universität Köln
1973 Dr. phil. an der Universität Köln,
seit 1968 Assistent am Institut für Vergleichende Sozialforschung der Universität Köln,
Lehrbeauftragter an der Gesamthochschule Wuppertal (Soziologie).
Autor verschiedener Aufsätze und Forschungsberichte in Fachzeitschriften.

W i c k - K m o c h, Astrid
geboren 1946 in Barnten

1970 Dipl. Psychologien
1975 Promotion,
Mitarbeiterin des Instituts für Angewandte Sozialwissenschaft, Bonn-Bad Godesberg.

M o n s h a u s e n, Theo
geboren 1939 in Düsseldorf

1968 Promotion (Dr. phil.)
1969 Erste Philologische Staatsprüfung,
zur Zeit Studienrat am Staatlichen Gymnasium in Mayen.

von zur Mühlen, Patrik
geboren 1942 in Posen

1967 M. A.
1971 Promotion (Dr. phil.) Universität Bonn.
Veröffentlichung: „Zwischen Hakenkreuz und Sowjetstern — die sowjetischen Orientvölker im Zweiten Weltkrieg", Düsseldorf 1971; seit 1973 Mitarbeiter im Bundesministerium für Bildung und Wissenschaft.

Biciste, Manfred
geboren 1945 in Sonneberg/Thüringen

1970 Staatsexamen für das Höhere Lehramt (Mathematik) Universität Köln, seitdem Lehrer an einem Kölner Gymnasium.

Schäfer, Bernd
geboren 1943 in Bonn

1967 Dipl. Psychologe
1971 Promotion an der Universität Bonn,
      Akademischer Oberrat am Psychologischen Institut der Universität Bonn.
Veröffentlichungen unter anderem: Ethnische Einstellung und Persönlichkeit (1972) sowie Arbeiten zur Theorie und Technik des Eindrucksdifferentials (1972–1975).

Lehmann, Hans Georg
geboren 1935 in Mährisch Schönberg

1963 Staatsexamen für das Höhere Lehramt
1966 Promotion,
1966 – 1974 Mitglied der Editorengruppe für die Herausgabe der „Akten zur deutschen auswärtigen Politik 1918 – 1945" im Auswärtigen Amt in Bonn,
seit 1970 Lehrbeauftragter für Politikwissenschaft an der Pädagogischen Hochschule Rheinland, Abteilung Bonn, zur Zeit mit einer Studie über den Oder-Neiße-Konflikt beschäftigt.
Veröffentlichungen: Die Agrarfrage in der Theorie und Praxis der deutschen und internationalen Sozialdemokratie. Vom Marxismus zum Revisionismus und Bolschewismus. Tübingen (J. C. B. Mohr – Paul Siebeck) 1970; Deutscher Herold, Volks- und Lebensversicherungs-AG. Chronik zum 50jährigen Bestehen 1921 – 1971. Darmstadt/Essen (Hoppenstedts Wirtschaftsarchiv) 1972; Der Reichsverweser-Stellvertreter. Horthys gescheiterte Planung einer Dynastie. Mainz (Hase & Koehler) 1975; mehrere Zeitschriftenaufsätze.

Schmitz, Kurt Thomas
geboren 1940 in Köln

1966   Magisterexamen
1969   Promotion (Dr. phil.) Universität Bonn,
1969 bis 1972   wissenschaftlicher Mitarbeiter im Forschungsinstitut der Friedrich-Ebert-Stiftung,
seit 1972   wissenschaftlicher Assistent an der Pädagogischen Hochschule Rheinland, Abteilung Bonn.
Veröffentlichungen: Opposition im Landtag. Merkmale oppositionellen Verhaltens in Länderparlamenten am Beispiel der SPD in Rheinland-Pfalz 1951 bis 1963, Hannover 1971;
Entwicklungshilfe und Entwicklungspolitik. Überblick über die Vorstellungen und Aktivitäten der SPD in den Jahren 1956 bis 1966, in: Archiv für Sozialgeschichte, Bd. 13, 1973;
Vom Staatsfragment zum Nationalstaat? in: Was wir wünschen, Köln 1974;
Konservatismus – eine ideengeschichtliche Nostalgie? in: Archiv für Sozialgeschichte, Bd. 15, 1975.

Müller, Bernhard
geboren 1948 in Bad Kreuznach

1972   Diplomexamen (Dipl. paed.)
1973 – 1975   Bundestagsassistent,
       zur Zeit im Vorbereitungsdienst (Schuldienst) in Rheinland-Pfalz.
Veröffentlichung: (mit Kurt Schmitz)
Bekenntnischarakter und Politisierung. Der Beitrag der Wählerinitiativen zur Bundestagswahl am 19. November 1972, in: Revue d'Allemagne Bd. 6, 1974.

Hapke, Hans H.
geboren 1948

1973   Diplom-Volkswirt,
       freier Mitarbeiter eines Forschungsinstitutes,
       jetzt wissenschaftlicher Assistent im Institut für Soziologie der Universität zu Köln.
       Lehraufträge an den Universitäten Köln und Bonn.

Schweitzer, Carl Christoph
geboren 1924 in Potsdam

1946   B.A. Universität Oxford
1949   Dr. phil. Universität Freiburg/Brsg.
1963 – 1969   Ordinarius für Politikwissenschaft an der Pädagogischen Hoch-

schule in Berlin und Lehrbeauftragter an der Freien Universität Berlin (Internationale Politik)

1967/68 Gastprofessor für Außenpolitik an der Duke-University, (USA)

seit 1969 Ordinarius für Politikwissenschaft an der Pädagogischen Hochschule Rheinland, Abteilung Bonn und Honorarprofessor an der Universität Köln,

seit 1972 Mitglied des Deutschen Bundestages (unter anderem Auswärtiger Ausschuß), Mitglied zahlreicher wissenschaftlicher Vereinigungen.

Veröffentlichungen unter anderem: Amerikas chinesisches Dilemma, Opladen 1969, Chaos oder Ordnung – Einführung in Probleme der Internationalen Politik, Köln 1973, Die USA und der Vietnam-Konflikt 1964 – 1967, Bonn 1969, Krisenherd Nahost (zusammen mit Manfred Nemitz) Köln 1973.